管 理 教 材 译 丛

（原书第10版）

管理学原理

理查德 L. 达夫特（Richard L. Daft）

范德比尔特大学

[美]　　　　　　　　　　　　　　　　　　著

多萝西·马西克（Dorothy Marcic）

哥伦比亚大学

高增安　张璐　马永红　译

Understanding Management

(10th Edition)

机械工业出版社

CHINA MACHINE PRESS

图书在版编目（CIP）数据

管理学原理（原书第 10 版）/（美）理查德 L. 达夫特（Richard L. Daft），（美）多萝西·马西克（Dorothy Marcic）著；高增安，张璐，马永红译 . —北京：机械工业出版社，2018.6
（2024.9 重印）
（管理教材译丛）
书名原文：Understanding Management

ISBN 978-7-111-59992-0

I. 管⋯　II. ①理⋯　②多⋯　③高⋯　④张⋯　⑤马⋯　III. 管理学 – 教材　IV. C93

中国版本图书馆 CIP 数据核字（2018）第 093359 号

北京市版权局著作权合同登记　图字：01-2017-2420 号。

Richard L. Daft, Dorothy Marcic. Understanding Management, 10th Edition.

Copyright © 2017, 2015 by Cengage Learning.

Original edition published by Cengage Learning. China Machine Press is authorized by Cengage Learning to publish and distribute exclusively this simplified Chinese edition. This edition is authorized for sale in the Chinese mainland (excluding Hong Kong SAR, Macao SAR and Taiwan). Unauthorized export of this edition is a violation of the Copyright Act. No part of this publication may be reproduced or distributed by any means, or stored in a database or retrieval system, without the prior written permission of the publisher.

All rights reserved.

本书原版由圣智学习出版公司出版。版权所有，盗印必究。本书中文简体字翻译版由圣智学习出版公司授权机械工业出版社独家出版发行。此版本仅限在中国大陆地区（不包括香港、澳门特别行政区及台湾地区）销售。未经授权的本书出口将被视为违反版权法的行为。未经出版者预先书面许可，不得以任何方式复制或发行本书的任何部分。

本书封底贴有 Cengage Learning 防伪标签，无标签者不得销售。

变革、全球化、多元文化和信息共享等是当代社会的主要特征。本书以管理的五大职能为架构，详细描述了当代管理的内涵，旨在帮助学生了解这些新趋势，为融入新兴的世界经济做好准备。本书特别探讨了中小型组织的价值观和动态发展问题。与传统的管理学教材不同，本书没有罗列抽象的理论和只对身家数十亿美元的公司的最高管理者才适用的案例。相反，它是凭借实用性吸引读者，向他们提供具有洞察力的有益信息，为他们今后"以管理谋生"奠定基础。

本书适用于管理专业本科生、研究生以及 MBA 的管理学课程，也可以作为当代经理人的培训用书和参考资料。

出版发行：机械工业出版社（北京市西城区百万庄大街 22 号　邮政编码：100037）

责任编辑：程天祥	责任校对：李秋荣
印　　刷：北京建宏印刷有限公司	版　　次：2024 年 9 月第 1 版第 3 次印刷
开　　本：185mm×260mm　1/16	印　　张：25
书　　号：ISBN 978-7-111-59992-0	定　　价：79.00 元

客服电话：(010) 88361066　68326294

版权所有·侵权必究
封底无防伪标均为盗版

译者序

当今世界，唯一不变的就是变。

按部就班等于零，创新才是硬道理。

循规蹈矩是等死，变革跨越才会有出路。

在新的工作场所，虚拟团队、远程办公、弹性工作制、社交媒体已经不再新鲜，全球化的潮流不可阻挡，信息技术成为推动组织发展的强大动力。危机管理、企业伦理与社会责任、技术革新、知识管理、国际外包、全球供应链、跨文化沟通以及组织内外部环境中的一系列不确定因素，一方面极大地改变了传统"管理者"的内涵，另一方面又对管理者提出了更新、更高的要求。因此，管理者仅仅掌握传统的管理学课程所讲授的方法和思想是远远不够的，必须超越传统的管理思维定式，全面掌握各种管理技能，切实提高自身的管理能力。《管理学原理》第10版正是在兼容传统管理思想精髓的同时，以饶有趣味和价值再造的方式探索新的管理理念。本书不但阐释了传统的管理技能，还论述了以经济危机、政治动乱和普遍的不确定性为特点的动荡环境所需要的创新性管理能力。

《管理学原理》第10版是理查德 L. 达夫特教授和多萝西·马西克教授2017年的最新力作。达夫特教授和马西克教授都是在著书立说、教育教学、咨询培训三方面全面发展且取得杰出成就的学者。达夫特教授的主要研究领域为组织理论与领导，任教的课程包括管理学、领导学、组织变革、组织行为学和组织理论等。马西克教授长期从事领导学、组织行为学和跨文化管理等方面的教学与研究工作。两位教授都具备极其丰富的为企业提供咨询与培训服务的经验。尤其是达夫特教授在管理学方面的造诣之深和影响之大，更非寥寥数语所能尽述。因此，我们有理由相信，细心研读此书，领略站在管理前沿的学者们智慧的光辉和无尽的灵感，定会受益匪浅。

关于本书的亮点，除了原作者在前言中提到的几点外，我们认为，下列四个特点依然值得特别强调：

- "新"字当头，引领潮流。《管理学原理》第10版是在达夫特教授领导下的一个庞大的专家团队集体智慧的结晶，集中反映了管理学研究的最新发展态势，其内容更加新颖、丰富、实在，全书采用全球范围的最新典型案例，并且始终突出新工作场所、不确定性环境、动荡年代这一主线。

- "实"字居中，贯穿始终。《管理学原理》第10版中新增或修订了大量的实务性栏目，如"聚焦技能""管理者边缘""管理者工具箱""绿色力量""事业大错""新管理者自测""自主学习""团队学习""实践学习""伦理困境"等，还有众多的量表或者评价表，以此让学生见证现实、客观的管理世界，培养他们的洞察力，为他们今后能够成功地实现

"以管理谋生"奠定坚实的基础。以上栏目中，许多都是全新的。

- "变"字突出，放眼未来。《管理学原理》第 10 版极为关注管理教育的发展趋势，并列举了大量的例证来证明作者对于管理范式发展演变的预测，其预见性和前瞻性完全根植于达夫特教授在学界的权威与实力。

- 言简意赅。《管理学原理》第 10 版与以前的版本相比，文字更加简练精当，重点更加鲜明突出，学生也更容易领会管理学的精髓与要义。

总之，《管理学原理》第 10 版不愧为"最有品位的一本管理学教科书"，它抓住了组织管理中的兴奋点，一方面使学生发自内心地尊重管理领域不断发生的各种变化，另一方面也使他们坚信能够通过努力理解和掌握管理学知识，逐渐把自己培养成为成功且有效的管理者。因此，传统的学术思想、新的管理理念以及活生生的企业实例在本书中的交融，能使学生感受到管理学在动态发展中自身所蕴含的能量、挑战与风险。

作为集大成者，《管理学原理》第 10 版既可用作高等院校本科生及研究生（含 MBA、EMBA、IMBA）的教材，也可供其他层次的学生选作管理学课程教材。同时，对于管理学界的广大教师、研究人员以及企业管理者，本书同样是不可多得的重要参考资料。至于企业培训，本书更是以其实用性见长。

本书自第 4 版在国内翻译出版以来，引起了较好的社会反响。众多院校选择本书作为本科、研究生（含 MBA）管理学课程的教材，还有些院校选择本书作为硕士和博士研究生招生考试的主要参考书，中南大学公共政策与地方治理研究中心将本书列为"公共管理类西方名著阅读经典"之一，港澳台博士生入学考试将本书指定为"高级管理学"课程唯一的参考书。

作为译者，虽然我们自问态度端正、文风严谨，但是我们不敢奢望"态度决定一切"。时值全书脱稿之际，虽然我们偶有如释重负之感，但更多的却是惶恐与不安，生怕一部伟大的传世之作因为我们的无知和无能而沦于平庸。不过，我们仍然寄希望于本书的出版发行能够对我国及时引进国外的先进管理思想、提升中国整体的管理教育水平和企业管理能力做出更大的贡献。

在本书的翻译过程中，翁丽芳、李亚荔、张贵科、廖民超、洪鑫涛、金虹敏、霍明、鄢仁秀、张轶斐、段丽疆、蒋旭、郑晓霞、徐垚、宋晓露、汪小草、周丽、陈聪颖、李肖萌、吴晓芳等参与了部分章节的初译、校对、录入工作，尚建勇、叶思喆、孔令翠、刘鸿渊在通读原文时又做了文字的校正。全书由西南交通大学经济管理学院高增安教授负责最后统稿、审定。机械工业出版社的编辑、营销人员为本书的顺利出版发行做了大量艰苦细致的工作。在此，谨向各位表示由衷的谢意！考虑到我国的实际情况，在不影响原著主旨的前提下对部分章节内容做了一定的处理。由于本书篇幅较长、译文工作量较大，加之笔者水平能力有限，理解和表达中难免存在疏漏谬误之处，恩请广大读者朋友不吝赐教，以便我们再版时予以修订。

高增安

2018 年 3 月 18 日

前　言

创新管理的世界

当今的管理者和组织正受到社会、科技和经济领域巨大而深远变革的冲击。当面对美国大型金融机构纷纷倒闭、汽车制造商申请破产、房地产市场不景气，欧洲经济面临金融挑战，全球经济衰退并持续低迷时，任何一个相信稳定神话的管理者都会从自鸣得意中惊醒。商学院以及管理者和企业仍在忙于应对余波，跟上瞬息万变的事态发展，并评估这一动荡的历史时期对未来组织的影响。第10版即探讨了与当前快速变化的商业环境直接相关的一系列主旨和议题。

我们修订本书的目的，是帮助当前或者未来的管理者找到创新的方案，去解决困扰现今组织的各种问题，不管是日常变化还是鲜见的危机。绝大多数学生都将成为未来的管理者的这个世界，正在经历一场大变革。道德混乱、危机管理技术的需求、电子商务、经济衰退和居高不下的失业率、快速革新的科技、全球化、外包、政府监管的日益加剧、社交媒体、全球供应链以及华尔街"倒闭"等诸多变化，都要求管理者拥有传统管理学课程教授内容之外的技术和想法。当今的管理需要大量的管理技巧和足够的管理能力。本书既包含传统管理技能，也包含在经济震荡、政局混乱以及总体不安定的动荡环境中所需要的新能力。

在传统工作中，管理工作是控制和限制人，执行规章制度，寻求稳定和效率，设计一个自上而下的层级组织去达成最低的标准。然而，要激励创新和取得高绩效，管理者需要掌握不同的技能，特别是在当今这个给许多员工造成痛苦的经济困难时期。他们在利用好工作者体力劳动的同时，还必须找到方法来抓住工作者的内心想法。新的工作场所要求管理者关注信任的建立、义务感的激发、领导方式的转变，利用好人们的创新和热情，找出共同的理念和价值，分享信息和权力。团队、协作、参与和学习则是帮助管理者和员工解决当今动荡商业环境中的种种困难的指导性原则。管理者不是控制员工，而是集中精力培训他们，使他们适应新的技术和异常的环境变化，从而实现高绩效和公司总效益。

本修订版的目标是，在兼容传统管理思想精髓的同时，以学生感到有趣味和有价值的方式呈现新的管理理念。为了实现这个目标，我们在新版中介绍了最新的管理思想和研究成果，以及管理理念在组织里面的最新应用。每章为新管理者设置了"新晋管理者自测"专栏，它会告诉学生，当他们成为管理者时，哪些东西是必须具备的。在每一章中，新增"绿色力量"专栏，阐释各组织如何以对社会和环境负责的方式应对日益增长的需求。每章都引用了有思想性的或鼓舞人心的话语，一些引语来自于商界领袖，一些来自小说家、哲学家和普通人，以帮助学生扩大对管理问题的思考范围。传统的学术思想、新的管理理念以及活生生的应用实例的交融，会使学生感受到管理学在动态发展中自身内在所蕴含的能量、挑战与风险。可以说，本书抓住了组织管理的精髓。

我们修订本书，提供最高水平的教材，以使学生既尊重管理中的变革，又使他们有信心去了解和掌握这些变革。书中内容得以完善，写作风格更具吸引力，更简明易懂。另外，我们还在正文中穿插了许多新案例、专栏和小练习，以使书中的理念对学生来说更加生动，从而有助于他们把握通常看来抽象而遥远的管理世界。

重视创新：新版特色

第 10 版主要是通过引入现实生活中管理者面临的真切问题，将管理概念和理论与当今动荡环境中的事件联系起来，与快速变化的时事特别相关的部分标注为"热点话题"。

学习机会

本修订版在教学方法特色方面进行了创新，有助于学生了解自身的管理能力，认识当今组织的管理现状。每章中的"新晋管理者自测"，使学生有机会了解他们的管理能力。章节末尾的"讨论题"经过了仔细修订，以鼓励批判性思维和章节理念的应用；"自主学习"让学生有机会评估自己的优势，而"团队学习"练习则让学生有机会在运用概念的同时建立团队合作技能；"实践学习"让学生能够将本章节的概念应用于行动研究；"伦理困境"能够帮助学生们提高对管理问题的诊断能力。

章节内容

每一章都增加或扩展了许多话题，以讨论管理者当前遇到的问题。同时，精炼和完善了章节的正文，以更专注于对现代管理有重要价值的那些关键话题。

第 1 章 讨论了一些影响深远的事件和变革，这些事件和变革使得创新管理对于当今和未来组织的成功至关重要。该介绍性章节还讲述了从一个普通雇员到作为一名新管理者让别人去完成工作的飞跃。本章介绍了有效管理组织所需要的技能和能力，如时间管理、保持适度控制、建立信任和可信度。

本章展开讨论了官僚组织的积极和消极方面，以及近年来对管理学理论运用的最新讨论。本章还探讨了动荡时期的当代管理工具。最后一节着眼于技术驱动型工作场所的管理，包括社交媒体、客户关系管理和供应链管理。

第 2 章 涵盖了从新的视角看待当前与环境和企业文化有关的问题，包括对组织生态系统的讨论，越来越重要的国际环境以及社会文化环境的发展趋势，其中包括日益增多的少数族裔和当今懂技术的消费者。本章还讨论了战略问题的概念，并描述了管理者是如何打造高绩效组织文化，让其对环境的变迁做出创新性反应的。

第 3 章 以全新的视角关注不断变化的国际环境，包括中国、印度和巴西日益增长的影响力，以及这些变化对全球的管理者意味着什么。本章讨论了全球化思维的重要性和全球化效应的最新评论，还讨论了金字塔底层概念、经济相互依赖以及欧盟国家经济困境带来的最新挑战。

第 4 章 本章的商业案例体现了组织的伦理价值观，并着眼于管理者在创建有道德的组织中所起的作用。本章讨论了当今伦理管理的状况，可能导致组织中不道德行为的压力，以及管理者可用于解决伦理困境的标准。本章还讨论了企业的社会责任问题，包括全球供应链中的挑战、三重底线概念和利益相关者分析图。

第5章 讨论了总体计划过程，包括使用战略地图达成目标的一致性。新增部分讲述了目标的社会构建特性，以及管理者如何决定追求哪些目标。本章还概述了计划的好处与局限性，对手段管理（MBM）进行了讨论，并详细讲述了应急计划、情境构建和危机计划。介绍了计划的创新方法，包括使用智能团队和绩效仪表盘来帮助管理者在快速变化的环境中做好计划工作。本章继续关注战略的制定，包括战略的要素和波特的竞争战略理论。本章还新增了一节，将"以客户为导向"确定为竞争优势的一个方面。此外，本章还介绍了SWOT分析和波士顿矩阵。

第6章 对管理决策进行了概述，包括决策模型、个人决策风格，并对可能影响管理者判断并导致错误决策的偏见进行了讨论。本章还讨论了创新的群体决策以及循证决策和事后回顾。

第7章 讨论了组织的基本原理，详细描述了传统组织结构和现代组织结构。本章讨论了每种组织结构的优缺点，还讨论了关系协调，并将其作为加强横向协作和协调的一种方法，同时描述了包括战略和技术在内的结构成形因素。

第8章 专注于管理变革和创新的重要角色。本章讨论了针对创新的自下而上的方法以及创新竞赛的使用，并展开讨论了用于新产品开发的横向联系模型，还讲述了颠覆性创新、逆向创新、自由创新和众包。本章提供了与产品和技术变革相关的信息，以及人事和文化变革的相关信息，并讨论了有效进行变革的技术。

第9章 进行了彻底的修订，以反映人力资源管理（HRM）在当今动荡的经济环境中的变化。本章讨论了人力资源管理在建设人力资本方面的战略作用，并增加了趋向于临时雇用和弹性工时发展的内容；还增加了利用社交媒体和实习进行招聘以及在网上调查求职者的新内容，并简单讨论了极度面试；更新了培训与发展部分的内容，并对社会学习进行了讨论。

本章还给出了对组织多样性问题的最新思考，还对国内和全球劳动力中人口的变化以及组织如何应对进行了全面讨论，也增加了关于组织内观点多元化的重要性的内容，修订了"玻璃天花板"的内容，并新增了为女性和少数族裔管理者提供技巧的内容。

第10章 研究当代的领导方式，包括第五级领导、诚信领导和服务型领导。本章还讨论了魅力型和变革型领导、以任务和人际关系为导向的领导行为、领导中的性别差异、领导者发现并磨炼自己的实力的重要性以及下属的作用。对领导的权力部分进行了修订，增加了硬权力和软权力概念。

第11章 介绍了激励的基本内容，增加了激励员工的积极方法和消极方法。本章还新增了建立蓬勃发展的员工队伍以及员工进步的重要性等内容，并将员工进步作为使员工获得激励的一大因素，同时更新了授权和员工投入等内容。

第12章 探索了良好沟通的基本原理，讨论了提问和坦诚沟通，修订了创造开放式沟通氛围的内容，并展开讨论了为影响和劝导他人而沟通的情形。新增了使用社交媒体来加强组织内部以及与利益相关者之间沟通的内容。

第13章 重新审视了团队在组织中所做的贡献。承认团队有时候是无效的，其原因包括搭便车者、信任缺失等问题的存在。本章概括了团队的形式，包括在虚拟团队中对科技的有效运用。本章还讨论了团队的多样性、团队成员的角色、行为规范和团队凝聚力等因素是如何影响团队效能的。修订了谈判和管理冲突等内容，包括任务冲突和关系冲突。

第 14 章 概述了财务和质量控制，包括反馈控制模式、六西格玛、国际标准化组织（ISO）认证和平衡计分卡的使用。本章新增了零基预算的内容，讨论了质量伙伴关系和标杆管理的步骤。本章还讨论了当前对公司治理的关注，包括新的政府法规和要求。

另外，针对以上话题，本书将网络、社交媒体和新科技的介绍融入各章节的各种话题中。

篇章结构

本书的篇章序列是围绕计划、组织、领导和控制四大管理职能来编排的。管理的这四大职能有效地囊括了管理的研究范畴和现实生活中管理者的基本特点。

独到之处

本书的一个主要目标是，更好地利用教科书这种媒介来向读者传授管理学知识。为了达到这一目标，本书包含了一些吸引学生的特点，帮助学生思考、吸收和理解管理理念。

采取行动。在章节的重要位置，邀请学生完成"新晋管理者自测"或参与章节末设置的与所讨论概念相关的活动。

新晋管理者自测。每一章的"新晋管理者自测"部分提供了自我评估的机会，让学生们可以切身感受管理问题。从个体执行者到新管理者是一个巨大的转变。这些全新的自测题能够让学生明白哪些特质是被期望的，以及如何做一个新管理者。

绿色力量。本书的特点是每一章新增了"绿色力量"专栏，突出讲述特定公司的管理者是如何创造性地解决可持续发展和环境责任问题的。该专栏列举的公司实例包括德国邮政敦豪集团（Deutsche Post DHL Group）、耐克（Nike）、安讯能能源（Acciona）、宝马（BMW）、美国废物管理公司（Waste Management, Inc.）、Bean and Body 公司、百事可乐（PepsiCo）、富士通（Fujitsu）、斯巴鲁印第安纳汽车公司（SIA）、SAP 公司等。

当代例证。本书的每一章都包括了许多书面的管理案例。所有这些事例全部被置于章节的重要位置，旨在说明有关概念在具体公司中的应用。文中的案例包括美国和国际知名企业，例如苹果公司、四季酒店（Four Seasons）、联想、亚马逊、诺基亚、中央情报局（CIA）和赛氏公司（Semco），以及不太知名的公司和非营利性组织，例如 Godrej & Boyce 公司、Hilcorp 能源公司和约翰逊存储与搬运公司（Johnson Storage and Moving）等。本书提供的全新的和更新的例证使得学生能够始终与组织所处的现实世界保持联系，以便他们能够更好地理解管理思想的价值所在。

标杆。每章中的精选专栏都针对管理领域中学生特别感兴趣的特定主题。本书的这些专栏大部分为新增内容，可能描述与章节内容相关的当代话题或问题，也可能是诊断问卷或管理者如何处理问题的特例。这些专栏可以提高学生对主题的兴趣，并提供了教科书中不常见的管理问题的辅助信息。

图表。本书中增加或修改了一些图表，以帮助学生更好地理解相关内容。许多管理结论都建立在大量的研究成果的基础之上，有些概念显得非常抽象和晦涩。为了强化学生对这些概念的理解和记忆，本书使用了大量的图表。这些图表能够巩固正文中所讲授的关键知识，说明不同变量之间的相互关系，形象生动地解释那些晦涩而难以理解的概念。

术语。要理解当代管理学的最新发展，学习并掌握管理学术语是必不可少的。为此，所有重要概念都用黑体字来表示，并在首次出现时给出完整的定义。

讨论题。每章以讨论题结尾，是一种补充性的学习工具，它使学生能够检查自己对重要知识点的理解情况，突破基本概念的范畴去思考问题，并确定自己还需要进一步学习的内容。

学习练习。章末的"自主学习"和"伦理困境"练习为学生提供了自我测试以及亲身体验管理问题的机会。练习的形式包括问卷、情景和各种活动。这些练习通过行动专题与每一章节联系起来，使学生可以就章末练习参考相应的章节知识。

团队学习。章末的"团队学习"练习为学生提供了发展团队技能和分析技能的机会。完成小组活动能够帮助学生学习使用其他小组成员提供的资源、收集信息，并共同取得成功的成果。"小团体突破"提供了体验式的学习机会，从而使学生更深入地理解和应用章节概念。

实践学习。这些练习旨在帮助学生不仅学会应用章节概念，而且进行行动研究，以最大限度地提高学习能力。

理查德 L. 达夫特
美国田纳西州纳什维尔

多萝西·马西克
美国纽约

作者简介

理查德 L. 达夫特（Richard L. Daft）博士是范德比尔特大学欧文管理研究生院管理学教授。达夫特教授专门从事组织理论与领导研究。达夫特博士是管理学会（Academy of Management）的特别会员，并供职于《管理学会学报》（*Academy of Management Journal*）、《行政科学季刊》（*Administrative Science Quarterly*）和《管理教育学报》（*Journal of Management Education*）编委会。他是《组织科学》（*Organization Science*）的副总编，并在《行政科学季刊》担任过 3 年副主编。

达夫特教授编撰或者与他人合著了十多本著作，包括《管理技能构建：行动为先的方法》（*Building Management Skills: An Action-First Approach*），与多萝西·马西克合著，South-Western，2014；《行政与大象：领导人构建内部卓越指南》（*The Executive and the Elephant: A Leader's Guide for Building Inner Excellence*），Jossey-Bass，2010；《组织理论与设计》（*Organization Theory and Design*），South-Western，2013；《领导经验》（*Leadership Experience*），South-Western，2011；《熔化领导：释放影响员工与组织的潜能》（*Fusion Leadership: Unlocking the Subtle Forces That Change People and Organizations*），Berrett-Koehler，2000，与 Robert Lengel 合著。他还撰写了几十篇学术论文及教科书的部分章节。他的文章曾发表在《行政科学季刊》《管理学会学报》《管理学会评论》（*Academy of Management Review*）、《战略管理学报》（*Strategic Management Journal*）、《管理学报》（*Journal of Management*）、《会计组织与社会》（*Accounting Organizations and Society*）、《管理科学》（*Management Science*）、《管理信息系统季刊》（*MIS Quarterly*）、《加利福尼亚管理评论》（*California Management Review*）、《组织行为学教学评论》（*Organizational Behavior Teaching Review*）。此外，达夫特教授还是一位非常活跃的教授和管理咨询顾问。他教授管理学、领导学、组织变革、组织行为学和组织理论等课程。

达夫特博士曾经参与许多公司和政府组织的管理开发与咨询，包括美国银行协会（American Banking Association）、加拿大贝尔公司（Bell Canada）、国家运输研究委员会（National Transportation Research Board）、北电网络、田纳西流域管理局（Tennessee Valley Authority，TVA）、Pratt & Whitney 公司、州立农业保险公司（State Farm Insurance）、Tenneco 公司、美国空军、美国陆军、J.C. Bradford 公司、中央泊车系统公司（Central Parking System）、Entergy 销售与服务公司（Entergy Sales and Service）、百时美施贵宝公司（Bristol-Myers Squibb）、第一美洲国民银行（First American National Bank）和范德比尔特大学医学中心（Vanderbilt University Medical Center）等。

多萝西·马西克（Dorothy Marcic），教育学博士、哲学硕士，哥伦比亚大学教授，曾在范德比尔特大学任教学人员。马西克博士曾是布拉格经济大学（University of Economics in Prague）Fulbright 奖学金的获得者。她在捷克管理中心（Czech Management Center）任教并从事领导学、组织行为学和跨文化管理等方面的研究工作。她也曾在蒙特利国际研究院（Monterrey Institute of International Studies）任教，还在下列单位讲授过课程或者开设讲座：赫尔辛基经济学院（Helsinki School of Economics）、斯洛文尼亚管理中心（Slovenia Management Center）、保加利亚贸易学院（College of Trade in Bulgaria）、斯洛伐克城市大学（City University of Slovakia）、瑞士 Landegg 学院、瑞典管理协会（Swedish Management Association）、以色列 Technion 大学、伦敦经济学院（London School of Economics）。

马西克博士著有 15 部作品，包括《组织行为学：经验与案例》（*Organizational Behavior: Experiences and Cases*），South-Western Publishing，第 6 版，2001；《国际管理》（*Management International*），West Publishing，1984；《组织里的男男女女》（*Women and Men in Organizations*），George Washington University，1984；《用爱的智慧去管理：发现员工与组织的美德》（*Managing with the Wisdom of Love: Uncovering Virtue in People and Organizations*），Jossey-Bass，1997——该书曾被 *Management General* 评为 1997 年十大商业书籍之一。她最新的书籍是《爱让我得以升华》（*Love Lift Me Higher*，George Ronald，2011）。另外，她还在《管理开发学报》（*Journal of Management Development*）、《社区卫生教育国际季刊》（*International Quarterly of Community Health Education*）、《心理学报道》（*Psychological Reports*）和《高级管理层开发》（*Executive Development*）等出版物上发表了几十篇论文。最近，她一直在研究如何将领导学的教学艺术发扬光大的问题，并出版了一本书——《尊重：女性与流行音乐》（*RESPECT: Women and Popular Music*），这是音乐剧《尊重：女性的音乐之路》（*RESPECT: A Musical Journey of Women*）创作的基础。她的最新艺术创作是外百老汇的 *SISTAS: The Musical*。

马西克教授指导了无数次不同专业话题的研讨会，并为下列人员或者单位提供过咨询服务：美国电话电报公司的高级管理层、北达科他州的州长及幕僚、美国空军、斯洛伐克管理协会（Slovak Management Association）、Eurotel 酒店、Hallmark 公司、捷克财政部、Cattaraugus 中心、USAA 保险公司、州立农业保险公司、亚利桑那州 Salt River-Pima 印第安人部族等。

译者简介

高增安

管理学博士，复旦大学理论经济学博士后，西南交通大学经济管理学院教授、博士生导师、峨眉校区常务副校长，四川省有突出贡献的优秀专家，复旦大学博士后校友会副会长、中国反洗钱研究中心特聘研究员，澳大利亚昆士兰大学、加拿大卡尔加里大学访问教授，国家级双语教学示范课程《跨文化商务沟通》负责人。2005 年起连续翻译或改编出版达夫特《管理学原理》第 4、5、6、7 版，是达夫特教授在中国内地的重要战略合作者。

反洗钱研究处于国际前沿和国内领先水平。主持完成国家社科基金项目《非传统安全威胁下贸易洗钱与反洗钱研究》和《宏观审慎监管视角的国家系统性洗钱风险与反洗钱研究》、教育部人文社科项目《人民币国际化资本项目开放下新兴洗钱行为与对策研究》，主持在研国家社科基金项目《风险为本视域下中国自贸区反洗钱与反恐融资研究》。报送《成果要报》受到多位党和国家领导人批示和全国社科规划办通报表彰，出版专著《贸易洗钱与反洗钱研究》荣获第七届高等学校科学研究优秀成果奖（人文社会科学）著作奖三等奖，研究观点被《中国反洗钱战略》（2008~2012）采纳，报送信息《新兴互联网支付洗钱需引起重视》被民盟中央采用，荣获四川省第十四次社会科学优秀成果奖三等奖、四川省优秀博士学位论文奖，接受《法制日报》专访 2 次，为中国人民银行、高等院校、商业银行等开展反洗钱专题报告近 40 场，在业界享有良好口碑和名望。

作为商务部农村电子商务专家、四川省商务厅商务决策咨询委员、四川省服务经济规划研究所副所长，主持编制《四川芦山地震灾后恢复重建市场服务体系专项规划》，被国务院发布的《芦山地震灾后恢复重建总体规划》（国发【2013】26 号）和四川省政府办公厅发布的《芦山地震灾后恢复重建产业重建专项规划》（川办发【2013】47 号）采用，川商建【2013】88 号发文实施。主持编制《四川省"十三五"国内贸易发展规划》以及市（州）、县（区）服务业、商业网点、物流发展规划 20 余项，相关成果被地方政府部门采纳，并转变为地方政府促进服务业发展的政策与措施。

在自贸区研究领域，主持完成成都市社科院重大招标课题 2 项。

张璐

管理学硕士，工程师，在校期间曾参与多项国家级和省部级课题研究，毕业后长期在企业任职，熟悉企业项目管理与开发，对企业管理理论与实务有较深入思考。作为项目组成员，参与川东北油气田项目、大亚湾核电站项目、石油天然气项目、汽轮机项目、空客项目等大型项目的技术翻译工作，翻译经验丰富，技巧娴熟。

马永红

北京大学哲学博士，西南交通大学外国语学院副教授，英国约克圣约翰大学（York St. John University）访问学者，国家级双语教学示范课程《跨文化商务沟通》团队主要成员。主要从事中国哲学、英美文学研究与教学工作。作为达夫特教授在中国内地的重要战略合作者，已翻译或改编出版其《管理学原理》第 4、5、6、7 版，另有译作《人力资源管理精要》（第 2 版）、《最佳员工成长法则》《跨文化沟通》（第 3 版）、《可口可乐帝国》（第 2 版）、《德鲁克经典管理案例解析》等。

目 录

创 新 管 理

本章概要

管理能力	人本主义理念
管理的基本功能	你的马基得分是多少
组织绩效	管理科学理论
管理技能	当前的历史趋势
管理者的工作是什么	当代管理工具
中小企业中的管理	技术驱动型工作场所的管理
创新管理思维	社交媒体计划
管理思维的演变	客户关系
管理与组织的古典理论	供应链管理

 新晋管理者自测

你是否已准备好成为一名管理者

管理者的成就

欢迎进入管理界。你是否已做好了准备？此调查问卷将帮助你认清自己是否符合当今管理者的要求。

说明： 根据你在个人成就方面的倾向对以下各项做出判断。阅读并根据你现在的感觉选择"是"或"否"。

	是	否
1. 我享受当我掌握了一个新技能时的感觉。	_____	_____
2. 我通常喜欢独自工作胜过团队工作。	_____	_____
3. 我享受胜利的感觉。	_____	_____
4. 我想让我的技能更上一层楼。	_____	_____
5. 我很少依靠别人完成工作。	_____	_____
6. 我常常是团队中最有价值的贡献者。	_____	_____
7. 我喜欢竞争性的环境。	_____	_____
8. 获得成功、被认为是胜利者，这是非常重要的。	_____	_____

评分与解释： 每选择一个"是"，就获得 1 分。这种情况下总分越低越好。分数高表明你关注的是与他人无关的个人成就，这更适合一个专才或者个体执行者。然而，管理者是一个通过他人完

成工作的通才。花时间建立人际关系非常重要。成为个体胜利者的欲望将会使你和别人竞争，而不是去发展他们的能力。仅是自己获得成就而不去做管理者最主要的工作——促进和协调别人，这样的管理者是不会成功的。如果你选择三个或三个以下"是"，那么你的基本倾向是好的。如果你的分数是6分或者以上，你则更想成为一个个体胜利者，你愿意放弃成为一个优秀管理者的前景。

大多数人认为乔思·邦·乔维（Jon Bon Jovi）是一位上了年纪的摇滚明星。而许多人不知道的是，邦·乔维乐队仍旧是世界上最受欢迎的乐队之一（无论是唱片销售还是巡回演出），因为这支乐队的主唱者还是一名完美的管理者。一位音乐史学家认为："在20世纪80年代后期，一个乐队能够维持五年而不衰是一件不可思议的事情。"2011年，邦·乔维在《福布斯》公布的年度最赚钱艺人排名中位列第二。2013年2月，乐队在进行最新巡回演出的准备之时，邦·乔维负责监督近百人组成的各小组的工作，例如照明、音效和录制等。这是他在每次乐队巡演时都会做的工作，乐队的运作严密而协调，就像为制造业企业设置或重新调整一条生产线。然而，邦·乔维还会进行全年的其他一些管理活动——规划和设定未来的目标，安排各种工作任务并分配职责，影响和激励乐队成员和其他人员，监督乐队的运作和财务情况，以及组织内外的联络工作（可能最有名的一个例子就是他在2010年被奥巴马总统任命为白宫社区发展方案委员会成员）。在他的词汇里，效率和效果就是关键词。前联合经纪人David Munns评价说："邦·乔维是个商人。他知道如何呈现高质量的演出，但他也知道如何将钱用在刀刃上。"

邦·乔维非常聪明，雇用了一批优秀的乐队成员，能够应付演出活动并能应对伴随全球性音乐事务的日常琐事。然而，管理技能却是经过了多年时间才培养和磨炼出来的。1992年，在乐队成立大约10年之后，他承担了乐队的最高管理职责，因为他的愿望得不到专业管理人员的支持。"我的大多数合伙人都想登上*Circus*（1966～2006年发行的摇滚音乐杂志）的封面，"邦·乔维说，"我却希望登上《时代》周刊（*Time*）的封面"。

许多人在第一次步入某个管理角色时，会发现事情远远不如他们所期望的那样尽在掌控之中。管理的本质是激励和协调大家以迎接各种各样的重大挑战。许多新管理者希望获得权力，有控制权，个人对部门的结果负责。然而，管理者较多依赖下级，反之则不然。对他们的评估往往建立在他人而不是自己的工作之上。管理者建立各种体系并创建条件来帮助他人更好地完成任务。

在过去，管理者倾向于严格控制员工。但管理领域正在发生着一场革命，这场革命要求管理者用更少的资源办更多的事情，促进全体员工全身心投入，深刻理解万事万物本来就是变化不定而非一成不变的，并确立组织愿景和文化价值观，帮助人们变成真正协同合作和有创造性的劳动者。本书介绍管理的过程，解释不断变化的思考世界和认知世界的方式，这些方式对于当下和未来的管理者来说正在变得越来越重要。通过重新审视某些成功的和不太成功的管理者的管理行动，你将会更多地了解管理的基础知识。等你读完本章以后，你就会理解管理者用来使组织保持正常运转的一些技能，你也会懂得管理者是如何通过人来取得惊人的结果的。学完这本书，你就会懂得计划、组织、领导和控制一个部门或整个组织的基本管理技能。

1.1　当今世界的管理能力

管理（management）就是通过计划、组织、领导和控制组织资源，以有效益和高效率的方式实现组织目标的过程，就像邦·乔维管理他的摇滚乐队，以及他作为室内美式足球联盟（Arena Football League）旗下球队费城灵魂队的共有人所做的那样。你将在本章后面了解这四大基本管理功能的更多信息。

管理的某些因素不会随时间而变化，但环境的改变却会对管理实践产生影响。近年来，环境的快速变化已使有效管理者所需的因素发生了根本性改变。

社交媒体和移动应用程序等技术的进步，虚拟工作的兴起，全球市场力量的出现，网络犯罪的威胁日益增大，员工和客户的期望值改变，已使得组织的层次减少并向更多的员工授权，从而要求采用与以往完全不同的新管理方法。图 1-1 展示了从传统管理方法向当今环境所需的新管理能力的转变。

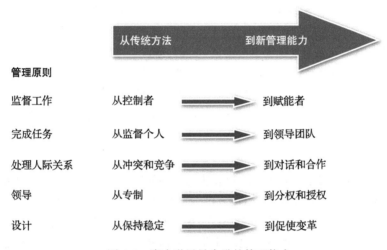

图 1-1　当今世界最先进的管理能力

当今的有效管理者就是帮助员工以最好的状态更好地做事的赋能者，而不是成为控制者。管理者帮助员工获得他们需要的东西，消除障碍，提供学习机会，并提供反馈、进行教导和职业指导。与"监控式管理"不同，管理者们采取授权式领导风格。大多数工作由团队完成而不是依靠个人，所以团队领导技能至关重要。许多组织中的人员工作地点不固定，因此管理者无法持续监督员工的行为。一些组织甚至尝试采用一种无"老板"的组织设计，将管理权力和责任完全交给员工。基于真诚对话和合作的人际关系处理方式，对于组织取得成功至关重要。在授权或无老板的工作环境中，管理者日益使用社交媒体这一工具来加强沟通和协作。此外，管理者有时候也协调那些不直接在他们管辖范围内的人员的工作，例如业务伙伴组织的员工，有时甚至与竞争对手合作。他们不得不在观点和议题迥然不同的人之间找到共同点，并使他们朝着相同的方向前进。

此外，如图 1-1 所示，当今最好的管理者是"面向未来的"。也就是说，他们通过对组织和文化的设计来预测来自环境的威胁和机会，打破现状并促进创造力、学习、适应和创新。各行业、技术、经济、政府和社会都在不断变化，管理者应采用灵活的管理和创新来帮助他们的组织在不可预测的环境中前行。当今世界持续变化，但"环境越不可预测，机会就越大——只要管理者具有……技能能够抓住机会。"

能够体现新管理技能和能力的一位管理者，就是印度 HCL 技术公司的维尼特·纳亚（Vineet Nayar）。该公司拥有 80 000 名员工，业务覆盖超过 25 个国家。

聚焦技能

维尼特·纳亚，HCL 技术有限公司

HCL 技术公司是一家全球领先的信息技术（IT）服务和软件开发公司，也是印度第四大 IT 服务出口商。当维尼特·纳亚（现任副董事长兼联合管理董事）在 2005 年接任首席执行官时，HCL 是一个传统的采用严格等级制度的命令和控制式工作场所，而维尼特·纳亚将公司的思维定式转变为像客户一样地对待员工。他不断提升自己的管理能力，帮助员工更好地完成工作。在 HCL 因全球经济衰退而需要削减 1 亿美元的支出时，管理者要求员工提出削减成本的办法，而不是大规模裁员。

维尼特·纳亚采用"员工第一，客户第二"（EFCS）的原则对整个公司进行了重组。

任职之初，维尼特·纳亚必须建立起员工对自己的信任，因此他决定与公司的每位员工分享财务信息。接下来，他采取了一个大胆的做法：创建一个公开的在线论坛，论坛上员工可以提问，领导者予以回答。但这样的做法可能会暴露公司的弱点和存在的问题，并且任何人（包括外部客户和竞争对手）都能看到。事实也如此。"人人都在抱怨"维尼特·纳亚说道，"让人觉得难过。"但也开始发生有趣的事情。员工很高兴能够看到领导者愿意正视存在的问题。一些员工更进一步地认为，这样做让员工有权提供解决方案。这个网站最终使解决问题的权力和责任发生了转移，从高层管理者转向员工自己。在新的 HCL 中，管理者的角色变成了为员工提供服务。

正如维尼特·纳亚那样，应用新的管理能力真的能够取得成功。在"员工第一，客户第二"原则的指导下，HCL 的收益增长了 3.6 倍，自 2005 年以来净收益增长了 91%。然而，这个新管理模式的转变对于那些习惯于"主管"、做所有决策、知道他们的下属在哪儿以及他们每时每刻正在做什么的传统管理者来说，并非那么容易。组织和管理者甚至将很快面对更多的变革和挑战。如果你想进入管理领域，眼下正是振奋人心而富有挑战的时机。在整本书中，你将会了解到许多关于新工作场所的内容，还会了解到管理者在 21 世纪所扮演的新型的、动态的角色，以及如何在复杂的、永恒变化的环境中做一位有效的管理者。

1.2 管理的基本功能

每一天，管理者们都在解决难题，让组织运作得更好以及取得惊人的成绩。要想取得成功，每个组织都需要好的管理者。著名的管理理论家彼得·德鲁克（Peter Drucker，1909—2005）通常被认为是现代管理研究的创始人，他将管理者的工作进行了归纳，将管理定义为五大任务，如图 1-2 所示。实质上就是，管理者设定目标、组织活动、进行激励和沟通、评估绩效以及发展员工的能力。这五大管理者活动不仅适用于 Facebook 的马克·扎克伯格（Mark Zuckerberg）、福特汽车公司的艾伦·穆拉利（Alan Mulally）和施乐公司（Xerox）的乌苏拉·伯恩斯（Ursula Burns），还适用于你家乡的餐厅老板、机场安保部领导、虚拟主机业务主管以及当地业务的销售和营销总监。

图 1-3 将管理活动分成了四大主要管理功能：计划（设定目标和决定采取的行动）、组织（组织活动及人员）、领导（激励、沟通以及发展员工的能力）和控制（建立目标和衡量绩效）。根据工作情况的不同，管理者需要执行大量而不同的工作，但都可以归类为这四大主要职能。

图 1-2　管理者做些什么

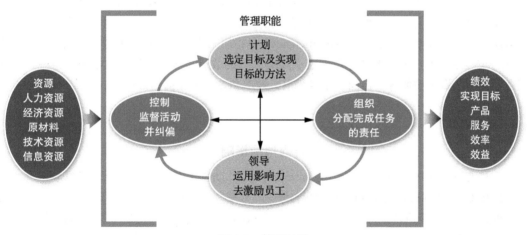

图 1-3　管理过程

图 1-3 解释了管理者利用资源并通过计划、组织、领导和控制职能来实现组织目标的过程。本书各章都致力于与每一职能有关的多种活动和技能，也包括环境、全球竞争力和道德问题，所有这些都会对管理者履行管理职能施加影响。

🌐 **热门话题**

　　美国特勤局（U.S. Secret Service）最近深陷公共关系的噩梦，部分原因就是管理控制出现了问题。数名被派往哥伦比亚卡塔赫纳为奥巴马总统访问该国做前期准备的安保队成员，深夜酗酒，光顾脱衣舞俱乐部并召妓。当新闻曝光此丑闻后，公众一片哗然，法律界也沸沸扬扬。几名特工被解雇，特勤局主管马克·苏利文（Mark Sullivan）和其他管理者被要求在参议院调查委员会前对管理失控做出解释。广泛的调查还揭发出对特工的其他一些不当行为和"道德败坏行为"的指控。管理者的一个响应措施就是，制定甚至可在特工下班之后采用的更严格的行为准则。

1.3　组织绩效

管理的定义还包括以有效益和高效率的方式实现组织目标的理念。因为组织是如此重要，所以管理也如此重要。在工业化社会中，复杂技术主宰一切，组织把知识、人力和原材料集结在一起，完成那些任何一个个体都不可能单独完成的任务。如果没有组织，怎么可能有使我们能够在一瞬间在全球范围内共享信息的技术出现呢？大坝或者核能发电机又怎能发出电流？怎么会有成千上万的歌曲、视频和游戏随时随地供我们娱乐？组织遍布于我们的社会之中，管理者则要负责确保资源被恰当运用以达成组织目标。

我们对组织的正式定义是：**组织**（organization）是以目标为导向的，经过精心建构的社会团体。"社会团体"是指由两个或多个人组成。"以目标为导向"的意思是，要实现某种结果，比如赢利（Target 超市）、为会员争取加薪（美国食品和商业联合工会（United Food & Commercial Workers））、满足精神需要（路德教会），或者提供社会满意（Alpha Delta Pi 女生联谊会）。"精心建构"意味着，工作任务要分解，执行任务的责任要落实到每一个人头上。这些定义适用于所有组织，包括营利性组织和非营利性组织。小型、不规则、非营利性的组织比大型、令人瞩目的公司的数量要多得多，而且它们对社会的重要性并不逊于大企业。

根据我们给管理下的定义，管理者肩负的责任就是为实现组织目标而以有效益和高效率的方式协调组织资源。**组织效益**（organizational effectiveness）是指组织实现其既定目标的程度。组织有效益，意味着组织成功地实现了它努力去做的事情——提供顾客认为有价值的产品或服务。**组织效率**（organizational efficiency）是指用来实现组织目标的资源的数量，这是指生产一定数量的产出所需要的原材料、资金和人力的数量。效率可以看成是生产某一产品或服务所使用的资源的数量。在同一家组织里，效率和效益可能都是很重要的。

 绿色力量

对当地的影响

物流巨头德国邮政敦豪集团（Deutsche Post DHL Group）在泰国设有 38 个地点供佛教徒传教，帮助和教导当地民众彼此关心、互相帮助。DHL 集团在承担当地可持续发展的企业社会责任方面进行了规划。通过精确确定当地的需求和存在的问题，DHL 制定了各种因地制宜的战略，例如高效照明以及减少在泰国炎热气候中的空调需求，安装全球定位卫星（GPS）系统来减少燃油消耗。

DHL 对社会责任的承诺体现在三大主要计划中："Go Green"（环境保护计划）、"Go Help"（灾害救援计划）和"Go Teach"（教育计划）。这三大计划的每个计划都明确了需达到的目标——例如，到 2020 年将二氧化碳的排放量减少 30%。这些目标是根据当地需求和文化而制定的。例如，DHL 泰国公司要求潜在的业务合作伙伴接受公司的 Go Green 理念，反映了可持续发展在当地的巨大进步。

许多管理者使用移动应用程序来提高效率，在某些情况下，应用程序也能够提高效率。目前 Square 公司就是采用这种方式取得了成功，该公司由推特网（Twitter）的联合创办人杰克·多尔西（Jack Dorsey）于 2010 年创建。Square 通过让任何智能手机成为销售点（POS）终端，允许客户采用信用卡付款，从而彻底改变了小型企业。在美国和加拿大，数百万小型企业和企业家曾经不得不将一些客户拒之门外，因为他们无法负担信用卡公司收取的费用，但如今使用 Square 就能够操作信用卡。客户为了得到他们需要的东西而使用信用卡付款，而小型企业则获得了它们以前可能失去的销售业务。

所有管理者都会关注成本，但为提高效率而过度削减成本（无论是采用先进技术还是采用传统的勤俭节省方法），有时可能会损害组织效益。管理者的最终责任是取得高**绩效**（performance），即以有效益和高效率的方式使用资源来实现组织的目标。例如《老雷斯的故事》（*Dr. Seuss' The Lorax*）的电影制作公司——照明娱乐公司（Illumination Entertainment），管理者不断寻求提高效率的方法，同时满足公司生产成功而具创意性的动画电影的目标，如本章"管理者边缘"中所述。

 管理者边缘

照明娱乐公司

用极低的成本不可能制作出轰动全球的大片，然而克里斯托弗·梅莱丹德瑞（Christopher Meledandri）却设法证明了严格的成本控制与制作出受欢迎的动画电影不是相互排斥的。大多数计算机制作的动画电影，成本至少为 1 亿美元，加上其他一些预算开支，费用可达 1.5 亿美元。与此相反的是，照明娱乐公司制作其热门电影《神偷奶爸》（*Despicable Me*）仅花费 0.69 亿美元，《拯救小兔》（*Hop*）的预算仅为 0.63 亿美元。此外，公司制作的第三部畅销电影《老雷斯的故事》为 0.7 亿美元——低于其周末首映当天创下的电影票房收入。

照明娱乐公司的管理者采取各种办法来提高效率。例如，在制作《神偷奶爸》时，他们决定省掉观众在屏幕上看不到的不必要的细节，如动物毛皮。其他不影响剧情却需要高昂费用来进行电脑图形渲染的细节，也被剪裁掉，从而省掉了处理重复场景设置的精细工作。该公司花大价钱聘请了史蒂夫·卡雷尔

（Steve Carell）为影片配音，但其他配音演员则不怎么出名，所有影片管理者都采用这样的做法。他们也寻找初次执导的导演，以及经验较少的年轻而充满热情的动画师，这些人员的费用通常不到经验老到的艺术家的一半。组织的具体做法也能提高效率——麦雷丹德瑞始终保持最低的层级结构，从而可以快速做出决策，使影片不会耗费几年的漫长时间来进行制作，使资金耗尽。将办公地点设在一家水泥厂的后面，这个地方租金便宜，而不是在闹市区。

通常，上电影院看电影的人越来越少，但动画家庭电影却很火爆。而照明娱乐公司拥有最热情的影院观众。新闻集团（News Corporation）的前总裁彼得·彻宁（Peter Chernin）说道："很难发现有这样的人，商业意识与创新意识一样强大。"麦雷丹德瑞和他的管理团队正运用他们的商业意识使组织有效运行，他们的创新能力能够使钱用在正确的地方，制作出流行的、通常广受好评的动画电影。

到目前为止，照明娱乐公司在行之有效地实现其目标的同时，努力坚持其高效的低成本模式。我们对比看看百代唱片公司（EMI）发生了什么事情。由于销售疲软，管理者将重点放在了财务效率上，这使得浪费大大减少，营业收入有所增加。然而，一味追求效率，使得公司聘请那些对唱片公司来说至关重要的新艺人的能力大大下降，此外还造成了公司的内部动荡，长期合作的艺人（例如滚石乐队）与公司解约。从而，公司的整体效益遭受影响。公司的管理者正努力寻找效率和效益之间的正确平衡方法，使 EMI 步入正轨。

1.4 管理技能

管理者的工作需要具备一系列的技能。尽管有些管理学者为管理技能开列了一大张清单，

但管理一个部门或一个组织所必需的技能可以概括为下列三个范畴：概念技能、人际技能和技术技能。如图 1-4 所示，当一个人晋升至管理职位时，这些技能的应用会发生很大变化。虽然不同组织层次对每一技能的需求程度有所不同，但是，所有管理者都必须拥有上述每一重要领域的技能，以便有效地完成任务。

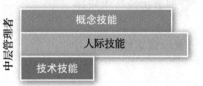

图 1-4　技术技能、人际技能和概念技能与管理层次的关系

当技能失灵时

优秀的管理技能（参看表 1-1）不是自动形成的。特别是在动荡年代，管理者必须振奋精神，充分发挥自己的聪明才智和技能技巧，造福于组织及其员工、顾客、投资者、社区等利益相关者。近年来，众多的、过度渲染的事例已经告诉大家，当管理者不能有效地运用其技能来应对不确定的、急剧变化的环境的需要时，会发生什么事情。

表 1-1　谷歌规则：管理者的八个良好行为表现

为了明确如何打造优秀的管理者，谷歌的高管们研究了绩效评估、反馈调查和奖励提名名单，看看一个优秀的管理者具有什么样的品质。这里是他们发现的"八个良好的行为表现"，按重要性排序：

1. 是一名好的教练
2. 授权于团队，避免微观管理
3. 关注团队成员的成功及个人幸福感
4. 不怯懦：工作富有成效且以结果为导向
5. 是一名优秀的沟通者，善于倾听
6. 帮助员工进行职业发展规划
7. 对团队的愿景和战略清晰明了
8. 具备关键的技术技能，能够给予团队建议

🌐 热门话题

每个人都有缺陷和弱点，这些缺点在快速改变、不安定或充满危机的环境中尤为明显。例如，2013 年美国国税局（IRS）的管理者做出了额外审查保守茶党组织的免税资格的决定，引起了外界的一片哗然。当所谓的 7822 小组（美国国税局的一个办公室，负责每年筛选和处理那些寻求获得免税资格的组织提交的千万份申请）的一名管理者注意到，越来越多的申请来自于自称为茶党一部分的组织，这位管理者建议工作人员将这些组织和类似的组织进行标记，看看它们的目的是否过于政治化，不符合免税规定的要求。

长期以来的做法就是对那些可能骗取免税资格的某些类型的组织进行额外审查，但是，批评者认为，该机构将这种做法应用于保守派政治组织，实在有点过分，有时甚至将申请拖延多年。目前国会调查员正在调查该机构的行为是否构成了对保守派组织的歧视，以及发生事件的详细情况和仍未停止的原因。参与此决策的美国国税局各级管理者似乎需要更强的概念技能来防止这场危机的出现。高层管理者必须调用其所有的概念技能和人际技能来解决这种进退两难的局面，努力恢复公众的信任。

近年来的许多道德和金融丑闻让民众对企业和政府的管理者心存愤懑，甚至不愿忽视错

误。虽然一些危机和贪婪、欺诈行为上了新闻头条，但是，更多企业的衰落和失灵却没有那么引人注意。管理者不倾听顾客的声音，不能激励员工或者没能建立起一个有凝聚力的团队，导致了这种恶果。例如，一段时间在 Facebook 上备受欢迎的游戏——开心农场（Farmville），其制造商 Zynga 的声誉在 2012 年骤然下跌，其股价也随之暴跌。虽然 Zynga 出现的问题不止一个，但其中之一就是创始人与前首席执行官马克·平卡斯（Mark Pincus）采用激进的管理风格，使得难以建立一个团结的团队。大量的重要管理人员离开了这个难以前行的公司，公司股价也下跌了 70%。2013 年 7 月，平卡斯辞去了首席执行官职务，Xbox 的前任执行官唐·马特里克（Don Mattrick）接手，试图重振这个曾经辉煌一时的游戏制造公司。图 1-5 列示出了导致管理者不能获得预期结果的 10 大主要因素，根据对在快速变化的商业环境中生存的美国组织的管理者的调查而得出。请注意，这些因素大多数是因为人际技能差而造成，例如，不能建立良好的工作关系，无法提供明确的方向和绩效期望值，或者无法建立合作和团队协作。管理者失败的第一个原因就是没有有效的沟通技能和方法，81% 被调查的管理者提到了此原因。特别是在充满不确定性或危机的时期，如果管理者不能有效沟通，包括倾听员工和顾客的意见、表达真正的关心和关爱，那么组织绩效和声誉将会受到影响。

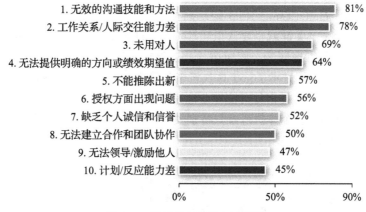

图 1-5　管理者失败的主要原因

1.5　管理者的工作是什么

哥伦比亚商学院教授雷·菲斯曼（Ray Fisman）写道："尽管管理大师、管理顾问和管理学校不断增多，但是对于我们许多人来说，管理者实际上做些什么，为什么我们首先需要他们，仍然是不清楚的。"除非有人真正进行了管理工作，否则很难准确了解管理者的日常工作是什么。对于管理者如何执行计划、组织、领导和控制的问题，亨利·明茨伯格（Henry Mintzberg）提供了一个答案，他对管理者进行追踪调查，并记录所有的管理活动。他编写了一本关于管理者工作的书籍，将管理者的工作分为三大类、十种角色。这些特征和角色（将在本节后面进行详述）已在其他研究中得到了验证。

研究者也对管理者喜欢做的事情进行了调查。五个国家的男性和女性管理者们都表示，他们最喜欢的工作就是引导他人、建立人脉关系以及领导创新。管理者最不喜欢的工作是监控下属、处理文书工作以及进行时间压力管理。许多新管理者，他们在担任新角色和承担新职责时，尤其会发现管理的时间压力很大，管理方面的文书工作负担很重，并且难于领导他人。事实上，最初向管理者角色的飞跃可能是一个人职业生涯中最令人恐慌的时刻之一。

1.5.1　飞跃：成为一名新管理者

　　许多晋升到管理职位的人不知道这个工作需要什么，也很少接受相关的培训来了解如何做好这个新角色。毋庸置疑，管理者中，一线主管将会为工作付出最多的汗水和精力。

　　从一个个体执行者变成一个管理者并不那么容易。例如，在马克·扎克伯格年满 28 岁之前，他创立的 Facebook 上市了。在某种意义上，公众已能够看到，扎克伯格已"成长"为一名管理者。在创建社交媒体平台和组建公司方面，他是一位能力很强的个体执行者，但对于日常的管理却显得笨手笨脚，例如与员工互动、与公司内外的人员沟通。扎克伯格非常精明，雇用了经验丰富的管理人员，包括谷歌前执行官谢里尔·桑德伯格（Sheryl Sandberg），并培养出一批咨询顾问和指导者，为他的薄弱环节提供指导。他在华盛顿邮报公司（The Post Company，在被杰夫·贝佐斯（Jeff Bezos）收购之前为《华盛顿邮报》的出版商）的办公室与戴维·格雷厄姆（David Graham）如影随形了四天，试图了解管理一个大型组织是什么样子。现在 Facebook 是家上市公司，扎克伯格比以往任何时候都更受外界关注，看他是否具有管理一家大型公开招股公司的品质。

　　哈佛教授琳达·希尔（Linda Hill）跟踪调查过一个小组，他们由 19 个新晋的管理者组成。并发现，成功的一个关键就是要认识到做一个管理者不仅仅是学习一套新的技术，还包括人们看待自己方式的彻底转变，即所谓的"自我确认"——抛弃根深蒂固的态度和习惯，学习新的思考模式。图 1-6 显示了从个体执行者到管理者的转变。个体执行者是一个专家和"实干者"。他们习惯于思考如何尽可能专业地完成具体的工作。与之不同，管理者必须是一个通才，要协调各种活动。个体执行者只特别关心他们的具体工作，而管理者却要看到组织中的更多东西甚至整个产业。

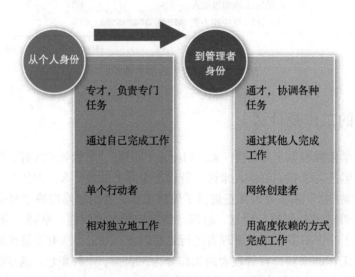

图 1-6　从个体执行者到管理者的飞跃

　　此外，个体执行者大多依靠自身的努力完成工作，养成了他们依靠自己而非别人的习惯；而管理者则要依靠其他人完成工作。事实上，新晋管理者常犯的一个错误就是事事亲力亲为，而不授权给下属以发展他们的能力。希尔教授强调，作为管理者，你必须"是一个通过与他人合作并通过他人来完成组织中的事情的工具，而不是做具体事情的人。"

新晋管理者面临的另外一个问题是，他们期望有更多的自由来做他们认为对组织最有益的事。事实上，管理者发现，由于相互依赖性的存在，他们常常处于重重包围之中。成为一名成功的管理者，意味着需要建立团队和网络，并且要在一个高度依赖彼此的人群和工作系统中成为激励者和组织者。理论上这种区分听起来很简单，但在事实上，作为管理者就意味着变成一个全新的人，以全新的眼光来审视和解剖自己，殊非轻易。

于是，许多新晋管理者不得不采取试一试的方式来进行这样的转变，在工作中去学习，但是，组织开始更加支持对新管理者的培训需求。组织因无法顺利转换角色而失去好员工的损失，要远远超过通过培训帮助新晋管理者更好地处事、学习和成长的成本。此外，一些组织更加慎重地选择具有管理知识的人，确认应聘者清楚什么是管理，并确实想成为一名管理者。

1.5.2 管理者的活动

多数新晋管理者在管理者常规要做的各种管理活动面前都还没准备好。关于管理活动最有趣的发现之一就是，管理者每一个工作日都忙乱不已。

1. 多任务的冒险

管理活动的特点是多元化、分散性和简洁性。管理者的参与面是如此之广，任务量是如此之大，以至于几乎没有什么时间静下心来思考问题。伦敦经济学院和哈佛商学院的一个团队的最新研究发现，首席执行官们独自工作的时间平均每周只有 6 小时，其余的时间多花在会议、电话、出差以及与组织内外的人际沟通上。

管理者换挡非常迅速。在明茨伯格的研究中，他发现高层管理者在任何活动上的时间不到 9 分钟。而另一项调查显示，一些一线主管平均每 48 秒进行一次活动！重大的决定性时刻点缀着鸡毛蒜皮的小事情，而且这些事情的先后顺序是不可预测的。在人力管理的多元化和琐碎性方面，每个管理者的工作与人力资源（HR）经理凯茜·戴维丝（Kathy Davis）具有代表性的一天相似：

- 6:55——早早赶去上班，准备调查一个工厂的性骚扰投诉，但当她走进办公室时，碰到了一个拿着抗议横幅的人，上面写着"不公平的招聘！谁需要人力资源？"她花了几分钟时间跟这个年轻人谈话，这是一位因工作马虎而被辞退的临时雇员。
- 7:10——叫来工厂值班主管和一名在门外等候的安保员，讨论性骚扰投诉。
- 7:55——凯茜团队的成员休（Sue）刚到办公室，不知道里面正在进行讨论，打断了谈话，说有人在办公室外的走廊里抗议闹事，首席执行官想知道发生了什么。
- 8:00——最后，凯茜给首席执行官打电话，解释抗议闹事的事情，然后才开始早晨的例行工作。查看语音邮件，她发现有三条消息必须立即回复，并将其他四条消息交给团队成员处理。她开始查看电子邮件，但再次被休打断，休提醒她公司必须审核一下最新的 HR 审计报告，以便公司能够及时响应并避免处罚。
- 9:15——在审核审计报告时，凯茜接到皮特·查宁（Pete Channing）经理打来的电话，询问她是否已将录用通知书发给了预招人员。"别发了，"查宁说，"我改变主意了。"花了几周时间进行面试和背景调查，现在查宁想重新开始！
- 11:20——凯茜快看完她的重要电子邮件清单时，听到门外一阵骚乱，是琳达（Linda）

和休在争辩。"IT 部门给我们的这份报告全是错误，"琳达说，"但休却说不管它。"凯茜同意查看 IT 部门的报告，发现只有少数错误，但这些错误有很大影响。

- 12:25——当凯茜快要完成 IT 报告时，她的电子邮件发出提示声，是一位主管发来的"紧急"信息，告知他的一个员工将缺勤几周。"另外，道德罪指控的结果已经出来了。"这是她第一次听说这件事，所以她拿起电话给这位主管打了过去。
- 13:20——终于午餐时间到了。她在当地一家超市买了一块三明治，并给那名抗议者带了一个回去。抗议者对她表示了感谢，并继续他的抗议行动。
- 14:00——与首席执行官亨利·卢克（Henry Luker）会面，审查审计和 IT 报告，讨论更改公司的 401（k）计划，并谈论减少营业额的想法。
- 15:00——回她的办公室拿钥匙，以便开车去与制造设备经理会面，制造设备经理曾要求凯茜"尾随"他，谈谈关于培训和技能发展的想法。
- 15:15——当她到达生产车间下车时，凯茜遇到一个几个月前参加管理培训课程的人。他告诉凯茜，这个课程对他的帮助真不小——误解减少，员工似乎更尊重他。
- 15:30——准时到达，并在接下来的几个小时进行观察和提出问题，与员工谈话，了解他们所面临的问题和存在的障碍。
- 17:40——所有人回到人力资源部办公室并安静下来，但休告诉凯茜，她明天的第一件事就是见两个在电梯内打架的女人。凯茜叹息了一声，重新开始早上 7:00 就开始的性骚扰投诉调查。

2. 快节奏的生活

管理者毫不松懈地完成大量的工作。管理者的工作是快节奏的，因而对能力要求很高。大多数高层管理者通常每天工作 12 小时，并将 50% 或更多的时间用在出差上。日程安排通常提前几个月制定，但每天都有意料之外的麻烦。明茨伯格发现，大多数高管会议和其他会面是临时安排的，甚至定期举行的会议也充斥着其他各种事情，例如迅速接听电话、浏览电子邮件，或者有自发到访者。无论在不在办公室，总要通过阅读与工作有关的材料、文书、手机信息和电子邮件等来掌控工作情况。电子邮件、文本信息、手机、笔记本电脑等科技手段加快了工作节奏。美国职业篮球协会（NBA）最年轻的首席执行官布雷特·约马克（Brett Yormark，领导布鲁克林蓝网队）在剃须和穿衣服前通常要回复约 60 条信息，队员已经习惯于在凌晨收到约马克的信息。

管理者工作的快节奏在 Fair Isaac 公司（FICO）的分析总监米歇尔·戴维丝（Michelle Davis）身上得到了证实。作为这家最善于计算消费者信用评分的公司的中层管理者，戴维丝负责监督三个直接下属以及另外三个分配给她团队的下属。一个具有代表性的一天，她早上 6:00 开始上班，从而能够在下午早些时候去接她的孩子们。最开始一个半小时的清静时间，她用来浏览信息并回复紧急数据请求。7:30 她参加第一场会议，通常是与董事会分析委员会进行的电话会议。然后，戴维丝为几十名员工举办了一个长达一个小时的新的分析产品培训课程，用较长的时间回答问题并讨论客户如何使用数据。上午 10:30，她预约了生产部和生产管理小组的高层人员，并将各种问题分门别类。午餐是在公司的自助餐厅内进行。快速结束就餐后，她上台在每月一次的午餐交流会上给大家看几张幻灯片。戴维丝挤出一小时左右的时间参与交流会，然后回去参加更多的会议。下午的会议通常很长，这就意味着她不得不匆匆忙忙地去接她的三个孩子。当孩子们吃甜点和在后院玩耍时，戴维丝赶快查看电子邮件和打电话。与丈夫共进晚餐后，她试图放下工作，但她承认，在睡觉前都会一直关注短信。

3. 管理者哪里去找时间

管理者们有如此多需要负责的工作，又有如此多的竞争需求，在时间上他们是如何应对的？一个每天工作 18 小时、每周工作 5 天的管理者被分配了另一个项目。当把这一情况告知首席执行官后，首席执行官实事求是地说道，根据他的计算，她仍然有"周一到周五的 30 多个小时，周末的 48 小时"。此例子当然有点极端，但大多数管理者经常感到有太多的事情要做，时间简直不够，从而有压力。《华尔街日报》的"领导力课程"视频系列询问大型公司的首席执行官，他们是如何进行时间管理的。该调查发现，其中的很多首席执行官会抽时间用于思考如何管理时间。时间是管理者最宝贵的资源，成功管理者的一个特征就是，他们知道如何有效地利用时间先完成重要的事情，然后完成不太重要的事情。**时间管理**（time management）是指运用一定的技巧，让你能够在短时间内完成更多的工作并获得更好的结果，能够让你更加轻松，有更多时间享受你的工作和生活。新晋管理者尤其要常常应对增加的工作量、无休止的文书工作、永不停息的会议以及经常被别的管理工作中断的情况。"管理者工具箱"中提供了一些时间管理的技巧。

 管理者工具箱

新晋管理者的时间管理技巧

大多数人认为成为一名管理者在职业上必须变得积极和有前瞻性。确实，管理生涯有许多吸引人的地方。然而，成为一名管理者也面临着许多挑战，其中最重要的挑战是工作量增大以及难以找到时间完成大量的工作。下面提供了典型的时间管理技巧，能够帮助你在日常工作中不浪费时间。

- **制作一份任务清单**。如果你未使用其他系统来记录需要你完成的工作和任务，则至少应制作一份任务清单，列出当天需要完成的所有事情。虽然管理的本质意味着经常会有新的任务并且任务的轻重缓急顺序会发生变化，但事实上，使用了任务清单的人要比没有使用的人完成的事情多。
- **使用 ABC 等字母进行标注**。在你的任务清单上，标注任务的轻重缓急顺序有一个非常有效的办法：
  - A 是非常重要的任务。必须完成，否则你将面临严重的后果。
  - B 是应该完成的任务，但未完成带来的后果是轻微的。

- C 是最好能完成的任务，但未完成不会带来任何后果。
- D 是可以委派给其他人完成的任务。
- **做出每个工作日的计划**。一些专家认为，在计划上多花 1 分钟，在执行上就可以少花 10 分钟。将你的任务清单进一步分解，做出需要你处理的每项工作或项目的执行计划。计划首先处理重要的任务不失为一个好办法，因为大多数人在早上的工作效率都很高。将浏览电子邮件和打电话留在效率不高的时候进行。
- **一次做一件事**。多任务已经成为 21 世纪早期的标语，但太多的任务是一种时间浪费。一项研究表明，多任务会降低而不是提高效率。一项研究认为，如果不能一次只关注一件事情，则可能使效率降低 20% ~ 40%。即使对于那些由巨量的简短活动构成的工作来说，能够完全专注于每一个任务（有时称为专注力）也将节约时间。将你的专注力赋予每一个任务，你将完成更多的工作，并且也会完成得更好。

1.5.3　管理者的角色

明茨伯格的观察及后来的研究显示，管理者多元化的活动可以划分成十种角色。**角色**（role）是对管理者行为的一系列预期。图 1-7 描述了每项与角色相关的活动。这些角色分成三个概念范畴：信息的（通过信息来管理）、人际的（通过人来管理）和决策的（通过行动来管理）。

图 1-7　管理者的角色

每一种角色反映了管理者为最终完成计划、组织、领导和控制职能而采取的行动。尽管管理者必须把工作所包含的内容分开，以便理解他们的不同角色和活动，但是，真正的管理工作是不能分解为一系列孤立的工作单元的。在实际的管理工作中，所有的管理角色都是相互影响的。

对于纽约市警局做出的决定，比如监控网络和修改搜索方法，如果没有对侵犯公民权利行为的批评就不会有这些决定，但许多人相信他能够使纽约市的生活更加安全，并能给予外国投资者以信心，从而给该市带来数以亿计的投资资金。

 聚焦技能

纽约市警察局

在 2013 年的前 178 天，纽约市平均每天的杀人案件少于一起。杀人案件数从 2012 年上半年的 202 起下降到 2013 年上半年的 154 起，下降数量甚至连警察局管理者也感到惊讶。

警察局局长雷蒙德 W. 凯利（Raymond W. Kelly）分析了调查结果后认为，杀人案件的减少部分是因为资源分配的改变。例如，凯利增加了高犯罪社区的警察数量，以及将资源投入到新的旨在防止邻里帮派之间报复性暴力行为的反帮派策略中。该策略在很大程度上依赖于对各帮派的活动进行追踪，并努力防止枪击事件发生。凯利说，这一举措使得一个管辖区内的枪击事件减少了 52%。增加了资源投入的另一个计划就是，对有虐待行为并可能转变成杀人犯罪行为的丈夫进行识别和监督。

决定如何在该国最大的警察部门中分配资源类似于《财富》全球 500 强中的首席执行官的工作——除了衡量绩效的指标与生死相关，与社会的利害关系更大以外。除了打击日常犯罪，纽约市警察局还必须与恐怖主义做斗争。凯利一直强调雇用说本族语的雇员，例如波斯语、阿拉伯语、乌尔都语、普什图语和印地语，并设立了一个反恐局和情报部门，将该警察局的警力部署于国外城市。他还投入 1 亿美元建设监督网络，使网络覆盖曼哈顿和周边市镇的大部分区域。

其他因素，例如不断变化的环境条件，也可以决定在特定的时间哪些任务对于管理者更加重要。2010 年托尼·海沃德（Tony Hayward）因错误处理"深海地平线"漏油事件而被迫辞职，之后，罗伯特·达德利（Robert Dudley）接任了陷入混乱局面的石油巨人英国石油公司（HP）的首席执行官职位。他发现，当他努力修复与美国政府官员的关系时，在改善与本地社区的不良关系时，在寻找途径恢复本公司信誉时，以及在采取措施防止此类灾难性事件再次发生时，信息和决策方面的角色放在了所有角色之首。管理者对组织内外的需求保持警觉，以确定在不同的时间哪些角色是最重要的。高层管理者通常更重视发言人、名誉领袖和谈判者的角色，但新竞争对手的出现可能需要更加重视监督者的角色，或在员工士气严重下降或方向偏离时，可能就意味着首席执行官必须更加重视领导者的角色。营销管理者可能更强调人际关系方面的角色，因为营销过程中人际关系最为重要，而财务管理者则可能更加强调决策方面的角色，例如资源分配者和谈判家的角色。尽管存在这些差异，但所有管理者都必须执行信息、人际关系和决策方面的角色，以满足组织的需求。

1.6 中小企业和非营利性组织中的管理

中小企业（small businesses）的重要性与日俱增。每个月都有数以百计的中小企业开业，但是当前中小企业所处的环境非常复杂。

有一个有趣的发现，中小企业中的管理者倾向于强调他们的管理任务不同于大公司中的管理者。中小企业中的管理者通常把发言人的角色看成是他们最重要的角色，因为他们必须把这弱小的、成长中的公司推向外界。企业家的角色在中小企业中也非常重要，因为管理者必须有创造性，并帮助他们的组织开拓思路，以增强竞争力。例如，在美国团购网站 LivingSocial，创始人及首席执行官 Tim O'Shaughnessy 花了大量时间推广快速增长的日常交易网站，并与部门主管讨论潜在的新产品和服务。与大公司中同样的管理者相比，中小企业中的管理者更倾向于把领导者的角色和信息处理的角色看得更低。

非营利性组织也反映了管理技能的一大用途。诸如美国救世军（Salvation Army）、美国自然保护协会（Nature Conservancy）、芝加哥粮食储藏所（Greater Chicago Food Depository）、女童子军（Girl Scouts）、克利夫兰交响乐团（Cleveland Orchestra）等组织都需要优秀的管理。计划、组织、领导和控制等四大职能不但适用于营利性组织，也适用于非营利性组织。非营利性组织的管理者使用类似的技能，从事相似的活动。其主要区别在于，企业管理者从事管理活动的目的是为企业及其所有者赚取金钱，而非营利性组织的管理者工作的目的是产生某种形式的社会影响力。由此差别而造成的非营利性组织的独有特性和需要也为管理者带来了独一无二的挑战。

政府和慈善性非营利性组织的经济资源一般来自于税收、拨款、赠款和捐赠，而非面向顾客的产品或者服务的销售收入。在商业企业里，管理者集中全力提高公司产品和服务的质量，以增加销售收入。然而，在非营利性组织里，服务的对象一般是不付款的。因此对于大多数非营利性组织来说，主要的问题是保证有稳定的资金流，以维持其持续的组织活动。非营利性组织的管理者致力于用有限的资源来为客户服务，因而必须尽最大可能降低组织成本。捐赠人一般来说希望他们所捐赠的资金能够直接落实在需要救助的对象上，而不是用作综合管理费用。如果非营利性组织的管理者不能对资源进行高效率的使用，他们可能就很难再寻找到捐助或者获得政府的进一步拨款。例如，虽然《萨班斯－奥克斯利法案》(Sarbanes-Oxley Act，又称《2002年公众公司会计改革和投资者保护法》) 不适用于非营利性组织，但许多组织仍采用它的指导方针，争取更大的透明度，承担更多的责任，提高选民信任度，在争取资金的时候更有竞争力。

另外，一些类型的非营利组织，例如通过向客户提供服务来获得收入的医院和私立大学，由于必须努力保持"账本底线"（bottom line），从某种意义上来说就是必须获得足够的收入来支付费用，所有管理者通常会为哪些因素决定他们的工作效果和效益而心存疑虑。与支出相比较，衡量收入很容易，但非营利组织的成功标准通常更加不明确。管理者不得不评估无形的东西，比如"改善公共卫生""提高教学质量"或"增加艺术欣赏水平"等。这一无形的特点也使得评估员工和管理者的绩效更加困难。非营利性组织管理的复杂性还在于，在一些类型的非营利性组织中，不能用商业企业的管理者对付员工的方法来监管和控制那些志愿者和捐赠人。许多从企业转入非营利性组织的人都惊讶地发现，工作时间往往比以前的管理工作更长，压力更大。

明茨伯格所定义的管理任务也适用于非营利性组织的管理者，但有一些差异。我们可以期盼非营利性组织中的管理者更多地关注他们作为发言人的角色（向公众和捐赠人推销该组织）、领导者的角色（建立由使命驱动的员工和志愿者的共同体）和资源分配者的角色（分配通常是自上而下分发下来的政府资源或者赠款）。

所有组织（包括大公司、中小企业和非营利性组织）的管理者都必须谨慎地整合和调整管理职能与任务，以应对他们自身环境内部的新挑战，并使其组织得以持续健康的发展。

1.7　变化环境中的创新管理思维

印度塔塔集团（Tata Group）、美国通用电气（GE）和非洲 M-Pesa 移动支付服务的管理者与 18 世纪的发明家和政治家本杰明·富兰克林（Benjamin Franklin）有什么共同点？最近有一本关于创新的书籍，其作者认为，这些管理者都运用了一个被称为 Jugaad 的概念。Jugaad 是北印度语，主要是指以有限的资源创造有用的东西。作者说，本杰明·富兰克林是一个很好的具有历史意义的例子，因为他直接面对资源匮乏，但却即兴进行了造福于大众的创造发明。

管理学科像大多数学科一样喜欢使用流行术语，Jugaad 就是最近出现在无线电探测器上的一个术语，主要指一种被印度公司普遍采用的创新思维模式，力图快速而花费不多地满足顾客的直接需求。由于当今经济环境中的研发预算紧张，美国和其他西方国家的管理者很快接受了这种方法，有时称之为"节俭式工程"（frugal engineering）。它会是一个很快就从管理者的词汇中消失的流行词，还是会变得像全面质量（total quality）或持续改善（kaizen）等词汇一样普遍存在于管理领域？

管理者总是在寻找新的理念、创新的管理办法以及新的工具和技术。管理理念和组织形式随时间而变化，以满足新的需求。

管理理论始终在变化，为什么过去的经验对管理者来说如此重要？今天的工作场所与 50 年前的工作场所完全不同（实际上，甚至与 10 年前都完全不同），但以前的管理概念却形成了管理教育的主干。一个原因就是，以前的管理理念为管理者提供了更加广阔的思维方式，一种寻找管理模式并确定这些模式是否可以再次采用的方法。它是一种学习方法，可以从别人的错误中吸取教训，从而使错误不会再次发生；可以从别人的成功中获得经验，从而使这些成功能够在适合的情况下重现；更重要的是，可以学习了解在未来一些事情能够改善组织绩效的原因。一些看似时髦的管理办法，例如账目公开管理或员工持有股份等，实际上已经存在很长时间了。自 20 世纪初以来，这些管理方法由于历史性因素的变化而反复出现和废弃。

本章真实地概述了使工作场所成为当今这个模样的管理思想、理论和管理理念。本章最后一节讨论了最近的管理趋势，以及在这种管理认识的基础上建立起来的当前的管理方法。这个基础说明，学习管理的价值不在于学习当前的管理实例和研究成果，而是在于发展有助于形成开阔而长远视角的管理理论，使管理取得成功。

 新晋管理者自测
....
你是新型管理者还是传统型管理者？管理思维的演变

说明： 以下是管理者在对待下属时可能采取的各种行为。仔细阅读每一种行为，并使用"是"或"否"来反映你将采取该行为的可能程度。

	是	否
1. 密切监督下属，使他们工作得更好。	_____	_____
2. 为下属设定目标，并劝他们接受我的计划所具有的价值。	_____	_____
3. 建立控制方法，以确保下属完成工作。	_____	_____
4. 确保已为下属做好了工作规划。	_____	_____
5. 每天询问下属，看看他们是否需要任何帮助。	_____	_____
6. 一旦报告显示某项工作的进展变慢就插手干预。	_____	_____
7. 必要时促使下属按照进度完成。	_____	_____
8. 经常开会，从其他人那里了解正在发生的事情。	_____	_____

评分与解释： 将回答"是"的总数加在一起，将分数标注在自测表的下面。X 理论倾向于"传统型"管理模式，而 Y 理论倾向于"新型"管理模式，因为这些管理模式基于对人性的不同假设。要了解这些假设的更多信息，你可以参阅表 1-3，查看 X 理论和 Y 理论的相关假设。强硬的 X 理论假设通常被认为不适合当今的工作场所。在 X-Y 尺度上，你的位置在哪里？你的分数能够反映你作为一名管理者或未来的管理者的看法吗？

1.8 管理与组织

研究历史并不意味着只按时间顺序排列事件，而是要形成一种对社会力量如何影响组织的理解。学习历史是获得战略性思维、把握大局以及提高概念技能的一种方式。让我们先看看社会、政治和经济力量是如何影响组织和管理实践的（见图 1-8）。

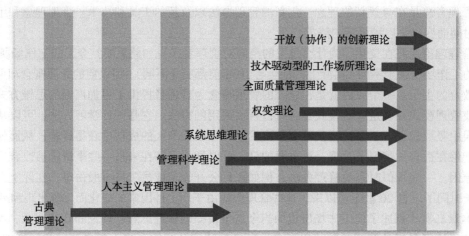

图 1-8　管理理论的发展演变

回撤和弃踢

格伦·林克（Glenn Rink）最伟大的产品——用于吸收溢油的爆米花状海绵，在 20 世纪 90 年代受到冷遇。公司的怀疑论者说，传统的撤油法仍是用于油脂清理的首选方法。他的产品因大家的不接受而受到阻碍，格伦·林克这位 AbTech 工业公司（Abtech Industries）的创始人，于是效仿足球队的悠久传统，那就是有时需要回撤和弃踢（punt）才能再次进攻。

格伦·林克决定将重点放在小规模的灾害上。十多年过去，Abtech 工业公司因提供低成本替代方案来解决城市的各种水污染问题而建立起良好的声誉。战略见到了成效。2011 年，智能海绵（Smart Sponge Plus）的制造商 AbTech 焕发生机，公司与美国废物管理公司（Waste Management, Inc.）进行合作，成为北美城市的独家经销商，石油清洁订单源源而来。到目前为止，智能海绵已在全球 15 000 多个溢油地点使用。

1.9　古典管理理论

管理实践可以追溯到公元前 3000 年由苏美尔人和埃及人建立的第一个政府组织，但正式的管理研究是近代才开始的。据我们今天所知，早期的管理研究始于我们现在所说的古典管理理论。

古典管理理论（classical perspective）出现于 19 世纪和 20 世纪初。19 世纪开始出现的工厂制度对管理提出了挑战，这是更早期的组织所没有遇到过的事情。为工厂提供机械器具准备生产、管理机构的组织、员工培训（员工中许多人都是非英语国家的移民）、复杂的制造作业安排，以及处理已经膨胀的劳工不满意和由此带来的罢工等都提出了一系列的问题。

这些大量的问题以及庞大而复杂的组织的发展，要求管理层采用新的协调和控制方法，于是，"经济人的新亚种——领取薪资的管理者"（salaried manager）诞生了。从 1880 年到 1920 年，美国专业管理者的人数从 16 100 人上升到 100 多万人。这些专业管理者开始开发并验证各种解决方案，以应对在组织、协调和控制大量的人员并提高员工劳动生产率方面日益严峻的挑战。于是，现代管理研究的发展开始了，这就是古典管理理论。

这个理论体系包含了三个子领域，每一个又有自己略微不同的强调之处：科学管理、科层组织、治理原则。

1.9.1 科学管理

科学管理（scientific management）强调科学地决定工作和管理实践，通过这种方法来提高效率和劳动生产率。19 世纪末，一个年轻的工程师弗雷德里克·温斯洛·泰勒（Frederick Winslow Taylor，1856—1915）主张"工人可以像机器那样被改造，他们的生理和心理装置都可以被重新校准以产生更高的劳动生产率。"泰勒坚持提高劳动生产率意味着管理本身也要改变，进一步而言，改变的方式只能通过科学研究去决定；因此，科学管理的标签出现了。泰勒建议用建立在对个体情况的仔细研究而确定的精确程序，去取代建立在经验法则和传统基础上的决策。

该科学管理方法可以用 1898 年伯利恒（Bethlehem）钢铁厂的工人从机动轨道车上卸下生铁，再把制成的钢铁重新装上车来说明。泰勒计算过，如果用正确的动作、工具和程序，每个工人每天的搬运量是 47.5 吨，而不是有代表性的 12.5 吨。他还设计了一个激励机制，每个达到新标准的工人每天可以领取 1.85 美元工资，这比以前的工资水平 1.15 美元有所上涨。伯利恒钢铁公司的劳动生产率一夜之间就猛然提高了。

虽然泰勒被誉为"科学管理之父"，但该领域并不是只有他一个人。泰勒的同事亨利·甘特（Henry Gantt）发明了甘特图（Gantt Chart），它是用来度量产品每一个阶段的安排和里程碑的时间图。该领域另外两个领军人物是夫妻档吉尔布雷思夫妇。弗兰克 B. 吉尔布雷思（Frank B. Gilbreth，1868—1924）开创了手工操作中的时间和动作研究，并独立于泰勒之外，得出了他自己的许多管理技能。他强调效率，因追求一种最好的方式来工作而被大家所知。虽然吉尔布雷思早期的工作是砖匠，但因大大地减少了病人在手术台上所花的时间，他对外科手术也产生了重大影响。通过工业操作效率研究分析的应用，外科医生可以挽救无数生命。莉莲 M. 吉尔布雷思（Lilian M. Gilbreth，1878—1972）对关于人的工作更感兴趣。当她的丈夫 56 岁去世时，她有 12 个孩子，年龄从 2 岁到 19 岁不等。这个顽强的"管理第一女性"继续着她的工作。她代替已故的丈夫提交论文，继续着他们的研讨会、咨询业务和授课，最后成了普渡大学（Purdue University）的一名教授。她成了工业心理学的领军人物，在人力资源管理方面做出了巨大贡献。

表 1-2 表明了科学管理的特征。通过该途径，管理者们要建立起工作的标准方法，选择有适当能力的员工，以标准方法来训练员工，为员工提供支持，避免干扰以及提供激励工资等。

表 1-2　科学管理的特征

一般方法
- 建立起每项工作的标准方法
- 针对每项工作筛选具有适合能力的员工
- 以标准的方法来培训员工
- 通过计划工作和排除干扰来支持员工
- 给员工提供激励工资来提高产量

贡献
- 证明了酬劳对于工作表现的重要性
- 促使对任务和工作进行认真学习
- 证明了员工筛选和培训的重要性

批评
- 不重视工作的社会环境以及员工更高层次的需求
- 没有认识到个体的差异性
- 倾向于将员工看成无知的人，并忽略他们的想法和建议由泰勒提出的科学管理的概念大大提高了各行各业的生产力，直到今天也很重要。确实，为提高生产力而将工作工程化的思想已在零售业中取得了令人瞩目的成就。例如，梅杰公司（Meijer Inc.）和汉纳福德（Hannaford）等超市采用了基于科学管理原则的计算机化的劳动力浪费消除系统。这种系统将工作任务（例如，招呼顾客、操作寄存器、浏览项目等）分解成可以量化的单元，并为每项任务的完成设定了标准时间。高管层认为，计算机化的系统可以让他们更有效地为商店配备员工，因为员工通常由计算机监控，并需符合严格的标准。

一篇讨论对现代管理有重大影响的创新的《哈佛商业评论》（*Harvard Business Review*）文章，将科学管理列为 12 项最有影响力的创新之首。事实上，建立一个具有最高效率的系统以及组织工作以达到最大生产力的思想，已经在我们的组织中根深蒂固。但是，因为科学管理忽略了社会环境和员工需求，导致了管理者和员工间的冲突加剧，有时候甚至激起暴力冲突。例如，食品与商业工人联合会（United Food and Commercial Workers Union）对梅杰公司的收银员绩效系统提出了申诉。在这种绩效管理系统下，员工们常感觉被利用了，这与泰勒及他的拥护者们所想象的和谐与合作形成了强烈的反差。

1.9.2　官僚组织

欧洲将组织视为一个整体的系统研究法是**官僚组织研究法**（bureaucratic organizations approach），它属于古典管理理论的一个分支。德国理论家马克斯·韦伯（Max Weber, 1864—1920）引入了官僚组织中的绝大多数理念。

19 世纪末，许多欧洲组织仍然是以个人或家庭为基础进行管理。雇员们忠实于某个人，而不是组织或其使命。这种管理方法的不良结果就是资源被用来实现个人欲望，而非组织目标。雇员们实际上拥有组织，且利用资源来满足一己之欲而不是服务客户。韦伯预见组织应该在一个客观、理性的基础上去管理。这种形式的组织被称为官僚组织。图 1-9 总结了韦伯指出的六大官僚组织特征。

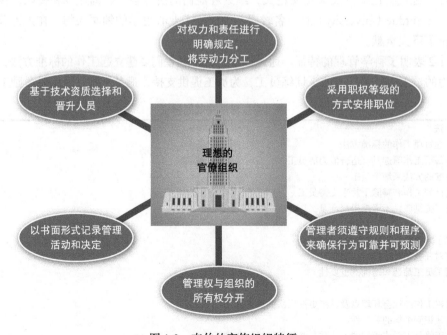

图 1-9　韦伯的官僚组织特征

韦伯相信，建立在理性权威基础上的组织将会更有效率，更能适应变革，因为持续发展与正式组织结构和正式职位有关，而不是个人——个人随时可能离开或者死亡。对于韦伯来说，组织理性意味着员工选择和升迁不是由于你认识谁，而是其自身竞争力和技术资格，这要通过考试、具体培训或者经验来评估。组织通过制度和书面记录来延续其发展。此外，制度和流程是客观的，且一致地适用于每一个人。劳动力的清晰分工来自于对权力和责任不同的定义。职位是按等级划分的，且受上一级支配。管理者不是依靠他的个人魅力来成功下达指令，靠的是管理职位的合法权力。

"官僚"一词在今天的组织中具有负面意义，让人联想到无穷无尽的规则和红头文件。排在长长的队伍里等待或者遵循表面上愚蠢的程序，把我们全部弄得垂头丧气。然而，官僚原则的价值在许多组织中仍有明显体现，例如联合包裹服务公司（UPS），该公司有时被称为大布朗（Big Brown），见稍后的"聚焦技能"专栏。

如这个例子所示，官僚原则有积极的方面，也有消极的方面。韦伯也认识到了官僚组织有好的一面，也有不好的一面。虽然他察觉到官僚组织是对基本人身自由的威胁，但他认为这是最有效和最合理的组织形式。另一方面，规则和其他官僚程序又提供了一种对待员工的标准方式。每个人都一视同仁，每个人都对规则一清二楚。几乎每个组织者需要有规则，并且随着组织越来越壮大、越来越复杂，规则就是越来越多。例如，在家具制造公司，管理员工行为的一些规则如下：

- 员工在使用机器时必须佩戴保护眼睛和耳朵的设备。
- 员工必须履行分配给他们的任何合理职责，包括车间的维护。
- 员工必须具有显示工作和活动的准确时间表。
- 解雇通常由以下原因造成：迟到或旷工的次数过多，故意破坏设备，频繁的粗心和不安全行为，盗窃，工作受到酗酒或非法吸毒行为的影响。

 聚焦技能

联合包裹服务公司

联合包裹服务公司（UPS）是全球最大的包装运输公司，也是全球领先的专业运输和物流服务提供商。该公司的业务遍及全球 200 多个国家和地区。

为什么联合包裹服务公司如此成功？一个重要的原因就是采用了官僚组织理念。公司按照严格的规则和条例运行，为快递员制定了令人吃惊的 340 个正确运输包裹的步骤，例如怎样装货、系紧安全带、行走以及如何携带钥匙，为快递人员、装卸人员、办事员和管理者制定了具体的安全规则。员工必须执行严格的着装规定——每天须穿干净的制服（称为"普式褐"（browns））、带有防滑鞋底的黑色或褐色抛光鞋，不留胡须，头发不超过衣领，送货时不可有看得见的文身等。每次换班时，快递员要进行"Z 字形扫描"，即一种对车辆侧部和前部进行 Z 字形检查的方式。要求员工在每天下班时清理办公桌，使他们在第二天早上有一个崭新的开端。为管理者提供了各种政策书籍的副本，希望他们会经常翻看，并且每天大量传阅各种政策和规则的备忘录。

联合包裹服务公司具有明确的劳动分工。每个物流场所都由专业快递人员、装卸人员、办事员、清洁人员、分类人员和维护人员组成。该公司凭借书面记录而蓬勃发展，在使用新技术来提高可靠性和效率方面一直处于领导者地位。所有快递员都有日常工作表，对业绩目标和工作量进行详细说明。技术资质是雇用和晋升员工的标准。该公司的政策书籍上要求，领导者应具有能够证明其领导地位的知识和能力。严格禁止徇私枉法。官僚组织模式在这个"运输业中最紧凑的船只"中颇有成效。

1.9.3　行政管理原则

古典管理的另外一个子领域是行政管理原则。科学管理注重每个工人的生产力，而**行政管理原则**（administrative principles）关注的是整个组织。这个理论的主要贡献者是法约尔（Fayol，1841—1925），法国一名采矿工程师，他通过自己的努力一直做到了大型采矿集团公司 Comambault 的最高领导者。在法约尔晚年，他根据自己的管理经验写下了其管理理念。

在法约尔的著作《工业管理与一般管理》 [○]（*General and Industrial Management*）中，他讨论了 14 种管理学的一般原理，其中一部分成为今天的管理哲学。如：

- **统一指挥**。每个下属只接受唯一一名主管的命令。
- **分工**。管理工作和技术工作都要经得起专业化的考验，以用相同的努力来做出更多、更好的工作。
- **统一方向**。同一组织的相似活动要分配到同一名主管名下。
- **等级链**。一个组织的等级链必须自上而下地包含每一个员工。

法约尔认为这些原理对于所有组织都适用。他还指出了管理的五种基本功能和元素：计划、组织、命令、协调和控制。这些功能强调了当今管理学原理的主要方法。

古典理论作为一种管理学方法总体来说是非常有影响力的，给企业带来了新的技能，建立起了高生产力和对待员工的有效性。事实上，美国走在了世界管理技术的领先位置，其他国家，特别是日本，大大借鉴了美国的理念。

1.10　人本主义理念

管理上的**人本主义理念**（humanistic perspective）强调理解人类在工作场所的行为、需求和态度的重要性，也强调社会交往和群体过程。人本主义理念有三个主要分支：人际关系运动、人力资源理论以及行为科学理论。

1.10.1　早期的倡导者

早期的两位主张人性化管理方式的倡导者是玛丽·帕克·福列特（Mary Parker Follett）和切斯特·巴纳德（Chester Barnard）。福列特（1868—1933）曾接受过哲学和政治学方面的培训，但她却投身于多个学科领域，包括社会心理学和管理学。她曾写过共同目标对减少组织冲突的重要性。她的著作被当时的一些商业人士所关注，但却常被学者们忽略。福列特的理念和科学管理形成了对比，后来再度兴起，被现代管理者运用来处理全球化环境中的快速变革。她的领导方式更强调人而不是工程技巧的重要性。她总是给别人简洁精辟的忠告，"不要死抱着你的蓝图"，分析管理和组织的互动状态。福列特处理了许多直到今天仍然存在的问题，如道德规范、权力以及怎样通过领导来鼓励员工做出最大的贡献。授权的理念促进员工成长而不是控制员工，允许员工根据其职位的权力采取行动。巴纳德和其他人开创了理论性研究的新领域。

巴纳德（1886—1961）在哈佛学习了经济学但是没拿到学位，因为他缺少实验课程的学分。他在美国电话电报公司的统计部门工作过，1927 年成为了新泽西州贝尔公司（New Jersey

---

○ 本书中文版机械工业出版社已出版。

Bell）的总裁。巴纳德的一个杰出贡献就是关于非正式组织的概念。非正式组织存在于所有正式组织中，包括一些派系、非正式网络和社会团体。巴纳德提出，组织不是机器，强调非正式关系如果管理得当，是一股可以帮助组织的强有力的力量。另外一个突出贡献是权威接受理论，即人们有自由的意愿来选择是否跟从管理指令。人们通常会接受指令，因为他们可以从中发现正效益，但是他们也有选择。管理者必须恰当地对待雇员，因为那些身居重要职位的人的权威得到雇员的认可对组织的成功是很关键的。

1.10.2　人际关系运动

人际关系运动（human relations movement）的基础是，真正有效的控制来源于劳动者们的内心，而不是严苛、专制的控制。这个思想流派直接回应了社会上要求开明对待雇员的压力。由于科学管理理论居于主导地位，工业心理学和人员选择方面的早期研究工作几乎没有受到关注。后来芝加哥一家电气公司的一系列研究，即**霍桑研究**（Hawthorne studies），改变了这种状况。

1895 年左右，在气、电照明器材生产者之间，为控制住宅和工业市场展开了一场较量。到 1909 年，电力照明开始获胜，但是，越来越高效的电力器材使用的能源总量反而减少，电力公司的利润下降。电力公司发起了一场运动，以说服工业用户使用更多的光来获得更大的生产力。当宣传起不了作用时，该行业开始通过实验检验来证明其论断。管理者们对结果持怀疑态度，所以成立了工业照明委员会（CIL）来进行测试。为了进一步增加测试的可信度，托马斯·爱迪生（Thomas Edison）被任命为工业照明委员会的名誉主席。在西部电气公司（Western Electric Company）测试点的霍桑发电厂，发生了一些有趣的事情。

这项工作的主要部分涉及四个实验组和三个控制组。总共要进行五个不同的测试。其目的是要验证在影响劳动生产率方面，除了照明度，其他一些因素也很重要。为了更仔细地验证这些因素，还进行了更多的其他实验。其中最有名的研究是继电器装配实验室（RATR）试验，其结果也最有争议。在两名哈佛教授埃尔顿·梅奥（Elton Mayo）和弗里茨·罗特利斯伯格（Fritz Roethlisberger）的指导下，研究持续了 6 年（1927 年 5 月 10 日到 1933 年 5 月 4 日），包括 24 个阶段的彼此独立的试验。许多因素发生了改变，许多无法预见的因素无法加以控制，导致那个时期的学者们不承认这些因素是促成效能提高的原因。但是，早期实验在一件事情上达成了共识：金钱不是导致产量增加的因素。大家相信，最能够解释产量增加的因素是人际关系。当管理者们积极对待雇员时，他们往往表现得更好。近期关于该实验的再次分析显示，许多因素对于相关的工作人员来说影响力都是不同的。一些人认为金钱可能是最重要的因素。对当初实验参与者的一次采访显示，仅是参与这个实验小组已经意味着收入的急剧提高。

这些新的数据清晰显示了金钱在霍桑实验中具有极大的影响力。此外，员工生产力的提高一部分原因是员工感觉到自己更为重要，另一部分原因是员工被选择从事重要项目时的团队自豪感。该实验一个意料之外的贡献是对于现场调查研究实践的重新思考。研究者和学者意识到，研究员如果和研究课题关系太密切会影响实验的结果。这个现象在研究方法论中被称为霍桑效应。由于霍桑实验中研究者们的积极参与，实验对象的行为也会不同。

从历史的观点来看，霍桑试验得出的结论在学术上是否值得信赖并不太重要。重要的是，它促使人们不再把工人仅仅看成是生产机械的延伸。当管理者友好地对待工人时，工人的劳动生产率就得以提高的这种说法引起了一场善待工人的革命，其目的是提高组织的劳动生产率。尽管研究的方法论可能有缺陷或者结论不够精确，但是这些研究成果促发了人际关系理论。人际关系理论影响了盛行 1/4 世纪的管理理论与实践，人际关系是提高劳动生产率的最佳方法这一理念今天依然大行其道。

1.10.3 人力资源理论

人际关系运动最初支持管理的"乳牛场"理念——满足的奶牛会产更多的牛奶，那么满意的员工也会做更多的工作。渐渐地，更具深度的观点出现了。**人力资源理论**（human resources perspective）保持了对员工参与和体贴员工的领导方式的兴趣，但强调的重点变成了人们每天要做的日常工作。人力资源理论的理念将工作任务设计计划与动机理论结合起来。在人力资源理论看来，工作需要经过设计，这样任务就不会被认为是非人性化或者缺乏尊重的，而是允许员工充分发挥他们的潜力。马斯洛和麦格雷戈是两位最著名的人力资源理论方面的贡献者。

实证心理学家亚伯拉罕·马斯洛（Abraham Maslow，1908—1970）发现，他的病人的问题通常是因为没有能力满足自身的需要。因此，他总结了自己的研究成果，提出了需求层次理论。马斯洛的需求层次从生理需求开始，然后再上升到安全、归属、尊重直至最终的自我实现需求。本书第 12 章将比较详细地介绍马斯洛的需求层次理论。

道格拉斯·麦格雷戈（Douglas McGregor，1906—1964）担任俄亥俄州 Antioch 大学校长时，对早期过分简单化的人际关系概念感到很失望。他向古典管理理论和早期人际关系理论有关人类行为的假定提出了挑战。

 新晋管理者自测

你的马赫（Mach）得分是多少？

说明：管理者在如何看待人性、使用何种策略让他人去完成任务方面各有不同。请根据你对他人的评价回答以下问题。请仔细考虑每一个问题，并根据你内心深处的真实感受作答。请回答，以下各题对你而言是"多半是对的"还是"多半是错的"。

	多半是对的	多半是错的
1. 总的来说，比起成功和虚假来说，谦逊和诚实更为重要。	_____	_____
2. 如果你完全信任某个人，那就是在自找麻烦。	_____	_____
3. 领导者只应在道德上正确时才采取措施。	_____	_____
4. 对待别人最好的办法就是说他们喜欢听的话。	_____	_____
5. 没有理由对别人说善意的谎言。	_____	_____
6. 对重要的人阿谀奉承是有道理的。	_____	_____
7. 大多数获得成功的领导者也会使大家的行为非常道德。	_____	_____
8. 最好不要告诉大家你做某事的真正原因，除非这样做对你有利。	_____	_____
9. 绝大多数人是勇敢、优秀和善良的。	_____	_____
10. 如果有时不走捷径，就很难达到顶峰。	_____	_____

评分与解释：计算马赫得分时，1、3、5、7、9 项的答案如果为"多半是错的"得 1 分，2、4、6、8、10 项的答案如果为"多半是对的"得 1 分。这些题目来自于意大利政治哲学家尼科洛·马基雅维利（Niccoló Machiavelli）的著作，1513 年他著成《君主论》，描述了君主如何保持对王国的控制。

在马基雅维里时代，成功的管理策略被大家认为是具有如今叫作"以自我为中心"和"好指使人"的行为，这些行为几乎与人际关系运动产生的更开明的管理方式相反。8 ~ 10 分表明你的马赫得分很高；4 ~ 7 分表示中等分数；0 ~ 3 分表示马赫得分低。马赫分数高并不意味着你是一个难以揣测或不道德的人，但可能表示具有淡漠超脱的个性，将生活视为一场游戏，不愿意与他人商谈。与其他学生讨论你的结果，并谈谈你是否认为政治家和高层管理者具有马赫高分或低分。

他根据自己担任管理者和咨询师的经验、作为心理学家的培训经历以及马斯洛的研究成果，提出了 X 理论和 Y 理论（见表 1-3）。麦格雷戈认为，古典管理理论是建立在 X 理论对工人的假定之上的。他还认为，X 理论经过修正就适合早期人际关系理论的理念。换句话说，人际关系理论还不够深化。于是，麦格雷戈又提出了 Y 理论来指导管理思维，这是更切合实际的对工人的认识。

表 1-3　X 理论和 Y 理论

X 理论的基本假定
- 普通人的内心都不喜欢工作，因而一有可能就会逃避
- 因为人有厌恶工作的特性，所以对大多数人都必须进行强制、监督、指挥或者用惩罚进行威胁，才能使他们付出足够的努力去完成组织目标
- 一般人都胸无大志，满足于平平稳稳地完成工作，喜欢受他人指使和逃避责任

Y 理论的基本假定
- 在工作中，生理和心理的投入是很自然的，就像做游戏或者休息一样；普通人的内心并不厌恶工作
- 要使人付出努力去完成组织目标，外部监督和用惩罚来威胁并不是唯一的办法；一个人在完成他做出承诺的目标时，会实施自我管理和自我控制
- 在适当的条件下，一般人不但能学会接受任务，而且会主动承担责任
- 在解决组织面临的问题时，许多人（而不是少数人）都有发挥较高程度的想象力、灵活性和创造性的能力
- 在现代工业化生活条件下，普通人的智力潜能只发挥了一部分

Y 理论认为，组织可以利用所有员工的想象力和聪明才智。一旦给予机会，员工将会自我控制，并对实现组织目标做出贡献。今天有些公司仍然在使用 X 理论的管理模式，但更多的公司则在尝试 Y 理论的管理方法。看看赛氏公司（Semco）如何运用 Y 理论来开发员工的创造力和思维。

对于像里卡多·塞姆勒（Ricardo Semler）这样的管理者来说，命令和控制是过去的事情，未来属于那些在整个组织中建立起领导力的公司。Y 理论原则帮助塞姆勒在艰难的环境中取得了成功。虽然几乎没有公司像赛氏那样成功，但其他公司也采用了更符合今天的强调员工授权和参与的 Y 理论原则。

1.10.4　行为科学原理

行为科学理论（behavioral sciences approach）使用了科学方法，并吸取了社会学、心理学、人类学、经济学及其他学科，来发展关于组织中人类行为和互动的理论。事实上该理论存在于任何组织当中。当美捷步（Zappos.com）等公司进行研究，以决定选择新员工的最佳实验组、面试和员工简历时，它使用的就是行为科学技术。当百思买（Best Buy）电子商店培训新晋管理者的员工激励技能时，绝大多数理论和发现的根源都是行为科学研究。

有一组基于行为科学方法的具体管理技术叫作组织发展（organization development, OD）。在 20 世纪 70 年代，组织发展演变成了一个独立的分支，运用行为科学，通过它应对

变革的能力，改善内部关系及加强解决问题的能力，来改善组织的状况和效率。组织发展的技术和理念被扩展到解决组织和环境加剧的复杂性，因此组织发展对管理者来说仍然是至关重要的方法。组织发展将会在第 8 章详细讨论。其他从行为科学理论延伸出来的理念包括：矩阵组织、自我管理型团队、组织文化的理念以及走动管理。实际上，自 20 世纪 70 年代以来，行为科学理论已经影响了管理者在组织中运用的主要工具、技术和方法。

本书中其余章节都包含了与行为科学理论有关的研究发现和管理应用。

 聚焦技能

赛 氏 公 司

巴西赛氏公司的基本运作原则就是利用所有员工的智慧。公司让员工自己控制他们的工作时间、地点，甚至薪酬计划。员工也参与组织的所有决策，包括公司应从事的业务。

赛氏公司的领导者认为，经济上的成功需要创造一种让员工能够直接掌握权力和控制权的氛围。员工可以否决任何新的产品理念或商业冒险。他们选择自己的领导者，并自行管理以实现目标。信息公开并完全共享，以使每个人都知道自己和公司所处的位置。领导者不会强调赛氏公司的身份和策略，而是通过个人的利益和努力来塑造。鼓励员工寻找挑战，探索新的思路和商机，并可以对公司内任何人的理念提出质疑。

这种对员工的高度信任，帮助赛氏公司在经济波动和市场变化的环境里取得了数十年的高收益和高增长。里卡多·塞姆勒说："在赛氏公司，我们不按规矩办事。"该公司由塞姆勒的父亲于 20 世纪 50 年代创办，塞姆勒表示，这样的运作原则不会让他因身心交瘁而"后退，看不到公司层面的东西"。他很高兴看到公司及其员工"可以在他们的工作时间内随意走动，凭借直觉和提供的机会让公司运转"。

1.11 管理科学理论

第二次世界大战引起了许多管理上的改变。大量复杂的与现代全球化战争有关的问题，使管理决策者需要比以往更复杂的管理工具。**管理科学**（management science）理论也称为定量管理理论（quantitative perspective），为解决这些问题提供了一条途径。该理念的特别之处在于数学、统计学和其他定量技术在管理决策和问题解决中的运用。第二次世界大战期间，组成了由数学家、物理学家和其他科学家参加的研究小组，以解决经常需要快速而有效地转移大量材料和人员的军事问题。管理者很快看到了如何将定量技术应用于大型商业公司。

管理学者彼得·德鲁克 1946 年的著作《公司的概念》[一]引发了大规模的商业和管理学术研究。学者们逐渐关注用于军事的各种技术，并开始为企业管理者开发许多数学工具，例如用于优化绩效的线性规划模型、用于质量管理的统计过程控制，以及资本资产定价模型。

随着计算机的发展和完善，这些研究应用得以扩大。再加上统计技术不断发展，计算机使得管理者可以收集、保存和处理大量的数据，用于定量决策。今天，定量管理理论已被各行各业的管理者广泛使用。迪士尼公司使用**定量技术**（quantitative techniques）来开发快速通道系统（FASTPASS），该系统是一个复杂的计算机化系统，对于最受欢迎的游玩项目，可以为父母节省排长队的时间。迪士尼主题公园内安装有发放优惠券的机器，优惠券上写有返回

㊀ 本书中文版机械工业出版社已出版。

时间，时间是根据实际排队人数、已获得通行的人数以及各项目可容纳的人数计算出来的。下一代的 xPass 技术甚至可以让游客在出门之前预约各项目的时间。让我们看看管理科学理论的三个分支：

运筹学（operations research）直接来源于二战军事团队（英国和美国称之为运筹研究小组）。它包括建立数学模型以及运用其他定量技术来解决管理问题。

运营管理（operations management）是指专门针对商品或服务的实际生产进行管理的管理领域。运营管理专家应用管理科学来解决生产制造问题。一些常用的方法诸如预测、库存建模、线性和非线性规划、排队论、调度、模拟和盈亏平衡分析。

信息技术（information technology，IT）是管理科学的最新分支，通常反映在管理信息系统中，这些系统以一种及时而经济高效的方式向管理者提供相关信息。信息技术已逐步发展到包括内部网和外部网，以及用于帮助管理者估算成本、计划和跟踪生产、管理项目、分配资源或安排员工的各种软件程序。今天的大多数组织都有信息技术专家，他们使用定量技术来解决复杂的组织问题。

🌐 热门话题

然而，抵押贷款和金融行业中发生的一些事件显示，过分依赖定量技术可能会给管理者带来问题。抵押贷款公司使用定量模型，这些模型显示它们在次级房贷中的投资即使在违约率达到历史高位时也不会有问题。然而，这些模型没有考虑到，史上没有人会认为给拿最低工资的人提供 50 万美元的贷款是有道理的！其他金融企业也出现了"数量分析专家"来把控公司的组织决策。术语**数量分析专家**（quants）是指，在假设使用高等数学和复杂的计算机技术能够准确预测市场的运作方式，并帮助他们获得巨额利润的情况下，依据复杂的定量分析进行决策的财务管理者或其他人。他们几乎只

依靠这些定量模型，使得雄心勃勃的交易者和管理者面临巨大的风险。当市场因为对次级抵押贷款的疑虑越来越多而陷入混乱时，这些模型也乱了套。预期上涨的股票出现下跌，而预期下跌的股票却上涨。预测一万年才会发生一次的事件在市场疯狂的行为中连续发生了三天。《华尔街日报》的记者及《数量分析：数学鬼才如何征服华尔街》（*The Quants: How a New Breed of Math Whizzes Conquered Wall Street and Nearly Destroyed It*）的作者斯科特·帕特森（Scott Patterson）认为，2008 年开始的金融危机部分是由于数量分析专家未能考虑市场的基本因素，未注意到人为因素和自己的直觉认知。

1.12　当前的历史趋势

尽管当前一些管理者大量使用管理科学技术，但到目前为止，在我们所讨论的管理理论中，人本主义理论是从 20 世纪 50 年代至今最为流行的理论。第二次世界大战结束后，出现了新的管理理论，并持续关注管理的人性方面，例如与人本主义理论相关的团队和群体动力以及其他理念。出现的三个新理论是：系统思维理论、权变理论和全面质量管理理论。

1.12.1　系统思维理论

系统思维（systems thinking）是要求既能看到某一系统或某种情况的不同要素，也能看到这些要素之间的复杂性以及不断变化的相互作用。一个**系统**（system）由一系列相互关联的部

分构成，这些部分作为一个整体运行，以达到共同的目的。**子系统**（subsystem）是系统（例如组织）的组成部分，各个部分相互依赖。系统（组织）的某一部分发生变化将对其他部分造成影响。管理者需要了解整个组织的协同作用，而不是仅仅了解各个单独的要素，并学会增强或改变整个系统模式。**协同作用**（synergy）意味着整体大于其各部分的总和。组织必须以一个协调的整体进行管理。管理者明白子系统的相互依赖性和协同作用，但认为子系统对整个组织没有影响的想法却不愿改变。

很多人为解决问题而接受了培训，他们将复杂的系统（例如组织）分解成独立的部分，并努力使每个部分尽可能有效运行。然而，各部分的成功并不能使整个系统取得成功。事实上，有时为了使某个部分更加有效而做出的改变，实际上会使整个系统的效率下降。例如，一座小城市在未经全盘系统思考的情况下实施了一个道路建设方案，以解决城市的交通堵塞问题。新道路建好后，更多的人开始搬到郊区。该方案并未缓解拥堵，实际上却使得郊区无计划扩张，从而加重了交通堵塞、交通延误和环境污染。

整个系统，无论是社区、汽车公司、非营利机构还是企业组织，其各部分之间的关系非常重要。系统思维能够使管理者寻求动态发展演变的方式，并专注于能够使整个系统获得成功的节奏、流程、方向、形状和关系网络的质量。当管理者能够看到复杂情况下的组成结构时，改善就会变得容易，但必须关注整体情况。

系统思维的重要因素就是看清各种因果关系圈。《第五项修炼》的作者彼得·圣吉（Peter Senge）认为，现实是由圆圈而不是直线构成的。例如，图 1-10 显示了增加零售企业利润的影响圈。左侧圆圈中的事件是因决定增加广告宣传而引起的，从而零售企业增加了广告预算，用于大力推广其产品。广告促销增加了销售额，从而利润增加，能够提供更多的资金打广告，使广告预算进一步增加。

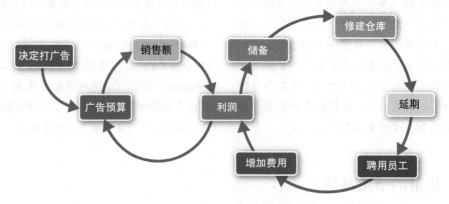

图 1-10　系统思维和因果关系圈

但另一个因果关系圈也受到了影响。市场销售部的决定将影响业务部。随着销售额和利润的增加，业务部不得不储备更多的商品。增加的库存量将需要更多的仓库空间。修建新的仓库将使备货延期。仓库建成后，需要聘用新员工，所有这些都会增加公司的成本，并影响盈利。因此，通过因果关系圈来了解决策所带来的后果，能够使公司的领导者做好资源的计划，将资源分配到仓库修建和广告中去，以确保销售额和利润稳定增长。如果不了解系统的因果关系，高层管理者将无法理解为什么增加广告预算会造成备货延期以及一时的利润下降。

1.12.2 权变理论

近期出现的管理思维的第二大延伸就是**权变理论**（contingency view）。古典管理理论认为存在一种普遍性理论，认为管理理念是通用的；也就是说，一个组织在管理风格和科层结构方面无论采用什么管理理念，这些管理理念同样可以用于任何别的组织。然而，在经营管理教育中，还存在另一种观点，就是个例观点，这种观点认为每一种情况都是独一无二的。管理原则不能通用，学习管理需要在大量的案例问题情境中积累经验。管理者的任务就是确定能够运用于每一种新情况的管理方法。

为了将这些观点整合在一起，出现了权变理论，如图1-11所示。该图中，其他任何观点都不会被认为是完全正确的。相反，某些权变因素或可变因素可以帮助管理者识别和看清所处的社会环境。权变理论告诉我们，那些在某种情况下效果卓著的管理方法，在另一种情况下就不那么成功。权变意味着一件事情的成功依赖于其他事情的发展，管理者对某一情况做出的反应取决于是否能够识别组织环境中的重要权变因素。

图1-11 管理的权变理论

例如，一个重要的权变因素就是组织所在的行业。对互联网公司（例如谷歌）有效的组织结构，对福特等大型汽车制造商来说就不会取得成功。在制造企业运行良好的目标管理（MBO）系统，可能不适于学校系统。当管理者学会如何辨别其组织的重要模式和特征时，他们就能够针对那些特征采用适合的解决方案。

1.12.3 全面质量管理

质量主题是渗透到当今管理思考中的另一个理念。质量运动与日本企业联系紧密，但部分原因是第二次世界大战后受美国影响。"质量运动之父"爱德华兹·戴明（Edwards Deming）的理念最初在美国遭人嘲笑，但日本人接受了他的理论，加以改进后用于实践，进而把日本的工业重新建成了世界王牌。日本公司逐渐从检验导向的质量控制法转向强调员工参与预防质量问题的方法，从而大大改变了美国的模式。

20世纪80年代直至90年代，全面质量管理理论在帮助管理者解决全球化竞争问题时处于最前沿。全面质量管理（total quality management，TQM）强调对整个组织的管理，以向顾客提供高品质的产品或服务。全面质量管理通过公司内部的各种活动向员工灌输全面质量的价值观，尤以第一线的员工关系最为密切。全面质量管理的四个重要组成部分分别是：员工参与、重视顾客需要、标杆管理、持续改进（通常称为kaizen）。

员工参与的意思是，全面质量管理要求所有公司员工都参与质量控制。所有员工都聚焦在顾客身上；实行全面质量管理的公司发现顾客的需要并努力满足他们的需要与预期。标杆管理（benchmarking）指的是一种过程，公司借此发现其他公司如何比自己做得更好，然后努力模仿或者改进提高自己。持续改进是持续地在组织的所有方面实施小的、渐进的改进。全面质量管理不能立竿见影，但是像通用电气、德州仪器、宝洁、杜邦等公司都通过实施全面质量管理而在效率、品质和顾客满意度方面取得了令人瞩目的成就。全面质量管理仍然是今天组织管理的一个重要方面，管理者们尤其认为标杆管理是一个极其有效和令人满意的管理技术。

一些组织追求具有挑战性的质量目标，以显示它们对于改进质量的决心。例如，六西格玛（Six Sigma）是摩托罗拉公司推行的一个宏伟的质量标准，规定每100万零部件的缺陷率不得超过3.4个。许多公司（包括杜邦、德州仪器、通用电气、诺基亚等）都在推行六西格玛质量标准。质量目标与动机将在后续章节进一步阐述。

1.13　变化环境中的创新管理思维

本章到目前为止讨论的所有理念和方法共同构成了现代管理。现在使用的许多理念和技术都可以在这些历史理论中找到根源。此外，创新理念继续涌现，以解决新的管理挑战。明智的管理者会关注过去，但知道他们及其组织必须随时代发展而变化。通用汽车公司（GM）是二战后的"理想"组织模式，但到了2009年，由于管理者未能注意到周围的环境发生了变化，公司濒临破产并寻求数十亿美元的政府援助。通用汽车的管理者认为，他们公司的卓越之处就是能够使公司不受变化的影响，某一策略、公司文化和管理方法会坚持相当长的时间，而这些却与变化的环境格格不入。

当代管理工具

从本章开篇我们讨论的jugaad（一种在印度采用的并且美国管理者正在尝试的创新管理方法）开始回忆。管理的时尚与潮流来来去去，变化不定，但管理者却始终在寻找更能够正确响应顾客需求和环境需要的新技术和新方法。最近对欧洲管理者的一项调查显示，管理者关注的是当前流行的管理理念。下表列出了对于所选择的管理理念有所了解的管理者比例，而这些管理理念在过去十年中非常盛行。

管理理念	知道的管理者比例
电子商务	99.41
分权	99.12
客户关系管理	97.50
虚拟组织	91.19
授权	83.41
重组	76.65

管理者特别倾向于寻找新的理念来帮助他们度过困难时期。例如，当经济形势严峻，股市反复无常，环境和组织危机四伏，对战争和恐怖主义的焦虑挥之不去，华尔街危机引发公众普遍的怀疑情绪时，面对这些挑战，高级管理层一直在寻求能够帮助他们从有限的资源中获取最大限度产出的任何管理方法。"聚焦技能"专栏里列出了当今管理者采用的各种管理理念和技术。管理理念的生命周期随着变革步伐的加快而变得越来越短。路易斯安那大学拉斐特分校的教授进行的一项研究发现，从20世纪50年代到70年代，对某个流行管理理念的兴

趣通常需要十年时间才能达到高峰；而现在，这个时间间隔缩短到不到三年，并且一些流行趋势会变化得更快。

1.14 技术驱动型工作场所的管理

两个流行的、持久性相对较长的现代管理方法（如"聚焦技能"专栏里所述）就是客户关系管理和供应链管理。这些管理技术与转变成为技术驱动型的工作场所有关。技术驱动型工作场所中，更新的管理工具——社交媒体——也得到了越来越广泛的使用，并且越来越重要。

1.14.1 社交媒体计划

许多公司使用社交媒体，以电子方式与员工、客户、合作伙伴和其他利益相关者进行交互沟通。虽然贝恩公司（Bain & Company）调查的管理者中只有29%表示其公司在2010年使用了社交媒体，但有一半以上的管理者表示他们计划在2011年使用社交媒体。**社交媒体**（social media programs）包括公司网络社区页面、社交媒体网站（例如Facebook或领英网（LinkedIn））、微博平台（例如推特网（Twitter）和中国微博）以及公司网络论坛。社交媒体的一个常见但有争议的用途就是用于调查职位候选人的背景和行为。凯业必达网（CareerBuilder）的一项调查发现，37%的招聘主管表示他们使用了社交媒体网站来查看求职者的表现是否专业，了解更多的任职资格信息，或检查候选人是否与组织文化合拍。社交媒体的其他用途包括：了解公司的产品和服务，分享创意和想法，征求客户和合作伙伴的反馈意见，增进员工之间的关系以及销售产品。许多管理者关心的一个问题就是如何衡量使用社交媒体的有效性。

1.14.2 客户关系管理

与社交媒体不同，许多管理者能够非常自在而熟练地运用**客户关系管理**（customer relationship management，CRM）技术。客户关系管理系统使用最新的信息技术来保持与客户的密切联系，并收集和管理大量的客户数据。这些系统能够帮助管理者更准确地进行销售预测，更方便地协调销售和服务人员，改进产品的设计和营销方式，并迅速地采取行动来应对客户需求和期望的变化。这些优势使得管理者对客户关系管理的兴趣激增。在"聚焦技能"专栏，58%的被调查管理者报告说，他们公司在2010年使用了客户关系管理技术，而只有35%的公司报告说在2000年使用了该技术。

 聚焦技能

管理工具和趋势

在管理史上，出现了许多流行而时尚的管理方法。批评者认为，新技术不能代表永久性的解决方案。其他人则认为，管理者在快速变化的环境中必须采用新技术来获得持续的改进。

1993年，贝恩公司开始了一个大型研究项目，对数以千计的公司高管进行有关25种最受欢迎的管理工具和技术的采访和调查。下面显示了2010～2011年的最新数据表及使用率。你知道的管理工具有多少？具体管理工具的更多详细信息请查看 www.bain.com 网站上的《2011 年贝恩管理工具：管理者指南》（*Bain's Management Tools* 2011: *An Executive's Guide*）。

流行性。在 2010～2011 年的调查中，标杆管理成为最受欢迎的管理工具，反映了管理者在经济困难环境中关注于效率和降低成本。兼并和收购的流行性降低，只有 **35%** 的管理者采用这种方法。在使用率和满意度方面均靠前的三个管理工具是：战略规划、使命和愿景宣言以及客户细分，这些管理工具能够在快速变化时期引导管理者进行战略问题思考。

全球趋势。调查显示，新兴市场的企业比成熟市场的企业使用更多的管理工具。新兴市场的管理者中有一半以上报告说使用了平衡计分卡。北美管理者减少了外包业务，但却是社交媒体的最大使用者。拉丁美洲企业的管理者使用的管理工具比其他地区多，但他们却很少采用裁员和客户关系管理。亚洲企业是知识管理的最大使用者。在经济形势依然严峻的欧洲，管理者最喜欢采用标杆和应变管理方式。

 事业大错
....

高 盛 集 团

高盛集团（Goldman Sachs）成立于 1869 年，是当时最早的投资银行之一，1896 年在纽约证券交易所上市。一百多年来，该集团一直作为诚实的象征，始终秉承团队合作、谦逊和诚信的原则。高盛不仅仅在金钱方面能够让客户信任，而且能够以为客户提供服务而感到自豪。但是，按照最近辞职的格雷格·史密斯（Greg Smith）的话来说，高盛的文化已变得贪婪，并将责任归咎于首席执行官劳埃德·布兰

克费恩（Lloyd Blankfein），他不惜一切代价鼓励一种追求盈利的文化，使得投资顾问仅仅为了赚取利润而让客户购买公司需要出货的不良股票，或者向客户销售对他们不利的产品。他甚至听到一些管理者很不友好地将他们的客户称为"提线木偶"（muppets）。布兰克费恩并不懂得，他的一部分工作就是为客户服务。联邦政府首次对高盛集团的交易员"Fabulous Fab Torre"做出了备受瞩目的裁决。

供应链管理

供应链管理（supply chain management）是指从获得原材料到为客户提供成品的所有阶段对供应商和采购商的流程进行管理。图 1-12 所示为基本的供应链模式。供应链是一种通过产品或服务流将多个企业和个人联结在一起的网络。许多组织采用先进的电子技术来管理供应链。例如，在印度，沃尔玛管理者投资建起了一条高效的供应链，将农场主和小型制造商通过电子方式直接联结到商店，最大限度地提高了双方的价值。

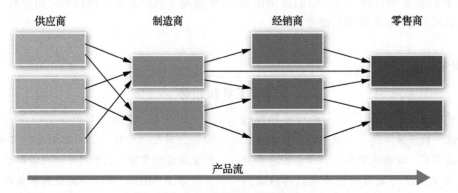

图 1-12　零售企业的供应链

⬤ 讨论题

1. 你感觉在今天这个充满不确定性、模棱两可、变革和威胁突然而至的世界，作为一个管理者的责任是怎样的？描述你认为在这种环境下对管理者很重要的一些技能和素质。

2. 假设你是一家石油化工企业的研究人员，目前正与一位营销经理合作，从事一项重大的产品改进项目。你注意到，你从她那里接收到的每一份备忘录都被复制给了高级管理层。关于公司的每一个职能，她都花时间专门与大人物交谈。你还知道，有时当你还在为项目而辛勤工作时，她却在和高层管理者一起打高尔夫球。你对她的行为有何评价？作为一个项目经理你会怎么办？

3. 通用电气的首席执行官杰夫·伊梅尔特（Jeff Immelt）2012 年 9 月第一次使用推特发布消息，收到了这样一条回复："@杰夫·伊梅尔特，怎么连我的祖父都比你先使用推特呢？"你是否认为管理者应使用推特网和其他社交媒体？当今如果不使用新的社交媒体，你能成为一个高效的管理者吗？为什么？

4. 想一想通用汽车公司高度公开的安全问题。一名观察者说，这个公司的效率目标优先于质量目标。你认为管理者可以同时提高效率和效益吗？请讨论。你认为通用汽车的领导者应如何应对安全形势？

5. 你是一个聪明、勤奋、入门级的管理者，非常想要得到晋升。你的表现评估在技术技能方面能获得高分，但在人际技能方面却是低分。你认为人际技能可以通过学习获得吗？或者你是否需要重新思考职业道路？如果人际技能可以学习，你将会如何做？

6. 一位大学教授告诉学生，"管理学课程的目的是教给学生有关管理方面的知识，而不是教他们如何去做管理者。"你赞成这种说法吗？请讨论。

7. 2010 ～ 2011 年贝恩公司对管理工具和趋势的调查发现，社交媒体的使用量越来越高，但社交媒体也是满意度得分最低的工具之一。你对此如何解释？

8. 你能说出零售商使用基于科学管理原则的劳动力浪费消除系统存在哪些弊端吗？尽管科学管理理论已经存在大约 100 年时间，你相信这些理论将不再是组织生命的一部分吗？请讨论。

9. 一位管理学教授曾经说过，管理要取得成功，最为重要的就是把握当前，其次是了解过去，再次才是研究未来。你同意吗？为什么？

10. 当组织变得越来越由技术所驱动，你认为什么将会更重要——对组织中人的管理还是技术的管理？请讨论。

⬤ 自主学习

管理能力问卷

对下列问题进行评价：

1 分——我从不这样；

2 分——我很少这样；

3 分——我有时这样；

4 分——我经常这样；

5 分——我总是这样。

1. 当我有些任务或预备性工作要完成时，我要决定哪些需要优先做，并根据截止日期来安排工作。

1   2   3   4   5

2. 大多数人都认为我是优秀的倾听者。

1   2   3   4   5

3. 当我自己决定某一行动方案（如培养哪方面兴趣，学习哪种语言，从事哪种工作，参加什么特殊项目等）时，我的特点是考虑做某件事情的长远意义。

1   2   3   4   5

4. 相对于那些涉及文学、心理学或社会学的课程，我更喜欢技术性的或定量分析的课程。

1   2   3   4   5

5. 当我与某人理念发生严重分歧时，我会一直坚持下去，把心里想的全说出来，直到问题彻底解决。

　　　　1　　2　　3　　4　　5

6. 当我接受一个项目或任务时，我会去追究问题的细节而不是"抓大放小"。

　　　　1　　2　　3　　4　　5

7. 我宁可坐在电脑前，也不愿意花时间和人打交道。

　　　　1　　2　　3　　4　　5

8. 有活动或讨论时，我努力让其他人也参与。

　　　　1　　2　　3　　4　　5

9. 学习某门功课时，我会把正在学习的东西和我在别的地方学过的课程或概念联系起来。

　　　　1　　2　　3　　4　　5

10. 有人犯错误时，我想纠正他，并让他知道正确的答案或方法。

　　　　1　　2　　3　　4　　5

11. 我认为，与人交谈时，顾及我自己的时间效率比考虑他人的需要更好，这样我就可以做我真正的工作。

　　　　1　　2　　3　　4　　5

12. 我知道自己的事业、家庭和其他活动的长期目标，并仔细考虑过。

　　　　1　　2　　3　　4　　5

13. 解决问题时，我更愿意分析一些数据或统计资料，而不是会见一群人。

　　　　1　　2　　3　　4　　5

14. 当我致力于小组项目，有人却偷懒不出力时，我更可能向朋友抱怨而不是直接面对懒鬼。

　　　　1　　2　　3　　4　　5

15. 讨论理念或概念的确能使我狂热或激动。

　　　　1　　2　　3　　4　　5

16. 本书这种类型的管理课程真是浪费时间。

　　　　1　　2　　3　　4　　5

17. 我认为，比较好的是讲礼貌，不要伤害他人的感情。

　　　　1　　2　　3　　4　　5

18. 数据或事情比人更让我感兴趣。

　　　　1　　2　　3　　4　　5

评分与说明

　　用 6 减去第 6、10、14、17 题的得分，然后把以后部分得分加总：

1、3、6、9、12、15　概念技术总分 _____

2、5、8、10、14、17　人际技能总分 _____

4、7、11、13、16、18　技术技能总分 _____

　　上面三种技能是成为优秀的管理者所必须具备的。理想的是，管理者的三种技能都很强（但不一定要均等）。任何一种技能较弱的人应该学习些管理课程，广泛阅读，以提高该项技能。

◎ 团队学习

最好的和最差的管理者

第1步：回想两名你曾经接触过的管理者——一名最好的，一名最差的。管理者可以是你的任何一位曾经的领导，包括导师、工作中的老板、学生组织的管理者、学生团体的领导、教练、非营利组织的志愿者委员会等。仔细想想使其成为最好或最差管理者的具体行为，并记下管理者所做的事。

　　我曾经接触过的最好的管理者：

　　_____

　　_____

　　我曾经接触过的最差的管理者：

　　_____

　　_____

第2步：分组，4～6人一组。每人依次讲述自己的经历。在一张纸上或白板上列出最好的管理者和最差的管理者的行为。

第3步：分析所列的两种管理者的行为。哪些主题或方式是"最好的"和"最差的"管理者行为？两类行为之间的主要区别是什么？

第4步：你的小组从分析中学到了什么经验？你会给管理者什么建议或"至理名言"来帮助他们成为更有效的管理者？

◎ 实践学习

1. 想一想在你生命中曾担任过的领导职位或有一定权力的时候。那时你可能是校委会成

员，或是营队顾问、教会 / 犹太教堂的年轻
协调员、年刊 / 毕业舞会的组织者等。

2. 单独或在 2 ~ 4 人的小组中，问自己以下问
题。若为小组，小组成员也可以向你提问：

a. 描述一些结局很好、你很满意地解决了问
题的事情。

b. 列举一些你采取积极的方式但问题没得到
解决的例子。

c. 这两种情况之间有什么区别？是你所处理
的人的类型有差别，你拥有的管理权限不
一样，还是解决问题的难度不同？

d. 你能从这些情况中了解自己作为一名管理
者的优点和不足吗？

e. 你作为一名管理者的最大优点是什么？你能
在第 1 章中找到与此优点相关的理论吗？

f. 你所描述的事情如果再次出现，你会采取
什么不一样的做法呢？

3. 写一篇简短（2 ~ 3 页）的文章，将你遇到
的情况做一个比较。你通过反思获得的深刻
见解是什么？

4. 导师可能会要求分组讨论你得出的结论，并
准备在全班共享。

⊙ 伦理困境

新测试

印第安纳州一个中等城市的公务员委员会决定，所有竞争监管员职位的候选人应进行书面考试。书面测试将进行心理技能的评估，并对所有想要申请该职位的人公开测试。委员会相信，采用书面考试选拔人才将是完全公平和客观的，因为这样可以消除对候选人资格的主观判断和个人偏袒。

社会服务机构的管理者玛克辛·奥斯曼（Maxine Othman）喜欢看到自己的员工学习和成长，并充分发挥其潜能。当监管员职位罕见地出现空缺时，玛克辛很快决定将这个机会留给谢里尔·海因斯（Sheryl Hines）。谢里尔已在该机构工作了 17 年，并且已展示出一名真正领导者的风范。谢里尔努力让自己成为一名优秀的监管员，正如她一直努力让自己成为一名拔尖的职员一样。她注意到员工问题的人性方面的因素，并引入了能够使整个机构更加完善的现代管理技术。由于该委员会的新规定，谢里尔将不得不参加这次的公开竞争考试——任何人（甚至是新员工）都可以参加并接受考试。委员会希望获得最高分数的候选人能得到这份工作，但允许该机构的管理者玛克辛来做

出最后的决定。

由于谢里尔已接受了这个临时空缺的职位，并在这个职位上证明了自己的能力，玛克辛对全部职员都有资格参加这次考试而感到不安。当考试结果出来后，她崩溃了。谢里尔排在候选人的第 12 位，而一名新招聘的职员名列第一。看重高分数的公务员委员会希望玛克辛将这个常设的监管员职位授予那位新职员，但最终人选还是由玛克辛决定。玛克辛疑惑仅看书面考试的成绩就下定论是否公平。委员会希望她尊重书面测试的客观结果，但这种测试真的能够公平地评估谁是这个职位的适合人选吗？

你会怎么办

1. 忽略测试结果。谢里尔凭借工作经历证明自己能够胜任该工作。

2. 将该职位授予得到最高分数的候选人。你不需要与公务员委员会对着干，虽然这是一个官僚程序，但测试是选择常设职位的客观办法。

3. 向委员会施压，让他们制定一套能够向委员会和员工证明其公正性的更全面的选拔标准，包括测试结果和监管经验、激励员工的能力以及对机构程序的了解情况。

第 2 章

环境与企业文化

🌐 本章概要

🌐 热点话题

"你有时感觉自己像是在抓猫"，乔治敦大学副校长斯科特·弗莱明（Scott Fleming）这样说道。他正在谈论对大学书店销售的 T 恤、运动衫和其他服装来自何处进行监督的难度。由于学生活动人士施压以及最近在海外纺织厂发生的工人伤亡事件引起的公愤，乔治敦书店重新布置了展示架，将 Alta Gracia 工厂生产的服装放置在比耐克、阿迪达斯等大品牌服装更为显眼的位置。为什么？Alta Gracia 是南卡罗来纳州一家公司的商标，该公司位于多米尼加共和国的工厂，为工人提供高于平均水平的工资并提供安全而人性化的工作条件，从而创造了有利的环境。乔治敦大学加入了一个全国性的服装联盟，该联盟包括 180 所学校，这些学校承诺只与那些具有道德和社会责任感的企业进行合作，从而向服装行业施压。影响力虽然比较小，但是作用却是显而易见的。贴有学校标识的服装的市场量约为 40 多亿美元，失去这一市场的威胁引起了大型跨国公司管理者的关注。"他们的宣传对象是年轻人，但他们没有站在我们的立场考虑，没有认识到我们不会没有头脑地消费他们的产品。"乔治敦大学毕业生纳塔利·玛格丽斯（Natalie Margolis）说道。

如今，人们对低工资的海外工厂的环境条件越来越关注，成了当今零售企业管理者需要面对的一个很大的环境问题。然而，管理者面临着许多来自于外部环境和内部环境的挑战。

本章将详细探讨外部环境的组成要素及其对组织的影响方式。我们也要考察组织内部环境的主要方面——企业文化。企业文化取决于外部环境，也决定了管理者应对外部环境变化所采取的方式。

 新晋管理者自测

你适应管理的不确定性吗

说明：你是以一种开放的心态来处理不确定性？回想一下，当你处于一个正式或非正式的领导职位时，在充满不确定性的时候你是如何想、如何做的。请回答在哪种情况下以下各题你会选择"是"或"否"。

	是	否
1. 喜欢倾听新的想法，哪怕已经接近截止日期。	___	___
2. 乐于接受与别人不一样的理念，即使是在压力下工作。	___	___
3. 特别注意参加工业贸易展览会和公司的重大事件。	___	___
4. 特别鼓励别人抒发相反意见和辩论。	___	___
5. 敢于问"愚蠢"的问题。	___	___
6. 经常对数据或事件的意义做出评论。	___	___
7. 向老板或同僚表达有争议的理念。	___	___
8. 提出建议改进自己和别人的做事方式。	___	___

评分与解释：回答"是"则获得 1 分。如果得分低于 5 分，则证明你想在稳定的环境中，而非动荡的环境中开始你的管理生涯。5 分及以上表明你是个正念水平较高的人，适合在处于不稳定环境中的组织担任新的管理者。

处于高度不确定的环境中的组织，一切似乎都处于变幻莫测之中。在这种情况下，对于新晋管理者来说重要的素质就是"正念"，包括有开放的思想和做一名独立思考者。在稳定环境中，思想闭塞的管理者或许也能胜任，因为很多工作都可以按部就班。在不确定的环境中，即使是新晋管理者，也需要激发新的思考、新的想法和新的工作方式。在前几条，获得高分表明更高的正念，以及对不确定环境更高的适应性。

2.1　外部环境

外部的组织环境（organizational environment）包括组织外部存在的、对组织有潜在影响的所有因素。这些环境包括有影响力的因素，如竞争者、资源、技术和经济条件，但不包括那些目前已经与组织没有关系的事件——对这些事件，我们或者感觉不到它们的影响，或者其影响有名无实。

组织的外部环境可以进一步从概念上进行分析，它包括任务环境和一般环境两个层次，如图 2-1 所示。任务环境与组织更接近，它包括与组织进行日常沟通、直接影响组织的基本经营和绩效水平的所有方面。一般认为，任务环境包括竞争者、供应商、顾客和劳动力市场。例如在大学书店，学生和供应商就是任务环境中的主要因素。一般环境间接影响着组织。一般环境包括对所有组织几乎都有同等影响的社会因素、经济因素、政治 / 法律因素、国际因素、自然因素和技术因素。联邦法规变更或经济不景气是组织一般环境的一部分，因为这些也改变着看待事情的社会态度，例如我们使用的产品是如何或在哪里生产的。这些事件不会直接影响日常经营，但最终会影响到所有的组织。

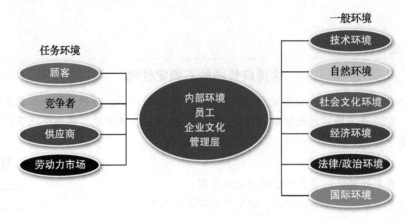

图 2-1　组织的一般环境、任务环境与内部环境区位示意图

新环境观认为，组织正逐渐发展成为商业生态系统。组织生态系统是一个由环境中的组织团体之间的相互作用形成的系统。一个生态系统包括所有任务部门中的组织以及提供组织发展所需要的资源和信息交易、传递和联系的一般环境。例如，苹果公司的生态系统包括数百家的供应商以及数百万的产品用户，实现跨多个行业的生产，包括消费性电子产品、互联网服务、手机、个人电脑和娱乐。

同时，组织也存在内部环境，包含组织界限内的一切因素。内部环境由当前员工、管理层和企业文化组成，尤其以企业文化最为重要。企业文化界定员工在内部环境的行为，并决定组织将在多大程度上适应外部环境因素的变化。

图 2-1 说明了组织的任务环境、一般环境以及内部环境之间的关系。作为一个开放的系统，组织从外部环境中吸纳资源，再向外输送产品和服务。我们首先来更加详细地探讨外部环境的这两个层面，之后再考察内部环境的主要方面——企业文化。至于组织内部环境的其他方面，比如结构和技术，我们将在本书后面的章节中加以论述。

2.1.1　任务环境

任务环境包括那些与组织有直接关系的部分，主要是顾客、竞争者、供应商和劳动力市场。

1. 顾客

在组织所处的环境中，从组织获取产品或者服务的那些个人和组织就是**顾客**（customers）。顾客作为组织产出的接受者是至关重要的，因为他们决定着组织的成败兴衰。组织必须对市场的变化做出反应。例如《不列颠百科全书》（*Encyclopædia Britannica*），32 本一套的销售量从 1990 年的 100 000 套下降到 1996 年的仅 3 000 套。顾客不再有时间让销售人员上门推销，也不再想要购买 129 英镑一套的书籍。管理者知道必须做些什么。他们接下来进行了精心策划的战略转型，重新编制《不列颠百科全书》，2012 年采取了完全不同的呈现方式，而此时最后一批合订本刚完成印刷，公司的数字化战略也已完全准备到位。管理者将关注重点放在了 K-12 客户群——在该客户群，《不列颠百科全书》的高编辑质量一直很受赞赏。该书的内容由世界各地的学者团队每 20 分钟更新一次。如今，超过一半的美国学生和教师可以在线访问《不列颠百科全书》的内容，而在海外，服务范围的增长速度甚至更快。该公司还拥有约 50 万户家庭订阅者，与维基百科的数量和免费访问方式相比，这些订阅者更喜欢《不列颠百科全书》的质量和可信度。

2. 竞争者

在同样行业或同类业务中向同一顾客群体提供产品或服务的其他组织叫作**竞争者**（competitors）。竞争者会不断争取获得同一顾客群体的忠诚。例如，2013 年年初，三星公司领跑世界智能手机销售市场，在几个国家超越了苹果公司，美国市场因为三星公司参与角逐而使竞争变得更加白热化。该公司在纽约无线电城音乐厅举办了其众多活动中的第一个促销活动——推广旗舰智能手机 Galaxy S4。苹果公司的 iPhone 虽仍然拥有很高的品牌忠诚度，但此刻三星这边获得到更高的呼声。一项调查发现，智能手机的首次购买者更偏爱三星，比例约为 3:1。"此刻是三星的天下，"美国投行 Piper Jaffray 的分析师吉恩·芒斯特（Gene Munster）这样说道。

3. 供应商

组织用以生产产品的原材料是由供应商（supplier）提供的。例如，糖果制造商可能需要来自全球的供应商为其提供原材料，如可可豆、食糖和奶油。供应链是一种通过产品或服务流将多个企业和个人联结在一起的网络。对于丰田公司来说，供应链包括通过准时制（JIT）生产战略组织在一起的全球 500 多个零配件供应商。准时制由于闲置库存所占用的资金量非常少，因而提高了组织的投资回报率、质量和效率。20 世纪 70 年代，日本人教会了美国公司如何通过准时制来保持精简库存，从而提高利润。"与以往库存量按月计算不同，现在的库存量按天甚至按小时计算，"邓白氏公司（Dun & Bradstreet）咨询部的供应管理解决方案负责人吉姆·劳顿（Jim Lawton）说道。但劳顿指出，这种方式也有缺陷，其中一个缺陷在 2011 年 3 月日本大地震之后变得非常明显："就像地震这种情况，如果供应遭到破坏，就没有地方可以找到产品了。"

这次地震引发了巨大海啸，造成了太平洋海岸线上的福岛核电站在人类历史上的第二大核灾难，显示出今天的准时制供应链的脆弱性。全球汽车行业的日本零配件供应商倒闭，使得全球汽车制造厂的生产陷入混乱。"即使是 5 美元的零配件不到位也可能使某条装配线停产，"摩根士丹利投资公司（Morgan Stanley）的代表说道。由于这场自然灾害，丰田公司的产量下降了 80 万辆，是其年产量的 10%。尽管可能被这种突发事件中断，但大多数公司都不愿意增加库存量来获得缓冲。即使库存量略微增加，也可能使公司支付数百万美元的费用。

4. 劳动力市场

劳动力市场（labor market）是指环境中能被雇用来为组织工作的人员。每个组织都需要供给受过培训的、合格的人员。工会、劳工联合会以及某些种类的员工的可获得性都会影响组织的劳动力市场。目前，对组织有影响的劳动力市场因素为：①对懂得计算机信息技术的员工的需求量越来越大；②为了满足无边界世界的竞争需要，通过招聘、教育和培训持续投资于人力资源的必要性；③国际贸易集团、自动化和厂区迁移引起劳动力脱节，造成有些地方劳动力资源闲置而另一些地方劳动力却供不应求。

聚焦技能

好市多批发公司（Costco Wholesale Corporation）

　　好市多批发公司是一家采用最经济方式的自助服务式仓储俱乐部，经营着国际连锁的会员制仓储卖场，以低廉的价格提供较大数量的产品。好市多的复杂环境如图2-2所示。

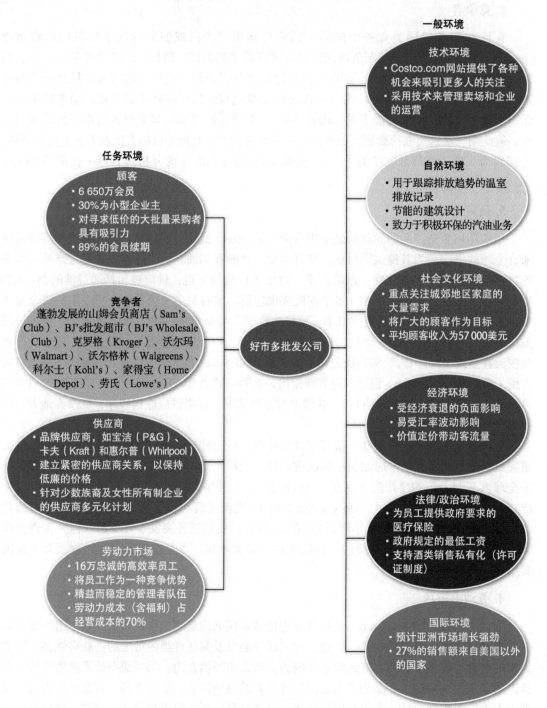

图2-2　好市多公司的外部环境

各方面的环境变化会给组织带来巨大的挑战，尤其是对那些在复杂的、变化神速的行业经营的公司。在全球采用仓储式卖场的好市多公司是一个运营于高度复杂环境中的组织。

好市多的经营模式致力于维持其作为定价权威的形象，始终如一地提供最具竞争力的价格。"我们所做的一切都是为了向客户提供更低价格的产品和服务，"最近刚退休的首席执行官、公司联合创始人吉姆·辛格尔（Jim Sinegal）说道。新任首席执行官克雷格·杰利内克（Craig Jelinek）宣称，公司将继续秉持低价的经营理念。好市多仓储式卖场的设计旨在高效运营，并为会员带来价值。卖场的布置（高天花板、金属屋顶、裸露的桁架等）保持着低成本的风格，让人觉得好市多公司所做的一切都是为了那些寻找便宜好货的购物者着想。保持价格低廉的其他策略包括一次只提供约 4 000 种特有产品（相比之下，沃尔玛提供的产品超过 10 万种），并向供应商争取低价。虽然只有约 28% 的销售额来自美国之外的卖场，但海外市场的销售额却逐年增长，增长速度是美国卖场的约四倍。杰利内克最大的计划就是拓展好市多的国际市场。在 2013 年的一次采访中，他表示，公司将在未来两年内在法国和西班牙首次开设卖场，在未来五年内好市多扩张的卖场有 2/3 在国外，主要为日本、中国台湾和韩国。

好市多最大的竞争优势就是其忠诚的员工队伍。"在工资和福利方面，好市多为员工提供了很好的待遇，高于行业水平，"晨星公司（Morningstar）零售分析师 R. J. Hottovey 这样说道。2009 年年底经济恶化，许多零售商削减工资并裁员，而好市多却给员工加薪。零售行业中员工的幸福感和精神需求通常会被忽视，但好市多却未出现这种情况。由于对员工的良好待遇，好市多成为零售行业中员工流动率最低的企业之一（约 5%），自 2009 年以来，销售额增长了 39%，股价翻了一番。

2.1.2　一般环境

一般环境包括国际环境、技术环境、社会文化环境、经济环境和法律 / 政治环境等。

1. 国际环境

托马斯·弗里德曼（Thomas Friedman）在《世界是平的》（*The World Is Flat*）一书中质疑管理者将全球市场看成一个与地理分区无关的公平竞争的环境。弗里德曼认为，一个平坦世界为企业创造了机会，使其能够进入全球市场，并建立全球供应链。随着管理者进入全球市场，他们必须考虑外部环境的**国际因素**（international dimension），其中包括源于外国的事件以及美国公司在其他国家的新机遇。国际环境为我们提供新的竞争者、客户和供应商，并决定社会、技术和经济走势。

我们看看星巴克（Starbucks）向欧洲市场扩张时所经历的形形色色的情形。例如，德国和英国的门店挤满了星巴克粉丝，但该公司法国门店的销售额和利润却令人失望。事实上，在法国，星巴克经过 8 年的发展，已经有 63 家门店，但从未实现盈利。哪些国际因素可能阻碍公司在法国取得成功呢？首先，经济的不景气和欧洲的债务危机影响了销售额。其次，星巴克在法国需要支付高额租金和劳动力成本，从而减少了利润。此外，该公司在将星巴克的经营体验向法国咖啡文化融合时速度过慢。纽约人可能会端着纸杯边走边喝咖啡，而法国人却喜欢跟朋友一起坐在咖啡厅一样的环境中，使用大号陶瓷杯品味咖啡。为了应对这些挑战，星巴克在法国推出了一项花费数百万美元的活动，包括高档门店改造、增加了座椅以及迎合当地口味的定制饮料和混合饮品。下一章将对国际环境进行更详细的讨论。

2. 技术环境

一般环境中的**技术因素**（technological dimension）不但包括全社会的，而且包括特定行业的科学和技术进步。技术的发展使竞争更加激烈，并帮助创新型企业获得更大的市场份额。然而，一些行业未能适应技术转型，并逐渐衰退。富士（Fuji）的管理者看到了向数码相机发展的趋势，并且响应速度比柯达（Kodak）快，从而取得了好效果，但他们却没有预料到或未准备好向无线方面实现革命性变革。在许多消费性电子产品中添加用于互联网连接的 Wi-Fi 技术非常普遍，但在大多数情况下，数码相机仍然是独立设备。对该技术的忽视不仅使富士，还使松下、奥林巴斯、佳能和其他相机制造商面临困境。虽然拍摄照片的数量猛增，但大多数人喜欢使用智能手机，使他们能够轻松地在 Facebook、Instagram 和其他社交媒体上分享照片。紧凑型数码相机的发货数量在 2013 年前五个月下降了 42%。"这是一个行业无法适应环境改变的典型案例，"IDC 市场研究公司的数字成像分析师克里斯托弗·丘特（Christopher Chute）这样说道。

3. 社会文化环境

一般环境中的**社会文化因素**（sociocultural dimension）不但反映大众的规范、习惯和价值观，而且还反映人口特征。重要的社会文化特性是指地理分布、人口密度、年龄及教育水平。今天的人口概貌是明天的劳动力和顾客的基础。通过了解这些概貌并将其反映到组织的业务计划中，管理者就能够为组织的长期成功做好准备。明智的管理者会思考以下社会文化发展趋势是如何改变消费者和商业环境的：

（1）新一代懂技术的消费者（被称为 Z 一代、新生代、C 一代或后千禧一代）已将技术融入生活的各个方面。移动设备改变了他们沟通、购物、旅行以及获得大学学分的方式。到 2020 年，这一代人将占到美国和欧洲人口的 40%，将构成全球最大的消费群体。据预测，这一代人作为消费者关注的是值得信赖的品牌，以及那些显示出对环境、社会和财政负责的产品和企业。

（2）年轻人也引领着社会朝向普遍平等的方向发展。民意调查显示，有关社会习俗和生活方式的观念正在改变。认为社会应该对不同生活方式和背景给予更大包容的观念的比例从 1999 年的 29% 增加到 2013 年的 44%。支持同性恋婚姻的人数从 2004 年的 30% 上升到 53%，一些州已经通过了允许同性婚姻的法律，并在 2015 年最高法院授权各州批准同性婚姻。另一项民意调查显示，57% 的人支持采取某种方式让非法移民者成为公民，48% 的人支持大麻合法化。

（3）美国最近的人口普查数据显示，2011 年出生的婴儿中有一半以上属于少数族裔，这在美国历史上还是第一次出现。西班牙裔、非洲裔美国人、亚洲人和其他少数族裔占 2011 年出生人口的 50.4%。美国的人口构成越来越多样化，对商业的影响巨大。

4. 经济环境

经济因素（economic dimension）反映公司经营所在的国家或地区一般的经济状况。消费者的购买力、失业率和利率都是组织面临的经济环境的一部分。现在，由于组织是在全球化的环境中开展经营活动，所以经济环境已经变得极为复杂，同时也给管理者带来了更大的不确定性。

在美国，许多行业（例如银行业）尽管缓慢复苏，但仍难以东山再起。美国最大的金融服务机构之一科凯集团（KeyCorp）报告的情况就有好有坏。科凯集团在面临总资产减少、收益下降以及借贷业务利润率下滑的同时，其报告也显示出过失贷款减少以及企业客户对新贷款的强劲需求。随着将银行从阿拉斯加州延伸至缅因州，科凯集团因地理多样性而受益，因为美国一些地区的经济复苏速度比其他地区快。"由于我们处于经济复苏期……我们的业务模式、规模大小以及地理多样性都成了一种优势，"科凯集团的首席执行官贝斯·穆尼（Beth Mooney）说道："五年前的传统智慧将有不同的含义。"

5. 法律 – 政治环境

法律 – 政治因素（legal-political dimension）不仅包括旨在影响公司行为的政治活动，还包括地方政府、州政府和联邦政府制定的规章。美国的政治体制鼓励资本主义，政府尽量不过多管制商业交易。但是，政府法律要详细规定游戏规则。联邦政府通过职业安全与健康管理局（OSHA）、环境保护局（EPA）、公平交易行为、允许对商业企业提起诉讼的诽谤条例、消费者保护和保密立法、产品安全性能要求、进出口管制，以及对知情权的保护和标识要求等对组织施加影响力。最近法律—政治环境所面临的一项挑战就是《患者保护与平价医疗法案》，也称为《奥巴马医疗法案》(Obamacare)（于 2010 年通过并在 2012 年和 2015 年被最高法院判定为符合宪法）。该法案要求企业为员工提供医疗保险，否则将被罚款。

许多公司的管理者与国家立法者密切合作，为这些立法者提供有关产品和服务方面的教育，让他们知道立法对企业战略的影响。例如，Facebook 在 2012 年 5 月首次登陆纳斯达克（NASDAQ）之前，一直秘密与各国顶尖立法者保持联系。管理者聘请前政治助手与双方的高层领导者接触，并让他们引导进行使用 Facebook 与选民沟通的培训课程。此外，Facebook 加紧游说，并成立政治行动委员会。"这种做法很聪明，"包括 Facebook 在内的产业集群网——科网（TechNet）的首席执行官雷·拉姆塞（Rey Ramsey）说道。"你最终想要的就是让立法者知道他们的行为将产生的后果。"

 绿色力量

达到不可思议的比例

耐克（Nike）在希腊神话中是有翅膀的胜利女神。耐克公司总部位于被誉为全球"最绿色环保的"城市之一的俄勒冈州波特兰市，无论是在运动场还是作为 100 家最具可持续发展力的公司，耐克的企业文化始终围绕着胜利这一承诺。一些公司通过降低危险毒素来获得可持续发展，但耐克公司做得更多。公司的预测工具——环保设计指标（Considered Design Index）——可以监测跑步鞋的生产周期对环境

的总体影响，无论是使用面料还是减少浪费方面，耐克都做得很好。

可持续发展的胜利也意味着对其他公司施加影响力。耐克 CSR 人员率先推出了 GreenXchange 系统，可以将各个公司汇集在一起，以探索存在的机会、分享各种信息并及时了解发展的趋势和存在的问题。随着耐克的可持续发展影响力增大，其文化格言就能反映有翅之神："环保行动没有终点，我们始终会一直向前。"

6. 自然环境

为应对来自环境保护者的压力，组织开始对地球日益减少的自然资源及其产品和业务活动对环境的影响变得敏感起来，结果使得外部的自然环境变得越来越重要。自然环境包括在

地球上客观存在的所有元素，包括植物、动物、岩石以及自然资源（如空气、水和气候）。自然环境的保护正成为世界各地政策的重要关注点。政府日益面临着需要向公众交代在污染控制和自然资源管理方面做出的成绩。表2-1列出了环保方面做得最好的以及作为比较的一些国家。请注意，排在第一的国家是瑞士，该国的大部分能源来自于可再生能源——水力发电和地热能。

表 2-1　2012 年环保成效指标

排名	国家	分数
1	瑞士	76.69
2	拉脱维亚	70.37
3	挪威	69.92
4	卢森堡	69.2
5	哥斯达黎加	69.03
6	法国	69
7	奥地利	68.92
8	意大利	68.9
9	瑞典	68.82
10	英国	68.82
11	德国	66.91
12	斯洛伐克	66.62
13	冰岛	66.28
14	新西兰	66.05
15	阿尔巴尼亚	65.85
37	加拿大	58.41
49	美国	56.59
125	印度	36.23
132	伊拉克	25.32

自然环境和其他一般环境不同，因为它自己不会说话。对管理者达到自然环境要求的影响可能来自其他领域，如政府管制、客户关注、新闻媒体的舆论批评、竞争者的行动甚至员工。例如，环保团体倡导各种行为和政策目标，包括减少和清除污染，可再生能源的开发，减少二氧化碳等温室气体的排放，水、土地和空气等稀有资源的可持续使用。2010 年墨西哥湾的石油泄漏将环境问题推到了风口浪尖。在英国石油公司租用瑞士越洋钻探公司的钻机在"深海地平线"油井发生爆炸的数个月后，每天仍有数十万加仑⊖的石油流入开放水域。数百万加仑的石油已经对路易斯安那州、密西西比州、亚拉巴马州和佛罗里达州的水域和海滩造成了污染，并威胁着该地区的鱼类、鸟类、龟类和植被。"该国最后一个最原始的、最具生物多样性的海岸栖息地将不复存在，"佛罗里达州立大学海岸和海洋实验室主任费利西娅·科尔曼（Felicia Coleman）这样说道，"而对此我们却无能为力。"这一毁灭性泄漏事件的影响可能会持续数十年。

2.2　组织与环境的关系

组织为什么如此关注外部环境中的因素？原因在于环境为管理者带来了不确定性，因而

⊖　1 加仑 = 3.785 41 立方分米。

管理者必须通过组织设计来做出回应，以适应环境或者影响环境。

2.2.1　环境的不确定性

不确定性意味着，管理者没有掌握足够的关于环境因素的信息以便理解和预言环境的需求与变化。如图 2-3 所示，影响不确定性的环境特性是指影响组织的因素的数目和那些因素变化的程度。

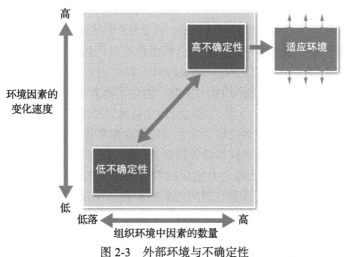

图 2-3　外部环境与不确定性

像好市多这样的大型跨国公司的管理者，必须应对数以千计的造成不确定性的外部环境因素。当外部因素急剧变化时，组织将经历很高的不确定性。电信企业、航天企业、计算机与电子企业以及互联网组织就是会经常面对这类问题的例证。想一想任天堂（Nintendo）的管理者面对可供智能手机和平板电脑下载的大量廉价游戏这样的不确定性。像任天堂这样的传统主机游戏制造商正面临的问题就是各种技术和消费者的爱好发生了巨大变化。2012 年，任天堂公告了作为视频游戏公司以来的第一次亏损。

当一个组织只需要应对几个外部因素而这些因素又相对稳定时，比如对软饮料瓶装厂和食品加工商来讲，管理者体验到的是低不确定性，因而可能会在外部问题上少花些精力。

2.2.2　适应环境

环境的变化可能意想不到，例如视频、电脑游戏或社交媒体网站的用户爱好的变化；抑或变化来得非常猛烈，例如 2011 年毁灭性的日本地震和海啸。环境变化造成的动荡程度将决定管理者为了组织生存而必须做出的响应类型。管理者会持续观察业务范围是否发生了微妙的和巨大的环境变化，也称为战略问题，并确定那些需要战略响应的环境变化。但有时对环境变化的定论偏向于管理者的某些自然倾向，如本章"事业大错"专栏所述。

战略问题（strategic issues）是"那些可能使实现其目标的能力发生改变的事件或力量。"随着环境动荡的加剧，战略问题出现得更加频繁。管理者采取多种策略来应对这些战略问题，包括使用商业智能、尝试影响环境、创建组织间的合作关系以及合并或合资。

1. 商业智能

组织依赖于信息，那些能够最有效地获得、解释、传播和使用信息的公司才会成为真正的赢家。管理者不仅要知道组织内部发生了什么，还要了解外部环境中发生的情况，两者都非常重要。**跨越边界**（boundary spanning）可以使组织与外部环境中的重要因素联系在一起并使组织协调发展。

跨越边界的一种方法就是使用商业智能，即使用复杂软件来搜索大量的内部和外部数据，以发现可能很重要的模式、趋势和关系。商业智能发展最快的部分就是大数据分析。如本章前面所述，大数据分析是指搜索和检查大量的复杂的数据集，以发现隐藏的模式和相关性，并做出更好的决策。

大数据分析正在成为许多组织的驱动力量，在 2012 年报道的《财富》500 强企业中，85%推出了大数据计划。在一般人群中使用数据分析的最有名的例子之一就是体育界。畅销书籍《钱与球：在不公平比赛中获胜的艺术》（*Moneyball: The Art of Winning an Unfair Game*）最近拍成了电影，由布拉德·皮特（Brad Pitt）主演，讲述了奥克兰运动家队（Oakland Athletics）的总经理比利·比恩（Billy Beane）如何通过分析先前被忽视的球员统计数据而使球队取得一场又一场胜利的故事。如今，大多数运动队会采用复杂的数据分析程序来分析运动员统计数据。同样，企业使用大数据分析来获得能够提高组织绩效的洞察力。一些航空公司采用一项名为 RightETA 的服务，由专门为航空业提供决策支持技术的 PASSUR Aerospace 公司提供，以消除估计的航班到达时间与实际到达时间之间的差距。PASSUR 公司收集了大量的多维数据，可以对十年以上的飞行模式进行分析，以了解在特定条件下可能发生的情况。该公司表示，让航空公司了解飞机何时降落并进行相应计划，每年能够节省数百万美元的费用。美国第一资本金融银行（Capital One）等各大银行根据信用风险、使用情况以及多种其他标准对客户进行分析，以提供与客户特征相匹配的产品。凯萨医疗机构（Kaiser Permanente）针对其800 万会员收集了数千亿的健康数据。其中一些数据用于由美国食品和药物管理局（FDA）发起的一项研究，确定了镇痛药物 Vioxx 的使用者具有更大的心脏病发作风险。

商业智能和大数据分析也涉及越来越多的被称为竞争情报（competitive intelligence，CI）的跨越边界领域，竞争情报是指尽可能多地收集有关竞争对手的信息的活动。

 事业大错

美国国家广播公司（NBC）的"今日秀"

2014 年 9 月杰米·霍罗威茨（Jamie Horowitz）高调离开 ESPN 进入 NBC，被任命为 NBC "今日秀"（Today Show）的首席执行官和总经理。进入公司不久，他很快因建议过多过快的变革而与聘请他的管理者发生争执。NBC 的高管们认为，霍罗威茨未领会到"今日"文化的细微之处。霍罗威茨在被聘用时被认为是 NBC 总裁德博拉·弗内斯（Deborah Furness）的替代者，也正是该总裁雇用了他。事实却相反，他在上任的 10 周后被解雇。

2. 影响环境

跨越边界角色在组织中是一项越来越重要的工作，因为当今世界的环境变化非常迅速。管理者需要掌握有关其顾客、竞争者及环境等方面的优质信息，以便做出好的决策。跨越边界也包括在环境中组织利益攸关的活动，以及尝试影响外部环境因素的活动。通用电气（GE）花费超过 3 900 万美元用于政治游说，以影响政府官员采取对公司业绩有积极影响的行动。通用电气的政治游说者跨越了组织与政府之间的界限，是外部环境的关键因素。

目前一个激烈的游说领域与美国国会的网上销售税法案有关。几个州通过了要求消费者支付所谓电子销售税的法律，而在 2013 年 5 月，参议院通过了《市场公平法案》（MFA），规定各个州具有强制互联网和邮购零售商无论在哪里都必须收取网上购物税的法定权力。沃尔玛和塔吉特（Target）等传统实体零售商的游说者支持该法案，该法案仍在众议院的小组委员会中审议；而包括 eBay、Overstock.com 和 Facebook 在内的网络贸易商则反对该法案。约 83% 的受访小型企业业主也反对该项立法，他们认为这会使小型零售商更难与大公司竞争，他们不得不提高网上销售价格或自己承担该项税费。与此同时，亚马逊这个网络贸易巨头也支持该项税收，这表明公司的战略方向发生了转变，包括在更多的州开设更多的实体店。双方都加紧了游说工作。

3. 跨组织的伙伴关系

组织往往联合起来应对环境或影响环境。随着全球竞争愈演愈烈，技术不断更新换代，政府法规发生改变，如果不与其他公司建立各种合作伙伴关系，很少有公司能够在竞争中幸存。全球的组织都扎根于关系混乱的复杂网络中——在一些市场进行合作，而在其他市场进行激烈的竞争。公司联盟的数量一直以每年 25% 的速度增长，许多联盟都在竞争对手之间发生。例如，在汽车行业，通用汽车（GM）与本田汽车（Honda）之间的竞争非常激烈，但两家公司却合力开发氢燃料电池，这种电池将由两家公司共同分享，用在十年后生产的汽车上。现代（Hyundai）、克莱斯勒（Chrysler）和三菱（Mitsubishi）共同成立了全球发动机制造联盟，全力打造四缸汽油发动机。沃尔沃（Volvo）虽然被中国浙江吉利控股集团收购，但它仍与前控股公司福特（Ford）保持联盟关系，供应发动机和某些组件。在合作伙伴关系中，每一个组织都为其他组织提供支持，并依赖其他组织来获得成功或甚至生存，但这并不意味着它们在某些领域的竞争不会激烈。

伙伴组织的管理者的思维趋势已经从对立转向了合伙。如表 2-2 所示，这种新的管理范式建立在两个基础之上：一是相互信任，二是合伙人有能力找到公正的解决矛盾冲突的方案，因而每个人都能够从中获利。管理者致力于为双方降低成本和增加价值，而不是为自己的公司谋求全部的好处。这种新的管理范式的特点是高度的信息共享，包括电子商务连通，以解决自动订货、支付及其他交易问题。另外，大量的人与人的交往可以提供修正性反馈意见并解决问题。来自其他公司的人员可以在现场办公，也可以参加虚拟团队，以确保双方之间的协商一致和密切合作。合伙人频繁介入对方的产品设计和生产，而且有长期协定作为保证。合伙人常常互相帮助，甚至超越协定所限定的范围。

表 2-2　从对立转向合伙

从对立	到合伙
● 怀疑、竞争、保持距离	● 信任、双方增加价值
● 价格、效率、自己的利润	● 公正、公平交易、每个人的利润
● 有限的信息和反馈	● 电子商务连通，实现信息共享和数字化交易
● 通过法律诉讼解决冲突	● 协调一致；虚拟团队、现场人员
● 最少的参与、先期投资	● 参与合伙人的产品设计与生产
● 短期合约	● 长期协定
● 合同制约双边的关系	● 超越协定的商业援助

4. 合并和合资

在战略性伙伴关系之外，企业还采取合并或合资的方法来减少环境的不确定性。近年来，在美国和国际上掀起了一股合并和收购狂潮，组织试图以此应对巨大的环境波动。例如卫生保健行业，美国国内大规模进行联合经营和合并，反映了该行业的巨大不确定性。2012 年发生了 100 多次医院交易，是三年前的两倍。此外，博斯公司（Booz & Company）的高级合伙人 Gary Ahlquist 预测，在 2013 年的 5 724 家美国医院中，大约 1 000 家医院会在接下来的 7 年内更换所有者。

合并（merger）是指两个或两个以上的组织结合成一个组织。例如，汽车租赁集团 Avis Budget Group 最近购买了位于马萨诸塞州剑桥市的受到市场热捧的汽车共享公司 Zipcar。合资（joint venture）是指两个或两个以上企业的战略性结盟或项目。当一个项目对于某个企业来说单独操作过于复杂、昂贵或不确定时，通常会发生合资。例如，Sikorsky 飞机公司和洛克希德·马丁公司（Lockheed Martin）联合投标了针对一批"海军陆战队 1 号"直升机的新合同。Sikorsky 为该合资公司提供直升机，而洛克希德·马丁公司则提供每架直升机上使用的各种专用系统。虽然这两家公司以前曾竞争建造总统直升机，但它们合并在一起，变得比竞争对手波音公司（Boeing）、贝尔直升机公司（Bell Helicopters）以及 Finmeccanica SpA 集团的 Agusta Westland 公司更具竞争力。由于企业力求跟上快速的技术变革，并参与全球经济的竞争，因此合资企业的数量逐渐上升。

2.3　内部环境：企业文化

管理者工作的内部环境是由企业文化、生产技术、组织结构以及物质设施组成的。在所有这些要素中，企业文化对于决定一个企业的竞争优势来说是极其重要的。公司内部的文化必须与外部环境和公司的总体发展战略相适应。如果能做到这一点，高度效忠于公司的员工们将会创造出高绩效水平，而这样的组织将是难以战胜的。

许多人没有考虑过文化，仅仅是"我们就是这样做"或"事情本来就是这样"。但是，管理者不得不考虑文化。文化能够指导组织内部成员如何与人相处，组织如何与外部环境打交道，从而在组织走向成功的过程中发挥重要作用。学者们定义和研究组织文化的方式有多种。在本章中，文化（culture）被定义为组织的所有成员共有的核心价值观、信念、共识及规范的组合。对文化概念的把握，有助于管理人员了解组织内部所隐含的复杂的东西。文化是一种行为模式，它说明了组织的共有价值观，还就组织内部成员的行为方式提出了一系列的假设。组织的员工在解决组织所面临的内外部问题的过程中不断学习该行为模式，并将其作为正确的认知、思维和感知方式教给新员工。

虽然强大的企业文化很重要，但有时也会促使形成负面的价值观和行为。例如，当高层领导者的行为不道德时，整个文化就会受到污染。让我们看看新闻集团（News Corporation）发生了什么。这是一家拥有世界各地媒体资源的联合巨头。董事长兼首席执行官鲁伯特·默多克（Rupert Murdoch）被指责经常采用不道德有时甚至肮脏的策略进行商业交易。此外，据说默多克使用"重锤出击"的花销，以数百万美元的贿赂让批评者们闭嘴。默多克总喜欢说："掩埋你的错误"。但是，在新闻集团报社的记者被曝出窃取私人语音邮件信息并向追查热门新闻的警方提供贿赂后，他却不能掩埋引发组织地震的丑闻。据《纽约时报》报道，记者甚至窃取一名被谋杀的 13 岁女孩 Milly Dowler 的语音邮件，而那时她仍被列为失踪者。正如该案例所示，高层领导者的价值观和行为有可能大大影响整个组织成员做出的决定。被谋杀女孩的家庭律师马克·刘易斯（Mark Lewis）说道："这不仅仅是关系到个人，而是关系到一个组织的文化。"

如图 2-4 所示，文化可以在两个层面进行分析。文化的表层是可见的人造物品，它包括着装、行为模式、有形的标志、组织的仪式以及办公室的布局。可见的人造物品就是一个人通过对组织成员的观察而看到、听到和注意到的全部东西。文化的深层且不可视的内涵是指表达出来的价值观和信仰，这些东西是看不见的，但我们可以通过了解组织成员对自己行为的解释和归因来感知到它们的存在。这些都是组织成员有意识持有的价值观，我们可以从组织成员讲述的故事、所使用的语言和用来代表组织的标志来诠释它们的意义。

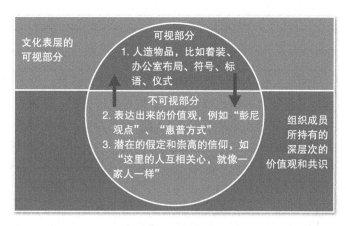

图 2-4　企业文化的层次

有些价值观深深地植根于组织文化之中，以至于我们再也不能意识到它们的存在。这些根本的隐含假设和信念是文化的精髓，它们下意识地引导着组织成员的行为和决策。在某些组织里，存在这样的基本假定：人天生就是懒惰的，一旦有可能，人人都会偷懒和逃避责任，因此，员工受到了严格监督，几乎没有行动自由的空间，同事之间也常常互相猜疑。较为开明的组织则假定，每个人都想好好工作，所以要给员工以更多的自由，让他们担负更大的责任，因而员工之间互相信任，密切配合，共同完成任务。例如，在门罗创新公司（Menlo Innovations），该公司倾向于采用无老板的组织设计，公司文化促进了信任与协作。本章的"管理者工具箱"进一步讨论了无老板的组织发展趋势。

在门罗公司，每个人的目标不是得到正确答案、做出正确的联系、成为最明智的或懂得最多的员工，而是帮助同事做得最好。文化价值观能够使每个人都觉得他们正齐心协力，通力合作。组织的基本价值观体现在符号、故事、英雄人物、口号和仪式上。

 聚焦技能 ....

门罗创新公司

门罗创新公司由理查德·谢里登（Richard Sheridan）等创建，为各种组织提供定制软件，但公司的主要目标之一就是形成一种包含平等、团队合作、信任、学习和乐趣等价值观的独特文化。门罗公司通过将软件开发工作集体化，从而将快乐融入软件开发这个寂寞而艰苦的工作中。

在许多软件公司，软件开发人员独自工作，并且必须达到严格的业绩目标，但在门罗，协作重于一切。每个人都在一个大的开放式房间里工作，沟通和信息交流无任何障碍。员工结对工作，共用一台电脑，当他们头脑中闪现出创意性想法和解决问题的思路时，鼠标在两人之间来回传递。结对的两个人一起工作一周，然后所有人员更换新的结对对象。变化的结对伙伴和任务有助于保持充沛的精力，并为轮转式项目带来新观点。

好奇心、学习意愿和"与他人合作"的能力是门罗公司希望员工具备的素质。为了保持强大的企业文化，门罗采用一种奇怪的方式面

试候选人。将职位的申请人结对，指定做三个练习，然后根据他们是否能够使其搭档表现良好来进行评估。对于一些人来说，很难做到努力使竞争者表现良好，足以让竞争者得到自己想要的那份工作。然而，在门罗，如果你无法做到，你就不能适应该公司的文化——而适应文化是非常重要的。任何认为"我是对的，让我们就按这种方法做"的人都不会持久。

2.3.1　符号

符号（symbol）是向他人传递意思的一种物体、行为或者事件。符号可以看作是一种丰富的、非言语的语言，它鲜明而强烈地传递着组织的重要价值观，告诫人们人与人之间是如何建立联系的，人与环境是如何相互影响的。在门罗创新公司，开放的工作场所就是一种符号。家庭购物风格公司（HSN Inc.）的首席执行官明迪·格罗斯曼（Mindy Grossman）发现，有时甚至平凡的事情也可以具有很高的象征性。当她成为首席执行官时，格罗斯曼发现公司已经支离破碎，员工受到挫折，缺乏创见。为了扭转这一状况，她需要改变企业文化。她使用符号给予员工希望和动力。一天，格罗斯曼将垃圾箱带到公司总部，让员工扔掉所有快要垮掉的家具和乱七八糟的东西。然后，把建筑物冲洗干净，重新粉刷，给每一位员工购买了 Herman Miller Aeron 的办公椅。对于员工来说，这些行为象征着公司关心员工的新价值观。

2.3.2　故事

故事（story）是基于组织员工之间频繁复述和分享的真实事件。插图故事可以让公司愿景和价值形象化，帮助员工将其赋予人格并充分理解。联合包裹服务公司（UPS）经常讲述这样一个故事：一位员工在没有得到授权的情况下预订了一架波音 737 飞机的舱位，以确保及时运送一批圣诞节的包裹礼品，这些货物全是在节日高峰期间积压的。故事讲述的是，联合包裹服务公司不但没有惩处这位员工，反而奖励了他的首创精神。通过讲述这个故事，联合包裹服务公司的员工都在传达着这样的信息：公司坚定地支持对员工自治和顾客服务的承诺。

 管理者工具箱

无老板的工作场所

在过去，采用有正式老板的组织层次卓有成效。后来，一些领导者开始意识到，所有的老板实际上都会降低生产能力，扼杀员工的创造力，从而鼓励尝试"无老板的"工作场所。

无老板公司的主要成功因素是什么？

● 自上而下减少层次结构。

LRN（以前的法律研究网络）负责人多弗·塞德曼（Dov Seidman）当着 300 名员工的面撕毁了组织结构图，并宣称"我们再也不需

要向老板汇报"。塞德曼说："这得从组织的高层做起。"现在任何一名员工都无须向其他人汇报，而只需遵从公司的使命。唯一的控制就是共同的价值观。全球 20 个团队花了六个月时间想象自我管理的 LRN 是什么样子的。员工委员会负责招聘、绩效管理、资源分配和解决冲突。只要不影响工作，员工可以花更多的时间度假。

● 创造一个"适合"组织发展的无老板的

环境。芝加哥的一家软件公司 37 Signals 创建于 1999 年，并在 2013 年任命了一名管理者。这位勉强接任的管理者 Jason Zimdars 表示，他宁愿编写代码和做事。在许多新公司，员工都是需要有创造力的年轻人，对于这样的公司来说，管理是不被看重的。"我们希望员工自觉工作，而不是设法应付工作，"Zimdars 说道。如果员工坚持实施某一有创新的项目，就可以对新老板说不。

- 聘请和雇用能够适应无老板文化的员工。成立于 2001 年的门罗创新公司成了美国发展最快的私营企业 500 强之一。门罗公司无老板的招聘流程被称为"终极面试"，与闪电约会极为相似。申请人——有时竞争一个公开职位的人数多达五人——被带到办公室与现有员工一起进行一系列快速面试。面试的重点放在是否具有"幼儿园技能"：亲切、

好奇、大方。技术能力不那么重要，而候选人的"使其搭档表现良好的能力"更为重要。（面试问题举例："你帮助别人解决的最具挑战性的 Bug（程序错误）是什么？"）

- 采用扁平式组织结构的道路上会出现磕磕碰碰。要使无老板的组织系统正常运转，保留工作积极性高的员工至关重要。大多数员工要花半年到一年的时间来适应，一些员工会离开公司，去更传统一些的企业工作。"起初，这种方式的效率不太高，"生产 Gore-Tex 面料和其他材料的戈尔公司（W. L. Gore）首席执行官特里·凯莉（Terri Kelly）说："不过，一旦理顺这种组织架构……工作的配合和执行都能流畅运行。"一项研究发现，工厂的工人团队学会了"相互鼓励和支持……他们共同扮演了一个优秀管理者的角色"。

2.3.3　英雄人物

英雄（hero）是代表强势文化的行为、品行和特征的化身，英雄人物是员工们学习的榜样。具有强大影响力的英雄即使离开之后也可能会对文化继续产生影响。在史蒂夫·乔布斯（Steve Jobs）2011 年去世后，许多人都怀疑他在苹果公司创建的企业文化是否还能持续下去。乔布斯代表着使公司闻名于世的创造力、创新、冒险和突破性思维。当乔布斯的健康开始出现问题时，苹果公司开始考虑可以维持乔布斯创建的富于创造性文化的替代者。他们选择了长期担任副总裁的蒂姆·库克（Tim Cook）。库克一直致力于创建一种能够反映苹果公司的英雄人物史蒂夫·乔布斯的价值和行为的文化。库克说："苹果公司拥有一种卓越的文化，我认为，这种文化是如此独特、如此特别，以至于我们不会改变这种文化。"克里斯·罗克（Chris Rock）将伍迪·艾伦（Woody Allen）视为他的英雄，并受到艾伦的风格和职业道德的影响，如本章的"管理者边缘"中所述。

 管理者边缘

克里斯·罗克

开发一档成功的喜剧节目与发明和制造产品没有什么不同，至少你所看到克里斯·罗克的工作方式就是这样的。他开发了自己的流程，该流程已成为了自己独特的企业"文化"。每次进行新的全球巡演之前，罗克都会带上

一个黄色笔记本造访至少 40 家小型喜剧俱乐部，黄色笔记本上记录着他的各种想法。他称之为拳击训练营。当确定观众有大约 50 人时，他会静静地坐在那里，直到有人发现他并邀请他上台。在舞台上，他没有进行他那完全具有

"鼓吹效应"的表演，而是手里拿着笔记本进行一种对话式的谈话和讲笑话。在通常设定的45分钟时间里，他时而漫谈，时而思路被打断，时而翻看他的笔记本，他的大部分笑话得不到任何回应，观看这种演出可能会让人觉得不愉快。许多观众未被打动，不给予赞扬。在企业里，这样的人被称为"活跃用户"，他们会不断提出批评，而这是改进素材所需要的。罗克向观众坦白说，一些笑话需要加工，需要记录在他的笔记本上。但在这不到一小时的时间里，可能有 5 ~ 10 个笑话会博得满堂彩。这些"雷霆闪电"就是他的依靠。

造访结束后，他会获得上千种想法，而只有少数想法会被最终的节目所采纳。喜剧演员知道，一个成功的笑话具有 6 ~ 7 个部分。由于具有如此的复杂性，即使像杰里·塞费尔德（Jerry Seinfeld）或罗克这样的明星也不知道如何组合素材才能博得观众的掌声。即使是获得

惊人成功的"洋葱新闻"（Onion），作者们也要为 18 条最终的头条新闻（或 3% 的比例）提出600 种可能性。

当罗克为 HBO 特辑做准备的时候，他花了半年到一年的时间进行素材的测试和再测试，包括开幕、笑话和转场效果。每周有5 ~ 7 个晚上，他会每晚待在舞台上，反复推敲每一句话，直到节目达到完美。罗克知道，好的想法不会一下子就抓住人心，而是需要反复推敲。罗克没有将俱乐部中无数的平淡无奇的笑话当成一种失败，而是作为学习过程中的一种最终能够获得成功的信息。

罗克在编写电影剧本的时候，通常会与人合作。无论是电影还是脱口秀，罗克知道凡事都不能想当然。当观众对表演啧啧称赞时，他经常会说："仅仅是为了在演艺界站稳脚跟。"但他也知道"编写剧本是书呆子的工作"。正如他说的："编写剧本一点都不酷。"

2.3.4　口号

口号（slogan）是表达公司核心价值观的一些简洁的句子或短语。许多公司利用口号或者某种说法向员工传达特殊的意思。例如，迪士尼（Disney）的口号是"地球上最快乐的地方"，丽嘉酒店（Ritz-Carlton）采用"女士们和先生们照料好女士们和先生们"这样的口号来表明它既会照顾员工，也会照顾客户的文化价值观。其掌管上海 Portman 酒店的总经理狄高志（Mark DeCocinis）说，"我们是服务型行业，而服务仅仅来自人类。我们的职责是照顾他们，给他们提供一个愉快的工作场所。"他连续三年获得了"亚洲最佳雇员"。文化价值观还可以从书面的公开文件（比如关于企业使命的文件或者其他的正式报告）中找到，因为它们都会谈到公司的核心价值观。在网站托管公司 DreamHost，其文化反映了公司注重民主的承诺，首席执行官（由员工选举）要求员工团队起草公司的使命宣言和章程，以引导公司做出决定。

2.3.5　仪式

仪式（ceremony）是为了纪念特殊事件而举行的有计划的活动。举行仪式常常是为了公众利益的需要。通过举行仪式，公司管理者可以为员工们树立起公司价值观的典范。仪式就是一些特殊的场合，通过让员工共同参与重要的事件、神圣化的程序和向英雄人物学习，达到强化公司的价值观、增强公司的凝聚力的目的。在一次 20 周年庆祝典礼中，西南航空公司（Southwest Airlines）展示了一架专门制造的飞机，"孤星一号"（Lone Star One），上面印有得克萨斯州旗，以表示公司其实是从得克萨斯州起步的。之后，当美国国家篮球联盟（NBA）选择西南航空公司作为联盟合作的官方航空公司时，西南航空公司引入了另外一架特色飞机——灌篮一号（Slam Dunk One），被设计为蓝橙相间，飞机前方还画有一个硕大的篮球。今

天，10 架特色飞机见证了西南航空公司的发展里程碑，也表明了其核心价值。

2.4　文化的种类

外部环境对公司内部的企业文化的形成影响很大。虽然文化在不同的组织之间可能存在着较大的差异，但是，处于同一行业的企业常常呈现出相似的文化特性，因为它们经营所处的环境是相似的。公司内部的企业文化应该具体昭示所有员工，为了在我们所处的环境中取得成功，我们应该做好什么工作。如果外部环境要求我们提供非同一般的客户服务，那么，公司内部的文化就应当鼓励大家为客户提供优质的服务。同样，如果行业特点要求我们进行细心、谨慎的技术性决策，那么公司的文化价值观就应该强调提高管理决策的质量。

在思考哪些是组织重要的文化价值观时，管理者不但要考虑到公司的战略与目标，还要考虑到外部环境的变化。研究发现，文化、战略以及环境之间的恰当匹配与四种类型的文化不可分割，如图 2-5 所示。这些文化的类型是基于两个维度来划分的：①外部环境要求组织具有灵活性或者稳定性的程度；②公司的战略重点表现为内向性或者外向性的程度。与这些差异性相联系的四种文化类型分别是适应性文化、成就性文化、参与性文化、相容性文化。

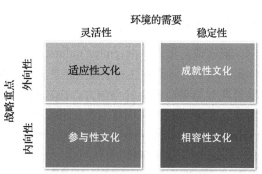

图 2-5　企业文化的四种类型

2.4.1　适应性文化

适应性文化（adaptability culture）出现在需要对环境做出快速反应、决策风险较大的环境里。在适应性文化环境里，管理者鼓励的价值观是支持公司提高自身的能力，以便公司能够快速识别来自于环境中的各种信号，解释其含义，进而将其转变为具有环境适应性的新的行为方式。为了满足顾客的需要，员工享有自主决策权和自由行动权，对顾客的反应能力也受到高度的重视。与此同时，管理者还通过对创造力、实验和冒险的鼓励与奖励来积极地创造变革。阿伦·利维（Aaron Levie）在 20 岁时联合创立了在线存储公司 Box，这是一家基于适应性文化价值观的、为企业提供在线文件存储服务的公司（见聚焦技能）。

 聚焦技能

Box 公司

　　Box 公司总部设在加利福尼亚州，其年轻的首席执行官阿伦·利维不断提醒员工，他们可以做"10 倍大、10 倍好和 10 倍快"的事情，他称之为"10X"。Box 的其他核心价值观是"把事情办好"和"敢于冒险，快速失败"。

　　利维说，他的主要目标就是"去创新、去

打破"。他又说道，"我又想避免被打破。"这些目标体现在公司的文化中，强调速度、灵活性和拓展边界。敢于冒险对于公司保持竞争力至关重要，但快速失败意味着可以快速纠正错误。一个拥有 600 人的小公司要与数以万计的大公司竞争，速度就是关键。公司文化侧重于多少人能够在最短时间内把任务完成。目标定得很高，公司文化注重以团队的身份解决出现的任何问题。Box 公司内的任何人都没有私人办公室，包括利维，开放式布局让员工可以频繁互动和协作。44 间房可以作为办公室，也可以作为会议室，员工们在此集思广益，讨论解决问题的思路。玻璃墙可以在上面写字。公司鼓励员工"把想法写在墙上"。许多会议室都是以互联网图标命名的。

快节奏和富于进取的目标可能意味着高压，但 Box 公司也鼓励娱乐。"我们拥有世界上最好的杂技演员，拥有一个全国最好的乐队指挥"，利维这样说，"马戏团的技能在这里是一个非常重要的品质。"

Box 公司的乐趣、快速、敢于冒险的文化帮助公司在动荡的行业中适应环境并迅速发展，自 2005 年成立以来，每年的销售额成倍增长。像 Box 一样的许多技术和互联网公司采用适应性文化，营销、电子和化妆品行业中的许多公司也同样如此，因为这些公司必须迅速应对快速变化的环境。

2.4.2　成就性文化

成就性文化（achievement culture）适用于这样的企业：它们为外部环境中的特定顾客群体提供服务，对灵活性和快速变革的要求不迫切。这是一种结果导向型的文化，它重视为了取得某种结果而需要的竞争力、进攻性、个人的首创精神以及长期刻苦工作的意愿。高度重视竞争中取胜和实现特定的宏伟目标，是把组织成员凝聚在一起的黏合剂。甲骨文公司（Oracle）和 EMC 公司因文化具有进攻性和不择手段性而受到指责，但公司的领导者却未予道歉。EMC 的人力资源部执行副总裁杰克·莫伦（Jack Mollen）认为，"有些人可能觉得公司文化具有进攻性，但我们的员工希望有一个他们可以努力工作、勇于冒险并获得认可的工作环境。"对于批评者，他接着说道，"我让猎头公司说出最难挖人（管理人才）的三家公司，他们会说'英特尔、甲骨文和 EMC'"。

2.4.3　参与性文化

参与性文化（involvement culture）以组织内部为关注点，强调员工的参与和介入，以快速满足来自于环境的不断变化的需要。参与性文化高度关注满足员工的需要，组织的特点表现为互相关心的、家庭式的氛围。管理者推崇的价值观包括合作、替员工和顾客着想以及避免地位悬殊等。例如，四季酒店集团（Four Seasons Hotels and Resorts）自 1998 年调查开始以来，每年都被《财富》杂志评为"最适宜工作的 100 强企业"（100 Best Companies to Work For）。该集团在 45 个国家拥有 86 个豪华酒店，管理者创造了一种重视员工胜于所有其他资产的企业文化。每一个地点都有由各部门人员组成的委员会，每个月与总经理一起召开会议，讨论工作场所存在的问题。经济萧条时期，酒店行业的许多公司受到打击，而四季酒店却因员工的不懈努力得以生存。四季酒店的文化愿景既包括成为客人的第一选择，也包括成为最佳的雇主。

2.4.4　相容性文化

最后一种文化——**相容性文化**（consistency culture）——也以组织内部为关注点，持续地追求环境的稳定性。公司推崇的是遵守规章制度和勤俭节约，企业文化重视和奖励系统的、理性的、井然有序的行事方式。在当今"唯一不变的就是变化"的环境里，很少有公司是在一成不变的环境里从事经营活动，大多数管理者都致力于建设更富柔性的企业文化，以顺应环境的变化。然而，Pacific Edge 软件公司成功地采用相容性文化来保证所有项目都按时、按预算进行。莉萨·约尔特恩（Lisa Hjorten）和斯科特·富勒（Scott Fuller）的夫妻团队从他们成立该公司的那一刻起就向员工们灌输秩序、纪律和控制的文化理念。对秩序和重点的重视意味着，员工们一般可以在下午 6 点钟回家，而不必为了完成一个重要项目通宵加班。尽管有时候谨慎就意味着缓慢，但 Pacific Edge 软件公司设法满足了外部环境变化的需要。

上述四种文化的每一种都可能会带来成功，而且组织的价值观通常可以归并到不止一种文化当中。对不同文化价值观的相对重视程度取决于环境的需要和组织的战略重点。管理者要负责慢慢地向员工灌输组织的文化价值观，这是组织要想在经营环境中取得成功所必不可少的。

 新晋管理者自测

文 化 偏 好

说明： 新晋管理者与组织文化之间的契合程度可以决定是否能够成功和获得满意度。请根据你的偏好程度（1= 最偏重）从 1 到 8 排列以下各项，以了解你的文化偏好。

1. 组织是非常人性化的，就像一个大家庭。

2. 组织是动态和变化的，员工要敢于冒险。

3. 组织是以结果为导向的，关注竞争和完成工作。

4. 组织是稳定和结构化的，具有清晰和规定的程序。

5. 管理风格的特点是团队协作和参与。

6. 管理风格的特点是创新和敢于冒险。

7. 管理风格的特点是高绩效要求和成绩。

8. 管理风格的特点是安全性和可预测性。

评分与解释： 每一个问题都属于图 2-5 中四种文化类型之一。要计算你对每种文化类型的偏好，请将以下每组两个问题的分数相加：

参与性文化——1、5 题总分：

适应性文化——2、6 题总分：

成就性文化——3、7 题总分：

相容性文化——4、8 题总分：

较低分数意味着具有更强的文化偏好。如果在与你个人偏好相符的企业文化中担任新管理者，你可能会更加得心应手并且更加有效。较高分数意味着企业文化不符合你的期望，你需要改变自己的领导风格和偏好。回顾一下文中对四种文化类型的讨论。你的文化偏好分数对你来说是否准确？你能想到符合你的文化偏好的公司吗？

2.5 为提高响应能力而塑造企业文化

斯坦福大学一位教授的研究显示，最能够提高公司价值的因素是员工以及他们的待遇。另外，《财富》杂志经调查发现，首席执行官们认为：组织文化是公司吸引、激励和留住能干员工的最重要筹码。在他们看来，组织文化是组织总体能够达到的卓越程度的唯一最佳预测指标。在一项对加拿大 500 强企业的调查中，82% 的领导者表示企业文化对公司业绩有很大的影响。我们看看"员工第一"的企业文化是如何推动美国西南航空公司创造璀璨的业绩的。1972年以来年年盈利，行业内乘客投诉率最低，西南航空公司为员工提供了高于行业的薪酬与福利、强大的职业发展规划，并致力于员工多元化发展。此外，西南航空公司还发扬一种具有强大协作精神的文化，与工会建立了良好关系。在该公司，对员工恪守承诺的积极文化产生了竞争优势。

企业文化在营造组织氛围中起着关键作用，组织氛围有助于组织的自主学习和创新性地应对来自外部环境的各种机遇、威胁或者危机。然而，管理者认识到，他们无法将自己的精力全部集中到价值观上，他们还需要实现不错的企业绩效。

2.5.1 高效文化管理

在跌宕起伏的世界环境中，取得成功的那些公司及其管理者往往关注文化价值观和经营绩效。根据管理层对文化价值观和经营绩效的相对关注程度，组织会有四种结果，如图2-6所示。例如，位于C象限的公司几乎不关注价值观和经营绩效，因而不大可能长期存续下去。位于D象限的组织的管理者高度重建建设具有强大凝聚力的组织文化，但没有把组织价值观与经营目标及理想的绩效水平直接挂钩。

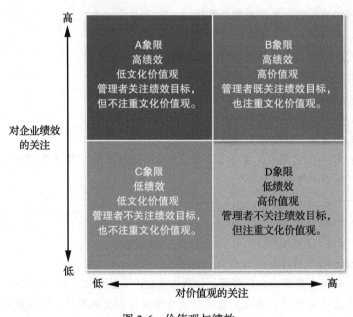

图 2-6　价值观与绩效

当文化没有和经营绩效联系起来，时值经营困难时期，组织就很难从中受益。例如，位于丹麦 Billund 的乐高集团（LEGO），在 20 世纪 90 年代因孩子们从传统玩具走向电子游戏市场时，销售的暴跌几乎让这个玩具制造商走向灭亡。那时，乐高公司反映出图 2-6 中 D 象限的特征。想象和创意而非营业成绩引导着该公司。员工们的态度是，"我们在为孩子们制造好东西——不要用财务目标来烦我们。"2004 年，当 Jørgen Vig Knudstorp 成为首席执行官后，他用新的员工座右铭颠覆了这样的企业文化："我来这里是为了帮公司赚钱。"向最终效益结果的转变产生了深远的影响，使乐高公司成为玩具行业最成功的公司之一。

位于 A 象限的组织主要关注经营绩效，而几乎不在意组织价值观。这样做可能会赢取一时之利，但很难做到基业长青，因为缺少了把组织维系在一起的"黏合剂"——共有价值观。我们看看最大的网络社交游戏公司 Zynga，对最终效益的关注是如何影响组织的。Zynga 公司成立于 2007 年 7 月，最近由首席执行官马克·平卡斯（Mark Pincus）领导。公司追求有野心的收益和盈利目标（这在互联网初创公司中是罕见的），然而对财务业绩的过分注重产生了不好的影响。每个游戏团队，如 FarmVille 和 CityVille，工作期限都非常短，并且要不停接受挑战，达到遥不可及的目标。管理者关注绩效报告，无情地将数据进行汇总，并根据数据来降职或解雇绩效不好的员工，很少关注能够使人员凝结成统一整体的文化价值观。员工开始发牢骚，抱怨工作时间过长、期限过短。前员工会情绪激动地描述充满紧张气氛的遭遇，包括平卡斯的大吼大叫、高层管理者的威胁以及同事们流泪的时刻。如果公司不更多地关注建立一种积极的文化，成功可能不会持久。在人才稀缺的行业中，许多有价值的员工被竞争对手挖走。

最后，位于 B 象限的公司强调，组织文化和永续的经营绩效是组织成功的驱动力。这些组织的管理者把价值观与公司的日常经营协调起来——雇用有实际操作经验的员工，实施绩效管理，制定预算，确定晋升与奖励标准，诸如此类。我们看看美国通用电气公司在责任感和绩效管理方面采用的方法。在杰克·韦尔奇（Jack Welch）担任首席执行官时，他帮助通用电气公司成为世界上最成功和最受尊敬的公司之一。他的办法就是，创建一种鼓励冒险的文化，责任感和可衡量的目标是个人成功和公司盈利的关键。虽然公司的传统方法也取得了辉煌的财务成果，但管理者主要是通过控制、威胁以及对一小撮人员的依赖，促使员工执行。韦尔奇不仅仅是对财务结果感兴趣，他希望管理者除了"赚钱"以外能够体现以下文化价值观：

- 追求卓越，憎恨官僚
- 欢迎任何人提出观点
- "生活"质量以及为获得竞争优势而推动成本和速度

韦尔奇知道，要使公司在快速变化的环境中获得成功，管理者需要特别注意文化价值观和业务绩效。B 象限代表的是**高绩效文化**（high-performance culture），它具有下列特点：①建立在坚定的组织使命或宗旨之上；②象征着指导决策和业务运作、为组织成员所共有的适应性价值观；③鼓励每位员工分摊组织的绩效责任，享有组织的文化精髓。

管理者做的最重要的事情之一就是，建设并影响组织文化以适应战略目标的需要，因为文化对绩效有着重大的影响。在《企业文化与绩效》（*Corporate Culture and Performance*）一书中，约翰·科特（John Kotter）和詹姆斯·赫斯克特（James Heskett）证实，有意管理文化价值观的公司与不这样做的同类公司相比，绩效水平更佳。最近的一项研究证实，企业文化的一些因素很可能与更高的财务绩效相联系。

2.5.2 精神领袖

管理人员可以借助精神领袖来塑造文化规范与价值观，以建设高效的组织文化。管理者必须进行不懈的沟通，以确保员工们都能够理解新的文化价值观，并用语言和行动来向员工展示这些价值观。

精神领袖（cultural leader）是指通过界定和使用符号、象征手法等来影响企业文化的形成的管理者。领导者清晰界定新文化应该是什么样子的，并精心编制能够激发员工做出改变的故事。精神领袖就是所需文化价值观的"首席营销官"。

精神领袖在两个关键领域对企业文化施加影响：

（1）精神领袖在员工之间传播他们深信不疑的组织文化愿景。这意味着精神领袖要负责界定并向员工灌输公司的核心价值观，以博得员工的信任并让员工们以此作为行动的准则。价值观与清晰明了的、催人奋进的使命或核心宗旨紧密关联。

（2）精神领袖通过关注日常活动来逐步明晰企业文化的愿景。精神领袖必须确保所选用的工作流程和奖励机制与组织的价值观相匹配，并进一步强化其核心理念。更重要的是，行动胜于空谈，所以精神领袖必须做到"言而有行"。

当文化需要改变时，精神领袖必须确保员工明白，旧的做事方式已经不再能接受了。例如，当肯尼·摩尔（Kenny Moore）担任 KeySpan 公司的公司监察员时，他举行了一场"葬礼"，让每位员工对公司旧的模式说再见。然后，管理者通过言语和行动广泛宣传新的文化价值观。未通过管理层的行为得以强化的价值观宣言对员工和组织来说是没有意义的，甚至还可能是有害的。全食超市的创始人和首席执行官约翰·马基（John Mackey）希望他的管理者更重视创造"一个更好的人、更好的企业和更好的世界"，而不是追求个人的经济收益。为了表明他个人对这种信念的效忠程度，他让董事会将他的优先认股权转赠给公司的两个基金会：动物怜悯基金会（Animal Compassion Foundation）和完整星球基金会（Whole Planet Foundation）。

在艰难时势或者危机时分，精神领袖始终忠于组织的价值观。坚持文化价值观能够帮助组织度过危机，换句话说就是能够变得更加强大。在当今动荡不安的环境和不断变化的工作场所里，营造并维持高效的组织文化并非易事，但是，精神领袖通过他们的话语（尤其是行动）让组织的每个成员懂得真正重要的东西究竟是什么。

◘ 讨论题

1. 调查显示，在对待同性婚姻和非法移民的公民身份等问题上，美国社会的态度发生了相当大的变化。你认为这些态度的转变会如何影响管理者未来几年的工作？

2. 美国 Cellular 公司等无线电提供商的任务环境与政府福利机构的任务环境包含的成分相同吗？请讨论相似之处和不同之处。

3. 以下四个行业中，哪些战略问题有可能造成环境不确定性：①汽车行业；②社交媒体行业；③报纸行业；④医疗服务行业。

4. 当代畅销的管理学书籍常说客户是外部环境中最重要的因素。你同意吗？这种说法在什么样的企业形势下是不正确的？

5. 你认为使用大数据分析的主要优势是什么——了解环境或影响环境？为什么？

6. 为什么跨组织伙伴关系对今天的组织至关重要？在当前环境中，什么因素会造成组织间合作的增加或减少？请讨论。

7. 想一想影响环境的不确定性因素（环境因素的变化速度和数量），如图 2-3 所示。将以下每个组织划分为在①低不确定性环境或②高不确定性环境下运营：现代集团、Facebook、当地地铁专营公司、联邦快递公司（FedEx）、俄克拉荷马州的牧场、麦当劳。解释你的理由。

8. 百威英博（Anheuser-Busch InBev）的配送中心管理者经常会在一天的工作开始前进行一场鼓舞士气的集会，检查当天的销售目标，激励员工出去销售更多的啤酒。这暗示该公司推行什么样的文化类型？

9. 作为一名管理者，你将如何运用符号来构建一种鼓励团队合作并敢于冒险的适应性文化？你可以使用什么样的符号来宣传参与性文化的价值观？

10. 一位高层管理者解雇了一名管理人员，这位管理人员给公司带来了辉煌的销售业绩和丰厚的利润，但却未遵从"尊重员工"的文化价值观，你认为这是明智之举吗？请解释。

◙ 自主学习

在适应性文化下工作

想想你曾经做过的一份全职工作。根据你对那份工作的主管的看法回答以下问题。根据以下对你的主管的描述，从 1 ~ 5 的分值中选出最符合的一个：

　　5——完全正确；
　　4——同意；
　　3——一般；
　　2——不同意；
　　1——完全不同意。

1. 好的想法总是得到自己上级主管的认真考虑。

　　1　　2　　3　　4　　5

2. 我的管理者对和我同级的人提出的想法和意见很感兴趣。

　　1　　2　　3　　4　　5

3. 向上层管理者提出的建议能得到公正的评价。

　　1　　2　　3　　4　　5

4. 管理人员不希望我挑战或者改变现状。

　　1　　2　　3　　4　　5

5. 专门化的管理鼓励我为工作场所带来进步。

　　1　　2　　3　　4　　5

6. 上层管理者根据与我同级的人的建议采取行动。

　　1　　2　　3　　4　　5

7. 管理者会因为我纠正了错误而给予奖励。

　　1　　2　　3　　4　　5

8. 管理者明确希望我优化工作单位的流程和实践。

　　1　　2　　3　　4　　5

9. 我能很自由地向管理者建议改变现行做法。

　　1　　2　　3　　4　　5

10. 好的想法并不能传达到上级，因为我上层的管理者不是很容易接近。

　　1　　2　　3　　4　　5

评分与说明：

　　评分方法：用 6 减去第 4 题和第 10 题的得分。用你的调整分加上 10 个题目的分数得到你的总分。总分再除以 10，得到你的平均分：_____

　　上层和中层管理者的价值和行为对适应性文化有着重大影响。当管理者积极鼓励和欢迎下属的变革倡议时，组织就会受到变革理念的影响。这 10 个问题测量你的管理者对变革的开放程度。一般的管理者变革开放性的平均分是 3 分。如果你的平均分是 4 分或者以上，说明你工作的组织具有很强的适应性文化价值观。如果你的平均分是 2 分或者以下，该公司可能不具有适应性文化。

　　想想这份工作。管理者对组织变革的开放水平是恰当的吗？为什么？把你的得分与另外一名学生的相比较，并轮流描述你工作中是如何为管理者工作的。你有感觉到你的工作满意度与管理者的变革开放性之间的关系吗？哪些具体的管理特征与企业文化可以解释两个工作中的开放性得分？

◙ 团队学习

课堂内外的组织文化

　　第 1 步　在下面的表格中填入你认为在以下场合可以实施的规范：①在大多数课程中；②在正式的社会团队中，例如兄弟会和姐妹会；③在学生俱乐部或校办组织中。运用你在每种场合拥有的个人经验，想一想需要采用的规范。一些规范不太明确，因此需要仔细思考后才能确定。其他规范可能比较明确。确保列出的是规范，而不是惯例。不同之处在于，当规范被打破时，会有一些不好的后果，甚至是惩罚，而违反惯例则不会带来消极的结果。

规范	哪个团队或组织与此规范相关？	违反规范会产生什么消极的结果？

第2步　列出规范清单以后，分组讨论，每组四到六人。每个学生应与小组成员分享针对每一个指定场合确定的规范。针对每一种场合列一个规范清单，你和小组成员集思广益，添加可以想到的任何规范。

第3步　按照共同主题将规范分组，并给每组规范拟一个标题。按组确定哪些规范对于规范每一种场合的学生行为最为重要。请使用下表。

规范类别名称	列出该类别的规范	将每个规范评级（1～5级，1为对于规范行为最不重要，5为最重要）	每个规范源于何处？源于环境、领导还是其他地方？

第4步　按组分析各重要的规范源于何处。源于环境、领导或其他地方？你能找出虽然明确规定但未遵照执行的规范的例子吗（意味着员工对于规范不能"说到做到"）？

第5步　你对组织和社会团体中存在的文化规范有什么了解？在理解那些通常不明确的组织文化方面有何帮助？谁应负责在你的课程或学生社团和组织中设定规范？

实践学习

回答以下问题。

1. 想一想你（或者作为学生组织成员）曾经工作做得很不错的情况，以及做得很糟糕的情况。

2. 想一想本章2.4节中列出的组织文化类型。哪一种文化是最适合你的文化，哪一种是最不适合你的文化？

3. 列出适合你或不适合你的文化。

4. 你是否能够从这里学到需要的东西，以使你的工作做得更好？

公司或组织的名称是什么？	是什么文化类型？参见本章2.4节	哪些方面最适合你？或者，哪些方面最不适合你？
最适合：		
最不适合：		

以小组的形式，讨论以下内容：

1. 小组成员所发现的理想文化的相同点和不同点是什么？

2. 如果你能为你的小组成员设计理想的文化，那么它会是什么样子的？

3. 对于具有不同品质甚至相反品质的人来说，理想的文化又是什么样子的？

伦理困境

竞争情报的困境

米格尔·瓦斯克斯作为一名新成立的生物科技公司的生产经理，感到非常自豪。同时，他非常热爱工作所带来的高回报以及应对工作中困难的决策。但是当他在自己的小办公室里待了一整天之后，他开始感到困扰，不禁回想这天一开始发生了什么事情，而他现在获得了哪些信息。

就在午饭前，米格尔的老板给了他一摞关于他们竞争对手的私密战略文件。那简直就是竞争情报的金矿，包含了生产计划、价格策略、合作伙伴合同，还有其他一些文件，所以文件上都清晰地标明"内部专用和机密级"。当他问老板从哪里弄到这些材料的时候，老板带着几分自豪地说，是从那个公司的服务器上面下载的。老板后来补充道，"我进入他们公司网站的秘密区域，然后把所有感兴趣的东西都下载下来了。"意识到米格尔可能不大相信，老板又说他只是通过一个同事的"电子途径"而已，并没有破坏其网站密码。也许真的没有，米格尔心里这么想着，但这样的情况绝对通不过"60 分钟"测试。如果关于获得竞争对手机密数据的消息走漏半点风声，那么公司的名誉将严重受损。

米格尔用着这些资料，心里总感觉不踏实。他花了一个下午的时间来寻找走出这个困境的办法，但没有找到公司的规章制度里有哪一条明确指出了答案。公平竞争的意识让他觉得，用了这些资料即使不算违法的话，也是不道德的。让他更为困惑的是，这样的事情有可能还会发生。用了竞争对手的机密材料肯定对他和公司都具有竞争优势，但是米格尔心里不太确定是否要为道德沦丧至此的公司卖命。

你会怎么办

1. 为了公司的利益使用这些文件，但是明确告诉你的老板，你不希望下次他再给你一些竞争对手的机密信息。如果他以辞退你相威胁，那你就以将此事公之于众作为回敬。

2. 单独找你的老板谈，让他知道你对获得这些文件的渠道感到不满，这同时也影响了公司的文化。此外，使用这些信息除了涉及违法问题，还可能会遭遇一场人际交往的信任危机。

3. 跟公司的法律顾问谈谈并与策略和竞争情报专家协会取得联系，以获得解决办法。然后，以他们的建议和事实为后盾去跟老板交谈。

第 3 章

全球化环境中的管理

本章概要

最近苹果公司（Apple）妥协，做出了一些它最初认为应该抵制的事情——向中国政府和消费者道歉。苹果公司在中国的业务获得了巨大的增长，在公司销售额和利润中的占比越来越高，与此同时，它也成为中国官方媒体和消费者权益团队批评的对象。当中国黄金时段的电视广播指责苹果公司在保修期内搪塞消费者，并在中国采取较差的客户服务政策时，苹果公司的管理者发表了一份声明，声称该公司在中国采取的售后服务措施与其他国家大致相同，并且说他们提供了"无与伦比的用户体验"。该声明引发了官方媒体的激烈抨击，包括指责苹果公司"傲慢"和承诺空洞。苹果公司的管理者随后意识到，中国官方和消费者需要的就是苹果公司向他们道歉。

该公司表示，它将更改客户服务政策，针对有缺陷的 iPhone 手机将予以更换新机，而不是进行维修或更换组件，并且为任何更换的手机提供一年的保修期。而在美国，该公司对维修或更换的手机仅提供 90 天的保修期。新华社表示，苹果公司的道歉"虽然比较晚"，"但对于重塑在中国消费者心中的'信任'为时不晚。"

苹果公司的管理者当然希望为时不晚。中国是该公司继美国之后的第二大市场。在国际上销售产品是一种挑战，大多数公司的管理者认为，赢得中国市场很有必要。中国已经成为许多行业的重要市场，增长潜力巨大。2012 年，通用汽车（GM）在中国的销量占比为 30%，大众汽车（Volkswagen）的占比为 28%。巴西、俄罗斯、印度和中国（通常称为金砖四国（BRIC））以及其他新兴经济体正成为北美企业产品和服务的主要市场。同时，这些地区也迅速成长为美国、加拿大、欧洲等发达国家的产品和服务提供商。寻找具有在这些国家取得成功所需的思维模式的管理者，对于跨国公司来说越来越困难。预计跨国公司在中国、印度和巴西未来几年内将出现最大的管理人才短缺。

今天，每一位管理者都需要有全球化的思维，因为整个世界都充满着商业挑战和机会。即使在家乡工作的管理者也必须具有国际环境意识，并有可能与来自不同文化背景的人打交道。国际环境成为外部环境中越来越重要的角色，对此我们已在第 2 章中进行过讨论。本章介绍有关全球环境和国际管理的基本概念。首先，我们将介绍当今无边界的世界，以及有效管理所需的全球化思维模式。接下来，我们将近距离地了解不断变化的国际环境，以及中国、印度和巴西的日益增长的重要性。然后，本章将讨论跨国公司（MNC）和全球化效应，并介绍"金字塔底层"（BOP）的概念。我们将介绍进入全球舞台的各种策略和技术，并了解企业在全球商业环境中遇到的经济、法律 – 政治和社会文化挑战。本章还将介绍区域贸易协定是如何改变着国际商业环境的。

3.1　无边界的世界

管理者面对的现实是，要想和国际形势完全隔离开已经不可能了。所有领域的组织都围绕着满足超越国界的需求和愿望的目标而重新进行排列。美国联邦调查局（FBI）已经把打击国际网络犯罪列为其当务之急，因为国家之间是不存在电子疆界的。"整个边界思维已经不复存在，"Lookout 公司的执行总裁约翰·赫林（John Hering）这样说道。该公司是一家移动手机安全公司，在全球拥有 400 个移动网络，客户遍布 170 个国家。"对许多人来说，手机是他们所拥有的天下无双的电脑，"他说，"想对你的手机做坏事那是不行的"。

 新晋管理者自测

你准备好面对国际化的工作了吗

说明： 你准备好和一个外国人洽谈销售合同了吗？企业或多或少都在进行全球化运作。以下这些行为会在多大程度上让你感觉内疚？请选择"是"或"否"。

你是否：　　　　　　　　　　　　　　　　　　　　　　　　　　　　　**是**　　　**否**

1. 缺乏耐心？你的注意力是否不能长时间地集中在一个问题上？你是否总是想换到下一个话题？

　　　　　　　　　　　　　　　　　　　　　　　　　　　　　　　　　——————　——————

2. 不是一个好的倾听者？沉默是否会让你不安？你的大脑是否总在思考接下来你应该说什么？

　　　　　　　　　　　　　　　　　　　　　　　　　　　　　　　　　——————　——————

3. 好争论？你是否喜欢为了争论本身去争论？　　　　　　　　——————　——————

4. 对其他国家的文化细节不熟悉？你是否在国外的经历很有限？

5. 鼠目寸光？你的思考和计划更强调短期而非长期吗？

6. 只谈业务？你认为在谈论业务前了解某人是浪费时间吗？　——————　——————

7. 通过合法手段赢得自己的利益？无论环境如何改变，你都使别人坚持某个协定吗？

　　　　　　　　　　　　　　　　　　　　　　　　　　　　　　　　　——————　——————

8.谈判中考虑输赢？你是否经常尝试牺牲别人的利益以赢得某次谈判？　　　　　　　　

评分与解释：与其他国家的管理者相比，在商业谈判中，美国的管理者经常漠视跨文化的问题。美国的习惯可能会让人不安，例如强调不同之处而非相同之处，很少花时间了解对方的理念和兴趣，采取敌对的态度等。美国人总是喜欢在辩论中离开，认为他们获胜了，这样会让对方觉得很尴尬。在这个小测验中，低分表明更好的国际业务能力。如果你回答"是"的题目在 3 个或以下，那么你可以认为自己能在国际谈判中起积极作用。如果你有 6 个或以上的题目回答"是"，那你应该在从事跨国生意前花时间多学一些其他国家的文化。试着多注意其他人的需求，以及接纳不同的理念。面对与你持不同理念的人，要学会妥协、让步，培养自己的同理心。

3.1.1　全球化

商业领域如同犯罪一样，已经成为一个统一的全球化的领域。在一个国家出现了对组织有影响的事件、想法和趋势，也可能对它们在其他国家的发展造成影响。本章的"管理者工具箱"中将介绍无"老板"模式在多个国家的公司中发生的情况。

全球化（globalization）是指贸易与投资、信息、社会和文化观念以及政治合作在国与国之间流动的程度。其结果就是使国家、企业和人员之间日益变得相互依赖。日本尼桑（Nissan）汽车制造商的总部设在横滨，但其豪华品牌英菲尼迪（Infiniti）分部的高层管理者却将办事处设在中国香港。宝洁公司（P&G）将护肤品、化妆品和个人护理业务总部设在新加坡。美国成为印度塔塔咨询服务公司（TCS）和其他印度信息技术（IT）公司的最大市场，而美国 IBM 公司的大部分技术服务收入却来自海外市场，最近一个季度在印度的销售额增长了 41%。日本本田汽车公司（Honda）的雅阁（Accord）车型的零部件 65% 来自于美国或加拿大，而组装车辆是在俄亥俄州进行。美国通用汽车公司在墨西哥生产雪佛兰 HHR，而零部件则来自世界各地。

 管理者工具箱

全球兴起无老板模式

采用扁平层次的无老板（bosslessness）模式不仅限于美国。不同的民族文化形成了不同的挑战，但无老板的组织可以在任何地方取得成功。

- 这种组织必须具有强大的价值观驱动型文化。塞氏公司是一家位于巴西圣保罗的工业设备制造商，拥有 3 000 名员工。里卡多·塞姆勒决定创建一个最大程度的员工参与性文化。一切由员工决定。塞氏公司没有正式结构，没有人力资源或 IT 部门，甚至没有固定的首席执行官（该职位轮流担任）。职员的薪金公开化。员工通过投票选举管理者，不让同事们发表意见就得不到晋升。下属对管理者的评价匿名进行，并且可以投票让管理者离职。公司没有着装要

求。员工可以根据自己的喜好随时改变工作地点。

- 无老板的工作环境在注重创造力的情况下尤其有效。法国 Sodiaal 集团和美国通用磨坊（General Mills）共同拥有的优诺酸奶（Yoplait）具有世界各地的专营权，依靠自我管理的团队不断创造和推出各种新口味和新产品。在美国，一个名叫"烹饪实践社区"的员工组织将新兴的民族口味和美食转化为可以在商店中购买的创新食品。

- 无老板的环境提高了客户的满意度。当 Jean-Francois Zobrist 接手 FAVI（一家设计和制造汽车零部件的法国公司，拥有 600 名员工）并担任首席执行官时，他

废除了传统的层次结构。公司内不设置人力资源部门，没有中层管理人员，没有时钟，也没有员工手册。"我告诉他们，'明天你们上班的时候，不必为我或者为老板而工作。你们为客户工作。不是我给你们付工资，是客户。'"FAVI 的做法为时不晚，获得了 10 年的客户订单。在美国，西南航空公司允许行李员自由决定如何在现场解决客户的投诉，而不是说"请稍等，我问问我的上司"。

● 无老板的设计能够反映民族文化。

西班牙的蒙德拉贡公司（Mondragon Corporation）采用一种无老板模式的合作社形式，形成一个由许多小型企业构成的合作社，85 000 名员工实际拥有并管理各自的业务。员工选择总经理，并拥有所有决策权，生产什么以及利润怎么分配等。高层社员的收入不得高于最低层社员的 6.5 倍，而在美国大型企业中则高达 350 倍左右。当经济不景气的时候，蒙德拉贡的高层人员降薪也会最多。

20 世纪 70 年代以来，全球化数量持续增加，如今大多数工业化国家都显现出高度的全球化。瑞士 KOF 经济研究所（KOF Swiss Economic Institute）在经济、政治和社会三个方面进行了全球化衡量，将各个国家以"全球化指数"进行排名。最近的调查显示，经济全球化的步伐放缓，这并不令人惊讶，反映了全球金融和经济危机造成的影响，但社会和政治全球化继续呈上升趋势。图 3-1 展示出了 2013 年 KOF 全球化指数（基于 2010 年数据）上选定国家的排名情况，以及它们在 20 世纪 70 年代中期的全球化程度。值得注意的是，美国在所列国家中全球化程度最低。在 KOF 指数上的 187 个国家中，美国排名为 34，而在 2011 年的排名为 27。根据 KOF 指数，10 个全球化程度最高的国家是比利时、爱尔兰、荷兰、奥地利、新加坡、瑞典、丹麦、葡萄牙、匈牙利和瑞士。

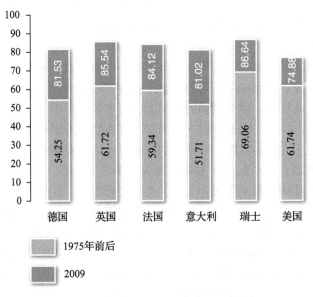

图 3-1　六个国家在全球化指数中的排名

3.1.2　构建全球化的思维模式

在全球层面上取得成功，需要的不仅仅是走向世界的愿望以及采用新的技能和技术，还需要管理者和组织构建全球化的思维模式。企业对能够帮助公司构建全球化思维的管理者有很强烈的需求，例如尼桑汽车的首席执行官卡洛斯·戈森（Carlos Ghosn，法国人，黎巴嫩后裔，出生于巴西），或者美敦力公司（Medtronic）的首席执行官奥马尔·伊什拉克（Omar Ishrak，孟加拉国人，在英国读书，在美国工作近 20 年）。越来越多的管理者发现他们需要在外国工作，或者需要与本国的外国公司合作，因而需要具备一种能够使他们轻松应对各种分歧和复杂情况的思维模式，而这些情况远远超过了其传统的管理责任范围内遇到的任何情况。**全球化思维模式**（global mind-set）可定义为管理者欣赏和影响具有不同社会、文化、政治、制度、智力和心理特征的个人、团体、组织及系统的能力。

具有全球化思维模式的管理者能够同时洞察许多不同的观点并做出响应，而不是陷入一种只能从自己文化的角度看问题的国内思维模式。印度最大的私营公司——信实工业公司（Reliance Industries）——将"全球化思维"作为其管理者的一大核心竞争力。图 3-2 展示了全球化思维需要具有的三个维度。认知维度意味着了解全球环境和全球业务，明了存在的文化差异，并且具有洞察复杂的全球变化的能力。心理维度是指情绪和情感方面，包括喜欢采用不同的思维和行动方式，愿意冒险，以及有精力和信心应对不可预测的和不确定的因素。社会维度涉及与不同于自己的人建立信任关系的行为能力。

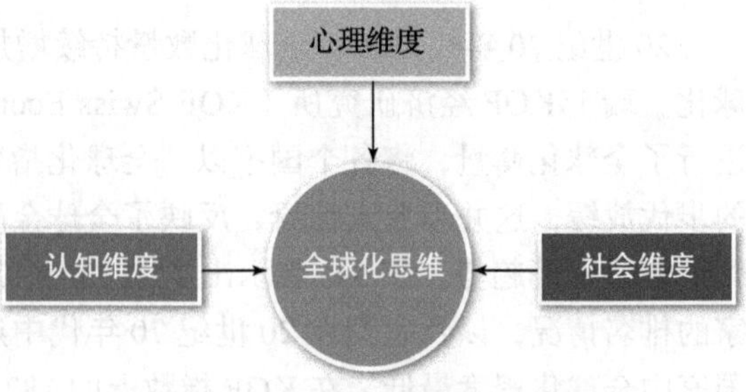

图 3-2　全球化思维的三个维度

接触不同文化和不同语言的管理者更容易建立全球化的思维模式。全球化的领导者通常会讲多种语言，并且具有丰富的经验与跟自己不一样的人打交道。而在美国长大，缺乏语言和文化多元化的人通常在国外工作时会吃更多苦头，但任何一个有志于成为管理者的人都应该培养全球化的思维模式。

如何开拓全球化思维呢？管理者可以通过两种方式开拓全球化思维：思考和实践。通过思考来学习全球化思维需要具备对其他人和文化的好奇心，对全球事务和国际业务感兴趣并进行研究，能够以开放的思想接受不同的理念。通过实践来学习全球化思维意味着需要跨文化和跨国界地建立人际关系。社交媒体的兴起为学习者和管理者创造了新的机会来建立跨越文化鸿沟的关系网络。此外，出国旅游、出国学习以及学习外语都是发展全球化思维的重要行动。例如，在印度长大的拉利特·阿胡贾（Lalit Ahuja）在他前往美国学习并了解美国文化后，帮助美国零售商塔吉特（Target）在印度开设了第二个总部。Alan Boechkmann 在美国长大，却投身于南非和委内瑞拉从事海外工作。关键之处在于，他能够将自己全身心地投入到不同环境的工作中。在过去，许多被派往国外工作的管理者采用了一种封闭的生活方式，使他们无法真正融入国外的文化。"你可以在中国过一种纯粹德国人的生活"，西门子的人力资源部前负责人 Siegfried Russwurm（现在为该公司工业部总裁）说道，"你可以住在邻居都是德国人的封闭式小区。他们会告诉你在哪里可以买到德国人制作的面包和宰杀的猪肉。"然而，今天，要想取得成功，管理者的目标就是使自己的思维全球化。

3.2　国际环境的改变

现在，许多公司都将直接在中国或印度发展业务作为其进入国际商务的第一步。近些年中国和印度已成为世界上增长最快的经济体。此外，巴西日益成为国际商业领域的主要参与者而备受瞩目。

3.2.1　中国企业

在过去几年中，外国公司在中国的业务投入比在世界其他地方的多。这个数十年前没有多大吸引力的市场现已成为几乎每个管理者都会关注的地方。中国是德国汽车制造商宝马公司的最大市场，销售着其销量最大的和最赚钱的轿车。这可能就是美国福特汽车公司的首席执行官艾伦·穆拉利（Alan Mulally）要花大约 1/3 的时间来处理中国相关事务的一个原因。福特进入中国的时间比较晚，2013 年仅占中国汽车市场的 3% 左右。穆拉利计划在中国额外建造五家工厂，将经销商的数量增加一倍，引入 15 款新车型，并在 2014 年推出林肯（Lincoln）品牌。"显然，这将让我们继续保持最高的增长速度，"穆拉利说。将中国置于决策中心的转变反映在美国总部的会议时间的变化上。"我们很早起床，或者待到很晚才走"，福特首席运营官（COO）马克·菲尔德（Mark Fields）说道，他们要么在很早的时候，要么在很晚的时候召开会议，以便让有 12 小时时差的中国管理者能够参加。

中国拥有历史上发展最快的中产阶级，是一些产品和服务的数一数二的大市场，包括手机、汽车、消费性电子产品、奢侈品和互联网使用。可口可乐公司（Coca-Cola）的首席执行官穆康泰（Muhtar Kent）预测，到 2020 年，中国的可口可乐产品的销售额将翻番，从而帮助实现肯特的将公司整体业务翻番的目标。"中国将是可口可乐最大的市场"，穆氏表示，"我无法告诉你准确的时间，但这一天一定会到来。"

尽管存在问题，但中国却是一个国外管理者无法忽略的市场。重型建筑设备制造商卡特彼勒公司（Caterpillar）的高管表示，如果公司不能在中国取得成功，那么它很可能失去作为行业内最大参与者的地位。然而，中国快速发展的机械制造商已经开始抢占市场份额。来自于国内其他行业的竞争也愈演愈烈。在一些行业，本地企业已经成为市场的领先者，例如家用电器中的美的以及经济型酒店中的 7 天连锁酒店，中国的联想公司也迅速成为全球的领先企业。

 绿色力量

当本顿维尔遇见北京

1962 年在阿肯色州本顿维尔创办沃尔玛的美国著名企业家山姆·沃尔顿（Sam Walton），并没有想到最终会将业务扩展至中国，建立 350 家门店，拥有 20 000 家供应商。2008 年，沃尔玛的首席执行官李·斯科特（Lee Scott）公开性地解决了有关环保问题，并承诺使可持续发展成为中国市场的重中之重，从而为沃尔玛的巨大资源提供保障。为了解决浪费和污染问题，沃尔玛对中国供应链（从工厂到运输再到零售商店）中的工作人员进行了培训和监督，然后制定环境标准，并作为其他公司与沃尔玛开展业务的一项要求。该公司还与中国公共与环境事务研究所合作，对水污染和污水管理进行规划。这些举措使得许多供应商工厂的用水量大大下降。沃尔玛还制定了直接农场计划，为通过沃尔玛这一大型零售商向消费者提供安全、新鲜食品的当地农民带来了更高的收入。

3.2.2　印度——服务业巨头

作为仅次于中国的人口大国，印度走上了不同的经济发展道路。与中国在制造业方面表现强劲不同，印度在软件设计、服务业及精密工程方面正在崛起。许多公司将印度作为主要的技术和科学的智囊源。该国大量的人口会说英语，使其成了寻找外包服务的美国公司的自然选择。一份索引表列出了印度 900 多家商业服务公司，雇用人数约 575 000 人。

印度增长最快的行业有制药、医疗器械和诊断。该国拥有大量的受过高层次教育的科学家、医生和研究人员，美国公司雅培制药（Abbott）和柯惠医疗（Covidien）都已在此开设了研发中心。印度的制药企业也越来越多，是世界上最大的仿制药出口国。根据普华永道（PwC）的报告，到 2020 年，印度的制药业将可能成为全球的领先行业。

 聚焦技能

联想集团公司

这是一家在计算机行业中增长最快的公司，然而在几年前，甚至在它收购了 IBM 的 ThinkPad 品牌之后都不为外国人所知。

联想集团是世界上最大的个人电脑制造商，但现在销售的智能手机和平板电脑比电脑还多。联想集团的董事长兼首席执行官杨元庆开始进入公司时是一名销售人员，曾经用自行车为客户交付电脑，而现在成了中国薪酬最高的高层管理者。在一次与分析师的电脑会议中，他表示，截至 2013 年 6 月 30 日的三个月内，公司的智能手机销售额翻了一番以上。他拒绝对联想将在黑莓公司（BlackBerry）挂牌出售后收购该公司的猜测发表意见，但在接受《华尔街日报》采访时，他明确表示："联想绝对有能力成为这个逐渐稳固的行业的重要参与者。如果某个目标或某项交易符合联想集团的发展战略，那么我们将抓住机会。"该公司也表示不会害怕建立合作伙伴关系。联想集团通过与 EMC 建立战略合作关系，已悄然进入了会带来丰厚利润的企业服务器市场。"这是公司的 PC-Plus 战略的一部分"，杨元庆说。

由于注重质量（个人电脑和笔记本电脑的可靠性位居前列），联想集团正在重新改变世界对"中国制造"的看法。此外，联想也正在重新定义中国公司的含义：将东方哲学和文化中最好的部分与西方商业和管理思想中最好的部分融合在一起。联想集团公司的总部设在北京，但杨总裁有 1/3 的时间待在北卡罗来纳州罗利市的联想公司办公室。联想的高层管理者曾经全部是没有国际经验的中国人，现在则来自于 14 个不同的国家。高层领导团队的大多数成员会讲两国或多国语言。他们在三大洲的六个不同的城市中生活和工作。出生于以色列的丹·斯通（Dan Stone）在美国任职，而出生于美国的格里·史密斯（Gerry Smith）则在新加坡工作。

联想集团的高层管理者知道，重视和融合中国与非中国管理理念对于成功至关重要。这是美国管理者需要重视的一个观点。"中国人了解美国人或美国多于美国人了解中国人或中国"，联想创始人柳传志（现任联想母公司董事长）说道，"而且多得多"。

3.2.3　巴西的影响力提升

巴西是另一个越来越受到管理者关注的国家。尽管巴西与金砖组织中的所有国家一样，在过去几年中经济增长速度放缓，但它仍是全球经济增长最快的新兴经济体之一，农业、矿业、制造业和服务业大幅增长。该国已经成为全球第七大经济体，预计到 2050 年，将跃升至第四位。选择里约热内卢主办 2016 年夏季奥运会也体现了巴西在国际舞台上的影响力日益上升。

巴西是一个年轻而充满活力的国家，也是拉丁美洲人口最多的国家，迅速增长的中产阶级渴望体验生活中更美好的东西。消费性开支约占巴西经济的 60%，但高负债使得消费性支出受到抑制。巴西政府投资建设高速公路、港口、电力等基础设施，创造了就业机会并促进了其他企业的发展。此外，在 2010 年，巴西宣布投资 220 亿美元用于科技创新。

3.3　跨国公司

国际业务的规模和数量如此之大，让人难以置信。例如，如果用一个国家的国内生产总值（GDP）来衡量，埃克森 – 美孚国际公司（ExxonMobil）的收入就相当于埃及的国内生产总值。沃尔玛的收入相当于希腊的国内生产总值，丰田公司的收入相当于阿尔及利亚的国内生产总值，而通用汽车公司的收入相当于哈萨克斯坦的国内生产总值。

大型国际公司开展大量的国际业务，它们被认为是全球化公司、无国界公司或跨国公司。在商业界中，通常称这些大型国际公司为**跨国公司**（multinational corporation，MNC），受到了极大的关注。在过去的 40 年中，跨国公司的数量和影响力都在急剧增加。据估计，仅 1990 年至 2003 年，跨国公司的数量就从 3 000 家增加到 63 000 家！跨国公司可以在国与国之间转移大量资产，对国家的经济、政治和文化造成影响。

虽然该术语没有确切的定义，但通常情况下，跨国公司总销售收入的 25% 以上来自于母国以外的业务。在最近的经济萧条时期，许多跨国公司由于在发展中国家的市场（例如中国和印度）销售强劲，因而其国外业务的收入百分比也有所增加。2010 年第三季度，百胜餐饮集团（Yum! Brands，包括肯德基、必胜客等）在中国的收入首次超过在美国的收入。到 2012 年，该公司的中国业务占到了总收入（136 亿美元）的一半以上，高于 2010 年的 36%。跨国公司具有以下独特的管理特征：

（1）跨国公司作为一个综合性的全球业务系统进行管理，在该系统中，外国子公司结成紧密联盟并相互合作。资本、技术和人员在各国子公司之间转移。跨国公司可以在全球以最有利的方式获得原材料并制造零件。

（2）跨国公司最终由一个单独的管理机构进行控制，由该机构制定母公司和所有子公司的战略决策。虽然一些公司的总部设在两个国家，例如荷兰皇家 / 壳牌集团（Royal Dutch/ Shell Group），但需要进行一定程度的集中管理，以维持企业总体上的全球整合和利润最大化。

（3）跨国公司的高层管理者被认为具有全球化思维。他们将整个世界看作一个市场来进行战略决策、资源获得以及生产、广告和营销定位。

在一些情况下，跨国公司的管理理论可能与上述理论不同。例如，一些研究者将跨国公司划分为：以本民族为中心的民族中心型公司（ethnocentric companies），以各个国外东道国的市场为导向的多元中心型公司（polycentric companies），以及真正以世界为导向，不偏向具体某个国家的全球中心型公司（geocentric companies）。跨越国家边界的真正全球化公司的数量在不断增长。这些公司不再将自己视为美国公司、中国公司或德国公司；它们的业务遍布全球，并为全球市场提供服务。雀巢公司（Nestlé SA）就是一个很好的例子。该公司的大部分销售额来自于母国瑞士之外的市场，280 000 名员工遍布世界各地。首席执行官保罗·布尔克（Paul Bulcke）是比利时人，董事长 Peter Brabeck-Letmathe 出生于奥地利，而公司一半以上的管理者都不是瑞士人。雀巢拥有数百个品牌，生产设施和其他业务几乎遍布全球每一个国家。

3.3.1　全球化效应

跨国公司的规模和实力，加上自由贸易协定的增长（我们将在本章后面进行讨论），引发了全球化效应。在一次《财富》杂志的民意调查中，68% 的美国人认为其他国家从自由贸易中受益最多。在 2010 年《华尔街日报》和美国 NBC 环球新闻网（NBC News）进行的一项调查中发现，53% 的受访美国人表示，自由贸易实际对美国造成了伤害。这一数据高于 2007 年的 46% 和 1999 年的 32%。在其他国家，如德国、法国甚至印度，人们也持相同看法。"由于某种原因，每个人都觉得自己是失利者"，前美国商务代表米基·坎特（Mickey Kantor）说。

在美国，最引人关注的是，随着企业扩大其境外的业务，将越来越多的工作出口到海外而引起的失业问题。几十年前将鞋子、服装和玩具等制造性工作转移到发展中国家，近几年又将服务和知识性工作外包出去。许多美国消费者表示，他们愿意为美国制造的产品付更高的价格，使工作机会不外流。

同时，企业领导者坚持认为，全球化经济利益将会以低价、扩大的市场和增加利润用于创新的模式流回美国经济当中。

热门话题

然而，管理者面临的另一个日益麻烦的问题就是海外承包商和供应商如何对待他们的员工。全球化增加了管理的复杂性，因为管理者经常很难知道他们实际上在跟什么样的企业打交道。例如，亚马逊（Amazon）在德国设有分销中心，由于该国的费用很高，因此通常会与第三方进行合作，雇用和管理来自于波兰、西班牙、罗马尼亚和其他欧洲国家的数千名临时外来员工，使亚马逊能够根据季节性需求进行调整。在德国公共电视台播放了一部纪录片之后，该公司陷入了道德的泥潭，在该纪录片中，员工们声称亨瑟尔欧洲安全服务公司（HESS）的保安人员恫吓他们，搜查他们是否有偷来的食物，并对他们狭窄的住处进行突击检查。在该节目中，一些保安人员穿着印有"Thor Steinar"（深受该国新纳粹欢迎的一种德国时装标志）的服装。亚马逊立即停止了与 HESS 的业务来往。HESS 的高层管理者否认了这些指控，并表示："我们明确反对任何形式的政治激进主义。"德国劳工部也正在进行调查。几年前德国放宽了劳动法，允许雇用更多的临时工，这一政策遭到了大家的批评，认为这样造成了工人的工资低，甚至有时受到虐待等问题，但是劳工组织的最强烈批评针对的是美国公司——它们利用宽松的劳工政策，并将责任转嫁给第三方。

由于对工作和劳工措施的关注，反全球化浪潮愈演愈烈，而且表现出在任何时候都不会迅速消散的样子。最终，问题不在于全球化是好还是坏，而在于商界和政界如何携手合作，确保全球化给世界带来的好处能够充分、公平地为大家所共享。

3.3.2　服务于金字塔底层

虽然大型跨国组织被指责给社会带来了许多负面作用，但它们也拥有为全球造福所需的资源。将企业与社会责任相结合的一种理论被称为"服务于金字塔底层"。

金字塔底层（bottom of the pyramid，BOP）理论认为，企业面向世界上最贫困的人销售，可以缓解贫困和其他社会问题，同时能获取可观的利润。金字塔底层是指以个人平均所得计算的，由超过 40 亿人组成的世界经济金字塔的最底层。这些人每年平均所得低于 1 500 美元，其中 1/4 的人每天的收入少于 1 美元。传统上，这些人没有获得过多数大公司的服务，因为它们的产品和服务太昂贵，难以获取，不适合他们的需求。因此，在许多国家，对于一些基本需求，穷人最终会比富裕群体花费的费用要高得多。

一些具有领导地位的企业正在改变，通过采取金字塔底端的商业模式，使其适应为全球最贫困的消费者提供销售。我们看看印度 Godrej & Boyce 公司的例子。

 聚焦技能

Godrej & Boyce 公司

据估计，印度 1/3 的粮食因变质而损失，但 2007 年冰箱市场的渗透率却只有 18%。许多低收入人群甚至买不起一台功能最基本的冰箱。另一个问题（特别是在农村）就是电力服务通常不可靠。Godrej & Boyce 公司的管理者决定是时候为此做些什么了。

"作为制造冰箱 50 多年的公司，我们问自己，为什么冰箱的渗透率只有 18%，"企业发展部副总 G. Sunderraman 说。第一个主要的原因就是许多人不仅买不起冰箱，而且不想大冰箱来占用小房子的空间，耗费大量的电。他们需要的是由 Godrej & Boyce 公司在 2010 年推出的创新设备 chotuKool（小冰箱）。chotuKool 是一种只能储存五六瓶水和少量食物的微型冰箱，采用便携式设计，由蓄电池供电，售价约 3 250 卢比（69 美元），比市场上最便宜的冰箱便宜约 35%。

为了销售新产品，Godrej & Boyce 公司将农村村民作为销售人员进行培训。每销售一台冰箱村民将获得约 3 美元的佣金，这一创举减少了 Godrej 的分销成本。当被问到该公司预计将出售多少台 chotuKool 时，Godrej 家电部的首席运营官乔治·梅内塞斯（George Menezes）说："三年时间可能会达到数百万台。"Godrej & Boyce 公司的管理者花了大量时间直接与消费者接触，现在正在验证针对农村市场廉价产品的其他想法。"目前，农村市场仅占 10%，但我们已做好了大举扩张的准备，"梅内塞斯说道。

美国公司也正在加入金字塔底层行动。宝洁公司的研究人员正在对中国、巴西、印度和其他发展中国家的居民进行访问，看看公司如何为处于金字塔底层的消费者提供全新的产品和服务。不过宝洁公司进入金字塔底层市场的时间有点迟。比如竞争对手联合利华（Unilever）在一个多世纪前就在印度推出了卫宝（Lifebuoy）香皂，并称其为污物和疾病的杀手。联合利华公司在发展中国家的销售额超过了 55%，高于 1999 年的 20%。"宝洁公司仍主要以美国为中心，"联合利华的首席执行官保罗·波尔曼（Paul Polman）这样说道。波尔曼是荷兰人，曾在宝洁公司工作过。"而新兴市场就是我们公司的核心。"为了后来居上，宝洁公司的首席执行官将员工的焦点集中于"在全球更多地区，更全面地了解和改善更多消费者的生活"。当消费者感觉到他们的生活正在改变时，"几乎就像你不必为所做的这些花钱一样，"一位研发科学家这样说。金字塔底层理念的支持者认为，当利益动机与为人类做贡献的愿望紧密相联时，跨国公司就能促使进行积极的持久的改变，就像 TechSharks 公司做的那样（如本章的"管理者边缘"中所述）。

社会企业家身份

Ahmad Reza Zahedi 在 28 岁时创办了一个网站设计业务公司——TechSharks 公司，实现了自己自少年时期爱上电脑技术以来便有的梦想，这种经历与众多技术企业家相似。他曾经收到的最好的礼物就是他哥哥给他的一本关于学习计算机 Pascal 语言的书籍，这本书让他废寝忘食。在最初创办 TechSharks 公司时，他不得不向客户解释电子邮件与网站之间以及虚拟主机与网域之间有什么不同。2011 年，他几乎达到了收支平衡，在接下来的 2012 年收入翻番，达到了 5 万美元。是不是听起来不是很多？想想 Zahedi 所处的城市——喀布尔，处于一个不断与塔利班组织做斗争的系统中，一个被战争摧毁了教育系统的地方，成人非文盲率为 25%，这是世界上最贫穷的一个国家，年均 GDP 为 6 000 亿美元。

Zahedi 参加了一项世界性运动，运用商业、非营利组织和技术，创建一个基于和平与正义基础上的、更好的、更可持续的世界，研究证实，更多的钱正流入这类组织。该地区时间最早、规模最大的一个企业就是 Ashoka，

1980 年由比尔·德雷顿（Bill Drayton）创建，德雷顿将目光瞄准了全球各地的领导者，通过帮助他们获得领导技能、资源和管理理念，从而帮助他们解决当地出现的问题，使他们能够成为有能力的道德变革者。早在 20 世纪 80 年代，在德雷顿创办该公司时，就在巴西、印度和印度尼西亚等国寻找变革推动者。他要寻找的是超越了政治行动主义者的角色，利用创新思想并构建结构来解决重大问题的人，例如消除贫困（如格莱珉银行（Grameen Bank））、医疗保健、教育模式，或改善环境的独创性构想。Ashoka 为这些人提供资金，并授予他们资深会员（Fellow）的称号。

从那时起，其他组织也开始进行类似的工作。斯科尔基金会（Skoll Foundation）为项目提供资助，并按照"社会企业家擅长于团结"这一原则运作，他们以共有的方式追求目标。绿色回声组织（Echoing Green）为初期阶段的企业家提供支持，其核心理念在整个领域产生了共鸣："社会企业家身份本身就带有让人期待的个人参与和发挥作用的使命。"

3.4　走向国际化

企业有几种方式涉足国际经营。一种是在海外寻找更廉价的货源，这也叫外包。另一种是在母国之外为制成品或服务开发市场，这包括出口、许可经营和直接投资。这些都叫作市场进入战略（market entry strategies），因为它们代表了在外国市场上销售产品和服务的备选方案。图 3-3 列举了公司用以进入外国舞台以获取资源或进入新市场的战略。

3.4.1　出口

过去 30 年来，全球出口额从 2 万亿美元增加到 18 万亿美元，现在一半以上来自新兴经济体。在出口（exporting）方式下，公司将生产设施建立在本国内，并将其产品运往外国市场进行销售。出口使得一个国家能够在其他国家的市场上按照适度的资源成本、在有限的风险下销售其产品。出口蕴含着基于实际距离、政府管制、汇率波动和文化差异的许多风险，但与动用公司的自有资金去东道国投资建厂相比，出口的投入要小得多。例如，Skooba Designs 公司，位于纽约州罗切斯特市，是一家针对笔记本电脑、iPad 和其他工具的手提箱制造商，产品出口到 30 多个国家。服务性公司也可以出口。网飞公司（Netflix）向拉丁美洲、英国和

爱尔兰的客户提供电影流媒体服务，并努力开拓其他国家的市场。好莱坞电影公司长期以来将电影出口到国外，但现在采用的方法与过去有所不同。

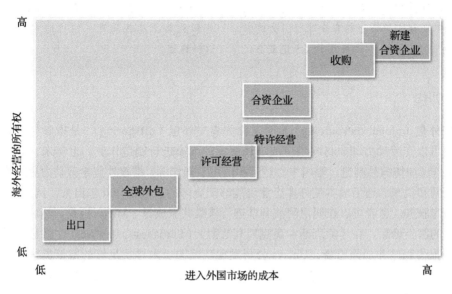

图 3-3 国际市场进入战略

 聚焦技能

好莱坞电影公司

好莱坞电影长期以来堪称经典的美国产品，多年前，日本、巴西或韩国的观众会忠实地观看主要针对美国观众制作的电影。这种情况已不复存在。本地电影与好莱坞展开了激烈的竞争。与此同时，美国和加拿大的观众人数在下降，但海外观众数量在增长。现在好莱坞电影 70% 左右的收入来自国外，自 2010 年以来海外的票房成了增长的唯一来源。2011 年，电影《蓝精灵》（The Smurfs）在国外市场的销售额达到了其总票房的 74.7%。《汽车总动员 2》（Cars 2）也相差不远，海外的票房收入为 65.8%。一些好莱坞电影公司专门针对某些国外市场制作电影，几乎所有这些公司都将影片重新取景，以迎合国外观众的口味，以下是他们所采用的策略举例：

- 使用外国演员。派拉蒙影业公司（Paramount）的《特种部队：眼镜蛇的崛起》和《特种部队 2：全面反击》，韩国一流电影明星李秉宪和南非演员阿诺

德·沃斯洛（Arnold Vosloo）在影片中担任重要角色。

- 将电影定位于不断增长的市场。最近几部电影，如《里约大冒险》和《速度与激情 5》，就在巴西拍摄，巴西的好莱坞影片市场正迅速增长。在《暮光之城：破晓（上）》中，贝拉·斯旺（Bella Swan）和爱德华·卡伦（Edward Cullen）的蜜月安排在巴西的一个私人岛上。

- 植入国外品牌的广告。在最近的《变形金刚》电影中，梦工厂电影公司（Dream Works Studios）让某一角色在影片中喝中国伊利乳业公司生产的舒化低乳糖奶。

- 以国外的城市为背景。皮克斯公司（Pixar）的《汽车总动员》在国外不是很卖座，因此公司将巴黎、伦敦、东京和意大利里维埃拉作为续集的背景。

这些策略和其他技术措施反映了制作电影的全新理念。电影公司不是试图引诱观众前来观看电影，而是将电影以观众为导向。此外，管理者日益期待能拍摄出具有全球吸引力的影片。"我可以告诉你，一部费用为 1.5 亿或 2 亿美元的昂贵大片，如果不能获得全球的吸引力，那么没有哪家电影公司愿意制作这样的大片，"华特·迪士尼公司（Walt Disney Company）前影业集团总裁马克·佐拉迪（Mark Zoradi）这样说道。

3.4.2　外包

全球外包（global outsourcing）有时又称为离岸外包（offshoring），是指参与国际劳动分工，以便可以在劳动力和原材料供应成本最便宜的国家进行制造作业。近年来，数以百万计的低端工作（如纺织品制造、呼叫中心运营和信用卡操作等）都被外包给劳动力更加廉价的国家。互联网和锐减的通信成本使许多企业也能够把更多的高端工作外包出去，例如软件开发、会计或医疗服务。患者可以在明尼阿波利斯进行核磁共振成像（MRI）检查，然后将检查情况传给印度的医生诊断。在《萨班斯－奥克斯利法案》（Sarbanes-Oxley Act）生效后，需要大量新的财务报告程序并加强监督，Unisys 公司发现在美国境内寻找足够的稽核员很困难，所以管理者将其核心的审计事务外包给中国。大型制药企业将其早期的化学研究转让给在中国和印度的更廉价的实验室。

3.4.3　许可经营

在**许可经营**（licensing）的情况下，一个国家的公司（许可人）可以向另一个国家的公司（被许可人）提供某些资源。这些资源包括技术、管理技能以及专利或商标权，从而使得被许可人能够生产和销售与许可人相同的产品或服务。喜力啤酒被称为世界上第一个真正的全球性啤酒品牌，通常从出口开始，以提高消费者对其产品的熟悉程度。如果市场具有足够的诱惑力，喜力则会将其品牌授权给当地啤酒制造商。许可经营使得商业公司能够以低成本相对容易地进入国际市场，但会限制公司参与这些市场的开发，或市场开发受到控制。

许可经营的一种特殊形式就是**特许经营**（franchising），是当特许经营人购买一系列完整的产品和服务（包括设备、商品、产品原料、商标、商号权、管理建议、标准运营系统）时发生的一种形式。许可经营时，被许可人通常保留自己公司的名称、自主权和操作系统，而特许经营则采用特许专营授权公司的名称和系统。快餐连锁店是最有名的特许专营授权人。有一个经常提及的故事是，当一个日本小孩来到洛杉矶后，他兴奋地对他的父母说，"美国也有麦当劳。"

3.4.4　直接投资

较高级的国际贸易方式是对外国设施进行直接投资。**直接投资**（direct investing）意味着公司可以参与生产性资产的管理，这与其他进入策略有所不同，其他进入策略只允许进行很少的管理控制。

目前，最受欢迎的直接投资类型是进行战略联盟和建立合作伙伴关系。在**合资企业**（joint venture），一家公司与另一家公司共担成本和风险（通常在东道国），共同开发新产品、修建制造设施或建立销售和分销网络。合作伙伴关系通常是进入全球竞争的速度最快、费用最低、风险最小的一种方式。例如，雅培制药（Abbott Laboratories）与印度必奥康制药公司（Biocon Ltd.）合作，开发针对当地市场的营养补充剂和仿制药。除了合资企业外，当今全球商业环境的复杂性使得许多公司的管理者开发各种联盟网络，这些网络是与其他各种公司建立的合作伙伴关系的集合，往往跨越国界。

另一个选择就是拥有一家**完全控股的外国子公司**（wholly owned foreign affiliate），对其拥有完全的控制权。直接收购一家子公司可以缩短分销渠道并降低储运成本，从而节省出口费用。当地管理者也更加了解当地的经济、文化和政治环境。中国企业越来越多地采取直接收购的方式。2012 年，中国大连万达集团收购了 AMC 娱乐公司（AMC Entertainment）及其拥有的 346 家电影院，这是有史以来中国公司进行的最大收购。最近，一家中国公司收购了国际维生素公司（International Vitamin Corporation）的 Inverness Medical 维生素资产部分。史蒂文·戴（Steven Dai）表示，购买美国公司是有利的，因为美国拥有非常发达的维生素市场，该市场"每年持续增长"，并且当地管理者对当地人的兴趣和需求非常了解。卡夫食品公司（Kraft Foods）收购吉百利公司（Cadbury PLC），部分原因在于该公司在新兴市场中建立了当地的联络和分销网络。沃尔玛最成功的国际合资企业就是建立在收购本地公司的基础之上的。

成本最高、风险最大的直接投资就是俗称的**新建合资企业**（greenfield venture），意味着公司在国外从零开始创建子公司。其优势在于，子公司可以建成公司需要的样子，并且可能获得高利润。例如，2012 年，空中客车公司（Airbus）宣布了在美国兴建第一个装配厂制造喷气式客机的计划。通过在亚拉巴马州修建一座庞大的工厂并雇用美国工人，空中客车公司的管理者希望能够融入美国文化，从而减少政界对购买空客飞机的反对声。该策略的缺点在于，公司必须在不同文化的环境中获得所有的市场经验、材料、人员和专业知识，并可能走一些弯路。新建合资企业的另一个例子就是密西西比州坎顿市的尼桑汽车厂。该厂是密西西比州修建的第一家汽车工厂，日本公司不得不雇用未经考核的并且基本上没有经验的员工。物流和文化障碍是如此之大，风险是如此之高，以至于尼桑公司的管理者后来说："我们所做的是没有人认为可能成功的事。"

3.5　国际商务环境

国际管理（international management）是在一个以上的国家进行的商务运作管理。当企业跨越国际边界开展业务时，商务管理的基本任务（包括融资、生产、产品和服务的分销等）不会发生任何实质性的改变。不论公司是在国内经营还是在国际上经营，计划、组织、领导和控制等管理的基本职能都是一样的。然而，当管理者在国际层面上履行这些管理职能时，他们将经历更大的困难和风险。看看下面这些错误：

- 麦当劳花了一年多的时间才认识到，在印度，印度教教徒不吃牛肉，他们认为牛是神圣之物。直到公司开始用羊肉制作在印度销售的汉堡包时，销售量才开始上升。
- 当宜家在曼谷推出超级市场时，管理者才知道一些瑞典产品的发音听起来像泰国粗俗的色情用语。
- 在非洲，瓶子上的标签要显示内装物的图片，以便不识字的购物者能够知道他们购买的是什么。一旦婴儿食品公司在标签上显示儿童图片，该产品的销路不会很好。

● 联合航空公司（United Airlines）发现，即使色彩也可以决定一件产品的命运。当航班从中国香港开始起飞时，航空公司分发给大家白色的康乃馨，结果却发现，对许多亚洲人来讲，这种花代表死亡和厄运。

这些例证中，有些显得很幽默，可对努力在竞争性的全球环境中经营的管理者来说，它们没有什么好笑的。要避免明显的国际错误，新兴的全球化公司的管理者应该追求什么？当他们把一个国家与另一个国家进行对比时，经济因素、法律—政治因素和社会文化因素造成的困难是最大的。在国际环境中，需要领会的关键因素如图 3-4 所示。

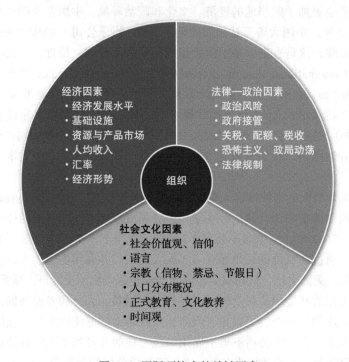

图 3-4　国际环境中的关键因素

3.6　经济环境

经济环境反映了国际组织经营所在国家的经济形势。这一部分环境包括经济发展水平和资源与产品市场等因素。另外，通货膨胀率、利率以及经济增长也是国际经济环境的一部分。

3.6.1　经济发展

世界上各个国家和地区之间**经济发展水平**（economic development）差异很大。国家可以划分成发展中国家和发达国家。发展中国家也称为欠发达国家。传统上用来划分发达国家与发展中国家的标准是人均收入，这是用一国的商品和服务产值除以总人口数得出的。绝大多数发展中国家的人均收入低。欠发达国家一般位于亚洲、非洲和南美洲。发达国家主要是北美洲、欧洲的一些国家和亚洲的日本。大多数国际企业的总部都位于较富裕的、经济发达的国家。然而，聪明的公司却大规模投资于欠发达国家的新兴市场。尽管这些公司今天面临风险和挑战，但是它们将来必有丰厚的回报。

世界经济论坛每年通过分析数据来评估企业在经济发展竞争中的表现，发布《全球竞争力报告》(*Global Competitiveness Report*)，它包括了众多影响竞争力的因素。报告既考虑了统计资料，也考虑了对全球企业领导者的看法，还考虑到政府制度、惯例、市场规模和金融市场的成熟度，以及其他促进生产力和支持可持续经济增长的因素。

表 3-1 显示了 2011～2012 年 10 个竞争力排名最高的国家，还有其他一些国家与之进行比较。美国在 2008～2009 年排名第一，但在 2011 年下降到第五位，自那以后下降得更多，在 2012～2013 年下降到第七位。

表 3-1 国家竞争力比较（2011 年）

国家	世界经济论坛竞争力排名	国内生产总值（GDP，美元）	劳动力人数
瑞士	1	344 200 000 000	4 899 000
新加坡	2	318 900 000 000	3 237 000
瑞典	3	386 600 000 000	5 018 000
芬兰	4	198 200 000 000	2 682 000
美国	5	15 290 000 000 000	153 600 000
德国	6	3 139 000 000 000	43 670 000
荷兰	7	713 100 000 000	7 809 000
丹麦	8	209 200 000 000	2 851 000
日本	9	4 497 000 000 000	65 910 000
英国	10	2 290 000 000 000	31 720 000
加拿大	12	1 414 000 000 000	18 700 000
沙特阿拉伯	17	691 500 000 000	7 630 000
中国	26	11 440 000 000 000	795 500 000
科威特	34	155 500 000 000	2 227 000
南非	50	562 200 000 000	17 660 000
巴西	53	2 324 000 000 000	104 700 000
印度	56	4 515 000 000 000	487 600 000

要注意的是高度发达国家通常在竞争力指数方面排名较高。竞争力评估的一个重要因素是一个国家的**基础设施**（infrastructure），即高速公路、机场、公用事业和电话线路等支持经济活动的物质设备。

3.6.2 经济相互依赖

最近的全球金融危机使得一件事情非常清楚，那就是全球在经济上是如何相互联系的。虽然最近的危机似乎不怎么典型，但精明的国际管理者意识到，他们的公司可能会经常受到类似危机的冲击。

例如，大多数学生可能知道 21 世纪早期互联网泡沫破裂，使得股市暴跌，对全球的公司都造成了影响。1997～1998 年亚洲金融危机也对北美、欧洲和全球其他地区的企业产生了类似的影响。最近，希腊、西班牙、爱尔兰和意大利等国家无力偿还债务，引发了对欧元贬值的恐慌，并使全球金融市场的稳定受到威胁。最近的财政灾难使一些国家陷入困境，穆迪公司经济学家创建的"悲惨指数"（misery index）就反映了这一情况，如图 3-5 所示。悲惨指数是将一个国家的失业率和预算赤字占 GDP 的比例相加。2010 年的数据显示，与 21 世纪初相比，几乎每个国家的"悲惨"程度都大大增加。冰岛和爱尔兰两个国家尤其遭到了最近经济危机的打击，2000 年的悲惨指数为负数，但在 2010 年的指数却很高。美国在 2000 年的悲惨指数低于 5，在 2010 年上升到约 21。

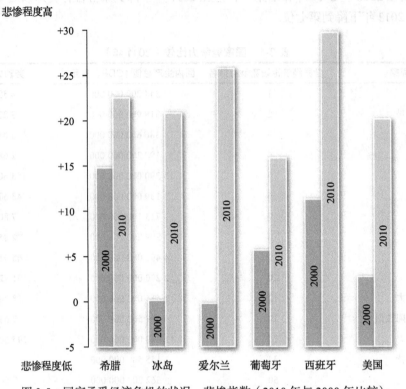

图 3-5　国家承受经济危机的状况：悲惨指数（2010 年与 2000 年比较）

经济相互依赖的另一个现象就是，许多公司的零件、用品和劳动力来自于全球各地，给管理者带来了新的挑战。例如，2011 年年底，由于泰国发生了历史性洪灾，该国的大型工业部门被淹没，本田、丰田以及美国、加拿大和亚洲的其他汽车工厂在获得由泰国供应商供货的电子和其他部件时遇到了麻烦。由于低工资国家的合约工厂的工人受到不安全或苛刻的待遇，许多公司受到越来越多的谴责。

3.7　法律 – 政治环境

不同的法律制度使得国际企业的业务往来面临着来自各个方面的挑战。东道国制定了有关诽谤条例、消费者保护、信息与标识、就业与安全以及工资等方面的种种法律。国际管理者必须了解这些法律、规定并予以遵守。此外，当企业走向国际时，管理者不但必须应对更多的政府监督和管制，还必须应付不熟悉的政治体制。政府官员和普通公众常常把外国公司看成是局外人甚至是侵略者，因而怀疑他们会对本国经济独立和政治自治施加影响。

政治风险（political risk）是指由于东道国政府基于政治原因的事件或行动致使公司丧失资产、盈利能力或者管理控制力。虽然如今许多发展中国家欢迎和支持外国公司，但政治风险是国际公司主要担心的问题，它们面临着比以往更大、更复杂的威胁。印度外商投资法律的松动为沃尔玛在该国开设第一家门店铺平了道路，但对美国大型零售商来说，仍然存在很大的政治阻力。让这一挑战更加复杂的是，小农户必须将他们的收成交给政府批发商。印度的食品必须经过多个政府渠道和中间商，才能由零售商出售给消费者。该国拥有 7 000 多个政府批准的市场，413 000 个许可的贸易商和 214 000 个许可的代理商。官僚作风再加上落后的基础设施和其他问题，意味着沃尔玛和其他国外零售商"需要做好在印度亏损几年的准备，"一个零售顾问这样说道。

另外一个在跨国企业中经常提及的问题就是**政局动荡**（political instability），包括骚乱、革命、扰乱治安和政府更替。例如，阿拉伯地区的反政府浪潮不仅影响了叙利亚，还影响了突尼斯、埃及、利比亚、也门和巴林，造成了该地区动荡的商业运作环境。"没有总统，没有政府，没有警察"，突尼斯一家公司的所有人 Jalilia Mezni 说，"只有完全的混乱。"这给本地和外国企业造成了各种问题。例如，2013 年 8 月，一个亲政府黑客组织——叙利亚电子军团（SEA）——攻击了几个西方网站，包括推特网（Twitter）、《华盛顿邮报》（*The Washington Post*）和《纽约时报》（*The New York Times*），这些网站在两周内两次出现故障。加拿大的 BroadGrain 公司，自成立以来一直向新兴市场和政治热点地区提供农产品，其首席执行官 Zaid Qadoumi 对向利比亚运送小麦的人员提供额外报酬，但告诫员工，如果认为情况太危险，建议他们"切断绳子，然后离开"。

3.8　社会文化环境

一个国家的文化不但包括社会全体成员共同的行为模式和思维方式，还包括共有的知识、信念和价值观。在外国工作或生活时，文化因素有时比政治因素和经济因素要复杂得多。

3.8.1　社会价值观

许多管理者没能意识到，不能用那些管理母国公司的价值观和行为方式去理解世界的其他地方。尤其美国管理者常常被指责具有民族优越态度，自认为他们的模式是最好的。**民族优越感**（ethnocentrism）是指人们认为自己的文化是最优秀的，贬低或漠视其他文化价值的一种自然趋势。民族优越感存在于任何国家，强烈的民族优越感使外国企业很难在这个国家立足。

管理者战胜自己的民族优越感倾向的一种方法就是，了解和欣赏社会价值观之间的差异。

1. 霍夫斯泰德的价值观维度

荷兰科学家吉尔特·霍夫斯泰德（Geert Hofstede）对 IBM 公司遍布 40 个国家和地区的 11.6 万名员工进行研究之后，发现了影响组织和员工之间工作关系的四个维度的民族价值观体系。根据这四个维度对不同国家和地区的评价结果如表 3-2 所示。

表 3-2　根据民族价值观体系的 4 个维度对 10 个国家的排序

国别	权力距离①	不确定性规避②	个人主义③	男性化④
澳大利亚	7	7	2	5
哥斯达黎加	8（并列）	2（并列）	10	9
法国	3	2（并列）	4	7
原联邦德国	8（并列）	5	5	3
印度	2	9	6	6
日本	5	1	7	1
墨西哥	1	4	8	2
瑞典	10	10	3	10
泰国	4	6	9	8
美国	6	8	1	4

① 1 = 最大权力距离；10 = 最小权力距离。　② 1 = 最高不确定性规避；10 = 最低不确定性规避。
③ 1 = 极端个人主义；10 = 极端集体主义。　④ 1 = 极端男性化；10 = 极端女性化。

（1）权力距离。大**权力距离**（power distance）的意思是，人们认可在不同的机构、组织和个人之间权力的不均等性。小权力距离表示人们期望权力上的平等。崇尚大权力距离的国家有马来西亚、印度和菲律宾。推崇小权力距离的国家有丹麦、以色列和新西兰。

（2）不确定性规避。高**不确定性规避**（uncertainty avoidance）意味着社会成员对不确定性和模棱两可感到不安，因而主张职责承诺要具有确定性和一致性。低不确定性规避是指人们对无组织的、不清楚的、不可预见的情形具有高度的忍受性。主张高不确定性规避的国家包括希腊、葡萄牙和乌拉圭。强调低不确定性规避的国家有瑞典、新加坡和牙买加。

（3）个人主义和集体主义。**个人主义**（individualism）反映了松散性社会结构的价值观，人人都只关心自己。**集体主义**（collectivism）的意思是偏好紧密组织起来的社会结构，人与人之间相互照顾，组织保护其成员的利益。信仰个人主义价值观的国家包括美国、加拿大和英国。提倡集体主义价值观的国家有中国、墨西哥和巴西。

（4）男性化 / 女性化。**男性化**（masculinity）代表偏爱成就、英雄主义、武断、以工作为中心（随之而来的是高度的紧张感）和物质上的成功。**女性化**（femininity）的价值观是注重关系、合作、群体决策和生活质量。具有强烈男性化价值观的国家有日本、德国、意大利和墨西哥。瑞士、哥斯达黎加、挪威和法国则重视女性化的价值观。在男性化和女性化的文化氛围中，男男女女都遵循主流的价值观。

后来，霍夫斯泰德及其同事又确立了第 5 个维度，即长期定位与短期定位。见于中国及其他亚洲国家的**长期定位**（long-term orientation）比较关注未来，大力推崇勤俭节约和坚忍不拔。而在俄罗斯和西非发现的**短期定位**（short-term orientation）则更多地关注过去与现在，对传统和履行社会义务予以高度重视。研究者们在继续探索和扩充霍夫斯泰德的研究成果。过去 30 年来，单是在个人主义与集体主义方面，就有 1 400 多篇文章和大量的著作问世。

2. 环球项目价值观维度

最近，由环球领导与组织行为有效性（GLOBE）项目进行的研究拓展了霍夫斯泰德的评价体系，对当代管理者的理解更加全面。GLOBE 项目运用从 62 个国家和地区 1.8 万名管理者得来的数据，识别解释文化差异的 9 个维度。除了霍夫斯泰德确定的特征外，GLOBE 项目还确定了以下特征：

（1）武断。高度武断意味着，社会鼓励刚强、自信和竞争。低度武断意味着，人们认为体贴和关心他人比明争暗斗更重要。

（2）未来导向。与霍夫斯泰德的时间导向相似，未来导向是社会对长远打算而非急功近利的鼓励和奖赏程度。

（3）性别差异。这是指社会最大化性别角色差异的程度。在低性别差异的国家或地区（如丹麦），一般说来女性的社会地位较高，决策权力较大。高性别差异的国家或地区则赋予男性较高的社会、政治和经济地位。

（4）绩效导向。高绩效导向的社会高度重视绩效水平，并奖赏人的绩效改进和卓越表现。低绩效导向意味着人们较少关注绩效，但较多注重忠诚、归属和背景。

（5）人文关怀。最后一个维度是指社会鼓励和奖励人的公平、利他、大度、爱心的程度。高人文关怀的国家或地区高度强调助人为乐和仁慈友爱。低人文关怀的国家或地区期望人们自私自利。自我发展和感恩戴德是非常重要的。

表 3-3 是根据 GLOBE 的这些维度对部分国家和地区的排序表。这些维度可以更进一步帮助管理者识别和管理文化差异。社会价值观极大地影响着组织的运作与管理方式。想一想艾默生电气公司（Emerson Electric）的管理者在中国苏州创办新的制造厂时遇到的困难。美国观点和中国观点差异很大的一个方面就是时间导向。美国管理者喜欢短时间内立竿见影，他们将自己的任务看作是未来职业发展的垫脚石。而中国管理者则喜欢采用长期途径，建立制度并制定适合的行动方针，以期能够获得长期的成功。其他公司也遇到了类似的文化差异。想想美国的自我管理团队概念，强调权力和权威共享，团队成员致力于在没有正式指南、规则和结构的情况下解决各种各样的问题。管理者在文化价值观支持大权力距离和低不确定性容忍度的地方建立团队时就遇到了问题。正如在法国和地中海国家一样，墨西哥的很多员工期望组织有层级结构。在俄罗斯，人们擅长小组工作，喜欢以团队为单位而不是以个人为单位参与竞争。一般情况下，德国和其他中欧国家的组织朝着非个人的、运行情况良好的方向努力。各个国家和地区有效的管理方式各不相同，这取决于其文化特性。

表 3-3　基于部分环球项目价值观维度的国家和地区排序

维度	低	中	高
武断	瑞典	埃及	西班牙
	瑞士	冰岛	美国
	日本	法国	德国
未来导向	俄罗斯	斯洛文尼亚	丹麦
	意大利	澳大利亚	加拿大
	科威特	印度	新加坡
性别差异	瑞典	意大利	韩国
	丹麦	巴西	埃及
	波兰	荷兰	中国内地
绩效导向	俄罗斯	以色列	美国
	希腊	英国	中国台湾地区
	委内瑞拉	日本	中国香港地区
人文关怀	德国	新西兰	印度尼西亚
	法国	瑞典	埃及
	新加坡	美国	冰岛

3.8.2　沟通差异

　　来自某些文化的人比美国人更注重他们语言沟通的社会环境（社交场合、非言语行为和社会地位等）。例如在中国工作的美国管理者已经发现，在中国文化中社会环境要重要得多，他们要学会压抑他们的急躁，花必要的时间来建立人际和社会关系。

　　图 3-6 说明了各国对社会环境强调程度的差异性。在**高语境文化**（high-context culture）中，人们对环境和社会变革敏感。人们沟通首先是为建立人际和社会关系。意思更多是从环境（场所、社会地位和非言语行为）中获得，而不是从清晰的言语表达中获取。关系和信任比生意更重要，重视集体福利与和谐。在**低语境文化**（low-context culture）中，人们交流首先是为交换事实和信息，意思主要从语言中获得，商业交易比建立关系和信任更为重要，个人比集体的福利和成就更重要。

高语境文化

中国
韩国
日本
越南
阿拉伯
希腊
西班牙
意大利
英国
北美
斯堪的纳维亚
瑞士
德国

低语境文化

图 3-6　高语境文化和低语境文化

　　为了理解文化环境差异如何影响沟通，想想美国的这个说法，"会哭的孩子有奶吃。"它的意思是说，哭叫最大声的孩子可以引起最多的关注。而在中国和日本，对应的说法分别是"枪打出头鸟"和"竖起的钉子容易被敲打"。在后两种文化中，锋芒毕露会引起负面的关注。看看中国联想集团收购 IBM 的个人电脑业务时存在的文化差异。在商业会议和电话会议中，西方高管因为中国对手不愿发表言辞而感到沮丧，而中国的管理者则对美国人"只会侃侃而谈"的倾向感到愤怒。

　　高语境文化包括亚洲和阿拉伯国家，而低语境文化一般是北美和北欧。即使在北美洲内部，还可以根据环境影响力的程度进一步分组，这一点可以解释群体差异会如何妨碍成功的沟通。白人女性、北美本地人和美国黑人比白人男性更倾向于高语境沟通。高语境沟通需要更多的时间，因为需要建立关系、信任和友谊。此外，绝大多数男性管理者和多数在组织中从事招聘的人都是低语境文化的，他们会和进入组织的那些来自高语境文化背景的人发生冲突。

　　了解文化中微妙的语境差异需要文化智力，**文化智力**（cultural intelligence，CQ）是指一个人通过思考和观察技能来领会不熟悉的动作和情形，并想到合适的行为反应的一种能力。"新晋管理者自测"中对文化能力的三个方面进行了测试。

 新晋管理者自测

你具有文化上的智力吗

　　说明：管理者的工作要求很多，很快就会出现验证你是否了解其他民族文化，以及是否有能力与其他民族文化的人相处的情况。你准备好了吗？想想你在其他国家或与其他国家的人相处的经历。下面这些陈述在多大程度上符合你的特征？请回答"是"或"否"。

	是	否
1. 我与不同文化的人见面之前，会做好如何与之交往的计划。	＿＿＿	＿＿＿
2. 我了解其他文化的宗教信仰。	＿＿＿	＿＿＿
3. 我了解其他文化中的非语言行动规则。	＿＿＿	＿＿＿
4. 我寻找与不同文化的人交往的机会。	＿＿＿	＿＿＿

5. 我可以较容易地应对在不同文化环境中生活的压力。 ＿＿＿＿ ＿＿＿＿

6. 我相信我能够在陌生的文化环境中与当地人友好相处。 ＿＿＿＿ ＿＿＿＿

7. 如果跨文化交流需要，我会改变我的演讲风格（如口音、语气）。 ＿＿＿＿ ＿＿＿＿

8. 需要时我会改变我的面部表情和手势，以促进跨文化交流。 ＿＿＿＿ ＿＿＿＿

9. 当跨文化交往需要时，我会很快改变我的行为方式。 ＿＿＿＿ ＿＿＿＿

评分与解释： 每个问题都与文化智力三个方面中的一个相关。1～3 题与头脑（认知方面）有关，4～6 题与心（情绪方面）有关，7～9 题与行为（体能方面）有关。如果你有足够的国际经验并且每个方面的三个问题中有两个回答"是"，或者所有九个问题中有六个回答"是"，则认为你具有新管理者的高文化智力。如果每个方面只有一个或没有问题回答"是"，或者九个问题只有三个或三个以下回答"是"，那么现在是更多地了解其他国家文化的时候了。磨炼你的观察技能，学会观察不同国家的人如何应对各种情况。

3.9 国际贸易联盟

近年来，国际商务环境中另一个很明显的变化就是地区性贸易联盟和国际贸易协定的发展。

3.9.1 关贸总协定和世界贸易组织

1947 年由 23 个国家共同签署的关税及贸易总协定（GATT）最初是一整套的规则，用以确保非歧视性原则、程序的清楚明白、通过谈判解决争端的机制以及较不发达国家参与国际贸易的问题。关贸总协定发起了八轮旨在减少贸易限制的国际贸易谈判。1986～1994 年由 125 个成员方参与的乌拉圭回合谈判（第一次以发展中国家命名）削减了比以往更多的关税。除了关税降至以前 30% 的水平，1995 年乌拉圭回合谈判还大胆地使全球走进自由贸易，呼吁建立世界贸易组织（WTO）。

世界贸易组织的成立表明，关贸总协定已发展成为一个成熟的永久性全球组织，它能监督国际贸易，具有法律权威，裁决了约 400 起贸易争端。到 2013 年 3 月，世界贸易组织成员包括中国、越南和乌克兰在内共有 159 个国家和地区。作为一个永久性会员组织，世界贸易组织在商品、信息、技术发展和服务方面带来了更大的贸易自由度，更强有力的规制执行力，更大的贸易伙伴争端解决能力。

3.9.2 欧盟

成立于 1957 年，旨在改善其成员国的经济和社会条件的欧洲经济共同体（EEC）现更名为欧盟（EU），它已经拥有 27 个成员国⊖。欧盟最大一次扩张是 2004 年，从中欧到东欧共有 10 个新成员国加入。

欧盟的目的是为欧洲无数消费者创建单一有力的市场体系，允许人、商品和服务自由流动。欧洲竞争的加剧和经济规模的扩大，使企业得以壮大，效率得以提高，在美国和世界其他市场变得更有竞争力。欧洲统一的另一个方面就是引入欧元。多个欧盟成员国使用欧元，单一的欧洲货币欧元取代了这些会员国的本币：奥地利、比利时、塞浦路斯、芬兰、法国、德国、希腊、爱尔兰、意大利、卢森堡、马耳他、荷兰、葡萄牙、斯洛伐克、斯洛文尼亚和西班牙。

⊖ 英国目前已经脱欧。

　　然而，并不是所有的一体化进程都进展顺利，特别是在全球经济开始衰退之后。包括英国在内的几个国家，一些有声望的小派别坚持认为退出欧元区会使企业和公民过得更好。2013 年的一项民意调查发现，竟然有 40% 的英国人表示赞成脱欧。由于国与国之间的经济稳定情况不同，成功者与失败者竞争，经济危机重新激起了对国家的忠诚以及对跨国界的不满之情，使得统一的和具有凝聚力的"欧洲认同感"弱化。西班牙、爱尔兰、葡萄牙，特别是希腊，都无力偿还债务，使整个欧元区面临风险，并可能导致欧元体系瓦解。尽管这几个国家中的政府和各行业通过削减支出、增加税收和大量裁员来扭转下滑趋势和重获竞争力，但经济不确定性仍然存在，一些人认为希腊可能需要另一轮救助。此外，尽管许多国家的债务在下降，但失业人数却在上升。另外，公民却质疑政府领导人在危机的发展程度上是否讲了真话。一些分析家认为，欧元区不可能出现大范围解体，但欧元区的经济正处于十字路口。明智的管理者正在反思他们在恢复本国货币后该怎么做，在该情况下需要重新思考每一件事，从如何扩展业务到如何选择供应商和支付员工工资。

3.9.3 《北美自由贸易协定》

　　《北美自由贸易协定》（NAFTA）从 1994 年 1 月 1 日起生效，它将美国、加拿大和墨西哥合并成单一市场。该协定以 1989 年《美加协定》为基础，希望借此促进发展和投资，扩大出口，提高三个国家的就业率。《北美自由贸易协定》在一些关键领域取消了为期 15 年的关税与贸易限制。由此，到 2008 年，几乎所有美国对加拿大和墨西哥的工业品出口都是免税的。

　　过去 10 年来，美国和墨西哥的贸易量翻了三番多，美国与加拿大的贸易也急剧增长。《北美自由贸易协定》激发了中小企业参与全球竞争。生产清洗剂和蜡的 Treatment Products 公司的总经理杰夫·维克多（Jeff Victor），把企业激增的出口额归功于《北美自由贸易协定》。在该协定之前，墨西哥关税高达 20%，使得设在芝加哥的企业不可能将其市场扩展到国界以南。

　　但是，关于《北美自由贸易协定》的好处的争论似乎和当初商讨签订该协定时一样众说纷纭。有人认为这是一个极大的成功，有人则认为它是一个灾难性的失败。在 2011 年对管理者的一项调查中，只有 53% 的被调查的北美管理者表示，他们认为减少贸易壁垒和增加自由贸易是件好事，低于 2003 年的 74%。尽管《北美自由贸易协定》还没有完全达到预期的目标，但是专家们强调指出，它已经提高了贸易、投资和收入水平，并将继续使三国的企业更有成效地与亚洲和欧洲的竞争对手角逐。

🔲 讨论题

1. 你在另外一个国家生活和工作的经历，是如何帮助你提高在自己国家进行管理的技能和效率的？

2. 巴西和印度都是崛起的经济力量。你和巴西做生意的方式与和印度做生意的方式有什么不同？在哪个国家你可能遇到最多的规章或更多的官僚主义？

3. 你认为指向金字塔底层的商业做法能够对发展中国家的贫困和其他社会问题产生积极影

响吗？请讨论。

4. 加利福尼亚一家处于初创阶段的跑鞋公司——Somnio 公司——决定从最开始就面向全球销售其产品。大致说说像 Somnio 一样的初创公司可能在国际上面临的一些挑战。

5. 你认为一些人从未在本国以外居住，他们可以发展全球化思维模式吗？他们会怎样做呢？

6. 对跨国组织来说，以紧密联合、全球一体化

的商业系统运营还是让每个国家的分公司自
主运营更有效？为什么？

7. 为什么你认为很多人对全球化感到害怕？根
据当今世界发生的情况，你是否希望在未来
十年内全球化效应增强或减弱？

8. 两家美国企业正在竞争接管捷克共和国的一
个大型工厂。一个代表团参观了工厂，问工
厂应该如何更加有效地运营；另外一个代表
团则把焦点放在改善工作条件和制造更好产

品的途径方面。你认为哪个代表团更有可能
接管这个工厂？为什么？你想要什么样的信
息来决定是否收购这个工厂？

9. 你认为哪一种沟通模式对于美国企业在国外
长期成功运营最有利（是高语境还是低语境
沟通）？为什么？

10. 高、低权力距离的社会价值观是如何影响
你领导和激励员工的方式的？高、低业绩
导向的价值观呢？

◘ 自主学习

评估你的全球化管理潜能

全球化环境需要管理者学习有效地应对来
自不同环境的人和理念。在做一个全球化的管
理者方面，你准备得如何？阅读以下各题，选
择最接近对你的描述的分数，其中分数越高表
示描述越准确。

1. 我和不同文化的人交流。

10　9　8　7　6　5　4　3　2　1

2. 我经常参加关于文化和国际话题方面的学术
会议和讲座。

10　9　8　7　6　5　4　3　2　1

3. 我相信女性驻外人员可以和男性驻外人员一
样有用。

10　9　8　7　6　5　4　3　2　1

4. 除了祖国以外，我对一些国家有基本的
了解。

10　9　8　7　6　5　4　3　2　1

5. 我是一个好的倾听者，并具有同理心。

10　9　8　7　6　5　4　3　2　1

6. 我曾在国外旅行或工作超过两周。

10　9　8　7　6　5　4　3　2　1

7. 在小组项目中，我能很顺利地适应其他不同
文化的学生的职业道德。

10　9　8　7　6　5　4　3　2　1

8. 我至少会讲一门外语。

10　9　8　7　6　5　4　3　2　1

9. 我知道哪些国家正成为具有相似社会文化和
经济的群体。

10　9　8　7　6　5　4　3　2　1

10. 我觉得自己有能力在权力距离、不确定性
规避、个人主义和男性化等基础上评价不
同的文化。

10　9　8　7　6　5　4　3　2　1

总分：_____

评分与说明：

合计 10 道题的总分。如果得分是 81 ~ 100 分，
说明你有很强的发展全球化管理技术的能力。
61 ~ 80 分表明你有这样的潜力，但在某些领
域缺乏技能，如语言或者海外经历。60 分或以
下表示你需要做大量的工作来提升你的全球化
管理潜力。不管你的总分如何，针对得分少于
5 分的每个问题制定一套行动计划。

◘ 团队学习

全球化企业家精神 IQ

1. 哪个国家是推广新业务的最佳场所？

　a. 英国　　　　　　b. 美国

　c. 加拿大　　　　　d. 丹麦

　e. 新加坡

2. 哪个国家的环境改善最多，更利于公司开展

业务？

　a. 法国　　　　　　b. 布隆迪

　c. 日本　　　　　　d. 波兰

　e. 塞尔维亚

3. 在帮助企业经营方面，哪个国家实施的改革
措施最少？

a. 苏里南　　　　b. 哥伦比亚

c. 越南　　　　　d. 卢旺达

e. 克罗地亚

4. 哪个国家在施工许可和/或关税等方面具有针对清关的"一站式服务点"？

a. 委内瑞拉　　　b. 尼日利亚

c. 突尼斯　　　　d. 佐治亚州

e. 埃及

5. 中东哪个国家具有法制实力，并且开展业务的程序费用低？

a. 伊拉克　　　　b. 伊朗

c. 阿尔及利亚　　d. 沙特阿拉伯

e. 黎巴嫩

6. 拉丁美洲哪个国家持续进行了最有利于企业发展的改革？

a. 玻利维亚　　　b. 巴拿马

c. 哥伦比亚　　　d. 哥斯达黎加

e. 尼加拉瓜

7. 欧洲哪个国家在过去20年中进行了更多的经济改革，收入增长幅度最大？

a. 拉脱维亚　　　b. 希腊

c. 芬兰　　　　　d. 荷兰

e. 匈牙利

8. 以下哪个国家精简了业务流程，将创办企业的时间缩短了15天，将产权转移时间从371天缩短至25天？

a. 斯里兰卡　　　b. 卢旺达

c. 阿根廷　　　　d. 墨西哥

e. 法国

9. 哪个国家在商业行为、政府法规和腐败方面最透明？

a. 阿尔及利亚　　b. 伊朗

c. 萨尔瓦多　　　d. 苏丹

e. 尼日利亚

10. 以下哪个国家进行了最大变革，使得创办新企业更加容易？

a. 马达加斯加　　b. 海地

c. 马里　　　　　d. 多哥

e. 尼日尔

◘ 实践学习

尝试当一名少数族群

1. 单独或不超过两人一组，找一个地方当一名少数族群，例如韩国婚礼（如果你不是韩国人）、印度文化节、黑人教堂、老人院等。不要选择骑手俱乐部（Biker Bar）或 Inner City 俱乐部等危险的地方。

2. 进入该地方或参与活动，与至少五个人进行交谈。

3. 将你的经历记录在小本子上，并回答以下问题：

a. 当一名异见者的感觉如何？

b. 别人怎么对待你的？你对待所处环境中的少数人群是否也是这种方式？

c. 作为一名少数族群有什么困难？

d. 在这种情况下你需要什么技能？

e. 此次实践学习后你对少数族群的看法是不是与过去不同？

4. 准备在课堂上讨论你的亲身经历和得出的结论。

◘ 伦理困境

AH 生物技术公司

亚伯拉罕·哈桑明白他必须马上做出决定。作为一名精神病学家，他在新泽西州创办了 AH 生物技术公司。这家公司开发了一种新的药物，看起来这种新药物将会因为诸多恐慌症而获得长远的收益。一旦获得美国食品与药物管理局（FDA）的批准，这种药物将会是 AH 公司的第一个产品。现在是时候进行大量的实验了。但问题是 AH 生物技术公司从哪里开始这些实验呢？

这项研究和开发的主管大卫·伯格已经明确在哪里开始这些实验，那就是阿尔巴尼亚。他指出在阿尔巴尼亚进行这些实验将会更快更容易，而且也比在美国实验更为便宜，何乐而不为呢?

哈桑博士不得不承认伯格的理由是正确的。如果在美国进行这些实验,AH 生物技术公司将会花费大量的时间和金钱在对病人的宣传上,还得寻找愿意作为临床实验调查员的医师。找到从事这项工作的美国医生变得越来越困难。他们不愿从自己忙碌的工作中抽时间去做这项实验,更不要说这项研究所需要做的记录了。

阿尔巴尼亚则完全不一样,它是东欧最穷的国家之一,其医疗保健系统勉强能运作。阿尔巴尼亚的医生和病人会迫不及待地要求加入这项实验,那里的医生为美国公司做临床实验调查员挣得的钱将会远远高于他们行医所得,而且那里的病人将签约成为医疗实验对象视为他们接受治疗的最好机会,更别提他们还能获得尖端的西方医药。AH 生物技术公司意识到,所以这些因素意味着在海外进行这些实验将节省至少 25% 的成本。

何乐而不为呢? 当首席执行官及其投资者和员工希望推出第一种可以在市场上出售的药物时,似乎哈桑博士再也找不到拒绝的理由。然而,当他像一名经过美式培训的内科医生那样思考时,他感到不安。如果实验对象使用美国的测试品,医药公司会一直努力进行下去,直到药物获得批准,而且到那时大多数实

验对象都将有可以涵盖处方成本的保险。但是在诸如阿尔巴尼亚这样的穷国推出该药物却不是如此,当这项研究结束时,实验对象就将被中断治疗。当然,他承认惊恐发作不常致命。但是,他清楚突然出现的这些感觉是如何让人感到虚弱的:心脏病、胸痛、气哽和恶心。这些感觉发作的严重性和不可预知性让正常的生活变得几乎不可能。他怎么能让人们去经受先感到病情大大缓解而又很快成为泡影这一痛苦呢?

你会怎么办

1. 在阿尔巴尼亚进行临床实验。在阿尔巴尼亚进行临床实验,从而将药物更快速并以更低的成本推向市场。这有益于 AH 生物技术公司的员工和投资者,也能使数百万患有惊恐症的人受益。

2. 在美国进行临床实验。虽然这样做成本很高且耗时更多,但你会觉得你履行了希波克拉底誓言的以下部分:指导你“跟同我的能力和判断,为病人的利益处方,不伤害任何人。”

3. 在阿尔巴尼亚进行临床实验。如果药物被批准,利用一部分利润在阿尔巴利亚建立一个“同情使用项目”,即使建立分销系统、培训医生管理药物、监控药物对病人的副作用、追踪了解药物疗效等需要投入大量的资金也在所不惜。

第4章

管理伦理与社会责任

热点话题

一位法学教授告诉《纽约时报》，他非常"震惊和失望"。一位校友表示，这是"哈佛近代历史中的最低谷"。一些在校生或离校生认为，整个事件被严重夸大了。他们所说的事件就是哈佛大学的管理者秘密搜查驻地主任的电子邮件账号，以查出向媒体泄露关于学生作弊丑闻的消息的根源。在此丑闻中，上百名学生被调查，其中许多学生因剽窃或在开卷考试中相互抄袭答案而受到处罚。管理者表示，查看驻地主任的电邮账号仅限于搜查标题，并且采用的方式能够对学生和驻地主任形成保护。一份声明中称，"任何人的电子邮件都未被打开，并且任何邮件的内容都未进行人工或机器搜索"。管理者表示，他们进行这些搜查是因为一份关于作弊丑闻的机密备忘录被泄露，从而担心其他资料（包括学生的机密信息）也面临泄露的风险。这一事件引发了对隐私的关注，并且破坏了管理者与教职员工之间仅存的一点信任。这件事似乎没有违反任何政策规定，但批评的言论却促使管理者成立了一个工作组，对如何处理电子邮件隐私问题提出建议。

你怎么看？哈佛大学的管理者做错了吗？大多数组织允许对工作电邮进行监督。一位教职员工说，此举不符合哈佛大学的风格，但也不足为奇。他说："我赞同这一规定，我从来不会将不打算在哈佛校报上发表的东西放在电子邮件中。"哈佛大学授权进行此次搜查的主任说，虽然未违反任何政策，但处理这件事的方式是错误的。她提到了她10岁的儿子，强调"承认错误、道歉并改正错误是多么重要。我必须为他树立榜样"。

本章将拓展我们在第 2 章和第 3 章中讨论的有关环境、企业文化和国际环境的理念，并探讨伦理行为和企业的社会责任等问题。我们先讨论基于企业文化理念的伦理价值观的话题。看看美国企业当前的伦理氛围，学习伦理和社会责任的商业案例，并考察能够帮助管理者全面思考伦理问题的根本途径。理解了这些理念将能帮助你建立起未来决策的坚实基础。我们也要考察在社会责任中反映出来的公司与外部环境的关系。本章最后一节描述了管理者如何利用道德规范和其他组织政策、组织结构和组织系统来建立一个富有道德感的企业。

4.1　什么是管理伦理

伦理是很难用精确的方法来定义的。广义的**伦理**（ethics）是一套关于道德原则和价值观的准则，它们支配着个人和团体的行为，并帮助我们判断什么是对的以及什么是错的。伦理为我们确定了标准，我们据此知道了哪些行为和决策是善的或者好的，哪些是恶的或者坏的。当一个人或组织的行为会使他人受害或受益时，伦理问题就出现了。

把伦理和由法律及自主抉择支配的行为进行比较，就能更清晰地理解伦理。如图 4-1 所示，人类的行为可以分成三个领域。第一个领域是成文法，即价值观和标准都被写进了法律体系，并可由法院强制执行。在法律领域，立法者规定，个人的言谈举止和公司的运作都必须符合某种要求，如驾车要申领驾驶执照，公司要上缴企业税或遵守其他州和联邦的法律等。例如，联邦检察官最近发现了一条教师考试作弊产业链，一些人收买另一些人，使用虚假身份证参加教师资格证考试。一些人因涉嫌发送电报、邮件和社会保障欺诈而被指控犯有共谋罪，一些人因参与跨越三个州的、为期 15 年的计划而被监禁。欺诈和逃税等行为明显违反了法律。第二，自主抉择领域位于图 4-1 相反的一端，它适用于法律上没有规定，而个人和组织又希望享有完全自由的行为。管理者选择在哪里购买新西服，组织在两个合格候选人中选择一个担任公开职位等，都是自主抉择的例证。

图 4-1　人类行为的三个领域

新晋管理者自测

你的伦理成熟度处于哪个水平

说明：它或许不会马上发生，但很快，在你作为一名新晋管理者的工作中，你就将面临考验你伦理信仰强度以及公正意识的情况。你准备好了吗？为找出答案，想想你作为学生或工作团队成员的情况。在与团队中的其他人合作时，下面这些陈述在多大程度上符合你的特征？请回答"是"或"否"。

	是	否
1. 我能清楚地说明指导我的行为的原则和价值观。	____	____

2. 我会很快承认错误，并为错误承担责任。　　　　　　　　　　　　　　　　　_____ _____

3. 当有人犯了严重错误而影响到我的时候，我能够很快"原谅和忘记"。　　　_____ _____

4. 在进行艰难决策时，我会花时间衡量我的原则和价值观。　　　　　　　　　_____ _____

5. 我因为守信而获得了朋友和同事的信任。　　　　　　　　　　　　　　　　_____ _____

6. 我十分可靠，可以对我说真话。　　　　　　　　　　　　　　　　　　　　_____ _____

7. 当有人要求我保守秘密时，我始终是这样做的。　　　　　　　　　　　　　_____ _____

8. 我希望他人能将道德规范应用于工作中。　　　　　　　　　　　　　　　　_____ _____

9. 即使不容易，我也坚持做公平和符合道德的事情。　　　　　　　　　　　　_____ _____

10. 我的同事会说我的行为与我的价值观非常一致。　　　　　　　　　　　　　_____ _____

评分与解释： 每一道题都与团体情境中的伦理成熟度的某个方面有关，这也反映了一个人的道德发展水平。数一下有几道题选择"是"。如果有 7 道或者以上，恭喜你！这种行为表明你在图 4-3 "道德发展阶段"中接近第三个阶段。发展的后约定主义阶段意味着你会考虑原则和价值观，承担个人责任并且不会责怪他人。你可能具有高度成熟的道德感。较低的分数表明你可能处于约定主义甚至前约定主义阶段。4 分以下表明你会逃避困难问题，或你从来没遇到过挑战你伦理勇气的情况。

研究每一个你回答"是"和"否"的问题，具体了解你的长处和短处。想想什么因素影响你的伦理行为和决策，如成功或赞许的需求。

第三，在成文法领域和自主抉择领域之间是伦理领域。该领域没有特别的法律，但它却有基于共同原则和价值观的行为准则，这些共同原则和价值观是用来指导个人或公司的道德行为的。例如，波音公司前首席执行官哈里·斯通塞弗（Harry Stonecipher）与一名女性管理人员发生婚外恋，这种事情虽然不违法，但他的行为却违反了波音公司的道德行为规范，斯通塞弗被迫辞职。许多其他管理者简单地认为，决定是被法律或者自主抉择支配的，并因此而陷入困境。这会引导人们错误地假定，某件事情如果不是非法的，那它一定是合乎伦理的，似乎没有第三种可能性一样。更好的选择方案是，承认伦理领域的存在，把道德价值观看作从善的强大推动力，用以调节公司内外的行为。

4.1.1 当今的伦理管理

虽然每个时期都会出现卑劣之事，但在 21 世纪初，道德缺失的普遍性却是令人震惊的。在最近一次关于企业领导人看法的盖洛普民意调查中，只有 15% 的受访者认为领导者具有"高"或"非常高"的诚信和道德标准。超过 75% 的受访者同意美国企业的道德罗盘"指向错误的方向"；69% 的受访者认为，高管们在决策时很少考虑公共利益；而高达 94% 的受访者认为，高管们主要依据是否有利于自己的职业发展来做决策。Labaton Sucharow 律师事务所对华尔街员工进行的另一项调查显示，这些意见并不离谱。几乎 25% 的财务专业人员说，如果能逃脱处罚，他们宁愿采取欺骗手段来获取 1 000 万美元。此外，52% 的人认为，他们的竞争对手很有可能从事非法或不道德的活动。

管理者和组织可能会出于某种原因而从事非道德行为，例如个人的自负、贪婪以及增加利润或获得成功的压力。然而，管理者肩负着使组织形成伦理风气的巨大责任，并能够充当道德行为的榜样。图 4-2 所示为一项研究发现，将一系列道德行为归结为四大主要方式，管理者采取行动，以促使形成一种每个人都能以对道德和社会负责的方式约束自己行为的氛围。

伦理管理者显示出诚实正直，通过行为传达和执行道德标准，公平决策并分配奖励，以及对他人表现出仁慈和关心。

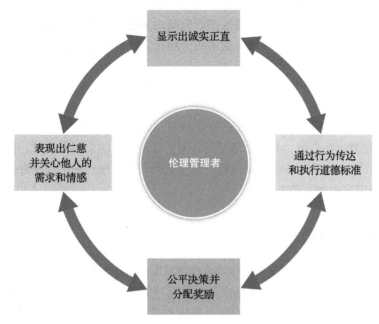

图 4-2 伦理管理者行为的四种类型

不幸的是，在当今环境中，过分强调使股东满意可能会导致一些管理者对客户、员工和其他人群采取不道德手段。管理者承受着达到短期盈利目标的巨大压力，一些管理者甚至在账面上做手脚或采取其他技术来显示收益符合市场预期，而不是反映真实的业绩。此外，大多数高管的薪酬计划包括高额的股权激励，这一做法有时会鼓励管理者做出一些使股票价格上涨的事情，哪怕会影响公司的长远发展。当管理者"深受股东利益的迷人诱惑"时，所有其他的利益相关者可能就会遭殃。

热点话题

管理层薪资水平已经成为美国的热门话题。据估计，2012 年美国大型公司首席执行官的平均薪酬为普通员工的 354 倍。相比之下，1980 年时首席执行官的薪酬仅为普通员工的 42 倍左右。在几年前进行的金融改革中，国会指示美国证券交易委员会（SEC），要求上市公司披露首席执行官与员工相比的薪酬比例，但该规定尚未最终确定和执行，部分原因是各企业的大力游说。管理者能够获得比其他员工高得多的巨额薪酬是否合乎伦理和社会责任，这一问题越来越引起人们的关注。总的来说，过去十年中普遍存在的道德缺失使管理者日益受到密切关注。

4.1.2 有关伦理和社会责任的商业案例

公司的伦理道德和社会责任与其经营成果之间的关系，引起了管理者和管理学者的关注，并引发了激烈的争论。人们进行了数以百计的研究，以确定高度的伦理和社会责任是否会提高或者降低公司的财务状况。尽管研究得出的结论各不相同，但总的来说都认为，伦理和社会责任与公司财务状况之间存在正相关关系。例如，最近对致力于可持续发展并将环境和社会问题纳入其所有决策中的前100强跨国公司的一项研究发现，这些公司具有更高的销售增长率、资产收益率、利润以及某些业务领域更充足的现金流量。可持续发展的理念将在本章后面讨论。而针对被公认为"最佳社团公民"的美国大型企业财务状况的另一项研究发现，这些企业的声誉和财务状况俱佳。虽然这些研究结论未必经过检验，但它们的确给我们以启示，把企业资源用于合乎伦理的领域，或者用于履行企业的社会责任，这并不会伤害企业的利益。

企业正在努力测度能够创造价值的那些非财务因素。研究者们发现，人们都喜欢为那些表现出高度道德水准和社会责任感的公司工作，因此，这些组织能够吸引并留住高素质的员工。顾客也同样关注这些公司。Walker研究所最近进行的一项研究发现，当价格与质量匹配时，2/3的顾客愿意更换品牌，并与有道德的、对社会负责任的公司做生意。西安大略大学毅伟商学院的Remi Trudel和June Cotte进行的另一系列研究发现，消费者愿意以稍高的价格购买被告知采用高道德标准生产的产品。

4.2　伦理困境：你会怎么办

伦理总是与决策有关。在价值观发生冲突的情况下判断是非曲直就会出现**伦理困境**（ethical dilemma）。伦理困境使我们很难清晰地区分出什么是对的和什么是错的。伦理问题有时极其复杂，人们对在某种情况下从伦理上说何为最恰当或不恰当的行为，可能持有不同的看法。想想竞争情报（CI）的问题。公司越来越多地利用社交媒体来了解它们的竞争对手，甚至是竞争对手的"朋友"客户或员工，并且发布看似无伤大雅的问题来收集能够获得竞争优势的信息。信息收集方面没有明确的法律规定，也没有关于这类策略的道德标准。有些人认为任何形式的企业间谍活动都是不道德的，而另一些人则认为这是一种了解竞争对手的可接受的方式。

在一个组织中，必须做出伦理选择的个体就是道德主体。下面是管理者可能在组织中面对的一些困境。想想你会如何处理：

（1）你在一家大型公司工作，公司需要根据恐怖分子监控名单来筛选和审查所有的新客户，从客户下订单算起，这大概需要24个小时。如果你同意连夜装运货物的话，你就可以与某一潜在的长期客户达成一笔赚大钱的买卖，但这意味着按规定对照监控名单审查新客户这一程序只能放在做完生意之后再说。

（2）作为一家大型药品公司的销售部经理，你被要求促销一种新药，其单价为每剂量2 500美元。你看到的报告上说，该新药比另一种价钱不到其1/4的备选药的效力仅多1%。销售副总希望你能积极推广这种每剂量2 500美元的新药。他提醒你，如果你不这样做，就可能会失去许多本来可以用多出的1%的效力来挽救的生命。

（3）你坐火车从伊普斯威奇到伦敦的办公室去，路上你平静的早晨时光被附近乘客高声的电话商务会议打断。几分钟后，你便知道他们正在讨论一个你们公司一直在努力争取的客户。此外，你很快就知道了当天晚些时候咨询顾问与那位客户进行电话会议的时间、电话号码和密码。他们在公共场所说出这些信息并不是你的错，但你不知道应该怎么办。

兰斯·阿姆斯特朗深陷伦理困境好些年，直到最近才走出了他选择采取的不道德方式行事的困境，如本章"事业大错"专栏中所述。

这些困境和问题存在于伦理领域。你将如何处理这些情况？

事业大错

兰斯·阿姆斯特朗

兰斯·阿姆斯特朗（Lance Armstrong）是体育界的宠儿。他骑自行车参加了一项人们感兴趣的运动。他长相英俊，在 1999 年至 2005 年实现了环法赛七连冠，创造了环法历史上的奇迹。曾患睾丸癌，康复后创办了非营利组织——Livestrong 基金会，以提高对这种癌症的认识，并为相关研究提供资助。曾与歌手谢里尔·克罗（Sheryl Crow）交往了一段时间。这一切都在 2013 年幻灭，阿姆斯特朗在作客奥普拉（Oprah）访谈节目中最终承认曾服用兴奋剂。对于服药一事，他多年来一直受到人们的质疑。他不仅说了谎，而且还断送了几名主要检举人的职业生涯。

一个月后，美国司法部介入了一起检举人诉讼，指控阿姆斯特朗（他领导美国邮政服务自行车队）欺诈政府，骗取金额为 3 100 万美元。不仅如此，他还失去了收益丰厚的耐克和 Anheuser-Busch 的代言交易，被解除了代言合约。他自己创办的年收入 4 800 万美元的 Livestrong 基金会现在也因服药丑闻而发发可危。此外，他与安德烈·阿加西创办的 Hope 慈善基金会也与他划清界限。阿姆斯特朗的名字曾经与 Hope 联系在一起，现在却被 Hope 拒之门外。

4.3　伦理决策框架

大多数伦理困境都涉及部分的需要与整体的需要之间的冲突：个人与组织相矛盾，或者组织与整个社会相冲突。例如，公司是否应该对职位候选人或员工进行社会媒体记录检查？这可能对作为整体的组织来说有好处，但它也会削弱员工个人的自由。或者，没有达到美国食品与药物管理局（FDA）严格的检测标准的产品，是否应该出口到政府规定标准比较低的国家，在给公司带来益处的同时也给世界人民造成潜在的危害？有时，合乎伦理的决策蕴含了两个团体之间的冲突。例如，公司的排放物会给小镇上居民的健康带来潜在的威胁，可考虑到该公司是镇上最主要的雇主，是否应该容忍这样的潜在威胁存在下去？

面临这些艰难的伦理抉择的管理者，往往可以从某种规范性的伦理观（这是基于道德规范和价值观的伦理观）中受益，并为自己的决策找到行动指南。规范性的伦理观从多个角度来说明指导合乎伦理的决策行为的价值观。与管理者有关的五种伦理观分别是功利主义观、个人主义观、道德权利观、公正合理观和实践观。

1. 功利主义观

19 世纪的哲学家杰里米·边沁（Jeremy Bentham）和约翰·穆勒（John Stuart Mill）都信仰**功利主义观**（utilitarian approach）。该理念认为，合乎道德的行为能够为最大数量的人们带来最大限度的好处。根据功利主义观，决策者被期望考虑每一个决策方案对所有各方的影响，并选择使最大数量的人们的满意度最优化的方案。最近，很多公司纠正员工的个人习惯（如在工作时酗酒和吸烟，以及下班以后在某些情况下酗酒和吸烟），功利主义的伦理观正好被这些公司引用作为其行动的基础，因为这些行为影响到了整个工作场所。

2. 个人主义观

个人主义观（individualism approach）认为，当某一行为能促进个人最佳的长远利益时，该行为就是合乎道德的。从理论上说，假如每个人都追求自我管理，最终得到的将是更多的善果，因为在追求自己的长远利益时，人们学会了彼此迁就。我们可以相信，个人主义将会把我们引向诚实和正直，因为从长远来看，真正最起作用的只有诚实和正直。为立竿见影的一己之利而撒谎和欺骗，只会使我们的合作伙伴同样以谎言和欺诈来报答我们。因此，倡议者认为，信奉个人主义最终将会使我们对待他人的行为符合行为准则的要求，而我们的行为也正是人们所期望的行为。然而，因为个人主义很容易被错误地解释为支持眼前的个人利益，在当今高度组织化、以群体为导向的社会里，它就不受欢迎了。

3. 道德权利观

道德权利观（moral rights approach）断言，人类享有不能被个人的决策所剥夺的基本的权利和自由。因此，只有当一项决策能够最好地维护受该决策影响的人的权利时，该决策才是道义上正确的决策。要做出合乎伦理的决策，管理者要避免干涉他人的基本权利，如隐私权、自由同意权或言论自由权。例如，给昏迷的外伤病人进行实验性的治疗构成了对自由同意权的侵犯，对员工工作之外的活动进行监视的决定违反了隐私权。言论自由权支持揭发者告发公司内部非法的、不恰当的行为。

4. 公正合理观

公正合理观（justice approach）认为，合乎道德的决策必须建立在平等、公平和公正的原则之上。管理者关注三种公正。**分配公正**（distributive justice）要求不能随意对人实行差别待遇。例如，在资历相同的情况下，男女应同工同酬。**程序公正**（procedural justice）要求公正地执行规则。规则应该表述清楚，且始终如一、不偏不倚地贯彻落实。**补偿公正**（compensatory justice）要求，个人受伤害的成本应该由事故责任方予以补偿。公正合理观最接近于图 4-1 中成文法领域隐含的思维模式，因为它假定正义是通过规则和规章来贯彻的。希望管理者们能够详细说明对员工实行差别待遇的依据。

5. 实践观

到目前为止所讨论的伦理观都是在道德观念上决定什么是"正确的"或好的。然而，正如上面提到的，道德问题往往是不明确的，对于什么是有道德的抉择存在分歧。**实践观**（practical approach）避开了关于什么是正确的、好的或公正的这一争论，而是根据盛行的行业标准或更大的社会标准进行决策，并考虑所有利益相关者的利益。

实践观下，如果一个决策被认为能够为职业群体所接受、管理者愿意在晚间新闻中播出、告知家人和朋友时通常感觉舒适，那么这个决策就是合乎伦理的。利用实践观，管理者可以将功利主义观、道德权利观和公正合理观的各种元素结合起来进行思考和决策。例如，一位商业伦理专家建议，管理者可以问自己以下五个问题来帮助解决伦理困境。请注意，这些问题涵盖了前面讨论的各种伦理观。

（1）这对我来说意味着什么？

（2）什么决定可以为最多的人带来最大的好处？

（3）适用什么规则、政策或社会规范？

（4）我对他人有什么义务？

（5）对我自己或重要的利益相关者的长期影响是什么？

4.4　个人管理者与伦理抉择

最近的一项研究发现，组织因素（例如不道德的企业文化、来自于上级和同事的压力等）可能导致员工采取不道德的行为。此外，当员工遇到违背自己明辨是非的判断的组织压力时，他们通常会变得沮丧并且精神倦怠。然而，也有个人因素会影响管理者做出有道德决策的能力。个体给工作带来特定的个性和行为特征。个人需要、家庭影响和宗教背景全都会影响管理者的价值观。特定的个性特征，比如利己主义、自信和强烈的独立感，都能使管理者不顾压力和个人风险，做出合乎伦理的决策。对于罗伯特·维托（Robert Vito）来说，他的创业精神和公平竞争意识使他设计出了有助于防止运动员受伤的设备，这类职业安全问题已导致美国职业安全与健康管理局要求足球联赛停赛，如"聚焦技能"专栏中所述。

 聚焦技能

Unequal Technologie 公司

2012 年，超过 3 000 名退役 NFL 球员及家属起诉国家橄榄球联盟涉嫌掩盖脑损伤和脑部疾病的信息。虽然橄榄球依然像以往一样受欢迎，约有 1 亿观众观看美国橄榄球超级碗大赛（Super Bowl），但橄榄球中的脑损伤却一直是新闻的热议话题。

罗伯特·维托于 2008 年创立了 Unequal Technologies 公司，为军人提供他的专利产品——轻型防弹背心，并在创业初期得到了北约军队 10 000 件背心的合同。后来在 2010 年，该公司为胸骨受伤的费城老鹰队的迈克尔·维克（Michael Vick）开发了一款改装背心。维克穿着这款 Exo 铠甲背心，带领老鹰队大获全胜。在维托的生意好转之前，仅有几个球队的 NFL 球员穿戴 Exo 背心。2011 年，有人要求

维托采用军事技术制作能够防止头部受伤的头盔，该公司于是开发出减震技术，这是一种将新型填充物与头盔内已有的填充物相结合的一种剥离黏合方法。复合材料能够将冲击力在到达颅骨之前分散至整个头盔。

成功以后的 2013 年，Unequal 公司的 24 名员工与 32 个 NFL 球队中的 27 个建立了合作关系，公司也正努力将业务拓展至曲棍球、袋棍球和棒球（重新设计球棒）。其产品售价为 40～150 美元，2011 年的销售额为 5.61 亿美元。

维托不仅希望自己的事业蓬勃发展，还希望能够参与脑损伤解决方案。他的下一个目标是业余体育运动。维托说："我的客户是密苏里州的妈妈们，她们为自己的孩子购买我们的产品。"

4.4.1　道德的发展阶段

一个重要的个人特征是道德发展的阶段。图 4-3 所示为一个简化的个人道德发展模型。

在前约定主义阶段，个人关注外部的奖惩措施，服从权威，以避免危害个人的后果。在组织环境中，该阶段可能与使用独裁或强制领导方式的管理者相联系，员工定向于可靠地完成特定的任务。

在约定主义阶段，人们学会了按照同事、家庭、朋友和社会对优良行为的预期来行事。履行社会义务和人际关系义务是很重要的事情。工作小组（work-group）的通力协作是实现组织目标的首选方式，管理者的领导风格是鼓励建立人际关系和开展人与人之间的合作。

在后约定主义阶段或者原则化阶段，人是受内在的一套价值观和标准支配的，甚至会不遵守或者违反这些原则性的规则或法律。内在的价值观变得比其他重要人物的预期还重要。

后约定主义理论的一个最新例子就是佛罗里达州哈伦代尔海滩的救生员，由于离开他的指定区域去拯救一名溺水者而被解雇，当时他的主管命令他不得离开指定区域，让他拨打911。"他所做的是他自己的决定，"公司的一名管理者说，"他知道规则。"

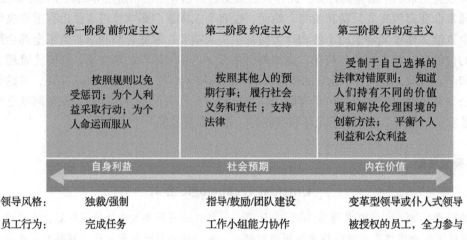

第一阶段 前约定主义	第二阶段 约定主义	第三阶段 后约定主义
按照规则以免受惩罚；为个人利益采取行动；为个人命运而服从	按照其他人的预期行事；履行社会义务和责任；支持法律	受制于自己选择的法律对错原则；知道人们持有不同的价值观和解决伦理困境的创新方法；平衡个人利益和公众利益
自身利益	社会预期	内在价值

领导风格：	独裁/强制	指导/鼓励/团队建设	变革型领导或仆人式领导
员工行为：	完成任务	工作小组能力协作	被授权的员工，全力参与

图 4-3　个人道德发展的三个阶段

绝大多数的管理者处于约定主义阶段，这意味着他们的伦理观和行为很大程度上受到他们在组织或行业中的上级和同事的影响。美国的成年人中，大约只有20%达到了道德发展的后约定主义阶段。处于后约定主义阶段的人能够合乎道德规范地独立采取行动，而不顾及组织内外其他人的预期如何。

4.4.2　给予者与索取者

当管理者处于更高层次的发展阶段时，他们可能会采用一种仆人式领导的方式，专注于追随者的需求，并鼓励其他人自行思考。研究表明，员工会为那些把别人的利益和需求放在自身利益和需求之上的领导者而更加努力地工作，而且工作效率更高。

美国宾夕法尼亚大学沃顿商学院的组织心理学家亚当·格兰特（Adam Grant），自他成为本科生以来就一直在观察和研究"给予者"与"索取者"之间的差异，他认为，社会和组织的变化使得为了更大的目的而做出自我牺牲成为一个日益有利的特征。在一项研究中，格兰特发现，团队有效性的最大预测因素就是成员给予他人的帮助和支持的数量。格兰特说，在过去，索取者（把自己的利益放在第一位的人）可以利用给予者让自己爬到顶端，但随着工作性质的转变，这种情况也在发生着变化。例如，高朋网（Groupon）华南办事处的主管霍华德·李（Howard Lee）收到了大量的销售工作求职信。通过搜索社交媒体，他可以确定一些求职者的行为模式是自利的。他很快将这些人排除在外，而将关注点集中于那些证明具有给予者行为的求职者。

赞赏和奖励给予者而不是索取者，能够给组织带来积极而明显的变化。给予者和索取者的简单分类可以帮助人们了解他们是如何增强或削弱组织的伦理文化的。

 新晋管理者自测

你是给予者还是索取者

管理者看待他人的方式以及通过别人完成工作所使用的策略是因人而异的。根据你对自己和别人的看法回答以下问题。请对以下各题回答"是"或"否"。

	是	否
1. 我的行为是先满足他人的需求，再满足自身的需求。	——	——
2. 我很愿意向周围的人伸出援助之手。	——	——
3. 我信任并赏识他人。	——	——
4. 我感觉与同事存在着竞争。	——	——
5. 我常常打断别人来提出我的理念。	——	——
6. 我支持别人的发展，不求回报。	——	——
7. 我喜欢为他人效劳。	——	——
8. 给予比索取更让我感到快乐。	——	——
9. 我会帮助指导新员工，即使这不是我工作职责范围内的事情。	——	——

评分与解释：1～3 和 6～9 题每一题回答"是"得 1 分，4～5 题每一题回答"否"得 1 分。你的分数与 Robert Greenleaf 的《仆人式领导》一书中介绍的概念相关。仆人式领导意味着管理者是"给予者"，将为别人服务置于自身利益之上，倾听并关心他人，培养他人以帮助他们变得完整。7～9 分被认为是具有很高的仆人式或"给予者"的领导风格，0～3 分则被认为这种风格很低，代表"索取者"的领导风格，而 4～6 分则处于中间范围。你感觉你的分数怎么样？你是否被仆人式或给予者的领导风格所吸引，或者你喜欢采用不同的理念来管理别人？

4.5 什么是企业社会责任

近年来，人们对企业社会责任观念产生了浓厚兴趣。从某种意义上说，正如伦理一样，企业的社会责任是很容易理解的。它是指明辨是非，做正确的事情，意味着要做一个好的社团公民。**企业社会责任**（corporate social responsibility，CSR）正式的定义是，管理层有义务确保做出的抉择和采取的行动不但对组织而且对全社会的福利与利益都有裨益。

上述定义似乎很直截了当，但社会责任其实可能是很难掌握的概念，因为关于哪些行为能够改善社会福利这个问题，不同的人有不同的观点。更糟糕的是，社会责任包含着一系列问题，而其中有许多是模棱两可的，说不清楚究竟是对还是错。比如，假如银行把来自信托基金的一笔钱存入某低息账户，存期为 90 天，并从中大赚了一笔，那这家银行还算得上是负责任的社团公民吗？相互展开激烈竞争的两家公司，如果较强势的公司迫使较弱势的公司破产或者被兼并，这家强势公司的做法是有社会责任的表现吗？再想想通用汽车、雷曼兄弟（Lehman Brothers）、Hostess Brands 公司以及近几年宣布破产的众多其他公司——程序绝对是合法的，但其目的却是为了逃避对供应商、工会或竞争对手的巨额债务。这些案例涉及道德、法律和经济方面的复杂因素，因而使我们很难界定哪些是对社会负责任的行为。

4.5.1 组织的利益相关者

我们难于理解社会责任的一个原因是，管理者必须面对"对谁负责"的问题。回忆一下我们在第 2 章学过的内容，组织的任务环境和一般环境都包括几个方面的内容。从社会责任的角度来看，开明的组织把内部环境和外部环境都看作是各种各样的利益相关者。

利益相关者（stakeholder）是指位于组织内部或者外部，与组织绩效有利害关系并且受组织行为（员工、客户、股东等）影响的任何团体或个人。每个利益相关者对敏感度都有不同的标准，因为他们在组织中的利害关系是不一样的。一种名为**利益相关者分析图**（stakeholder mapping）的分析技术越来越引起大家的兴趣，这种分析图提供了一种用于确定可能随时间而变化的各利益相关者的期望值、需求、重要性和相对权力的系统方法。利益相关者分析图能够帮助管理者确定与特定问题或项目相关的关键利益相关者，或他们的优先次序。例如，盖璞公司（Gap Inc.）因使用对环境造成污染以及雇用童工的承包商而成为抗议者的攻击目标，该公司正疲于应对由此而造成的动荡局面。公司决定使用分析图来确定公司可以与之建立更深层次透明关系的关键利益相关者。

 聚焦技能

盖璞公司

2009 年秋天，当媒体曝光了位于非洲莱索托的一家为盖璞以及其他美国公司制作服装的承包商，向当地的垃圾填埋场倾倒有毒污染物，并将化学物质排放到卡利登河中，盖璞公司迅速采取行动。有惩于 10 年前发生的与童工和不安全条件相关的类似危机引发了持续数月的全球性抗议，损害了盖璞公司的名誉，破坏了员工的士气，毁掉了公司的业绩，最近在莱索托发生的事件很快被平息，盖璞公司则变得更加强大。

这 10 年中发生了什么，使得结果截然不同？这当然不是公众对贫困小孩在河边玩耍或翻捡垃圾时受到危险化学品伤害的事件感觉到不那么愤怒。这次结果的不同是因为盖璞公司的管理者精心建立与劳工组织、人权组织、工会、非政府组织和其他利益相关者之间的开放式关系，使他们能够立即行动，采取具体措施来解决问题。在过去，管理者的做法就是推卸责任和责备分包商。然而，莱索托事件发生后，盖璞公司的高层领导者立即行动，宣布公司对公平和安全条件的承诺，并公布将要采取的措施。由于盖璞建立起的与各利益相关者团体之间的关系，公司得到了劳工和人权组织的支持，并称赞管理者做出的承诺和采取的行动。

盖璞公司着手与关键利益相关者建立友好关系，因为尽管自 1992 年以来公司对社会和环境责任做出了坚定承诺，但以前的做法并不奏效。花了数百万美元来解决供应链中的伦理问题，但以失败告终。因此，管理者从绘制利益相关者分析图开始，在分析图上列出尽可能多的利益相关者，然后按照重要性排序。使用分析图，管理者可以将精力集中在最有影响力的利益相关者身上，并与他们携手改善劳工措施。这是一个漫长而艰难的旅程，但结果却是很值得的。作为道德和社会责任的领导者，该公司得到了褒奖和公众的认可。

热点话题

全球供应链对于管理者来说也充满了挑战。正如道德贸易组织（ETI）的前领导人丹·里斯（Dan Rees）所说："在你的供应链里查看有无童工并不是一种犯罪行为，重要的是当你发现之后会怎么做。"许多公司会取消订单，停止与被发现采用不安全或不道德做法的公司做生意。

一些公司采取的一种最新做法就是与海外工厂密切合作，改善其条件，这是管理者认为对双方都有利的做法。盖璞公司通过使用利益相关者分析图并与关键的利益相关者建立基于信任的开放式关系，努力确保管理者能够迅速采取正确的做法，有时甚至将危机转化为机会。

图 4-4 标出了盖璞这样的大型组织的重要利益相关者。大多数组织都受到类似利益相关者团体的影响。债权人、股东、员工、顾客和供应商都被视为首要的利益相关者，没有他们，组织就无法生存。债权人、股东和供应商的利益是由管理的效率来保证的，也就是说，要运用资源去实现利润。员工期望工作满意度、工资和良好的监管。顾客关注有关产品和服务的质量、安全与实用性的决策。当任何一个首要的利益相关者群体表示极度不满时，组织的生存能力就会受到威胁。

图 4-4　盖璞公司的主要利益相关者

其他重要的利益相关者是政府和社区。大多数公司只有在适当的公司章程和政府许可的情况下才能存在，而且经营活动受限于安全法律、环境保护要求、反托拉斯规定以及政府的其他法律法规。由于最近发生的事件，影响企业的政府法规日益增多。社区包括地方政府、自然环境以及为居民提供的生活质量。对于许多公司来说，如盖璞公司，工会和人权组织是非常重要的利益相关者。特殊利益群体则可能包括贸易协会、政治行动委员会、专业协会和用户至上主义者。当今特别重要的一个特殊利益群体就是绿色运动（Green Movement）。

4.5.2　绿色运动

2004 年，当通用电气首席执行官杰弗里·伊梅尔特（Jeffrey Immelt）向 35 名高层管理者提出一项"绿色"业务倡议计划时，这些高管投票否决了该计划。但伊梅尔特一个罕见的举动就是推翻他们的决定，"绿色创想"（Ecomagination）由此诞生。今天，通用电气的绿色创想成为全球认可度最高的企业绿色计划之一。该计划不仅将通用电气的温室气体排放量减少了30%，还增加了创新产品，这些创新产品可产生数十亿美元的年收入。

转变的社会态度、新的政府政策、气候的变化以及能够使企业对环境有负面影响的任何消息迅速传播的信息技术（IT），使得推进绿色环保已成为一项势在必行的新任务。最近的一项调查发现，90% 的美国人认为存在重大的"绿色"问题，82% 的人认为企业应实施环保措施。本书的每一章都提供了"绿色力量"案例，重点讲述公司为提高环境绩效而采取的做法。

　　能源是绿色运动中越来越受到人们关注的领域，这反映在对拟建 Keystone XL 管线的相关争议上，修建该管线是为了增加一条将加拿大阿尔伯塔省的含油砂运输至墨西哥湾的得克萨斯州海岸炼油厂的通路。在接受调查的美国人中，将近六成的人赞成美国政府批准该项目，认为该项目将创造就业机会，并且不会造成严重的环境损害。但绿色组织却表示反对，将目标对准了 Keystone 以及每年向大气层释放 3 000 万吨二氧化碳的整个油砂行业，并且随着行业的发展，会释放更多的二氧化碳。反对者指出，加拿大含油砂的"油井至气罐"的排放量大约为美国进口原油平均每桶排放量的两倍。支持者则坚持认为，采用加拿大的含油砂比继续帮助那些可能滥用人力和环境资源的富油国好。

4.5.3　可持续发展和三重底线

　　一些公司正在采用一种叫作可持续性或可持续发展的理念。**可持续性**（sustainability）是指，经济发展能够带来财富和满足当代人的需要，同时还能够保护环境和社会，以便子孙后代也能够满足他们的需要。在可持续发展理论的指引下，管理者们把环境和社会方面的考虑融合到每一个战略决策中，从而以对社会和环境负责任的方式实现财务目标。在采用可持续发展理念的组织中，管理者以三重底线来衡量他们的成功。**三重底线**（triple bottom line）是指衡量组织的社会绩效、环境绩效和财务绩效。有时称为三 P ：人（People）、星球（Planet）和利润（Profit）。

　　三重底线中"人"的方面主要是衡量组织在公平的劳工措施、多样性、供应商关系、员工待遇、对社会的贡献等方面的社会责任。"星球"方面衡量组织对环境可持续发展的承诺。"利润"方面当然是衡量组织利润这一财务底线。基于"你所衡量的就是你所争取的和得到的"这一原则，采用三重底线理念来衡量绩效能够确保管理者考虑社会和环境因素，而不是盲目追求利润而不顾社会成本和自然环境。

 绿色力量

绿色创想（Ecomagination）

　　像通用电气公司的伊梅尔特这样开明的首席执行官所面临的问题是：我们如何应用技术和可持续性来解决匮乏的经济。伊梅尔特只是遵循了通用电气公司创始人托马斯·爱迪生（Thomas Edison）的创造性天赋所缔造的创新和想象力的先例。结果就是通用电气公司做出了通过绿色技术运动来承担社会责任的重大承诺。

　　伊梅尔特增加了一倍的研发资金，建立新的实验室，用于博士们进行创新的可持续发展研究。该公司还成立了一个绿色创想咨询委员会，通过"梦想课程"使客户和利益相关者能够预想未来以及使未来得到改善的产品和服务，同时为通用电气提供创新的商业机会。对于这一切，作为创始人的爱迪生也一定乐见其成。

4.6　企业社会责任评价

　　图 4-5 所示为企业社会绩效评价模型，该模型表明，企业的社会责任可分为四个主要范畴：经济责任、法律责任、伦理责任和自主抉择责任。这四个范畴组合在一起，就构成了企业社会责任的全貌。

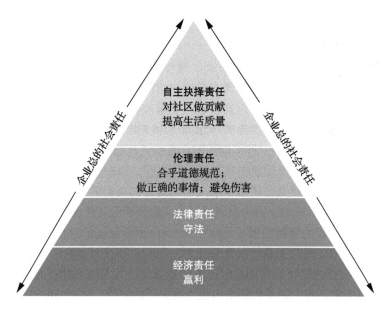

图 4-5　企业的社会绩效标准

社会责任的第一个标准是经济责任。首先，商业机构是社会的基本经济单位，其责任就是提供社会需要的产品和服务，并使其所有者和股东的利益最大化。极端地说，经济责任也称利润最大化理念，这是诺贝尔经济学奖得主米尔顿·弗里德曼提出来的。根据利润最大化理念，公司经营应该以利润导向为基础，其唯一的使命是在遵守游戏规则的情况下提高利润水平。美国、加拿大和欧洲不再把纯粹的利润最大化理念看作是充分的社会绩效标准。该理念意味着，经济效益是公司唯一的责任，而这会使公司陷入麻烦之中，华尔街抵押贷款和金融业最近发生的事件就清楚地表明了这一点。

在有关恰当的公司行为方面，**法律责任**（legal responsibility）详细规定了我们的社会认为是重要的内容。换句话说，我们期望工商企业在法律框架内实现经济目标。当地的镇议会、州立法机构和联邦管理机构都会对公司提出法律上的要求。企业非法行为的例子包括公司诈骗，在国际上销售不合格产品，执行不必要的维修或程序，故意误导消费者，在工作没有完成的情况下向客户开账单收取费用等。故意不遵守法律规定的组织在这个方面的表现更糟糕。例如，泰森食品（Tyson Foods）和沃尔玛卷入了与墨西哥业务有关的贿赂丑闻。沃尔玛在墨西哥的高管涉嫌向当地官员行贿，并掩盖不道德行为，使零售商可以遍布该国市场的每一个角落。泰森食品被指控向驻厂兽医的妻子行贿，以避免在证明产品适合出口方面出现任何问题。这些公司的管理者绝不是个例。透明国际组织 2013 年进行的一项全球调查发现，超过25% 的受访者承认在过去 12 个月内行贿。

伦理责任（ethical responsibility）包括不一定写入成文法中，但可能对公司的直接经济利益没有益处的一切行为。正如本章前面所述，要做到合乎道德，组织决策者应该平等、公平、公正地行事，尊重个人的权利，并且只有在涉及组织的目标和任务时才区别对待员工。当决策使得个人或者公司以其他人或全社会为代价来获取好处时，就出现了不道德的行为。几家知名企业，包括麦当劳、Nickelodeon 儿童电视频道、通用磨坊（General Mills）和赛百味（Subway）被指控具有违反《儿童网上隐私保护法》（Children's Online Privacy Protection Act）的不道德行为。由于收集电子邮件地址和直接向儿童发放宣传资料是非法的，因此批评者表示，这些公司以及其他一些公司采用策略，例如让网站用户玩游戏并与朋友分享，从而网站可以针对这些朋友发送营销信息。

自主抉择责任（discretionary responsibility）纯粹是自愿的，由公司对社会做贡献的愿望所支配的，并且这种愿望是不受经济、法律或者道德约束的。自主抉择活动包括慷慨的慈善捐赠，这些捐赠不会给公司带来回报，而且通常不会被外界预料得到。例如，宝洁公司为自然灾害（如 2004 年亚洲海啸）的受害者提供 PUR 净水袋来处理污染水，使其能够安全饮用。制药公司默克公司（Merck）发现了一种可以预防河盲症的药物（被称为伊维菌素（Mectizan）），而河盲症是一种在最贫穷的非洲国家中流行的可怕疾病。1987 年，在意识到需要这种药物的人不可能购买这种药物时，默克公司承诺永久性地为任何需要的人免费提供这种药物。自主抉择责任是社会责任的最高标准，因为它超越了社会的预期而对社区的福利做出贡献。

自主抉择责任与**组织的道德情操**（organizational virtuousness）相关，这意味着组织追求积极的人类影响、道德美德和无条件的社会改善。例如，斯里兰卡的一家家族式服装制造商 MAS Holdings 承诺在促进经济发展的同时，也改善员工及其家庭和社区的生活水平。在服装制造商每周都会因道德、劳工关系或安全违规而被报道的时代，MAS Holdings 公司制造的新闻却能够让其所有者相信，所开展的业务能够对员工的生活和社区产生积极的影响。MAS 是维多利亚的秘密（Victoria's Secret）的最大供应商，具有 28 家工厂，为 45 000 名员工提供了上下班交通工具、免费工作餐和医疗服务。由于 90% 以上的工人为女性，因此 MAS 将工厂修建在方便上下班的农村地区，使女工们能够在离家很近的地方上班。

4.7 企业伦理与社会责任管理

一位专家曾如是说："管理层有责任创造并维持人们在其中很可能会举止规矩的氛围。"管理者创造和支撑合乎伦理的组织的途径如图 4-6 所示。管理者可以迈出的最重要的步伐之一就是实行合乎伦理的领导。合乎伦理的领导（ethical leadership）表示管理者诚实而且可信，公平地对待员工和客户，在个人生活和职业生涯中其行为举止都合乎伦理规范。

合乎伦理的组织

合乎伦理的领导
伦理规范
伦理委员会
首席伦理官
伦理热线
伦理培训
对揭发者的支持

图 4-6　建立合乎伦理的组织

管理者和一线主管是伦理行为的重要角色模型。他们通过在其个人行为和决策中坚持高伦理标准，显著地影响着组织的伦理气氛。此外，管理者主动地影响员工去体现和反映伦理价值观。本章的"管理者工具箱"描述了一些一流企业所采取的用于增强管理者的伦理和社会责任感的方法。

管理者还可以通过组织机制帮助员工和企业确保合乎伦理标准，其中最重要的是伦理规范、伦理结构以及保护揭发者的措施。

 管理者工具箱

培养服务心态

当今一些最好的公司正采取一种新方法来培养管理者——全球服务计划，将员工安排到非营利组织或小型企业（通常在发展中国家），以提供免费或低费用的技术和管理援助。随着对可持续发展和三重底线的日益重视，组织希望管理者具有服务和可持续发展的心态，而不是一切为了自己的态度。在一项调查中，88% 的高层管理者表示，未来的管理者具有解决可持续发展问题的心态和技能是很重要的。

- 全球服务计划惠及每一个人。

全球服务计划被称作是"三赢"计划。很显然，非营利组织受益于这些计划，但投资的公司以及参与计划的员工也同样获益。IBM 公司相信其计划能够产生约 50 亿美元的新业务。这些公司能够获得更多的新兴市场的知识，发展社会资本和商誉，并使管理者更加全面以及建立起当今世界所需的服务和可持续发展思维模式。参与者以多种方式受益，包括自我意识提高、获得新技能以及更强大的跨文化理解能力。

- 许多管理者将这些机会视为是能够获利的任务。道康宁（Dow Corning）的劳拉·贝内蒂（Laura Benetti）花了四个星期，每天九小时，与印度的农村女工一起工作，帮助她们学习如何给制作的服装定价并在市场上出售。她和九名女工同住于一个热水和供电不足的小屋

里。"这对你的职业生涯来说更具有意义，"贝内蒂说道。全球服务的参与者也会珍惜使他们能够更深层次地理解全球问题的这一机会。"我们都知道非洲很贫穷以及腐败和贿赂这类事情，"一位在尼日利亚待过的 IBM 的合作伙伴说道，"这种经历真的可以丰富你的生活，你真的能够感觉得到。"

- 这种趋势有多普遍？2012 年，至少 27 家《财富》500 强企业，包括百事可乐（PepsiCo）、IBM、联邦快递、道康宁和辉瑞（Pfizer），采用了某种类型的全球服务计划，而 2006 年采纳这类计划的公司只有 6 家。自 2008 年以来，IBM 派出的员工超过 1 400 人，参与肯尼亚邮政系统改革或坦桑尼亚开发生态旅游等项目的合作。辉瑞公司的计划是将员工派往非政府组织，以解决亚洲和非洲医疗卫生需求。"埃森哲发展伙伴"（Accenture Development Partnership）已经参与了 55 个国家的 200 多个项目，在这些项目中，埃森哲的专业人员以 50% 的薪酬参与联合国儿童基金会（UNICEF）和摆脱饥饿基金会（Freedom from Hunger）等组织的工作，合作时间长达六个月。

4.7.1 伦理规范

伦理规范（code of ethics）是公司关于伦理道德和社会问题的价值观的正式表述，它告诉员工公司支持什么。伦理规范有两种类型：原则声明和政策声明。制定原则声明的目的在于对企业文化施加影响；这些表述详细界定了公司的基本价值观，并包含对公司的责任、产品质量和员工待遇的一般性说明。通常情况下，公司政策概括了在特定伦理情境下需要运用的程序。这些情境包括营销实践、利益冲突、遵纪守法、所有权信息、政治馈赠以及均等机会等。

原则的一般性表述常常叫作公司理念（corporate credos）。强生公司的"理念"就是一个很好的例证。该理念被翻译成 36 种语言，60 多年来指导强生公司的管理者进行决策，履行对员工、顾客、群体和股东的责任。另一个例子是谷歌的行为准则。以下实例为谷歌的部分行为准则。

制定强有力的行为准则或伦理准则并不能保证公司不会陷入道德困境或受到利益相关者造成的在道德问题上的挑战。伦理规范本身并不能完全影响和确保员工和管理者采取合乎伦理的行为。然而，这些规范却是组织的伦理框架的关键因素。伦理规范为管理层所倡导，它说明了人们预期的价值观或行为以及不能被容忍的价值观或行为。一旦最高管理层支持并贯彻这些规范，包括奖励循规蹈矩和惩戒违法乱纪，伦理规范就能改善公司的道德风气。

 聚焦技能

谷　　歌

谷歌是全球最知名的公司之一，管理者重视技术优势和对伦理及社会责任的承诺。谷歌的行为准则从这句话开始："不作恶。谷歌人通常把这句话用在如何服务用户上。但'不作恶'的覆盖范围远不止于此。"

谷歌采用精心设计的行为准则，将这一座右铭付诸实践。行为准则分为七个部分，每个部分又细分为多个章节，对特定价值观、政策和期望值进行详细描述。行为准则还明确指出，如果员工指出不道德行为或不当行为，员工将受到保护。以下是谷歌行为准则的部分摘录：

服务我们的用户

我们的用户重视谷歌不仅是因为我们提供了优质的产品和服务，而且是因为在如何对待客户并使业务更加全面上，我们坚持以更高的标准来要求自己。

相互尊重

我们致力于打造一个支持性的工作环境，员工有机会充分发挥自己的潜力。每一个谷歌人都应竭力创造一个相互尊重的企业文化，无骚扰、恐吓、偏见和任何形式的非法歧视。

保密

在创新和文化上，我们受到了媒体的大量关注，这通常是件好事。然而，过早向新闻界或竞争对手泄露公司的信息可能会影响公司的产品发布、破坏公司的竞争优势，并在其他方面付出高昂代价。

确保财务诚信和责任

财务诚信和财务责任是公司专业精神的核心方面。我们代表谷歌使用的钱，不是我们自己的钱，而是公司的钱，并且最终是股东的钱。

守法

谷歌严格遵守法律和法规，并由此承担责任，谷歌的每一名员工都应遵守适用法律的要求和禁令。

结论

谷歌渴望成为一家与众不同的公司。我们不可能讲清楚可能会面对的每一种道德情景。相反，我们依靠彼此的良好判断力，为自己和公司坚持高标准的诚信行为。

记住：不作恶，如果你看到了你认为不该做的事，请揭发！

4.7.2　伦理结构

伦理结构反映了公司为实践合乎道德的行为而采取的各种方法、立场和方案。**伦理委员会**（ethics committee）是被任命来监督公司伦理道德的高层管理者团队（有时也有下级员工）。该委员会就有争议的伦理问题做出裁决，同时承担了惩戒违规者的责任。

许多公司建立了由专职人员负责的伦理部，以保证伦理准则是公司经营不可分割的一部分。这些部门由首席伦理官负责管理。**首席伦理官**（chief ethics officer）是公司的高级管理层之一，负责监督公司遵守伦理和法律的一切规定，包括制定并广泛宣传道德准则，开展伦理培训，处理例外情况和问题，并就决策的伦理问题和合规情况向高级管理层提供咨询。政府法规因会计违规行为而不断变更，这就要求大型上市公司有人来负责执行伦理和合规计划。许多专家建议，为了能有效执行，这个人应能直接进入董事会。大多数伦理道德办公室也作为咨询中心，帮助员工解决难以解决的伦理问题。免费的伦理道德保密热线使员工可以举报可疑的行为，并就道德困境寻求指导。

4.7.3 揭发

员工揭露雇主或者组织非法的、不道德的和违法的行为叫作**揭发**（whistle-blowing）。没有哪一个组织能够仅依靠行为规范和伦理结构来预防所有不道德的行为。要使组织负起责任，这在某种程度上取决于个人，他们必须做到：一旦发现非法的、危险的或者不道德的行为就愿意揭发。揭发者常常向局外人（如管理机构、参议员或报纸记者）揭发错误言行。有些公司已经制定了创新性方案，或者开通了保密热线，以鼓励并支持内部揭发。然而，要使这种做法成为有效的道德保障措施，公司必须认识到揭发是对公司有利的行为，并致力于鼓励和保护揭发者。奥林巴斯（Olympus）的前主席兼首席执行官迈克尔·伍德福德（Michael Woodford）描述了如果不这样做将可能发生什么。

 聚焦技能

奥林巴斯的迈克尔·伍德福德

奥林巴斯是一家相机制造商，2011 年当迈克尔·伍德福德被任命为主席兼首席执行官时，他已在该公司工作了 30 年。那次任命成了他结束该公司职业生涯的开端。

伍德福德很快发现，公司非法向第三方支付费用以试图隐瞒重大损失。他来到了董事会，但董事会对他的发现置之不理。"我恳求他们做正确的事，我是主席，我要揭露一个欺诈行为，"他说。

他将事件曝光后，伍德福德被解雇了。他描述了接下来发生的事情："我惶恐不安，觉得自己的职业生涯正悄悄溜走，担心自己的安全……似乎存在着黑帮（日本黑手党）的'反社会的力量。'"伍德福德说，这次经历是痛苦的，是一次极大的教育，他对做正确的事情不后悔。奥林巴斯的整个董事会最终辞职，三名高级管理人员承认犯有欺诈罪。

大多数揭发者，像迈克尔·伍德福德，意识到他们可能会在经济和情感上遭受重创，但他们勇敢地采取他们认为正确的行为。

对于组织中愿意揭发不道德或非法行为的人，管理者必须尊重那些告密者，并让那些挺身而出的人成为英雄。不幸的是，情况恰恰相反。我们看看宾夕法尼亚州立大学的情况。当橄榄球防守协调员杰里·桑杜斯基（Jerry Sandusky）被判决进行了 45 次儿童性虐待犯罪活动后，法院和公众惊讶地发现，很多人可能知道桑杜斯基的行为，但除了劝他寻求专业帮助外未采取任何行动。事实上，大多数管理者天生倾向于保护他们的同事和组织。2003～2007 年担任宾州州立大学学生事务的副校长 Vicky Triponey 说，她是在试图惩罚球员的野蛮搏斗和性侵犯等不道德行为后被解雇的。根据 Triponey 的说法，宾州州立大学校长 Graham Spanier

告诉她，她不符合"宾州州立大学的行为方式"。Triponey 认为"盲目的忠诚感不仅仅存在于顶层，而且存在于各个层次。我认为人们为了保住饭碗，不得不视而不见。"事实上，管理者希望员工忠于自己的组织，当发现不道德的行为时，可能很难置忠诚于不顾。

试图保护他们的组织，即使有可能让不道德行为继续发生，这种做法并不是宾州州立大学的管理者才有的做法。例如，美国特别检察官办公室（U.S. Office of Special Counsel）近日发现，三名空军官员打击报复报道了不当处理多佛空军基地遇难者遗体事件的文职雇员。美国国家金融服务公司（Countrywide Financial Corporation）的一位前高管说，他因在次级抵押贷款热潮的高潮时质疑公司采用所谓的"忍者"（Ninja）贷款（没有收入、没有工作、没有固定资产）而受到威胁，并最终被解雇。雷曼兄弟财务部前高级副总裁马修·李（Matthew Lee），因举证公司通过临时"移除"资产负债表中的 500 亿美元的风险贷款资产来掩盖风险，仅几个星期后就被解雇。

不幸的是，许多管理者仍把揭发者视为心怀不满且没有团队精神的人。但是，为了维持高伦理标准，组织需要那些能指出不恰当行为的人。要通过培训，使管理者将揭发视为一种好处而非威胁。同时，要建立制度以切实保护告发非法或不道德行为的员工。

🅾 讨论题

1. 期望管理者以与衡量财务绩效相同的三重底线标准来衡量其社会和环境绩效，这是否合理？请讨论。

2. 2013 年 9 月，东京电力公司（Tepco）报道了福岛核电站在 2011 年 3 月的地震和海啸中受到重创，有一个储罐发生了高度污染的水泄漏。根据你所了解的这次福岛灾难事故的信息，讨论东京电力公司需要应对的各利益相关者，以应对这场最新出现的危机。

3. 假设你受到鼓励，可以夸大你的费用账目。你认为哪些因素会影响你的决定？请解释。

4. 大型公司游说反对美国证券交易委员会（SEC）的一项规定，该规定要求它们公布首席执行官相对于平均员工薪酬的比例，这是否合乎伦理和社会责任？请讨论。

5. 一些银行和抵押贷款公司的管理者辩称，提供次级抵押贷款是希望让穷人有机会参与实现自置居所的美国梦。在伦理和社会责任方面，你对此解释有何看法？

6. 一项调查发现，69% 的 MBA 学生认为股东利益最大化是公司的首要职责。你同意吗？你认为这一发现对企业管理者在未来几十年的伦理和社会责任方面提出了什么建议？

7. 你认为企业管理者进入并查看员工或求职者的 Facebook 页面是否合乎道德？请讨论。

8. 你认为哪一个能更有效地影响组织长期的伦理行为：书面的伦理规范加上伦理培训，还是强有力的伦理领导？哪一个对你更有影响？为什么？

9. 利益相关者分析图技术使管理者能够将利益相关者按照重要性进行分类，从而对这些利益相关者投入更多的时间。管理层认为某些利益相关者比其他利益相关者更重要，这恰当吗？应该对所有利益相关者一视同仁吗？

10. 本章所述的研究发现显示，如果管理者将他人的利益置于自身利益之上，他的员工就会更加努力并且工作效率更高。为什么会发生这种情况？你是否认为成为"给予者"而不是"索取者"将会使管理者的职业生涯更加成功？请讨论。

🅾 自主学习

伦理工作气氛

想想你曾工作过的一个公司。回答以下这些问题两次。第一次选出最接近事实真相的数字。第二次，根据你认为的满足个人和组织需求的理想状况来回答问题。

1. 什么是对企业中每一个人最好的，这是企业考虑的重点。

1　　2　　3　　4　　5

2. 我们最关心的永远是怎样对他人最好。

1　　2　　3　　4　　5

3. 人们被期望遵守法律和职业道德，这是至高无上的。

1　　2　　3　　4　　5

4. 在企业中，首要考虑的是某个决策是否触及了法律。

1　　2　　3　　4　　5

5. 遵守企业的规章和流程非常重要。

1　　2　　3　　4　　5

6. 人们在企业中严格遵守企业制度。

1　　2　　3　　4　　5

7. 在企业中，人们大多数时间是要靠自己。

1　　2　　3　　4　　5

8. 人们被期望不顾一切促进组织的利益。

1　　2　　3　　4　　5

9. 在企业里，人们受其自身的个人伦理观指导。

1　　2　　3　　4　　5

10. 企业中的每个人自己决定什么是对和错。

1　　2　　3　　4　　5

评分与说明：

用 6 来分别减去第 7 题和第 8 题的得分，然后计算你 10 道题的总分：事实得分 = _____；理想得分 = _____。这些问题可以评估组织伦理气氛的特点。第 1 题和第 2 题测量对人的关心，第 3 题和第 4 题测量合法性，第 5 题和第 6 题测量规章的遵守，第 7 题和第 8 题测量对财务绩效和企业绩效的强调，第 9 题和第 10 题测量个体独立性。总分 40 分以上表明有高度积极的伦理气氛。总分 30～40 分表明伦理气氛在平均水平之上。总分 20～30 分表明低于平均水平的伦理气氛，而总分低于 20 分表明较糟糕的伦理气氛。你的理想分数与你组织的实际分数差距有多远？这个差别对你来说意味着什么？

回到问题中，想想你可以为改善组织伦理气氛所做的改变。与其他学生讨论，如果你作为一名管理者，可以做什么来提高你所在组织的伦理。

◘ 团队学习

近期不道德的事件

第 1 步　在小组开会前，每个人找两篇在过去几个月内发布的关于某人违反商业伦理或可能触犯商业行为法律的报纸或杂志文章。

第 2 步　总结每篇文章的要点。

第 3 步　小组开会。每个人讲述每篇文章的要点。

第 4 步　确定这些文章所报道的不道德事件的相似主题。

不道德行为的根源或根本原因是什么？希望的结果是什么？是个人还是集团参与？被告是感到后悔还是为自己辩护？你能在这些事件中找出任何相似的情况吗？将共同的主题列在一张纸上或白板上。

第 5 步　作为一名管理者，你将如何在你的组织中避免这种不道德的行为？你的组织中发生不道德行为以后，你将如何解决此类问题？

第 6 步　按照指导教师的要求将你的发现向全班汇报。

文章的要点	列出每篇文章的主题		
文章 1			
文章 2			
文章 3			
文章 4			
文章 5			
文章 6			
文章 7			
文章 8			
文章 9			
文章 10			

然后填写下面的方框：

列出相似主题

1.

2.

3.

4.

5.

考虑一下不道德行为的根本原因。

根本原因是什么？

1.

2.

3.

4.

他们为什么那么做？希望的结果是什么？

集团的频率？

个人的频率？

各种不道德行为的相似情况是什么？

◖ 实践学习

1. 将你遇到的伦理困境写下来（不少于三次），例如考试中的作弊机会，在商店或餐馆遇到少收钱的情况，你的朋友因为是员工而给你"免费"食物，因工作原因将办公用品带回家，用工作时间干个人的事等。

2. 三至六人一组，选择三个例子进行分析。

描述伦理困境	你是怎么做的？	你应该怎么做？	涉及什么伦理原则？
1.			
2.			
3.			

3. 小组中的每一个人想一件别人对你做出的不　　　道德行为。填写下表。

描述不道德行为	你如何应对不道德行为的？	它是如何影响你和那个人的关系的？	其他人合乎道德的行为将是什么？

4. 在小组中，讨论你的困境和处境中的行为和后果。

5. 为什么合乎伦理是非常重要的？

⬛ 伦理困境

我们应该超越法律吗？

内森·罗斯洛盯着他办公室窗外满目翠绿、充满生机、繁花簇锦的荷兰谷河岸。他在这附近长大，幻想着他的孩子们会像他儿时一样喜欢这条河的日子。但是，现在他自己的公司可能会毁掉这一想法。

内森是行业领导者金迪公司一位重要的产品工程师。尽管金迪的地位具有竞争力，但最近几个季度以来一直惨淡经营。内森和他的团队开发了一款新的润滑产品，他的公司将其视为当前衰退形势下的一个转折点。最高主管很高兴，因为最近环境规章的改变，他们能以非常节省的费用生产这个新产品。管理机构放松了对减少和循环利用垃圾的要求。这意味着，金迪能够将废弃物直接排放到荷兰谷河中。

内森和其他人一样很渴望看到金迪能顺利挺过这次经济低迷，但是他不认为这个途径是解决的方式。他向厂长和他的直接主管马丁·菲尔德曼表达了他对废弃物问题的反对意见。马丁以前一直很支持内森，但这次却不同。厂长也装作没听见。他说，"我们达到了政府标准。保护水源是政府的事，获取利润和维持经营才是我们的事。"

内森感到沮丧和困惑，离开了窗户。他一流的办公室景观在嘲笑他无法保护他心爱的河流。他知道生产副总裁下周将要访问工厂。如果向她反映，或许她也会认为将废物倾倒进河流在道德和社会层面都是不负责任的。但是如果她不同意，他就发发可危了。他的主管已经在指责他缺乏团队意识了。也许他只需要做一个消息的旁观者——毕竟，公司没有触犯任何法律。

你会怎么办

1. 和生产副总裁交谈，强调金迪作为行业领导者具有树立榜样的责任。向他建议，金迪要自愿参与减少污染行动，并以此作为营销点，将公司定位于环保。

2. 只关心你自己的事情，做自己的工作。公司没有触犯任何法律，如果金迪的经济状况不能改善，许多人将会失业。

3. 号召当地的环境促进组织，抗议这家公司的做法。

第 5 章

管理计划与目标

本章概要

  日本的优衣库（Uniqlo）是亚洲最大的服装连锁店，但 Fast Retailing 公司的管理者却不满足于达到此目标。他们的下一个目标是使优衣库在美国也成为第一。该公司以其服装简洁、时尚且物美价廉而闻名，2013 年年中在美国仅有 7 家连锁店，要达到其目标，可谓任重而道远。公司公布了将在当年 10 月和 11 月开业的 10 家新连锁店的日期，并计划在未来 8 年内每年新增 20 家连锁店。首席执行官柳井正的计划是，2020 年超越 Inditex 集团（Zara 连锁店的母公司）成为全球最大的服装连锁店。在亚洲的增长速度极快，优衣库平均每周新增两家连锁店，这使得管理者对于实现柳井正的雄心勃勃的目标充满信心。

  管理者的一个主要职责就是为组织或部门的未来制定目标，以及实现目标的计划。每个组织的管理者都必须确定目标以及实现目标的方法。缺乏计划或计划不当会严重影响组织的发展。例如，2011 年日本地震和海啸后福岛第一核电站发生的核事故，部分原因归咎于糟糕的计划。2013 年秋天，放射性污水仍从受损的反应堆处泄漏到太平洋，使东京电力公司饱受批评。在事故发生时，福岛核事故独立调查委员会主席黑川清说："这是一场教训深刻的人为灾难，这场灾难本来可以并且应该能够预见和防止的。其影响应该能够通过更有效的人类响应办法而减轻。"管理者无法预测未来，也无法阻止地震等自然灾害，但正确的计划能够使他们迅速而有效地应对这些突发事件。在福岛事发后，该公司几乎陷入混乱，通讯中断，指挥慌乱，并且似乎没有人知道如何维持安全或进行事故的跟进。

　　在第 1 章所介绍的计划、组织、领导和控制四大管理职能中，一般认为计划是最基本的职能。其他每一个职能都来自于计划。然而，计划也是最有争议的管理职能。在不断变化的环境中，管理者要如何计划未来？近年来，经济的、政治的和社会的骚乱事件重新激起了大家对组织计划的兴趣，尤其是为那些危机和出乎意料的事件制定预案，但也有一些管理者质疑在一个不断变化环境中制定计划是否值得。计划不能预测不确定的未来，也不能驯服动荡不安的环境。美国前任国务卿科林·鲍威尔（Colin Powell）将军的一句话给管理者提供了警示："与敌方接触后，什么战斗计划都没有用。"这意味着管理者做计划没有用吗？当然不是。没有计划是完美的，但如果没有计划和目标，组织和员工就会无的放矢。然而，好的管理者明白计划应该不断发展和改变，以适应环境的变化。

　　在本章中，我们将探讨计划的制定过程，并思考管理者如何制定有效计划。我们将特别关注目标的制定，因为这是计划工作的开始。接下来，我们要讨论管理者用来帮助组织实现目标的各种各样的计划。我们还要关注帮助管理者应付不确定性的计划途径，如随机计划、情境构建和危机计划。然后，我们要研讨强调员工（有时是其他利益相关者）参与战略性思维和执行的新的计划方法。本章最后部分将深刻剖析战略计划，并分析管理者在竞争性的环境中可以利用的几种战略选择方案。在第 6 章，我们要探讨管理决策。对于选择组织目标、计划和战略方案来说，恰当的决策方法是至关重要的。

 新晋管理者自测
....

目标是否适合你的管理风格

　　说明：你是一个好的计划者吗？你是否设置了目标并确定了实现目标的方法？这份调查问卷将帮助你了解自己是否具有制定计划和设定目标的工作习惯。根据你的工作或学习习惯回答下列问题。请对以下各题回答"是"或"否"。

	是	否
1. 在我生活的某些方面具有明确而具体的目标。	____	____
2. 生活中我有希望实现的明确目标。	____	____
3. 我更喜欢总体目标而非具体目标。	____	____
4. 在没有具体期限的情况下，我工作得更好。	____	____
5. 我每天或每周会留出时间来制定工作计划。	____	____
6. 我清楚地知道指示何时达成目标的措施。	____	____
7. 当我为自己设定了更具挑战性的目标时，我工作得更好。	____	____
8. 我帮助其他人明确和确定他们的目标。	____	____

　　评分与解释：除了第 3 题和第 4 题以外，其他每道题回答"是"得 1 分。第 3 和 4 题每道题回答"否"得 1 分。5 分或 5 分以上表明具有积极的目标设定行为，并为担任组织中的新管理者角色做好了准备。如果得分为 4 分或 4 分以下，你可能需要进行评估，并开始改变自己的目标设定行为。新管理者工作的重要组成部分就是设定目标、测量结果并检查部门和下属的工作进度。

　　这些问题表明了你的生活或工作中在多大程度上采用了严格的目标。但如果得分太低，你不必绝望。目标设定行为可以通过学习获得。大多数组织具有供管理者使用的目标制定和审查制度。虽然不是每个人都能在严格的目标制定系统下蓬勃发展，但作为一名新管理者，制定目标和评估结果是增加你的影响力的工具。研究表明，在关键领域制定明确、具体和具有挑战性的目标将产生更好的绩效。

5.1　目标与计划概览

目标（goal）是组织努力要达到的未来的理想状态。目标是重要的，因为组织为一定的目的而存在，目标正好详细说明并表达了该目的。**计划**（plan）是组织成就的蓝图，它具体阐明了必要的资源分配、时间进度、任务及其他行动。目标确定未来的目的，计划则阐述眼前的方法。**计划职能**（planning）这个概念通常含有两层意思：确定组织的目标并详细说明实现目标的方法。

5.1.1　目标和计划层次

图 5-1 说明了组织中的目标和计划层次。计划过程始于正式的使命宣言。使命详细说明了组织的根本目的，它特别是为组织的外部利益相关者服务的。使命宣言是战略（公司）层面的目标和计划的基础，这反过来又会形成战术（事业部）层面和操作（部门）层面的目标和计划。也就是说，更高层次的使命（例如"通过提供消费者喜爱的纸制厨房和浴室用品来改善家庭生活"）为高层管理者提供了制定更具体的目标的框架，例如"明年公司利润增长 5%"。该目标可能转化为西北地区销售部门管理者的"明年销售额增长 10%"的目标。高层管理者通常负责制定能够反映组织效率和效益承诺的战略目标和计划，如第 1 章所述。战术目标和计划是中层管理者（例如主要事业部或职能部门的负责人）的责任。部门管理者负责制定战术计划。在实施由最高管理层确立的战略计划中，各部门必须履行自己的职责，为此而必须采取的主要行动是战术计划的重点。操作计划即是组织更低层级，如特定的部门和员工所需的具体程序和流程。第一线的管理者和主管发展操作计划侧重于具体的任务和流程，以达到策略和战略目标。每一个级别的计划都支持着其他级别的计划。

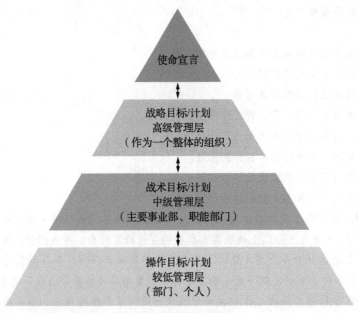

图 5-1　目标和计划层次

5.1.2　组织计划过程

如图 5-2 所示的总体计划过程，能避免管理者仅仅从每天的行为去思考问题。第一，这个过程从管理者通过清晰地定义使命和战略（公司层面）目标，为组织制定整体计划开始。第二，他们把计划转化成行动，包括定义战术目标和计划，制定战略地图以矫正目标，制定应急计划和未来计划，支持智能团队分析主要的竞争性问题。第三，管理者设计达成目标的运行参数。这包括设计运行目标和计划，选择决定事情是否正常运行的措施和目标，支持需要转化为行动的弹性目标和危机计划。执行计划的工具包括目标管理（MBO）、绩效仪表盘、单一目标计划和分权计划。第四，管理者要定期核查计划，从计划中学习并根据需要改变计划，开始新的计划周期。

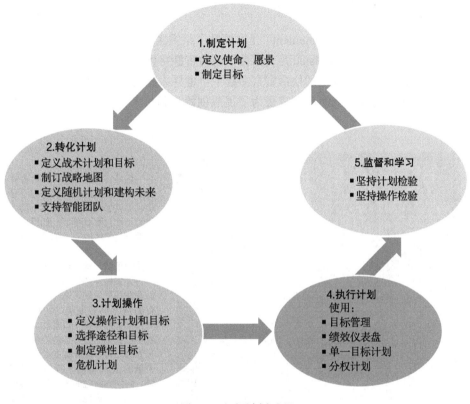

图 5-2　组织计划过程

5.2　组织中的目标设定

全局的计划过程始于使命宣言和组织作为一个整体的战略目标。目标不只是独立存在于组织中。目标也通过社会构建，这就意味着目标是由个人或团体定义的。管理者通常对目标是什么有不同的看法。正如宝洁公司的首席执行官雷富礼（A.G. Lafley）所说："每个人选择并解读有关世界的数据，并得出关于最佳行动方案的独有结论。每个人都倾向于将单一的战略选择作为正确答案。"因此，高层管理者的角色是让员工作为一个团队进行思考，并商议哪些目标是重要的目标。"管理者工具箱"中描述了在目标制定过程中经常出现的建立联合体的情况。

5.2.1　组织的使命

目标层级结构的顶端是**使命**（mission）——组织存在的理由。它说明了组织的价值观、理想及存在的理由。明确的使命是后来制定所有目标和计划的基础。没有明确的使命，目标和计划的制定可能就是随意的，也不能把组织引向它应该的发展方向。成功公司的一个最典型特征就是它们具有能够指导决策和行动的明确使命。例如，强生公司（Johnson & Johnson）的使命处处体现了强生的信条"Our Credo"，该信条自 1943 年罗伯特·伍德·约翰逊将军（General Robert Wood Johnson）提出以来，一直指导着公司的行为："我们相信我们的第一责任是对医生、护士和病人负责，对母亲和父亲负责，以及对所有使用我们产品和服务的人负责。"该信条指导管理者处理了 1982 年的'泰诺'危机，当时强生公司回购了 3 100 万瓶泰诺，并免费更换药品，将消费者的安全放在第一位作为目标。当管理行为和决策违背使命时，组织可能陷入困境。

正式的**使命宣言**（mission statement）是对使某个组织区别于其他同类型组织的基本业务范围和经营内容的广泛定义。Holstee 是一家位于纽约布鲁克林的销售环保服装和配饰的公司，该公司的几名创始人为公司制定的使命宣言激起了全世界人民的共鸣。Holstee 公司极具创新的使命宣言如图 5-3 所示。该使命宣言是为了提醒创始人和员工，没有什么比追求你的激情更重要。

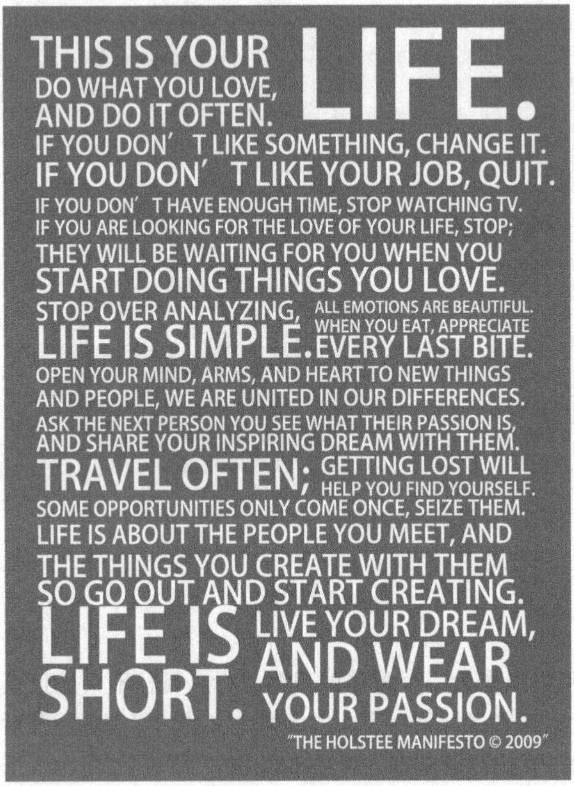

THIS IS YOUR LIFE.
DO WHAT YOU LOVE, AND DO IT OFTEN.
IF YOU DON'T LIKE SOMETHING, CHANGE IT.
IF YOU DON'T LIKE YOUR JOB, QUIT.
IF YOU DON'T HAVE ENOUGH TIME, STOP WATCHING TV.
IF YOU ARE LOOKING FOR THE LOVE OF YOUR LIFE, STOP;
THEY WILL BE WAITING FOR YOU WHEN YOU START DOING THINGS YOU LOVE.
STOP OVER ANALYZING, ALL EMOTIONS ARE BEAUTIFUL.
LIFE IS SIMPLE. WHEN YOU EAT, APPRECIATE EVERY LAST BITE.
OPEN YOUR MIND, ARMS, AND HEART TO NEW THINGS AND PEOPLE, WE ARE UNITED IN OUR DIFFERENCES.
ASK THE NEXT PERSON YOU SEE WHAT THEIR PASSION IS, AND SHARE YOUR INSPIRING DREAM WITH THEM.
TRAVEL OFTEN; GETTING LOST WILL HELP YOU FIND YOURSELF.
SOME OPPORTUNITIES ONLY COME ONCE, SEIZE THEM.
LIFE IS ABOUT THE PEOPLE YOU MEET, AND THE THINGS YOU CREATE WITH THEM
SO GO OUT AND START CREATING.
LIFE IS SHORT. LIVE YOUR DREAM, AND WEAR YOUR PASSION.
"THE HOLSTEE MANIFESTO © 2009"

这是你的生活。做自己喜爱的事情，多去做做。如果你不喜欢，那就去改变。如果你不喜欢你的工作，那就辞职。如果你觉得没有足够的时间，那就别再看电视。如果你还在寻找生活中你热爱的事情，那么请停下来。因为当你去做你热爱的事情时，它们就在那里。别再东想西想。所有的情感都是很美的。吃东西时，细细品味每一口食物。生活原本很简单。打开你的心灵，展开你的双臂，敞开你的心扉，接受新的人和事物。我们求同存异。问问你身边的人，他们热衷于什么，告诉他们你心中鼓舞人心的梦想。经常出去旅游，误入迷途可以帮你找到真实的自我。一些机会只会出现一次，不要让它溜走。生活就是关于你遇到的人以及你与他们之间发生的事，所以立即出发，创造自己的故事。人生短暂。追逐你的梦想，分享你的激情。

图 5-3　创新的使命宣言：Holstee 公司宣言

虽然大多数企业的使命宣言不像 Holstee 公司那样有影响力，那样鼓舞人心，但精心设计的使命宣言可以提高员工的激励水平和组织的绩效水平。使命宣言的内容通常描述公司的基本业务活动和目标，以及指导公司的价值观。有些使命宣言还要说明公司的特征，包括期望的市场和客户、产品质量、有关机构的处所以及对待员工的态度等。例如，州立农业保险公司（State Farm Insurance）的使命宣言简短而直白：

州立农业保险公司的使命是，帮助人们管理日常生活中的风险，从意外事件中恢复正常，并实现梦想。

我们是这样的人：做一个好邻居是我们的事业；在整个营销合伙期间，通过销售和信守诺言，建立了第一流的企业；我们要把多元化的人才和经验带到为顾客服务的工作之中。

我们的成功是建立在我们共有的价值观基础之上——优质服务，关系第一，相互信任，诚实守信，财务实力。

我们对未来的愿景是使我们的产品和服务成为客户的第一和最佳的选择。我们将继续成为保险业的领导者，我们将成为金融服务领域的领导者。客户的需求就是我们发展的方向。我们的价值观将指引我们前行。

由于像州立农业保险公司那样的使命宣言的存在，员工、顾客、供应商和股东都能了解公司的目标和价值观。

 管理者工具箱

谁设定目标？是单个管理者还是联合设定目标

组织要进行多种活动，同时追求多种目标，以完成公司的总使命。但谁来决定追求什么样的使命和目标呢？追求某些目标意味着其他目标势必被推迟或搁置，这就意味着管理者们经常对目标的缓急轻重持不同的意见。例如，中国浙江吉利控股集团在收购了沃尔沃汽车公司之后，中国和欧洲的管理者们的意见非常不统一。欧洲管理者希望继续追求为稳定的市场提供安全、可靠、适合家庭的车辆的目标，而新的中国持有人和管理者则希望积极拓展高级豪华轿车市场。双方的目标相互排斥，因此管理者们必须进行协商，以求在公司的发展方向上达成一致。

能够使公司上下团结一致并且能够调动员工积极性的强大的目标通常不是由单个管理者制定的，而是联合制定的。联合管理需要建立一个能够支持管理者的目标并且能够影响其他人接受目标并为此而努力工作的联合体。成为一个有效的联合管理者需要三个步骤：

- 与客户和其他管理者沟通。成立一个联合体需要与组织内外的许多人沟通。联合管理者需要征求员工和客户的意见，

需要与整个组织的其他管理者交谈，了解他们关心什么，他们面临哪些挑战和机遇。管理者可以了解哪些人对于特定的方向和目标持信任和支持态度，哪些人持反对态度以及反对的理由。

- 解决冲突。优秀的管理者不会让冲突凌驾于目标之上，影响目标成果或损害组织。例如，丰田汽车最近的召回事件暴露了公司长期存在的内部冲突，管理者们希望追求更快的增长速度和更高的利润率，而有些人则认为快速增长将降低公司确保质量和可靠性的能力。每一方都针对最近出现的问题而指责另一方，但在很大程度上应归咎于管理者未能联合制定共同的目标。

- 冲破阻碍，促进跨界合作。最后一步是打破边界，让员工进行跨部门和跨层次的合作。在科林·鲍威尔担任美国参谋长联席会议主席时，他经常将陆军、空军、海军和海军战队的领导人召集在一起，使他们能够了解彼此的观点，并围绕主要目标达成一致意见。跨企业的理解和合作是非常重要的，以使整个组织

行为与实现预期目标一致。

作为一名管理者，请记住，作为联合体的一部分比作为单个行动者会更有成就，效率会更高。当有对你来说非常重要的目标时，建立一个联合体来支持这些目标。适当的时候为其他管理者提供支持。此外请记住，建立良好的关系、讨论和协商是重要的管理技能。

5.2.2 目标与计划

战略目标（strategic goals），有时叫作官方目标，是组织对未来达成目标的宏观描述。这些目标适用于整个组织，而非具体的科室或者部门。例如，三星电子制订了新的战略目标，成为"质量型"公司而不是"数量型"公司。战略方向的转变，注重创造力和创新而不是制造廉价的被淘汰产品，使公司取得了惊人的成果。三星电子如今是电子行业的领导者，在智能手机市场上对苹果公司构成了威胁。

战略计划（strategic plans）详细说明了公司旨在实现战略目标的行动步骤。战略计划是阐明组织行动和实现目标所需要的现金、人员、空间及设备等资源分配的蓝图。战略计划倾向于长远打算，可能会规划组织未来2～5年的行动步骤。战略计划的目的是，在规定的时间期限内将组织目标转化为现实。在联合利华，首席执行官保罗·波尔曼制定了到2020年将公司收入翻番的战略目标。

当战略目标制定以后，下一步就是定义**战术目标**（tactical goals），这是组织内部主要部门想要达成的结果。战术目标适用于中级管理层，它说明主要的子单位必须做什么，组织才能实现其总目标。

 聚焦技能

联合利华

"我们这一行不是造火箭的尖端科技，"联合利华有史以来的第一位空降CEO保罗·波尔曼说道，"我们要做的就是每天都有进步。"波尔曼的战略计划是在2020年实现收入翻番的目标，达到800亿欧元，以反映每天都有进步的这一理念。

最大的成就之一就是2010年联合利华收购Alberto Culver时纳入旗下的TRESemmé。管理者的目标是将产品快速推入增长迅速的巴西市场，但首先他们必须实现开展大规模营销活动的目标：与40家大零售商建立关系，拉拢时尚博主，免费发放1 000万份试用装。进行大规模轰炸式网络广告的目标使TRESemmé的巴西Facebook页面在短短六个月内就吸引了100万粉丝。在一年的时间内，该产品的销售额从零增加到1.5亿欧元。

波尔曼的另一个战略计划是将联合利华推向高端个人护理市场。他最初的目标是将80%的产品开发人员部署在该领域，看看高端顾客需要什么，并让他们与供应人员紧密合作。波尔曼表示，现在的10个新产品创意中有7个都是这些人员提供的点子。他还投入5亿欧元建立了风险基金，用于投资下一代产品。一个例子就是印尼雅加达的旁氏专业护肤中心（Ponds Institute spa），妇女每两周去一次，需要支付约228 900卢比（相当于20美元，在该国，这是很大一笔钱）的费用，享受一次"金色光辉"(Gold Radiance）面部护理或其他服务。此外，该公司继续实现其针对"金字塔底层"（BOP）的目标，如第3章所述。在过去三年中，联合利华加快了成本约35美分的小包装Fair & Lovely护肤霜、Sunsilk洗发水及其他产品的销售。"现在是联合利华的大好时期，"德意志银行分析师哈罗德·汤普森（Harold Thompson）说道。他指出，该公司正在占领市场的高低两端。当许多竞争对手还在萧条经济中努力挣扎时，联合利华却在蓬勃发展。由于公司各层面的有效目标，即使在经济衰退的欧洲，销售额也在稳步增长。

联合利华几十年来一直在发展中国家开展业务（例如，1888 年进入印度，1933 年进入印尼），因此管理者对这些市场有着深入的了解。波尔曼的另外两个新战略目标是：将公司的碳排放量减少一半；改善发展中国家超过 10 亿人的卫生习惯。

制定**战术计划**（tactical plans）的目的是，帮助实施重大的战略计划，并完成一定的公司战略。典型的战术计划比战略计划的时限更短——未来一年左右。"战术"这个词最早是个军事术语。在商业组织中，为了实施组织的战略计划，主要部门和组织的子单位将要做些什么，这正是战术计划要详细说明的内容。例如，联合利华的美容产品部的战术目标是针对高端市场开发个性化的皮肤护理产品。战略目标和计划有助于最高管理者实施他们的总体战略计划。通常情况下，接受广义的战略计划并制定具体的战术计划是中层管理者的职责。

期望部门、工作小组和个人取得的成果叫作**操作目标**（operational goal）。操作目标是精确的、可以测度的。"每周处理 150 份销售委托书""准时交货率达到 90%""下个月加班减少 10%""开发两门新的会计学选修课程"等都是操作目标的实证。联合利华分销管理者的操作目标可能是在未来两年内将产品货架的利用率提高 5%。保持产品库存量，使联合利华获得更大销量，同时与商家结成牢固的关系。沃尔玛和特易购（Tesco）最近均指定联合利华为本年度的供应商。在人力资源部，操作目标可能是将产品开发人员的流动率保持在每年 5% 以下，使得长期员工能够与供应商建立密切关系，为产品提供新的创意。

 新晋管理者自测

你的学习方法，第 1 部分

说明：通过你的学习方法也许能够预见你作为新晋管理者的计划方法。根据你的学习习惯回答下面的问题。请回答以下各题是"是"或"否"。

	是	否
1. 在处理某个任务之前，我会设法对它进行推理。	___	___
2. 在我读书时，我会偶尔停下来想一想我能从中受到什么启发。	___	___
3. 在我完成功课时，我会从头进行检查，看看是否真的符合要求。	___	___
4. 我会不时回顾我的学习情况，大致想想学习任务完成得怎么样。	___	___
5. 我经常关注事实和细节，因为我看不到全局。	___	___
6. 听讲座时我尽可能把内容记下来，因为我经常不知道什么是重要的东西。	___	___
7. 我尽可能将构想与其他主题或课程联系起来。	___	___
8. 在研究某个主题时，我会努力思考如何将所有的想法融合在一起。	___	___
9. 对我来说，看到一个可以运用新概念的更大的蓝图非常重要。	___	___

评分与解释：除了第 5 题和第 6 题以外，其他每道题回答"是"得 1 分。第 5 和 6 题每道题回答"否"得 1 分。新晋管理者工作的一个重要部分就是提前计划，包括通观全局。这些题目测量你的元认知意识（metacognitive awareness），这就意味着需要后退一步，查看自己学习活动的整体情况。这种方法同样让管理者后退一步，查看组织有效计划、监控和评估的全局情况。如果得

分为 3 分或 3 分以下，你可能只注重目前活动的细枝末节。7 分或 7 分以上表明你能够以全局的眼光审视自己，这是一个很好的学习方法，反映出你具有成功规划的能力。

5.3　操作计划

管理者使用操作计划来分配员工和资源，以达成具体的成果，使组织更高效和有效地运营。其中要考虑的一个问题是如何建立有效目标。管理者使用一系列的计划方法，包括目标管理、单一目标管理和常备计划。

5.3.1　有效目标的标准

相关研究识别了影响目标的因素，描绘了有效目标的特点，如图 5-4 所示。首先最重要的是，目标要是具体而可测的。目标应尽可能量化，比如，将利润提高 2%，把废料减少 1%，教师效能率由 3.5 提到 3.7。并非所有目标都能用数字来表示，但是，含糊不清的目标对员工几乎没有激励作用。必要时，目标既应定量也应定性。重点是，目标应该是得到精确定义的，并能够加以拓展。有效目标需要明确时限，明确考核目标实现情况的截止日期。例如，学校管理人员可能将提高指导教师效能率的截止日期设定为 2015 年的学年末。如果一个目标牵涉 2 ～ 3 年的时间长度，设定达成分步目标的具体日期是保证人们获取最终目标的一个好办法。

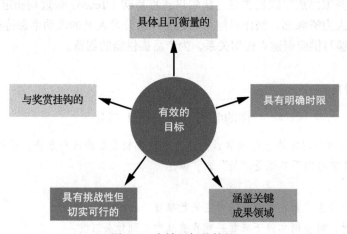

图 5-4　有效目标的特征

管理者应设计目标，以便将目标转化为衡量关键成果领域的指标。不能为员工行为或者组织绩效的每一方面都设定目标；如果这样的话，庞大的数量会使它们本身毫无意义。相反，管理者应基于可衡量和清晰的想法建立目标。一些经过慎重选择的并且具有清晰的成功衡量指标的目标，可以更有力地集中组织的关注力、精力和资源。衡量指标有时被称为关键绩效指标。关键绩效指标（KPI）用于评估对组织来说什么是重要的，以及组织在实现其战略目标方面取得的进展如何，从而使管理者能够建立起较低层次的目标，驱动绩效朝着总体战略目标的方向发展。管理者设定的目标既要有挑战性，又要切实可行。一旦目标不切实际，员工就自认为要失败，士气也会越来越低落。然而，如果目标太容易达到，员工又会感觉不到激励的效果。目标还要与奖赏挂钩。目标的最终影响，取决于加薪、晋升和奖励在多大程度上是根据目标实现情况来决定的。在组织中，员工们关注什么会引起注意，什么会得到奖励。

绿色力量

The Bees Buzz

让可持续发展不再只是时髦的"流行语"，这是北卡罗来纳州 Burt's Bees 的一大主要目标。Burt's Bees 是一家采用天然物质（包括但不仅限于蜂蜡）制作个人护理产品的制造商。Burt's Bees 的员工们参加每年全公司的垃圾箱潜水活动（Dumpster Dive），分拣堆积的垃圾，最近一年每月分拣的垃圾总量多达 40 吨。员工再次承诺实现零废弃物的目标，该目标在 2009 年就已实现。在全体员工参与的情况下，Burt's Bees 如今专注于实现在 2020 年达到"零

废弃物，零碳排放量"的更高目标。

Burt's Bees 的可持续发展规划和设定的目标，促使员工参与诸如采用"蒸汽清洗"容器来减少用水量（使用水量减少了 90%），或唇膏上使用纸质标签，从而消除收缩胶膜包装（消除的胶膜长达 900 英里⊖）等活动。管理目标也包括通过"天然对比"活动（旨在明确行业术语，例如"天然"）对消费者进行教育。Burt's Bees 的所有这些努力都是为了帮助消除环境问题带来的"痛苦"这一目标。

5.3.2　目标管理（MBO）

著名管理大师彼得·德鲁克在其 1954 年的大作《管理的实践》⊖（*The Practice of Management*）中写道，在通过界定目标和管理流程以达成目标方面，目标管理仍是一条流行的、令人信服的途径。作为一种方法，**目标管理**（management by objectives，MBO）是指管理者和员工一起制定每个部门、项目及个人的目标，并用目标来监督检查随后的业绩。目标管理过程的基本步骤模型如图 5-5 所示。要进行成功的目标管理，就必须完成四个主要步骤：

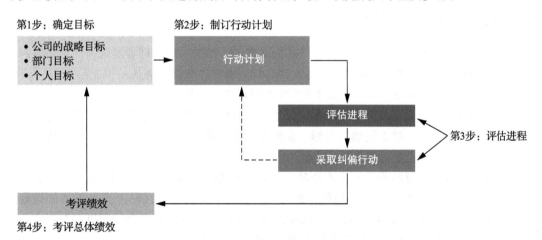

图 5-5　目标管理过程模型

许多公司采用目标管理，大多数管理者认为目标管理是一种有效的管理工具。日常交易网站 LivingSocial 在 25 个国家拥有超过 5 000 名员工和 4 600 万名会员，其创始人及首席执行官 O'Shaughnessy 采用目标管理原则来保持业务的快速发展。O'Shaughnessy 定期与各部门负责人会面，为各项目设定目标，例如销售额和会员增长率等，并制定实现各目标的行动计划。然后，他密切追踪各项指标，查看各项目是否朝向预期目标前行。O'Shaughnessy 每周

　⊖　1 英里 = 1 609.344 米。
　⊜　本书中文版机械工业出版社已出版。

与部门负责人会面，就关键指标进行讨论，并检查进度。"从长远来看，你收集的数据越多，越有可能成功，"他说道。大多数像 O'Shaughness 一样的管理者相信，运用目标管理方法时，他们能够更好地朝着实现目标的方向努力。

然而，与任何系统一样，目标管理系统如果使用不当会出现问题。例如，过分强调"实现目标"可能会掩盖用于达成目标的手段。人们可能会走捷径，忽视潜在问题，或者仅仅为了达到目标而采取不道德的行为。此外，目标管理不能孤立进行，而只能是为实现目标而进行有效管理的一部分。目标管理"就像自行车上的辅助轮"。它使你前进，但不是你需要的全部。例如，在美国，在城市警察部门和学校系统中执行严格的目标管理系统，导致了数字欺骗，人们在自己的工作绩效上说谎，以使目标考核指标的成绩让人满意。实现目标的手段与取得的成果一样重要。最近出现的一个新的系统观点被称为**手段管理**（management by means，MBM），主要关注用于实现目标的方法和过程。该术语由 H. 托马斯·约翰逊（H. Thomas Johnson）及其合著者在 *Profit Beyond Measures* 一书中提出，手段管理主要基于这样的想法：当管理者以正确的方式进行他们的活动时，就会产生积极的结果。手段管理让人们重点关注达成目标的手段，而不仅仅是达成该目标。

在丰田，最近导致其召回数百万辆汽车的"加速踏板卡滞"问题，部分归咎于目标与实现目标的方法出现失误。多年的积极增长目标最终使管理者控制实现目标手段的能力受到限制。被雇用的员工不得不尽快上岗，很少有时间进行足够的培训和发展。因此，数量不多的受过高等培训的管理者和工程师为了跟上实现目标的步伐，不得不做更多的事情。危机爆发以来，丰田已将重点重新集中在提高管理者和员工的采用正确手段实现宏伟目标的能力上。

5.4　计划的好处与局限性

一些管理者认为，提前计划是完成任务所必需的，而另一些管理者则认为计划会限制个人和组织的绩效。两种观点都有可取之处，因为计划既有优点也有缺点。

研究表明，计划一般会对公司的绩效产生积极影响。这是因为：

- 目标和计划是激励与忠诚的源泉。计划可以减少员工的不确定性，并明确规定他们应该完成的任务。缺乏明确的目标，会损害对员工的激励及员工对组织的忠诚度，因为人们不知道他们的工作目标是什么。
- 目标和计划能够指导进行资源分配。计划帮助管理者确定，应该把人力、财力和物力等资源分配到哪些地方。例如，在网飞公司，一个目标是在网上提供更多的视频服务，而不是采用 DVD 格式，这意味着在互联网电影版权方面会分配更多的资金，并且管理者在与其他公司建立联盟方面会花费更多的时间。
- 目标和计划是行动的指南。计划将注意力集中于特定的目标，并指导员工努力取得重要的成果。它帮助管理者和其他员工明确需要采取什么行动来实现目标。
- 目标和计划设定了绩效标准。由于计划和目标明确了期望获得的结果，因此也建立了绩效标准，这样管理者就可以衡量任务是否按照正确的轨道进行。目标和计划提供了评估标准。

尽管有这些好处，但一些研究者也认为，计划在某些方面可能会损害组织的绩效。因此，管理者应了解计划的局限性，特别是当组织在动荡的环境中运行时：

- 目标和计划可能会造成不真实的确定感。拥有计划可能会使管理者产生不真实的感觉，认为他们知道未来会是什么样子的。然而，所有计划都是基于假设，管理者无法知道他们的行业或他们的竞争对手、供应商和客户未来会是什么样子的。

- 目标和计划可能会在动荡的环境中导致僵化。相关的问题就是，计划可能将组织锁定在特定的目标、方案和时间段，而这些可能已不再适合。变化和不确定环境中的管理需要一定程度的灵活性。在情况发生重大变化的时候，那些坚信"坚持到底"的管理者常常会坚持错误的计划。
- 目标和计划可能阻碍直觉力和创造力。成功往往来自于直觉力和创造力，而太多的日常计划可能会阻碍这些能力的发展。例如，在前面所述的目标管理过程中设定目标时，员工可能会谨慎行事以实现目标，而不提供创新的想法。同样，管理者有时会压制员工的不符合预定行动计划的创新思维。

5.5　动荡环境中的计划

想一想计划的局限性，管理者需要做些什么？管理者能够从计划中受益并且控制其局限性的一种办法就是，采用与当今动荡环境相适应的创新的计划方法。能够帮助组织在意外的甚至难以想象的事件中获得支撑的三种方法是：应急计划、情境构建和危机计划。

5.5.1　应急计划

当组织在具有高度不确定性的环境中运作，或者处理时间跨度很长的问题时，制定计划有时看上去就像是浪费时间。事实上，在面临技术、社会、经济或其他环境变化时，严格的计划甚至会妨碍而不是促进组织的绩效。在这些情况下，管理者可以拟定多份关于未来的情景计划，以帮助他们制定更富有适应性的计划。

应急计划（contingency plan）详细说明了在紧急、挫折和不期而遇的情况下组织应该做出的反应。要制定应急计划，管理者必须识别不可控的因素，比如经济衰退、通货膨胀、技术发展或者安全事故等。对于最有可能发生的、影响重大的意外事件，管理者要制定一系列预案，并做好最坏的打算。例如，假设销售额下降 20%，价格下跌 8%，公司该怎么办呢？管理者可以制定应急计划，其内容可以包括暂时解雇方案、紧急预算草案、新的销售方案或新市场拓展计划。现实生活中的一个例子就是航空公司，在新型波音 787 的电气系统出现问题，导致整个787 机队停飞之后，航空公司不得不紧急制定各种应急计划。在联邦航空管理局（FAA）停飞了这种新型飞机后，一些根据 787 这种具有燃油效率、远程能力以及比其他远程飞机搭载人数更少的飞机而设计的航线被迫关闭。由于 787 何时重返天空的不确定性，航空公司的管理者开始制定在 787 由于电气或其他问题数月内无法使用的情况下应该怎么做的应急计划。应该租用临时代替的飞机吗？应该使用机队中的大型飞机代替并打折出售更多的座位来保持交通运输，或者将航线完全关闭？需要什么样的备选营销计划来使乘客相信飞机恢复使用后将是安全的？

5.5.2　情境构建

作为应急计划的一个延伸，**情境构建**（scenario building）是指分析当前的趋势与不连贯性，并预见未来的可能性。管理者不是只考察历史和思索已经发生的事情，而是要考虑将来可能发生的事情。带来重大损失的事件往往是那些没人设想到的事件。"情景是为了扩大管理者应考虑并应为之做准备的未来可能性的范围，"《管理未来》一书的作者斯蒂芬·米利特

（Stephen Millett）这样说道。在当今动荡的世界里，传统的计划无法帮助管理者应对许多可能对组织造成影响且不断变化的复杂因素。商业连续性研究所（Business Continuity Institute）技术开发总监林登·伯德（Lyndon Bird）强调，广泛的计划就是应对办法。他说，在动荡且相互关联的世界里，企业"会被某些事情打断，他们可能不再能够预测将会发生什么，而只能不得不疲于应对各种结果。"

管理者不能预见未来，但他们可以建立一个预测模型，借此对未来事件进行管理。组织可能被许多事件打乱。特许管理学会（Chartered Management Institute）和商业连续性研究所最近进行的一项调查发现，管理者可能需要有情景方案的一些重大事件包括：极端气候、IT系统丢失、核心员工流失、无法进入办公室或工厂、通信系统故障、供应链中断等。一些管理者采用公布的全球情景，例如欧洲的债务问题、亚洲的经济衰退或全球变暖等，来分析可能影响所在行业的模式和驱动力，并以此作为情景构建的起点。这一简略的情景思维可以让管理者在构建之前询问"假如……将会怎么办"，从而在写下任何情景之前就有更深的理解。然后，更多的管理者就可以基于对影响组织的各种变故的预测，在心里排练各种不同的场景。情景就像是故事，它生动地描绘了未来的面貌和管理者的响应方式。一般说来，每组因素要开发 2～5 个情景，从最乐观到最悲观的都有。例如，如果美国参与在叙利亚的军事行动，领导者可以创建四种可能发生的情景，就像几年前对利比亚做的那样——对美国产生积极影响的两个情景和可能带来不利的后果的两个情景——并制定应对计划。同样，在企业和其他组织中，情境构建迫使管理者在心里思考，如果最佳方案泡汤，他们应该怎么办。

5.5.3　危机计划

许多企业还通过参与危机管理来应对一些突发和毁灭性的事件。如果管理者不做出快速而适当的反应，这些事件有毁灭组织的潜在威胁。2012 年 10 月，飓风桑迪（Sandy）造成了美国股市关闭数日，这是美国股市 120 年来的首次闭市，之后，纽约泛欧证券交易所（NYSE Euronext）的管理者增加了危机计划，考虑了"极端情景"以及如果交易无法正常打开和关闭时他们应该怎么做，将能够在无交易人员的情况下正常运行的全电子交易系统作为一种解决方案。东海岸沿岸（特别是纽约和新泽西）的公司仍在努力从飓风桑迪的影响中恢复。气候事件引发了全球组织的危机情况。例如，在硬盘产量占全球约 25% 的泰国，西部数据公司（Western Digital）的两家工厂在 2011 年秋季的历史性洪水破坏了保护邦巴茵工业园区的堤坝之后，完全陷入了瘫痪。

 聚焦技能

泰国的西部数据公司

与大多数大型公司一样，西部数据公司制定了应急管理计划，但淹没了泰国工业园区的历史性洪水却是超出了任何人的想象。然而，洪灾前后管理者的决策和行动帮助西部数据公司在工厂遭到破坏仅 46 天后就开始运转，恢复生产的速度远远超过了其他大多数公司。

尽管政府承诺说保护工业园区的堤坝非常坚固，但西部数据公司的管理者们却对堤坝决堤后可能发生的情况预先进行了估计。灾难发生的前几天，他们从附近仓库的及时交付流程中抽出一些库存，并将其转移到安全地点。该公司还准备了在紧急情况下需要新的供应商时加快进行供应商资质审核的流程。危机预算包括为那些可能需要帮助重建或搬迁生产线的小型供应商提供资金。最终，对公司帮助最大的就是公司与员工、客户、供应商和其他利益相关者之间的密切关系。

尽管家园被洪水淹没，电力被中断，但西部数据公司的 500 多名员工（包括所有的高级管理者）在洪水高峰时期返回工作岗位。一个星期内，进行了恢复设备的行动。公司领导与工程师和一线员工奋战在一起，甚至冒险参与潜水行动。与客户之间建立的良好关系使得一些客户同意接受不按照正常合同协议执行的特别规定。与泰国政府建立的良好关系使得西部

数据公司快速获得了派遣的泰国海军潜水员前来帮助工厂恢复，以及泰国皇家军队的士兵担当警卫运送重型设备。

与利益相关者进行沟通也是优先考虑的事情。社会媒体对于员工与恢复团队之间的信息交流非常有用。当地管理者掌握着有关洪水状况和恢复工作的最新信息，但公司要求不要将这些信息告知记者。为了防止客户、供应商和股东之间出现可能发生的过度反应和混乱局面，所有的正式沟通都通过美国总部进行。

像飓风桑迪或泰国洪水这样的严重灾害只是组织可能面临的危机中的一种。危机已成为组织环境的内在特征。最近出现的其他一些危机包括：发生在美国康涅狄格州 Newtown 的桑迪胡克（Sandy Hook）小学的枪击事件，造成 20 名儿童和 6 名成人死亡；日本的地震、海啸和核灾难；印第安纳州博览会的舞台坍塌，造成 7 人死亡，数十人受伤；兰斯·阿姆斯特朗（Lance Armstrong）最终承认服用兴奋剂，这不仅使阿姆斯特朗也使许多提供赞助的组织陷入丑闻之中；YouTube 的 "粉红肉渣" 视频，导致牛肉制品公司（Beef Products，Inc.）的三家工厂关闭；英国石油公司在墨西哥湾发生的大量原油泄漏；以及一连串困扰嘉年华邮轮公司（Carnival Cruise Lines）的意外事故，包括 Triumph 号邮轮的发动机着火，致使乘客滞留了将近一周，没有空调，仅有很少的食物和水，能使用的洗手间也只有几个。

尽管危机可能千变万化，但是我们可以制定危机管理计划，以便在任何时间（不论白天或黑夜）都能对任何灾难采取相应的对策。另外，危机管理计划会减少麻烦事件，正如在一扇门上装一把好锁可以减少被盗案件一样。例如，印第安纳州博览会官员由于缺乏计划而受到严厉批评，这很可能是导致 2011 年舞台坍塌灾难事件的真正原因。由于计划如此随意，似乎没有人知道在恶劣天气条件下谁有权推迟或取消节目，或者应遵循哪些程序。印第安纳州劳工部就错误的计划、不力的检查和粗糙的施工建筑对州博览会委员会以及舞台的制造商 Mid-America Sound 和舞台工作人员协会进行了处罚。

图 5-6 概括了危机管理的两个主要阶段。

- 危机预防。危机预防阶段包括管理者采取的试图防止危机发生的活动和发现潜在危机的警报信号。预防阶段关键的一个方面是，与员工、顾客、供应商、政府、工会和社区等重要利益相关者建立关系。通过建立良好的关系，管理者往往可以防范危机的发生，也可以对无法避免的危机做出更有效的反应。

比如，与员工和工会有着坦诚的信赖关系的组织可以避免一触即发的罢工。在软件公司 37Signals，当 Campfire（一个针对中小企业的实时聊天工具）意外关闭和开启事件发生后，管理者迅速响应并公开信息，从而防止了危机发生。客户们非常生气，因为他们使用 Campfire 运营自己的公司。管理者立即在社交网站推特上与客户对话，并定期在公司网站上发布更新信息，让客户知道发生了什么以及公司正在如何处理这一问题。对于他们不清楚的事情，他们会承认。"我们处理每一次的投诉，并承担每一次的过错——即使有人做出极端行为，进行

人身攻击，"37Signals 的贾森·弗里德（Jason Fried）这样说道。一旦问题得到解决，他们会给所有客户提供一个月的免费服务。由于行动迅速，事件圆满解决后，37Signals 获得了比以往更高的客户忠诚度和商誉。

图 5-6　危机管理的主要阶段

- 危机准备。危机准备阶段包括所有细节的计划和当危机发生时对危机的处理。准备阶段的三个步骤是：①组建危机管理团队并指定发言人；②制订详细的危机管理计划；③建立有效的沟通系统。危机管理团队是跨职能的团队，一旦出现危机，就委派他们迅速采取行动。组织应该指定发言人，来作为发生危机期间公司的代言人。危机管理计划详细地以书面方式说明出现危机时将要采取的步骤以及由谁来实施，并为急救人员和保险公司等外部机构以及危机管理团队的成员提供完整的联络信息。危机管理计划应该包括处理下列各类危机的计划：像火灾或地震这样的自然灾害，诸如经济危机、生产事故或产品和服务失误这样的常规事件，产品造假和恐怖主义袭击等非常规事件。关键在于，危机管理计划应该根据需要定期进行审查、落实和更新。

5.6　创新的计划方法

计划的过程随着时间而改变，就像管理的其他方面，变得与环境的变化和员工的态度更加协调。新的计划方法是让组织里的每一个人都参与制定计划的过程，有时还让外部的利益相关者也参与。新计划方法的发展过程开始于向分散制定计划或者分权计划法（decentralized planning）的转变，即计划专家和主要部门的管理者一起确定其目标和计划。公司上下的管理者都能够提出富有创新性的问题解决方案，并更能将计划执行到底。随着环境变得更加不确定，最高管理者看到了进一步推进分散制定计划的好处，其做法是让计划专家直接和一线经理及一线员工一起制定动态计划，以满足快速变化的需要。

在复杂的、竞争性的商业环境中，公司期望每一位员工都进行战略性思考，并参与战略的实施。当员工参与制定目标和决定实现目标的方式时，计划工作就活跃起来了。下面是创新计划的一些指导性意见。

制定弹性目标，追求卓越

弹性目标（stretch goals）是合理且有高度挑战性的目标，它们是如此清楚、令人信服和充满想象力，以至于能够激发起员工的热情，并对组织的发展起到推动作用。弹性目标通常超越现实水平，因而人们必须要以创新的方式才能达到此类目标。看看亚马逊（Amazon.com）的以下例子。

要求工程师团队设计首个 Kindle 电子阅读器可能会被认为是詹姆斯·柯林斯（James Collins）和杰里·波勒斯（Jerry Porras）所谓的一个 BHAG（宏伟、艰难而大胆的目标）。这个词首先是由柯林斯和波勒斯 1996 年在《哈佛商业评论》的经典文章《建立企业愿景》中提出的。从那时开始，它逐渐演化成了一个词语，用以描述某个目标很宏大、振奋人心并且超越当时的主流模式，给人们带来新的思想并转变他们的理念。但同时，目标必须是能够达到的，否则员工们就会丧失勇气和动力，有些员工甚至可能采取极端的或不道德的方式来实现目标。

在今天的工作场所，弹性目标和"惊险而大胆的目标"极其重要，因为事态的发展太快。公司如果强调在产品、流程和系统方面进行逐步的、渐进的改进就会落伍。管理者可以利用弹性计划迫使员工以新的方式思考问题，而新的思维方式就会带来大胆的、创新性的突破。

 聚焦技能

亚 马 逊

当亚马逊首席执行官杰夫·贝佐斯 2004 年第一次提出让工程师们设计一款采用内置蜂窝连接的轻便简单的电子阅读器时，系统工程师 Jateen Parekh 说："我原本认为这简直是疯了。我真是这样想的。"那时候，没有人试图那样做。但贝佐斯认为，在 WiFi 网络上配置设备对于许多用户来说太复杂，他希望用户可以不连接个人电脑。实际上，他甚至希望用户可以无须考虑进行无线连接。这个挑战最终得到了 Parekh 和其他人的积极响应。

2007 年 Kindle 诞生时，开发阅读器团队已经花费了几年的时间。事实证明这是一个极大的成功，第一批阅读器在短短的几小时内售馨。亚马逊不得不到处寻找被一家供应商中断供应的关键部件，以获得更大的市场份额。"看看 Kindle 的开发史，他们围绕产品创新开发一些真正的技能。可以这样说，他们初试牛刀，"美国投资研究公司 Wedge Partners 的分析师布莱恩·布莱尔（Brian Blair）说道。

在那个时候，对于亚马逊来说，创建自己的硬件——更别说以前没有做过的事情——是一个大胆的高风险的赌注，但亚马逊得到了回报。此外，连续四代的 Kindle 电子阅读器引领了 Kindle Fire 平板电脑的发展道路，如今成为苹果 iPad 的唯一真正的竞争对手。

5.7 战略

到此为止，本章已经概括介绍了组织使用的目标和计划的类型。在后续部分，我们将探讨战略管理，这被认为是一种特殊的计划。首先，我们定义战略管理的组成及讨论战略的目的和层次。接下来，我们分析企业、业务和功能层次的几种战略规划模式。最后，我们将讨论管理者用来执行战略计划的工具。

5.8　战略性思维

　　战略性思维的含义是什么？战略性思维的意思是，目光远大，纵观全局——包括组织和竞争环境，并考虑如何把它们整合在一起。战略性思维对企业和非营利性组织都很重要。在营利性的商业组织里，战略计划通常适用于市场上的竞争行为。在像美国红十字会和救世军这样的非营利性组织里，战略计划则适宜于外部环境中的事件。

　　研究显示，战略性思维和计划对一个企业的绩效和财务业绩有着积极的影响。绝大多数管理者都意识到战略性思维的重要性。在《麦肯锡季刊》（*Mckinsey Quarterly*）的一次调查中，51% 被调查的管理者说，他们对企业的战略发展不满意，因为他们的企业没有正式的战略计划流程；而只有 20% 的被调查者所在的公司有正式的计划流程。成功企业的首席执行官赋予了战略性思维和计划的最高管理优先级。一个组织要想取得成功，首席执行官必须积极地参与艰难决策的制定过程，并明确界定支持战略实施的一切活动。然而，今天一流企业的高级主管希望，中低层管理者也从战略上思考问题。理解战略的概念、战略的层次、战略的制定与实施，是战略性思维的重要开端。

　　电影租赁业务肯定不是过去的样子。还记得当地的音像店吗？可能记不得了。尽管有少数音像店仍然存在，但像百视达（Blockbuster）这样的全国连锁店，在多年前就使大多数音像店关闭。在其发展的高峰时期，百视达拥有 9 000 家音像店和约 60 000 名员工。紧接着出现了网飞公司。到 2013 年秋天，百视达仅剩 350 家商店。然而，对于网飞公司来说，这并不意味着有了希望。其他公司，包括亚马逊，看到了流式视频中的机遇，并开始争夺客户。网飞公司的一个反应就是创建自己的原创节目，最近的影视剧《女子监狱》（Orange Is the New Black）和《纸牌屋》（House of Cards）获得了多项艾美奖。不只是成为娱乐的供应商，还要成为娱乐的生产商，这一雄心勃勃的战略是成熟的，而且充满了机会，但也布满了风险。不过，网飞公司首席执行官里德·哈斯廷斯（Reed Hastings）知道，他公司的战略必须不断调整，以适应不断变化的技术、日益激烈的竞争以及客户不断转变的娱乐需求。

 聚焦技能

你的战略优势是什么

　　说明：作为一个新管理者，你在战略制定和实施方面有什么优势？为了找出答案，想想你在学校或工作中是如何处理这些挑战和问题的。根据最接近你的描述选出 a 或 b。答案没有对错之分，应根据最近你对工作情况中做出的反应选择每道题的答案。

1. 当你做记录时，你倾向：
　　a. 对记录很仔细
　　b. 对记录很随意

2. 如果我运作一个团队或项目，我：
　　a. 有一个总体的想法，并让他人弄清楚如何完成任务
　　b. 试图弄清楚具体的目标、时间表和期望的

结果

3. 对我的思维风格准确的描述是：
　　a. 线性思考者，沿着从 A 到 B 再到 C 的顺序思考
　　b. 像蝗虫一样思考，从一个想法跳到另一个想法

4. 在我的办公室和家里，东西是：
　　a. 左一堆右一堆
　　b. 整齐或顺序合理地摆放

5. 我以提出了＿＿＿＿为骄傲。
　　a. 解决方案中遇到的困难的方法
　　b. 对问题根源的新假设

6. 通过鼓励＿＿＿＿，我能给战略最好的帮助。

a. 各种假设和想法的开放性

b. 实施新想法时的彻底性

7. 我的一个长处是：

a. 承诺把工作做好

b. 对未来梦想充满热情

8. 当我_____时，我能起到最大的作用。

a. 创造解决方案

b. 制定具体的改善措施

评分与解释：管理者在制定和实施战略时，在优势和能力方面各不相同。以下是帮助你看清自己优势和能力的方法。对于战略设计优势来说，第 2、4、6、8 题每一个 a 选项获得 1 分，第 1、3、5、7 题每一个 b 选项获得 1 分。对于战略执行优势来说，第 2、4、6、8 题每一个 b 选项获得 1 分，第 1、3、5、7 题每一个 a 选项获得 1 分。你哪一组分数更高，高多少？高分表示你的战略能力。

新管理者作为制定者、实施者或两者兼备地为战略管理带来价值。具有执行力优势的新管理者倾向于在某种条件下工作，通过使条件更高效和值得信赖来改善条件。而具有设计优势的管理者喜欢创造性思考，寻求重大突破。两种风格对于战略管理来说都是至关重要的。战略设计者通常使用他们的技术来设计整套全新的战略，而战略实施者通常致力于战略改善和战略实施。

如果你的两组分数相差 2 分以内，表明你在计划者和执行者两种风格之间取得了平衡，并在两个领域都能很好地工作。如果差别是 4~5 分，那么你有相对擅长的风格，很可能在你擅长的领域能更好地工作。如果分数差别在 7~8 分，说明你在某方面有明显优势，肯定会更愿意在你擅长的领域工作，而不是另外一个领域。

战略管理有多重要？它在很大程度上决定了哪些组织会取得成功，哪些组织不得不苦苦挣扎。管理者选择的战略不同，以及执行战略的有效程度不一样，可以帮助解释为什么网飞公司能够蓬勃发展而百视达却在困难中前行，为什么 Facebook 差点使 MySpace 倒闭，为什么苹果能够在移动计算领域击败微软。

每个公司都与战略相关。在快餐行业，管理者通过制定和积极宣传一种根据消费者口味而新推出的比萨食谱来使达美乐（Domino's）恢复兴旺。麦当劳改变了策略，增加了 McCafe 冷热咖啡饮料系列，全天提供快餐和小甜点，并增加了针对注重健康的消费者的产品系列。Yum! Brands 的肯德基连锁店采用了雄心勃勃的全球战略——向海外迅速扩张，特别是中国——而蒸蒸日上。

战略失误会对公司造成伤害。例如，柯达的管理层未针对迅速崛起的数码摄影进行计划，公司到现在还未从这一失败中恢复。最近一篇文章吹捧一家具有适应能力的成功的创新公司，称该公司为"反柯达"（anti-Kodak）。很少有人记得丽诗加邦（Liz Claiborne）曾是周围最受欢迎的服装系列之一。这家公司是生产女性职业装的先驱，多年来一直走下坡路，随着婴儿潮出生的一代人逐渐退休，这些人用在职业装上的钱开始减少，而管理者却未能制定出能够保持该服装系列兴旺的战略。

5.9 什么是战略管理

战略管理（strategic management）是用来制定和实施战略的决策与行动组合，该战略将使组织有竞争力地高度适应其环境，以实现组织的目标。管理者提出这样的问题：竞争环境中在发生哪些变化，流行什么趋势？谁是我们的竞争对手？他们具有什么优势和劣势？谁是我们的客户？我们应该提供什么产品和服务？我们如何最有效地提供那些产品和服务？我们的行业未来会怎样？我们如何改变游戏规则？对这些问题的回答，有助于管理者参照竞争对手的情况，就他们的组织在环境中的定位问题做出抉择。杰出的组织绩效不是靠运气得来的，而是取决于管理者做出的选择。

5.9.1　战略的目的

战略管理的第一步首先是给战略一个明确的定义。**战略**（strategy）是说明资源分配及有关应对环境、赢得竞争优势、实现组织目标的活动的行动计划。**竞争优势**（competitive advantage）是指一系列特征，它们把一个组织与其他组织区别开来，并为组织提供满足市场顾客需要的独特优势。制定战略的实质是选择如何使组织与众不同。管理者要决定：组织是否要从事不同于竞争者的活动，或者以不同于竞争者的方式做相似的事情。随着时间的流逝，有必要改变战略以适应环境条件的变化，但是要获得竞争优势，组织的战略还必须含有图 5-7 所示的要素：以具体客户为导向，注重核心竞争力，创建协力优势以及创造价值。

1. 以客户为导向

有效的战略应对客户进行定义，并明确他们的哪些需求可以由公司予以满足。管理者可以根据地理位置定义目标市场，例如为该国某个地方的人提供服务；可以根据人口统计信息定义目标市场，例如将某个收入阶层的人或 13 岁以下的小女孩作为目标人群；或通过各种其他方式定义目标市场。一些公司的目标人群是那些主要通过互联网购物的人，而另一些公司的目标人群则是那些喜欢在小商店里精心挑选高品质商品的人。Zipcar 公司的管理者将目标客户定义为需要偶尔按小时租车的任何

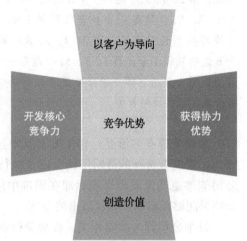

图 5-7　竞争优势的要素

人，而赫兹公司（Hertz）将其目标客户定义为因商务或度假而离家的，需要按天或按周租车的旅行者。沃尔沃的新持有人和管理者正将公司的战略转向新的目标客户。该公司的中国持有人李书福的目标是要积极扩张进入豪华车市场，而不是瞄准那些喜欢安全可靠的名牌家用汽车的人。沃尔沃特别欢迎中国和其他海外市场新兴的富裕消费群体。李书福希望沃尔沃能够提供创新的、令人振奋的设计，赢得回头率并获得新的喜欢奢侈品牌的客户。

2. 开发核心竞争力

公司的**核心竞争力**（core competence）是组织与其竞争者相比做得特别好的某个方面。核心竞争力代表竞争优势，因为组织拥有竞争者不具备的专门技术。核心竞争力可能表现为上乘的研发能力、专门的技术诀窍、特高的生产效率或者非凡的客户服务。例如，家庭美元商店（Family Dollar）和西南航空公司的管理者致力于使他们能够保持低成本的经营效率的核心竞争力。盖洛德酒店（Gaylord Hotel）在几个州拥有大型酒店和会议中心，在美国田纳西州纳什维尔附近还有 Opryland 综合服务中心，它对大型团体会议提供优质服务的战略取得了成功。罗宾逊直升机公司（Robinson Helicopter）取得成功的原因在于，它制造技术一流的小型双座直升机，无论洛杉矶警察巡逻，还是澳大利亚放牧，或者其他任何事宜，这些飞机都具

有广泛的适用性。在每种情况下，领导者都能识别出他们的公司在哪个方面做得特别好，并围绕该方面来制定战略。

3. 创建协力优势

组织的各个部门协同工作产生的效益大于各部门单独运作的效益之和，这就是**协力优势**（synergy）。组织可能在成本、市场势力、技术或管理技能方面取得某种特别的优势。一旦管理得当，协力优势可以用现有的资源创造附加的价值，这就会极大地改进经营效果。卡夫食品公司收购吉百利以及雅虎收购移动应用初创公司（例如 Summly、Stamped 和 Snip.it）的动机就是为了获得协力优势。卡夫食品公司可以利用吉百利在新兴市场现成的分销网络来共享卡车（物流）和商店联络人，进而销售更多的卡夫产品。在雅虎，收购移动应用初创公司可以让公司获得新产品和技术人才，帮助推广首席执行官玛丽萨·迈耶斯（Marissa Mayers）的战略——将公司打造成为移动优先的技术公司。公司获得协力优势的另一种方式是建立联盟和合作伙伴关系。Coinstar 公司——拥有 Redbox 电影租赁业务的一家公司——的领导者就采取了这种方式。随着实体介质视频的租赁业务不断下降，Redbox 部门与威瑞森电信公司（Verizon Communications）进行合作，提供一种将 DVD 租赁和流式视频结合在一起的服务，使两家公司都受益。

4. 创造价值

为客户创造价值应该是战略的核心。价值可以定义为客户得到的利益与付出的代价的组合。管理者通过制定利用核心竞争力赢得协力优势的战略来帮助公司创造价值。星巴克推出了星巴克卡，除了用户能够获得免费饮用咖啡的积分外，该卡的使用与普通的零售购物卡一样。像时代华纳有线（Time Warner Cable）和康卡斯特（Comcast）这样的有线电视公司，为用户提供低价格的价值套餐，将基本有线电视、数字付费频道、视频点播、高速互联网和数字电话服务结合在一起。一些电影院正尝试通过提供"晚餐和电影"来创造更大的价值。在电影院用餐为那些晚间外出玩乐的人提供了一种节省时间的方式，与在看电影之前或之后在餐厅用餐相比价格更加合理。

亚马逊依靠以客户为导向、开发核心竞争力、创建协力优势并为客户创造价值，业务蒸蒸日上。

 聚焦技能

亚　马　逊

很难相信，亚马逊曾经是一个苦苦维持经营的网上书店。拿电子商务公司 GSI Commerce 的执行副总裁的话来说，今天，它对于每一个零售商来说都是"存在的威胁"。亚马逊将目标瞄准了那些希望能够在网上找到划算而购买方便的产品的客户。那些客户几乎可以在 Amazon.com 网站上找到他们想要的任何东西。他们购买的价格往往比其他任何地方都便宜。此外，如果他们是亚马逊 Prime 会员，就可以享受免费两日送达服务。

亚马逊希望能够提供物美价廉的优质产品。为此，亚马逊开发了广泛的第三方商家（与之保持密切的互惠关系的合作伙伴）网络，不断提高自己的运营效率，并创建了一个最精细的分销系统。仿佛这些都还不够，又推出了 Prime 服务。每年交纳 79 美元，客户就能享受免费两日送达服务，以及免费流式视频服务和其他特权（亚马逊后来将价格增加到 99 美元）。Prime 服务让亚马逊能够利用其核心竞争力：选择范围广、具有成本效益和无障碍配送。当被问及最初的 79 美元的标价是如何确定的，Prime 团队的一名成员说，它"从来就与 79 美元无关。它实际上就是为了改变人的心态，使他们不会在别的地方购物"。

Prime 被认为是能够进一步巩固亚马逊最佳客户忠诚度的一种方式，而且比首席执行官杰夫·贝佐斯所想象的更加成功。最近一篇商业文章称亚马逊 Prime "将偶然的购物者转变成亚马逊依赖者"。它为客户提供了价值，也增加了亚马逊的销售额。据估计，客户成为 Prime 会员后，在网站上的购买量增加约 150%。这使得在最近经济衰退期间亚马逊的销售额增加了 30%，而其他零售商却还在想尽办法吸引客户。

 聚焦技能

你是否应该众包你的战略

"我们所知道的战略已经死了，"埃森哲有限公司北美管理咨询负责人沃尔特·希尔（Walt Shill）这样说道。这种说法可能有点夸张，但许多管理者发现他们需要新的制定战略的方法。一方面，高层领导者制定战略很少考虑一线工作人员的想法，从而制定的战略可能有偏见，不能被需要实施战略的人所接受。一些开创性公司正在采取的一种新方法，就是众包（crowdsource）它们的战略。众包的方式通过向所有员工公开战略制定过程，能够增加思维的多样性，使高层管理者更加了解他们的抉择的影响力，并有助于避免高层管理者因有限思维而造成的偏见。以下是一些公司的现行做法：

- HCL 科技公司的"我的蓝图"。印度 HCL 科技公司的高层管理者将现有的战略规划过程（涉及数百名高管的被称为"蓝图"的一次直播会议）做成一个网上平台，向 8 000 名员工开放。董事长及前任首席执行官维内特·纳亚尔（Vineet Nayar）说，由于管理者们知道他们的计划将接受员工的审查和评价，因而他们会进行更为深入的分析和更好的计划。一名管理者将一个重要客户的销售额在两年内增长了五倍归功于众包。提出的意见和见解都强调需要重新构建计划，远离商品化的应用程序支持，而转向比大型竞争对手更有优势的新服务。
- 红帽公司（Red Hat）的开源战略。作为世界领先的开源软件提供商，红帽公司希望尝试一种开放的战略方法。高层管理者确定了一系列初步探索的重点，并针对每个重点组成团队。这些团队使用维基百科和其他在线工具来生成和组织观点，并使每一名员工都有机会发表意见和提出改革建议。领导者们认为这些新观点能够推动"朝向创造价值方向转变"，包括公司为企业数据中心提供虚拟化服务的方式发生改变，使公司收购了一家外部技术提供商。
- 3M 公司的"创新实况"。3M 公司长期以来一直采用一种"未来市场"的流程，并作为战略规划的重要部分。在过去，公司靠组建一个小型的分析师和管理者团队来研究发展的大趋势，并以此确定未来的市场。2009 年，该公司重新改进了流程，邀请所有销售、市场营销和研发部的员工参加一个被称为"创新实况"的网络论坛。该论坛吸引了 1 200 名来自 40 个国家的参与者，产生的创新点子超过 700 个。"最终结果是确定了九个新的未来市场，总收入可能达数百亿美元。" 3M 公司的"创新实况"活动仍在继续。

众包战略有时被称为"社会战略制定"，成了最近的发展趋势，创造了员工更有意义地参与战略制定和执行的机会。

5.9.2　SWOT 分析

制定战略从了解形成组织竞争状况的环境、势力、事件和问题开始，这就要求管理者对影响公司竞争能力的内部和外部因素进行审查。SWOT 分析（"SWOT"代表优势（strength）、劣势（weakness）、机遇（opportunity）与威胁（threat））是认真评估影响组织绩效的优势、劣势、机遇和威胁。管理者可以从多种渠道来获取有关机遇与威胁的外部信息，比如客户、政府报告、专业刊物、供应商、银行家、在其他组织里的朋友、顾问、协会的会议等。许多公司雇用专门的研究机构为其提供剪报、互联网搜索以及相关的国内与全球趋势的分析报告。其他公司则雇用竞争情报人员来研究竞争对手（如我们在第 2 章中所述），并使用智能团队（如本章中所述）。

高层管理者从各种各样的报告（如预算、财务比率、利润表、对员工态度与满意度的调查表等）中获取有关内部优势与劣势的信息。此外，管理者通过频繁地与组织各层次的人员面对面地讨论和交流，来了解公司的内部优势与劣势。

1. 内部优势与劣势

优势是组织内部正面的特性，组织可以将其用于实现组织的战略性绩效目标。例如，互动视频游戏发行商 Activision Blizzard Inc. 的一个优势就是拥有极富创造力的员工，能够不断产生创新而功能强大的专营视频游戏。最新的一个专营游戏 Skylanders，创造了新的游戏类型，将游戏与玩具结合在一起。用户可以将现实中可收藏的玩具放在一个小型底座装置上，就能在游戏中创建一个对应的角色。Skylanders 在不到两年的时间里为公司创造了 15 亿美元的销售额。劣势则是组织内部会抑制或限制其绩效水平的特性。表 5-1 的审核清单中给出了一些例子来说明管理者通过评价哪些因素来分析组织的优势与劣势。管理者进行具体职能的内部审核，例如营销、财务、生产和研发。内部分析同样要评估整体的组织结构、管理能力与质量以及人力资源的特点等。管理者根据他们对这些情况的了解，就可以判断与其他公司相比自己的优势或劣势在哪里。

表 5-1　组织优势与劣势分析审核清单

管理与组织	市场营销	人力资源
管理质量	分销渠道	员工的经验与教育状况
人员素质	市场份额	工会的地位
集权的程度	广告效率	流动率，旷工率
组织结构图	客户满意度	工作满意度
计划、信息与控制体系	产品质量	申诉
	服务名声	
	销售员的流动率	

财　务	生　产	研究与开发
利润率	位置和资源	基础应用研究
债务 – 资产净值比率	设备废弃率	实验室的容量
存货周转率	采购系统	研究计划
投资回报率	质量控制	新产品创新
信用评级	生产率 / 效率	技术创新

2. 外部机遇与威胁

威胁是外部环境中会妨碍组织实现其战略目标的那些特征。Activision Blizzard 公司的一大威胁就是越来越多的对暴力视频游戏的批评，据说美国大规模枪击事件的行凶者就爱玩这些游戏。最近的一个悲剧事件发生在华盛顿特区的华盛顿海军工厂，2013 年 9 月，前海军后备役军人及当时的承包商 Aaron Alexis 在安全军事基地枪杀了 12 人。除了针对儿童的 Skylanders 系列，该公司还推出了"使命的召唤"（Call of Duty）等射击游戏系列。报道称，Alexis 一次打游戏（包括使命的召唤）的时间长达 16 个小时。虽然有证据表明暴力视频游戏与现实生活中的暴力没有联系，但在每一次新的悲剧发生时，媒体的关注却会再次引发争议。看看外部威胁的另一个例子，为大多数个人电脑提供微处理器的英特尔公司（Intel），由于越来越多的人转向使用平板电脑和智能手机，使得个人电脑的需求不断下降，公司业务也日益受到影响。

机遇则是外部环境中有潜力帮助组织实现甚至超过其战略目标的那些特征。例如，美国汽车制造商因近几年丰田公司发生的质量、安全和公共关系问题而迎来千载难逢的机遇。德国零售商阿尔迪（Aldi）因市区激烈反对修建沃尔玛而发现了在美国扩张的机遇。阿尔迪悄悄在美国的各大城市（包括纽约市）开办了药房大小的小商店。"沃尔玛似乎成了大家共同抵制的坏东西，"咨询公司 Customer Growth Partners 的总裁克雷格·约翰逊（Craig Johnson）说，"而大家却没有理由反对阿尔迪。"因为阿尔迪采用较小规模，并且每年仅开设为数不多的商店，因此能够低调地悄悄占领市场，在人们专注于与沃尔玛做斗争时，阿尔迪却从小房东那里获得了发展的空间。

管理层根据第 2 章所述 10 个方面的信息来评价外部环境。任务环境部分与战略行为最为相关，包括竞争者、顾客和供应商的行为以及劳动力的供应状况。宏观环境包含间接影响组织但又必须为我们所理解并融入战略行为的那些因素。宏观环境包括技术进步、经济、法律 – 政治与国际事件，以及社会文化的变迁。可能反映机遇或威胁的其他领域还有压力群体（例如反对沃尔玛向市区扩张的那些人）、利益集团、债权人、自然资源以及潜在的、有竞争力的行业。

SWOT 分析以及如何引导进行战略选择的一个很好的例子来自于联邦快递公司。

 聚焦技能

联邦快递公司

联邦快递在 1973 年开创了隔夜快递服务业务，现在仍是该领域的领军企业。此外，该公司还提供陆运和货运服务、物流解决方案以及业务支持服务。

联邦快递的最大优势就是其强大的品牌形象。该公司是世界上最受认可的公司之一，自 2001 年以来，在《财富》杂志"最受赞赏企业"排名中每年均排在前 20 位。其他优势包括强劲的财务表现，2012 年财政年度的收入增长了 8.6%，营业利润和净利润也大幅增长。一个原因就是由一个强大而富有经验的管理团队做出的正确决策，这也是公司的另一大优势。主要的劣势就是联邦快递受到一些诉讼的困扰，其

中几起集体诉讼包括指控员工被迫"没日没夜地"上班，不提供休息时间或加班费。该公司还有大量未设基金的养老金债务，而这些债务可能因金融市场的波动而增长。

公司面临的一个最大的外部威胁就是经济疲软，对联邦快递优质价高的服务的需求也相应下降。在国内，许多客户选择更便宜的地面快递，而利润丰厚的国际线路也因客户选择"经济型"而不是"优先型"服务而受到影响。包裹数量也有所下降，例如，2012 年第一季度的国内快递业务下降了 5%，而且有继续下降的趋势。其他威胁包括来自于联合包裹服务（UPS）、德国邮政敦豪集团（Deutsche Post

DHL Group)、日本通运（Nippon Express）、皇家邮政集团（Royal Mail Group）、TNT 快递公司以及日本邮政公司的激烈竞争，特别是在卡车零担（LTL）货运业务中，燃料价格上涨以及可能采用更严格的安全要求，均会导致成本大幅增加。然而，与此同时，联邦快递看到了快速复苏的北美货运业务中的机遇，因为该公司的联邦陆运（FedEx Ground）和联邦货运（FedEx Freight）在该行业处于领先地位。同样，联邦快递也可以从日益增长的网上零售市场中获益。该公司是网上商务的主要推动者之一。

SWOT 分析对联邦快递有什么启示？该公司在 2012 年年底公布了一项重组计划，计划到 2016 财政年度末增加盈利 17 亿美元。该公司正在调整其货运机队，永久性淘汰 24 架联邦快递的货机，并延迟交付 11 架波音 777 货机。该公司还在考虑其他一些方案，比如将一些经济业务改为采用较慢的运输方式或整合航线以增加利润。同时，公司正努力朝增长方向迈进，收购了一些全球化企业，以提高收入并增大覆盖能力。这些战略性收购使联邦快递公司有机会扩大其在发达市场和新兴市场的业务。

5.10 制定公司层面的战略

用于考虑投资组合战略的一个一致的方法就是波士顿矩阵。波士顿矩阵（以创建该矩阵的波士顿咨询集团命名）如图 5-8 所示，是从业务增长率和市场占有率两个角度来分析业务。业务增长率与整个行业的增长速度相关。市场占有率则确定一个企业是否拥有比竞争对手更大或更小的市场份额。将高、低市场占有率与高、低业务增长率相组合，可以得到四种类型的企业投资组合。

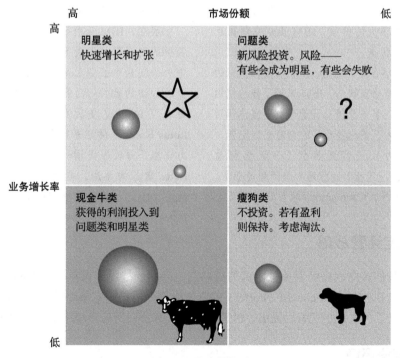

图 5-8　波士顿矩阵

明星类业务在快速增长的行业中占有很大的市场份额。该类业务非常重要，因为它具有额外的增长潜力，在为未来的增长和收益进行投资时，应将利润投入到该类业务中。明星类业务是显而易见而又具有吸引力的，即使行业已经成熟，市场增长放缓，该类业务也能产生利润和正向现金流。

现金牛类业务存在于成熟的增长缓慢的行业中，但在该行业仍是主导业务，占有较大的市场份额。因为不再需要在广告宣传和工厂扩建方面大量投资，公司仍能获得正向现金流。现金牛类业务的利润可以投入到其他风险更高的业务中。

问题类业务存在于新兴的快速增长的行业，但仅有很小的市场份额。问题类业务有风险。它有可能会变成明星类业务，但也有可能失败。公司可以将现金牛类业务获得的现金投入到问题类业务中，将其培养成未来的明星。

瘦狗类是表现不佳的业务。在缓慢增长的市场中仅占很小一部分份额。瘦狗类业务为公司带来的利润非常少，如果不可能好转，则可能被淘汰或清算。

图 5-8 中的圆圈代表一个假设公司的业务组合。圆圈的大小代表该公司投资组合中每个业务的相对规模。大多数大型组织，如 IBM，具有多个象限的不同业务，从而代表不同的市场份额和增长率。

 聚焦技能

IBM

IBM 以前主要是一家硬件公司，但现在它的战略主要集中于软件和服务上。在 IBM 的软件业务组合中，该公司用于运营服务器和网络的软件是最大的现金牛。这些软件产品在稳定的市场中占有很大的份额，IBM 正从中获得巨大的销售额和利润。

使企业能够存储、挖掘、分析和使用数据的数据库程序具有明星状态。IBM 采用了能够挖掘社交媒体、进行客户反馈以及管理数字媒体等活动的更新的技术，使这些程序的功能更加完善。

该公司的社交商业软件（一组统称为"Connections"（连接）的程序）是问题类业务。除了其他功能外，Connections 软件还可以让公司创建企业版 Facebook 页面，提供用户配置文件、博客和新闻流。IBM 希望社交商业软件能够成为数十亿美元业务的现金牛，但与其他产品相比，目前的收入微乎其微。

现在，IBM 正利用从目前现金牛类业务中获得的利润努力发展问题类和明星类业务。其中一个现金牛业务 Lotus Notes（一个许多人甚至不知道的软件）仍然存在，最近一年为 IBM 带来了约 12 亿美元的收入。问题是，虽然 Lotus Notes 能够带来巨大收益，但它的盈利能力正在下降而不是增长。管理者们正在寻找使 Lotus 复苏的办法，但如果该业务变成了瘦狗业务，IBM 的管理者就会将其淘汰。

5.11　制定经营战略

现在，我们转向战略经营单位内部的战略制定问题。战略经营单位考虑的是如何竞争的问题。迈克尔 E. 波特（Michael E. Porter）的竞争战略分析是制定策略的一种流行而有效的方法。他在研究了一些商业组织后提出，经营战略是了解公司所处环境中的竞争力量后的结果。

5.11.1　竞争环境

不同的企业其竞争环境是不同的。大多数大型公司都有不同的业务种类，并对每个业务种类或战略业务单元（SBU）进行行业分析。例如，玛氏公司（Mars, Inc.）拥有六个业务部门：巧克力部（士力架）、宠物护理产品部（Pedigree）、口香糖和糖果部（Juicy Fruit）、食品部

（Uncle Bens）、饮料部（FLAVIA）和系统生物部（Wilson Panel 宠物 DNA 试剂盒，用于品种鉴定）。巧克力部的竞争力与系统生物部的竞争力不同，因此管理者将针对每个业务部门进行竞争分析，并着眼于波特的五种竞争力量分析。

5.11.2　波特的竞争战略

公司在特定的商业环境中寻找竞争优势时，波特认为可以采用如下三种战略之一：差异化战略、成本领先战略、集中战略。公司还可以利用互联网来支撑和加强其战略选择。与每种战略相关的组织特点如图 5-9 所示。

管理者应仔细思考，哪一种战略能够为他们的公司带来竞争优势。吉布森吉他公司（Gibson Guitar Corp.）凭借其创新的、高品质的产品享誉音乐界。该公司发现，为了与日本的竞争对手亚马哈（Yamaha）和星野（Ibanez）等抗衡而转向低成本战略其实损害了公司。当管理者们意识到人们是因为吉布森的名气而非价格购买它的产品时，他们转而实施差异化战略，投资于新技术和市场营销。

波特在研究中发现，有些公司并不是有意识地采用这三种战略中的某一种，而总是纠缠于战略选择，不能取得战略优势。公司如果没有战略优势，与那些运用差异化战略、成本领先战略或者集中战略的公司相比，就只能赚取低于平均水平的利润。与此类似，最近对几百家企业管理实践的一项为期 5 年的研究——基业长青项目（Evergreen Project）发现，清晰的战略方向是区分胜利者和失败者的关键因素。

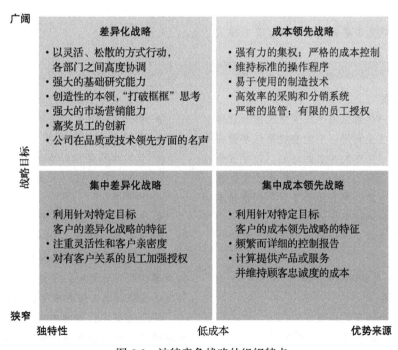

图 5-9　波特竞争战略的组织特点

⬛ 讨论题

1. 你所在的学院或大学采取哪种战略在市场上争夺生源？这些计划是否是根据学院目标而定的？

2. 从本章案例中提供的信息，说明泰国的西部数据公司在危机计划的预防和准备阶段是怎么做的。

3. 新企业必须制定全面的商业计划来筹钱以使企业运转。联邦快递和耐克等公司表示，它们并没有完全遵循最初的计划。这是否意味着，制定计划对于这些最终成功的公司来说是浪费时间？

4. 假设南方大学决定做两件事：①提高入学标准；②举办一个邀请当地市民参加的商业展览会。可以采用什么类型的计划来进行这两项活动？

5. LivingSocial 团购网站从"每日一购"（一种25 美元购 50 美元食品的优惠券，可以在华盛顿特区一家餐厅内消费）起步。此后，公司以惊人的速度增长，拥有 25 个国家的4 600 万名成员，收购了数十家提供相关交易和服务的公司。LivingSocial 这样的公司为什么要进行情境构建？可能会如何进行情境构建？请讨论。

6. 一些人说一个组织在灾难面前是无法"准备"的，如桑迪胡克小学的枪击事件、日本核灾

难，或英国石油公司在墨西哥湾发生的石油泄漏。讨论危机计划在这些情况下的潜在价值，即使情况很难预料。

7. 过于远大的目标会使员工丧失勇气和动力，而弹性目标的理念则被认为可以激发员工的热情和积极性。作为一名管理者，你如何确定"好的"弹性目标与"坏的"不切实际的目标之间的界线？

8. 网飞公司已成功接受了其行业中的一些挑战。你认为该公司存在哪些新的机遇和威胁？

9. 为你所上的大学做一次 SWOT 分析。在你看来，大学的管理者们设计战略时会考虑这些因素吗？

10. 曾经因制作"男人的大型玩具"而引以为豪的哈利 – 戴维森（Harley-Davidson），现在正尝试吸引更多的女性加入该品牌，以弥补经济低迷时期日益下降的销售量。你认为这一举措对于公司长期以来坚持的基于男人形象的差异化战略是一种补充还是一种混淆？

自主学习

商学院排名

- 你们州一所重点大学的商学院院长让你们班的学生制定一个能够提高该学院在国家商学院中的排名的计划。该学院最近排名下降了 10 位，院长希望恢复该院的知名度。院长提供了以下国家排名所依据的考核变量清单。
- 同级学院院长进行的书面评估，等级为 1～5 级
- 招生人员进行的书面评估，等级为 1～5 级
- 入学学生的平均成绩
- 学生申请的接受率（越低越好）
- 学院应届毕业生的平均入职薪酬

- 毕业时毕业生的就业比例
- 毕业三个月后毕业生的就业比例
- 录取学生的学习能力倾向测试（SAT，针对本科课程）和研究生管理专业入学考试（GMAT，针对 MBA 课程）的平均分数

该商学院的目标是在两年内将排名提高 10 位。集思广益，制定一个包含 10 个要点的行动计划，计划中列出院长可以用于实现该目标的步骤。制定计划时，仔细想想学院可能采取的用于提高以上任何考核变量排名的措施。

写下你制定计划的想法，然后与合作伙伴分享想法，讨论最有帮助的行动步骤，并写入推荐给商学院院长的行动计划。

团队学习

运用你的技能：小团体突破
SWOT 分析

第 1 步　3～5 人一组，选择一家当地饮食店进行 SWOT 分析。可以是你们小组熟悉的

餐馆、冰淇淋店或面包店。

第 2 步 写出你所察觉到的该饮食店目前的战略。

第 3 步 从顾客的角度看，你认为该饮食店存在的主要优势和劣势是什么？制作一份优势清单和一份劣势清单。

第 4 步 你认为该饮食店潜在的机遇和威胁是什么？制作一份机遇清单和一份威胁清单。

第 5 步 如果饮食店的管理者或所有者有空，对其进行采访，了解他们对战略的优势、劣势、机遇与威胁的看法，并将内容添加到你的清单中。

第 6 步 根据你的 SWOT 分析结果，制定该饮食店在两年内在增长、规模、新产品供应或扩大客户群等方面的目标。你对实现该目标的措施有何建议？

第 7 步 你的 SWOT 分析如何帮你确定目标？如何在两年内实现目标？通过这次作业你学到了什么？

当地餐馆、咖啡馆等的名称：

问　题	回　答
从顾客角度看，存在的主要优势	
从顾客角度看，存在的主要劣势	
潜在机遇	
潜在威胁	
管理者（若有空）的采访结果	
根据你的分析，你认为该饮食店在未来两年内会是什么样子？	
你建议该饮食店应采取什么措施来实现你提出的目标？	
通过这次作业你学到了什么？	

▣ 实践学习

1. 回想一下你在大学或研究生院所学的一些课程。
2. 列出一门你觉得自己学得最好、成绩最好的课程，一门你学得最差的课程。

　　a. 最好的　　　　b. 最差的

3. 在这两门课程中你采取什么不同的做法？填写下表：

	有帮助的学习策略和其他行为	没有帮助的策略和行为
课程名称		
最好的：		
最差的：		

4. 在最好的课程和最差的课程中你的做法有什么不同？
5. 列出能够让你在今后的课程中获得帮助的经验教训：

　　a.　　　　　　d.
　　b.　　　　　　e.
　　c.　　　　　　f.

▣ 伦理困境

Inspire Learning 公司

当她第一次有这个想法时，这似乎是一个双赢的局面。现在她却不这么肯定了。

玛吉·布里塔是 Inspire Learning 公司一名努力工作的销售代表。该企业打算在五年后成为一流的教育软件供应商。这个新确定的战略目标被转化为每一个公司销售代表雄心勃勃的 100 万美元的销售目标。在财政年度的开始，她占销售部门营运目标的份额看起来是完全合理的。她相信 Inspires 公司的产品。这个公司已经为中小学教育市场开发了创新和受到高度赞誉的数学、语文、自然科学和社会科学项目。让这个软件出类拔萃的是真正前沿研究的创立。玛吉亲眼看到了公司的项目如何能吸引班上那些平常缺乏学习兴趣的孩子们的注意力；在那些日益重要的标准化测试中显著提高的分数证实了她的主观感受。

但是现在，也就是在年末的前几天，玛吉的销售离100万美元的目标还差1 000美元。因为一所大型学校的预算在最后一刻进行削减，那个让她可以轻松取得第一的销售项目失败了。起初，她感到非常沮丧，但是她突然想到，如果她捐赠1 000美元给中央中学——在她负责的辖区内可能正需要她所销售的产品的一所高中，他们可以购买她所销售的软件，让她取得第一的销售业绩。

她的方案肯定会让中央中学的学生受益。达成她的销售目标会让公司高兴，并且在事业上和经济上对她都没有损失。达成目标将会为她赚取1万美元的奖金。她的大儿子刚被一所知名的私立大学录取，需要交第一年学费。在这个时候，这笔奖金无疑将派上用场。

最初，这从任何角度看都似乎是一个完美的解决方案。但是，她越想越觉得对不起自己的良心。时间正在流逝。她需要决定怎么做。

你会怎么办

1. 把1 000美元捐给中央中学从而获得1万美元的奖金。

2. 接受你今年没能很好达成目标的现实。想办法下一年更机智地工作，以增加销售达成目标。

3. 不捐钱，但是调查一下是否有其他可能的方式帮助中央中学筹集资金，让他们能够购买十分需要的教学软件。

第6章

制定管理决策

本章概要

    "这是一系列糟糕的决定，"底特律市议会临时主席加里·布朗（Gary Brown）在 2013 年 3 月，即在底特律成为美国史上最大的申请破产城市的前几个月这样说道。的确，城市的管理层没有对汽车行业的失业状况进行有效控制，而该行业曾一度使底特律成为美国最大、最有活力的城市之一。然而，对底特律混乱状况进行的深入分析揭示了延续数十年的糟糕的决策模式。例如，当底特律的人口和房地产价值在 20 世纪 60 年代下降时，城市的领导层决定继续增加工人人数。在破产的十年前，该城市没有做出认真进行裁员和削减开支的决策。此外，在 20 世纪 60 年代在衰退之后出现暂时的繁荣之时，领导层未能利用这一时机投资于能够提高效率和生产力的新技术。例如，城市问题审查小组发现，在一些部门，案卷"主要填写在索引卡上"。没有人能告诉审查小组有多少警察在街上巡逻，或部门预算有些什么。底特律的危机源于多年来的糟糕的决策，并且不会有简单的解决办法。然而，领导层和意志消沉的居民希望破产和应急管理能够最终形成正确的决策，彻底检查失控的城市体系和服务，还清巨大的债务并给底特律一个全新的开始。

    欢迎来到管理决策的世界。所有的组织，无论是通用汽车、苹果、美国红十字会或底特律市，都因其管理者的决策结果而成长、繁荣或失败。然而，决策（特别是与复杂问题相关时）总是不容易的。检查和确定失败的决策是比较容易的，如底特律自由出版社（Detroit Free

Press）的一个团队的做法，他们查看涵盖时间为 50 年的上万页文件，并采访现任和前任城市领导者和员工。但管理者经常在考量因素不断变化、信息不清楚明了、理念互相冲突的情况下做出决策。即使意图正确，管理者有时也会做出错误的决策。

商务领域也充满了优秀决策的例子。收购 YouTube 曾经被称为"谷歌的愚蠢失误"，但视频平台管理者们的决策却足以证明谷歌支付的 16.5 亿美元是值得的，将 YouTube 变成了一个被大家高度赞赏的公司并重新定义了娱乐行业。与之相反，卡特彼勒（Caterpillar）收购中国香港的年代煤矿机电设备制造有限公司（ERA Mining Machinery Ltd.）的决策结果却没那么好。在支付了 7 亿美元进行收购后，在不到一年的时间，卡特彼勒的管理者就说，他们将把年代机电的价值减记为 5.8 亿美元。该公司谴责这种为了夸大企业的矿山安全设备单位的利润而蓄意采取的会计不当行为。

良好的决策是优良管理至关重要的一个方面，因为决策要决定组织将如何解决它的问题、分配资源并实现目标。本章将详细介绍管理决策。首先，我们将分析决策的特点。然后，我们要研究决策模型以及高级管理者在做出重要决策时应该采取的步骤。本章还将探讨可能导致管理者做出错误决策的偏见。最后，我们将研究在当今快速变化的环境中进行创新决策的一些具体技巧。

6.1 决策类型与问题

决策（decision）是从现有的备选方案中做出的选择。例如，财务部经理在比尔、塔莎和詹尼弗之中选一人当初级审计员就是一种决策。许多人认为，做出抉择是决策的主要部分，但这仅仅是一个方面而已。

 新晋管理者自测

···

你是如何进行决策的

说明： 我们大多数人自然而然地进行决策，没有意识到人们具有不同的决策行为，而这些行为也会在管理决策时出现。回想一下在你的个人生活、学习生涯或工作中是如何进行决策的，尤其是在其他人参与的情况下。以下各项请回答"是"或"否"。

	是	否
1. 我喜欢迅速做出决策，然后进行下一步。	___	___
2. 如果确信我是正确的，我会利用个人权力做出决策。	___	___
3. 我喜欢果断行事。	___	___
4. 一个问题通常有一个正确的解决方案。	___	___
5. 我会确定每一个需要参与决策的人。	___	___
6. 我会明确寻找具有冲突的观点。	___	___
7. 我采取讨论的方式来获得解决方案。	___	___
8. 面对大量数据时，我会寻找不同的解释。	___	___
9. 我会花时间去推理，并采用系统的逻辑思维。	___	___

评分与解释： 所列的九项都反映了适合的决策行为，但 1 ~ 4 项是更为典型的新管理者行为。5 ~ 8 项是典型的成功高管的决策行为。第 9 项被认为是各层级进行良好决策的一部分。如果

1～4和9项你有三项或四项选择"是"，则认为你具有典型的新管理者的行为。如果5～8和9项你有三项或四项选择"是"，则认为你的行为与高层管理者的行为一致。如果两组中选择的数目相同，则你的行为可能比较灵活和均衡。

新管理者与老练的管理者相比，通常会有不同的决策行为。一个成功的首席执行官的决策行为也许会和一个基层管理者的决策行为截然相反。这种差异一方面可能是因为决策的种类不同，另一方面可能是因为决策者所处的层级不同。新管理者通常一开始会更倾向于采用指示性的、决定性的、具有命令倾向的行为来建立自己的地位和魄力，然而在科层制的晋升中会逐渐变得更具有开放性，包容各种理念，以及与他人更多的互动。

决策过程（decision making）是识别问题与机会并解决问题的过程。决策过程包含了在做出实际选择之前和之后的努力。因此，选拔比尔、塔莎或詹尼弗的决策，要求财务部经理做好下列工作：①确定需要新增初级审计员；②确信有潜在的候选人；③面试候选人，掌握必要的信息；④选拔一位候选人；⑤遵循组织内部规定，让新员工完成其社会化过程，以保证选拔决策最终取得成功。

6.1.1 程序化决策与非程序化决策

管理决策一般来说有两种类型：程序化决策与非程序化决策。程序化决策适用于这样的情况：某种情况足够频繁地出现，以至于可以制定出决策规则，以供今后使用。程序化决策（programmed decision）是针对组织反复出现的问题所做出的决策。此时，我们可以制定决策规则，并将这些规则用于未来的决策之中。当库存减少到一定程度时，再次订购纸张和其他办公用品的决策就是程序化决策。其他的程序化决策涉及从事某些工作所要求的技能类型以及送货时运输路线的选择问题等。一旦管理者制定了决策规则，下属和其他人员就可以做出决策，这样管理者才可以脱身去完成其他任务。例如，举行宴会时，许多酒店采用了一项规则：一般用餐每30位客人安排一名服务员，而自助餐则每20位客人安排一名服务员。

当我们面临的形势是独一无二的、定义不清楚的、很大程度上不成体系的或者对组织有重要意义时，我们就做出**非程序化决策**（nonprogrammed decision）。波音公司建造707的决策或许是有史以来最伟大的一个非程序化决策。二战期间，B52轰炸机已显示出波音公司具有建造喷气式飞机的"适合素质"，但没有人认为航空公司会有兴趣购买喷气机。对于航空公司来说，转换成喷气机技术将是非常昂贵的。波音公司的首席执行官比尔·艾伦（Bill Allen）不得不决定是否坚持公司最了解的防御产品，或遵循他的信念，即真正的增长领域将是民用领域。1952年，他要求波音公司董事会投资1 600万美元建造世界上首个跨大西洋商用喷气客机。当707离开生产线时，波音公司已为此投资了1.85亿美元——比波音公司前一年的资产净值高出3 600万美元。从本质上讲，艾伦是在为公司的未来下赌注，并且取得了回报。707改变了波音公司的历史进程，改变了整个行业的发展进程。

非程序化决策的另一个很好的例子来自于Priceline。许多非程序化决策（例如Priceline和波音公司的决策）都涉及战略计划的问题，因为不确定性是很大的，决策也是复杂的。开发新产品或服务、收购公司、修建新厂、进入新的区域市场或者在另一个城市为总部重新选址等决策都是非程序化决策。

绿色力量

振兴小农场

百事可乐公司的高管们发现，可持续发展的决策可以在个人生活中进行观察和测量。管理层启动了试点项目：削减其在墨西哥的零售企业 Sabritas 供应链中的中间商，直接从 300 户墨西哥小农手中购买农作物，这一决策带来了意想不到的好处。

该决策的成果是明显且可衡量的，包括降低了运输成本，与小农的关系更加牢固，小农也能够开发令他们自豪的商业化的耕作方式。与百事可乐公司签订协议使农户在购买设备、化肥和其他必需品的急需信贷方面获得了经济支持，使农作物的产量得以提高。经济保障达到了新的水平，这也减少了徒步跨越美国边境的行为。这种行为一度盛行，并且非常危险，农户冒着巨大的个人风险跨越边境，以便能够找到支撑家庭的办法。三年内，百事可乐试点计划的农户人数扩大到 850 名。

6.1.2　直面不确定性和含混性

程序化决策与非程序化决策的一个主要区别在于管理者在决策的过程中所应对的不确定性、风险性或含混性的程度。在完美的世界里，管理者可能掌握决策所需的全部信息。可是，在现实生活中，有些事情是不可知的，因而有些决策就不能解决问题或者取得理想的结果。管理者努力获取关于决策方案的信息，它们会削弱决策的不确定性。根据信息的可获得性和失败的可能性，每一个决策情形都可以用量表来表示。量表上的四个位置分别是确定性、风险性、不确定性与含混性，如图 6-1 所示。在确定性的情况下，可以做出程序化决策；但是管理者每天处理的许多事情至少都含有某种程度的不确定性，因而要求进行非程序化决策。

1. 确定性

确定性（certainty）是指决策者可以得到制定决策所需要的全部信息。管理者掌握了关于运营条件、资源成本或者资源约束、每个行动方案及其可能产生的结果等方面的有关信息。例如，假使某家公司考虑投资 1 万美元购买新设备，而且公司很清楚，在未来 5 年内，每年将节省 4 000 美元成本开销，那么，管理者就可以计算出税前投资回报率为 40% 左右。假如另外还有一个投资方案，每年可以节省 3 000 美元成本，那么，如果管理者将这两个方案进行对比，他们肯定会选择 40% 的投资回报率。然而，在现实生活中，几乎没有哪一个决策是确定性的。相反，大部分决策都包含有风险性或不确定性。

聚焦技能

Priceline

最近几年，打开电视的人可能都看见过作为"Priceline 代言人"的威廉·夏特纳（William Shatner），他长相迷人，是这家世界领先的独立在线旅游公司的宣传者。但该公司突出业绩背后真正的智慧人物却是低调的首席执行官杰弗里·博伊德（Jeffery Boyd），在他的领导下，公司从 2002 年亏损 1 900 万美元到 2011 年盈利 11 亿美元。

博伊德使 Priceline 彻底改变的措施就是制定了一系列的非程序化决策。最初的一个决策是关掉 Priceline 创始人扩张的所有与旅游无关的业务（"自助定价"的加油站服务、保险、抵押贷款等）。然后博伊德决定将资源主要投入到酒店预订业务而非机票业务。收购两家欧洲酒店预订网站（英国的 Active Hotels 和总部位于阿姆斯特丹的 Booking.com）的战略决策使 Priceline 飞速发展。"很难说出互联网史上还有哪次收购比 Priceline 收购 Booking.com 更为成功，"麦格理证券（Macquarie Securities）的分析师托马斯·怀特（Thomas White）这样

说道。如今，Priceline 的收入有 60% 来自海外，欧洲人通常拥有两倍的假期时间，也愿意花大量时间进行短途的"城市旅游"。

管理者们现在瞄准了亚洲和南美洲的增长机会，因此未来公司可能会进行更多的收购。在一个电视广告中，Priceline 的代言人与所搭乘的旅游巴士一起掉到了桥下，但后来发现他又复活，为人们带来了出差和假期出游的新的省钱方式。

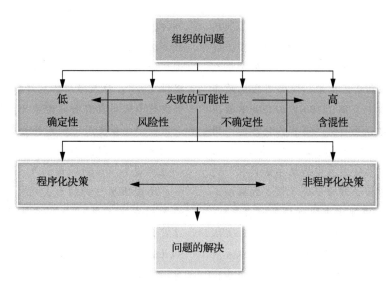

图 6-1　影响决策失误可能性大小的条件

2. 风险性

风险性（risk）的意思是，决策具有明确的目标，也可以获得优质的信息，但是与每个备选方案相联系的未来结果也有可能亏损或失败。不过，可以获得足够的信息来评估成功和失败的概率。一些金融服务机构的管理者由于他们的投资组合在经济衰退时期持续亏损，已变成了高度规避风险者。一家金融服务公司的首席执行官将他的投资组合管理者称为"失魂落魄者"，因为他们已变得甚至害怕承担一般的投资风险。高层管理者聘请了决策战略国际公司（Decision Strategies International）的顾问，该公司是一家帮助管理者和员工在承担适度风险时感觉更加自在的公司。决策战略公司的首席执行官史蒂夫·克鲁普（Steve Krupp）说："你不能只是回避所有的风险，因为这样会导致消极退缩"。对于特定的决策，管理者有时会使用计算机化的统计分析来计算每种方案的成功或失败的概率。例如，赛百味、温蒂汉堡（Wendy's）或麦当劳等快餐连锁店的高管可以分析潜在顾客的人口统计资料、交通方式、供应物流和竞争情况，找到每个餐厅获得成功的好办法。

3. 不确定性

不确定性（uncertainty）的意思是，管理者知道他们要实现哪个目标，但关于备选方案及未来事件的信息是不完全的。管理者也难以分析和预测可能对决策有影响的因素，比如价格、

生产成本、数量或者未来的利率。管理者或许还得做出假定，并借此制定决策，即使因假定不正确而导致错误的决策。美国前财政部长罗伯特·鲁宾（Robert Rubin）将不确定性定义为即使好的决策也可能产生坏的结果的状况。管理者每天都要面临不确定性。许多问题没有明确的解决措施，但是管理者依靠创造性、判断、直觉和经验做出恰当的反应。雪佛龙公司（Chevron）就做出了在厄瓜多尔的败诉中不承担风险的行为，如本章的"事业大错"中所述。

 事业大错

雪佛龙，厄瓜多尔

当德士古（现在为雪佛龙）在 1992 年停止厄瓜多尔的石油钻探时，该公司生产的石油已足以让其成为拉丁美洲第二大石油出口商，并使得如今的雪佛龙成为美国最大规模的公司之一，年收入达 2 000 亿美元。该公司在厄瓜多尔作业时，据说它倾倒了 180 亿加仑的有毒废物，并留下了数以百计的"有害黑色污泥"露天坑。1993 年，一群土著厄瓜多尔人提起诉讼，要求对被视为"热带雨林中的切尔诺贝利"进行损害赔偿，因为该城市出现了很高的疾病率和出生缺陷率。雪佛龙声称对损害没有责任，认为德士古的运作"完全符合当时的标准"。该案件持续了近 20 年，2013 年厄瓜多尔法院判决原告获赔 95 亿美元（之前法院判决被告应支付 180 亿美元）。但雪佛龙一直拒绝接受该判决，花费数百万美元聘请律师，并把更多的钱用在改善其公共关系形象上，例如微笑的非洲妇女图片，标题为"石油公司应为所在社区提供支持"。厄瓜多尔的主辩护律师并不气馁，他说这个官司具有历史性意义，因为它是"第一次一个小型发展中国家具有支配美国跨国公司的权力"。即便如此，雪佛龙将不会妥协。一位游说者对《新闻周刊》说："我们不能让一些小国家跟这样的大公司胡闹。"另一位雪佛龙的发言人说："我们将抗争到底。"也许这就是为什么瑞士绿色和平组织（Greenpeace Switzerland）将过去 10 年最不负责企业的"终身奖"授予雪佛龙的原因。

看看电影行业的管理者所面临的不确定性。迪士尼的《魔境仙踪》（Oz the Great and Powerful）花费了约 3.25 亿美元用于制作和销售，但这次为 1939 年著名音乐剧《绿野仙踪》（The Wizard of Oz）推出前传的冒险却取得了回报，周末首映为其带来了 1.5 亿美元的票房收入，而最终的总收入为 4.95 亿美元。尽管迪士尼的管理者进行了成本效益分析，但观众对这种知名素材的新编剧会有什么感觉却存在很大的不确定性。如今制作的许多电影甚至达不到收支平衡，这也反映了该行业巨大的不确定性。今年夏天人们想看什么？漫画书英雄人物、吸血鬼或外星人会受欢迎吗？动画电影、灾难片、经典剧或浪漫喜剧会吸引更多的观众吗？电影观众的兴趣和爱好是极难预测的。此外，管理者甚至在一部特别的电影轰动一时之后也很难理解：究竟是因为故事情节、主打演员、导演或播放时间才获得成功，还是所有这些因素才导致了成功？或者是别的原因？另一部熟悉题材的迪士尼电影《独行侠》（根据 20 世纪 50 年代电视节目改编），荣登分析师的 50 部最高票房之首。尽管存在不确定性，但好莱坞大型制片厂的管理者们总体上做出了相对较好的决策，而一部轰动的大片可以为许多次的失败填补亏空。

4. 含混性

含混性是到目前为止最困难的决策情形。**含混性**（ambiguity）意味着，要实现的目标或者要解决的问题不清楚，备选方案难以确定，有关后果的信息也得不到。如果指导教师把学生分了小组，要求每个小组完成一个项目，但不给小组题目、方向或指南等诸如此类的任何东西，那么学生们所感受到的就是含混性。在某些情况下，参与决策的管理者们造成含混性是因为他们从不同方面看问题，否决他们想做的东西。不同部门的管理者在决策中经常有不同的优先考虑和目标，这可能导致决策可选方案的冲突。

高度含混的情况产生的状况有时被称为"险恶的"决策问题，使管理者难以着手解决。"险恶的"问题往往是与管理者在目标和决策方案上意见冲突、形势急剧变化、信息模糊、决策要素之间关系不明确，以及无法评估提出的解决方案是否有效等联系在一起的。"险恶的"问题通常没有"正确"答案。管理者在处理问题遇到困难时，必须在缺乏信息的情况下设想目标，并为决策方案制定合理的说明。在孟加拉国发生一系列致命火灾和工厂倒塌，造成超过 1 100 名服装制造工人死亡之后，零售商们（如 H&M 和沃尔玛）就面临着"险恶的"决策问题。这些事件引起了公愤，要求零售商承担责任。沃尔玛的管理者最终决定公开约 250 家存在安全问题的孟加拉供应商黑名单，而 H&M 的管理者则决定继续与其供应商进行合作，并帮助他们改善条件。两家公司的决定都不能解决更深层次的"险恶的"问题。几乎所有的服装和许多其他消费品都在孟加拉国、柬埔寨、泰国等地的海外工厂生产，许多工厂都存在安全问题，并且工作条件恶劣。此外，全球供应链也非常广泛和分散，单一产品的物料和劳动力可能来自于几个国家。管理者甚至很难确定他们真正使用了哪些工厂和供应商，即使知道这些，也很难监督供应商各方面的运作情况。

6.2　决策模型

管理者使用的决策模型通常是下列三种之一：古典模型、行政模型、政治模型。对模型的选择取决于管理者个人的偏好是进行程序化决策还是非程序化决策，以及与决策相关的不确定性程度。

6.2.1　理想、合理的模型

古典模型（classical model）是基于经济学的假设。该模型出现于管理文献，因为管理者被期望做出决策，而且这些决策从经济上讲应该是明智的，并且是出于对组织的经济利益最优化的考虑。古典决策模型的基本假设是：

- 决策者完成已知并已达成共识的目标。问题已经被精确地阐明和界定清楚。
- 决策者收集完整的信息，为创造具有确定性的条件而努力。所有方案以及每个方案的所有潜在结果都已经考虑到了。
- 备选方案的评价标准是已知的，决策者选择使组织的经济回报最大的方案。
- 决策者是理性的，并运用逻辑来赋值、安排优先顺序、评价方案，并做出使组织目标的实现概率最大化的决策。

古典决策模型被认为是**规范性的**（normative），它详细说明了决策者"应该"如何做决策。虽然古典决策模型为组织如何取得理想的结果提供了指南，但是，它并没有说明管理者实际上是如何决策的。古典决策模型的价值在于它能够帮助决策者做到更加理性。例如，许多高级管理层仅仅依靠直觉和个人偏好来决策。事实上，麦肯锡公司的一项全球调查发现，如果管理者在决策时进行深入分析，他们会得到更好的结果。麦肯锡对两千多名高管对他们的公司如何做出具体决策的回答进行了研究，得出的结论是：采用详细分析、风险评估、财务模型等技术并考虑可比情况，通常能够带来更好的财务和运营成果。

当把古典模型用于程序化决策及以确定性或风险性为特征的决策时，它是最有价值的，因为相关信息可以收集到，概率也可以计算出来。例如，供一线决策使用的新型分析性软件程序可以自动进行许多程序化决策，比如冻结没能付款的客户账户，为某个客户选择最合适的手机服务计划，对保险索赔进行分类以便更加高效地处理。

大数据分析技术的发展（如第1章所述）已扩大了古典决策方法的使用范围。纽约市警察局利用电脑绘制和分析逮捕模式、付薪日、体育赛事、音乐会、降雨、节假日等变量来预测可能的犯罪"热点"，并决定如何布控警力。像塔吉特和科尔士（Kohl's）这样的零售商，会根据对销售数据、经济数据和人口统计数据的分析结果做出有关库存和定价的决策。航空公司使用自动化系统来优化座位定价、飞行排程以及职工排班等决策。

6.2.2　管理者如何进行决策

决策的另一种方法称作决策的**行政模型**（administrative model），它被认为是**描述性的**（descriptive），描述了管理者在复杂情况下如何决策，而不是根据某种理论理想去指导他们应该如何做决策。行政模型意识到了人类和环境的局限性会影响管理者实施合理决策流程的程度。在艰难的情况下，如那些具有非程序性决策、不确定性、含混性特点的情况，管理者通常不能做出在经济上理性的决策，即使他们想做到这一点。

 聚焦技能

J. Hilburn 的直销模式

希尔·戴维斯（Hil Davis）是一位33岁的达拉斯投资银行家，年薪为140万美元，但他想要拥有更多——更多的挑战，更多的所有权，以及尝试自己想法的机会。他读了亿万富翁沃伦·巴菲特（Warren Buffet）说的话：他曾经做过的美元对美元的最好投资就是采用直销。直销？像玫琳凯或特百惠那样吗？因为好奇，他阅读了更多关于直销的案例，发现直销通常出售低端产品，迫使新成员发展大量的其他人员加入团队，从而能够得到提成。但优点就是资本性支出低，无须修建工厂或办公室，没有实体店，也没有为了获得客户而进行的前期投入。他作为股权研究者，多年来获得的两大有用的感悟就是：①亚马逊向消费者直接销售产品，消除了昂贵的中间商，使消费者能够获得更低的价格；②直销模式可用于奢侈的高接触型服务业务。因此他决定创办一家定制衬衫的公司，但定制价格低于通常的购买价格——250美元。

尽管都是些好主意，但戴维斯发现发展的道路上出现了许多问题。他和他的合作伙伴Veeral Rathod希望在美国生产衬衫，但美国最大的工厂每个月却只能生产5 000件，而他们的需求量是20 000件。顶级制造商却没有任何人回应这些"小人物"的电话。他们在亚洲找到了一家能够按照规格执行订单的工厂。衬衫的外观和感觉都很好，但是洗了几次以后，衬衫变得没有质感，这让戴维斯意识到对方使用了便宜的面料，采用喷涂的办法使面料在短时间内看起来良好。因此，戴维斯打电话给意大利最好的一家工厂，说他有一个100万美元的订单，他不希望将订单交给他们的竞争对手。几分钟后，他接到了回电，并达成了一次公平的交易。

另一个问题是正确测量尺寸。大多数新雇员从未做过零售服装方面的工作，在为客户进行测量时犯了很多错误，所以衬衫因袖子太长或衣领太紧而被退回。戴维斯和Rathod知道他们必须准确无误，并提供了退款保证，第一年花费了他们75 000美元。

然而在五年内，J. Hilburn 成了世界上最大和最成功的定制男士礼服衬衫的销售商，目前的销售目标是达到 10 亿美元。起价 89 美元，而衬衫是采用与全球品牌阿玛尼相同的面料制成。公司在培训方面仍然存在挑战，他们希望创建一个针对销售代表的评分系统，高分者能够获得更多的佣金。但戴维斯知道他所收集的信息真是一座金矿。"想想我们拥有的数据，"他说。他们知道个人的偏好、尺寸、喜欢的颜色、居住的地方。"现在想想我们能够挖掘这些数据的所有方法。没有人拥有这一切。没有任何人。"

1. 有限理性和满意性

决策的行政模型是基于赫伯特 A. 西蒙（Herbert A. Simon）的研究。西蒙提出的两个概念在建立决策的行政模型上具有工具性的意义，它们是"有限理性"和"满意性"。**有限理性**（bounded rationality）的意思是，人们保持理性的程度是有局限性的。组织极为复杂，管理者有时间和认知能力处理的仅仅是有限数量的信息并借此做出决策。由于管理者没有时间或认知能力处理有关复杂决策的全部信息，所以他们感到满意就行了。**满意性**（satisficing）的意思是，决策者选择能够满足决策标准的最低要求的第一个解决方案。管理者不会为了确定使经济效益最大化的唯一方案而去努力寻求所有可能的备选方案，但会选取看上去似乎能够解决问题的第一个方案，而不论是否还有更好的方案存在，因为决策者不能证明获取全部信息所需要的时间和费用是否合理。希尔·戴维斯面临的最大障碍就是为他的新创公司找到最好的供应商，但他并不是在所有可能的供应商中寻找，而是冒了一次险，将寻找目标对准了看似不可能的供应商，这已如"聚焦技能"中所述。

有时候，管理者为复杂问题寻求多个解决方案，直到他们发现自认为能管用的方案为止。例如，丽诗加邦的管理者为了重振低迷的品牌，聘请了设计师 Isaac Mizrahi 并将目标对准了年轻消费者，但销售额和利润却持续下降。面对以年轻人为主导的新系列的失败，梅西百货（Macy's）订单减少 90%，高失业率、经济疲软以及其他复杂的多方面的问题，管理者们不知道如何扭转多年亏损的趋势，让公司起死回生。他们很快决定签订一份许可协议，允许丽诗加邦的服装在彭尼百货（JC Penney）独家销售，该百货公司将负责安排这一品牌的所有制造和销售。

行政模型的假设与古典模型的假设不同，它强调影响个人决策的组织因素。根据行政模型，人们进行了以下假设：

- 决策目标往往是模糊的和互相矛盾的，还缺乏管理者之间的共识。管理者常常不知道组织里存在的问题或者机会。
- 并非总是运用理性程序，就算启用理性程序，也仅仅局限于对问题的简单认识，不能抓住活生生的组织事件的复杂性。
- 因为人力、信息和资源的局限，管理者对备选方案的搜寻是有限的。
- 大多数管理者满足于满意的而非最优的解决方案。其中一部分原因是管理者掌握的信息有限，还有一部分原因是对于最优方案的构成要素，他们仅有的评价标准也很模糊。

2. 直觉和准理性

管理决策的另一个方面是直觉。**直觉**（intuition）反映了根据过去的经验但不经过有意识的思考而对决策形势的迅速感悟。直觉决策不是随意性的或者非理性的，它是基于数年的实践和代代相传的经验做出的。你有没有想过为什么几乎每台个人电脑上都张贴有"Intel Inside"标识？计算机是由各种组件组成的，1991年之前，用户不知道是谁提供的微处理器，就像他们不知道是谁提供的硬盘驱动器或其他组件一样。英特尔的首席执行官有一位年轻的技术助理，名叫丹尼斯·卡特（Dennis Carter），他拥有两个工程学士学位和一个工商管理硕士学位，他认为，英特尔的匿名身份可以而且应该改变。首席执行官安迪·格鲁夫（Andy Grove）怀疑微处理器是否可以成功品牌化，尽管它是个人电脑的大脑。但由于卡特对此坚定不移，格鲁夫最终同意进行试验。他给了卡特50万美元，用于购买广告牌。其中一个广告牌是一个圆圈里印有Intel 286（该公司的旧芯片），上面喷了一个大的红色X。一个星期后，设立了另一个广告牌，一个圆圈里印有一个大的粗体Intel 386（该公司的新一代功能更强大的芯片，当时无人购买）。这些广告牌起了作用。没多久，采用386芯片的个人电脑的销售量猛增。卡特的直觉，认为英特尔的芯片（以前是不知名的组件）可以建立起自己的品牌标识，从本质上讲，使得行业的影响力从个人电脑制造商转移到主要的供应商——英特尔上。

　　心理学家和神经科学家研究了人们在极端的时间压力和不确定性下如何使用直觉来做出良好的决策。良好的直觉决策建立在识别领先的高效率模式的能力基础之上。当人们在某个领域有了深层次的经验和知识以后，正确的决策常常来自于对信息的识别，它是快速而毫不费力的，同时难以被意识心理察觉。这种能力也可以在伊拉克的士兵中看到，他们根据直觉阻止了许多次的路边炸弹袭击。用于检测简易爆炸装置的高科技设备是对人类大脑感知危险并采取行动的能力的一种补充，而不是替代该能力。在伊拉克，经验丰富的士兵在潜意识里知道某些东西看起来或感觉到不对。可能是一块昨天还没有的岩石，一块看起来过于对称的混凝土，奇怪的行为方式或仅仅是空气中不一样的紧张感。同样，在商业世界，管理者持续地感知和处理信息，他们的意识也许没有觉察到，但是他们在知识和经验方面的积累，帮助他们在不确定性和模棱两可的情况下做出决策。

　　在今天快节奏、动荡不定的商务环境里，直觉在决策中起着越来越重要的作用。大量的研究发现，有效的管理者将理性分析和直觉结合起来，在时间压力下做出复杂的决策。决策中有一种新趋势，被称为准理性（quasirationality），大体上是指将直觉与分析思维结合在一起。在许多情况下，无论是分析还是直觉都不足以做出好的决策。然而，管理者通常可以在以下两种极端方式之间采用一种折中的方式：一方面，不经任何考虑，武断地做出决策；另一方面，过分地依赖理性分析。这两种方式都不会比对方优越，管理者需要采取一种均衡的方法，既要考虑理性也要凭借直觉，将二者都作为有效决策的重要组成部分。

6.2.3　政治模型

　　决策的政治模型用于当条件不确定、信息有限、管理者对追求什么目标或者采用什么行动计划有异议时制定非程序化决策。大多数组织决策都涉及众多追求不同目标的管理者，他们不得不互相交谈以分享信息和达成协议。管理者通常结成联盟进行复杂的组织决策。结盟（coalition）是支持某一特定目标的管理者之间非正式的一种联盟。结成联盟（coalition building）是管理者之间形成联盟的过程。换句话说，支持某一特定方案（如通过收购另一家公司来促进公司的发展）的管理者，与其他高级主管进行非正式的交谈，努力劝说他们支持该决策。没有结盟，强权的个人或团体就会使决策过程脱离正轨。结成联盟就给予几位管理者以机会，可以为决策出力，增强对最终选定的方案的责任感。前面提到的麦肯锡公司的全球调查结果表明，结成联盟与更快地执行决策密切相关，因为管理者已经就采取何种行动达成了共识。例如，航空公司因关键供应商的意外倒闭而失去了重要部件的供应，需要迅速采取行动以避免完全停产。为了确保每个人都支持做出的任何决策并迅速执行决策，高层管理者组建了一个跨职能团队，以使来自于组织不同部门的成员可以确定、评估和讨论各种方案，以确保生产能够继续。该团队最终获得了美国质量协会（American Society for Quality）颁发的"国际卓越团队（International Team Excellence）奖"银奖。

 新晋管理者自测

做出重要决策

说明： 你是如何做出重要的个人决策的？想一想当你做出重要的职业决定或进行大量购买或投资的情况。以下各项在多大程度上描述了你达成最终决策的情况？请选择以下最能描述你是如何做出最终选择的五项。

1. 逻辑推理
2. 内心的认知
3. 分析数据
4. 凭感情
5. 根据事实
6. 凭直觉
7. 根据概念
8. 靠预感
9. 分析原因
10. 凭感觉

评分与解释： 奇数项与线性决策方式相关，偶数项与非线性决策方式相关。线性（linear）意味着采用符合逻辑的理性做出决策，非线性意味着主要依靠直觉做出决策。在你选择的五项当中，有多少项代表了理性，有多少项代表了直觉？如果五项都是线性方式或非线性方式，那么这显然是你的主要决策方法。如果四项都为线性方式或非线性方式，那么该方式可能是你喜欢采用的方式。如果你的选项为混合情况（即一种方式选了三项，另一种方式选了两项），那么你可能采用了准理性方式进行决策。决策的理性、直觉和准理性方式在文中进行了描述。

热点话题

没有结盟则可能会造成冲突和分歧，使决策脱离正轨，特别是在反对派建立了强大的联盟的情况下。例如美国邮政公司的管理者们未能结成与美国立法者之间的有效联盟，以使组织能够进入新的业务领域。

作为一个政府机构，美国邮政服务公司陷入了困境。私营企业总是游说国会立法来支持它们的利益。例如，英国宇航系统公司（BAE Systems）的管理者及其数十家供应商发起了一场游说运动，试图在美国立法者之间结成联盟，以取消削减军费开支，这将减少英国宇航的布莱德雷战车系列的生产。国会的支持者，比如田纳西州参议员鲍勃·科克尔（Bob Corker），帮助英国宇航组建了联盟，基于的思想是拯救地方国防工业的工作岗位，尽管五角大楼已建议暂停布莱德雷舰队，将之作为削减开支的最佳举措之一。

政治模型非常类似大多数管理者和决策者经营所在的现实环境。对高科技行业的首席执行官进行的采访发现，他们试图采用某种合理的决策过程，但他们实际进行决策的方法是通过与其他管理者、下属、环境因素和组织事件等进行复杂的互动来进行的。决策是复杂的，涉及许多人；信息往往模棱两可，在问题及其解决方案上理念的不一致和冲突又是很常见的。政治模型是由四个基本假定开始的。

- 组织是由具有不同利益、目标和价值观的群体组成的。管理者对问题的轻重缓急看法不一，因而可能不会理解和共享其他管理者的目标与利益。
- 信息是含糊的、不完整的。保持理性的努力是有限度的，其原因在于众多问题的复杂性和个人及组织自身的局限。
- 管理者没有时间、资源或者智能去识别问题的各个维度并处理所有的相关信息。为了收集信息和减少含混性，管理者相互沟通，交换意见。
- 为了决定目标和探讨方案，管理者之间要进行辩论。决策是联盟成员之间讨价还价和辩论的结果。

 聚焦技能

··

美国邮政服务公司（U.S. Postal Service）

可怜的美国邮政服务公司的情况有点糟糕。随着传统邮件数量的急剧下降，该机构现金短缺，却在苦苦维持着经营。美国邮政服务公司存在的问题有很多原因，但过去十几年里管理者一直在努力寻找新的办法来使这个拥有239年历史的机构能够跟上新时代的步伐。

例如，在2000年（早在在线账单支付流行之前），邮政服务公司开始采用一个安全系统，该系统能够使邮政服务继续成为大多数美国人支付每月账单的主要方式。然而，互联网产业组成了一个反对该项服务的联盟，随后美国国会成功将其关闭。这种情况反复出现，当邮政服务公司的管理者采用新的计划来应对传统邮件的下降时，结果却遭到了强大的私营企业的游说反对。在其他国家，邮政局兼作银行或出售保险或手机。邮政服务公司总监2010年的一份报告指出，推出安全电子账单支付等新产品，每年可增加97亿美元的收入。然而，金融服务公司以及像联合包裹服务和联邦快递等公司，反对该机构从事非邮政活动，并说服国会同意。由于没有在国会中建立起政治联盟，邮政服务公司还将继续进行斗争。

古典模型、行政模型和政治模型的关键内容如表6-1所示。最近在决策程序方面的研究发现，在稳定的环境里，理性的、古典的决策程序与组织的高绩效水平联系在一起。但是，在不稳定的环境里，必须快速做出决策，而且决策是在更艰难的条件下做出的，因而与高绩效水平相联系的是行政决策程序、政治决策程序以及直觉。

表 6-1　古典模型、行政模型和政治模型的特点

古典模型	行政模型	政治模型
清晰的问题与目标	含糊的问题与目标	多元性；矛盾的目标
具有确定性的条件	充满不确定性的条件	充满不确定性 / 含混性的条件
关于方案及其结果的完整信息	关于方案及其结果的有限信息	不一致的理念；含混的信息
个人为追求结果最大化而进行理性抉择	利用直觉解决问题的满意性抉择	联盟成员之间的讨价还价和辩论

6.3　决策步骤

　　无论是程序化决策还是非程序化决策，也不管管理者选择古典模型、行政模型或者政治模型，一般说来，有效的决策过程都包括六个步骤，详见图 6-2。

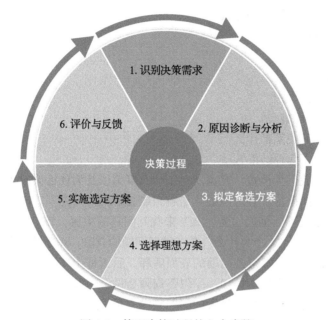

图 6-2　管理决策过程的六个步骤

6.3.1　决策需求识别

　　管理者面临的决策需求有两种表现方式：问题或者机遇。当组织取得的成就小于既定的目标时就出现了**问题**（problem）。此时，绩效的某一方面是不令人满意的。相反，当管理者看到了超过当前预期目标的潜在成就时，就存在**机遇**（opportunity）。此时，管理者意识到了在目前基础上进一步提高绩效水平的可能性。

　　感知到问题或者机遇的存在是决策过程的第一步，这要求管理者监视组织内外部环境，以发现值得高级管理层关注的问题。有些信息来自于周期性的财务报告和业绩报告，也来源于在问题变得不可救药以前就发现问题的其他渠道。管理者也可以利用非正式的渠道，如同其他管理者交谈，收集有关工作进展的看法，并就应该解决哪些问题或者应该抓住哪些机遇征求意见。在谷歌，一些管理者注意到，员工们吃了太多免费供应的 M&Ms 巧克力豆，他们认为这可能与公司的让员工开心并且健康的目标相冲突。公司决定对这一问题进行分析，并采用各种方法进行实验，使员工吃更加健康的零食，多喝水，少吃免费糖果。识别决策需求有时是很难的，因为这常常意味着要以新颖的方式整合支离破碎的信息。

6.3.2　原因诊断与分析

　　一旦某个问题或者机遇引起了管理者的注意，对形势的理解就应该是精确的。**诊断**（diagnosis）是决策过程的一个步骤，它是指管理者分析潜在的、与决策形势相关而有因果关系的要素。

　　很多时候，真正的问题隐藏在管理者认为存在的问题背后。通过从不同的角度对某一情况进行分析，管理者就能够确定真正的问题。此外，管理者还会经常发现他们没有意识到的机会。查尔斯·凯普纳（Charles Kepner）和本杰明·特里戈（Benjamin Tregoe）对管理者的决策问题进行了大量的研究。他们建议，管理者应该询问一系列的问题以确定潜在的原因，这些问题包括：

- 影响我们的不安定形势是什么？
- 它是何时出现的？
- 它出现在哪里？
- 它是怎么出现的？
- 它针对的对象是谁？
- 该问题的紧迫性如何？
- 事件之间的相互关系是什么？
- 何种行为产生了何种结果？

这些问题能帮助我们弄清楚，究竟发生了什么事情以及为什么会发生这些事情。诊断问题就像逐层剥洋葱。如果管理者对问题不了解，或者解决的问题不正确，那么他们就无法解决问题。一些专家建议不断询问"为什么"来找到问题的根源，该方法有时被称为"5个为什么"（5 Whys）分析法。"5个为什么"是一种问问题的方法，用于追究某一特定问题背后的根源。第一个"为什么"通常得到问题的表面解释，后面每个"为什么"是更深层次地探讨问题的根源和可能的解决方案。例如，一位咨询师会见了一家大型会计和专业服务公司的首席执行官，该首席执行官认为公司最大的问题是没有足够的合格人员来为全球顾客服务。该咨询师问"为什么"。首席执行官说工作人员必须花费大量的时间进行有关顾客信息的交流。"为什么？"这位首席执行官说，因为员工必须共同努力才能提供完整的服务组合。"为什么？"在问了几个"为什么"以后，两人静下心来分析真正的问题，问题的根源不是缺乏工作人员，而是不能有效地进行内部协作和沟通。这位首席执行官发现，他实际上可以通过更有效和高效的系统来减少员工人数。

6.3.3　制定备选方案

下一步是制定可能的备选方案，方案要对形势的需要做出回应，并纠正潜在的诱因。

对于程序化决策，可行方案很容易识别；事实上，根据组织的规则和程序，它们可以很方便地获得。但是，非程序化决策往往要求制定能够满足公司需要的新的行动方案。至于在高不确定性条件下做出的决策，管理者可能只开发一两种惯常的方案，解决问题只要达到满意就可以了。但是，研究发现，限制寻求可选方案是组织决策失败的首要原因。

决策方案可以看作是缩短组织当前业绩与预期业绩之间的差距的手段。聪明的管理者会利用整个组织成员的知识，有时甚至利用组织外部人员的知识，来确定决策方案。加拿大矿业集团黄金公司（Goldcorp）的主席兼首席执行官罗布·麦克尤恩（Rob McEwen）知道，公司的红湖（Red Lake）地区可能是一棵巨大的摇钱树，附近的一个矿场产出喜人。问题是，没有人能够指出红湖什么地方能够找到高品位矿石。麦克尤恩发起了"黄金公司挑战赛"，在网上公布了红湖的地形数据，并为能够确定丰富采矿点的任何人提供57.5万美元的奖金。50个国家的1 400多名技术专家提供了解决问题的备选方案，而在澳大利亚的两个团队携起手来确定探矿地点，使红湖成为世界上最富的金矿之一。

6.3.4 挑选理想的方案

　　一旦制定了可行方案，就必须选择其中某一个方案。在此阶段，管理者尝试选择几个备选行动方案中最有希望的。最佳的方案应该能够最好地适合组织的总体目标和价值观并运用最少的资源获取预期的成果。管理者希望选择风险性和不确定性最小的方案。对于大部分非程序化决策来说，由于某种风险是内生的，所以管理者努力去度量成功的希望究竟有多大。在不确定性条件下，他们可能不得不依靠自己的直觉和经验来判定给定的行动方案是否会取得成功。根据总体目标和价值观来抉择同样能指导方案的选择。

　　备选方案的抉择取决于管理者的个性因素和接受风险性与不确定性的意愿。**风险倾向**（risk propensity）是指在有机会获得更大的回报的情况下甘愿冒险的意愿。例如，如果没有马克·扎克伯格的"快速行动，打破常规"的理念，Facebook 将永远达不到超过 10 亿的用户。公司到处张贴着写有该口号的励志海报，以防止对备选方案进行过多分析而造成延误。Facebook 不是通过受控的测试版新技术来确定最佳方案，而是针对现实用户不停地进行一系列实时实验。即使员工还没完成六周的培训计划，公司也会鼓励他们在实时网站上工作。这种冒险的做法意味着整个网站偶尔会崩溃，但扎克伯格认为这样做可以加快员工的学习。管理者愿意承受的风险水平会影响到根据任何决策进行的成本收益分析。以图 6-3 列举的这些情形为例。在每种情况下，你愿意选择哪一个方案？低风险倾向的人愿意接受有把握的中等回报：他们努力打成平局，在国内修建工厂，选择当医生这样的职业。但是，风险喜好者却愿意努力去赢得胜利，到外国去兴建工厂，或者从事表演性的职业。

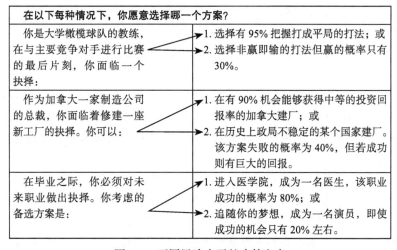

图 6-3　不同风险水平的决策方案

6.3.5 实施选定方案

　　实施（implementation）阶段涉及运用管理能力、行政能力和劝说能力确保选定方案的实施。这与第 5 章中战略的实施相似。选定方案的最终成功取决于它是否能够转化为行动。有时，一个替代方案永远不会成为现实，因为管理者缺乏使事情发生所需的资源或能力，或者他们未能找到决策的参与者并获得支持。方案的成功实施可能需要与受决策影响的人员进行商讨、建立信任并让他们积极参与。必须运用沟通技能、激励技能和领导技能以确保决策的贯彻落实。当员工们看到管理者通过追踪了解实施情况来不断扩大决策的战果时，他们更容易产生积极的行动。

6.3.6　评价与反馈

在决策过程的评价阶段，决策者收集信息，了解决策的实施情况和决策对于实现目标的有效性。由于反馈迅速，"快速行动，打破常规"的理念在 Facebook 中盛行起来。反馈是非常重要的，因为决策是一个持续的过程。当高级管理层或者董事会投票表决"是"或者"否"时，决策还没有完成。反馈向决策者提供了信息，他们可以借此促成新一轮决策。决策可能会失败，因此又需要重新分析问题，评价方案，进而选定新方案。许多重大问题的解决都是连续尝试几个解决方案的结果，而每个方案对问题的解决都会有适度的改进。反馈就是监督，我们要据此决定是否需要做出新的决策。

6.4　个人决策框架

假设你是谷歌、《纽约时报》、AMC 电影院或当地公共图书馆的一名管理者。在进行也许会影响你的部门或者公司未来的重要决策时，你会怎么办？到目前为止，在本章中我们已经讨论了影响管理者决策方式的一些因素，例如，决策可以是程序化的或者非程序化的，决策形势以不同层次的不确定性为特点，管理者使用的决策模型可以是古典模型、行政模型或者政治模型。此外，决策过程要经过公认的六个步骤。

然而，并非所有管理者的决策方式都是一样的。事实上，管理者发现问题并就问题做出决策的方式有着重大的个体差异。这些差异可以用个人决策风格的概念来解释。图 6-4 阐述了个人风格在决策过程中的作用。个人的**决策风格**（decision styles）指的是人与人之间在感知问题和决策方式上的差异。研究已经确认了四种主要的决策风格：指示型风格、分析型风格、概念型风格、行为型风格。

（1）指示型决策风格是喜好简明、清晰地解决问题的人所采用的。具有这种风格的管理者通常能够快速做出决策，因为他们不愿意处理大量的信息，而只考虑一两种解决方案。偏好指示型决策方式的人一般来说是有效率的和理性的，他们喜欢依靠现有的规则或者程序来做决策。

（2）具有分析型决策风格的管理者，喜欢根据他们所能收集到的数据设计复杂的解决方案。这些人小心谨慎地考虑备选方案，并把决策建立在来自管理控制体系和其他渠道的客观而理性的数据之上。他们根据能掌握的信息，搜索可能的最佳方案。

（3）倾向于概念型决策风格的人也喜欢考虑大量的信息。然而，与具有分析型风格的人相比，他们更具社会导向，因而喜欢就问题及可能的解决方案与他人交谈。运用概念型决策方式的管理者思考许多广泛的解决方案，依靠来源于人和系统的信息，并喜欢创造性地解决问题。

（4）行为型决策风格通常为高度关注其他人的管理者所采用。运用这种决策方式的管理者喜欢与人进行一对一的交谈，了解他们对问题的感受以及给定的决策方案对他们的影响。具有行为型风格的人常常关心其他人的个人发展，也会做出能帮助其他人实现其目标的决策。

大多数管理者都具有占主导地位的决策风格。例如，网飞公司的创始人及首席执行官里德·哈斯廷斯（Reed Hastings）似乎更喜欢指示型决策风格，当他快速做出提高价格并同时将公司的邮购业务与流媒体业务分开的决策时，该决策风格几乎毁了他的公司，导致用户不得不对两个地方的账户进行管理。哈斯廷斯后来说，他"不知不觉陷入了过去成功带来的狂妄自大"。后来，虽然他仍然经常采用指示型风格，但在制定非常重要的非程序化决策时，哈斯廷斯会努力让更多的人参与，并采用更加概念化的风格。

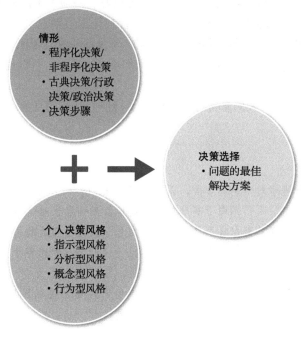

图6-4　个人决策框架

　　管理者每天做出不同的决策时，会频繁使用几种不同的决策风格，或者综合运用多种决策风格。在决策使用哪家公司的办公用品时，管理者会采用指示型风格，而在处理部门之间的冲突或考虑新产品或服务时，又会转向比较概念化的风格。最有效的管理者能够根据具体需要在不同决策方式之间灵活转换，以适应形势的要求。当一个人惯常的决策风格可能不适合当前问题时，了解其主导的决策风格就能够帮助管理者避免犯关键性的错误。

6.5　为什么管理者会做出错误的决策

　　管理者面对连续做出决策的需要，从解决细小的问题到执行重大的战略变革。即使最好的管理者也会犯错误，但是，管理者可以通过了解让人们做出不良决策的原因，来提高优良决策的百分比。绝大多数错误决策都是源自人们有限的思考能力和管理者在决策中的自然偏见造成的错误判断。回答后面"管理者工具箱"中的问题，了解偏见是如何影响决策和选择的。你是否意识到在做决策或解决问题时偏见会影响你的判断力？对以下六种偏见的认识能够帮助管理者做出更明智的选择。

　　（1）受第一印象的影响。当做出决策的时候，人们的想法总是给第一时间接收到的信息过多的分量。这些第一印象、统计和估计，像是我们接下来想法和判断的锚一样。这些锚可能是同事一句简单随意的评论，可能是报纸上看到的统计数据。过去的事件和趋势也像是锚。例如，在商业领域，管理者总是根据前一年的销售情况来估计来年的销售业绩。过于关注过去可能导致失败的预测和误导性的决策。

（2）为过去的决策辩护。许多管理者进入了一个证明过去决策合理性的陷阱当中，即使那些决策已经显得不那么正确。一个常见的例子就是，管理者继续向一个失败的项目投入资金，企图扭转乾坤。这有时被称为"沉没成本效应"。管理者经常坚持某个决策，因为他们为之投入了大量资源，即使减少损失他们会发展得更好。一项关于产品开发的研究发现，倡导新产品的管理者很有可能会继续对其投资，尽管有证据表明它会失败。丹尼尔·卡尼曼（Daniel Kahneman）等人进行的行为科学研究表明，与预期的收益相比，人们通常对潜在的损失更为在意，被称为损失规避（loss aversion）。人们不喜欢损失，所以他们继续支持错误的决策，以证明它是合理的，或试图将其纠正。

（3）只看你想看到的。人们常常寻找信息，支持他们既有的直觉或理念，而逃避那些相悖的信息。

🌐 热点话题

这些偏见会影响管理者对信息的取舍，以及他们如何解读这些信息。人们倾向于高度重视支持性的信息，而不重视甚至忽略那些与他们既有理念相背离的信息。例如，东京电力公司的管理者被指责在 2011 年日本地震和海啸之后，拖延了太长的时间才决定使用海水冷却福岛第一核电站的核反应堆。东京电力公司的管理者们知道海水会对反应堆造成破坏，因此他们更侧重于对延迟使用海水的决定的支持信息，强调在判断采用海水进行冷却的适合时机时他们是"考虑整个工厂的安全"。不幸的是，工厂发生了爆炸，从而使管理者们相信使用海水对于控制反应堆的过热情况是多么重要。

（4）维持现状。管理者可能根据曾经的工作来做出决策，不去开发新的选择，挖掘进一步的信息或研究新的技术。例如，有明确的证据证明，通用汽车试图覆盖整个汽车市场的做法会给公司带来灾难，但在之后的很长一段时间里，通用汽车仍坚持其提供多个品牌的战略决策。20 世纪 70 年代，随着日本汽车制造商竞争的加剧和油价的飙升，该战略开始受挫。然而，直到 2008 年 2 月，管理者们还在说，取消某些品牌的意见是"未经过深思熟虑的讨论"。只有破产和被迫重组最终使管理者们将通用汽车的品牌从八个减到了四个。

（5）受情绪的影响。如果你曾经在愤怒、沮丧或者欣喜若狂的时候做出某个决策，你可能已经知道受情绪影响的危险性了。最近对伦敦投资银行的交易员进行的一项研究发现，高业绩的交易员有一个特征就是有效的情绪调节。低业绩的交易员在管理和调节他们的情绪反应时不太有效。另一个发现是，当医生感觉到对某个病人具有喜欢或不喜欢的情绪时，做出的决策就不那么有效了。如果他们喜欢某个病人，就不太可能开一个过程痛苦的处方。如果他们感觉到不喜欢，则可能针对病情责怪病人，并提供较少的治疗。不幸的是，一些管理者任由他们的情绪时不时地影响他们的决定。有一些证据表明，当人们在严重情绪的影响下做出糟糕的决策时（例如发一封愤怒的电子邮件），他们往往会继续做出糟糕的决策，因为这种做法已成为了如何行事的心灵蓝图的一部分。如果管理者尽可能地在决策过程中不受情绪影响，那么就能做出更好的决策。

（6）过于自信。大多数人都过高地估计他们预测不确定结果的能力。快餐连锁店的管理者们确信，员工流动率低是顾客满意度和店面盈利能力的主要驱动因素，因此他们决定投资一些项目来保持员工的幸福感。然而，当他们分析商店的数据时发现，一些流动率高的店面利润也很高，而一些流动率低的店面经营却比较困难。过于自信在进行风险决策时尤其危险。想一想在摩根大通银行（JPMorgan Chase）的首席投资办公室，过于自信是如何促使外号为

"伦敦鲸"（London whale）的交易员进行决策的，从而导致了数十亿美元的损失。所有银行都在冒险，但摩根大通在抵押贷款热潮期间没有像许多银行那样去冒这种巨大的风险（这种风险导致了美国经济的崩溃），因而受到了大家的称赞。华尔街危机之后，摩根大通的首席执行官 Jamie Dimon 被誉为"世界上最重要的银行家"，他的高管们被大家称赞为似乎不会出错的管理团队。公司在伦敦设立的首席投资办公室（旨在保护该银行免受复杂的全球金融交易造成的波动的影响），在其交易实力方面赢得了声誉。该机构是一个明星机构，在行业难于盈利之时成了摩根大通的利润中心。但是管理者对于他们确定和管理风险的能力过于自信，他们开始进行越来越大的赌博，包括参与一个涉及衍生产品的高度复杂的贸易战略——在某些方面类似于导致华尔街危机的风险。该战略事与愿违，最终导致近 60 亿美元的损失，使得几名主要高管被解雇，破坏了该银行及其首席执行官的声誉。此外，联邦调查员还在调查可能存在的欺诈行为，怀疑一些交易员不当标记他们的交易，以掩盖损失的严重程度。

管理者工具箱

偏见会影响你的决策吗

我们所有人都有偏见，但大多数人很难看到自己的偏见。什么偏见影响了你的决策和解决问题的方法？回答以下问题，以了解你成为一名新管理者后可能遇到的困难和犯的错误。

1. 将一张纸对折，再对折。对折 100 次后，会有多厚？你猜测的最佳答案是：____。我有 90% 的把握相信正确答案就在____和____之间。

2. 以下哪个图与其他图最不相同？

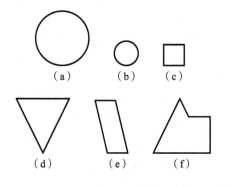

3. 作为公司的所有者和首席执行官，你决定投资 1 亿美元建造无法被敌方雷达探测到的无人驾驶飞机。当项目完成了 90% 时，一家竞争公司开始销售无法用雷达探测的完整无人机。此外，他们的无人机比你的公司开发的无人机更快、更小并且更加复杂。问题是：你是否应投入最后 10% 的研发经费来完成你的无人机？在以下答案中勾选一个。

____否；没有理由继续在该项目上花线。

____是；已经投资了 9 000 万美元，我们不妨完成该项目。

4. 在不实际计算的情况下，快速（5 秒钟）估算下式的结果：

$8 \times 7 \times 6 \times 5 \times 4 \times 3 \times 2 \times 1 =$ ____

5. 罗伯特具有嫉妒心、固执、吹毛求疵、易冲动、勤奋而聪明。总的来说，你认为罗伯特是否情绪化？（勾选一个数字）

一点都不情绪化 1 2 3 4 5 6 7 8 9 极度情绪化

6. 以下两个备选方案你会选择哪一个？

____方案 A：50% 盈利 1 000 美元的机会

____方案 B：确信盈利 500 美元

以下两个备选方案你会选择哪一个？

____方案 C：50% 亏损 1 000 美元的机会

____方案 D：确信亏损 500 美元

6.6 创新的决策

在当今快速变化的组织里，频繁地做出迅速的、受到广泛支持的、高质量的决策的能力是一种至关重要的技能。管理者在压力之下快速决策，而偏见又会影响判断，那么管理者如何做出好的决策呢？一些创新技术可以帮助管理者注意并避免因认知偏见造成的错误。大多数管理者很难看到自己的偏见，但他们可以在组织层面建立起消除或减少因偏见造成的决策错误的机制。

6.6.1　从头脑风暴开始

头脑风暴法（brainstorming）运用面对面的交互影响小组来提出尽可能多的解决问题的想法。如果要为某一个问题寻找广泛的备选解决方案，头脑风暴已经被证明是非常有效的方法，但它也有一些缺陷。一方面，小组成员常常想与其他人的说法保持一致。其他人关心的可能是取悦老板或者给同事留下印象。另外，许多有创造性的人才具有社交障碍感，这限制了他们参与小组活动，或者使他们难以在小组中提出自己的想法。事实上，一项研究发现，当四个人被要求单独进行头脑风暴时，他们提出的想法通常是四人为一组进行头脑风暴所产生的想法的两倍。

最近，一种叫作电子头脑风暴的方法利用了小组的优点，同时又克服了小组的缺点。电子头脑风暴（electronic brainstorming）是通过计算机网络把人召集在一起，组成交互式小组，提出备选方案。通常的做法是，先由一个人写出一个想法，另一个人阅读以后再补充其他想法，如此往复。最近的研究表明，电子头脑风暴比单个人的头脑风暴产生想法的数量多出40%左右，比通常的头脑风暴小组产生的想法多出25%～200%，具体取决于小组人数的多少。该方法采用匿名的方式，因此避免了可能出现的社交障碍感，也使人可以马上记下自己的想法，以免像面对面的小组讨论那样，因为等待发言机会而不知不觉遗忘了自己的一部分好主意。另一个好处是，电子头脑风暴法的小组成员可以是来自全世界的员工，这就进一步提高了备选方案的多样性。

6.6.2　使用确凿的证据

使用确凿的证据有助于在决策过程中不受情绪的影响，可以让人不依赖于错误的假设，并且防止管理者"只看他们想看到的"（如前所述）。**循证决策**（evidence-based decision making）是指承诺根据获得事实和证据的最佳信息做出更明智的决策。这意味着会警惕可能存在的偏见，严格地寻找和检查证据。例如，为了防止情绪影响对病情的判断，联盟医疗体系（Partners Health Care System）的医生们采用了基于哪些方法有效和哪些方法无效的大量数据的临床决策支持系统。管理者进行循证决策，是依据认真而详尽的分析而不是随意地依靠假设、过去的经验、拇指规则或直觉。在完全依靠飞行员个人经验的航空业遇到灾难性错误之后，许多航空公司现在使用一个被称为机组资源管理（CRM）的程序，彻底改观了安全做法。机组资源管理程序是训练每一个机组人员进行简短的会议，相互沟通飞行状态、当前环境以及任何即将到来的挑战或安全问题。训练飞行员对每一个机组成员提出的问题采取正确的行动。

麻省理工学院（MIT）斯隆管理学院经济学家 Erik Brynjolfsson 最近的一项研究结果，支持了使用循证决策能够改进组织决策的这一想法。他和同事对 179 家大型公司进行了研究，发现依照数据进行决策的公司要比根据其他因素进行决策的公司的生产率高 5%～6%。

6.6.3　严谨辩论

优秀的管理者都意识到，因为理念不同而导致的建设性冲突有利于聚焦问题，澄清思想认识，激发创造性的思维，限制偏见的作用，使大家更广泛地理解问题及其解决方案，进而提高决策质量。如前所述，网飞公司的首席执行官里德·哈斯廷斯在决策过程中努力激发大家进行严谨的辩论，以避免再次发生灾难，就像公司在做出提高服务价格并同时分离两大业务的决策后所遭受的灾难。通用采用严谨的辩论进行重大决策，哈斯廷斯让网飞公司重回正轨——得到而不是失去客户。

激发严谨辩论有几种方式。一种方式是，保证小组成员在年龄、性别、专业技能领域、等级层次以及商务经验等方面具有多元化。某些小组要指定**唱反调的人**（devil's advocate），他们的任务是挑战小组提出的假设和断言。唱反调的人可能会迫使该小组反思其解决问题的方法，避免过早得出一致性结论。MicroAge 公司首席执行官杰弗里·麦基弗（Jefffrey McKeever）经常扮演唱反调者的角色，在辩论过程中改变自己的立场，以确保其他国际管理者不会一味顺从他的观点。还有一种鼓励建设性冲突的方式，那就是**正方－反方辩论法**（point-counterpoint），意思是把决策小组再分成两个子小组（更小的小组），并赋予每个子小组不同的而且常常是对抗性的挑战责任。然后，各小组开始提出建议方案，讨论和辩论不同的选择结果，直到他们最后统一认识，并提出协同一致的建议为止。

辩论的另一种方式可能更加温和，较少竞争，但仍能广泛带来不同的意见。看看艾琳·费雪公司是如何做出决策的，如"管理者工具箱"中所示。

管理者工具箱

艾琳·费雪公司（Eileen Fisher Inc.）

制作美丽、优雅而且易穿的女装不是一件容易的事情，艾琳·费雪的设计和销售开始于20 世纪 80 年代，她的服装取法于日本的服装系列，以及她童年时期的天主教学校校服的混合搭配品质。

90 年代，在她的公司失去了发展方向之时，她看到了"结构需求"以及"快乐和幸福感的不足"，她聘请佩斯大学管理学教授苏珊·肖尔（Susan Schor）担任顾问，后来肖尔被说服加入公司担任全职顾问。

肖尔按照她学到的方法执行：扁平的层级结构和最大的员工敬业度。任何会议都围成圆圈进行，参与者为承担某些任务的团队。公司促使员工在各种情况下充当领导角色。例如，有一个问题需要解决，因此所有主要人员都会在一个房间里（围成圆圈），一位领导者／引导者帮助团队进行设想／产生想法，然后确定谁将负责实施某方案，以及谁将协助实施该方案。这被视为"为团队提供去发现的空间。"

无论职位或专业知识如何，每一名员工都被鼓励为公司献计献策。

艾琳·费雪精神的一个部分就是提倡环保，并安排了一名可持续发展主管，负责保持公司的产品和工艺过程绿色而环保。50% 的有机棉花来自于天然有机的无农药农场，并使用无毒染料。与 TakePart 等组织建立了合作伙伴关系，该组织是一家全球性娱乐公司，其使命是促进社会变革，并负责拍摄纪录片，如《难以忽视的真相》（An Inconvenient Truth）、《食品公司》（Food Inc.）等。

成功是毋庸置疑的。艾琳·费雪现有拥有68 家门店，60% 的销售额来自于百货公司，员工人数增加到 1 200 多人，营业收入达 4.52 亿美元。该公司的每个人都是过程和成果的拥有者，因为分红制能够更进一步保持员工的敬业度。29% 的利润分配给工人。2013 年，每个人得到了 11 周的工资作为利润分红的奖金。圆圈会议的效果是不错的。

6.6.4 避免群体思维

对于管理者来说要牢记，一定数量的异议和冲突比盲目的赞同更为有益。保持一致的压力几乎存在于任何组织当中，特别是在那些成员们相互喜欢的群体中，他们倾向于避免可能造成不和谐的任何事件。**群体思维**（groupthink）是指群体中的人压制反对意见的倾向。当人们逐渐养成群体思维后，对和谐的渴望就超过了对决策质量的关注。群体成员强调保持一致，而不是从实际出发挑战问题和方案。人们审查并删除自己的个人想法，不愿意批评他人的观点。

作家兼学者杰里·哈维（Jerry Harvey）创造了"艾比林矛盾"（Abilene paradox）这个词语来说明存在于群体中的保持一致性的潜在压力。哈维讲述的故事是：在离得克萨斯州艾比林市 50 英里的一个小镇上，一大家人在 42 度的高温下坐在门廊，热得难受。当有人建议驾车去艾比林的咖啡馆时，每个人都附和，即使汽车并没有空调装置。当时每个人都很难受，回到家时筋疲力尽，怒火中烧。后来，每个人都承认他们从没想过要去咖啡馆，并认为这个提议很荒谬。他们之所以去了，仅仅是因为他们原以为其他人都想去。由于群体思维对于群体决策来说是一个自然而普遍的挑战，一些专家建议使用专家决策教练（expert decision coach）来提供实际的帮助和反馈，使人们可以学习并采取新的行为方式，而不是回到抑制群体相反意见的默认行为。

6.6.5　知道何时摆脱困境

在快节奏的环境中，新工作场所鼓励冒险和从错误中学习，同时也教会人们知道何时应该从没有用的事情上脱出身来。研究发现，组织常常继续在某个项目上投入时间和金钱，尽管有充分的证据表明该项目是不合适的。这种趋势叫作**效忠递增**（escalating commitment）。管理者或许会阻碍或者扭曲负面的信息，因为他们不愿意对错误的决策承担责任。或者，他们可能会简单地拒绝承认他们的解决方案是错误的。欧洲的一项研究证实，即使非常成功的管理者，也经常会错过或忽略警报信号，因为他们忠于自己的决策，并相信只要坚持就能成功。当公司面对加剧的竞争、复杂性和变革时，对于管理者来说，不再固执己见以至于在应该有所发展的时候却不愿意承认是很重要的。根据斯坦福大学罗伯特·萨顿（Robert Sutton）教授的理念，成功的创造性决策的关键是"早失败，常失败，早脱身。"

6.6.6　进行事后剖析

为了改进决策，管理者需要反思和学习他们做出的每一个决策。当人们审查他们的决策结果时，他们学到了如何在未来更好地做事的宝贵经验。许多公司采用美国陆军用于鼓励进行证据检查和持续学习的一项技术，即**事后回顾**（after-action review），这是一种管理者定期花时间回顾决策结果并从中进行学习的一种严格的程序。在实施了任何重大决策之后，管理者开会进行评估什么是有效的，什么是无效的，以及如何将事情做得更好。许多问题是通过不断摸索来解决的。例如，对关于伊拉克路边炸弹袭击的决策进行事后回顾，使得士兵建议实施一项整体反叛乱战略，而不是过分依赖技术。许多商业机构采取了某种形式的事后回顾。联想创始人柳传志强调的一种类似的技术叫作"复盘"（fu pan），意思是"重演棋局"。该理念是对每一个步骤进行回顾，以使下一个决策得到改进。联想公司对管理者进行了将"复盘"应用于任何事情的培训，从小规模地快速回顾日常事件，到全面而深入地回顾重大决策。当管理者通过事后回顾获得了有关决策的及时反馈意见后，他们就有机会将新的信息和更深入的理解融入他们的理念和决策中。

◘ 讨论题

1. 在 2013 年 9 月发生的一起枪击事件中，在华盛顿海军工厂枪杀了 12 人的前海军后备役军人阿龙·亚历克西斯曾有精神病史，但他携带了有效的安全许可。为了避免这类灾难的发生，对于管理者发放或撤销安全许可的决定你有何建议？

2. 盖璞公司（以前是一家顶级零售连锁店）的管理者被报道出做了一系列伤害公司的决定。他们进行快速扩张，使连锁店与客户失去联系；他们试图复制竞争对手的成功做法，而不是制定自己的路线；他们为减少成本而降低质量；他们变换时尚的做法，因为每一种做法都不能吸引客户，等等。你会建议盖璞公司的管理者采用什么技术来提高他们的决策质量？

3. 解释风险性与含混性的差异。这两种情形下的决策有何不同？

4. 分析你在过去六个月中所做的三个决策。这些决策中哪些是程序化决策？哪些是非程序化决策？哪一种模式（古典、行政、政治）能最好地描述你制定决策的方法？

5. 如果组织中组建多个联盟，每一个联盟倡导的方向或方案都不同，这会给组织带来什么机遇，存在什么潜在问题？作为一名管理者，你能采取什么措施来确保竞争的联盟进行建设性的讨论，而不是争吵？

6. 你能想到你所在的学校做过的一次错误决策吗？你有没有从工作经历或是最近的商业、政治新闻报道中接触到试图努力纠正或证明过去的决策是合理的事例？作为一名新的管理者，你将如何抵制基于矫正或确认过去的某个决策来选择决策方案的做法？

7. 专家忠告说，组织中的大多数灾难都是由一系列小问题或错误引起的。作为一名新的初级管理者，你如何运用这种理解来帮助你的组织避免出现重大错误？

8. 列举一些使用计算机技术进行管理决策可能存在的优点和缺点。

9. 直觉和循证决策是否能作为有效的方法而共存于一个组织内？管理者如何将自己的直觉与理性的、数据驱动的循证方法结合在一起？

10. 你认为自己最主要的决策风格是什么？你的风格与团队技术如头脑风暴和严谨辩论相协调吗？请讨论。

◘ 自主学习

你的个人决策风格是什么？

阅读下面每个问题，选出最适合你的答案。想一下你在工作或者学校环境中的具体表现，选出脑中闪现的第一个答案。答案没有对错之分。

1. 为了完成我的工作或班级任务，我寻找
   a. 实际的结果
   b. 最好的方案
   c. 有创造性的方法和理念
   d. 良好的工作环境

2. 我喜欢的工作是：
   a. 技术性的和明确的
   b. 多元化的
   c. 允许我保持独立和具有创造性

   d. 与他人密切合作

3. 我最喜欢与这样的人一起工作
   a. 精力充沛、有抱负
   b. 有能力和有组织力
   c. 对新理念具有开放性
   d. 讨人喜欢、值得信任

4. 当我遇到问题时，我通常
   a. 依赖于过去的经验
   b. 进行仔细的分析
   c. 考虑各种有创造性的方法
   d. 与他人取得共识

5. 我特别擅长
   a. 记忆日期和事实
   b. 解决复杂问题

c. 看到许多可能的解决方案

d. 与他人打交道

6. 当我没有太多时间时，我

　　a. 做出决策并迅速行动

　　b. 依从已确立的计划或优先事项

　　c. 慢慢按计划行事，拒绝承受压力

　　d. 寻求他人的指导和支持

7. 在社会条件下，我通常

　　a. 和他人交谈

　　b. 想想正在被讨论的事情

　　c. 观察

　　d. 倾听谈话

8. 其他人认为我

　　a. 有侵略性

　　b. 有纪律性

　　c. 有创造性

　　d. 有支持性

9. 我最不喜欢的是

　　a. 不在控制当中

　　b. 从事枯燥的工作

　　c. 遵守规章

d. 被他人拒绝

10. 我做的决策通常是

　　a. 直接的和实际的

　　b. 系统的或抽象的

　　c. 广泛的和灵活的

　　d. 对别人的需求敏感的

评分与说明：

这些问题可以评估你的个人决策风格，如在正文图 6-4 中所示。

数一下答案 a 的数量。分数代表具有指导性。

数一下答案 b 的数量。分数代表具有分析能力。

数一下答案 c 的数量。分数代表具有概念性能力。

数一下答案 d 的数量。分数代表具有行为性能力。

你主要的决策风格是什么？你感到意外，还是这个结果和你自己所认为的决策风格一致？

◎ 团队学习

做决策的新方法

管理者在不得不做出决策时，通常能够有效地专注于问题并诊断哪里出错以及如何解决错误。管理者可能会问自己的典型问题包括：问题是什么？问题的原因是什么？为什么这个问题发生在我身上？我的替代方案是什么？什么是最好的方案？如何实施该方案？

有一种新颖的决策方法，被称为结果导向思维（outcome-directed thinking），一些管理者已会使用。该方法着眼于未来的结果和可能性，而不是问题的原因。人们在关注未来想要获得的结果时，倾向于感觉更积极的情绪，有更多的创造性想法，并且解决问题更加乐观。

第 1 步　想一想你现在在生活中遇到的某个问题，所发生的事情不是你希望的那样。可以是你想要解决的在学校、家里或工作中的任何问题。用几句话总结一下该问题。

第 2 步　现在写下以下问题的简要答案：

A. 关于这个问题，我真正想要的结果是什么？（你的答案就是你对该问题的期望结果。）

B. 我将如何知道我什么时候实现了这一结果？（我将看到什么？听到什么？感觉到什么？）

C. 我需要什么资源来实现这一期望的结果？

D. 为了实现这一结果，我能采取的第一个步骤是什么？

第 3 步　3～5 名学生一组，轮流分享你对这四个问题的答案。另外，谈谈你对该问题的期望结果有什么看法。例如，你是否觉得你已经开始了一个解决方案，而该方案是能够实现的？此外，谈谈如果专注于预期结果的实现而不是问题的原因，你的想法是否会更具创造性和更加有效。

◘ 实践学习

1. 回想两次你做决策时的情况，一次得到了积极的结果，而一次未得到好结果。

2. 填写下表。

你必须做出什么决策?	决策 1 （积极的结果）	决策 2 （消极的结果）			
是程序化决策还是非程序化决策?					
具有确定性还是不确定性?					
是否使用了你的直觉?					
是否建立了联盟?					
你是否采用了任何不好的决策行为，例如坚持先前的决策、过于情绪化、受最初印象的过度影响?					
你是否制定了不同的备选方案?					
你是否采用了循证思维?					
你是否咨询过唱反调的人?					

3. 你在两个决策中看到有什么不同?

4. 对于如何在未来更有效地制定决策，你能从中学到什么?

◘ 伦理困境

缺席的顾问

作为一名国际咨询公司的管理者，杰弗里·摩西正面临着他短暂职业生涯中的一次最艰难的决策。他的一名最优秀的顾问安德鲁·卡彭特显然是遇到了麻烦，他存在的问题对他的工作造成了影响。国际咨询是一家为世界各地的企业设计、安装和实施复杂的后台软件系统的公司。大约一半的顾问在办公室工作，其余的顾问，包括卡彭特主要在家工作。

星期一的早上，摩西接到一位重要的纽约客户的电话，客户在电话中生气地说，卡彭特从未来过公司总部。这位客户正等着他的新计算机系统第一次启用。在向东海岸的其他客户打电话寻找这位失踪的顾问时，摩西听到了其他一些事情。卡彭特也未现身其他几个约会，所有这些都发生在星期一早上，由于他打电话说另外安排时间，因此没有人认为需要报告这件事。此外，他差点与一名质疑他是否具有新系统能力的员工打起来，他在当天还令人费解地离开了一位客户的办公室，一句话也没说。另一位客户报告说，他最后一次看到卡彭特时

他似乎有严重的宿醉症状。大多数客户是喜欢卡彭特的，但他们担心他的行为会越来越古怪。一位客户说，她宁愿与其他人合作。至于纽约的这位重要客户，他希望安德鲁能够完成这个项目，而不是安排新的顾问来完成，并要求国际咨询公司将 25 万美元的顾问费用减掉一半。

当摩西打电话给隔壁邻居最终找到卡彭特之后，卡彭特承认他度过了一个"放荡的周末"，喝得醉醺醺地无法上飞机。然后他告诉摩西，他的妻子离开了他，并且带走了两岁的儿子。他承认自己最近喝得比平时多了点，但坚持说能够控制自己，并承诺不会再出问题。"我真的不是个酒鬼或酗酒者，"他说。"我只是被布伦达的离开弄得心烦，在这个周末没有控制好自己的情绪。"摩西告诉卡彭特，如果他去纽约并且完成这个项目，一切都会得到原谅。

然而现在，他不知道是否真的应该让事情就这样过去。摩西跟卡彭特的团队领导谈了谈该情况，得知该领导也意识到了卡彭特最近出

现的问题，但认为一切都会自行解决。"具有专业知识、高技术水平并且愿意出差的顾问是很难找到的。他在所有客户中都很受欢迎，他会做到言行一致的。"然而，当摩西与业务副总裁卡洛琳·沃尔特讨论这个问题时，她认为卡彭特应被解雇。"你没有义务仅仅因为你对他说过的话而留住他，"她指出，"这是一个重大错误，因经常无故缺席而解雇某人是完全合法的。你给客户打的电话应能够让你清楚，这种情况的出现已不是一次了。现在就开除他，以免事情变得更糟。如果你现在觉得减掉 25 万美元费用的一半很痛心，试着想想如果这种行为继续下去又会发生什么。"

你会怎么办

1. 通知卡彭特一个月后解除合同。他是一名很好的顾问，因此找到一份新工作不会有什么困难，你就能够避免再次出现因他的糟糕情绪和可能酗酒而造成的任何问题。

2. 让这件事过去。爽约纽约客户是卡彭特第一次犯的大错误。他说他能够控制好一切，你应该给他一个重新回到正轨的机会。

3. 让卡彭特知道你关心他所经历的事情，但坚持让他带薪休假和接受心理咨询来解决他的情绪问题，并对他酗酒问题的严重性进行评估。如果继续酗酒，要求他进行治疗或另谋高就。

组织结构设计

本章概要

维尔福软件公司（Valve Software Corporation）是视频游戏业中的领先者，开发的产品有反恐精英（Counter-Strike）、半条命 2（Half-Life 2）、求生之路（Left 4 Dead）、传送门（Portal），以及广为流行的数字发布平台 Steam。2013 年 9 月，*WhatCulture* 在线杂志（总部位于英国）将维尔福的创始人加布·纽维尔（Gabe Newell）列为"五大最富有的退学技术大佬"。纽维尔担任维尔福的首席执行官，但正如公司网站上宣传的那样，该公司"自 1996 年以来一直采用无老板模式"。"当富有创造力的员工在无人告知做什么的情况下，他们所能创造出的成果是十分惊人的。"2012 年春天，有人在线发布了维尔福的员工手册，其独特的组织结构受到了媒体的轻微抨击，但该公司自成立以来，在无老板模式下一直运转顺利。纽维尔和联合创始人麦克·哈灵顿（Mike Harrington）以前都是微软的员工，他们希望创建一个能够实现员工最大灵活性的扁平而快速的组织。这听起来似乎就是员工的梦想，但许多员工却不适应这种"没有结构的结构"，从而离开公司寻找更为传统的工作岗位。

你能在一家没有上司、没有固定办公室、没有明确结构的公司里工作吗？维尔福是与众不同的，但正如前面章节中我们看到的例子，许多公司正在扁平化其层次结构和削减管理层，以提高公司效率并使其更加灵活。一些人能够在扁平层次结构（甚至是无老板模式）的组织中得以发展，而另一些人则在没有明确规定的纵向结构中举步维艰。特别是新管理者在与他们领导信仰一致的组织系统中通常能更舒适而有效地工作。

在作为一名管理者的工作生涯中，你必须了解和学习在各种结构配置中工作。所有组织都努力克服结构设计的问题，重组通常是对新战略、变化的市场环境以及创新技术的必要反应。

近年来，许多公司重组了部门、指挥链和横向协调机制，以达成新的战略目标或应对动荡不安的环境。沃尔格林（Walgreens）实现了其"7 by 10"的目标（意思是到2010年拥有7 000家连锁药店），因此管理层将扩张战略转为提供卓越的客户体验的战略。为了支持这一新战略，管理者在层次结构中增加了两个新职位。沃尔格林拥有30个国内市场，在每一个市场安排一名销售副总裁，以使公司领导层更加贴近客户。第二个新职位是团体领导人，为经验不足的药店管理者提供指导，以帮助他们提供非同一般的服务。在墨西哥湾2010年发生灾难性爆炸和石油泄漏之后，英国石油公司对其勘探、开发和生产作业（以下简称"上游"）进行了重大重组，以确保类似事件不会再次发生。为了改善风险管理，首席执行官罗伯特 W. 杜德利（Robert W. Dudley）任命了一名专门负责其全球所有上游运营的执行主管。2012年年底，在任命 H. 拉马尔·麦凯（H. Lamar McKay）负责监督运营之后，杜德利说："在过去的两年中，我们已在上游业务中成功采用了一种更为集中的组织，这是英国石油公司20年来进行的最大的组织变革。"迈克尔·戴尔（Michael Dell）在他的公司成立了一个单独的部门，主要专注于诸如手机和其他便携式设备的产品，这是计算机行业发展最快的一部分。这些组织都在运用组织的基本概念。

组织（organizing）就是配置组织资源以实现战略目标。资源的配置是通过组织不同部门和工种的具体劳动分工、正式的权力线、协调不同组织工作的机制等方面反映出来。

组织是很重要的，因为它来源于本书第3部分的主题——战略。战略定义了做什么；组织则详细说明了怎么做。组织结构是管理者用来管理资源、让人做事的工具。本书第4部分解释管理者使用的各种组织原则和概念。本章覆盖了适用于所有组织和部门的基本概念，包括纵向组织结构和水平沟通机制。第8章讨论如何通过组织建构来促进创新与变革。第9章则探讨如何在组织结构内部最好地利用组织的人力资源。

 新晋管理者自测

你的领导理念是什么

说明： 一个新管理者与组织之间的匹配通常基于个人对领导者角色的理念。当组织设计与新管理者对其领导角色的理念一致时，事情进展最为顺利。

想想以下各条对你作为组织中领导者理念描述的契合程度。选出四条最符合对你描述的，同时也选出四条最不符合的。

	是	否
1. 一个领导者应该掌管整个团队或组织。	___	___
2. 领导者最主要的任务是制定决策并进行沟通。	___	___
3. 团队和组织成员应该忠于指定的领导者。	___	___
4. 是否冒险取决于领导者。	___	___
5. 领导者应该鼓励员工讨论未来。	___	___
6. 成功的领导者让每一个人都认识到自己的优势。	___	___
7. 一个组织需要时刻改变其做事的方式来适应不断变化的世界。	___	___
8. 组织中的每一个人都要对达成组织目标负责。	___	___

评分与解释： 每一个问题都与两种领导理念之一有关。第1～4题反映了基于职位的领导理念。该理念认为最具竞争力和最忠诚的人应该被置于领导职位，他们拥有来自团队或组织的责任和权力。第5～8题反映的是非层级化的领导理念，与扁平化甚至无老板的设计更为相符。它认为团队或组织面临着关于适应性挑战的复杂系统，管理者视其工作为促进员工间的信息流动，同

时全情投入以共同应对那些挑战。你在哪一种领导理念的相关题目中选择了更多的"是"，就表示你个人的领导理念倾向于基于职位型或者非层级型。

基于职位的理念通常适用于传统的纵向层级体系或机械性组织。非层级体系理念通常适合于在水平机构中工作的管理者，如团队管理、项目管理和网络管理，或适合于先进的无老板组织。

7.1 纵向组织结构

组织过程导致了组织结构的建立。组织结构（organization structure）详细说明了任务如何分配、资源如何配置以及部门之间如何协调等问题。组织结构可以定义为：①分配给个人和部门的一组正式的任务；②正式的报告关系，包括权力线、决策责任、等级层次的数目以及管理跨度；③制度设计，以确保不同部门员工之间的有效协调。确保部门间的协调与定义部门的职责一样至关重要。没有有效的协作系统，组织结构就是不完整的。

正式的任务组和正式的报告关系提供了组织实施纵向控制的框架。纵向层级结构的特点表现在组织图之中。**组织图**（organization chart）就是组织结构的视觉表现。

图 7-1 是一家汽水瓶装厂的组织图样本。该厂有四个主要部门——会计、人力资源、生产、营销。该组织图描绘了指挥链，指出了部门的任务并说明了它们之间是如何匹配的，并为组织带来了秩序和逻辑。每位员工都有指定的任务、权力线和决策责任。下面我们将更详细地讨论纵向层级结构的几个重要特点。

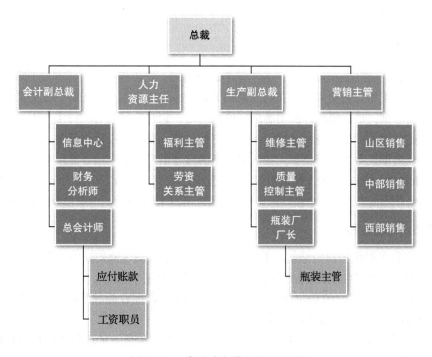

图 7-1　一家汽水瓶装厂的组织图

7.1.1 工作专业化

组织要完成一系列大量的工作。一条基本原则是，如果员工被允许进行专业化生产，完成工作的效率将会更高。**工作专业化**（work specialization），有时称为劳动分工，是指组织的任务被进一步分解成独立的工作的程度。在图 7-1 中，工作专业化可以解释成：将生产任务分解成瓶装、质量控制和维修。每个部门里面的员工都只完成与他们的专业化职能相关的任务。当组织面临新的战略问题时，管理者通常会设立新的职位或部门来处理这些问题。在黑客盗取了所谓安全的索尼网络上的数百万客户档案之后，索尼在它的层次结构中增加了一个首席信息安全官（CISO）的新职位。许多组织，包括 Gannett、NBC、Simon & Schuster、哥伦比亚大学和星巴克，都设立了首席数字官（CDO）的职位，为基于数字的举措提供广泛的领导，包括社交商业举措（如第 1 章中所述）。纽约市在 2011 年聘请了其第一位首席数字官，这甚至发生在许多公司考虑聘请这类高管人员之前。当时，设有首席数字官职位的其他城市仅有巴西圣保罗。许多组织甚至在十年前尚未设立首席信息官（CIO），而如今几乎每一个政府机构、非营利组织和商业公司都设有该职位，首席数字官可能也会变得无处不在。2009 年，奥巴马总统任命 Vivek Kundra 为美国政府的第一位首席信息官。

当工作专业化涉及面很广时，员工就专注于某一特定的任务。工作有变小的趋势，但是可以高效地完成。在汽车装配线上，专业化生产已经显而易见，在那里，每一位员工都反复做同样的工作。让一个工人独自去制造一辆汽车，或者从事大量毫不相干的工作，这可能是没有效率的。

尽管专业化有着明显的优点，但是很多组织正在放弃该原则。如果专业化分工过度，员工就会与世隔绝，只做单一而枯燥的工作。此外，太多的专业化带来了彼此分割，阻碍了对于组织有效运作至关重要的相互协调。许多公司贯彻团队制或其他机制，以提升协作能力，这同时也给员工带来了更大的挑战。

7.1.2　指挥链

指挥链（chain of command）是一条不间断的权力线，它将组织里的所有员工联结起来，并说明谁向谁报告工作。它与两个潜在的原则相关。统一指挥原则，是指每一位员工只对一位主管负责。等级原则，是指组织内部明确定义的权力线，它包容了所有的员工。不同任务的职权和责任应该是截然不同的。组织里的所有人员不但应该知道管理层次之间的上下关系，还应该知道他们应该向谁汇报工作。例如，在索尼，新的首席信息安全官向首席信息官汇报工作，首席信息官则向首席转型官汇报工作，而首席转型官最后向首席执行官汇报工作。在图 7-1 中，工资职员向总会计师报告工作，总会计师再向副总裁汇报工作，最后，由副总裁向公司总裁汇报。

1. 职权、责任与授权

指挥链解释了组织的权力结构。**职权**（authority）是管理者制定决策、发布命令、分配资源以取得组织所期望的结果的正式而合法的权利。职权有三个特点：

（1）职权是授予组织的职位的，而不是个人。管理者拥有职权是因为他们所处的职位，处在同样位置的其他人员也会享有同样的职权。

（2）职权沿纵向层级结构自上而下流动。位于层级结构顶端的职位比底层的职位被赋予更大的正式职权。

（3）职权是下属所认可的。尽管职权是自上而下流动的，但是下属服从职权，因为他们认为管理者有发布命令的法定权力。权力的接受理论认为，只有当下属愿意服从管理者的命令时，管理者才有职权。倘若下属因为某一命令超出其接受范围而拒绝服从，管理者的职权就消失了。

责任是职权硬币的反面。**责任**（responsibility）是员工完成被分派的任务或者工作的义务。典型地说，管理者被赋予的职权与他们所担负的责任是相一致的。当管理者需要对任务完成情况负责但是几乎不拥有职权时，该任务是很难完成的。此时，管理者只能依靠劝说和运气。当管理者享有的职权超越了责任范围时，他们可能会变成暴君，滥用职权。

 新晋管理者自测

权力角色模型

说明：一位新管理者对权力的期望常建立在他的第一任权力人物或角色模型的经验上——母亲和父亲。为了理解你的权力角色模型，请对以下问题回答"是"或"否"。想一下这些陈述在你成长过程中，是如何在你父母的决策上体现的。

	是	否
1. 我父母认为孩子们在家里应该像家长那样自由行事。	——	——
2. 当家庭政策确立后，我父母和孩子一起探讨背后的逻辑。	——	——
3. 我父母认为如果我做他们认为对的事情，这是对我好。	——	——
4. 我父母觉得，孩子们应该自己决定自己想做的事，即使他们不同意。	——	——
5. 我父母通过讨论来指导我的行为。	——	——
6. 我的父母很清楚谁在家里一言九鼎。	——	——
7. 我父母允许我决定大多数事情，而不是事事进行指导。	——	——
8. 当做与家庭有关的决定时，我父母会考虑孩子的意见。	——	——
9. 当我没能满足父母的规定和期望时，我很可能会受到惩罚。	——	——

评分与解释：每一个问题都属于父母权威的一个子领域。第 1、4、7 题反映了放任型家长权威；第 2、5、8 题则代表灵活性家长权威；第 3、6、9 题代表的是专制型家长权威。你在哪个子领域回答了最多的"是"，则表明来自于你早期角色模型的个人期望决定了你作为一个新管理者所适应的权威方式。专制型权威期望通常适合于传统的拥有固定规章和清晰权力层级的纵向结构（机械性组织的特征）。灵活型权威期望通常适合水平组织，如管理团队、项目和再设计（有机性组织的特征）。因为大多数组织依靠种组织结构发展壮大，放任型权威期望可能在任何组织结构中都难以有效地实施责任制。在你看来，你的儿童角色模型是如何影响你的权威期望的？记住，这个问卷调查只是一个指导，因为你现在对权威的期望不会直接反映你儿童时期的经验。

责任制是使职权和责任得以协调一致的机制。**责任制**（accountability）的意思是，既享有职权又肩负责任的人员应该向指挥链上位居他们之上的那些人员汇报工作并说明任务完成结果的合理性。要使组织正常运转，每个人都必须知道自己肩负着什么责任，并接受完成任务的责任与职权。英国广播公司（BBC）正在进行结构性改革，以便明确其指挥链并加强危机爆发后的管理问责制，该危机是在 BBC 决定不播出有关前 BBC 电视节目主持人吉米·萨维尔（Jimmy Savile）被指控性侵儿童且受害者众多的新闻报道之后爆发的。更糟糕的是，广播公司播放了一则虚假的报道，指责一名前高级政治官员具有类似的犯罪行为，从而使该公司再次惹上麻烦。由此造成的丑闻玷污了备受尊敬的广播公司的形象，并使广播公司的行政办公室陷入混乱。总裁在上任两个月后辞职，两名高级主管迫于压力辞职，而组织则在调查是什么出了问题。新总裁托尼·霍尔（Tony Hall）强调，需要改变英国广播公司的文化，实现"更大的个人责任"和更简单、更清晰的管理结构。虽然造成这场危机的问题有很多，但其中一个问题就是指挥链模糊，制定决策时没有明确的权力线。例如，在萨维尔危机爆发之后，编辑部领导处于极度的压力之下，对于播放高级政治官员新闻的决定谁应该负责却是不明确的。

与职权相关的另一个概念是授权。授权（delegation）是管理者把职权和责任授予在组织的层级结构中位居其下的职位的过程。今天，大多数组织都鼓励管理者将职权授予尽可能最低的层次，以便为员工提供在客户服务和适应环境变化方面最大的灵活性。想一想 Meetup.com 的高层管理者是如何通过将权力和责任下放给一线工作人员，从而使公司复活的。

如本例所示，将决策权授予下级管理者和员工，可以极大地调动积极性，并提高速度，增加灵活性和创造力。然而，许多管理者发现授权难于实现。当管理者不能授权时，他们会逐渐削弱下属所起的作用，并会妨碍员工有效开展工作。

2. 直线职权与参谋职权

在许多组织里，重要的是区分直线职权与参谋职权，这反映了在组织结构中管理者是在直线部门还是参谋部门工作。直线部门完成反映组织的首要目标和使命的任务。在软件公司里，直线部门生产并销售产品。而在互联网公司里，直线部门则是那些开发并管理在线供应与销售的部门。参谋部门包括向直线部门提供专业化技能的所有其他部门。参谋部门与直线部门之间是顾问关系，典型地说，它包括营销、劳资关系、研究、会计和人力资源等部门。

 聚焦技能

Meetup.com

Meetup.com 是一家因 2004 年组织霍华德·迪安（Howard Dean）的总统竞选而出名的公司。作为一个帮助其他人创建组织的公司，Meetup 已成为建立各种社会团体（从抗议活动到花园俱乐部）的有用工具。当 Meetup.com 经历快速扩张时期时，高层管理者采用了命令和控制的结构，作为监管和监督绩效的一种方法。该公司甚至成立了一个"审查委员会"，与管理者一起监督员工可以做什么和不能做什么。出现的麻烦就是"生产力跌至低谷，"首席技术官格雷格·惠林（Greg Whalin）这样说道。有一天，一位高级管理人员将首席执行官斯科特·海弗曼（Scott Heiferman）拉到一间会议室，给他看了一份抱怨清单，其中包括"我们不是一家创造性的公司"以及"我讨厌组织结构图"。

海弗曼决定采用不同的方式，将权力和责任下放给员工。如今，Meetup 的员工几乎完全自由地选择他们工作的项目，以及完成项目的方式和时间。由于拥有确定轻重缓急和做决定的权利和责任，员工的创造力猛增。此外，许多员工开始比以往更加努力地工作。"我们在六个星期的收获比去年六个月的收获都多，"海弗曼说道。

 绿色力量

一个新部门

SAP 公司在 2009 年设立了其有史以来的第一个"首席可持续发展官"职位，由以前的一位计算机科学家彼得·格拉夫（Peter Graf）带领一个全球性团队，对可持续发展的举措进行监督。为了改变 SAP，格拉夫及其团队将重点集中于层级结构的高层，将 SAP 的董事会作为他们教育的第一目标。定期向董事会成员发送电子邮件和时事通讯，对术语进行定义并回答问题（例如"对于可持续发展来说'补偿'意味着什么？"）。此外，格拉夫及其团队会提醒董事会成员不要忘记 SAP 公司内所发生的事件，例如德国一个重要客户因公司没有可持续性行为规范而停止订购 SAP 软件。

　　到 SAP 董事会下一次召开正式会议之时，董事会成员就会全面采纳可持续发展政策，他们明智而意见统一，协助这个新部门开展工作，以改变员工、供应商和客户的可持续发展思维。

　　直线职权（line authority）的意思是，处于管理职位的人员享有指挥和控制其直接下属的正式权力。**参谋职权**（staff authority）比较狭窄，它包括在参谋专家的专业知识领域的建议权、推荐权与咨询权。参谋职权是一种沟通关系；参谋专家在技术领域向管理者提供咨询。例如，制造企业的财务部有参谋职权，负责与直线部门协调使用何种财务报表，以便利设备采购和规范工资管理。在英国石油公司租用瑞士越洋钻探公司的钻机在墨西哥湾 "深海地平线" 油井发生爆炸（这次爆炸造成 11 名船员死亡，并引发了环境灾难）之后，英国石油公司成立了一个新的安全部门，为直线部门提供有关风险管理、承包商协议以及其他安全相关问题的建议。与许多参谋专家不同，英国石油公司的安全部门具有更大的权力，如果该部门认为直线管理者的决策太冒险的话，就会反对实施该决策。

热点话题

为了了解指挥链、权力线、责任和授权的重要性，我们看看 "深海地平线" 发生的钻机爆炸事件。行动的组织如此松散，似乎没有人知道谁应该负责或者他们的权力和责任是什么。爆炸发生时，陷入一片混乱。23 岁的 Andrea Fleytas 在注意到无人发出求救信号时，她通过无线电发出求救信号（遇难信号），但她这一举动被视为越权而受到斥责。一位管理者说，他没有求救是因为他不确定自己是否有权这样做。还有一位管理者说，他试图向岸上打电话，但被告知这一命令需要由另一个人下达。船员们都知道需要启用紧急停机按钮，但谁有权发出启用命令却是不清楚的。随着火势蔓延，几分钟后人们才得到撤离指示。惊慌的 Fleytas 再次打开公共广播系统，宣布船员们放弃钻机。"场面非常混乱，" 工人 Carlos Ramos 说道："没有指挥链，没有负责人。" 在爆炸和石油泄漏事件之后，一些联邦机构也因疏于监督和责任混乱，导致了拖延和分歧，使当地社区长时间遭受苦难，从而陷入了尴尬的局面。

7.1.3　管理跨度

　　管理跨度（span of management）是指向管理者汇报工作的员工的数目。管理跨度有时也称为控制跨度，组织结构的这一特点决定了管理者监控其下属的严密程度。传统的组织设计理念认为，每位管理者管理大约 7～10 名员工。然而，现在许多精益组织的管理跨度高达 30 或者 40 人甚至更多。例如，在百事可乐公司位于墨西哥的 Gamesa 饼干运营部，对员工进行培训以保持生产的顺利进行，并针对质量、团队合作精神和生产能力对员工进行奖励。团队运作如此高效，使得 Gamesa 各工厂的每一位管理者都能管理约 56 名下属。过去大约 40 年的研究指出，管理跨度可以大不一样，影响管理跨度的因素也有多个。总的说来，当管理者们必须专注于员工时，管理跨度应该小；当管理者很少需要介入员工的工作时，管理跨度就可以大。在下列情况下，管理者一般参与较少，因而控制跨度较大：

- 下属从事的工作是稳定的、惯常的。
- 下属完成相似的工作任务。
- 下属都集中在一个地方。
- 下属训练有素，完成任务时几乎不需要指导。

- 详细说明任务活动的规则和程序是现成的。
- 管理者可以利用支持系统和人员。
- 几乎不需要花费时间从事非管理性活动，比如与其他部门的协调与计划工作。
- 管理者的个人偏好与工作方式喜欢大跨度。
- 组织使用的平均控制跨度决定了组织结构是高耸式的还是扁平化的。**高耸式结构**（tall structure）总体上跨度较小，等级层次相对较多。**扁平化结构**（flat structure）控制跨度较大，在水平方向展开，相对而言等级层次较少。

层级结构太多，管理跨度太窄是组织结构的一个普遍问题。在世界大型企业联合会（Conference Board）进行的一项调查中，有72%的受访管理者表示，他们认为其组织中的管理层次过多。其结果是，例行公事的决策在组织中占了太大的比例，这使得高层管理者无法参与解决重大的长期战略问题，同时又限制了低层管理者解决问题的创造力、创新能力和责任性。近年来的流行趋势是，追求较大的管理跨度，以此作为促进授权的方式。

最近的一项研究发现，在过去20年中，首席执行官的管理跨度增加了一倍，直接向高管汇报工作的管理者人数从约5人增加到约10人，而这些管理者的管理跨度也在增加。同时，高层团队的职位类型正发生着变化，首席运营官（COO）的职位在下降，而首席信息官或首席营销官等职位已上升至高层团队。许多因素会影响高管的最佳控制跨度。新上任者通常希望拥有更宽的控制跨度，以帮助他们对管理人员进行评估，并了解更多的业务内容。在其工作中必须花大量时间直接与客户、合作伙伴或监管者进行互动的首席执行官，需要较窄的控制跨度，将更多的责任分配给下属，以便腾出更多的时间进行外部活动；而参与重大内部转型的首席执行官，则需要较宽的控制跨度，以掌握整个组织中所发生的事情。图7-2是一家国际金属公司的组织结构。A模块中多层次的管理者被B模块中的10位运营经理和9名参谋专家所取代，他们直接向总裁报告工作。该公司首席执行官喜欢这种有19名下属的宽管理跨度，这是因为：①这正符合他的风格；②他的管理团队是最优秀的，几乎不需要任何监督；③所有管理者全部都在办公大楼的同一层。

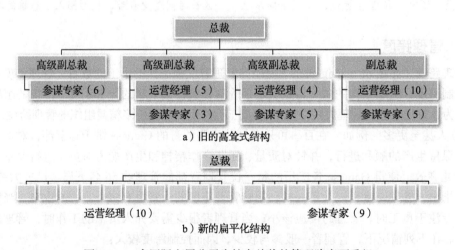

图7-2　一家国际金属公司为扩大总裁的管理跨度而重组

7.1.4　集权与分权

集权与分权关系到制定决策的等级层次。**集权**（centralization）的意思是，决策权属于组织的最高层或者接近于最高层。**分权**（decentralization）则是指，将决策权下放给处于组织的较低层次的员工。组织可能必须经过试验，才能找到制定决策的正确等级层次。例如，多数大型学校的系统是集权的。但是，威廉·乌奇（William Ouchi）研究发现，三个大型城市学校系统正在转变为分权机构——给校长和指导教师以更多的掌控人事、进度、教学方法和材料的权限。这种结构比采用集权系统的同规模学校更好、更有效率。英国政府的领导者在下放国家的国民健康服务（NHS）系统的权限时，也希望会发生相同的事情。该系统自 1948 年成立以来，正在进行最彻底的重组，重组计划的关键部分是将年度医疗保健预算的控制权下放给地方一级的医生。领导者们相信，分权将降低成本，简化程序，并能通过"把权力交给病人和医生"来减少效率低下的情况。

在美国和加拿大，过去 30 年来的趋势一直都是组织更大力度的分权。我们认为，分权能够减轻最高管理者的负担，更好地发挥员工的技能和能力，确保由掌握了充分信息的人员来制定接近于行动的决策，允许对外部环境的变化迅速做出反应。美国及北约（NATO）驻阿富汗前指挥官 Stanley McChrystal 曾经说道："我明白，任何复杂的任务，最好的方法就是通过扁平化的层次结构来实现。它让每个人都感觉到自己处于核心圈内，从而有一种归属感。"甚至像丰田这样具有强烈集权主义传统的日本公司，也看到了分权在增加归属感上的力量。

 聚焦技能

丰田汽车

"我们不必回到日本对每一件事进行审批，"丰田技术中心的总工程师兰迪·斯蒂芬斯（Randy Stephens）说道。该中心位于密歇根州安娜堡附近，在这里，设计完成了新款 Avalon。"我们可能会回去评审这个项目的状况，但感觉该车的所有权是在这里。"

新款 Avalon 是在密歇根州设计，在肯塔基州建造的，作为该公司最美国化的车辆，该款汽车正被大力推广。它是第一个不是在日本开发的原型车型，是对丰田汽车将决策权下放给分公司后的效果如何进行的测试。在经历了四年的危机之后，丰田汽车的管理者们逐渐重建了一个更加强大的公司，包括在全球范围内赋予更多的责任。

该公司因需要协调每一个关于安全问题和总部召回行动的决定而受到强烈批评。从那时起，高管们对质量控制流程进行了彻底改革，将更多的决策权下放给负责北美、欧洲和亚洲安全问题的区域管理者。

虽然许多决策仍由总部的高管做出，但丰田已意识到一些决策需要近距离观察形势。区域管理者认为，丰田遇到的问题给高管们带来了决定是否冒险的自由。

然而，并不是每一个组织都应下放所有决策权。在许多公司，通常是"集权和分权之间的拉锯战"，因为高层管理者希望将一些业务集中起来以消除重复，而业务部门的管理者则希望保持分散控制。管理者应该分析组织的状况，并选择能够最好地满足组织需要的决策层次。决定集权还是分权的因素如下：

- 环境中较大的变化和不确定性常常与分权联系在一起。在 2005 年卡特里娜飓风后，出现了一个很好的例子来说明分权如何能够帮助应对快速的变化和不确定性。密西西比电力公司（Mississippi Power）仅在 12 天内就恢复供电，这主要归功于分权的管理系统，使变电站的被授权人员能够当场做出快速的决定。数字世界闪电般的变化速度需要更多的权力下放，这对于本·斯蒂勒（Ben Stiller）来说非常适合，正如"聚焦技能"专栏中所述。

- 集权或者分权程度应该适应公司的战略需要。多年来，谷歌一直采用分权的方式，让富有创造力的员工按照自己的方向发展，并按照自己的观点进行运作。分权适用于允许创造性员工进行创新和快速响应消费者需求的策略。然而，随着公司规模的扩大，分权开始因随心所欲而失去重点。拉里·佩奇（Larry Page）将集权的方式带入谷歌，以适用于在后 PC 时代使业务变得更加一致和更具竞争力的战略。佩奇取消了数十个不重要或不成功的项目，重组了公司，专注于关键产品领域，赋予高层管理者以更多的责任并对结果负责。

- 在面临危机或者公司经营失败的危险时，权力可以集中由最高层来行使。回想一下英国石油公司如何在勘探、开发和生产经营中集权的例子，使上游业务由一位高管负责。此前，虽然有三位高管负责处理上游业务，但石油公司的首席执行官罗伯特·杜德利认为，需要一个强大的集权结构来管理风险。

聚焦技能

本·斯蒂勒 /Red Hour Digital 制作公司

本·斯蒂勒在几年前的一次会议上，公司人员试图让他进入社交媒体，立即使用 Facebook 和推特网。当房间里的其他人不停地问："我不明白，谁会是购买者？谁会是购买者"的时候，数字策略师纳塔莉·布鲁斯（Natalie Bruss）却在向斯蒂勒努力展示社交媒体的好处。在斯蒂勒第一次使用推特后的近四年时间里，他拥有了 476 万名追随者，以及他的制作公司 Red Hour Digital，该公司制作了一部《单身汉》（The Bachelor）的恶搞网络剧，名叫《燃烧的爱情》（Burning Love），该剧成为雅虎的一大热门影片，并且在 E！电视台播放了整整一年。Red Hour Digital 还制作了影片《斯蒂勒与米拉》（Stiller and Meara），在斯蒂勒父母的客厅里，他们重演了在 20 世纪六七十年代里父母所做的一切，该影片很受欢迎，在雅虎以及后来的葫芦网（Hulu）上持续热播。斯蒂勒目前正在制作根据《超级名模》（Zoolander）改编的动画系列以及其他一些项目。

虽然斯蒂勒会花费近 2 000 万美元制作一部常规电影，但他认为未来将是数字化的时代，他自己已投身到新媒体之中。他热爱自由和灵活性。作为一名公认的完美主义者，他致力于数字媒体中的流动性，并在最近与迪士尼制片厂建立了合作关系，以获得更广泛的影响力。另一个吸引他的地方就是分权，使他能够展现最大限度的创造力。当他在制作《本·斯蒂勒秀》（The Ben Stiller Show）时，他和 Fox 之间的争斗已不复存在。在网络上，他可以"做你想做的事情，拥有这种纯粹创造性的东西"。此外，他的电影工作具有协力优势。2012 年他制作的《白日梦想家》（The Secret Life of Walter Mitty），塑造的人物来自于他的一个网络系列。

Red Hour Digital 的不同寻常之处就是它成立于 2009 年，当时好莱坞的其他人认为，YouTube 是完全针对业余爱好者和电影制作崇拜者的。由于斯蒂勒的前瞻性思维，他成了领先者，并且将新媒体整合到他的其他工作中。"数字化现在成了本·斯蒂勒做一切事情的支柱，" WME 的 Chris Jacquemin 这样说道。

7.2 部门化

组织结构的另一个基本特点是部门化（departmentalization），这是把职位（人员）组成部门，再把部门聚合成整个组织的基础。管理者要决定，如何运用指挥链把人员聚集在一起以完成他们的工作。组织设计有五种方法，它们反映了指挥链在部门化过程中的不同应用。职能制、事业部制和矩阵制都是依靠指挥链来详细说明部门划分和沿着层级结构的报告关系。当代两种部门化方法是团队制和网络制，它们是应动荡的全球环境中不断变化的组织需要而产生的。

图 7-3 显示了组织结构的基本区别，它们决定了员工被划分到部门中的方式以及员工之间的工作报告关系。下面的内容将详细说明组织结构的某些方法。

国际航运管理应当采用一种更有效的结构，如本章"事业大错"中所述。

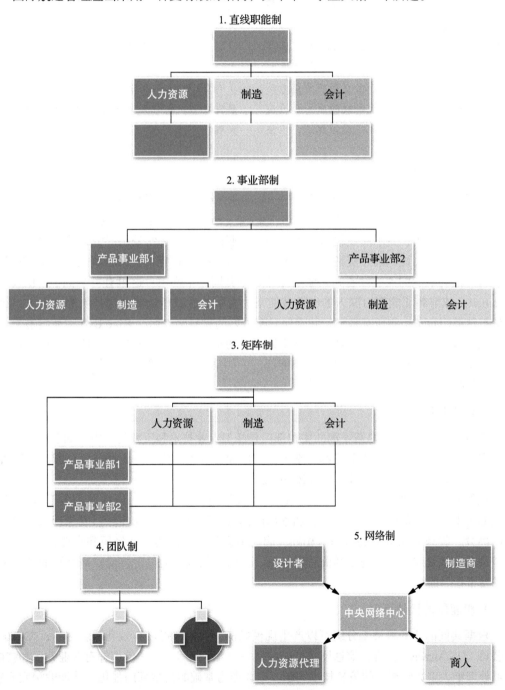

图 7-3　组织设计的五种方法

事业大错
....

嘉年华凯旋号（Carnival Triumph）

　　2013 年 2 月，超过 4 000 名游客被迫滞留在轮船上，地毯浸泡着污水和番茄酱三明治，整整一周该事件占据着新闻的头条位置。但引起一致关注的嘉年华凯旋号并不是第一艘发生这类事件的邮轮。2010 年载有 4 500 名游客的辉煌号邮轮（Splendor Cruise）有着类似的命运。在这两种情况下，都是因为甲板下起火而破坏了电气系统。但甚至在辉煌号邮轮发生事故的两年后，对于事故的原因还没有明确的报道。因为辉煌号是在美国建造，但注册地为巴拿马，巴拿马海事局和美国海岸警卫队都将大部分时间用在来回交换报告的草案上。显然没有人想要进行控制。更为复杂的是，邮轮公司选择使用宝贵的空间让更多的付费用户乘船，或使用安全设备。因为似乎没有监管人员，因此这些公司选择增加营业收入。因此，同一家公司 2013 年 2 月再次发生了与 2010 年相同的混乱局面。在发生了这些事件之后，也许新任首席执行官能够结束这类灾难。

7.2.1　直线职能制

　　在职能制结构（也称为 U 型结构（单一职能制结构））中，组织活动是从组织的底部到顶部按共同的职能组合在一起。职能制（functional structure）根据相似的技能、专业技术、工作内容和资源使用，将不同职位划分到各部门。职能制可以看作是组织资源的部门化，因为每种职能活动（会计、人力资源、工程和制造）都代表了特定的完成组织任务所需的资源。代表某一共同职能的人、设备和其他资源被划分到同一个部门。这里有一个例子，Blue Bell Creameries 依靠各职能部门深入的专业技能来为有限的区域市场制造高品质的冰淇淋。比如质量控制部门负责检测所有来料，并确保只有最好的材料会被用在 Blue Bell 的冰淇淋上。质检员也要检测出厂产品，凭借他们多年积累下来的丰富经验可以发现产品质量与期望水平的任何细微差别。Blue Bell 也有其他的职能部门，如销售部、生产部、维修部、物流部、研发部和财务部等。

1. 运作机制

　　重新看一下图 7-1，总裁下面的主要部门是相似专业技术和资源的分组，如会计、人力资源、产品和市场。每个职能部门都与整个公司的业务有关。比如，市场部负责所有的销售和市场推广，会计部门处理公司所有的财务问题。

　　职能制是牢固的直线设计。信息在纵向层级结构中上下流动，指挥链集中于组织高层。在职能制中，一个部门的人通常首先和本部门的人进行协作、完成任务，或执行从领导层下达的决策。管理者和员工能够和谐相处，因为他们具有相同的培训经历和专业技能。通常，每个员工的职责和责任由规章和流程所控制，同时较低级别的员工接受较高级别的员工做决策和发布指令的权力。

2. 职能制的优缺点

　　根据共同的任务将员工分组可以产生规模经济，让资源得以高效利用。例如，在美国航空公司（US Airways），所有信息技术员工在同一个大型部门工作。他们拥有专业知识和技能，能够处理绝大多数组织中的信息技术问题。以职能为基础的大型部门强化了技能的深度开发，因为人们要在工作中解决各种不同但相关的问题，并与部门内的其他专家相互合作。因为指挥链向高层汇集，职能制还为决策集权以及提供来自高层管理者的统一指挥提供了条件。最主要的劣势是存在于部门间的障碍。因为人们被分隔在不同的部门内，职能部门间的沟通和协调通常不够理想，导致对环境变化的反应迟钝。创新和变革需要各个部门的共同努力。另外一个问题是，牵涉到一个以上部门的决策可能会堆积起来上传给组织的高层管理者，造成拖延。

7.2.2 事业部制

与职能制将人们按照共同的技能和资源分组不同，**事业部制**（divisional structure）存在于当部门根据类似的组织产出划分时。采用事业部制结构（也称为 M 型结构（多部门结构）或分权式结构），各部门可以针对个别产品、服务、产品组、重大项目或程序、部门、企业或利润中心进行组织。事业部制有时候也称作产品结构、项目结构或自我包含的部门结构。这些名称本质上是表达同一个意思：各个部门被集合到一起，为统一的组织进行生产，不管是产品、项目还是对某个客户提供的服务。

大多数大型企业都有独立的完成不同任务的事业部，它们采用不同的科技或者服务不同的客户。当一个大型组织为不同的市场生产产品时，事业部开始起作用，因为每个事业部都是一个独立运作的单位。例如，谷歌有七个产品部门，包括 YouTube、Chrome 及应用程序、安卓、知识（搜索）、广告产品、地理与商务，以及谷歌＋（社交网络）。沃尔玛具有三大主要部门：沃尔玛商店、山姆会员商店（美国）和国际商店。这三大部门的每一个部门又进一步细分为较小的地域部门，以更好地为不同地区的客户服务。

1. 运作机制

图 7-4 对职能制和事业部制进行了说明。在事业部结构中，每个部门都是自我包含的部门结构，每个事业部都有独立的职能部门。例如，图 7-4 中，每一个职能部门生产所需的资源都被分配到每一个事业部。在职能结构中，所有研发工程师都被集合起来，致力于所有产品的研究；而在事业部结构中，每一个事业部的研发部门是独立和分开的。每一个部门更加小型化，只关注特定的产品线或者顾客群。部门在不同的产品线之间得以复制。

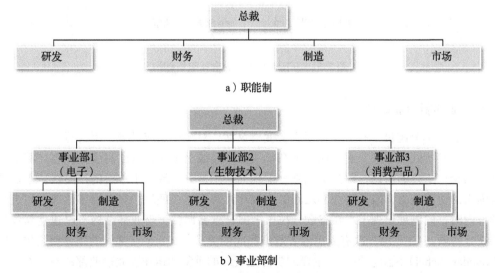

a）职能制

b）事业部制

图 7-4　职能制与事业部制

事业部制和职能制最显著的区别就是，在事业部制结构中，每个职能的指挥链汇集于组织层级体系更低层的位置。在事业部结构中，研发、市场、制造以及财务方面的不同理念将会在事业部层面得以解决，而不是上报至总裁。因此，事业部制鼓励分权。决策的事宜至少下放了一个层级，将总裁和高层管理者解脱出来，以便他们能够专注于战略规划。只有在这些部门不能达成一致，无法协调，或开始做出损害组织的决定时，一些决策才重新交由顶层制定。

2. 基于地理位置和客户的事业部

分配事业部责任的一个可选方案是将公司活动按照地理位置或客户群体进行分组。例如，美国国税局的组织架构关注四种不同的独立纳税人：个体、小型企业、大型公司以及非营利组织或者政府机构。图 7-5 展示了全球事业部分布情况。在基于地理区域的组织结构中，某个国家或地区的所有职能都向同一个事业部经理报告。这种结构将公司活动聚焦于当地市场环境。适应特定国家或地区情况的产品或服务的销售会产生竞争优势。迪士尼公司的首席执行官鲍博·伊格尔（Bob Iger）按地理位置对迪士尼频道进行了重组，因为在不同的国家观众的兴趣是各不相同的。虽然加利福尼亚 Burbank 工作室的高管们对重组有点生气，但已取得了成效。伊格尔了解到，意大利迪士尼频道上最好的节目是一个他从未听说过的节目——Il Mondo di Patty，一部耗资较少的有关阿根廷女孩的浪漫电视肥皂剧。"迪士尼的产品采用与文化相关的方式进行呈现是非常重要的，"伊格尔谈到关于地理位置重组时这样说道。大型非营利组织如国际人类栖息地组织（Habitat for Humanity International）等，通常采用总部加半自治的地方组织的地理结构类型。

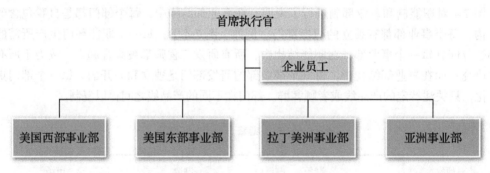

图 7-5　基于地理区域的全球组织结构

3. 事业部制的优缺点

根据事业部分配员工和资源，组织会变得灵活，对变革反应灵敏，因为每一个单位都很小，并适应其所处的环境。通过让员工在单一的产品线上工作，可以高度关注客户需求。职能部门间会有更好的协调，因为员工被分配到同一个地方，致力于单一的产品线。事业部内部有强大的协调能力，但是事业部之间的协调却常常不这么理想。当自治事业部之间走向相反的方向时，问题就出现了。在谷歌，拉里·佩奇重新调整了事业部结构，以建立起各部门间的充分协调。"这是第一次有人思考谷歌产品间的关系，"Chrome 部门的领导桑达尔·皮查伊（Sundar Pichai）说道。另一个主要的劣势是资源的重复和运作独立事业部的高成本。与单一的研发部门中所有的研发人员都使用单一的设备不同，每一个事业部都要有自己的研发设备。组织丧失了效率和规模经济。此外，每一个事业部里部门的规模太小，将导致技术专业化、专家技能以及培训的缺乏。

7.2.3 矩阵制

矩阵制（matrix approach）是同时存在于组织相同部门的职能制和事业部制的结合。矩阵制的发展改善了横向协调和信息分享。矩阵制的一个特点是它拥有二元权力。在图 7-6 中，职能层级的权力是纵向流动的，而事业部层级的权力是横向流动的。纵向结构提供了对职能部门传统的控制，而横向结构则为部门间的协调提供了便利。例如，星巴克的美国业务针对西部/太平洋、西北部/山区、东南部/平原和东北部/大西洋的地理位置划分事业部。而包括财务、市场营销等在内的各职能部门，则作为这些事业部的纵向单位集中管理和运行，并为横向事业部提供支持。因此，矩阵制结构同时为职能关系和事业部关系的正式指挥链提供了支持。这种二元结构的结果是，一些员工同时向两名主管汇报工作。

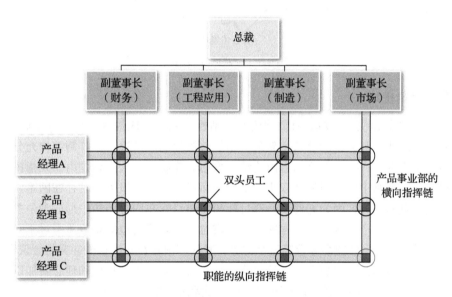

图 7-6 矩阵组织中的二元权力结构

1. 运作机制

二元权力使矩阵制与众不同。看看图 7-7 的全球矩阵制结构，你就能了解矩阵制是如何运作的。二元权力是由地理和产品产生的。地理概念上在德国的上司协调在德国的所有分公司，而塑料产品经理要负责协调全世界塑料产品的制造和销售。德国地区分公司的管理者要向两个主管汇报工作——德国的上司和塑料产品上司。二元权力结构损害了本章之前提到的统一指令的理念，但给予两种权力同样的重视是必要的。二元权力可能引起混淆，但是在管理者学会使用这种结构后，矩阵制则能够为每个地理区域和每条产品线同时提供良好的协调。

矩阵制的成功是建立在矩阵中关键人物的能力上的。当一个员工对应两个上司时就被称为**双头员工**（two-boss employees），他们必须要化解来自矩阵制中两个上司的要求带来的冲突。他们必须要和高级管理者一起达成共同决策。他们需要优秀的人际关系能力，以此来面对领导和化解冲突。**矩阵上司**（matrix boss）是产品或职能上司，他们各负责矩阵的一个方面。**最高领导者**（top leader）负责整个矩阵，监管整个产品和职能的指挥链，其职责是维持矩阵两边权力的平衡。如果二者之间产生争端，问题将被上报给最高管理者裁决。

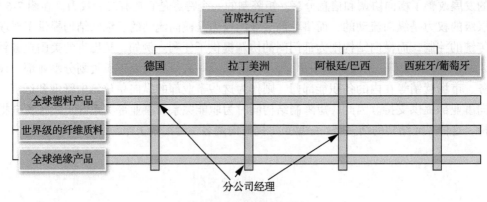

图 7-7　全球矩阵制结构

2. 矩阵制的优缺点

矩阵制在复杂和快速变革，且需要组织灵活性和具有适应性的环境中可以做到高效率。由矩阵制产生的冲突和频繁的会议使新的问题能够被提出和解决。矩阵制结构充分利用人力资源，因为专家可以在事业部之间自由流动。采用矩阵制的最大问题是由二元指挥链导致的混乱和挫败。矩阵制中的上司们和双头员工们在面对二元上下级关系时存在困难。矩阵制结构也能产生严重的冲突，因为它使事业部目标和职能目标在内部结构中形成竞争关系，或者在全球化结构中，使产品线目标与国家目标形成对立。矩阵两边的竞争关系对于双头员工来说是难以应付的。这个问题会导致第三个劣势：时间都浪费在解决这些冲突的会议和讨论上。一般来说矩阵制结构会导致更多的讨论而非行动，因为有不同的目标和理念要加以讨论。管理者可能要花大量的时间协调会议和分配工作，而无法专注于核心工作。

7.2.4　团队制

在部门化中，也许最盛行的趋势是公司努力贯彻团队的概念。纵向指挥链是强有力的控制手段，但是把所有决策都沿着组织的层级结构向上级汇报太费时，而且使得只有最高层承担责任。团队制使管理者得以授予职权，让基层承担责任，提高在竞争性的全球环境中的灵活性和敏感性。第 14 章将详细讨论有关团队的问题。

1. 运作机制

考虑在组织中使用团队的第一种方式是跨职能团队（cross-functional team），它是由来自不同职能部门的员工组成的团队，他们负责以团队的方式应对并解决共有的问题。例如，在为小型律师事务所提供软件和服务的一家芝加哥公司——Total Attorneys，首席执行官爱德·斯坎伦（Ed Scanlan）认识到，采用职能制将项目分解成从一个部门到另一个部门的连续阶段，会放慢完成事情的速度，以至于有时当产品完成时，客户的需要已经发生了改变。他解决该问题的办法就是创建小型的跨职能团队来增加横向协调。如今，设计师、程序员和质量保证测试人员在每个项目上都密切合作。跨职能的团队能够进行必要的横向协调，以补充现有的事业部制结构或者职能制结构之不足。跨职能团队常常用于变化不定的项目管理，比如新产品或服务创新。典型的做法是，团队成员仍然向他们所在的职能部门汇报工作，但是他们也向团队汇报工作，某一位团队成员可能是领导。

第二种方法是使用**永久性团队**（permanent team），即像组建正式部门一样把员工分组召集在一起。每个团队都吸纳来自于各个职能领域、重在某一专门任务或者项目的员工，比如汽车制造厂的零部件供应和物流。重点在于水平沟通和信息共享，因为各职能代表都在协调他们的工作和技能，其目的是为了完成组织的特定任务。职权被下放给组织的较低层次，一线员工经常被赋予自行决断和行动的自由。团队成员可能分担领导工作或者轮流担任团队领导。在**基于团队的组织结构**（team-based structure）里，整个组织由团队组成，团队负责协调他们自己的工作，并直接和顾客一起工作，以完成组织的目标。在全食食品超市（Whole Foods Market），团队制被认为是公司成功的主要因素。每一个全食超市都由八个左右的自我管理型团队组成，对新鲜农产品、预制食品、奶制品或收银部门进行监督。这些团队对所有重要的运营决策负责，例如产品选择、定价、订购、招聘和店内促销，并对他们的业绩负责。团队与"无老板"的趋势有关，这将在"管理者工具箱"中进一步描述。

2. 团队制的优缺点

团队制打破了部门之间的壁垒，促进了合作。团队成员知道彼此的问题，他们会相互妥协，而不会盲目追求自己的目标。团队的理念还使得组织能够更快地适应客户要求和环境变化的需要，并加快决策速度，因为决策不需要送到最高层去审批。另一个大的优势就是提升士气。员工不再从事狭隘的部门工作，而是参与较大型的项目，他们因而满腔热情。在洛克希德·马丁公司（Lockheed Martin）的导弹与火控系统事业部（Missiles and Fire Control）的派克县运营部（位于亚拉巴马州特洛伊），所有员工都在自我管理型团队中工作，由团队设置绩效目标，并制定与先进导弹系统的装配和测试有关的决策。派克县运营部的团队确保了100%的准时交货，并且被客户拒绝的情况为零。

但是，团队制也有不足之处。员工可能热衷于参加团队，但他们也会遇到冲突和双重忠诚的问题。跨职能的团队对成员的要求可能不同于部门管理者，不只参与一个团队的成员必须解决这些冲突。大量的时间都花在开会上，因而就增加了协调的机会。除非组织确实需要团队协调复杂的项目并适应环境，否则，开会将使他们失去生产效率。最后，团队制会导致过多的分权。

当团队自我发展时，传统上制定决策的高级部门管理者会有一种失落感。团队成员往往不了解公司的全局，因而可能他们制定的决策对他们自己的小组是有利的，但对组织整体却是有害的。

 管理者工具箱
....

无老板的颠倒式结构

一些公司发现，过去的命令和控制结构不　　　适用于当今的劳动力。年轻人要求更高，习惯于通过社交媒体和互联网参与活动。因此，"老板式"结构正在从僵化的组织结构图向流动的运营和项目团队演变，从狭窄的职位描述向具有多个领导角色的动态项目演变，从自上而下的任务向由自组式团队进行的自下而上的创新演变。

- 新公司如何运作。在网络设计公司——Ciplex，没有正式结构，没有部门，没有副总裁、总经理或经理等职称。组织结构图颠倒，客户处于顶层，员工处于中间，上司（称为"团队支持"）处于底层。翻转结构促使形成一种客户满意度至上的文化。员工不是坐在部门的办公室里，而是成为多职能团队的一部分，是他们而不是上司来解决问题，以满足客户的需求。

- 现有公司如何运作。早期的一个无老板（无上司）实验是由 Gerry Rich 及其团队在加拿大安大略省剑桥市的 Ciba-Geigy 农业化工厂中进行的。在他们废弃各种上司之后，生产率提高了 20% ~ 30%。上司们神圣的工作——制定日程表、管理成本、撰写职务说明、面试新员工以及做出关键决定——现在都属于员工的职权范围。"我们已废除了扼杀积极性的层级结构，"Rich 说道。重组影响最大的是前任管理者，他们现在被称为"顾问"。他们必须学习担任新的角色：促进团队合作、指导培训计划和帮助解决冲突。许多管理者选择离开，而不是改变。最困难的是，当需要临时主管时，前任管理者不得不和其他员工一起轮流填补空缺。

- 员工如何进步？在维尔福（一家视频游戏开发商），因为没有层级结构，所以没有晋升的说法。没有企业晋升制度来使人往上爬，从而发展自己的事业。但是员工发现，在其职业生涯中很容易取得进步——有各种新项目能够让员工成长和学习。对于加薪，员工将对同事进行排名，投票给他们认为创造了最大价值的人。扁平的组织结构对于参与创新过程和改革的人来说非常有效，因为这种结构允许信息在整个过程中扩散，让人能够接触到更多的想法和不同的思想。

- 关注于物理上的接近度。在维尔福，律师与工程师和其他工作人员坐在相邻的办公桌，使他们能够分享知识，了解彼此面临的挑战和拥有的技能。维尔福的网站上说，该公司自成立以来一直采用无上司的结构，没有管理者或分配的项目。300 名员工招募同事去做他们认为值得的项目。员工的办公桌安装有轮子，使他们能够快速移动到新的工作区域。

7.2.5　虚拟网络制

部门化的最新方法把横向协调与协作的理念扩展到了组织的界限之外。在不同的行业里，纵向一体化的层级式组织让位于相互之间联系松散的企业集团，而且企业边界是可以渗透的。外包意味着把某些活动（如制造或者征信信息处理）承包出去，这已经成为一大趋势。例如，英国零售商 J.Sainsbury 让埃森哲公司（Accenture）负责管理其整个 IT 部门，俄亥俄州立大学计划外包其停车系统，而加利福尼亚州的梅伍德市则决定将街道维护以及治安和公共安全等一切事务外包出去。过去，警察局的预算接近 800 万美元。而现在，该市只需支付一半的费用给洛杉矶县警察局，居民们却说服务得到了改善。辉瑞制药公司正在使用一种创新方法，一些员工可以通过点击按钮将其某部分工作传递给印度的外包公司。这种"个人外包"的方法并不是将整个职能转移给承包商，而是让员工仅将某些烦琐而耗时的工作转移出去，由外包合作伙伴处理，他们则专注于更高价值的工作。

有些组织把网络制发挥到极致，创建了全新的组织结构。**虚拟网络结构**（virtual network structure）的意思是，公司将许多主要职能分包给独立的公司，并从一个小型的总部组织、协调这些公司的活动。林登实验室（Linden Labs）的创始人菲利普·罗斯戴尔（Philip Rosedale）创建了可以在家里或咖啡店里运行的 SendLove（以前称为 LoveMachine）。SendLove 的软件可以让员工发送与推特相类似的邮件来表达"谢谢"或"干得好"。当邮件发出后，公司的每一名员工都会收到一份鼓舞士气的文件，此基本软件免费供各公司使用。该公司没有全职的开发人员，相反，它使用一个自由职业者网络，这些自由职业者能够完成建立新功能、解决问题等工作。罗斯戴尔也将工资发放和其他行政工作外包出去。

1. 运作机制

组织可以被视作为外部专家网络（有时散布于世界各地）所包围的中央网络中心，如图 7-8 所示。组织不是在同一个公司内部建立各个机构，而是把诸如会计、设计、制造和分销这样的服务全部外包给以电子方式与中心办公室相联系的独立组织。网络化的计算机系统、协作软件和互联网使组织能够如此快捷和顺利地交换数据与信息，以至于松散连接的供应商、制造商、装配商和分销商网络看上去就像一个无缝连接的公司一样，实际上它们也能够以无缝连接的公司来运作。

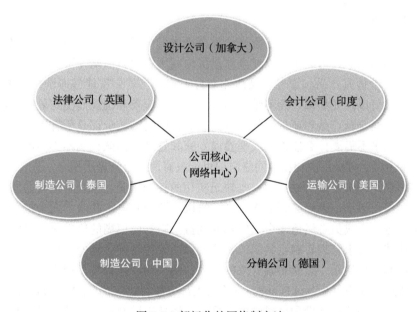

图 7-8　部门化的网络制方法

网络组织背后的思想是，公司可以集中于它做得最好的业务，而将其他业务外包给在那些有明显优势的公司。这就使公司可以用更少的资源做更多的事情。致力于"心脏健康"的食品公司——Smart Balance——通过使用虚拟网络的方式进行创新和快速扩展。

建立了像 Smart Balance 那样的网络结构，就很难用传统术语来回答"组织在哪里"这个问题。组织的不同部门依靠协议联系在一起，并通过电子方式彼此协调，从而创造了一种新型的组织形式。就像修房子一样，网络的某些部分可以追加上去或者删减下来，以满足不断变化的需要。

聚焦技能

Smart Balance

Smart Balance 有 67 名左右的员工，但有近 400 人在为该公司工作。该公司从制作黄油涂抹酱起家，现在拥有涂抹酱系列、全天然花生酱、营养强化牛奶、奶酪、酸奶油、爆米花和其他产品。管理者采用虚拟网络的方法来帮助公司进行创新和快速扩展。

Smart Balance 在公司内部进行产品开发和市场营销，但使用承包商来完成其他所有事情，包括制造、分销、销售、IT 服务以及研究和测试。该公司进入牛奶行业的方式显示了网络结构是如何提高速度和灵活性的。产品开发部副总裁彼得·德雷（Peter Dray）能够从承包商那里得到他用以完善产品的帮助。外部科学家和研发顾问对这一方式也起到了作用。该公司与一家乳品加工商签约，由该加工商负责进行测试和试生产。一家外部实验室负责评估营养要求，另一家公司负责进行消费者口味测试。

每天早上，全职员工和虚拟网络工作人员进行一些电子邮件和电话上的交流，以相互了解前一天发生的事情以及今天需要做的事情。高管们花大量的时间处理人际关系。他们每年举行两次包括常设工作人员和承包商在内的全公司会议。信息广泛共享，管理者特别重视承包商对公司成功所做的贡献，这也有助于形成一种团结和承担义务的意识。

2. 虚拟网络制的优缺点

虚拟网络制结构最大的优点在于它在全球范围内的灵活性和竞争力。网络制让组织可以转移资源并快速回应。网络组织可以在全球范围内利用资源，以赢得最优品质和最低廉的价格，并在全世界销售其产品和服务。灵活性来自于它一旦需要就能够雇请任何类型的服务，在几个月以后又可以改弦易辙，而不致因为拥有工厂、设备和设施而受到局限。组织可以不断反复定位，以迎合新产品和新机遇的需求。最后，网络结构也许是所有组织形式中最经济的结构，因为几乎不需要什么监督。大型参谋专家和管理者团队也是不必要的。与传统组织的十个或者十个以上等级层次相比，网络组织可能只有两三个管理层次。

虚拟网络制结构最主要的缺点之一是缺乏实用的控制措施。管理者没有在同一个公司内部从事所有的经营活动，因而必须依靠合同、协调、谈判和电子联络方式来把大家团结在一起。网络中的每一个成员必然追逐个人的私人利益。脆弱而模糊的边界使组织面临的不确定性更大了，这就更要求管理者确定共同的奋斗目标，管理各种各样的关系，让大家始终聚焦于共同的事业和受到激励，以及协调有关的活动，使一切职能都按预期进行。例如，位于费城附近的家族式玩具公司 K'Nex Brands Lp 将其大部分塑料建筑玩具的生产从中国分包商迁回到美国的工厂，以保持对质量和材料的更大控制。海外工厂制造的玩具的安全性越来越受到家长们的关注。由于中国的工资和运输成本上涨，K'Nex 的管理者们看到了将生产迁回国内的竞争优势。同样，外包其大部分运输和接收业务的沃尔玛，最近也出现了问题，集中在伊利诺伊州、新泽西州和加利福尼亚州的主要交通枢纽周围的分包商仓库，因工作条件差和扣留工资而遭到索赔。沃尔玛的管理者说，他们将采用与监督海外工厂相同的方式对分包商的美国仓库进行监督。如果外包合作伙伴未能按预期的方式执行，客户服务和忠诚度也将受到影响。最后，在这种类型的组织中，员工的忠诚度可能会被削弱。员工会感觉到，他们可以被协议服务所取代。不大可能建立有凝聚力的企业文化，员工流动率会比较高，因为组织与员工之间情感上的忠诚比较脆弱。

表 7-1 总结了我们所讨论的每种组织结构的主要优点和缺点。

图 7-1 组织结构的优点和缺点

部门化方法	优 点	缺 点
职能制	充分使用资源 规模经济 高度的技能专业化与技能发展 最高管理者的指导与控制	职能部门之间沟通不力 对外部变化反应迟钝，创新滞后 高层集权，造成拖延
事业部制	快速响应，在不稳定的环境中有灵活性 关注顾客需要 职能部门之间密切配合	资源重复 技术深度浅，专业化程度低 事业部之间协调不力
矩阵制	比单一层级结构更高效地使用资源 灵活性，使组织能力适应变化的环境的需要 学科领域之间的合作，所有事业部都可以运用组织的专业技术知识	双重指挥链导致挫折与混乱 矩阵双方之间的剧烈冲突 会议多，讨论比行动多
团队制	部门之间障碍隔阂少，折中妥协多 响应时间缩短，决策速度加快 士气更高，员工参与使员工充满热情	双重忠诚与冲突 时间与资源花费在开会上 散漫的分权
网络制	可以利用全球的知识 高度的灵活性和响应能力 管理成本降低	控制匮乏，边界脆弱 对管理者要求较高 员工忠诚度被削弱

7.3 横向协调的组织结构

团队制和虚拟网络制组织结构使用越来越多的一个原因是，许多管理者意识到，在当今变化不定的环境中，传统的纵向组织结构有其局限性。总之，当前的发展趋势是打破部门之间的壁垒，因此，许多公司正在根据业务流程而不是部门职能建立横向的组织结构。不论采用何种结构形式，每一个组织都需要横向整合与协调机制。如果只有纵向的层级结构而没有横向的协调机构，这样的组织结构是不完整的。

7.3.1 协调的必要性

随着组织的发展壮大，出现了两件事情。第一，需要增加新的职位和部门，以处理外部环境中发生的事情，或者适应新的战略需要，如本章前面所述。随着组织增设职位和部门以满足不断变化的需要，组织也变得更加复杂，数以百计的职位和部门在从事着令人难以想象的多元化的活动。

第二，高级管理层必须找到将所有这些部门联结在一起的方法。正式的指挥链及其监管系统是有效的，但还不够。组织需要处理信息并使不同部门、不同层次的员工都能够沟通的系统。**协调**（coordination）是指调整和协调不同个体和部门之间各种活动的管理任务。**协作**（collaboration）是指两个或多个部门人员之间的共同努力，以产生符合共同目标的结果，这个结果通常大于任何个人或部门单独完成所能获得的结果。为了了解协作的价值，我们看看2011 年美国袭击本·拉登在巴基斯坦藏身的院落的这次任务。如果没有中央情报局和美国军方的密切协作，这次袭击就不可能成功。传统上，美国的情报局官员与军方官员之间没有什么互动，但这次反恐战争改变了这种观念。在计划这次对本·拉登的袭击任务期间，军方官员花费数个月时间，在中央情报局的一间偏僻而安全的处所与中央情报局团队紧密合作。"这种事情以前看过电影的人认为是可能的，但政府部门中没有人认为可能发生，"一位官员后来谈到这次协作任务时说道。

企业组织中的协作和协调同样重要。没有协调，公司的左手和右手就不能配合使用，这就会引起问题和矛盾。不管组织是采用职能的、事业部的还是团队的结构，协调都是必需的。员工认同他们当前的部门或者团队，将它的利益铭记在心，为了组织的整体利益而不愿意向其他单位妥协和协作。例如，微软迟迟才进入赚钱的智能手机和平板电脑市场，原因是各部门之间缺乏协调和协作。高层管理者试图通过大规模但微妙的重组来改变这种局面。

 聚焦技能

··

微　　软

微软很难与苹果和谷歌保持同步。一个重要原因就是，该公司的各个部门长期以来处于交战状态。微软首席执行官史蒂文 A. 鲍尔默（Steven A. Ballmer）最近表示："要赶上步伐，我们必须由多个分裂的微软变成一个统一的微软。"

鲍尔默和其他高管正在实施一项重大重组，根据领导层希望鼓励更多的协作和团队合作的主题，将现有的八个产品部门分解为四个单元。鲍尔默说，目的就是把各种事务组织起来，从而"使跨部门的团队取得成功"。而各部门过去曾有自己的财务和营销部，这些职能部门已集中在一起，从而使各个团队更密切地合作，共同创造出所有硬件、软件和服务部门都协同工作的完整产品。在一次电话采访中，必应（Bing）及微软其他互联网业务的负责人陆奇表示，旧的组织结构类似于棒球，它为单个球员提供了表演的机会。而新微软的更好的模式是足球："必须在每场球赛前拧成一股绳。"

微软是否能够将长期不和的几个部门拧在一起，把整体利益置于个人目标之上，还有待观察。该公司的问题已变得如此令人担忧，早在 2013 年 10 月，前 20 名股东中的 3 名股东开始游说董事会，要求比尔·盖茨辞去他在 38 年前共同创建的这个公司的董事长职务。微软可能会使用以下章节所述的各种结构机制，来鼓励组织的四大单元之间进行更大的协作，使该公司重新点燃希望的火花。

微软是一个庞大的组织，员工人数超过 100 000 人，这使得协调更具挑战性。在国际竞技场上，协调和协作显得更加重要了，因为组织的各个单位在目标定位与工作活动、地理距离、时差、文化价值观以及语言等方面都是有差别的。管理者如何保证，公司能够针对国内和全球范围内的所有事情进行所需的协调和协作？协调是信息沟通和合作的结果。管理者可以设计系统和结构，以促进横向的协调和协作。

图 7-9 说明了组织结构的进化史，从中可以看出，横向协调与沟通是越来越重要。虽然在稳定的环境中纵向的职能制结构是行之有效的，但是它不具备在急剧变化的时代所需要的横向协调功能。诸如跨职能的团队、任务小组和项目经理制这样的组织创新，不但在纵向组织结构里面有其用武之地，还提供了促进水平沟通与合作的途径。下一个阶段涉及流程再造，即将组织分解为注重水平沟通过程的团队。**再造**（reengineering）是指从根本上对企业的流程进行再设计，以实现成本、质量、服务和速度的极大改善。由于再造的焦点是横向工作流程而不是职能，因此，再造一般都会导致从牢固的纵向层级结构向强调更强有力的横向协调的结构转变。纵向的层级结构是扁平化的，财务和人力资源等传统的支持性职能部门或许只有几位高级主管。

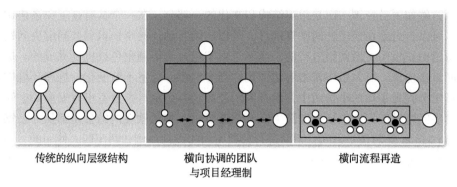

传统的纵向层级结构　　　　横向协调的团队　　　　横向流程再造
与项目经理制

图 7-9　组织结构的进化史

7.3.2　任务小组、团队及项目管理

任务小组（task force）是用来解决涉及几个部门的短期问题的临时团队或者委员会。任务小组的成员代表他们所在的部门，并共享使协调得以进行的信息。例如，在欧文医疗中心（加利福尼亚州凯撒医疗集团（Kaiser Permanent）的一个部门），由手术室护士、外科医生、技术人员、内务人员以及其他人员组成的工作小组集合在一起，精简进行髋关节和膝关节置换的程序，这是该医院费用最高且耗时最多的手术。协调性增强再加上资源的重新配置，意味着可完成的这类外科手术的数量增加，从每日 1～2 台增加到每日 4 台。更好的协调性使得手术室每年可以空出 188 小时的时间，这也反映了巨大的成本节约。除了建立任务小组外，公司还组建跨职能的团队（如前文所述）。跨职能团队促进了横向协调，因为来自几个不同部门的参与者定期开会，以解决持续存在的、大家共同关心的问题。这一点与任务小组相似，但不同点在于，跨职能团队解决的是持续存在的问题而不是临时性的问题，因而可能会存续几年的时间。团队成员协同工作，集体决策，他们考虑的是整个组织的利益，而不是自己所在部门的利益。

公司还借助项目经理来加强协调。**项目经理**（project manager）是为了完成特定的项目而专职负责协调几个部门的活动的人。项目经理可能也有头衔，如产品经理、整合者、程序经理或者流程负责人。项目经理职位的区别性特征是，该经理不是被协调的任何一个部门的成员。项目经理位于部门之外，他们有责任为了取得理想的项目成果而协调几个部门的活动。例如，在通用磨坊，每条产品线都要指派管理者，比如 Cheerios、Bisquick 和 Hanburger Helper。产品经理制定预算目标、营销目标以及战略，并得到广告、生产和销售人员的配合，这是实施产品战略所必不可少的。

在某些组织中，项目经理是包括在组织图当中的，如图 7-10 所示。项目经理被放到了组织图的一侧，以表示项目经理拥有管理项目的职权，但是对于被派遣到项目中工作的人员没有职权。指向项目经理的虚线表示项目经理担负与被指派的项目成员协调和沟通的责任，但是部门经理保留对于职能员工的直线职权。

7.3.3　关系协调

横向协调的最高水平是**关系协调**（relational coordination），是指"通过共同目标、共享知识和相互尊重的员工关系进行的频繁、及时且能解决问题的沟通"。关系协调不是一种结构设置或机制，例如项目经理，而是组织结构和文化的一部分。在一个具有高度关系协调的组织中，员工可以自由地在部门之间共享信息，可以连续互动，共享知识和共同解决问题。协调是通过持续而积极的关系网络进行的，而不是由于正式的协调角色或机制完成的。员工在各部门之间直接协调。对关系协调的渴望体现在当今许多办公室不断变化的物理环境中。公司不是将员工分隔在不同的小房间中，而是采用开放式办公室，办公室里有安静的空间供会谈和即时解决问题时使用。包括金宝汤（Campbell Soup）和微软在内的公司都从办公家具制造商 Herman Miller 处聘请了顾问，帮助进行公共空间的设计，例如两至四人使用的"小型会议室"。金宝汤的发言人贝丝·乔利（Beth Jolly）说，"员工之间更加协作"，因为他们不受"围墙或铺方石的束缚"。

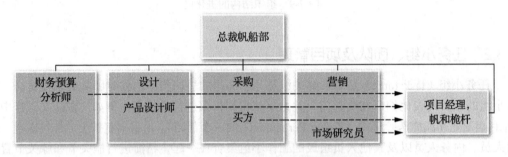

图 7-10　项目经理与其他部门的关系举例

　　研究表明，让员工在彼此靠近的区域内工作，确实会增加协作。然而，改变物理环境是不够的。为了在组织结构中建立起关系协调，管理者投入资金对员工进行相互交互以及解决部门间冲突所需的技能的培训，立足于共同目标而不是强调各自部门的目标。员工不拘泥于严格的工作规则，他们具有在任何所需的地方进行互动和贡献能力的灵活性，而奖励则是与团队努力的结果和成就挂钩。一线主管通常具有较小的控制跨度，因此他们可以与下属建立紧密的工作关系，并训练和指导员工。西南航空公司就是一个很好的例子。

　　西南航空公司的业务周转时间最短，部分原因就是管理者努力建立关系协调来实现卓越的准时业绩和客户的高满意度。在任何一家航空公司，当航班延误时，对于谁应该负责，员工之间可能会有严重的分歧，因此西南航空公司的管理者建立了他们所称的"团队延误"制度。团队延误不是在出错时寻找谁该负责，而是用于指出各群体之间的协调问题。专注于团队可以使每个人都关注准时起飞、准确的行李处理和客户满意度的共同目标。由于延误变成了一个团队的问题，从而促使员工密切合作，协调他们的活动，而不是关注自己并试图避免或推卸责任。主管与员工紧密合作，但他们的角色不是"做上司"，而是促进学习和帮助员工完成工作。西南航空公司采用较小的管理控制跨度，每八名或九名一线员工安排一名主管，以使主管们有时间指导和帮助被视为是内部客户的员工。

　　西南航空公司的管理者们通过采用促进建立关系协调的做法，确保参与航班起飞的所有部门都紧密协调。当关系协调的程度很高时，员工会分享信息和协调他们的活动，而无须上司或正式机制来告诉他们这样做。

7.4　结构成形因素

　　纵向科层体制继续焕发活力，因为它们常给组织带来重要的利益。在一个连贯的框架结构中，通常需要一定程度的纵向层级结构来有效地组织数量庞大的人员完成复杂的任务。如果没有纵向结构，大型全球化公司的人员将不知道该做什么。然而，在当今的环境中，组织的纵向结构通常需要与强大的横向机制进行平衡，以实现最佳绩效。

管理者如何才能知道是该设计强调正式、纵向层级的结构，还是强调横向沟通和协作的结构？答案就在于组织的战略目标及其技术的性质。图 7-11 说明了组织结构的影响力来自于组织的外部和内部。外部战略需求，如环境条件、战略方向和组织目标，形成了为适应环境和实现战略目标进行组织设计的自上而下的压力。组织结构的决策还要考虑自下而上的压力，也就是来自于用于生产组织的产品和服务的技术和工作流程的压力。

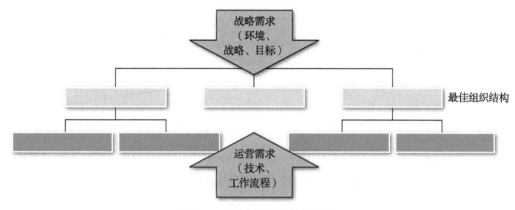

图 7-11 影响组织结构的因素

7.4.1 结构服从战略

研究表明，企业绩效很大程度上受企业结构与战略意图和环境需求一致性的影响，因而管理者都努力使战略和组织结构协调一致。在第 5 章，我们讨论了工商企业可以采用的几种战略。迈克尔·波特提出的两种战略是差异化战略和成本领先战略。在差异化战略下，组织企图开发市场上独一无二的创新性产品。在成本领先战略下，组织致力于提高内部的效率。

一般来说，成本效率的战略目标更多地出现在更加稳定的环境中，而创新和灵活性目标更多地出现在不确定的环境中。词语"机械性"和"有机性"可以被用来解释组织结构对战略和环境的回应。效率目标和稳定的环境与机械系统相联系。这类型的组织通常有严格、垂直、集权的结构，多数决策由高层制定。高度化的规章和流程是组织的特点，并且具有清晰的权力层级。但是，因为创新目标和快速变化的环境，组织逐渐通过有机系统朝更加松散、自由流动以及适应性的方向发展。结构更加水平化，决策权下放。较低层级的人们有更多的职责和权力来解决问题，促使组织更加流畅以及更适应变革。

图 7-12 是一个简化的连续统一体，它说明了部门化与战略以及环境的联系有何不同。纯粹的职能制结构适合用来取得内部的效率目标。纵向的职能制结构运用任务专门化和严格的指挥链，以实现对稀缺资源的有效利用，但是，这不能给组织以灵活性和创新性。与此相反，当我们追求的首要目标是创新性和灵活性时，横向团队是恰当的选择。每个团队都是小规模的，能够做出响应，并具备完成任务所需要的人力和资源。柔性的横向结构使组织与众不同，并能够对变化的环境迅速做出反应，但不能实现资源的高效利用。

图 7-12 还解释了本章介绍的其他组织形式在组织通往效率或创新的道路上需要经过哪

些中间环节。与纯粹的职能制结构相比，设置了跨职能团队和项目经理职位的职能制结构有更大的协调力和灵活性。尽管事业部倾向于比小型团队的规模更大和柔性更小，但是事业部制结构提高了差异化的水平，因为各个事业部可以将精力全部集中于特定的产品和顾客。图 7-12 没有包括所有可能的组织结构形式，但是它阐明了如何用组织结构来促进组织战略目标的实现。索菲亚·阿莫鲁索（Sophia Amoruso）在发展她的网络购物公司时开发的组织结构，采取一种独特的方式使她获得了成功，如本章的"管理者工具箱"专栏所述。

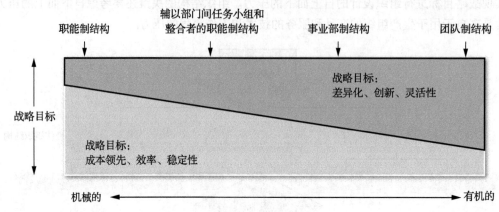

图 7-12　战略目标与组织部门化的关系

 管理者工具箱

Nasty Gal

22 岁尝试创办销售复古服装的互联网企业。在 eBay 上挑战规则。不聘请营销总监，四年后婉拒硅谷创投。这就是索菲亚·阿莫鲁索用于建立销售额超过 1 亿美元的女装网站的成功方法。今天被称为"科技界的灰姑娘"的阿莫鲁索，在 eBay 上创办 NastyGirl 公司（现在更名为 Nasty Gal）销售她在 Salvation Army 和 Goodwill 上翻箱倒柜找到的复古服装时，她才22 岁，当时她的工作是检查学生证件，收入很低。她花了 8 美元淘了一件香奈儿夹克，然后以 1 000 美元的价格出售。她以前学过摄影，在早期她自己拍照、撰写说明和寄出商品，每周销售量约为 25 件。在爵士大师迈尔斯·戴维斯（Miles Davis）的前妻贝蒂·戴维斯（Betty Davis）录制 "Nasty Girl" 专辑之后，她命名了该网站。

她的网站采用时髦的风格：及地风衣、摇滚 T 恤再加上血红色唇膏，创造了一大批忠诚的追随者，在 MySpace 上的好友人数增加到60 000 人。但 eBay 反对她建立与其他社交媒体的链接，阿莫鲁索意识到，在这个地方创业是比较糟糕的，因此她推出了 ShopNastyGirl.com，并赢得了来自美国、澳大利亚、英国等各个国家的客户。2007 年，她搬家到一间1 700 平方英尺的总部，8 个月后她再次搬家。

她的名字对于年轻女性来说可能具有吸引力，但对于供应商来说却相反。当意识到只依靠二手服装不能获得快速成长后，她试图与萨姆·埃德尔曼（Sam Edelman）和其他品牌合作，但这些品牌却认为她的网站是一个有些灰色的网站而不予接受。她不得不到展销会上找到他们，在她的智能手机上向他们展示公司的网站，使他们最终同意与她合作。到 2010年，她在硅谷的口碑使得一些风险投资家主动上门，希望对女装公司进行投资。但都被她拒绝了，她不希望成为一个令牌，或像他们中的一个所说的那样，成为他们的"投资论题"的一部分。直到 2012 年，阿莫鲁索最终同意给Index 公司价值 900 万美元的股份。到 2015

年，该公司销售额已增长到 1 亿美元。值得肯定的是，她知道这种增长还将继续。"它非常让人着迷，但我不想满足于现有的成就，"她说，"想从这里继续前进，只会越来越艰难。"到

2015 年，她意识到现在是时候将这份辛苦的首席执行官的工作交给谢瑞·沃特森（Sheree Waterson）了，因为她将继续做她最擅长的事情：品牌连接。

7.4.2 结构适应技术

技术包括用于将组织投入转化为产出的知识、工具、技术和活动。技术包括机械、员工技能和工作程序。考虑技术的一个有用的办法就是将其作为"生产活动"。生产活动可能是生成网站内容、钢铸件、电视节目或计算机软件。制造业和服务业之间的技术各不相同。

1. 伍德沃德的制造技术

英国工业社会学家琼·伍德沃德（Joan Woodward）对制造技术和组织结构之间的关系进行了最有影响力的研究。她收集了 100 家英国公司的数据，以确定公司之间的基本结构特征（如管理费用、控制跨度和集中程度）是否不同。她发现，制造企业可以按照生产技术的三种基本类型进行分类：

- 小批量、单件生产。小批量生产企业按照客户要求批量生产一种或几种产品。这种技术也用于制造大型而独特的产品，如电脑控制的机器。小批量生产接近于传统的熟练技术工作，因为人是这个过程的重要组成部分。通过小批量生产制造的产品的例子包括定制服装、专用机床、太空舱、卫星和潜艇。
- 大批量、大规模生产。大规模生产技术的特征就是标准化生产运行。生产大量的产品，所有客户得到的产品均相同。当客户需要标准产品时，这类产品进入库存进行销售。与小批量生产相比，这种技术更加依赖机器。机器用于完成大部分体力劳动，员工则完成机械所不能完成的工作。大规模生产的例子有汽车装配线以及用于生产烟草产品和纺织品的大批量技术。
- 连续加工生产。在连续加工生产过程中，整个工作流程采用精细而复杂的生产技术形式进行了机械化。由于生产过程持续运行，因而无须启动和停机。操作人员不参与实际生产，因为机械能完成所有的工作。操作人员只需读取仪表数据、修理出故障的机器以及管理生产过程。连续生产技术的例子有化工厂、酿酒厂、炼油厂和核电站。

这三种制造技术之间的差异被称为技术复杂性。**技术复杂性**（technical complexity）是指机器参与生产而排除人的劳动的程度。采用复杂的技术，除了监测机器外，几乎不需要员工。

表 7-2 列出了与各类制造技术相关的结构特征。请注意，集权的程度对于大规模生产来说非常高，而对于小批量和连续加工生产来说则非常低。与小批量和连续加工生产不同，标准化的大规模生产机械需要集中进行决策以及明确的规则和程序。所需的管理比例以及间接人工的百分比也随技术复杂性的增加而增大。由于生产过程是非常规的，因而需要更密切的监督。由于机械的复杂性，需要更多的间接人工，以维修人员的形式参与劳动；因此，间接 / 直接人工的比率比较高。对于大规模生产来说，一线主管的控制跨度是最大的。在装配线上，工作非常常规化，一名主管平均可以管理 48 名员工。在小批量和连续加工生产中，由于需要进行更密切的监督，因此每个主管管理的员工数量比较少。总的来说，小批量和连续加工生

产的企业具有较为松散灵活的组织结构（有机性），而大规模生产的企业具有严密的纵向结构（机械性）。

表 7-2　制造技术与组织结构之间的关系

	制造技术		
	小批量	大规模生产	连续加工
生产技术的技术复杂性	低	中	高
结构特征：			
集权化	低	高	低
顶层管理者比例	低	中	高
间接/直接人工的比率	1/9	1/4	1/1
主管的控制跨度	23	48	15
沟通：			
书面（纵向）	低	高	低
口头（横向）	高	低	高
总体结构	有机性	机械性	有机性

伍德沃德发现，组织结构与技术之间的关系与公司绩效直接相关：低绩效的企业倾向于偏离这种首选的结构形式，通常采用一种适合于另一种技术的结构；而高绩效的企业则具有与表 7-2 相似的特征。

2. 服务技术

服务机构的例子包括咨询公司、律师事务所、经纪公司、航空公司、酒店、广告公司、游乐园和教育机构。此外，服务技术也是大公司甚至制造企业中许多部门的特征。在像福特汽车公司这样的制造企业中，法律、人力资源、财务和市场研究部门都会提供服务。因此，这些部门的结构和设计反映的是各自的服务技术，而不是制造工厂的技术。服务技术可定义为：

- 无形产出。服务公司的产出是无形的。服务不像实物产品，是易过期的，不能存储于仓库中。服务要么立即消耗掉，要么永远消失。而在某一时间点生产的制造产品则可以进行储存，直到在另一时间点售出。
- 直接接触客户。员工与客户直接交互，以提供和购买服务。生产和消费是同时进行的。服务性企业的员工与客户直接接触。而在制造企业，技术人员与客户分离，因此不会进行直接互动。

直接影响结构的服务技术的一个显著特点就是需要员工贴近客户。结构特征与连续制造技术的特征相似，如表 7-2 所示。服务企业往往是灵活的、非正式的和分散的。横向沟通程度较高，因为员工必须分享信息和资源，以服务客户和解决问题。服务也是分散的；因此，每个单元通常都很小，位于靠近客户的地方。例如，银行、酒店、快餐专营店和医生诊所将其服务设施分散到地区和地方办事处，以便为客户提供更快更好的服务。

一些服务可分解成明确的步骤，以便员工能够按照设置的规则和程序执行。一个有趣的例子来自于印度，Devi Shetty 医生创办了一家医院，采取标准化操作程序和大规模生产的原则进行体外循环心脏手术，费用仅为美国医院的约 10% 而质量却不会降低。他的做法符合向精益服务发展的趋势，精益服务着眼于如何设计服务工作以提高质量和效率。"在医疗领域，你无法做一件事来降低价格，"Shetty 医生说。"我们必须做 1 000 件小事。"当服务可以标准化时，紧密的集中式结构就会有效，但服务企业通常趋向于更加有机、灵活和分散。

◻ 讨论题

1. 如果你想在百事可乐这样的大型公司里增加一个大数据科学家团队，你会将这些科学家集中安排在总部还是分散到不同的部门？请讨论原因。

2. 关系协调与团队和任务小组有何不同？你认为关系协调对服务技术更有价值还是对制造技术更有价值？请解释。

3. 有人听到一位组织顾问说，"职能制结构的某个方面在每个组织都存在"。你同意吗？请解释。

4. 一些人认为，矩阵制结构应该是最后考虑的方法，因为二元指挥链可能产生比它们解决的问题更多的问题。你是否同意？为什么？

5. 什么是虚拟网络制组织结构？与其他的部门化形式相比，职权和责任的体现形式有什么不同吗？请解释。

6. 海氏（Hay Group）公布了一个报告，称一些管理者拥有适应水平关系的特征，如那些几乎不靠正式权威达成结果的项目管理。其他管理者更适应纵向结构中拥有更多正式权威的操作角色。你认为哪一种结构（职能制、矩阵制、团队制或虚拟网络制）最符合你的特性？哪一种结构对你来说最具挑战性？给出理由。

7. 描述制造技术和服务技术之间的主要差异。这些差异对于最有效的结构类型有何影响？

8. 专家指出，组织越来越向分权化发展，权力、决策职责和责任就越来越下放到组织基层。这种趋势将如何影响组织对新管理者的要求？

9. 本章指出，组织结构设计应该适应战略的需要。有些理论家主张，战略应该适应组织的结构。你同意哪一种理念？请解释。

10. 对于几乎完全依赖网络运行的公司（比如 Facebook），以及仅在某些事情（例如客户服务和企业间的交易）上使用网络的传统实体企业（比如美国电报电话公司），你是否认为它们的结构是不一样的？为什么是或者不是呢？

◻ 自主学习

有机性与机械性组织结构的对比

采访你们学校的某一位员工，比如系主任或者秘书。请该员工回答下列关于其工作和组织条件的问题。然后针对你所做的工作回答相同的问题。

完全不同意 1　2　3　4　5　完全同意

1. 你的工作被认为是例行公事。

　1　2　3　4　5

2. 你遇到的主要工作都有显而易见的方法。

　1　2　3　4　5

3. 你的工作千变万化，经常有例外情况。

　1　2　3　4　5

4. 来自上层的沟通包含信息和建议而非指示与命令。

　1　2　3　4　5

5. 有同事和基层主管支持你做好自己的工作。

　1　2　3　4　5

6. 你很少与做其他工作的人交换意见或者信息。

　1　2　3　4　5

7. 有关你的工作的决策是由你的上司制定然后再传达给你的。

　1　2　3　4　5

8. 你所在层面的人员经常必须自己猜测，他们今天该干什么工作。

　1　2　3　4　5

9. 权力线是清楚的和精确界定的。
　　1　　2　　3　　4　　5

10. 领导方式倾向于民主而非专制。
　　1　　2　　3　　4　　5

11. 每件工作的工作说明都是书面的和最新的。
　　1　　2　　3　　4　　5

12. 人们彼此理解对方的工作，经常完成不同的任务。
　　1　　2　　3　　4　　5

13. 出现问题时，可以查阅政策与程序手册。
　　1　　2　　3　　4　　5

评分与说明：

为了计算总分，用 6 减去第 1、2、6、7、9、11 和 13 题的得分，并加总调整分。

总分，员工：_____

总分，你：_____

将你所工作过的一个地方的分数与你采访的大学员工的分数进行比较。52 分或者 52 分以上说明该员工工作在"松散型结构"的组织里。该分数反映了常常与不确定性环境和小批量生产相联系的柔性结构。在这种结构里工作的员工感觉得到了授权。今天，许多组织都在朝着柔性结构的方向努力。

26 分或者 26 分以下说明该组织是"严密型结构"。这种结构运用传统的控制和职能专业化，这常常出现在确定性的环境、稳定的组织、常规技术或者大规模生产技术的情形下。处于这种结构里面的员工会感觉受到控制和约束。

请讨论有机性组织结构和机械性组织结构的优点与缺点。你会见的这位员工所处的组织结构适合组织的环境特性、战略目标和技术吗？你自己的工作场所的结构是怎样的？为了使该组织更有效，你将如何进行结构再设计？

◘ 团队学习

家族企业

第1步　3～5 人一组，假设你们是一家家族企业的咨询团队。该家族使用遗产收购了一家中型规模的制药公司。该公司去年的规模比前年下降了 10%。事实上，尽管制药行业一直在增长，但在过去三年里，公司业务量却在下降。收购该公司的家族请求你们提供帮助。

第2步　你们团队的任务是，把部门职能按照重要性排序，以分配更多的资源来改进业务。

第3步　按照重要性单独将以下十项职能排序，并写下你的理由：

物流
制造
市场调查
新产品开发
人力资源
产品推广
质量控制
销售
政府法律事务
财务办公室

第4步　按小组讨论这十个职能的重要性顺序，说说你认为职能优先顺序与公司战略需求有何关系，并给出理由。

第5步　你小组的推论和排序，与你最初的想法有何不同？

第6步　通过这次活动，你学习到了有关组织结构和设计的什么知识？

◘ 实践学习

团队技能

1. 想一想你曾经参与的三个工作团队，这些团队取得了不同的成功。完成下表。

2. 你能看出团队成功所采取的模式以及你已确定的一些特征吗？

3. 根据你所学到的知识，你会建议如何构建一个工作团队？

	团队 #1	团队 #2	团队 #3
团队中是否有正式权威? 它是如何起作用的			
非正式结构是什么			
是如何分工的? 他们的专长是什么			
有人授权吗? 结果如何			
一段时间以后, 团队变得更好还是更差? 为什么			

◙ 伦理困境

代表团的问题

汤姆·哈林顿是罗金厄姆玩具公司的助理质量控制员, 他热爱这份工作。在他失业 6 个月以后, 他迫不及待想给他的上司弗兰克·戈洛普洛斯留下一个好印象。他的上司的职责之一是确保新产品线符合联邦政府安全指南的有关规定。过去一年来, 罗金厄姆玩具公司已经做了几次制造方面的改进。戈洛普洛斯和质量控制团队的其他人员每周工作 60 小时, 为新的生产流程充当故障检修员。

哈林顿了解到联邦政府的产品安全指南已经做了很多修订, 他知道这些修订会影响到公司正在生产的新玩具。戈洛普洛斯也知道这些指南, 但他没有采取任何行动去实施。哈林顿不确定他的上司是否希望他执行新程序。最终的责任在于他的老板, 哈林顿对他自己决定执行有所担忧。哈林顿为了替他的上司打掩护而回避从车间里了解到的问题, 但是他现在开始

怀疑, 圣诞节马上就要到来了, 罗金厄姆公司是否有时间做出调整。

哈林顿感到应该忠于戈洛普洛斯, 因为他给了他工作机会。他不想因自己的介入而使他们关系疏远。但同时他也开始担心, 如果他不采取行动会发生什么事情。罗金厄姆玩具公司在产品安全性上名声卓著, 在品质问题上很少受到挑战。他应该质疑戈洛普洛斯关于新的安全指南的执行吗?

你会怎么办

1. 给戈洛普洛斯写一份备忘录, 概括影响罗金厄姆公司产品线的新安全指南要求, 建议遵照执行。

2. 少管闲事。戈洛普洛斯没有对新的指南说什么, 你不要超越你的权限。你已经有过失业经历了, 你需要这份工作。

3. 将报告副本匿名寄给经营主管, 也就是戈洛普洛斯的上司。

第 8 章

变革与创新管理

    2013 年 9 月在华盛顿海军工厂发生的造成 12 人死亡的枪击事件,是美国海军近期发生的最令人震惊的事件。一个有心理健康问题以及一系列针对枪支事件的被捕记录的前海军后备役军人,是如何进入安全机构并对不知情的人开火的? Aaron Alexis 当时是一名海军承包商,携带有秘密的安全许可,因安全检查过程中存在缺陷而进入海军工厂。这起致命事件发生后,所有受害人家属都呼吁进行变革。枪击案发生一周后,国防部官员承认,由于检查程序出现问题而忽略了一些危险信号。针对变革的一个重要建议就是,所有可用的警方文件都应包含在用于确定安全许可资格的报告中,这样就会注意到 Alexis 以前发生的枪支事件。此建议已提交给国防部长查克·哈格尔(Chuck Hagel)进行审批。海军部长雷·马布斯(Ray Mabus)考虑的其他变革是,要求更详细地审查高层的安全应用,让高级成员(而不是下级军官)来负责指挥的安全性。然而,把这些变革付诸实践需要做出巨大努力、进行培训以及各级做出承诺,才会起作用。

    虽然这是一个极端的例子,但军队与所有组织一样,需要定期改变策略、做法和运作方式来解决问题、应对新的挑战或满足不断变化的需求。每个组织都需要不时进行变革。此外,产品和服务方面的创新也能够使公司蓬勃发展。如果组织不能成功地进行变革和创新,它们将会灭亡。根据最近对超过 600 万家公司进行的研究,只有少数大型公司的寿命达到了 40 年。幸存的公司都进行了重大的创新和变革。有时候,每一个组织都要对不断变化的环境迅速做出重大改变,如通用汽车公司。就在几年前,通用汽车陷入破产,美国政府斥资救助了该公司,之后,通用通过实施针对管理、结构、战略和产品方面的综合性变革,于 2011 年令人惊奇地恢复了全球最大汽车制造商的地位。

在本章中，我们将探讨怎样设计组织，使其通过内部变革和发展对环境做出回应。首先，我们介绍组织变革，看看人们为什么抵制变革，并介绍颠覆性创新和创新的双管齐下策略。然后，我们看看组织变革的两个关键因素：引入新产品和新技术，以及改变人和文化。最后，我们探讨管理者用于实施变革的方法。

8.1 创新与变革的工作场所

组织变革（organizational change）可以定义为组织接受新的思想理念或者新的行为模式。有时候，组织外部的力量会促进变革与创新，例如，当一个强大的用户要求年度价格削减，当一个重要的供应商退出市场，或者当实施了新的政策法规的时候。实施变革通常是管理中最困难的一个方面。想想实施《患者保护与平价医疗法案》（PPACA，通常称为《平价医疗法案》或"奥巴马法案"）相关的变革。新的健康保险交易市场从 2013 年 10 月 1 日起接受个人登记，但到该月底，只有少数人能够在 Healthcare.gov 网站上注册，更不用说参加保险了。技术故障并不是奥巴马和其他领导人遇到的唯一问题。数百万美国人认为他们可以保留当前的个人健康保险计划，这些人收到了取消这些计划的通知，原因是他们的计划不符合法律的规定。奥巴马就此公开道歉，领导人开始与医疗保险高管们会面，试图找到解决保单被取消这一问题的办法。

 新晋管理者自测

···

你是否真有毅力

说明：想想你在家里、学校或工作中的比较典型的项目或爱好。尽可能诚实地回答以下各题。

	是	否
1. 我经常设定一个目标，但后来却追逐另一个目标。	___	___
2. 我在短时间内痴迷于某个想法或项目，但后来失去了兴趣。	___	___
3. 我很难把注意力集中在要花几个月来完成的项目上。	___	___
4. 新的想法和项目有时会分散我对先前想法和项目的注意力。	___	___
5. 我开始做的事就不会放弃。	___	___
6. 挫折不会使我气馁。	___	___
7. 我很勤奋。	___	___
8. 我是一个勤劳的人。	___	___

总分：

1～4 题回答"否"得 1 分，回答"是"得 0 分。5～8 题相反，回答"是"得 1 分，回答"否"得 0 分。

评分与解释：这些问题的得分用于测量你的毅力，毅力被定义为你对长期目标的坚持不懈和热情。毅力是变革者的一个关键特征，他们坚持不懈地克服阻力和挫折来实现重大创新。毅力分数用于预测西点军校的学员可能取得的成绩。毅力得分高的人不会改变他们的变革实施目标。毅力分数由两部分组成。1～4 题测量"兴趣的稳定性"，5～8 题测量"努力的持久性"，因此你可以在这两组量度上比较你的分数。25～34 岁学生的平均毅力分数约为 5 分，兴趣的稳定性 2 分，努力的持久性 3 分。

8.1.1　为什么人们抵制变革?

参与推广新观念的管理者和其他人注意到,许多人倾向于安于现状,这也是为什么变革如此困难的一个原因。了解人们为什么抵制变革,是了解如何帮助在组织中进行所需变革的一个良好开端。

1. 自我利益

一般地说,人们会抵制他们认为将剥夺其某件有价值的东西的变革。例如,在工作设计、组织结构或者技术方面的变革可能会增加员工的工作量,或导致权力、威信、工资或者利益的实际或被感知到的损失。回顾一下第 6 章我们讨论的损失规避。对个人损失的恐惧是否可能是组织变革的最大障碍? 许多人会尽力避免损失。看看被比利时英博公司(InBev)收购的安海斯 – 布希公司(Anheuser-Busch)发生了什么。习惯于坐头等舱或公司飞机的管理者们现在被要求坐普通舱。免费啤酒已经成为历史,体育赛事的免费门票也被减少。曾经因奢华的待遇而被业内其他人士羡慕,安海斯 – 布希的员工对于新管理者们的广泛变革非常抗拒,因为他们觉得自己在经济和地位方面都受到了损失。同样地,休斯敦 Dynegy 能源公司的管理者们也抵制对他们办公室进行开放式设计的变革,因为他们认为私人办公室是自己在组织中的权力和威望的象征。此外,他们将这一变革视为对自己生活和环境的一种控制力的损失,引发了强烈的情绪反应。

2. 缺乏理解和信任

一般情况下,员工不相信变革背后的动机,也不理解变革的预期目的。如果先前与持某种理念的管理者或推动者的工作关系不太好,就会出现抵触情绪。当 CareFusion 公司分拆为美国卡地纳健康集团(Cardinal Health)的子公司时,首席执行官大卫 L. 施罗特贝克(David L. Schlotterbeck)和其他高层管理者希望实施新的协作和团队合作的价值观,但低层管理者最初对他们的意图却持怀疑态度。只有当他们看到高层领导者完全致力于打造这种价值观,并以实际行动来兑现时,其他人才开始支持这种变革。

3. 不确定性

不确定性是缺乏关于未来事件的信息。它反映了对于无知的恐惧。对于变革的承受力差、惧怕标新立异的员工,不确定性尤其具有威慑力。他们不知道变革会对自己产生什么影响,还担心自己能否适应新程序或者新技术的需要。花费数百万美元采用电子病历的医院,却很难让一些医生使用电子病历。一个原因就是存在电子病历将改变医生的日常工作的不确定性。大多数人对未知事件至少有一些恐惧,并且更加自在于处理经过验证的可靠的事。想想从缅因州到加利福尼亚州安装无线智能电表的公共事业公司,它们面临着来自于客户的强烈反对,这些客户认为电表侵犯了他们的隐私,增加了费用,并威胁着他们的健康。

4. 不同的评价与目标

抵制变革的另一个原因是,将会受到变革或创新影响的那些人对于形势的评价不同于新理念的管理者或推广者。一旦有人提出某项变革有某些好处,批评家们常常会表达合情合理的反对意见。每个部门的管理者追求的目标不一样,创新可能会贬低某些部门的业绩和成就水平。在辉瑞制药公司,高层管理者希望实施一个计算机化系统来收集和处理研究试验数据,这将使新药的研发成本降低 40%。研发部门的管理者则表示反对,他们担心病例报告形式的自动化和标准化会影响他们的灵活性和创造力。

苹果公司的高层管理者目前也遇到了这种抵制。自 2010 年 8 月以来，苹果在市场的估值方面一直是美国最大的公司。但由于海外供应商的工作条件差，高管们面临着变革的压力。被审查的供应商中，超过一半的供应商被发现违反了苹果公司的行为准则，一些供应商还违反了法律。然而，苹果公司内部也存在冲突，因为虽然高层管理者希望改善条件，但一些管理者则认为彻底的改革将破坏与关键供应商的关系，并会降低创新和交付新产品的速度。

在受到变革影响的员工看来，这些抵制理由都是合法的。管理者不应忽视抵触情绪，而应诊断原因，并设计策略以求得用户的认可。在本章后面，我们将讨论管理者可以用来克服阻力并顺利实施变革的一些方法。

8.1.2 颠覆性创新

正如我们以前讨论的，有时外部力量会迫使管理者寻求变革，例如创造更高的运营效率或保持组织盈利的其他改变。有时，公司内部的管理者也看到了产品或服务创新的需要。

颠覆性创新正在成为那些想要在全球范围内保持竞争力的公司的一个目标。**颠覆性创新**（disruptive innovation）是指通常从小规模开始进行的产品或服务创新，并最终完全取代针对生产者和消费者的现有的产品或服务技术。发起颠覆性创新的公司通常会大获成功；受颠覆性技术影响的公司可能会破产。例如，DVD 几乎使录像带行业消失，而现在的流式视频也威胁着 DVD，使 DVD 面临同样的命运。数码相机似乎正在淘汰摄影胶片行业，而智能手机也正威胁着紧凑型数码相机，如第 2 章中所述。人们更喜欢使用智能手机拍照，因为他们可以轻松地在社交网站上分享照片。傻瓜相机的销售额则持续下降。大规模开放式线上课程对于大学教育的传统而昂贵的课堂授课形式可能成为一种颠覆性创新。例如，位于加利福尼亚 Mountain View 城的 Coursera 公司，拥有 350 万的注册用户，共有 370 个几乎免费的在线大学课程。一家名为 Square 的公司开发了一款可插入智能手机的信用卡读卡器，这在针对信用卡支付的万亿美元的金融服务体系中是一个颠覆性创新。Square 使得数百万家无法负担金融公司收取的交易费用的小型企业开始接受信用卡。许多颠覆性创新来自于像 Square 和 Coursera 这样的小型创新型企业。一些观察家认为，在中国和印度等新兴市场的企业在未来几年内将产生很大比例的创新。例如，Godrej & Boyce 公司针对印度设计了一种便携式、低成本的蓄电池供电冰箱，称为 chotuKool，如第 3 章中所述。联想在中国推出了 LePhone 作为 iPhone 的物美价廉的替代品。

这与被称为**逆向创新**（reverse innovation）的趋势有关。联想、通用电气、约翰迪尔（John Deere）、雀巢、宝洁和施乐等公司并不是在富裕国家进行创新并将产品转移到新兴市场，而是针对新兴市场创造出新的低成本产品，然后迅速且花费不多地重新进行包装，销往发达国家。通用电气医疗集团（GE Healthcare）在中国的团队开发了一款便携式超声波机，比该公司的高端机器的成本低 15%。现在通用电气将该产品销往世界各地，并在六年内成长为 2.78 亿美元的全球生产线。约翰迪尔公司为印度农民开发了一款高质量低成本的拖拉机，而它在受到经济衰退影响的美国农民当中越来越受到欢迎。

8.1.3 双管齐下策略

变革——尤其是与颠覆性创新相关的重大变革——并不容易，许多组织都在为变革成功而努力。在某些情况下，员工没有欲望或者动机去提出新的理念，或者他们的理念从来不会被能够将其付诸实践的管理者们听到。在其他情况下，管理者听到了好的意见，但是却不能很好地与员工配合将其实施。成功的变革需要组织在创造和实施理念方面都具有同等的能力，即要求组织要尝试双管齐下。

双管齐下策略（ambidextrous approach）是指适合于创造冲动和创新的系统执行的联合结构和过程。例如，一个松散、灵活的结构和更大的员工自由度对于新理念的诞生是极好的，但是这种情况常常不利于执行变革，因为员工更不愿意配合。利用双管齐下的策略，管理者要鼓励创造部门以及我们将在本章讨论的其他机构进行创新及提出新理念的灵活性和自由度，但是他们在执行创新时则使用严格、集权和标准的模式。例如，伦敦 Misys 软件公司的首席执行官迈克·劳里（Mike Lawrie）创建了一个针对 Misys 开源解决方案的单独部门，旨在开发医疗保健行业中潜在的颠覆性技术。劳里希望有创造力的人有足够的时间和资源来开发新软件，从而能够让医院、医生、保险公司以及医疗保健系统的其他相关人员之间进行无缝数据交换。在这一正规组织内，实施了重视例行程序和准确性的新理念。28 岁的纳特·莫里斯（Nate Morris）打乱了垃圾的处理方式，创建了一个成长性公司并取得了成功。如本章"管理者工具箱"中所述。

 管理者工具箱

Rubicon Global 公司

如果你认为 Waste Management 公司主要由 Tony Soprano 及其朋友经营，那就再想想。纳特·莫里斯 25 岁时在肯塔基州沃尔顿创办 Rubicon Global 公司，当时是受到同伴肯塔基州的桑德斯上校的启发。桑德斯将一个单一的路边餐馆创办成一家大型公司——KFC。

从乔治·华盛顿大学毕业后，莫里斯去了研究生院，希望能够从政，但 2008 年出了车祸，他知道他的前途受到了影响。因此，他做了他之前不愿意做的事情：从事家庭废物管理业务，尽管没有任何公司接手该业务。他所知道的是，这行很大一部分利润来自于垃圾填埋场，因此各公司也被鼓励制造更多的垃圾。

莫里斯认为是时候进行变革了，并想出了一个对客户和环境都有利的方法。他借助信用卡创建了一个网站，利用他的网络，设法联系到一家最大的比萨连锁店的首席执行官。"我希望得到贵公司的垃圾，并与贵公司签订合同，"他说，这让习惯于收到各种高尚请求的这位首席执行官很是惊讶。由于他的直率，他得到了这份合同。他认为大部分剩下的比萨面团可以重新加工成乙醇。创新性的回收成了他的事业。针对一家连锁超市，他将 4 万件宠物床的旧套件打碎，重新用于制作各种用途的绝缘纸箱。据一家主要的回收机构估计，114 亿美元的可回收物品被丢弃于垃圾填埋场。

到 2014 年，莫里斯已设法为许多家《财富》500 强企业（包括 7-Eleven）提供废物管理服务。他不仅通过回收而且还作为废物运输服务的经纪人使废物减少达 30%。他最需要时间来说服的就是他的母亲，他母亲做梦也没有想到她的儿子会成为一个收垃圾的人。"你本来可以在离开高中时就做这一行的，"他母亲说道。如果他想经营一家价值数百万美元的公司，或许他不会干这一行。他的母亲后来慢慢明白了。

8.2 变革事物：新产品和技术

组织需要进行各种类型的改革。创新的一个重要领域就是引进新产品、新服务和新技术。**产品变革**（product change）是组织中产品或服务输出的改变。产品和服务创新是组织适应市场变革、技术和竞争的首要方式。服务创新的一个例子是 HBO Go（第一个综合性移动电视服务）。在肯尼亚，医疗护理和咨询对于许多人来说是一个遥远的奢侈品，当地电信巨头 Safaricom 推出了一项名为 Daktari 的服务创新（24 小时热线），在收取少量费用的情况下为顾客提供一对一的医疗诊断。新产品的例子包括耐克的 Flyknit Racer 跑步鞋（重量只有 5.6 盎司[⊖]）、SodaStream 家用苏打水机、Nest 家用恒温器（该机器可以学习用户的使用模式并自动进行调节，以节省电能）。另一个针对旧主题的"新"产品是 Elkay 制造公司生产的 EZH20 饮水机。

 聚焦技能

Elkay 制造公司

饮水机近几十年来的变化不是很大。几年前，Elkay 制造公司的管理者开始注意到他们所说的"机场舞蹈"：人们慢慢移动，将瓶子倾斜到合适的角度，在饮水机处将瓶子灌满水而避免水溅到满身都是。

Elkay 公司开始重新考虑饮水机，并打算修建灌瓶站来代替。美国人减少了软饮料的消耗量，瓶装水的购买量也减少了。现在人们消耗的水约有一半来自于自来水，包括饮水机。Elkay 公司的管理者希望开发一种饮水机，人们可以在不接触到饮水机的情况下将瓶子灌满，这样就避免了许多人对细菌的担心。此外，他们认为，装满一个 16 盎司的瓶子所花的时间不应超过 10 秒钟。在该项目初期，一位工程师认为这是不可能的。另一位从一家汽车零部件公司跳槽到 Elkay 公司的工程师发现了一种加速流量的方法。结果就开发出一款饮水机，如果水处于室温下，大约 5 秒钟就能装满一个 16 盎司的瓶子，如果经过制冷管道，则装满瓶子的时间会长几秒钟。相比之下，传统的饮水机至少需要 20 秒钟的时间。

Elkay 公司并不是唯一一家推出灌瓶站的公司，但 Elkay 公司的首台 EZH20 型号上增加了一个数字计数器，最终"使这一做法像病毒一样迅速传播，"一位最初认为数字计数器是一个愚蠢的想法的管理者说道。大学生们喜欢追踪有多少塑料瓶不会进入垃圾填埋场。一些大学生在校园内举行比赛，看谁重复使用的瓶子最多。宾夕法尼亚州的穆伦堡学院（Muhlenberg College）已安装了 49 台新的 EZH20 灌瓶站，进入该校的新生可以免费领取一个不锈钢水壶。该学院说，瓶装水的销售量下降了 90%。学生们说，至少有 140 万个塑料瓶未进入垃圾填埋场。

其他公司（包括 Haws 公司和 Oasis 国际公司）也推出了用于灌装水瓶的新型饮水机。Elkay 公司表示，数百所高校以及包括芝加哥的奥黑尔机场和纽约的拉瓜迪亚机场在内的至少 15 个机场已经安装了新型饮水机。

正如这个例子所示，产品和服务的变革与组织的技术变革有关。**技术变革**（technology change）是组织生产流程的改变，即组织如何完成它的工作。技术变革旨在让产品或服务的生产更有效率。哈蒙德的 Candies 公司通过实施员工建议的技术变革，每年节省数十万美元。其中一个例子是调整了机器传动装置，使装配线上所需的员工人数从五人减少到四人。其他技术变革的例子包括：西南航空公司的飞机装上了提升功率的翼端小翼；美国邮政服务公司使用自动邮件分拣机；强生公司的制药研发部门使用生物模拟软件对新药进行虚拟测试。

图 8-1 列出了三个关键的变革产品和技术的创新战略。第一个为战略开发，即设计组织

⊖　1 盎司 = 28.349 5 克。

以鼓励创造力和新理念的产生。合作战略是指创造条件和系统，以促进内外部合作以及知识分享。最后，创新角色是指管理者设置流程和结构，以确保新的理念可以进一步被大家所接受和执行。

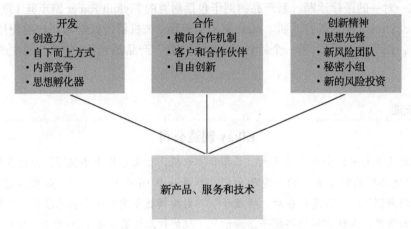

图 8-1　新产品和技术的三种创新战略

　绿色力量

建造更好的鼠标

我们都有被塞进橱柜里的旧笔记本电脑，以及扔在车库角落里的电脑显示器、硬盘驱动器和打印机。谁又能忘记被丢在抽屉里的鼠标（其中有五个鼠标实际上仍连接有鼠标线）？在一个致力于可持续发展的世界里，电子行业的管理者面临的挑战是如何在产品的大外壳尚未消失的时候进行变革和创新。日本富士通公司

通过开发一种由可再生材料制成的键盘而打破了这一障碍。一年以后，该公司使用有机材料作为塑料的替代品，推出了一种可 100% 生物降解的鼠标外壳。现在，这一竞争已经开始。富士通的创新做出了一个有远见的承诺：有一天，我们所有的电子设备都将成为可持续发展革命的一部分。

8.2.1　开发

开发是指新产品和新技术思想的诞生阶段。管理者通过创造条件，鼓励创造性，允许新思想的萌发，以让组织做好开发的准备。创造力（creativity）是指产生可能满足需要或对组织的机会做出回应的新奇的思想。以创造力著称的人包括发明波拉德照相机的埃德温·兰德（Edwin Land），以及在发现刺果上的毛刺钩住他的羊毛袜后发明魔术贴的瑞士工程师 George de Mestral。这些人在我们熟悉的环境中看到了独特和创造性的机会。

具有高度创造力的人的特征如图 8-2 左边一栏所示。具有创造力的人通常具有原创性、开放性、好奇心、耐心以及轻松、顽皮的心态，善于接受和包容新思想，注重解决问题。创造力也可以存在于组织当中。大多数公司都希望拥有更具有创造力的员工，经常尽量聘用具有创造力的人才。但是，个体只是一部分，而我们每一个人都有一定的创造潜力。管理者有责任创造一个让创造力充分发挥的工作环境。

图 8-2 的左图显示了与个体对应的创造性组织的特征。创造性组织的结构是松散的。人们所处的环境是模棱两可的，工作分派模糊，负责领域重叠，任务没有明确的定义，许多工

作都是通过团队完成。创造性企业的管理者要进行冒险和实验。他们将员工置于各种项目中，因而人们不会被限于常规性工作的节奏，管理者不应有对犯错的担忧，因为这会抑制创新性思维。研究表明，成功的创新往往伴随着很高的失败率。薪酬服务公司 SurePayroll 推出了一个年度现金奖项"最佳新错奖"，鼓励员工创新冒险。同样，Grey Advertising 公司设置了年度"英雄失败"奖，对那些"能够使成功自身望而生怯的光荣失败"进行奖励。创造性组织是那些具有活泼、自由、挑战以及草根参与的内部文化的组织。表 8-1 列出了《快速公司》（*Fast Company*）上列出的 2013 年世界十大创新公司。

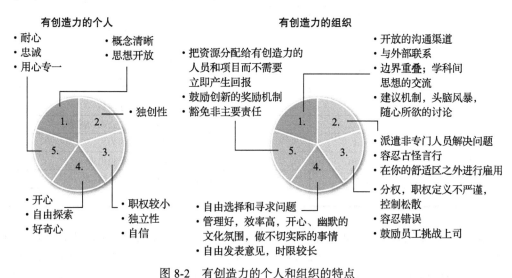

图 8-2　有创造力的个人和组织的特点

新晋管理者自测

评估你的创造力

说明：在下表中，选出每一个你认为可以准确描述你的个性的形容词。对自己要诚实。选出所有适合你个性的词汇。

1. 易受影响 ____
2. 能干 ____
3. 谨慎 ____
4. 聪明 ____
5. 平凡 ____
6. 有信心 ____
7. 保守 ____
8. 传统 ____
9. 自负 ____
10. 不满足 ____

11. 诚实 ____
12. 幽默 ____
13. 个人主义 ____
14. 不拘礼节 ____
15. 富有洞察力 ____
16. 有智慧 ____
17. 兴趣狭窄 ____
18. 兴趣广泛 ____
19. 善于创造 ____
20. 有礼貌 ____

21. 有独创性 ____
22. 善于反思 ____
23. 足智多谋 ____
24. 自信 ____
25. 性感 ____
26. 势利 ____
27. 真诚 ____
28. 唯唯诺诺 ____
29. 多疑 ____
30. 不依惯例 ____

评分与解释：选择以下各项加 1 分：2、4、6、9、12、13、14、15、16、18、19、21、22、23、24、25、26 和 30。选择以下各项减 1 分：1、3、5、7、8、10、11、17、20、27、28 和 29。总分 = _____。可能的最高分为 +18；可能的最低分为 −12。

创新始于创造力。你在这个问卷上的分数反映了你解决问题和寻找新颖解决方案的创造力。

一组 256 名男性的平均得分为 3.57 分，126 名女性的平均得分为 4.4 分。一组 45 名男性研究科学家和一组 530 名男性心理学研究生的平均得分均为 6.0 分，124 名男性建筑师的平均得分为 5.3 分。一组 335 名女性心理学学生的平均得分为 3.34 分。如果你的分数超过 5.0 分，你的个性将被视为具有超过平均水平的创造力。你认为你的分数在多大程度上反映了你真正的创造力？将你的分数与班上其他学生的分数比较。与其他学生相比，哪些形容词对你的分数来说更加重要？

表 8-1　2013 年全球最具创造力的企业

排名	企业	原因
1	耐克	革命性的新产品和真正信仰者的文化
2	亚马逊	加快交货速度，实施变革
3	Square	展开移动支付革命
4	Splunk	给大家带来了大数据分析
5	Fab	发展成为创意产品的目标网站
6	优步	靠数据支持的颠覆性创业公司的缩影
7	Sproxil	帮助识别销售虚假产品的公司
8	Pinterest	使人从对图像的痴迷中解脱出来
9	Safaricom	使用电信架起了医疗保健的桥梁
10	塔吉特	压缩了大卖场

创新型公司采用自下而上的方法，即鼓励来自于低层员工提供创意性想法，并确保高层管理者能够听到并采取行动。芝加哥软件公司 37Signals 给每位员工一个月时间脱离自己的常规工作，把时间用在探索自己的新想法上。6 月份整整一个月，搁下一切不必要的工作（即除了客户服务和保持服务器运行之外的所有事情），允许员工干自己想干的任何事。有些员工独自工作，而另一些员工则组成团队。在这个月末，高层领导者听取了 29 个新想法的介绍，包括一套管理客户账户的新工具以及一项能够帮助公司更好地了解客户如何使用产品的数据可视化新技术。联合创办人 Jason Fried 表示，37Signals 将继续采用 6 月份做自己想做的事并探索新想法的做法，因为这是一个让员工产生新的经营理念的好方法。本章"管理者工具箱"描述了一些公司用于使员工产生解决具体问题的创新思想的有趣方法。

一些公司也进行内部创新竞赛，这是一种日益流行的实现产品和服务创新的方法。Borrego Solar Systems 公司的首席执行官迈克·豪尔（Mike Hall）在公司内部网络上举办了"创新挑战"比赛，让害羞内向的工程师说出他们对于改善业务的想法。员工投票选出最喜欢的想法，获胜者将获得现金奖励。迅速得以实施的一个想法就是使用能够让销售和工程团队进行协作的软件。普华永道（PwC）会计咨询公司的管理者通过赞助一项美国偶像式大赛来激发员工提出创新想法，从而挑战会计师是无聊且缺乏想象力的刻板印象。

与创造性想法一样重要的是将它们付诸实施。令人遗憾的是，有研究表明，美国员工的想法平均每六年才被实施一次。"没有什么比员工觉得他们的想法毫无意义更让人丧气的了，"创业学教授拉里·本内特（Larry Bennett）这样说道。在普华永道，所有最终的想法都安排给一名资深"拥护者"，他将帮助团队进一步发展和实施他们的建议。前 20 名入围者的其他想法则安排给一个创意孵化器团队。创意孵化器（idea incubator）是一个能够提供安全港湾的机制，在那里，来自于组织全体员工的观念都可以得到发展而不受公司官僚或者政治的干扰。

聚焦技能

普华永道（PricewaterhouseCoopers）

"虽然我们的平均年龄为 27 岁，但我们在税收和担保方面都已扎根，"美国普华永道会计师事务所主席鲍勃·莫里茨（Bob Moritz）说道。"那么你如何让这个地方感觉像谷歌或 Facebook？一个感觉具有领先优势的地方？"

普华永道像其他公司一样，感受到竞争加剧和全球经济动荡带来的苦痛。利用所有员工的创造力，寻找有价值的想法，这似乎不仅是一件好事，而且像是公司的一件势在必行之事。普华永道的"创新领袖"及美国偶像的一位粉丝麦卓·贝斯特（Mitra Best），从节目中获得灵感，再加上来自于视频游戏界的即时聊天和在线讨论的创意想法，创建了 PowerPitch——一项有趣的协作性比赛，将 30 000 名普华永道的员工联结在一起并受到鼓舞。员工们喜欢这一竞赛。比赛分三个阶段进行，为期九个月，合伙人级别以下的美国员工都可以参加。每一位参赛者必须招募一个团队，推出新服务或对价值 1 亿美元的现有服务进行彻底反思。获胜的团队可以获得 10 万美元的奖金，并有机会实施新创意。

第一轮提出了将近 800 个建议，而在总决赛中，公司近 60% 的员工以某种形式参与：直接参与、投票、评论和提出建议等。五个入围决赛的团队飞往纽约普华永道总部，在一个坐满观众的公司礼堂里介绍他们的建议并回答评委们提出的问题。全国各大办公室都通过现场网络广播观看这场比赛。由 25 岁的金融服务助理 Zachary Capozzi 带领的获奖团队提议在普华永道内建立一个复杂的数据挖掘方法，采用网飞公司用于预测客户感兴趣的电影的这类分析方法。对于那些没有这种能力的客户来说，这项服务是无价的——它可能是新客户的源泉，并成为普华永道新的收入来源。

 管理者工具箱

使用六顶思考帽来产生更好的想法

一种能够促进更广泛思考的方法被称为"六顶思考帽"，由爱德华·德·博诺（Edward de Bono）开发。该模式鼓励人们以团队的形式将消极的批判性思维与积极的创造性思维结合在一起。参与者使用文字或象征性地戴上一顶帽子来代表一个独特的观点。戴帽子能够帮助个人走出自己的舒适区，以无风险的方式产生创意想法。"六顶思考帽"法能够将一个典型的非生产性的会议转变成极具创造性的解决问题的尝试。六顶思考帽分别是：

- **白色思考帽：**这顶思考帽是中立的或仅与某个问题的客观事实、数字和信息有关。
- **红色思考帽：**这顶思考帽允许对主题产生情绪反应。是一种基于情感、直觉、本能和预感的观点。
- **绿色思考帽：**绿色思考帽能够产生新的思想、可能性、替代方案以及更好解决问题的独特解决方案。

- **黑色思考帽：**这是一顶消极、悲观和批判性的帽子，关注于一个建议为什么行不通。当有人戴上这顶帽子时，他们可以指出某一想法的缺陷和错误假设。
- **黄色思考帽：**黄帽与黑帽相反。它乐观并注重某个想法的价值和好处。它的关注点在于什么东西行得通。
- **蓝色思考帽：**这顶思考帽关注于团队促进作用。团队领导者通常担任蓝帽的角色，虽然任何成员随时都可以戴上蓝帽。

应用"六顶思考帽"法时，在创造性解决问题的会议中安排一个特定的时间，在该时间团队中的每个人都戴上一顶相同颜色的帽子，也就是说，采取的观点相同。留出一定的时间，每个人采用理性和实事求是的思维（白帽）、情绪思维（红帽）、创造性思维（绿帽）等。其结果就是，依次听到每一种观点（帽子），消极的观点或争论不会压倒创造力。大家在一起有时间思考好的想法，也有时间找到薄弱点。

8.2.2 合作

产品和技术创新的理念通常来源于组织的基层，需要在部门间进行横向的流动。此外，公司外的人和组织也能够成为创新思想的丰富来源。缺乏创新被广泛认为是当代企业面临的最大问题之一。《商业周刊》和波士顿咨询集团（Boston Consulting Group）的调查显示，72%的高层管理者认为创新是当务之急，但是几乎一半的被调查者不满意该领域的结果。于是，许多公司正在转变它们寻找和使用新理念的方式，注重同时提高内部与外部的协调和合作。

1. 内部合作

成功的创新需要同时来自各个部门的专业技能，而失败的创新常常是失败的合作所致。例如，麻省理工学院最近的研究表明，把研究和制造紧密结合在一起能够使公司更具创新性。通用电气在其纽约北部的研究园区附近修建了一个大型制造工厂，该研究园区正在秘密开发一种新的蓄电池技术。这一想法是为了将新蓄电池技术的设计、原型制作、制造、测试和生产结合在一起。

索尼曾经是日本创新成功的缩影，而今该公司却因多年来一直没有开发出畅销产品而难以保持活力。可以肯定的是，索尼受到了一个又一个颠覆性新技术或意想不到的竞争对手的打击，但最大的问题是管理者们由于组织内部的合作不善而无法反击。该公司早在苹果推出iPod之前，便拥有制作像iPod一样的音乐播放器的技术（联合创办人盛田昭夫（Akio Morita）在20世纪80年代就实际设想了这样一个设备），但各部门未能进行合作来将该想法变为成果。"创新是一个团队性运动，"一位向其他公司讲解创新的实业家德鲁·博伊德（Drew Boyd）这样说道。美国Sealy公司通过促使工程师、产品设计师、销售和营销人员彼此合作，并联合客户和外部设计公司IDEO，重振其高档的Stearns & Foster系列床垫。其结果就是，此系列床垫的销售量打破了纪录。新产品开发副总裁艾伦·普拉特克（Allen Platek）表示，改造新产品是"我的职业生涯中最有趣的时刻之一"。

成功创新的企业通常具有以下特征：

- 研发和市场营销人员积极与客户合作，了解他们的需求并设计出解决方案。
- 技术专家能注意到最近的发展，并有效利用新技术。
- 由高层管理者倡导和支持的一个共享的新产品开发流程，贯穿了各个组织职能部门和单位。
- 关键部门（研发、制造和市场部）的成员相互配合开发新产品和服务。
- 每个项目自始至终都由一个核心的跨职能团队指导。

有一个成功的创新方法叫作横向联系模型（horizontal linkage model），如图8-3所示。这种模型表明一个组织中的研发、制造和市场销售部门同时致力于新产品和新技术。来自这些部门的人经常以小组或任务小组的方式碰面，交换意见和解决问题。研发人员告知市场营销人员新的技术开发，以判断其对客户是否有用。市场营销人员将客户的投诉传达给研发人员，以便他们在设计新产品时使用；同时传达给制造人员，使他们发展提高产品生产速度和质量的新思维。制造人员通知其他部门一个产品构思是否能在成本限额内被制造出来。在整个过程中，开发团队保持与客户的紧密联系。麦肯锡的一项研究发现，80% 的成功创新者在新产品和服务的开发过程中会定期测试和验证客户的偏好。

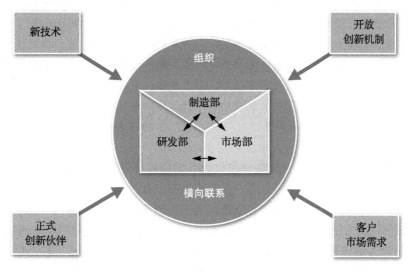

图 8-3　创新协作模型

横向联系模型在高压的商业环境中显得越来越重要，它需要快速开发新产品和服务，并使其商业化。速度是当今全球市场中的一个关键战略武器。这种团队工作就好像英式橄榄球比赛一样，球员们一起奔跑，当他们向前场移动的时候前后传球。康宁公司（Corning）利用横向联系模型来为移动行业创造新产品。

通过使用新产品开发的横向联系模型，康宁公司在快速将产品从创意到成功推向市场的过程中变得卓有成效。有名的创新失败（例如微软的 Zune 音乐播放器和美国铸币厂（U.S. Mint）发行的苏珊·安东尼 1 美元纪念币（或许是美国历史上最不受欢迎的硬币））通常是违反了横向联系模型。

2. 外部合作

图 8-3 还表明组织从其边界外部寻找和发展新思想。工程师和研究人员留意新技术的发展。市场人员注意变化的市场环境和客户需求。一些组织建立正式的战略伙伴关系（如联盟与合资）来提高创新成功的可能。

 聚焦技能

康宁公司

移动电话和平板电脑上的塑料屏幕很容易被划伤或破损，这使得康宁公司的特殊材料部的一个小团队产生了一个想法：是否可以找到一种方法，使用公司在 20 世纪 60 年代最初尝试（未成功）用于汽车挡风玻璃的一种超强而柔韧的玻璃来制作手机屏幕？仅仅生产用于测试客户兴趣的实验批量的费用就高达 30 万美

元，但管理者们冒了这个险，因为这个项目具有一个强大的思想先锋。

一旦测试运行完成，潜在客户对这一想法表现出兴奋，管理者们就必须迅速行动。康宁公司在非常短的时间内将这个项目从概念转变为商业上的成功。一个原因就是，该公司拥有正确的文化和正确的制度。康宁公司各部门都

知道，高层管理者倡导、支持和奖励在有前景的新产品上市的方面进行合作。康宁公司的创新不是由孤立的发明者或各部门内的小团体设法完成的，而是由整个组织的多学科团队完成的。该公司有两个团体（企业技术委员会和发展与战略委员会）负责监督创新过程，并确保各部门在管理层认可的新产品开发方面有效合作。因此，研发、制造和销售部门的员工很快就同意为开发新型玻璃产品的团队服务。

到 2013 年春天，康宁公司的新产品（被称为大猩猩玻璃（Gorilla Glass））已在超过 10 亿部智能手机和平板电脑上使用，年业务量达 10 亿美元。于 2012 年推出的第二代大猩猩玻璃的厚度减少了 20%，使厂商能够制造更薄的设备。第三代的耐划痕能力增加了 40%。随着越来越多的显示器采用触摸屏，该公司也不断进行创新。大猩猩玻璃使得康宁公司在《快速公司》的 2013 年最具创新力公司中排名第 36 位。

成功的企业通常都将客户、战略合作伙伴、供应商以及其他外部实体直接包含在产品和服务的开发过程中。最热门的趋势之一是自由创新。在过去，多数企业从内部产生新的理念，进而进行开发、制造、市场推广和分销，是一种封闭式的创新模式。但是今天，前瞻性的公司正尝试不同的方法。自由创新（open innovation）表示将调查范围延伸到组织外部，或将商业化的新理念延伸到组织的边界，甚至产业的边界以外，与企业外部的其他组织和个人分享知识和资源。例如，游戏制作公司 Rovio 通过让外部组织特许经营《愤怒的小鸟》（Angry Birds）这款流行的应用程序，从而将该品牌的商业化扩展到书籍、电影和玩具中。就连一向以"封闭"著称的苹果，也找到了一种办法，允许任何人创建和销售用于 iPhone 的移动应用程序，并将这些应用程序产生的一部分收入作为交换条件，以此来获得自由创新的力量。当谷歌决定让其 YouTube 视频网站包含原创内容的电影和电视剧时，它会寻找电影制片人、摄影师和其他富有创造力的人员，如"聚焦技能"专栏中所述。

 聚焦技能

Jash 频道 /YouTube

好莱坞还记得，音乐和报纸业务是如何被技术摧毁的，并且认识到，从 2012 年开始，更多人通过互联网而不是上电影院或在 DVD 上看电影。时代变了。有 30 多位在这方面更具前瞻性和创造性的创业、金融和宣传专业人士，他们被称为"哈佛数字黑手党"。在这些年轻而傲慢的成员当中，有一位名叫丹尼尔·凯利森（Daniel Kellison），最著名的履历是作为《吉米·金摩秀》（Jimmy Kimmel）的制作人，也制作了节目《大卫·莱特曼深夜脱口秀》（Late Night with David Letterman）。

当 YouTube 找到凯利森并希望他参与其数亿美元的项目，即开发原创内容频道，他将拥有 100% 的创意控制权和总拥有权时，他认为这是一个千载难逢的机会。在以前的年代（比如说几年前），是企业追逐人才。而

现在，当前的高科技王国却是追逐能够被开发者创造、拥有和重新利用的知识产权（权益）。采用这种方式被视为 21 世纪有线电视的机会。"娱乐圈里的人意识到，权益就是人们如何获得丰厚的财富，"最近开创了一项数字娱乐基金的克里斯·萨卡（Chris Sacca）这样说道。

凯利森与喜剧演员莎拉·西尔弗曼（Sarah Silverman）合作。之前她在 YouTube 频道只有 4 万人订阅，而 Jon Elerick 的喜剧视频的点击量为 5 600 万次，拥有 30 万订阅者。迈克尔·塞拉（Michael Cera）和西尔弗曼这些人"不知道如何将他们的工作转化为钱"，凯利森看到了真正的商业机会，他帮助这些人通过新的"Jash"领域寻找数字视频观众。事实上，塞拉深受感动，他成为 Jash 频道的一位联合创

始人。

此领域的另一位推动者是布莱恩·罗宾斯（Brian Robbins），他看到两个儿子更倾心于使用笔记本电脑来观看表演和体育节目，而不是在新买的一台大型平板电视上观看。罗宾斯看到了未来就是这个样子。他以前是一名演员和制片人（《超人前传》（Smallville）和《篮球兄弟》（One Tree Hill）），现在却从事数字视频工作，并认为数字视频有一天会看起来很像有线电视。"我不清楚你是否知道 ESPN 是如何开始的，但它就像康涅狄格州的这些家伙一样。"或者，正如 Collective 数字制作公司的创始人迈克尔·格林（Michael Green）所说，"我一直认为它就像 1976 或 1977 年的家庭影院。"但好莱坞仍不得不向 YouTube 学习的一件事就是：不仅仅是为了获得点击量，而是让人们分享，像莎拉·西尔弗曼这样的传统名人才刚刚开始学习。

博斯公司（Booz & Company）的一项研究显示，3M 公司是继苹果和谷歌之后第三大最经常被引用的创新领导者。3M 公司在开发创新和成功的新产品方面具有良好的记录，管理者们承认，成功取决于自由创新和思想的交流。研磨材料部门最近推出了一种全新的砂纸。这个部门采用七种不同的技术来制造这种产品，其中只有两种技术来自于该部门。3M 公司一直与各大学和其他公司的人员合作，同时也与客户合作。该公司拥有 30 个客户技术中心，技术和营销人员与客户进行互动，了解他们的需求和阻碍。

互联网使得各个企业能够利用来自世界各地的想法，让成千上万的人参与创新过程，这就是一些自由创新的方法被称为**众包**（crowdsourcing）的原因。菲亚特（Fiat）于 2010 年推出了首款众包设计的汽车 Mio。这家汽车制造商在网上发出邀请，让人们思考未来的汽车应该是什么样子的，全球 17 000 多人提出了自己的想法。获得群众帮助的最直接的方法是进行比赛。自 2010 年 9 月以来，已经有超过 16 000 人在 Challenge.gov 网站上参加了由美国政府发起的网上比赛。在另一个例子中，飞利浦现在销售的一款发光二极管灯泡获得了 1 000 万美元的能源部竞赛奖金。退伍军人事务部目前的一个挑战是让其管辖的医院和诊所的电子病历相互通用，以使退伍军人随时可以在网站上进行预约。在经过十年时间并花费 1.27 亿美元试图解决这一问题后，退伍军人事务部的官员们说，他们认识到"我们需要寻找外界的帮助，而不是仅仅依靠内部的力量。"众包对于联邦政府来说还是一个比较新的概念，但一些企业使用众包却已有多年了。Tongal 公司使用众包来为高露洁 Speed Stick 止汗露的"Handle It"宣传活动制作广告。一个广告被选中在美国橄榄球超级碗大赛（Super Bowl）中使用，并且在凯洛格商学院（Kellogg School of Management）年度评选的 36 个超级碗广告中排名 12，超越了 Calvin Klein、可口可乐、大众汽车、丰田汽车和百事可乐的广告。

众包也被用于收集解决社会问题的创造性想法。例如，超级台风海燕（Haiyan）摧毁菲律宾之后，救援机构很难将医护人员和物资送到一些受灾最严重的地区。一个被称为"Open Street Map"的项目给许多人提供了一个进行远程帮助的机会，Open Street Map 能够确定道路和建筑物的位置以及运送物资的最佳地点，而靠人工来查找各个地点则可能需要数周或数月的时间。同样，众包地图在 2010 年海地的地震后被用于确定诊所的位置，在日本最近的地震和海啸后用于帮助救援人员确定食物、避难所和卫生服务设施分配的优先顺序。

近年来创新的另一种方法就是购买初创公司，以获得创新的产品和服务，并获得隐藏在初创公司中的人才。人们通过收购战略来获得创新，是认识到了：创新的前沿往往发生在年轻而小型的创业公司中，而不是发生在成熟企业的围墙内。谷歌收购 Android，Facebook 收购 Instagram，只是其中的两个例子。Hotmail 最初不是由微软创建的，而是该公司在 1997 年购买的。雅虎最近发起了收购狂潮，收购了一些初创公司来获得新的移动技术。看看今天任何一家成功的大型公司，尤其是在快速发展的行业，你会发现许多通过收购来获得创新的例子。

8.2.3 创新角色

产品和技术创新的第三个方面是建立确保新理念能够被提出、接受和执行的组织机制。管理者可以通过表达对创业活动的支持，给员工一定程度的自治，奖励学习和冒险来直接影响创业精神是否在组织中苗壮成长。一个重要的方面是支持思想先锋。**思想先锋**（idea champion）是指看到了变革的需要，并为组织内的生产变革而努力的人。

记住：变革不会自己出现。成功地推动一个理念需要个人的力量和努力。当德州仪器（Texas Instruments）研究了其 50 项新产品简介时，发现了一个惊人的事实：让人意想不到的是，每一个失败的新产品都缺乏热心的拥护者。与此相反，大多数成功的新产品都有拥护者。管理者立刻做出决定：新产品必须要在有人拥护的情况下才能批准通过。同样，在斯坦福国际研究所（SRI International），管理者们认为"没有拥护者，就没有产品，也没有例外情况"。研究表明，成功的新理念通常是那些有人支持的理念，这些人完全相信这些理念，并决心说服别人相信它们的价值。回想一下本章前面讨论的普华永道创新大赛的获奖建议全部安排给一位资深拥护者，这样这些建议就不会在每日的繁忙事务中被遗忘。

有时候某个新的理念被高层管理者拒绝，但是拥护者热情地致力于一个新的想法或产品，而不顾别人的反对。例如，罗伯特·文森特（Robert Vincent）被一家半导体公司不同的部门经理炒了两次鱿鱼。他两次说服董事长恢复他的职位，继续测量加速和减速的安全气囊传感器。文森特不能获得研究基金的支持，因而他用一半的时间加速完成了另一个项目，并利用这笔储蓄来支持新产品的开发。

促进创业精神的另一种方法是新风险团队。**新风险团队**（new-venture team）是一个与组织其他部分分离的单位，负责开发和启动创新。新风险团队给予成员创造力方面完全的自由，因为独立的机构和工作场所可以将人们从组织规章和流程的限制中解放出来。这些团队通常很小型，结构松散且灵活，反映了如图 8-2 描述的创造型组织的特点。一个很好的例子是雀巢的 Nespresso 品牌项目，它开发一系列高品质的咖啡，并将咖啡装在单个胶囊里，供专用咖啡机使用。这个项目团队发现自己被大公司的规则、结构和法规所束缚。此外，该项目面临着来自于一些管理者的抵制，他们担心这个新的优质系列会对雀巢品牌造成影响。于是，高层管理者将 Nespresso 业务移出现有结构，使它在创业文化下能够蓬勃发展，并促进形成创新的理念。宝洁公司成立了几个新的商业创新团队，寻找和发展跨多个业务和部门的突破性想法。这些团队负责大幅提高宝洁公司的创新成功率。

新风险团队的一种变异称为秘密小组。**秘密小组**（skunkworks）是一个独立的、小型的、非正式的、高度自治的且通常为保密的团队，它致力于商业上的突破性理念。最初的秘密小组依然存在，是洛克希德－马丁在 50 多年前设立的。秘密小组的实质就是给富有天赋的人们时间和自由，让其创造力得以充分发挥。想想神秘的 Google X 实验室，是如此隐蔽，以至于在《纽约时报》报道它时甚至许多谷歌的员工都不知道它的存在。Google X 是一个设在隐秘之地的绝密实验室，工程师们正在为震撼世界的创意而努力，开发诸如无人驾驶汽车、能够从太空收集信息或把东西运送到太空的太空电梯，以及当你待在办公室时可以替你参加会议的机器人。同样，在通用汽车公司，Studio X 秘密小组工作室的地点也是保密的，甚至未向公司的高层管理者透露。

一个相关的理念是**新风险基金**（new-venture fund），它使个人和团队可以通过获取的资源来发展新的理念、产品和业务。例如，在必能宝公司（Pitney Bowes），"新业务机会"计划为各团队提供资金，以探索潜在有利但未经证实的想法。该计划旨在为这个邮件和文件管理服务公司创造新的业务渠道。同样，荷兰皇家壳牌公司将 10% 的研发预算资金投入 GameChanger 计划，为那些极具远大目标、激进或长期的创新项目提供种子资金。否则，这些项目可能会在大型产品开发系统中被人遗忘。在这些项目中，高级管理层的支持和帮助通常和资金支持一样重要。

8.3 人事和文化变革

所有成功的变革都同时涉及人事变革和文化变革。人事和文化变革与员工如何思考（思维方式的变化）有关。人事变革（people change）只涉及几个人，例如，为了提高几位中层管理者的领导技能而派他们去接受培训。文化变革（cultural change）涉及整个组织，例如，美国国税局的指导思想从强调征税与纳税人的合规行为转变到通知、教育和服务顾客（即纳税人）。大规模的文化变革是不容易的。事实上，管理者通常宣称变革人和文化是他们最困难的工作。想想通用汽车公司的情况。

 聚焦技能

通用汽车公司

通用汽车公司的领导者们因做出一系列艰难的决策而受到赞扬，这些决策给公司带来了令人瞩目的财务业绩，产生了与客户进行联系的新模式，并解决了许多业务和系统问题。"我们从困境中脱身，变为了获胜者，"前首席执行官丹·阿克森（Dan Akerson）这样说道。然而，有一个方面阿克森和其他领导者承认仍面临着巨大挑战：改变过去一直困扰通用汽车的官僚的、拘于传统的企业文化。

像其他公司的领导者一样，通用汽车的高管们发现，变革文化是进行转变的最艰难的部分。阿克森的一个目标就是让更多的女性进入高层工作，部分原因是他相信她们能够领导进行公司所需的激进的文化变革。汽车行业通常以男性为主，没有什么工作比创造和设计新汽车更具男子气概了。阿克森挑选了谁来担任产品开发部主管？一名女性——而且是人力资源部的前主管！玛丽·巴拉（Mary Barra），在通用汽车公司工作的 32 年里在各部门都担任过职务，成为全球汽车行业中职位最高的女性。她开始帮助公司彻底重塑受规则约束的不正常的文化。此后，巴拉晋升为该公司的首席执行官。作为人力资源部主管，巴拉将公司长长的着装规则缩减为几个字：穿着得体。由于公司最近出现的安全问题，作为通用汽车公司的新领导人，巴拉面临着重大挑战，但她可以利用自己的职位发动广泛的变革，砍掉繁文缛节并加快决策速度。

通用汽车以及其他公司的管理者可以用来顺利进行文化变革的两个专门的方法是：培训与开发计划以及组织发展。彭尼百货（J.C. Penney）的首席执行官罗恩·约翰逊（Ron Johnson）本来可以利用一些专长来进行组织变革和开发，而他进行的变革却最终失败，如本章"事业大错"专栏中所述。

事业大错（彭尼百货）销售零售服装和家居用品与售卖 iPhone 是一样的，对吗？这显然是彭尼百货的董事会在 2011 年聘用苹果零售业务前主管罗恩·约翰逊时考虑的问题。约翰逊试图通过取消公司的主要营销方式——优惠券和促销活动——来扭转公司衰退的局面。他同时走向高端，把零集终端重新设计成"店中店"的专卖店。结果如何？销售额在三个月内下降了26%，在不到一年的时间内下降了50%。但约翰逊继续我行我素，这类似于史蒂夫·乔布斯用他的传记作者所谓的"现实扭曲力场"（reality distortion field）来做事。他告诉大家，他可以采用与苹果相同的方式来使他的新公司扭亏为盈，当时苹果公司就是在开设了零售商店之后才从低迷走向辉煌的。但苹果拥有让人叫绝的创新产品，而彭尼百货却需要依靠众多的供应商。可惜，分析师和华尔街都没有被他所打动。投资顾问 Margaret Bogenrief 说，这是"一个荒谬和傲慢的举动"。最终，董事会同意并于2013年4月解雇了约翰逊。值得庆幸的是，公司扭转了一些颓势，促销活动不再"天马行空"，并在2014年推出了其令人满意的产品目录。

8.3.1 培训与开发

培训是改变组织的思想倾向最常用的方法之一。公司可能会向大批的员工提供培训机会，内容涉及团队合作、多元化、情商、质量管理小组、沟通技能或者参与性管理等。

成功的公司想给每一个人提供培训和发展的机会，但它们特别强调对管理者的培训与开发，认为管理者的行为和态度会影响到整个组织的人员并导致文化变革。例如，当斯蒂芬·赫尔姆斯利（Stephen Helmsley）担任全美最大的健康保险公司及医疗保健行业最强大的公司——联合健康集团（UnitedHealth Group）——的首席执行官时，公司处于一个不健康的氛围之下。"我们不缺智商，但情商不够，"赫尔姆斯利这样说道。为了鼓励更有礼貌、更富情商和更加协作的行为，赫尔姆斯利让8 000名管理者参加为期三天的敏感性培训计划，使他们更加意识到自己的偏见和影响力，以对其他人更加敏感。

8.3.2 组织发展

组织发展（organization development，OD）是有计划的、系统的变革过程，它运用行为科学的知识和方法，通过增强组织适应环境的能力来促进组织的繁荣兴旺和效益水平，强化内部关系，并提高组织学习和解决问题的能力。组织发展强调组织的人员因素和社会因素，致力于改变个体的态度以及员工之间的人际关系，提高组织的适应与再生能力。当前，组织发展至少可以帮助管理者解决下列三类问题：

- 合并/收购。许多公司合并与收购之后的财务状况令人失望，这是由高层管理者对于两家公司的管理方式和组织文化是否匹配的判断失误造成的。高层管理者的注意力可能集中在技术、产品、营销和控制体系方面的协同优势，但没有意识到两家公司可能具有迥然不同的价值观、信念与处事方法。这些方面的差异会使员工感觉到压力和焦虑，而消极的情绪体验会影响到未来的组织绩效。在企业收购过程中，应该对文化差异进行评估，组织发展专家正好可以用来使两家公司的整合得以顺利进行。

- 组织衰落/复苏。组织都会经历衰落与复苏的生命周期，它们会遇到各种各样的问题，包括信任度低、创新匮乏、流动率高、冲突与紧张程度高等。转型时期要求采取不同的行为，包括正视紧张局面，坦诚地沟通，在提高生产力水平的同时鼓励创造性的创新，加强交流与沟通。组织发展技术可以通过管理冲突、促成承诺和促进交流，来推进文化振兴。

- 冲突管理。健全的组织内部任何时间、任何地点都会发生冲突。比如，一家电脑公司组建了一个负责引进新软件包的产品团队，该团队的成员固执己见，因而几乎没有取得什么进展，因为他们对项目目标不能达成一致意见。在一家制造企业里，推销人员向顾客承诺的交货日期与商场主管安排的客户订单执行的先后顺序相抵触。在一家出版公司，有两位管理者互相都极其不喜欢对方，他们在会上争辩，用政治手腕暗中伤害对方，因此两个部门的业绩都遭到损害。组织发展方面的工作有助于解决这些冲突，甚至还包括组织在走向多元化和全球化的过程中所面临的冲突。

组织发展可以用来解决上述的各类问题，也可以用来解决其他许多问题。然而，要做到对公司和员工都真正有价值，组织发展的实务工作者应该不只是考虑解决具体问题的方式。相反，他们要关注更广泛的、可以促成组织生活改善的问题，如倡导集体感，促进组织的公开、信任氛围，确保公司能够为员工提供个人成长和发展的机会。最近的一项研究对一个大都市警局的组织发展项目结果进行了调查，该警局受到极高流动率、士气低落、领导不力和内部冲突的困扰。组织发展顾问在四年时间里采取各种活动来解决那些对该警局造成威胁的危机。这是一个漫长而艰难的过程；然而，这项研究不仅发现组织发展的干预措施见到了非常有益的成效，而且直到今天，积极的影响已持续了超过 30 年。

1. 组织发展活动

组织发展顾问使用各种专业技术来帮助达到组织发展目标。其中最流行、最有效的三种活动是：

- 团队建设活动。**团队建设**（team-building）提高了组织的小组和团队的凝聚力与成功率。例如，可以对跨部门团队的成员进行一系列的组织发展训练，以帮助他们学会以团队为单位行动和履行职责。组织发展专家可以和团队成员一起工作，来提高团队成员的沟通技能，强化他们相互之间勇敢而冷静地正视对方的能力，并认可共同的目标。联合健康集团的一个重要的团队建设经验是在明尼苏达州总部举行年度球类比赛。这项赛事于 2010 年开始，如今成了每年冬天都要进行的一个珍贵的传统比赛，有 90 个团队代表公司各领域参赛。这项活动以及其他组织发展活动使得公司的人员流动率明显降低，从 2008 年的 20% 下降到 2012 年的 8%。
- 调查反馈活动。**调查反馈**（survey feedback）开始于分发给员工的、关于组织内部的价值观、氛围、员工参与程度、领导和团队凝聚力的问卷。调查完毕以后，变革代理或者组织发展顾问与员工小组会面，对他们的答卷及列举的问题给予反馈。员工要参与根据这些数据进行的解决问题活动。
- 大组干预。近年来，将组织发展方法用于大组背景的兴趣越来越浓厚，这更大程度上是出于在今天复杂的、飞速变化的环境中进行根本的组织变革的需要。**大组干预**（large-group intervention）法把组织各部门的参与者全部召集在一起（通常还包括来自组织外部的关键的利益相关者），共同探讨问题或者机遇，并制定变革方案。大组干预可能有 50 ～ 500 人参加，持续几天时间。其思想是，让变革的每一个利益相关者都参与，从组织系统的各个方面收集意见，让大家通过可持续的、有指导的会谈和对话创造集体的未来。

大组干预是最受欢迎和增长最快的组织发展活动之一，反映了组织变革方法自早期的组织发展概念和方法以来的重大改变。图 8-4 列举了传统的组织发展模型与组织变革的大组干预模型之间的主要差别。

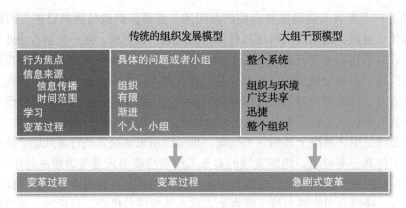

图 8-4　文化变革的组织发展方法

比较新颖的大组干预方法的焦点是在整个系统之上，它考虑到了组织与环境之间的相互作用问题。供大家讨论的信息源扩展到包括顾客、供应商和社区成员在内，甚至还包括竞争者，而且该信息被广泛共享，因而每个人对组织及其所处的环境都掌握了同样的信息。当整个系统都介入时，变革的加速是显而易见的。另外，组织的各个部门同时学习，而不是个人、小组或者经营单位单独学习。其结果是，大组干预法为整个组织文化的根本而激进的转变提供了更大的可能性，而传统的组织发展方法则一次只引起几个个体或者小组的递增性变化。

2. 组织发展步骤

组织发展专家承认，企业文化和人际行为方面的变革是很难完成的，需要付出极大的努力。组织发展理论指出，人的行为和态度改变有三个明显的阶段：①解冻；②改变；③再冻结。

第 1 阶段是解冻。**解冻**（unfreezing）是使全组织的人员都认识到存在的问题和变革的必要性。该阶段为人们改变他们的态度和行为模式提供了激励。当管理者提供信息，说明当前的现状与合意的行为或者绩效不相符合时，可能就开始解冻了。另外，管理者需要树立起一种紧迫感，使变革公开化，并激发大家的变革欲望。解冻阶段常常与诊断联系在一起。诊断要借助于组织外部的专家，我们称之为变革代理。**变革代理**（change agent）是组织发展专家，负责对组织进行系统的诊断，并识别与工作有关的问题。变革代理通过个人面谈、问卷调查和全面观察收集并分析数据。其诊断有助于判定组织问题的严重程度，并通过使管理者认识到他们的行为中存在的问题来帮助管理者解冻。

当个体表现出新的行为并学会工作中将会用到的新技能时，就进入了第 2 阶段——**改变**（changing）。有时，改变也叫作干预。此时，变革代理要实施专门的管理者和员工培训计划。改变阶段可能包括几个具体步骤。管理者把既愿意又有能力指导变革的一群人聚集在一起，创造每个人都深信不疑的变革愿景，并在全公司广泛地就变革的愿景和方案进行沟通。另外，成功的变革还包括对组织的全体员工进行授权，让他们按计划行动，以实现预期的改革目标。

当个体培养起了新的态度或者价值观并因此而受到组织的嘉奖时，第 3 阶段——**再冻结**（refreezing）——就出现了。新行为的作用得到评价和强化。变革代理提供新的数据，证明绩效出现了积极的变化。管理者可能会向员工提供最新的数据，说明个人绩效和组织绩效确实都提高了。高层管理者祝贺成功并奖励积极的、正面的行为变化。在该阶段，变革内化于组织文化之中，员工开始把变革视为组织运转的正常的、不可分割的一部分。员工也会参与补习课程，以巩固并强化新的行为模式。

解冻—改变—再冻结的过程可以通过 ENSR 公司管理者努力创建高绩效的、以员工为中心的文化来说明。

聚焦技能

ENSR 公司

当 ENSR 公司的高层管理者听说员工流动率高会影响公司与客户的关系时，他们知道必须要做点什么来改变这一情况了。ENSR 公司是一家全方位提供环境服务的公司，在全球 90 个地区拥有约 3 000 名员工。与客户建立的长期关系是 ENSR 成功的关键。

为了解决高流动率问题，管理者开始着手进行文化变革。为了让人们意识到变革的必要性（解冻），ENSR 的董事长兼首席执行官与人力资源部高级副总裁一起前往 ENSR 在全球的约 50 个分公司。他们与员工一起召开大堂会议，与

ENSR 的管理者一起召开领导关系研习会。变革阶段包括培训，并进行调查来了解员工认为的主要需求。例如，监管者们接受了如何帮助绩效较差的员工提高绩效，以及如何为表现出高领导潜力的员工提供更大的挑战和奖励方面的培训。

几年内，新的行为模式成为常态。员工流动率从 22% 下降到只有 9%，成为该行业中流动率最低的一家公司。员工们受到认可和奖励，以达到较高的个人和集体目标（冻结）。ENSR 继续吸引高素质员工填补空缺职位，以利于高绩效文化的保持。

8.4　实施变革

变革过程的最后一步是实施。一个新的创新理念直到它准备就绪并被利用才会使组织受益。在本章前面，我们讨论了人们抵制变革的一些原因。克服变革阻力的策略一般涉及三种方法：通过创造一种紧迫感让人们意识到变革的必要性；借助力场技术进行阻力分析；利用精选的实施策略来克服阻力。

8.4.1　制造紧迫感

许多人不愿意进行变革，除非发现问题或危机。危机或强烈的变革需求可以降低阻力。为了有效地领导变革，管理者们帮助人们感受到变革的需要，而不仅仅是给他们提供事实或数据。西门子的首位空降 CEO 彼得·罗旭德（Peter Löscher）说，"不要错过产生于危机中的机会。"罗旭德处于一个非常困难的时期，当时公司面临着贿赂指控，他需要对西门子进行结构和文化方面的巨大变革。他花了 100 天时间到世界各地，与员工们讨论贿赂丑闻如何玷污了西门子公司的骄傲传统。然而，有时危机并不明显。而且，许多问题是难以捉摸的。所以，管理者必须认识到这一点，并使其他人意识到变革的必要性。变革的需要是现有绩效水平与期望值之间存在的差距。

8.4.2　应用力场分析

力场分析（force-field analysis）是库尔特·勒温（Kurt Lewin）提出来的，他认为变革是驱动力与抑制力之间竞争作用的结果。驱动力可以视为问题或者机遇，它们是组织内部变革的激励力量。抑制力是变革的障碍，如资源匮乏、中层管理者的抵触、员工技能不足。管理

者发动变革时，既应该分析推动变革的力量（问题与机遇），还应该分析阻止变革的力量（变革的障碍）。通过有选择性地排除阻碍变革的力量，驱动力就会足够强大，并使变革的实施成为可能，如图 8-5 从 A 到 B 的变动方向所示。随着壁垒的降低或者取消，我们的行为将转向具体实施预期的变革。

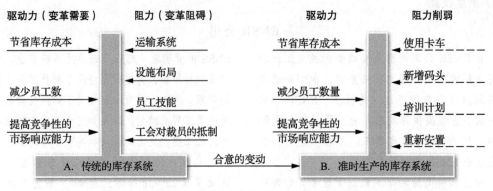

图 8-5　运用力场分析，将传统的库存系统转变成准时生产的库存系统

　　准时生产库存控制体系规定了各种物料到达公司的时间表，即生产线需要之时便是原料到达之时。在俄亥俄州一家制造公司，管理层的分析显示，与实施准时生产相关的驱动力（机遇）有：①库存减少导致的成本大幅下降；②从事库存管理的员工数目减少所带来的节约；③公司更快捷、更有竞争力的市场响应能力。管理者发现的阻力（障碍）是：①运输系统效率太低，不能准时运输存货；②设施布局强调库存维护优先于新货发运；③员工技能不适应迅速处理库存调遣的需要；④工会抵制解雇员工。驱动力不足以克服阻力。

　　为实施准时生产，管理者向变革的阻力发起了进攻。对运输系统的分析表明，卡车运输能够保证在每天的指定时间将存货准时送到指定地点的灵活性和快捷性。设施布局的问题可以通过新增四个装货码头来解决。对员工技能不适应要求的问题，则通过培训来改善：对员工进行准时生产有关知识以及用未经检验的部件装配产品的培训。至于工会的抵触，其解决办法是同意在另一个工厂里面重新安置库存维护岗位不再需要的员工。随着变革阻力的减弱，驱动力变得足够强大起来，现在终于可以实施准时生产方法了。

8.4.3　采用实施战术

　　管理者可以采用特定的战术来克服阻力，使变革更加顺利地进行。研究人员已经研究了克服变革阻力的各种各样的方法。表 8-2 概括的五种已经被证明是成功的方法。

表 8-2　实施变革的战术

方　　法	何时运用
最高管理层的支持	• 变革涉及多个部门或者资源的再分配 • 用户怀疑变革的合法性
沟通与教育	• 变革是技术性变革 • 用户需要掌握准确的信息和分析结果，以便理解变革
参与	• 用户需要有参与感 • 设计变革方案要求掌握来自其他渠道的信息 • 用户有抵制权

（续）

方　　　法	何时运用
谈判	• 群体对实施变革拥有影响力 • 群体将在变革中败北
胁迫	• 存在危机 • 发动者明显具有影响力 • 其他实施技术失败

1. 最高管理层的支持

一项调查发现，80% 创新成功的企业，其最高领导者都经常口头上或象征性地强调创新的重要性。最高管理层的明确支持可以使员工意识到变革的重要性。例如，新企业的主要成功因素之一是高层管理者的大力支持，从而赋予项目以合法性。当变革涉及多个部门，或者当资源在多个部门之间重新分配时，最高管理层的支持显得尤其重要。没有最高管理层的支持，变革就会在部门之间的争吵中陷入困境，或下级管理者的指令出现矛盾。

2. 沟通与教育

当使用者和可能会抵制变革的其他人员需要掌握关于变革的可靠信息时，就使用沟通和教育的方法。罗得岛州财政厅长吉娜·雷蒙多（Gina Raimondo）花了近一年的时间，到全州各地对公众、工会领导人和立法者进行有关该州养老金制度需要大刀阔斧进行改革的教育。"我跟社会工作者或社会服务机构进行交谈，他们问我'我为什么要关心养老金？'然后我说，'因为如果你不关心，无论它是你的什么东西，比如应急避难所，都将遭受数千美元的损失。'"雷蒙多"进行了长期不懈的公共教育活动"，因为她认为改革对于避免该州破产至关重要。在组织内，当变革涉及新技术知识或者用户不熟悉的新理念时，教育是特别重要的。管理者应该记住：实施变革不但需要与人的大脑沟通（事实），还需要与人的心灵对话（情感）。情感是劝说和影响他人的一个关键因素。当人们理解改变行为的理性原因，并懂得影响其情感体验的行为改变是怎么回事时，他们更容易改变自己的行为方式。

3. 参与

参与关系到使用者和规划变革时碰到的潜在抵制者。这种方式耗时，但是它是值得的，因为使用者理解并忠于变革。在需要急剧变革以应对挑战的 Learning Point Associates 公司，变革小组画了一幅综合的变革路线图，但在获取其他管理者的支持上却遇到了麻烦。管理者表示并没有人与他们讨论这个计划，也没有感觉到他们必须得参与这些计划的实施。调查研究显示，在对工作有影响的先期计划和决策制定中，一线员工的积极参与将会使实施更加顺利。参与还能帮助管理者确认潜在问题，以及理解不同员工对变革认识的差异。

4. 谈判

谈判是实现合作的比较正式的方法。谈判运用正式的讨价还价来赢得对预期变革方案的认可和同意。例如，如果营销部担心因为实施新的管理结构而失去权力，最高管理者就应该和营销部合作以寻求解决办法。工会势力强大的公司，必须经常和工会正式就变革问题进行谈判。变革内容可能会成为工会合约的一部分，该合约体现了双方所达成的共识。

5. 胁迫

胁迫的意思是，管理者凭借正式权力强迫员工变革。抵制者被要求接受变革，否则就得不到奖励，甚至还可能失去工作。在大多数情况下，都不应该使用这种方法，因为员工感觉像是受害者，进而对变革管理者愤愤不平，甚至蓄谋破坏变革。然而，在危机时刻，当迫切需要采取紧急措施时，胁迫就是必要的。例如，在举步维艰的克莱斯勒集团，一些内部人员表示，新任首席执行官 Sergio Marchionne "将一种恐惧元素注入克莱斯勒的队伍中"，以使员工进行变革。几位高层管理者被调职或终止任期，因为他们不赞同 CEO 计划用于克莱斯勒出现破产保护后使其恢复盈利能力的方法。

管理者可以缓和阻力，通过使用智能技术促进变革和创新。通过对变革提供支持，与员工进行沟通，提供培训并且让员工密切参与变革过程，管理者就可以顺利实施变革。

◘ 讨论题

1. 微软和英特尔是计算机行业的巨头。你认为为什么这些大型公司在诸如移动计算处理技术等颠覆性创新方面会遇到困难。

2. 一家国际化学品公司的管理者曾经说过，在她的公司里，极少数新产品是成功的。为了提高该公司新产品的成功率，你会建议该管理者怎么办？

3. 作为一名管理者，当你有充分的理由怀疑员工担心丢掉工作时，你将如何应付变革的阻力？

4. 如果你是一家消费品公司负责地板清洁产品的管理者，你会如何应用众包来确定符合客户需求的新产品？

5. 为了利用久经沙场的士兵们的经验，美国陆军最近开始鼓励各级人员上网，以维基百科的方式协作重写陆军的一些战地手册。当士兵们对此毫无兴趣时，一位退休上校建议高层领导者应迫使士兵们参与。胁迫是否是实施这类变革的好方法？请讨论。

6. 分析你人生中一次变革的推动力和约束力。你认为，懂得力场分析能够使你更有效地通过自己的行动实施一次重大的变革吗？

7. 你为什么认为思想先锋对于变革的启动至关重要？他们对于变革的实施也同样重要吗？

8. 你是一名管理者，并且你认为公司的报销系统太费时，对于销售人员来说运转太慢了，报一笔账往往要花数周而不是几天的时间。你将如何说服其他管理者这个问题需要解决？

9. 组织发展理论潜在的价值观与关系到其他变革类型的假定有什么不同吗？请讨论。

10. 你认为一个公司进行自由创新的最主要优势和劣势是什么？

◘ 自主学习

你的公司富有创造力吗？

以下问卷是用于评估你所在组织的创造性氛围的有效方法。根据你在该公司的工作经验回答每个问题。与你的小组成员讨论结果，并讨论是否遵循问题中的维度对公司进行变革可以使它更具创造性。

说明：采用五级分制回答下列问题（注意：不使用 4 分）：

0——我们从不这样做。

1——我们很少这样做。

2——我们有时这样做。

3——我们经常这样做。

5——我们总是这样做。

1. 我们被鼓励在组织内外寻求帮助，为我们的工作单位提供新理念。

0　　1　　2　　3　　5

2. 提供协助来将创新想法变为管理评审的建议。

0　　1　　2　　3　　5

3. 我们的绩效评估鼓励敢于冒险和有创造力的尝试、想法和行动。

0　　1　　2　　3　　5

4. 我们被鼓励参加专业会议和贸易展览会、拜访客户等，用新信息充实我们的大脑。

0　1　2　3　5

5. 我们的会议旨在让大家随心所欲和集思广益地产生新想法。

0　1　2　3　5

6. 所有成员都在会议期间提出创新想法。

0　1　2　3　5

7. 会议常常具有自发性和幽默性。

0　1　2　3　5

8. 我们讨论公司结构和行为是如何帮助或破坏工作单位内的创造力的。

0　1　2　3　5

9. 会议期间，成员轮流担任主席。

0　1　2　3　5

10. 工作单位中的每个人都接受创造性技能和保持创造性氛围的培训。

0　1　2　3　5

评分与说明：

所有 10 题加在一起的总分：

对你的组织是否能有效促进创造力进行评估：

非常有效：35～50；相对有效：20～34；相对无效：10～19；无效：0～9

◉ 团队学习

一个古老的传说

1. 阅读引言和案例研究并回答问题。

2. 把每 3～4 人分为一个小组，讨论你的答案。

3. 小组向全班报告，指导教师带领大家讨论提出的问题。

引言

为了理解、分析和改善组织，我们必须仔细思考这个问题并得出结论：在不同的组织环境中，谁对什么活动负责任。通常情况下，我们让某个人负责，可是他对结果没有控制权；或者，我们未能教育或培训某个人，而他却能够使结果发生本质上的变化。

为了探讨这个问题，下面的练习可以由个人单独完成，也可以由小组集体完成。它可以帮助我们了解不同的人如何分担完成某件事情的责任。这也是讨论组织边界概念的好机会（什么是组织，谁在组织里面，谁在组织外面等。）

案例研究

请阅读下面的小故事，并迅速回答第 1～3 题。然后，稍微多花些时间回答第 4～6 题。分组讨论结果、标准和意义。从前，在一个古老的王国，住着一位非常年轻而美丽的公主。公主最近嫁给了一位有钱有势的贵族，她和丈夫一起住在一座又大又豪华的城堡里。但是，年轻的公主并不满意，因为她一个人坐在家里品尝草莓，而她丈夫却频繁地到邻国长途旅游。她感觉自己被忽略了，很快就变得很不高兴。一天，当她一个人正在城堡的花园里时，一位英俊的流浪汉从毗邻城堡的森林里冲了出来。他偷窥美丽的公主，很快便赢得了她的芳心，并把她带走了。

很快，年轻的公主发现自己被流浪汉无情地抛弃了。接着，她发现，回到城堡的唯一的道路要穿过邪恶的男巫师的森林。她害怕一个人在森林里冒险，便想到了她慈善而聪明的教父。她向教父说明了她的困境，乞求教父的谅解，并请求教父帮助她在丈夫回来以前回到家里。可是，教父被她的举止震惊了，拒绝宽恕她，也不给她以任何援助。公主泄气了，但仍然意志坚定，她隐瞒了自己的身份，向王国所有骑士中最显贵的骑士寻求帮助。骑士听完她的悲惨遭遇以后，答应帮助她，但要适当收费。可糟糕的是，公主没有钱，骑士于是策马而去搭救其他的少女。

美丽的公主再也没有其他可以寻求帮助的人了，便下决心一个人去勇敢地面对巨大的危险。她沿着自己知道的最安全的道路前行，但是，就在她几乎快要走出森林时，邪恶的男巫师发现了她，并让火龙把她吞噬了。

1. 谁在该组织里面？谁在该组织外面？组织的界限在哪里？

2. 对于美丽的公主的死亡，谁的责任最大？

3. 责任第二大的是谁？责任最小的是谁？

4. 你判断问题 2 和问题 3 的标准是什么？

5. 要阻止上面的事情再度发生，你建议采取什么干预措施？

6. 组织发展和变革的含义是什么？

角　色	责任最大	责任第二大	责任最小
公主			
丈夫			
流浪汉			
教父			
骑士			
男巫师			

每一栏勾选一位角色。

"一个古老的传说"教学指南

这个案例研究或传说隐含说明了一个组织对个人的影响力、保护组织内部人员的能力以及如何管理组织来实现使组织和参与者最受益的目标。

角色扮演选择

如果你想重现该案例，你可以让学生扮演角色，例如，重现贵族与公主、公主与教父或公主与骑士之间的场景。在课堂上使用该案例非常成功。

小组讨论形式

建议按照以下步骤进行本案例的小组讨论：

1. 上课前，让班级成员阅读本案例，并回答案例末尾处的问题。

2. 将班级成员分成 4～8 人的小组。

3. 让每个小组讨论五个问题，并达到一致的决策。该步骤大约需要 10～20 分钟。

4. 在整个班级，让每个小组汇报问题的答案，特别是做出决策的标准。

5. 每个小组都做了陈述之后，按照"班级讨论"指南执行，突出说明本案例对组织内部人员的隐含意义。

模拟法庭审判

对"一个古老的传说"的另一个讨论方式（可选）是采用法庭审判的形式。

1. 上课进行讨论之前，分配人员扮演故事中的七个角色（公主、贵族/丈夫、火龙、流浪汉、男巫师、教父、骑士），以及每个角色的"辩护律师"。

2. 指示每一位角色扮演者准备在下一次开庭时解释为什么他（或他的委托人）对公主的死不承担责任，而公主则从死亡中复活为自己辩护。

3. 选择一名表达清晰的学生（或指导教师）扮演检察官（让该角色准备关于为什么每个人应对公主的死负责的理由）。

4. 在审判当天，选择陪审团（志愿者）和陪审团主席，课堂安排如下：

辩护律师

课堂

检察官

审判按以下方式进行：

1. 每个角色的被告人和"辩护律师"都宣称该被告无罪（每个角色 2 分钟）。

2. 每个角色表达完自己无罪后，检察官陈述该角色的罪行情况。检察官将在每个角色辩护后陈述罪行情况（每个角色 2 分钟）。

3. 所有角色审判后，陪审团退庭（最长时间 10 分钟），并对每名被告做出裁决。陪审团主席宣布每个角色的判决结果，并给出简短解释。

审判结束后，进行讨论。

班级讨论

审判结束或在每个小组陈述后，可以就以下问题进行全班讨论。

1. 在组织中，我们发现员工对其行为负责所依据的标准是什么？许多人认为公主有罪，因为个人必须为自己的行为承担个人的责任。其他人则认为，个人应履行自己的职责（丈夫、骑士和教父），当他们未履行这些职责时，他们对于组织的失败就是有罪的。

2. 组织中的个人有多大可能性将责任转嫁给别人？公主可能会认为她是无辜的，因为本案例中的其他人（组织）未能履行他们的职责。"推卸责任"在组织中是很常见的。

3. 如果个人不承担对他人的责任（例如骑士、教父和流浪汉不负担公主的福利），对个人的后果会是什么？对组织呢？

4. 陪审团的有罪判决所隐藏的价值观问题是什么？有些人会判决是个人（公主）的责任，而有些人则判决是组织的责任。这些判决来自于陪审团成员所持有的价值观。

5. 当把这个案例与组织过程联系起来时，有一个班级做了如下比喻："公主是没有受到其管理者（贵族）重视的一名管理者。流浪汉（猎头公司执行者）约请该管理者，于是她离开了自己的组织并希望得到一份更有前途的工作。猎头公司拿了她的钱（费用）并离她而去，但未给她工作。她向其他组织中的一些朋友（教父和骑士）求助，但他们未给她提供任何寻找工作方面的帮助。最后，在绝望中，她求助政府（男巫师）机构帮她找到工作。政府机构给她提供了救济（火龙），她失去了找到工作的希望。"让学生们对该比喻进行评论。

另一个常见的现象是学生们会指责公主，但当谈到对变革的建议时，他们认为贵族必须做出改变。他们必须明白，需要改变自己行为的人很可能是负责人，因为他本来可以最大限度地阻止事情的发生。

另一个问题是，首席执行官（丈夫 / 贵族）对于组织中的下层人员的行为应负多大责任。授权、责任和责任感是讨论这一问题的重要内容。

◘ 实践学习

1. 想两次你必须进行变革的情况。可以是发生在你的工作中、学生时期、你的家庭以及与朋友之间的事。试着选择两种结局不同的情况。换句话说，一种情况从长远看有积极的结果，而另一种情况则未得到好的结果。填写下表。

	情况 1（积极的结果）	情况 2（不好的结果）
各情况中的因素		
你对变革之前的情况感到满意吗？		
变革的原因是什么？		
对于变革你最初的反应是什么？		
你是否找到办法来应对变革或发现了一些积极的东西？请解释。		
权威人士是如何与你沟通的？		
权威人士一般是如何处理这种情况的？		
有其他人的支持吗？		
长期结果是什么？		

2. 你能看到这两种情况在他人的行为方式上的差异吗？

3. 这两种情况下你的行为有差异吗？为什么？

4. 如果重新来过，你会有什么不同的做法？

你现在对变革有什么新的见解？

◘ 伦理困境

众包

去年，阮爱兰告诉她的朋友格雷格·巴恩维尔，位于北卡罗来纳州阿什维尔的 Off the Hook 将要进行众包实验。格雷格提醒她，可能她不会喜欢最终的结果。现在，当她即将走进一个旨在决定是否采纳这个新的商业模式的会议时，她开始担心她的朋友恐怕是正确的。

众包通过网络邀请任何人，如专家或者外行，来执行如产品设计等通常由员工执行的任务。作为交换，贡献者获得了赏识，但是很少或没有报酬。Off the Hook 是一家专门针对年轻人的趣味 T 恤公司，其运营副总裁阮爱兰坚持创建者克里斯·伍德豪斯的价值观。他和阮爱兰都是美术设计师。在他出售公司以前，创建者总是坚持由最顶尖的美术设计师设计 T 恤，以确保每一个丝网印花都是一件艺术品。这些美术设计师向阮爱兰报告。

在过去 18 个月中，Off the Hook 的销量有史以来第一停滞不前。众包实验是能够启动销售增长的尝试中最新的一个。去年春天，Off the Hook 公布了它第一个关于 T 恤设计的公开选拔，并把每个条目贴到网上，因此人们可以投票选出最喜欢的式样。获得最多投票的五个式样将会交给内部的设计师，他们将会对这些式样进行微调，直到它们达到公司通常的质量标准。

当首席执行官罗布·泰勒第一次宣布公司进行众包尝试时，阮爱兰让设计师们放心，他们的职位不会受到威胁。现在阮爱兰几乎肯定要食言了。不仅仅是众包的 T 恤卖得很好，并且罗布将一些获胜的设计直接投入产品，完全避开了设计部门。客户没有发现差别。

阮爱兰总结说，罗布已经准备采取某种基于网络的众包形式，因为它使 T 恤的设计更能对客户的愿望进行回应。实事求是地说，它减少了新设计的不确定性，并大大降低了成本。赢得比赛的人们为他们有表现的机会感到高兴。

但是，当阮爱兰用她美术设计师的眼光来看待这些众包的 T 恤时，感觉到这些设计都具有竞争力，但是无法达到内部设计师的美学标准。众包实质上是用大众的眼光代替了培训和专业技能。这让这位艺术家感到不安。

更让人苦恼的是，当时格雷格告诉她，他对众包的定义就是"10 亿门外汉想取代你的工作"，现在看来这种说法越来越像是正确的。显而易见，如果 Off the Hook 采用众包模式，它将给大多数设计人员发放解聘通知书。这些员工都是些受其尊敬的长期员工。"诚然，众包降低了公司的成本，但是人的成本呢？"格雷格问道。

在会上，阮爱兰应该支持什么样的未来之路？而且如果 Off the Hook 决定在 T 恤设计时完全采用众包模式，她又会面临什么样的个人决策？

你会怎么办

1. 去参加会议并主张放弃众包，以维持艺术的完整性以及 Off the Hook 一直以来所代表的价值观。

2. 由于罗布非常喜欢众包，所以接受这个既成事实。发挥团队精神，制定出新的设计方法的细节，准备根据需要辞退美术设计师。

3. 接受 Off the Hook 转变成众包商业模式已经成为必然，但是因为它违背了你的个人价值观，你开始寻找其他工作机会。

第 9 章

人力资源与多元化管理

本章概要

人力资源管理的战略作用是提升组织绩效
    战略思想
    建立人力资本以提升绩效
吸引有效的劳动力
    人力资源计划
    招聘
    选拔
人才开发
    培训与发展
    绩效考评
留住有效的劳动力
    报酬

福利
调整组织规模
解雇
管理多元化
工作场所内的多元化
    美国企业中的多元化
    全球范围的多元化
管理多元化
    多元化及其内容
    观点的多元化
    工作场所多元化的好处

新晋管理者自测

让合适的人上车

说明：作为一名新管理者，你是否重视为你的团队找到合适的人？重视程度如何？根据你对管理工作中的人所具有的期望值和信念回答以下问题，从而找到答案。每个问题请回答"是"或"否"。

	是	否
1. 我会毫不犹豫地解雇那些不能为组织利益做出贡献的人。	_____	_____
2. 对于我来说，为成功的企业团队寻找合适的人跟为获胜的运动队寻找合适的队员一样重要。	_____	_____
3. 我希望将 40% ~ 60% 的管理时间用在招聘、开发和安置人员上。	_____	_____
4. 我将绘制一张有关某一工作负面状况的现实图，这能使不适合该工作的人望而却步。	_____	_____
5. 作为一名管理者，我的优先顺序是：首先雇用合适的人，然后将人安排到合适的岗位，之后再确定战略和愿景。	_____	_____

6. 如果我的团队有了合适的人，激励和监督问题将会大大减少。　　　　　　　　

7. 我认为，雇用合适的人是一个长期而艰巨的过程。　　　　　　　　

8. 我把解雇人员视为能够帮助他们找到合适的岗位，从而找到成就感的方法。　　　　　　　　

评分与解释： 对于招聘、安置和留住适合人员需要花费大量的时间、精力和技能，大多数新管理者会对此感到震惊。近年来，一些流行的商业书籍对"让合适的人上车"的重要性进行了描述，例如吉姆·柯林斯（Jim Collins）编写的《从优秀到卓越》（*Good to Great*）以及拉里·博西迪（Larry Bossidy）和拉姆·查兰（Ram Charan）编写的《执行：如何完成任务的学问》[⊖]（*Execution: The Discipline of Getting Things Done*）等。合适的人可以使组织变得强大；不合适的人可能会给组织带来灾难。

如果回答"是"则得 1 分。如果你的得分为 4 分或以下，作为新晋管理者你可能会感到震惊。人的问题会占用你大部分时间，如果你不能正确对待人的问题，你的有效性将受到影响。你应学习如何使合适的人上车，如何使不合适的人下车。你学习这些课程的速度越快，你所成为的新管理者就越优秀。5 分或以上表明，你对于成为一名管理者和对待人员方面有自己正确的理解和期望。

德国是亚马逊在美国以外的最大的市场之一，该公司在该国具有强大的人力资源储备，八个配送中心的永久性员工的人数为 8 000 人，还有上万名从事季节性工作的临时工。但这个巨大的在线零售商已成为许多德国人对美国式人力资源管理不满的最新象征。德国最大的一个工会 ver.di 的一系列抗议活动提出了一个问题，即亚马逊是否会成为违反德国劳工法的最新公司——这些法律比美国的相关法律更加严格。沃尔玛在遭受若干挫折（包括与 ver.di 做斗争）后于 2006 年放弃德国。亚马逊的触发事件是一部关于雇用来管理数千名临时外来员工的第三方承包商的纪录片，如第 3 章中所述。该纪录片采访了一些员工，这些员工声称保安人员恫吓他们，甚至暗示亚马逊使用新纳粹暴徒来管束员工。亚马逊立即停止了与这家保安公司的业务来往。亚马逊已经按照工会规定的工资率支付工资，但 ver.di 还有其他投诉。工会官员说，在该公司"大哥"气氛盛行。"一切都得按标准执行，一切都得计算，一切都是为了效率，" ver.di 的发言人 Heiner Reimann 说道。"员工希望得到尊重。"

正如这个例子所示，管理者不仅要在寻找和开发合适的人选上面费尽心思，还要担心是否符合业务所在国的法律要求，同时还要维护好公共关系。随着业务越来越国际化，人力资源管理者工作的复杂性也随之增加。

本章详细探讨人力资源管理的话题。**人力资源管理**（human resource management，HRM）是指，在组织中设计并运用正式的系统以确保有效益和高效率地使用人才去实现组织的目标。这包括为了吸引、开发和留住有效的劳动力而采取的一切行动。管理者必须找到合适的人，把他们放在最可能产生效益的职位，并开发他们的潜能，使他们为企业的成功做出贡献。

人力资源管理已经摒弃了它陈腐的"人事"管理形象，而被公认为公司战略中至关重要的一支力量。"许多组织正在寻找人力资源领导者，以便能够非常详细地了解企业以及企业中存在的挑战，"专注于人力资源管理者招聘业务的查尔斯顿合伙公司（Charleston Partners）的负责人弗兰·卢易斯（Fran Luisi）这样说道。人力资源职能的不断增长的影响力体现在，现任和前任人力资源管理者越来越多地被邀请作为外部董事加入其他公司的董事会。高管薪酬、政府法规变更以及兼并和收购的频率等热点问题，使人力资源管理成为企业和非营利组织的

⊖　本书中文版机械工业出版社已出版。

一项关键技能。所有管理者都需要掌握人力资源管理的基本技能。

9.1 人力资源管理的战略作用是提升组织绩效

一项针对全球 1 700 多名首席执行官进行的调查发现，人力资本被认为是保持竞争优势的首要因素，这也反映了管理人才的关键作用。聪明的管理者知道员工就是公司——如果员工表现不好，公司就没有成功的机会。**人力资本**（human capital）指的是员工拥有的知识、经验、技能和素质的经济价值。图 9-1 显示了此次调查中首席执行官们认为的前三大因素。人力资本因素远高于技术资产、物质资源和获取原材料等。

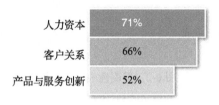

认为这些因素对竞争优势至关重要的首席执行官的比例：

人力资本	71%
客户关系	66%
产品与服务创新	52%

图 9-1　保持竞争优势的前三大因素

9.1.1 战略思想

最好的人力资源管理部门不仅要支持战略目标，还要积极地贯彻正在进行的、完整的计划来提升组织绩效。研究发现，有效的人力资源管理以及与组织战略方向保持一致的人力资源战略会对公司绩效产生积极的影响，包括更高的员工生产力和更好的财务结果。

当英美资源集团（Anglo American PLC）实施在巴西偏远地区开采铁矿石的战略时，人力资源部努力建立起一支训练有素的当地员工队伍，在未来几年内为这些矿山工作。

人力资源管理的战略思想确定了三个关键点。第一，所有的管理者都是人力资源管理者。第二，员工被看作是公司的资产。没有合适的人来付诸行动，任何战略都无法有效实施。给公司带来竞争优势的是员工，而不是建筑物或者机器设备。第三，人力资源管理是一个匹配的过程，要把组织的战略与目标和正确的人力资本方法整合在一起。管理者特别关注的一些战略问题包括：

- 雇用合适的人以在全球范围内变得更具竞争力。
- 雇用合适的人来提高质量、创新以及客户服务。
- 懂得在兼并、收购或裁员后留住合适的人。
- 雇用合适的人将新的信息技术运用到电子商务中。

所有这些战略决策决定了公司对于技能和员工的需求。

本章将要分析人力资源管理的三个首要目标，如图 9-2 所示。人力资源管理活动和目标产生于由问题和影响整个组织的因素所构成的环境之中，这些因素包括全球化的日益发展，技术变化，向知识工作的转变，生产及外部环境的急剧变化，社会潮流，政府管制，组织文化、结构、战略与目标的改变等。

图 9-2 中概括的三种广义的人力资源活动是：把有效的劳动力吸引到组织中来，开发劳动力的潜能，长期留住劳动力。

图 9-2　战略性人力资源管理

聚焦技能

英美资源集团

"这个地方有很多人差不多处于失业状态，"英美资源集团在巴西的人力资源总监佩德罗·博雷戈（Pedro Borrego）这样说。他正在谈论该公司的米纳斯吉拉斯州铁矿，这个地方的奶牛数量几乎是人口数量的两倍。

英美资源集团是全球最大的多元化矿业公司之一，拥有的铜矿、钻石、铁矿和其他矿山遍布全球。该公司因米纳斯吉拉斯的丰富的铁矿石储量于 2007 年被吸引到该地区，而铁矿石是制造钢铁的主要材料。存在的问题就是需要找人来干矿山的工作。管理者们知道，雇用当地员工是获得忠诚而稳定的劳动力的关键。在一些地区，公司可以与当地高校合作，为培训计划提供支持，但在这个地方却行不通。因此，英美资源集团重新翻修了一所破烂不堪的小学，并设置了自己的课程，教会当地人焊接零件、更换灯泡、维修柴油机和操作传送带等各种工作。接受培训的工人当中，有 20% 以上是女性，而全球矿业公司的女性比例不到 10%，部分原因是英美资源集团为母亲们提供的激励措施。

第一批 151 名学员于 2013 年 1 月毕业，其中一些学员被英美资源集团雇用，而其他学员则进入了承包商的公司。该集团计划在未来三年内再培训 500 名当地人员。"我的父母都是农民，我想成为一名老师，" 22 岁的 Vanessa Carvalho Reis 这样说道。现在她正在一家工厂接受操作员培训，在这家工厂，英美资源集团将让铁矿石通过一系列搅拌机和破碎机的输送变为富积金属。

雇用和留住具有一系列技能的高素质员工是今天组织最迫切关注的问题之一。通过对那些没有多少就业机会的年轻人进行培训，英美资源集团确保了在未来几年内能够拥有一支稳定且训练有素的劳动力队伍。

9.1.2　建立人力资本以提升绩效

在许多公司，尤其是在那些对员工信息、创造力、知识和服务的依赖程度高于对生产机械设备的依赖程度的公司，成功取决于组织管理其人力资本的能力（如前所述）。为了建设人力资本，人力资源管理要制定必要的战略，以做好下列工作：找到最佳的人才；通过培训提高人才的技能和丰富人才的知识，为人才的个人发展和职业发展提供机会；通过工资与福利方案设计，促进组织的知识共享，适当奖励员工对组织做出的贡献。

人力资本对商业成果的重要性如图 9-3 所示。该图显示了由埃森哲公司开发并由软件服务企业 SAP 使用的一部分框架。SAP 需要一个评估和改变其人力资本流程的方法，采用需要更加关注客户以及员工具有更强个人责任心的新战略。这个理念实现了人力资本上的投资如何促成更炫目的组织绩效和更好的财务结果。这个构架从底部开始评估（第 4 级）内部流程，如劳动力计划、职业发展、绩效评估等。管理者使用这些活动来提高人力资本能力，从而在创新或客户服务等关键领域取得更高的绩效（第 2 级）。而关键绩效领域的改进反过来又会促进商业成果的改善。

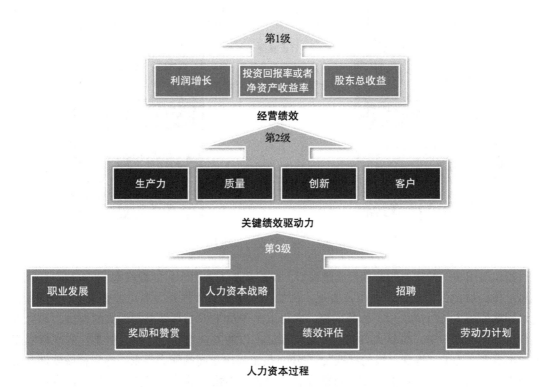

图 9-3　人力资本投资的角色和价值

 绿色力量

可持续发展中的"你"

"你就是我们的可持续发展的优势！"这是一个使员工融入可持续发展的新口号。汇丰银行通过其"气候先锋项目"（Climate Champions Program）来推动个人项目和行动计划，从而将员工的参与性提升到一个新的水平。汇丰银行通过与强大的环保组织（包括史密森学会（Smithsonian Institution）、地球观察研究所（Earthwatch）和气候组织（Climate Group））进行合作，为可持续发展的参与铺平了道路。参与者必须经历一个为期 12 个月的居住计划申请程序。在地球观察研究所的科学家的帮助下，汇丰银行的员工完成与气候相关的业务项目、获得技能并开发出能够转移至工作场所的方法。汇丰银行的气候先锋项目激发了员工的好奇心和激情。该项目告诉参与者，"你在可持续发展方面有发言权。你拥有这个项目。你就是我们的可持续发展的优势。"

9.2　吸引有效的劳动力

现在让我们回到人力资源管理的三个主要目标之上：吸引、发展和维持有效的劳动力。吸引有效劳动力的第一步是人力资源计划，即管理者或者人力资源管理专员根据当前空缺的类型预测组织对新员工的需求情况，如图 9-4 所示；第二步是借助招聘程序与潜在的求职者沟通；第三步是从求职者中选拔被认为是组织最好的潜在贡献者的人员；第四步是欢迎新员工加入到组织之中。

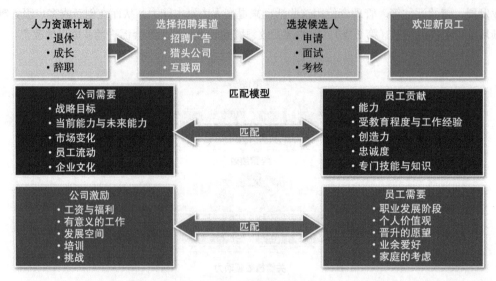

图 9-4　吸引有效的劳动力

组织吸引员工的努力的背后是匹配模型。组织和个人试图利用**匹配模型**（matching model）来搭配他们彼此的需要、利益与价值观。例如，小规模的软件开发商可能要求有创造力的、技术娴熟的员工长时间工作。作为回报，它可以给予员工不受官僚机制约束的自由，容忍古怪行为并支付高工资。虽然大型制造商可以保证工作的安全感和稳定性，但是它的规章制度可能也更多，为了"得到上级的批准"，它还对员工提出更高的能力要求。愿意替该软件开发商努力工作的人为大型制造商工作可能会有被侵袭和不快活的感觉。公司和员工都有兴趣达到两者良好的匹配。

9.2.1　人力资源计划

人力资源计划（human resource planning）是对人力资源需要的预测和对人员与预期空缺的搭配设想。人力资源计划从下列几个主要问题开始：

- 正在出现什么新技术？这些新技术对工作系统有何影响？
- 未来 5 ～ 10 年最有可能的业务量是多少？
- 人员流动率是多少？如果人员有流动，其中有多少是可以避免的？

这些问题的答案可以用来阐述与人力资源有关的特殊问题，例如：

- 我们需要什么类型的工程师？需要多少？
- 为了支持额外的工程师，我们需要多少行政人员？
- 我们可以使用临时工、应急工或者虚拟员工来完成某些任务吗？

组织通过预测未来人力资源需求，比起当问题出现时才做出反应，更能有效地应对竞争的挑战。

9.2.2　招聘

招聘（recruiting）是指"详细说明选拔程序最终适用的求职者的特征的活动或者行为"。今天，招聘有时候被称为人才录用，以显示人才因素对组织成功的重要性。

虽然我们常常认为校园招聘是典型的招聘活动，但是许多组织使用内部招聘、内部晋升等政策来填补其高级职位。内部招聘有几个好处：比外部招聘费用低廉，培养员工更高的忠诚度、更好的发展空间和更大的满意度，因为它把职业发展机会给予了员工而不是外部人员。不过，通常情况下，外部招聘是有好处的。各种各样的外部渠道都可以向组织推荐求职者，如广告、国家就业服务机构、私人就业代理公司（猎头公司）、工作招聘会、职业介绍所等。

1. 工作评估

人力资源管理的基本内容包括工作分析、工作说明和工作规范。**工作分析**（job analysis）是系统收集和解释关于工作的基本职责、任务以及工作环境的信息的过程。为了进行工作分析，管理者或者专业人员需要了解工作活动和工作流程、对工作的监管程度、需要的知识与技能、绩效标准、工作条件等。然后，管理者制作书面的**工作说明**（job description），这是对某一工作的具体任务、职责的明确而简洁的概述。管理者还要准备**工作规范**（job specification），这是对充分完成任务所需要的知识、技能、文化程度、身体素质和其他特性的扼要说明。

工作分析有助于组织招聘到合适的人选并将人员与适当的工种匹配起来。例如，为了加强内部招聘的力度，萨拉·李公司（Sara Lee）确定了它希望高级财务管理者掌握的6个职能领域的24种重要技能，例如沟通（以及可信度和呈现风格）和计划（包括盈利能力分析和管理预算流程）。公司追踪管理者的发展历程并将他们调动到其他岗位，以帮助他们掌握所需要的技能。

2. 实际岗位演习

工作分析使组织能够进行实际的岗位演习，因而有助于提高招聘工作的有效性。实际岗位演习（realistic job preview，RJP）向求职者提供关于工作和组织的所有客观信息，包括正面信息和反面信息。实际岗位演习提高了员工满意度，降低了流动率，因为它促进了个体、工作与组织之间的匹配。个人在更好的基础上决定自己对于组织的适应性，并基于充分信息而"自我选择"应聘或者辞退某个岗位。

3. 社交媒体

聪明的管理者如今通过互联网（包括领英网、Facebook 和推特网等社交媒体网站）来完成他们的大部分招聘工作。有趣的是，招聘服务公司 Spherion 进行的一项调查发现，高成就的年轻专业人士认为，当考虑进入哪家公司工作时，公司的社交媒体声誉与工作机会一样重要。英国军队在 2013 年发起了一场社交媒体活动，招募了 10 000 名新士兵。中国的联想集团报道，在一次通过社交媒体（包括领英、微博以及中国专业社交网站天际网）举行的为期三个月的招聘活动中发现了 70 名优秀的应聘者。

领英的《2013年全球招聘趋势报告》调查了全球3 300名人才招聘人员，发现人力资源招聘人员变得越来越依赖于社交媒体、移动网络和数据。招聘人员历来对外部应聘者的数据知之甚少，但专业社交媒体可以为招聘人员提供大量的数据，例如工作经验、技能、证书、成就、关系和教育。例如，对于为个人资料检索系统付费的公司，领英网增加了一项服务，称为"您希望雇用的人"。领英创建了各种算法来进行大量数据的搜索，确定符合各公司所需技能、背景、专业知识和激情等综合要求的应聘者。领英的报告显示，39%的招聘人员将社交和专业网络作为自己最好的长期招聘工具。自2012年以来，将大数据分析视为长期发展趋势的人数增长了8个百分点。

4. 实习

社交媒体的另一个普遍的用途是为企业寻找有偿或无偿实习生。实习（internship）是一种安排，在此安排下，实习生（通常是高中生或大学生）作为无偿或低价劳动力来换取体验某一特定职业或获得某一领域宝贵工作经验的机会。越来越多的公司将实习作为一种有价值的招聘工具，因为实习提供了一种"试用"潜在员工的方式，同时也能让实习生对实习职位和公司是否适合进行判断。以前实习生的形象是帮着冲咖啡和复印文件的"地鼠"，而现在变成了崭露头角的专业人员，能够从事有意义的工作并学到有价值的技能。公司并不是总能为实习生提供一份工作，但一位职业发展专家说，如今实习比以往任何时候都更加紧密地与永久性雇用相关。多媒体和网络娱乐公司IGN采用了一种创新方法，通过实习招聘员工。

 聚焦技能

IGN 的 Code Foo 挑战赛

"还在靠收入微薄的工作来凑够购买《传送门2》（Portal 2）的钱？到这里来打动我们，我们将雇用你。"这是IGN公司第一次推出"Code Foo"挑战赛时打出的招聘广告。该挑战赛是一个无须提交简历的招聘项目，旨在找到不同寻常的"黑客"——当IGN的工程总监在提及计算机程序员和编码员时更喜欢使用"黑客"这个术语。"对于真正对自己的技能很在乎的严肃的工程师来说，成为一名黑客也未尝不是件好事。"托尼·福特（Tony Ford）这样说道。

Code Foo挑战赛的申请者将在线填写表格，表达他们对IGN公司的热爱之情，并回答问题来测试他们的编程能力。在2011年的挑战赛中，有75 000人查看了申请表，104人提交了申请，30人被选中参赛。在这些人中，只有一半的人具有技术领域的大学文凭，一些人根本没有上过大学。2012年的挑战赛选出了18名参赛者。选中的Code Foo参赛者在IGN工作六周，在学习编程语言和参加实际工程项目的同时获得少量的报酬。根据IGN总裁罗伊·巴哈特（Roy Bahat）的说法，六周的时间是要"教会他们一些东西，看看我们是否能够让他们达到我们可以实际雇用他们的一个水平"。例如，亚当·帕西（Adam Passey）将其夏季编码的独特功能用于手机游戏的中枢系统，给IGN的工程师们留下了深刻印象，公司为帕西提供了工作岗位。从那时起，他就成了Code Foo挑战赛的带领者。

虽然巴哈特希望Code Foo活动能够为公司找到一两名优秀雇员，但实际上公司在第一届挑战赛中就为八名参赛者提供了工作岗位。挑战赛是如此成功，使得公司在2013年又一次举办了挑战赛。随着程序员和编码员市场的竞争越来越激烈，挑战赛也就成了一个初显成效的"游击招聘策略"。

9.2.3 选拔

在**选拔**（selection）过程中，雇主评估求职者的各方面特征，以判定工作与求职者个性特征之间的"适宜性"。最常用的选拔方法是填写申请表、面试和就业测试。一般而言，一个空缺职位所需的职业技能和工作要求越高，组织使用的选拔工具也就越多。

1. 申请表

申请表（application form）是用来收集关于申请者的受教育程度、以前的工作经历以及其他背景特征信息的表格。研究表明，传记性的信息资料可以有效地预测申请人未来工作成功的概率。

需要避免的一个错误是把与工作是否成功无关的问题也写进申请表中。根据《均等就业机会指南》，申请表不应该就可能对受保护群体造成不利影响的问题提问，除非该问题是明显与工作相关的。例如，雇主不应该问申请人的住房是租赁的还是自有的，因为：①申请人的回答可能会对他能否得到这份工作产生消极影响；②少数群体和女性拥有自己的房屋的可能性更小；③房屋所有权可能是与工作绩效无关的。另一方面，在会计公司，注册会计师（CPA）考试是与工作相关的；因此，询问就业申请人是否通过了 CPA 考试就是适宜的，即使只有50% 的女性或者少数群体求职者通过了该考试，而男性求职者的通过率则为 90%。

2. 面试

几乎每一个组织的每一个工种都要进行面试。同时，如果面试者提出违反《均等就业机会指南》的问题，面试也是组织可能会惹上法律纠纷的另一个场合。表 9-1 列举了某些适宜的面试问题和不宜的面试问题。

表 9-1　就业申请与面试：哪些问题可以问

范畴	可以询问	不适宜或者违法的询问
出生国别	求职者的姓名 求职者工作中是否用过别名	求职者姓名的渊源 求职者的祖先 / 种族
种族	无	种族或者肤色
残疾	求职者是否有会妨碍工作绩效的残疾	求职者有无任何生理或者心理的缺陷 求职者是否曾经提出过工伤补偿索赔
年龄	求职者是否超过 18 岁	求职者的年龄 求职者何时中学毕业
宗教信仰	无	求职者的宗教信仰 求职者过哪些宗教节日
犯罪记录	求职者是否曾经被判犯有某种罪行	求职者是否曾经被逮捕过
婚姻 / 家庭状况	无	婚姻状况、子女数量或者计划生育的子女数量 儿童护理安排
受教育程度与工作经历	求职者在哪里上学 先前的工作经历	求职者何时毕业 嗜好
公民权	求职者是否享有在美国工作的法定权利	求职者是否是除美国之外的某个国家的公民

有证据表明，一般的面试通常不能有效地预测工作绩效。许多公司聘请辅导员或采用培训计划来提高管理者的面试技巧，因为雇用不合适的人付出的代价会很大。哈佛大学商学院的研究人员发现，如果面试官让自己的不安全感或偏见潜意识地影响面试过程，那么对招聘

决策产生的影响可能比随机选择一名应聘者的影响还要大。通过了解"管理者工具箱"中所述的与面试相关的一些注意事项，管理者可以提高自己的面试技巧，应聘者可以增加面试成功的概率。

管理者使用各种面试方法来获得应聘者是否适合被应聘岗位的更可靠的总体判断。结构化面试使用一套标准化的问题来询问每一位申请人，以便能够轻松地进行比较。这些面试可能包括：传记式面谈，询问应聘者以前的生活和工作经历；行为面试，要求应聘者描述如何执行某项任务或处理某个特殊问题；情景面试，要求应聘者描述如何处理假设的情况。在非结构化（非指导性）面试中，面试官询问广泛的开放性问题，让应聘者自由阐述，谈话尽量不被中断。非结构化面试可以揭示在回答结构化问题时可能隐藏的信息、态度和行为特征。

有些组织设计了一系列的面试，每个面试都由不同的人来主持，并且每个面试都侧重了解候选人的不同方面。其他公司运用**小组面试**（panel interviews），即由几位面试者共同面试候选人，面试者轮番提问。此外，一些公司采用另类的面试方法，有时也被称为极度面试（extreme interviewing），测试职位候选人是否具有处理问题、随机应变以及与他人共事的能力。Danielle Bemoras 在应聘一家数字化夜生活指导公司 SceneTap 的一个职位时，发现与一位竞争对手联合进行面试。Bemoras 没有想尽办法抢占竞争对手的风头，而是尊重和帮助竞争对手，从而使她获得了实习的机会，并最终获得了一份全职工作。

3. 就业测试

就业测试（employment test）可能包括认知能力测试、体能测试、个性测试和其他方面的评估。认知能力测试主要测量求职者的思维、推理、言语和数学能力。例如，智商测试被认为是各工种是否能取得良好绩效的最好的预测方法，因为高智商表示候选人具有很强的学习能力。体能测试是测量候选人是否具有体力、精力和耐力等素质，用于以下职位的测试：必须搬运重型包裹的运输司机，必须攀爬梯子并携带设备的电力工人以及与体力工作相关的其他职位。这些测试只应用于评估与工作相关的认知和体能情况，以避免违反与歧视相关的法律。

 管理者工具箱

在面试中获得成功

我们很多人都经历过面试，面试过程中一切似乎都进展得很顺利，但事情却戏剧性地变得糟糕。以下是一些可以帮助你在下一次面试中获得成功（作为管理者可以提高你的面试技巧）的想法。

三大问题

无论面试中被问到什么问题，如果你记住招聘主管和公司真正想了解的只有三个问题，你在面试中就会更加自如：

● 你能胜任这个工作吗？公司希望了解你的能力，不仅仅是技术能力，还包括

你的领导能力、团队精神和人际交往能力。你是否能非常圆满地完成工作岗位的任务和活动，还能有效地与同事互动并营造一种积极的组织氛围？

● 你会喜欢这个工作吗？组织希望求职者每天能够将热情和正能量带入工作场所。招聘主管希望能够确定你对所面试的职位乃至整个行业都充满激情，并且你会欣然接受与工作相关的挑战。

● 我们能够忍受与你一起共事吗？当大多数招聘人员在职位候选人中做出决定

时，是否相信你能很好地适应公司的文化将在这个决策过程中占很大的比重。在 LivingSocial，每一位求职者都会接受一位充当"文化警察"的团队成员的面试。他知道如何确定什么东西符合或不符合公司的文化。除非文化警察同意，否则你将不会被雇用。

面试制胜策略

- 进行研究。为了回答这三大问题，你必须了解所申请的工作，了解公司所在行业的整体情况，并对组织文化有所了解。尽你所能了解所有东西。通过查看公司网站来了解公司的结构和管理方式。点击你的社交网络链接，看看 YouTube 上是否有视频，在博客中了解公司的历史信息等。

- 将问题转为对话。如果你已进行了研究，你就能够与面试官对等进行交谈。例如，如果被问及如何重组部门，你可以礼貌地说："您介意我先问您几个问题吗？我知道希腊有一家工厂，其业务是否因这个国家的经济问题受到了影响？"此外，提前想想能够展示你的技能和优势、突出你的忠诚和积极性以及说明你将如何适应这个组织的一些事件或案例。有机会时就能有意识地使用这些事件或案例。

- 想想他们的做法。再次，如果你已进行了研究，你就应当对公司所面临的问题以及你可能被问到的问题有一定的了解。Zappos.com 这样的公司与通用电气公司的面试方式会不一样。想象你就是公司的招聘人员，想出你会询问求职者的 10 个问题。

许多公司也使用各种类型的个性测试来评估学习的开放性、亲和力、责任心、创造力和情绪稳定性等个性因素。此外，公司寻找与特定工作需求相匹配的个性特征，以获得良好的适应性。一家公司发现，在自信和外向性等方面得分高的人通常能成为优秀的销售人员，因此他们针对新职位测试候选人时会寻找这些特征。有趣的是，大量的研究表明，个性测试比工作面试、推荐信和学历证书更能预测未来职业是否成功。许多公司（如施乐）也在转向大数据分析，使用电脑和软件根据对个性测试和其他测试标准的回答来选择合适的应聘者。施乐公司使用大数据软件挑选呼叫中心的员工，经过半年测试，公司的裁员人数减少了 20%。注重创新和解决问题的公司也采用另一种不寻常的测试——脑筋急转弯。该类问题的答案不及应聘者得到答案的过程重要。看看你自己如何回答表 9-2 中的脑筋急转弯问题。

表 9-2　面试中的脑筋急转弯

你在工作面试中会如何回答以下问题？

1. 在一个房间里，你如何装下像帝国大厦那么高的一摞硬币？

2. 为什么沙井封盖是圆的？

3. 如果要清洗西雅图所有的窗户，你要收多少费？

4. 你被吸进了一个搅拌机，并且它将在 60 秒后开始启动。你会做什么？

5. 一名男子把他的车推到一家酒店并失去所有财富。发生了什么？

这些问题可能有很多种答案。这里有一些面试官认为不错的答案：

1. 帝国大厦约有 110 层。要将这么高的一摞硬币装在一个房间里，将这摞硬币分成从地板到天花板那么高的 100 摞较短的硬币

2. 方形的盖子可能掉进洞里。如果你垂直地拿着一个方形的沙井盖并稍微移动一下，它很容易掉进洞里。与此相反，中间有一点凹陷的圆形的盖子无论怎么拿都不会掉进洞里

（续）

3. 假设城市有 1 万个街区，每个街区有 600 扇窗，每 5 分钟擦一扇窗，每小时收费 20 美元，总计 1 000 万美元
4. 用容器旁边的体积标志爬出去
5. 这是一个奇怪的问题而不是脑筋急转弯，但比较好的答案可能是：这个人在玩"大富翁"游戏

4. 网络核查

互联网给招聘主管提供了一种新的搜索应聘者的犯罪记录、信用记录以及是否诚实、正直和有恒心等其他情况的方法。此外，许多公司希望在博客和社交网站上看到应聘者对自己的看法，以衡量这个人是否适合该组织。微软在 2011 年进行的一项调查发现，75% 的美国招聘人员和人力资源专业人士表示，他们应老板要求在网上对求职者进行调查；另一项调查发现，37% 的受访者专门调查了求职者的社会媒体档案。在 Adecco Staffing 公司进行的一项调查中，社交网站上的不当内容是招聘主管拒绝 18 ～ 32 岁的应聘者的第二大原因（面试时穿着不当是第一大原因）。一家领先的咨询公司的管理者 Miranda Shaw 拒绝了一位先前给她留下深刻印象的候选人，她在他的一位"好友"（未启用隐私设置）的 Facebook 页面上，发现了他与兄弟会的兄弟们一起抽烟喝酒的照片。另外，近来一些高校毕业生找工作时发现被企业拒之门外的原因是关于喝酒、吸毒或者性行为等的不当言论。

网络核查对于公司而言是一个越来越含糊不清的领域。"社交媒体背景核查是一种非常热门的方式，"律师凯文·麦考密克（Kevin McCormick）这样说，"但我不热衷于这种方式。"马里兰州、伊利诺伊州和加利福尼亚州已经通过法律或正在考虑立法，将这种雇主要求求职者提供社交媒体密码的行为定为非法，此外其他 10 个州也在考虑类似的立法。在求职者不知情的情况下使用社交网络进行背景调查，也会使组织招来诉讼。此外，由于网络搜索通常会显示诸如种族、性别、性取向等信息，人力资源管理者必须确定这些信息的使用不会被视为一种歧视。由于规定越来越多，法院的审查越来越严密，2013 年人力资源管理协会调查的公司中有 69% 的公司表示它们没有使用社交媒体进行筛选。然而，专家们说，尽管人力资源部可能没有使用社交媒体进行调查，但招聘主管很可能会使用。

9.3　人才开发

选拔结束以后，人力资源管理的主要目标是把雇员转变成有效的劳动力。劳动力开发包括培训与绩效考评。

9.3.1　培训与发展

培训与开发项目反映了组织为促进员工习得与工作有关的行为而付出的有计划的努力。《培训》（*Training*）杂志的最新"行业报告"显示，2012 年组织在培训项目上的花费是 558 亿美元，用在培训上的支出增加，外部产品和服务上的支出减少。图 9-5 显示了一些常用的培训类型和方法。课堂上由"站着授课"的讲师进行培训仍然是最受欢迎的一种培训方式。有趣的是，这种培训方式在所报告的培训时间中的占比有所增加，从 2011 年的 41.2% 增加到45.2%。而网络培训方式仅略有增加，通过社交媒体和移动设备进行培训的方式略有下降。

要理解培训的重要性，请想想当孟买泰姬陵酒店遭到恐怖分子袭击时，员工们冒着生命危险保护客人的例子。

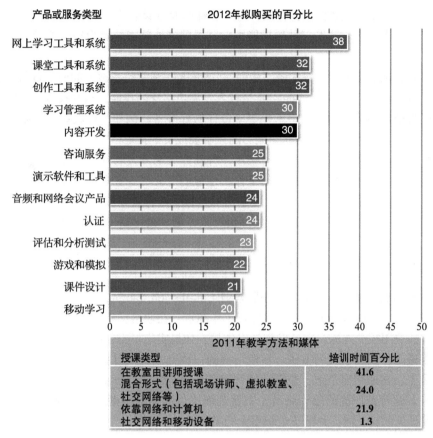

图 9-5 培训方法和预期培训支出

 聚焦技能

孟买泰姬陵酒店

想象一下，当恐怖分子袭击酒店时，你正在公司晚宴上欢迎新任首席执行官。这是在孟买泰姬陵酒店，当印度斯坦利华公司（Hindustan Lever）的晚宴结束时发生的事。泰姬陵酒店的宴会厅员工和24岁的经理玛丽卡·贾加德（Mallika Jagad）很快意识到情况有点不对劲，他们立即采取行动，锁上大门，关掉电灯。当客人们挤在宴会厅里过夜时，员工们不停地给客人送饮用水，安抚客人。第二天凌晨，宴会厅着火了，大家不得不试着爬出窗户。再一次，员工们首先冷静地疏散所有客人。"这是我的职责，"贾加德说。"我也许是宴会厅中年龄最小的人，但我仍然要尽到我的职责。"在酒店的其他地方，类似的英勇行为也在发生。在帮助客人们撤离时，至少有11名泰姬陵酒店的员工献出了自己的生命。

那天晚上，该酒店的员工赋予了"顾客服务"这一术语一种全新的意义。没有任何指导手册或程序来规定员工在此类危机情况下应该怎么做。员工的行为是独有的招聘、培训和激励制度的结果，这些制度创造了员工始终把客人放在第一位的文化，即使这意味着会有生命危险。

在泰姬陵酒店，所有员工都会接受18个月的培训，包括课堂培训和岗位培训。课程由现任管理者而不是顾问教授。培训旨在传授三种技能：使员工能够胜任具体的工作的技术技能；仪表、人格和语言技能；让员工学会倾听、理解和即时处理的客户服务技能。员工们学会进行思考和创新，而不是依赖严格的规则和程序，并努力成为将客人的利益置于公司利益之上的客户大使。

泰姬陵集团希望管理者们以身作则，每一位管理者与低层员工一样都要接受 18 个月的培训。此外，管理者们必须开发三种领导能力，公司聘请外部指导者为每一位管理者的开发提供支持。

开发有时有别于培训。一般术语"培训"（training）通常是指教人如何执行与当前工作有关的任务，而"开发"（development）是指教人发展更广泛的技能，这些技能不仅对当前的工作有用，还为他们在将来的工作中承担更多责任做好准备。例如，在农业设备制造商迪尔公司（Deere），晋升的管理者会得到有影响力的董事会成员的指导，以开发他们的领导技能。由于全球竞争环境的变化，通用电气公司采用一种新方法来开发管理者的能力。通用电气不是每过几年就让高管们轮流到不同的部门工作，使他们对公司有更多了解并开发全面的管理技能，而是让他们留在原来的岗位，使之能够更深入地了解特定单位的产品和客户。"这个世界如此复杂，"通用电气的高层管理者开发部负责人苏珊·彼得斯（Susan Peters）说。"我们需要相当深入环境的人。"

1. 在职培训

最常见的培训类型是在职培训。**在职培训**（on-the-job training，OJT）常常要求有经验的员工指导新员工，并向新员工说明如何履行工作职责。在职培训有许多优点，比如培训设施、材料或者讲师费用很少外流，容易做到学以致用。如果实施得当，在职培训被认为是最快捷、最有效的促进工作场所学习的方法。在职培训的一种方式是在组织内部不同类型的工作岗位之间调动员工，在那些岗位上，被培训的员工和经验丰富的老员工一起工作，以学习和了解不同的任务。这种跨职能的培训将员工安置到新岗位的期限短则几个小时，长则一年之久，它可以开发员工的新技能，并给予组织更大的灵活性。

2. 社会学习

如图 9-5 所示，许多公司计划在 2013 年购买用于网络和移动学习的产品和服务。这反映了人们意识到了社会学习的重要性，特别针对年轻雇员。**社会学习**（social learning）基本上是指利用社交媒体工具（包括移动技术、社交网络、维基、博客、虚拟游戏等）进行非正式学习。一个简单的例子就是一名员工在博客或推特上提问，针对某个工序或任务征求同事的意见。大多数的组织学习是通过非正式的而不是正式的渠道进行的，因此管理者支持使用社交媒体技术来进行日常工作中的学习。这些工具允许人们以自然的方式共享信息、获取知识、查找资源和进行协作。IBM 的一项调查发现，高绩效的组织比其他公司向员工提供协作和社交媒体工具的可能性高 57%。

3. 企业大学

培训和开发的另一个流行的方法是企业大学。**企业大学**（corporate university）是企业内部的教育培训机构，旨在为员工（经常也包括顾客、供应商和战略伙伴）提供广泛的、终生的学习机会。汉堡包大学（Hamburger University）是一所知名的企业大学，是麦当劳的全球培训中心。这个机构非常受人尊敬，使得设置的课程得到了美国教育委员会的认可，所以员工实际上可以获得大学学分。尽管所有的管理培训都在美国举行，现在汉堡包大学在全球共设有七个教学点，其中包括圣保罗、上海、慕尼黑和孟买。许多其他公司，包括联邦快递、通用电气、英特尔、哈雷–戴维森、宝洁公司和第一资本集团（Capital One）等，都利用企业大学来建立人力资本。

根据人才管理主管吉姆·艾斯（Jim Ice）的介绍，核能公司西屋电气公司（Westinghouse Electric）近日向一所企业大学投资"数千万"美元，用于对当前员工和新员工进行培训。由于自 1979 年"三里岛"核灾难发生以来，美国的核电站建设开工不足，因此该公司不得不雇用在核工业方面经验很少或没有经验的人，并意识到需要对这些人进行更好的培训。

4. 内部提拔

促进员工发展的另一种方法是内部提拔，它有助于公司留住有价值的员工。内部提拔提供了有挑战性的任命，规定了新的职责，并通过拓展和开发员工的能力来促进员工的发展。苏格兰 Peebles Hydro 酒店热衷于内部提拔，以此作为留住优秀员工、给他们以发展机会的方式。新手可以提拔为领班，酒吧女侍者可以提升为餐饮部主管，学徒工可以当副经理。酒店也提供各个方面的持续培训。所有这些做法，加上弹性工作制，使该酒店留住了高素质的员工，而同期旅游业的其他酒店却遭遇了熟练工短缺的尴尬。在 Hydro 酒店，10 年、15 年、20 年工龄的员工比比皆是。

9.3.2 绩效考评

绩效考评（performance appraisal）是指观察并评估员工绩效、记录评估结果并向员工提供反馈。在绩效考评过程中，娴熟的管理者要就员工绩效中可以接受的部分给予反馈并提出表扬。他们还要说明绩效中需要改进的方面。根据管理专家拉姆·查兰的说法，一个最大的人才管理错误是未能提供专注于发展需求的公正的绩效评估。当员工得到这方面的反馈时，他们可以利用该信息来提高自己的工作绩效。不幸的是，在最近的一次调查中，10 个员工里只有 3 个人认为他们公司的绩效考评系统可以真正帮助其改善绩效，这表明我们还需要改进绩效的评价和反馈方式。

绩效考评程序在组织中普遍不受欢迎，但良好的绩效考评是整个绩效管理体系的重要组成部分，通过帮助员工发展技能、获得奖励并在组织中获得提升来留住有价值的员工。总的来说，为了使绩效考评成为组织中一股积极的力量，人力资源管理专员要集中做好两件事情：①通过开发和利用评价系统，如绩效评定量表，准确地评定绩效；②对管理者进行培训，使他们能够有效地利用绩效考评面谈并提供反馈，以强化良好的绩效和激励员工的发展。现在盛行的观点是，绩效考评应该是持续进行的，而不应该作为加薪晋职的一部分每年只进行一次。

1. 准确评估绩效

工作是多维度的，因而绩效也可能是多维度的。最近的绩效考评趋势叫作 **360 度反馈**（360-degree feedback），这是一种采用多人评估（包括自我评价），并以此作为增强优势与劣势意识并指导员工发展的方法。评价小组的成员可以包括主管、同事、顾客以及员工本人，以便对员工的绩效进行总体考评。一些公司利用社交网络类的系统来进行 360 度绩效反馈，使这种反馈形式成为一种动态的持续的过程。例如，来自于 Rypple 的一个软件程序让人们可以发布简短的关于特定任务执行的推特式提问，并得到管理者、同事或选定的其他人员的反馈信息。来自于埃森哲咨询公司的另一个系统能够让员工发布照片、状态更新信息以及两个或三个周目标，这些目标可以由同事查看、跟踪和评估。

另一种绩效考评方法为绩效检查排序系统。但它招致的批评越来越多，因为该方法是通过将员工相互对比来对其进行评价。这些系统作为最常使用的评估工具，是根据员工的相对表现对员工进行排名：20% 的人被列为最佳绩效员工；70% 的人被列为中等绩效员工；10% 的人被列为最差绩效员工。公司会给最差绩效员工一段时间来改善自己的绩效，如果没有起色，这些员工将被解雇。对员工强行排名所隐藏的观念是，每个人都能够被激发出提高绩效的积极性。

绩效排序系统的优点在于：①迫使不情愿的管理者做出艰难的决定，找出最佳绩效和最差绩效的员工；②创造并维持一种使人不断进步的高绩效文化。该系统的缺点在于：①增加员工之间的恶性竞争；②会阻止协作和团队合作；③潜在损害士气。许多公司放弃了这种排序系统，或将该系统进行改进，不再强制性地为绩效不佳者分配名额。

2. 绩效评价错误

尽管我们愿意相信，每一位管理者都会谨慎而无偏见地评价员工的绩效，但是研究人员还是发现了几个绩效评定方面的问题。其中最危险的问题之一是**刻板印象**（stereotyping），即绩效评定者根据一个或者几个特征就把员工划入某个等级或者范畴，如把老年员工一律看成是行动迟缓、较难培训的对象。另一个绩效评定错误是**晕轮效应**（halo effect），是指管理者对员工各个方面的评定结果都一样，即使该员工某些方面的绩效较好而另外一些方面的绩效较差。

图 9-6 解释了评价生产线基层主管的基于行为的评分尺度法。生产主管的工作可以划分成几个方面，比如设备维修、员工培训或者工作进度。应该为每个维度都制定基于行为的评分尺度。图 9-6 中的维度是工作进度。在量表中，良好的绩效水平用 4、5 来表示，不可接受的绩效水平则用 1、2 来表示。如果生产主管的工作有 8 个维度，那么绩效评价的总得分就等于 8 个维度的得分之和。

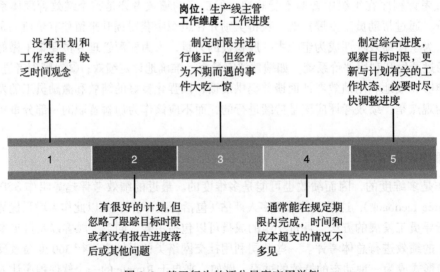

图 9-6　基于行为的评分尺度应用举例

9.4　留住有效的劳动力

现在，我们来研究这个话题：管理者和人力资源管理专员如何留住已经招聘和开发出来的劳动力。留住现有员工涉及报酬、工资制度、福利和（偶尔）解雇等问题。

9.4.1　报酬

报酬（compensation）指的是所有的货币支付以及用来替代金钱奖励给员工的所有物品或者商品。组织的报酬结构包括工资以及诸如健康保险、带薪假期或者员工健身中心等福利。开发有效的报酬体系是人力资源管理的一个重要方面，因为它有助于吸引和留住有才能的员工。另外，公司的报酬体系还对战略绩效有影响。人力资源管理者设计组织的工资与福利制度，以适应公司战略的需要，并保证报酬上的平等性。

1. 工资制度

理想的状态是，管理层为组织定下的战略应该是决定工资制度的出发点与运转模式的关键因素。例如，管理者可能制定这样的战略，通过激励员工的绩效来保持或者提高获利能力或者市场份额。所以，他们应该设计并实施奖励工资制度，以取代基于其他标准（如资历）的工资制度。例如，在零售商梅西百货，董事会增加了针对高级管理人员的销售奖励部分，以促进销售额增长。此外，如果梅西百货的销售额超过了公司计划，高层管理者还可以获得更高的奖励。

在制定员工的报酬方面，最常见的方法是基于工作的工资制，即把报酬和员工完成的具体任务联系起来。但是，这类工资制度也出现了许多问题。一方面，基于工作的工资制不能奖赏组织为了适应动荡的竞争环境并在其中生存所需要的学习行为。另一方面，这些制度强化了对组织的层级结构和集权的决策与控制的重视程度，而这与日益强调员工参与和员工已经提高的责任感产生了矛盾。

在大型和中小型企业中，基于技能的工资制变得越来越流行。与技能水平较低的员工相比，技能水平较高的员工的工资标准更高。基于技能的工资制也称为基于能力的工资制，它鼓励员工开发自己的技能和能力，因而使员工对组织更有价值，而且一旦他们辞去现有工作，他们被雇用的机会也更多。

与管理的其他方面一样，大数据分析程序如今也被用于制定报酬决策。如果公司想知道如何减少裁员人数，可以收集针对数十万工人的流动率、晋升情况、工作变动情况、福利情况、工作与生活的平衡情况等数据，并进行预测分析来了解造成影响的真正原因。增加工资是否就能留住人，还是其他因素具有更大影响力？例如，一家大型的区域性银行发现，增加工资只能将客户服务代表的流动率减少一半。人们感觉到不满意，不只是所得报酬过低。

2. 报酬平等

不论组织是实行基于工作的工资制还是基于技能的工资制，优秀的管理者都会致力于维护工资结构内部的公平感和平等感，并借此提高员工的士气。**工作评价**（job evaluation）是通过对工作内容的分析来确定组织内部各项工作的价值的过程。工作评价方法使得管理者能够比较相似的工作与不相似的工作，并确定具有内部平等性的工资率；即让员工相信，与组织内部从事其他工作的员工的工资率相比，他们的工资率是公平的。

组织还希望确信其工资率与其他组织相比仍然是公平的。人力资源管理者还会进行**工资调查**（wage and salary survey），以了解其他组织向在职者支付的工资水平是多少——他们从事的工作是与管理者挑选出来的"关键"工作相当的。这些调查结果可以从许多渠道获得，比如美国劳工统计局《全国报酬调查报告》。

3. 绩效工资

今天，大部分组织都开发了基于绩效工资标准的报酬计划，以便在全球的竞争环境中提高生产率和降低劳动力成本。**绩效工资**（pay-for-performance）也叫奖励工资，意思是至少把员工的部分报酬与其努力程度及绩效水平联系起来，其方式可以是业绩工资、奖金、团队奖励，或是各种各样的收益分享计划或利润分成计划。绩效工资的动机与帮助组织达成绩效所需的行为是一致的。员工有帮助企业获得更高效益和利润的动机，因为如果没有达成目标就没有奖金。

然而，近年来显示出具有误导性的绩效工资计划具有潜在的危险性。普林斯顿大学经济学与公共事务教授艾伦·布林德（Alan Blinder）指出，美国 2008 ～ 2009 年金融危机的根本原因就是"违反常情的孤注一掷的奖励"，奖励人们用他人的钱来过度冒险。在金融危机期间，金融体系中的各级人员都会因短期业绩而受到奖励——如果事情出了差错，那就是别人的问题，然后一切都轰然倒塌。管理者在制定符合组织、股东以及更广泛的社会长期利益的绩效工资计划时应特别小心。

9.4.2　福利

有效的一揽子报酬计划需要的不仅仅是金钱。虽然工资是一个重要的组成部分，但福利也同样重要。

法律要求组织提供某些福利，例如社会保障、失业补助和工伤补偿。其他类型的福利（比如假期、工作场所的日托服务或教育费用等）不是法定的要求，而是组织为了吸引和留住有效劳动力而提供的。由大公司提供的福利一揽子计划试图满足所有员工的要求。一些公司，特别是在很难找到娴熟员工的技术行业，会提供非常优厚的福利一揽子计划。例如，SAS 研究所提供（在其他福利中）覆盖率达 90% 的健康保险费、现场医疗诊所的免费医疗服务、工作场所健身中心、无限期病假、针对初级员工的三周年假、现场托儿所以及提供从育儿班到老年护理的工作 – 生活中心。其他科技公司，如谷歌、雅虎和 Facebook，也采用了创新性福利来招募和留住顶尖人才。

在最近的经济衰退期间，许多雇主取消了法律没有要求的福利，而且大多数雇主说他们不打算将这些福利恢复到衰退期前的水平。然而，一家公司的做法却与此相反。总部位于马萨诸塞州的坎伯兰海湾集团（Cumberland Gulf Group）——旗下拥有坎伯兰农场便利店和海湾石油品牌，将额外的 1 500 名工人重新归类为全职员工，使他们在《平价医疗法案》（Affordable Care Act）的最后期限到来之前有资格获得公司资助的健康保险。"公司决定让员工满意并始终将其作为首要任务，"总裁兼首席运营官 Ari Haseotes 这样说道。这一改变将使公司损失"数百万美元，"他说，但管理者们相信这些损失可以通过更高的员工忠诚度和客户满意度来弥补。

9.4.3　调整组织规模

在某些情况下，组织的员工数量超过需要的数量，因而不得不辞退一些人。组织**规模适度化**（rightsizing）是指有意地削减公司劳动力，以使员工人数符合公司当前的状况。有目的、有计划地减少劳动力的数量也叫裁员，这是今天许多企业面临的一个事实。虽然许多公司在

2009 和 2010 年大幅裁员后又开始雇用劳动力，但美国在 2013 年 8 月的失业率仍保持在 7.3% 左右。

如"规模适度化"一词所说，其目标是通过使劳动力规模与组织目前的状况相适应，让企业更加强大和更具竞争力。但是一些研究者发现，大规模裁员通常情况下并没有取得预期的效果，在某些情况下甚至还危害到组织。除非人力资源管理部门监管裁员的过程，否则，下岗或暂时解雇会导致员工士气低落和组织绩效水平下降。管理者可以通过定期与员工沟通，尽可能多给员工提供信息，向将要失业的员工提供援助，借助培训与开发等措施，来解决留任员工情感需要方面的问题，并帮助他们正确应对新的或追加的工作责任，使裁员得以顺利实施。

9.4.4　解雇

尽管一线管理者和人力资源管理专员付出了极大的努力，组织仍然会失去员工。有些员工要退休，有些自愿离职去从事其他工作，还有一些因为企业合并、裁员或者自身绩效拙劣而被排挤出去。有时损害已经发生，解雇显得为时已晚，如本章的"事业大错"中所述。

 事业大错

罗格斯大学篮球队

2012 年 12 月，一段显示罗格斯大学篮球教练迈克·赖斯（Mike Rice）殴打并辱骂球员的视频在大学行政人员中传播。但一切都风平浪静，直到 2013 年 4 月这件事被新闻曝光，并在社会上引起轩然大波。体育部主任蒂姆·佩内蒂（Tim Pernetti）说，他本来想解雇赖斯，但大学行政人员希望由律师和人力资源部解决。大学校长罗伯特 L. 巴尔奇（Robert L. Barchi）指责佩内蒂，佩内蒂只想暂停赖斯的职务，而巴尔奇则希望解雇赖斯。在 4 月赖斯被解雇的两天后，外部律师提交的一份长达 50 页的报告浮出水面，报告显示，该大学清楚地知道赖斯的虐待行为，但认为他的方法是"获得准许的培训"。在唯一显示出责任感的一个评论中，佩内蒂辞职后说，"我承认在这个决定中起了作用，并为此感到后悔。我希望时光倒流，有机会去为了每一个受影响的人而推翻该决定。"

为留住有效的劳动力而解雇员工的做法是一把双刃剑。一方面，绩效拙劣的员工可以被清除。有效率的员工通常讨厌那些搞破坏、表现不佳却被允许继续留在公司里，领取的工资及福利水平却丝毫不低的员工。另一方面，不管员工是自动辞职还是被淘汰出局，管理者都可以把离职面谈作为宝贵的人力资源管理工具。**离职面谈**（exit interview）是与即将离职的员工进行的面谈，其目的是了解他们离开公司的原因。离职面谈的价值在于，它能够提供优秀而廉价的方式，了解组织内部员工不满意的根源，进而减低今后的流动率。易趣网的董事长兼首席执行官约翰·多纳霍（John Donahoe）说："当人们离开时，他们通常处于一种非常愿意反映情况的状态，而且他们也非常直接，因为他们好像没有什么可以失去。"多纳霍在易趣网进行离职面谈时了解到的一件事就是，中层管理人员对其责任和权限是不清楚的，因此他进行了重组，以明确一系列的决策责任和权限。美国 Schlumberger 公司将离职面谈作为全方位离职调查的一部分，并将结果发布到网上，以便全公司的管理者都能认识到问题所在。

但是，在一些情况下，主动离职的员工不愿意说出让人不舒服的抱怨或者他们离开的真实原因。T-Mobile、金宝汤公司和美康雅（Conair）等公司发现，让员工完全在网上回答离职问卷能得到更开放和真实的信息。当员工对管理者或公司有负面评价时，网络给他们提供了一个畅所欲言的机会，而不必一定要采取面对面的方式。

9.4.5　管理多元化

2012 年，就在 Jürgen Fitschen 接任德意志银行最高领导职务以来，他承诺将在任职期间任命一名女性加入德国银行执行委员会。然而，尽管 Fitschen 和他的联席首席执行官为该委员会任命了无数个新成员，但全部都是男性。"这种情况必须改变，"Fitschen 说，"我们希望改变这一状况。我们在内部做出了很大的努力，为女性创造一个公平的竞争环境，使女性能够进入最高管理层。但到目前为止，我们还没有取得预期的成果。"高层职位缺乏女性这一现象在全球金融业中都很普遍，但德意志银行独独成为大家批评的特定目标。在欧洲，在女性进入高管层方面，德国总体上的情况最差。"不是没有足够的女性，而是管理层董事会没有认真寻找，"法兰克福猎头公司 Advance Human Capital 的首席执行官安吉拉·霍恩伯格（Angela Hornberg）说，"如果他们真的认真去做，他们会发现有一大批极其优秀的女性人才。"

美国以及其他国家的一些公司也在与多元化问题做斗争。面向 13～23 岁核心客户群的美国服装零售商 Wet Seal，被指控因不符合公司品牌的形象而解雇或不予晋升非裔美国人。在一起歧视诉讼案件中，一名起诉人声称，她被解雇后，她听到一位高级副总裁对区域经理说想要找金发碧眼的员工。Wet Seal 被指控是一家歧视"不仅能够容忍而且被要求存在"的公司。如果真是这样，发生这种明目张胆的歧视是非常让人震惊的。

大多数公司的领导者都努力避免会导致诉讼的歧视性政策和做法。此外，许多公司都认识到，重视和支持多元化员工是能够带来回报的。重视和支持多元化不仅是道德和文化上的正确做法，也能创造新的商机。为了利用这些机会，企业认识到其工作场所要反映市场的多元化。"我们国家的消费者基础如此多元化，"全美销售和市场多元化协会的主席谢利·威林厄姆 – 希尔顿（Shelley Willingham-Hilton）说。"我不能想象一个企业的员工如果没有那样的多元化，如何能够取得成功。"具有前瞻性的管理者同意这个说法，并开始吸引和维持可以反映人口文化多元化的员工队伍。他们非常相信员工队伍多元化与经营绩效有着某种关联。一些被认为是多元化领先者的企业将多元化置于首要地位，并开始创造重视平等和反映当今多元文化客户群体的企业文化。

本章的后半部分将介绍国内和全球劳动力如何变得日益多元化，企业如何应对多元化所带来的挑战和机遇。我们探讨了管理者和员工在多元化的工作场所中遇到的大量复杂事件，如偏见、刻板印象、歧视和民族中心主义，以及特别影响女性的因素，如玻璃天花板、不就业趋势和女性的优点。本章最后将概述公司为在员工中营造一种欢迎和重视广泛的多元化所采取的举措。

9.5　工作场所内的多元化

当米高梅国际酒店集团（MGM Resorts International）多元化和领导教育的领导者布伦达·汤姆森（Brenda Thomson）走进公司某家酒店大厅时，她闭上眼睛并开始倾听。"站在我们任何一家酒店的大厅就能听到各种不同的语言是很神奇的事情，"她说。"我们的客人来自全世界，这真正让我们意识到在员工队伍中反映出这种多元化的重要性。"汤姆森在米高梅集团酒店大厅见证多元化的例子，只是当今大型企业文化多元化的一个缩影。

9.5.1 美国企业中的多元化

面对资源减少、经济增长缓慢以及国内和全球竞争加剧的局面，管理者正想尽办法使自己的组织在竞争中独树一帜，并实现突破性创新。培养多元化劳动力的管理者已被证明能够增加组织成功的机会。有效的多元化的团队能够通过结合个人的优势来增加附加价值，从而使整体效果大于各部分的总和。

在过去，当管理者考虑多元化时，他们把重点放在与多元化相关的"问题"上，如歧视、偏见、反优先雇用行动和象征式行为上。如今，管理者意识到，人们给工作场所带来的差异也是有价值的。组织不再期望全体员工都持有类似的态度和价值观；相反，组织懂得了这个道理，态度和价值观的差异有利于组织在全球范围内展开竞争，并获取新的人才资源。虽然一段时间以来北美地区的多元化已经是不争的事实，但真正承认并管理多元化员工的工作是最近几年才开始的。图9-7列举了公司多元化历史上一些有趣的里程碑事件。

美国企业的多元化已经成为一个重要话题，部分原因是今天工作场所的巨大改变。以下统计数据说明了工作场所是如何发生变化的，并给那些试图建立具有凝聚力的团队的一线管理者带来了挑战：

- 空前的代际多元化。今天的劳动力处于一种不断变化的状态，不仅在美国，而且在中国、巴西、俄罗斯和其他地方，随着员工更能保持健康，工作时间更长，四代劳动力组合在一起，给管理层提出了新的挑战。虽然二战一代的大多数人已经退休，但仍有一些人年届八九十岁仍在工作。例如，据劳工统计局的统计，在2011年，这一代人占美国劳动力总数的5%，占加拿大劳动力总数近7%。这些员工与快速老龄化的婴儿潮一代共同存在于"公司记忆库"，这对于许多组织来说是非常宝贵的财富，但他们在任的时间越长，留给X一代管理者的晋升空间就越小。随着X一代员工逐步进入中年，他们正努力与未来日渐减少的经济保障和就业机会抗争。同时，Y一代（有时称为千禧一代）则具有野心，缺乏对组织的忠诚，并急功近利。不同于过去一起工作的不同年代的人，当今不同时代的员工之间存在着很大的价值观差异。
- 劳动力老龄化。第二次世界大战之后的婴儿潮一代，随着劳动力大军在其生命阶段中的前进，继续影响着工作场所。婴儿潮一代使劳动力的平均年龄不断提高。预计到2020年，25岁至45岁的劳动力人数将从66.9%下降到63.7%，而55岁及以上的劳动力人数将从19.5%跃升至25.2%。
- 更加多元化。今天的工作场所随着外国劳动力人数的增加而变得更加多元化。外国劳动力占美国总劳动力的16%，最可能从事于服务行业，如食品准备、清洁和维修等。在外国劳动力中，近一半是西班牙裔，23%是亚洲人。

展望未来，西班牙裔员工的数量增长最快，到2020年将增加18.6%。图9-8显示了美国不同种族和族裔群体就业情况的预期变化。

- 更多的女性劳动力。如今，工作场所中的女性数量超过了男性，并预计女性的数量将增长得更快，增长速度为7.4%，而男性为6.3%。好消息是，根据一个领先的妇女促进会Catalyst的研究，《财富》500强企业中近73%的企业目前至少有一名女性执行官，但女性仅占执行官总数的14%。为了加速女性的发展，许多企业启用了指导和培训计划，为女性担任高级职务做准备。

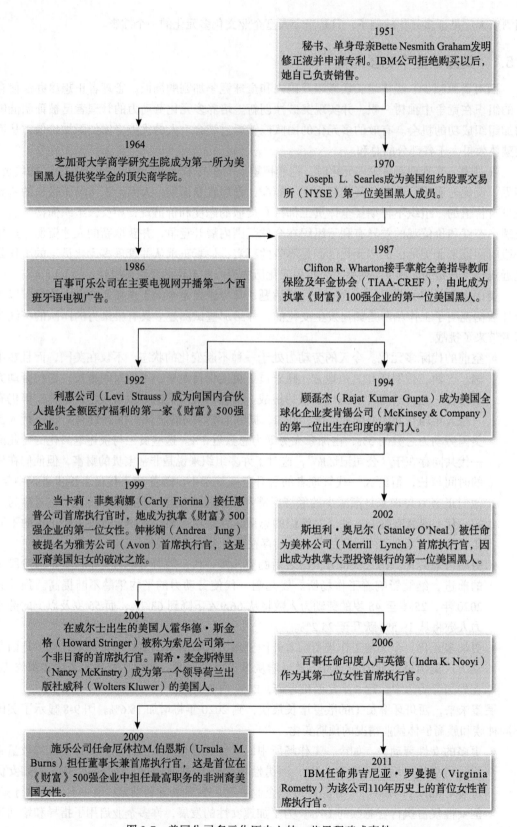

图 9-7　美国公司多元化历史上的一些里程碑式事件

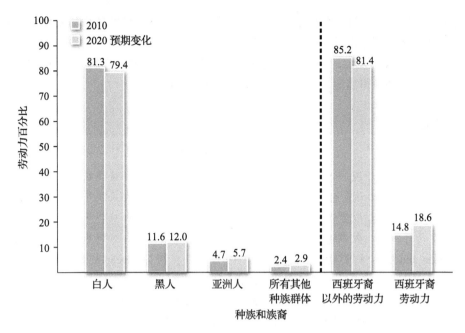

图 9-8　美国劳动力的预期变化（2012 ～ 2022 年）

这些趋势突显出当今劳动力的复杂性，以及当管理者领导多元化团队实现共同目标时所面临的潜在困难。虽然许多管理者认识到文化多元化的价值，但有些管理者却没有跟上这一人口发展趋势的步伐。事实上，随着多元化的增加，均等就业机会委员会（EEOC）针对有关歧视的投诉数量也增多，该委员会对员工的索赔进行调查，有时代表劳动者提起法律诉讼。最近的一个投诉是针对 Bass Pro Shops 户外零售连锁店，该连锁店被指控多次拒绝雇用非白种人担任办事员、收银员或管理者，并使用歧视性语言来解释拒绝的原因。在该诉讼的其他指控中，有一项指控称印第安纳州的一名高管被发现丢弃许多就职申请，并解释说他可以通过求职者的姓名来判断他们是黑人。该诉讼还宣称，休斯敦一家门店的总经理经常把西班牙裔的员工称为"Pedro"或"墨西哥人"。

9.5.2　全球范围的多元化

全球各地的管理者与美国管理者一样，面临着许多类似的多元化的挑战，尤其是关于女性进入高层管理职位的挑战。例如，在意大利，公司董事会成员总人数中只有 6% 是女性，英国为 14%，而德国和印度为 2%。如前所述，美国董事会总人数中的 14% 为女性。为了提高女性在欧洲公司董事会中的比例，欧洲委员会正在研究是否在整个欧洲大陆采用配额的方式，类似于意大利最近的一项法律，要求意大利上市公司和国有企业确保到 2015 年董事会成员中有 1/3 是女性。"我们需要真正撼动该系统，"意大利"粉红配额"（pink quota）新法律的合著者中左翼民主党议员阿莱西亚·莫斯卡（Alessia Mosca）说，"希望这能引发文化变革。"

日本企业在董事会上的性别差距更大，女性仅占高管人数的 1.2%。事实上，在受过大学教育的日本女性中只有 65% 就业，其中许多人从事低薪临时工作，而美国女性的比例则为80%。日本劳动力缺乏女性的原因是很复杂的。部分原因与不温不火的经济增长相关，但超过 2/3 的日本女性在生完第一个孩子后就不再工作；相比之下，美国这样的女性只有 1/3，这往往是因为孩子无人照顾以及社会普遍赞同这样做。

　　日本那些限制女性发展的文化规范是无形的、无处不在并难以理解的。但是对于组织的管理者来说，学习和懂得当地文化并有效应对是非常重要的。

绿色力量

多元化和生物多样性

　　小时候，我们意见不统一时，祖母会提醒我们："这个世界是由形形色色的人构成的。"保护多种多样的植物和动物生命形式也与奶奶的话相呼应。为了促进生物多样性的保护，饮料制造商 Bean and Body 的管理者们使用该公司的健康咖啡销售收入发起了一项名为"The Bean and Body Protected Grounds Initiative"（受 Bean and Body 公司保护的土地计划）的计划，与世界土地信托公司（World Land Trust）进行合作，购买和保护最受威胁的全球雨林、湿地和海岸线地区。在采取经过仔细策划的措施来促进生态、经济和社会保护的同时，公司不仅获得了殊荣，还与公司的促进健康生活方式的企业目标相符。Bean and Body 公司的这项计划旨在通过帮助种植咖啡豆的农民来解决生物多样性问题。在咖啡豆的种植过程中，污染水通过地下水径流和浸入的方式进入雨林，从而对环境造成影响。

9.6　管理多元化

　　那些希望提高绩效并推动创新的管理者们认识到，多元化团队能够产生最好的结果。在一项对 32 名部门负责人和高管的调查中，84% 的人表示他们喜欢多元化的团队，因为这样的团队能够产生不一样的观点和更多的想法。以下几节描述了多元化员工队伍的特征以及培育这种多元化队伍所具有的好处。

9.6.1　多元化及其内容

　　多元化（diversity）也称多样性，是指人们所有不同的特征。多元化的定义并非一直如此广泛。几十年前，许多公司根据种族、性别、年龄、生活方式、残疾等来定义多元化。这些关注点激发了意识，改变了思维模式，为更多人创造了机会。今天，企业多元化的定义包含更多的内容，包括影响员工工作方式，如何与他人互动，如何从工作中获得满足以及如何定义其在工作场所的角色等一系列差异。

　　图 9-9 说明了传统模式下与兼容模式下多元化之间的区别。传统模式多元化的范围包括可以被很快察觉到的如种族、性别、年龄和残疾情况等与生俱来的差别。但是，兼容模式的多元化包括人们的所有差别，包括人们在人生过程中可以习得或改变的各个方面。尽管不如传统模式中的因素影响那么大，这些因素仍会影响一个人的自我意识、世界观以及别人对自己的看法。许多组织领导者接受这种包容性更强的多元化定义。"多元化必须从最广义的角度来看待，"国家电网（National Grid）的前首席执行官沃利·帕克（Wally Parker）说。"对于我来说，多元化就是承认、尊重和支持每一个人，无论什么构成了这个人的个性。那就是不论种族、性别和性取向，而且也不论是内向和外向、种族背景、文化教养等所有这些东西。"

图 9-9　传统与兼容模式下的多元化

　　管理多元化的一个挑战就是，营造一个所有员工都感觉到被团队接纳并且其独特才能受到欣赏的环境。当管理者营造出具有包容感的环境时，员工表现出更多的忠诚、合作和信任。包容是指达到了一种程度的，让员工感觉到自己是团队中受尊敬的一员，在此团队中，他的独特性得到了高度赞赏。包容能够产生强烈的归属感，所有人都可以表达意见并受到赞赏。我们看看一位零售商店的管理者是如何接受员工的独特观点并取得积极结果的。这位管理者名叫哈尔（Hal），他是员工奥利维亚（Olivia）的监管领导，奥利维亚非常安静，似乎没有什么创新思想。但当哈尔跟奥利维亚讨论市场营销策略时，他惊讶地发现她相当具有创新思维，在讨论中不断插入新颖的想法。随着时间的推移，哈尔意识到，这个看似安静的员工是他所见过的最具创新营销思维的人，他们一起创建了儿童外套系列，并取得了极大的成功。哈尔成为一位包容的强大支持者，以及不按常规运作的员工的拥护者。

　　在创建包容性文化的过程中，由于不同背景的人会带来不同的意见和想法，管理者可能会经历紧张和意见不合的一段时期。冲突、焦虑和误解也因此增多了，接受这些不同并利用它们来提高组织的绩效很具有挑战性。管理多元化是今天全球化经济中的一项关键管理技能，即创造氛围，使多元化对组织或团队绩效的潜在优势最大化，使潜在不利因素最小化。

9.6.2　观点的多元化

　　你可能听见过这种说法："英雄所见略同"。但当说到实现突破性创新和绩效时，英雄所见就应不同。例如，根据 Catalyst 的研究，在过去 10 年当中，任何一年《多元化企业》（*DiversityInc*）杂志上榜的前 50 强企业，都跑赢道琼斯工业平均指数 22 个百分点和纳斯达克指数 28 个百分点。麦肯锡对美国、法国、德国和英国的执行董事会进行的其他研究表明，多元化排在前 25% 的公司比多元化程度低的公司权益回报率平均高 53%。

　　由不同背景和技能的人员组成的多元化团队和组织增加了获得多元化观点的机会，从而为解决问题、获得创造力和创新能力提供了更广泛、更深入的思想、观点和经验。培养多元化观点的管理者显著增加了创造难以复制的竞争优势的机会。通过挖掘多元化的优势，团队更有可能获得更高的效率、更好的质量、团队成员之间更少的重复劳动，并增加创新能力和创造力。

　　根据一项研究结果，与创新能力低的企业相比，创造力和创新能力高的企业中女性和非白人男性员工的比例也更高。最近进行的另一项研究表明，当团队中有更多的女性成员时，团队的集体智慧也会增加。此外，具有更加多元化的高层领导团队的企业在财务上的表现优于同行。研究者分析了美国、法国、德国和英国的 180 家企业的权益回报率（ROE）和息税前利润率（EBIT），发现那些女性和外国人比例更高的企业的效益显著高于高层团队多元化程度低的同行。

在生产家庭清洁、健康和个人护理产品的英国利洁时集团（Reckitt Benckiser），没有任何一种国籍在高层领导团队中占主导地位。高管中，有两个荷兰人、一个德国人、两个英国人、一个南非人、两个意大利人和一个印度人。领导者们认为，公司员工的多元化是 1999 ~ 2010年每年收入平均增长 17% 的一个原因。最近退休的首席执行官巴特·贝克特（Bart Becht）说，"同一个房间里坐的是巴基斯坦人，还是中国人、英国人或土耳其人，抑或是男人或女人，或出身于销售还是别的什么专业，这些都无所谓，只要这些人是具有不同经验的人，因为当具有不同背景的人在一起共事时，产生新思想的机会要大得多。"

9.6.3　工作场所多元化的好处

建立强大而多元化的组织的管理者能够得到许多好处，如以下内容及表 9-3 中所示。多元化为组织带来的好处包括：

表 9-3　工作场所多元化的好处

- 更好地使用人才
- 更了解市场
- 对领导职位理解的广度增加了
- 更高质量地解决团队问题
- 降低与高员工流动率、旷工和起诉有关的成本

- 更好地使用人才。拥有最佳人才的企业最具有竞争优势。仅仅是吸引多元化的员工队伍是不够的；企业想要留住它们的少数群体和女性雇员，还必须为他们提供职业机会和发展。
- 更了解市场。一个多元化的员工队伍能更好地预测消费者需求的变化并做出回应。福特汽车公司意识到，只有创建一个反映这个国家多元文化背景的员工队伍，才能达到其商业目标。所以它聚集了一个少数群体占 25% 的员工队伍（18.4% 是非洲裔美国人）来促进包容的文化，为它在《黑人企业》（*Black Enterprise*）的"多元化企业 40 强"名单中赢得了一席之地。
- 对领导职位理解的广度增加了。单一性的高层管理者团队的视野不够开阔。联合利华的裴聚禄（Niall FitzGerald）说，"对于任何在日益复杂和快速变革环境中经营的企业来说，有效和广泛利用人才都是非常重要的。这使人们加深了对世界和环境以及最佳价值观的融合，也对组成这个世界的各种不同观念有了更深刻的理解。"
- 更高质量地解决团队问题。拥有多元化背景的团队将各种观点引入讨论中，产生更具创意的想法和解决方案。虽然安永会计师事务所的高级管理者中仍然有很大的比例是男性，但是公司正着手创建一个更多元化的领导团队，因为这对经营有利。"我们知道，拥有一个多元化的团队能够更好地解决问题。人们来自不同的文化背景，有不同的文化参考标准。当你把这些人放到一起，你就为我们的客户带来了最好的解决方案。"安永的适应性和性别平等战略主管比利·威廉姆森（Billie Williamson）如是说。
- 降低与高员工流动率、旷工和起诉有关的成本。倡导多元化劳动力队伍的企业减少了员工流动率、旷工和被起诉的风险。因为家庭责任常是职工流动率和旷工的原因，现在许多企业提供儿童保育和照顾老人的福利，弹性工作安排、远程办公和兼职工作

等，使员工能兼顾家庭责任。歧视起诉案件也是歧视性工作环境中一个代价巨大的副作用。控诉洛奇希德 – 马丁公司的种族歧视案件花费了公司 250 万美元，这是平等就业机会委员会经手过的最大额的个人种族歧视款项。

最成功的组织知道多元化的重要性，并知道最大的财富就是其员工。中央情报局（CIA）发现，具有多元化员工队伍的组织能够为预测战略上的意外做好更充分的准备。

○ 讨论题

1. 如本章所述，像施乐公司那样依靠大数据计算机程序进行招聘决策是否是一个好主意？你认为什么类型的职位适合采用这种方式？这种方式可能存在什么缺点？

2. 假设现在是 2027 年。在你的公司，集中计划的方式变成了一线决策的方式，官僚制变成了团队合作。车间工人使用手持设备和机器人来完成工作。最近劳动力短缺使得许多职位空缺，而你吸引前来的少数求职者缺乏团队合作能力、自主决策能力或使用先进技术的能力。作为自 2013 年任职的人力资源管理副总裁，你应该为这种状况做些什么准备？

3. 管理者将一位有希望的求职者在社交网站上发表的推文或帖子作为（甚至在面试前）拒绝他的理由，这是否明智？可能存在哪些管理者应考虑的伦理和法律问题？请讨论。

4. 一位人力资源管理者最近在她的 iPhone 上收到了一封感谢信，上面写着："Thx 4 the Iview! Wud ♥ to wrk 4 u!!!"这位管理者在面试过程中比较喜欢这个候选人，但当她收到这封感谢信后，便把他放在了拒绝者的名单中。你认为这位管理者如此机械地拒绝候选人公平吗？"火星文"是否应被视为工作场所中可接受的交流方式？请讨论。

5. 在一个纺织品制造厂，你如何决定是对员工使用以工作为基础、能力为基础还是绩效为基础的工资计划？对餐厅的服务员呢？对保险公司的销售人员呢？

6. 评价你与来自不同文化背景的人相处的经历。你认为这些经历能在多大程度上使你了解多元化员工队伍的独特需求和困境？

7. 在 2012 年雪莉·桑德伯格（Sheryl Sandberg）被提升为 Facebook 的首席运营官之前，董事会成员只有男性。然而，Facebook 的 8.45 亿用户中大多数是女性。根据这一人口情况，请解释脸谱网如何从公司董事会增加女性这一变化中受益。

8. 描述最容易受到刻板印象威胁和伤害的员工。为什么对管理者来说，明白一些员工可能遭遇刻板印象威胁是非常重要的？

9. 如果健谈的男人被认为是有权力和能干的人，你认为为什么健谈的女人却被视为缺少能力和爱出风头？你认为在女性高管占很大比例的组织中，这种看法会有所不同吗？

○ 自主学习

你有多宽容

选出以下各题中最符合你情况的选项。

1. 你大多数的朋友：
   a. 和你很像。
   b. 和你很不同，他们之间也不同。
   c. 某些方面和你相同，但其他方面不同。

2. 当某人做了你不赞成的事时，你会：
   a. 和他断绝关系。
   b. 告诉他你的想法，但保持联系。

   c. 告诉自己这没关系，一如既往。

3. 哪项品德对你来说最重要？
   a. 友善。
   b. 客观。
   c. 服从。

4. 关于信仰，你：
   a. 尽一切可能的努力，让其他人以和你同样的方式看待问题。
   b. 积极提出你的观点，但是不去争论。

c. 让别人相信你的感受。

5. 你会聘用一个有情绪问题的员工吗？

　　a. 不会。

　　b. 会，只要这个人有痊愈的迹象。

　　c. 会，如果这个人适合这份工作。

6. 你会主动阅读那些支持与你不同观点的材料吗？

　　a. 从来不会。

　　b. 有时。

　　c. 经常。

7. 你对待老人：

　　a. 耐心。

　　b. 烦躁。

　　c. 有时候耐心，有时候烦躁。

8. 你同意"对和错取决于时间、地点和环境"这种说法吗？

　　a. 完全同意。

　　b. 在某种程度上同意。

　　c. 完全不同意。

9. 你会与不同种族的人结婚吗？

　　a. 会。

　　b. 不会。

　　c. 可能不会。

10. 如果你家庭中的某个人是同性恋者，你会：

　　a. 将此视为一个问题，并试图将其改变为异性恋取向。

　　b. 接受这个人是一名同性恋者，且对他的感受和对待方式都没有改变。

　　c. 避开和排斥这个人。

11. 你对待小朋友：

　　a. 耐心。

　　b. 烦躁。

　　c. 有时候耐心，有时候烦躁。

12. 其他人的个人习惯会干扰你吗？

　　a. 经常。

　　b. 完全不。

　　c. 只有很极端的情况才会。

13. 如果你住在和你家情况完全不同的一户人家（清洁度、行为习惯、饮食及其他习俗），你会：

　　a. 很容易适应。

b. 很快感到不适并感到生气。

c. 可以短期适应，但不能长期坚持。

14. 你最同意哪种说法？

　　a. 我们应该避免评判他人，因为没有人可以完全理解另一个人的动机。

　　b. 人们要对自己的行为负责，并承担其带来的后果。

　　c. 当考虑是非问题时，动机和行为都很重要。

评分与说明：

选出每题的答案，并计算总分：

1. a = 4；b = 0；c = 2

2. a = 4；b = 2；c = 0

3. a = 0；b = 2；c = 4

4. a = 4；b = 2；c = 0

5. a = 4；b = 2；c = 0

6. a = 4；b = 2；c = 0

7. a = 0；b = 4；c = 2

8. a = 0；b = 2；c = 4

9. a = 0；b = 4；c = 2

10. a = 2；b = 0；c = 4

11. a = 4；b = 0；c = 2

12. a = 4；b = 0；c = 2

13. a = 4；b = 0；c = 2

14. a = 0；b = 4；c = 2

总分：

0～14分：你是一个宽容的人，能很轻松地应对多元化。

15～28分：你基本上是一个宽容的人，其他人也这样认为。总的来说，多元化对你来说会有些问题；在一些方面你拥有较大的气量，在另外一些方面，如对老人的态度或两性社会角色上，则相对缺乏忍耐力。

29～42分：你比多数人缺乏忍耐力，应该学着更加宽容地对待和你不同的人。你较低的忍耐力水平可能影响你的事业或人际关系。

43～56分：你对多元化的容忍度极低。你唯一可能尊重的人是那些和你有同样想法的人。你身上所体现的容忍缺乏程度会给你在今天跨文化的商业环境中带来麻烦。

◘ 团队学习

管理能力

第1步　许多公司的人力资源部的一个重要责任是制定管理能力清单，然后进行培训来帮助管理者提高这些能力。以下清单是 IMB 期望管理者应具有的能力。在每一种能力的右边填写你认为将涵盖的管理行为。

期望的能力	管理行为
协同合作的影响力	
IBM 员工开发和社团发展	
赢得信任	
迎接挑战	
促进成长	
对 IBM 的未来充满激情	
敢于承担战略风险	
横向思维	

第2步　3～5人一组，比较和讨论每一种能力的预期行为，并达成一致意见。一名学生进行记录，并准备向全班汇报。

第3步　针对能力行为达成一致意见后，每个学生应轮流讲述自己认为最容易和最难掌握的能力。

第4步　你认为 IBM 为什么提出了这些能力？你认为这些能力与其他公司的管理或领导能力有何不同？

第5步　在课外，上网查询有关 IBM 能力的信息（搜索"IBM 的领导能力"）。你搜索到的能力定义是否与你期望的相同？查找另一家公司的能力。你认为这些公司的人力资源部为什么投入这么多精力来制定所需的管理者能力清单？

◘ 实践学习

性别与管理

这个练习将帮助你了解男性与女性管理者在职业和家庭生活方面存在的差异。

1. 分成两人一组的小组。最好能男女配对，但对于整个班级来说这或许不可行。每人采访两位管理者。

2. 选择两位管理者（男性、女性各一名）进行采访。他们担任管理者的时间至少应有 15 年，并在各自的组织中大致处于相同的职位。他们应年龄相仿。询问下表中的问题。

3. 采访结束后，与搭档一起讨论男性和女性管理者之间的相似点和不同点。

4. 写一篇报告交给你们的指导教师。

5. 他准备在课堂上匿名公布你们的发现。

采访中需要询问的问题。你们也可以问其他的管理者。让这些管理者知道你们正在为一门课程做性别问题和管理方面的研究。答案将保密。不要向老师提供个人身份信息。

问　　题	女性管理者的答案	男性管理者的答案
1. 你受过什么教育？		
2. 你是如何开始你的职业生涯的？		
3. 开始时你的职业抱负是什么？		
4. 你事业发展的障碍是什么？		
5. 你结婚了吗？有孩子吗？多大年龄了？		
6. 女性和男性担任的管理者类型是否不一样？		
7. 对于女性来说，现在的情况与过去的情况不一样了吗？		
8. 你是否会采取与以往不同的做法？		
9. 你希望什么情况会有所改变？		

◘ 伦理困境

日落祷告

明尼苏达州北伍兹电器公司冰箱厂的负责人弗兰克·皮耶霍夫斯基刚刚收到了制造部副总裁的指示。他打算通过双子城人员配置机构雇用 40 名临时工，这是一家北伍兹曾经使用的当地劳工机构。凭过去的经验弗兰克知道，现在可雇用到的组装线作业人员，大部分（即使不是全部）将是索马里伊斯兰难民，这些人是在过去 15 年中从饱受战乱的本国移民到明尼苏达州的。

北伍兹像所有电器制造商一样，想尽办法使公司在竞争激烈的成熟行业中得以生存。家电企业主要是打价格战。百思买和家得宝等大型连锁店的进入使价格战更加激烈，更不用说消费者可以通过登录互联网，在家就能轻松进行比较购物了。保持较低的生产成本的压力是相当大的。

这就是雇用索马里工人的原因。为了降低劳动力成本，北伍兹越来越依赖临时工，而不是扩大永久性员工队伍。弗兰克为已经在装配线上工作的索马里人感到高兴。虽然数量很少，但他们负责、勤奋并愿意为工厂能够支付的工资而工作。

这是波兰移民的后代第一次接触伊斯兰，但到目前为止，一切都进展顺利。弗兰克与索马里的代言人哈利马·阿丹建立了良好的工作关系，他解释说，与大多数西方信仰不同，伊斯兰教的宗教习俗已经密不可分地融入了日常生活中。由于他们之间的融洽关系，他们一起制定了符合伊斯兰习俗的办法。弗兰克批准修改工厂食堂菜单，使索马里工人有更多的符合他们的饮食限制的选择，他允许女性穿着传统服装，只要不违反安全标准。

在了解到索马里人在工作时间每天需要施行五次洗礼和祈祷等仪式后，这位工厂负责人留出一间安静而清洁的房间，使他们可以在休息时间和日落时进行 15 分钟的宗教仪式。日落祷告是第二班工人必须进行的仪式，这个时间的仪式会中断顺畅的工作流程。与正午和下午的仪式相比，伊斯兰信徒进行日落祷告时他们活动的时间余地非常小，当然，每天日落的时间也略有不同。但到目前为止，他们都能应付得了。

但是，新增的 40 名索马里工人将大大增加离开装配线去施行祷告的人数，他将如何安排日落祷告呢？是时候修改自己的政策了吗？他知道，《民权法案》第 7 章要求他"合理"安排雇员的宗教习俗，除非这样做会给雇主造成"过度重负"。哈利马·阿丹可能提出的安排是否会变得不合理？但是，如果他改变了政策，他是否会有失去劳动力的风险？

你会怎么办

1. 继续实施现行政策，由伊斯兰工人决定何时离开装配线施行他们的日落仪式。

2. 尽量雇用非伊斯兰工人，这样第二班的装配线就会有效进行。

3. 要求伊斯兰工人将日落祷告时间推迟到正常的休息时间进行，指出北伍兹主要是一个营业场所，而不是礼拜堂。

领　导

　　当华盛顿红人队的老板丹尼尔·斯奈德（Daniel Snyder）不再干涉足球教练的决策时，发生了一件有趣的事情——这个球队开始赢球了。斯奈德作为这个球队的老板，14 年来给大家留下的是爱管闲事和霸道的形象，事事干涉别人的工作。问题是，斯奈德想要参与球队的每一件事，甚至自己做出购买球员的重大决定。斯奈德有一种天生的"命令"风格，但却与那些希望在工作上获得成功的技能高超、训练有素的教练和球员不能很好相处。但斯奈德证明了领导者是可以改变的。"他停止了干涉，"一位知情人士这样说道。"他由此得到了更多的乐趣。"2012 年，红人队赢得了自 1999 年斯奈德担任老板以来的第一个 NFC 东区冠军。"我认为他很值得赞扬，"斯奈德 1999 年雇用的前总经理查理·卡瑟利（Charley Casserly）说。"他允许他们做自己的事。他们使这个获得特许的球队扭转了乾坤，并再次成为获胜者。"

　　在上一章，我们已经探讨了影响行为的个性、看法和情绪等因素的差异。一些对组织成功最重要的个性差异来自于它的领导者们，因为领导者的行为在塑造员工绩效方面起着重要的作用。有些领导者采取以任务为导向的方法，如丹尼尔·斯奈德在华盛顿红人队所做的那样，而其他领导者则采取更加以人为导向的风格。然而，正如开篇例子所示，许多领导者也可以改变他们的风格。在本章，我们要界定领导力这个概念，并探讨管理者如何发展领导品质。我们将阐述关于领导有效性的领导特征理论、领导行为理论和权变理论，分析魅力型领导和变革型领导，并探讨领导者如何运用权力和影响力来成事。第 12 至 15 章，我们将详细阐述领导力的多种职能，包括员工激励、沟通和鼓励团队协作。

10.1　领导力的性质

在大多数情况下，领导决定着一个团队、一个军事部队、一个部门或一个志愿者团体的好坏。但是，和个体差异一样，领导者之间也有各种各样的差异，许多不同的领导风格都可能是有效的。

因此，成为一位领导者意味着什么？在所有关于领导力的思想和著述中，有三个方面是非常突出的，它们是人、影响力和目标。领导出现于人群之中，涉及影响力的应用，并用来实现既定的目标。影响力（influence）的意思是，人与人之间的关系是积极、主动的。更进一步说，影响力是用来达到某一个目的或者目标的。因此，**领导力**（leadership）是为了实现组织目标而对他人施加影响的能力。这个定义描述了领导者在实现目标的过程中与其他人一起参与的思想。领导是相互的，在人与人之间发生。领导是"人"的活动，不同于行政文书工作或解决问题的活动。在本书中，我们讨论了采用无老板模式的各种组织。但各个团队和组织都需要领导。如"管理者工具箱"中所述，作为"领导者"比作为"老板"的作用更加强大。

 新晋管理者自测
....

以任务为导向和以人为导向

说明： 回答下面的问题可以帮助你诊断你在担任领导角色时与他人打交道的方法。如果你曾经是一位需要员工向你汇报工作的领导者，请回想一下那段经历。或者你可以想想通常你会如何作为一个团队的正式或非正式领导者来完成一项任务。请如实回答每一种行为是否经常出现。

	是	否
1. 我会有意让员工工作得更加愉快。	___	___
2. 我更加关注执行而不是与员工和睦相处。	___	___
3. 我会想尽各种办法帮助别人。	___	___
4. 我个人认为，员工应该对自己的表现负责。	___	___
5. 我会努力保持团队的友好气氛。	___	___
6. 我会明确告诉员工我对他们的期望。	___	___
7. 在员工的个人福利方面我考虑得比较多。	___	___
8. 我会查看员工以了解他们是如何做的。	___	___
9. 我更注重人际关系而不是结果。	___	___
10. 我会指定员工去完成特定的角色和任务。	___	___
11. 我更加关注与员工和睦相处而不是任务的执行。	___	___
12. 我更注重结果而不是员工的情感。	___	___

评分与解释： 回答"是"得 2 分，回答"否"得 1 分。

以人为导向：将你的奇数项的得分加在一起：_____

以任务为导向：将你的偶数项的得分加在一起：_____

"以人为导向"的得分展示出你以人和人际关系为导向的情况（将在本章中进行描述）：10 分

或以上表明你以人为导向的行为程度"高"；9分或以下表明你以人为导向的行为程度"低"。"以任务为导向"的得分展示出你以任务和结果为导向的情况：10分或以上表明你以任务为导向的行为程度"高"；9分或以下表明你以任务为导向的行为程度"低"。

你主要的领导导向是什么？以下哪一种情况最能代表你的领导风格（勾选一个）？请参阅图10-7，看看你适合哪一个象限。

_____低任务，低人＝授权风格

_____低任务，高人＝参与风格

_____高任务，低人＝命令风格

_____高任务，高人＝销售风格

根据你的经验，你的象限正确吗？将你的分数与其他同学的分数进行比较。

 管理者工具箱

无老板不意味着无领导

传统的管理规定，当管理一家公司时，需要让公司高度有序，具有明确的角色、规则和规章，并由有能力的老板领导。这是美国军队历来的标准。但是，如果无老板式和自我管理的组织产生的有效秩序比传统管理产生的秩序更加强大，将会怎么样呢？

本福尔德号驱逐舰的船长迈克尔·阿伯拉肖夫（Michael Abrashoff）及其指挥的故事在海军内外传为美谈。数月内，他将一群士气低落的水兵变成了积极主动并且自信而受到鼓舞的问题解决者。为了做到这一点，阿伯拉肖夫船长不得不将其传统的管理风格变为更倾向于"无老板式"的领导风格。阿伯拉肖夫船长从"老板式"变为"领导式"的方法如下：

- 以身作则。通过以身作则来实现真正的领导。当阿伯拉肖夫船长无法得到自己想要的结果时，他会问自己三个问题：我是否明确表达了目标？我是否给人以足够的时间和资源来完成任务？我是否对他们进行了足够的培训？他发现，很多时候，他与下属一样对问题负有责任。

- 传达目的和意图。向下属传达能够激发兴趣的工作愿景，以及让他们相信它非常重要的很好的理由。亲口告诉下属对他们有什么好处。阿伯拉肖夫发现，明确目标的人越多，他就越能够获得认同，他们共同取得的成果也就越好。

- 营造信任的氛围。让一艘舰船（或任何组织）获得显著改善的最好办法就是将下属能够处理的事情交给下属，然后静观其变。

- 注重结果，而不是敬礼。你的组织中需要有人可以拍着你的肩膀说，"这是最好的办法吗"或"放慢速度""想想看"。如果管理者在不进行咨询或很少咨询的情况下宣布决定，并明确表示他们的命令不可置疑，那么带来灾难的条件也就成熟了。

- 敢于冒值得的风险。一个旨在保持活力和强大能力的组织应确保让冒险者受到赞扬，并发扬他们的冒险精神，即使他们偶尔失败。如果你能指出哪个人从来没有犯过错误，那么我就能指出哪个人没有做过任何事情来使你的组织得到改善。如果你一味发号施令，那么你所得到的只会是命令的服从者。

- 产生团结。阿伯拉肖夫指出，组织可以雇用聪明的员工，但他发现工作效率更高的是那些通力合作并相互支持的员工。采用有尊严和尊重的方式对待员工不仅在道德上是正确的，而且也非常实用和富有成效。

10.2 　当代领导力

领导力的理念随着组织变革的需求而演变。也就是说，领导力所处的社会环境影响着哪一种方法可能是最有效的，也影响着什么样的领导力在社会中是最受尊敬的。技术、经济条件、劳动条件以及社会和文化习俗也起一定的作用。近年来，环境的动荡和不确定性对领导风格产生了重大的影响，大多数组织正是在这样的环境中运作。伦理困惑、经济困境、公司治理、全球化、技术革新、新的工作方式、变化不定的员工预期以及重要的社会转型，无不改变着我们对领导的看法和具体的领导实践。与当今动荡时期的领导相符的四个方法是第五级领导、服务型领导、诚信领导和互动型领导。

10.2.1 　第五级领导

詹姆斯·柯林斯（Jim Collins）和一个由 22 人组成的研究小组花了 5 年时间，发现了他们所谓的第五级领导（Level 5 Leadership）在从优秀到卓越的转型期企业里面的极端重要性。在他的著作《从优秀到卓越》（*Good to Great: Why Some Companies Make the Leap...and Others Don't*）中，第五级领导指的是管理者能力层级结构中的最高等级，如图 10-1 所示。

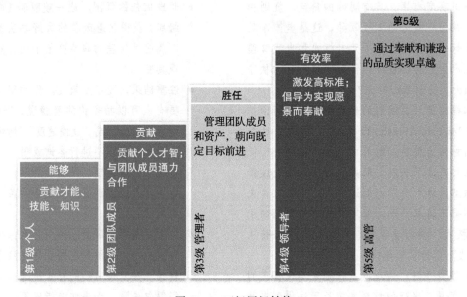

图 10-1 　五级层级结构

如图所示，第五级领导者的关键特征是几乎没有自负的言行。**谦逊**（humility）意味着不做作、谦卑，而不是骄傲自大、趾高气扬。有一种观点把伟大的领导者看成是有强烈的自我意识和远大抱负的"有英雄或传奇色彩的人"，与此相反，第五级领导者常常显得很害羞，不露锋芒。虽然他们为错误、业绩差或者失败承担了全部的责任，但是，第五级领导者仍然把成功的荣誉授予他人。第五级领导者基于牢不可摧的价值观来建立组织，这些价值观远不止于赚钱，而是具有做一切必要的事情使公司长期取得成功的坚定决心。

表现出第五级领导品质的领导者如最近刚退休的特易购（Tesco）连锁超市的领导者特里·莱希爵士（Sir Terry Leahy），他担任该超市领导有十几个年头。这对于领导者来说是一个持久而成功的任期，但大多数人对他却不甚了解。莱希不参与个人宣传，这使记者们懊恼，他将自己的精力投入到推销特易购及其员工上，而不是他自己。另外，想想在中国一个无电无自来水的农村地区长大的微软负责人陆奇，如今他已是微软应用与服务集团的执行副总裁。他如何来到了微软？不是因为个人的野心，雅虎的前同事说。"他避开了众人注目的焦点，"OpenX 的现任首席执行官蒂姆·卡多根（Tim Cadogan）说，"但却被认为是一颗闪亮的星星。"在雅虎，陆奇从基层做到了高层，他获得微软的职位不是因为进取精神和追求个人晋升，而是因为他聪明的才智以及他对超越责任来完成组织目标的承诺。陆奇有强烈的责任感和忠诚感，全身心投入于组织使命，而不是花精力去获得晋升。

像特里·莱希爵士和陆奇这样的第五级领导者对公司而不是对自己充满了抱负，这一点在制定连续计划时表现得非常明显。他们在整个公司里都培养了可靠的领导者团队，以便有朝一日当他们离开公司时，公司可以继续蓬勃发展，甚至发展得更加强大。另一方面，以自我为中心的领导者却常常使他们的继任者注定要失败，因为如果没有了他们公司就不能正常运转的话，这本身就是说明他们有多么伟大的证据。第五级领导者不是要建立一个"一个天才有上千个帮手"的公司，而是希望，公司的每一位员工都能把自己的潜能发挥到极致。

10.2.2　服务型领导

当长期担任通用电气（GE）首席执行官的杰克·韦尔奇（Jack Welch）与 MBA 学生交谈时，他提醒道："任何时候你担任管理职务，你的工作不是关于你自己的工作，而是关于员工的工作。你的工作是从你作为公司的个体开始。""但是一旦你担任了领导职务，你的工作就会很快转向员工。"一些领导者在这样的假定下开展工作：工作是为了员工的发展而存在的，正如员工的存在就是为了工作一样。服务型领导的概念最早是由罗伯特·格林列夫（Robert Greenleaf）于 1970 年提出的。近年来，随着公司从伦理丑闻中恢复过来，并竞相吸引和留住最优秀人才，它又重新赢得了大家的兴趣。

🌐 热点话题

服务型领导者（servant leader）超越自身利益去服务他人、组织和社会。Carlson 公司的前董事长兼首席执行官玛丽莲·卡尔森·尼尔森（Marilyn Carlson Nelson）说，真正的领导者意味着你"必须把自己的情感、自己的欲望放在次要位置，甚至代表整个公司做出的决策会与你作为个人可能采取的行动相冲突"。这一情况的一个很好的例子发生在 2009 年春天，一艘悬挂美国旗帜的 Maersk Alabama 号货船遭遇索马里海盗的劫持和袭击。船长理查德·菲利普斯（Richard Phillips）命令这艘没有武器装备的船只上的船员不要还击，并将自己作为人质让海盗释放船只和船员。2013 年，这个讲述船长受困和救援的事故被拍成了电影《菲利普斯船长》（Captain Phillips），由汤姆·汉克斯主演。与他的行为形成鲜明对比的是船长 Francesco Schettino，据说，在 2012 年 Costa Concordia 号豪华游轮在意大利海岸触礁并下沉后，船长在游客尚未撤离前就擅自弃船，这起事件造成了至少 30 人死亡。这位船长被指控过失杀人、造成船只沉没和弃船等罪行。

在组织中，服务型领导者在两个层面开展工作：实现员工的目标与需求；实现组织更大的目标或使命。服务型领导者将权力、观念、信息、赏识、成就荣誉和金钱等统统置之度外。服务型领导者通常在非营利领域工作，因为这使他们可以自然而然地把自己的领导干劲和技能运用于服务他人。但是，服务型领导者同样可以在商业领域取得成功。2013 年，联想的首席执行官杨元庆连续第二年将他的 423 万美元奖金中的 325 万美元奖励给按小时付酬的制造工人，从而肯定他们在公司的成功中所起到的作用。弗雷德·凯勒（Fred Keller）通过不断提出如下的一个问题，建立起一个 2.5 亿美元的塑料制造公司 Cascade Engineering：我们能做些什么有益的事情？凯勒 40 年前开始创业，当时只有 6 名员工。如今，该公司具有 15 个业务部，拥有 1 000 名员工。凯勒将社会责任作为企业的基石。该公司为接受福利救济的人提供工作。凯勒还以个人的名义或通过 Cascade 向各种慈善事业进行捐赠。

10.2.3 诚信领导

当今领导力的另一个流行概念是诚信领导理念。**诚信领导**（authentic leadership）是指懂得和了解自己、拥护更高层次的伦理价值观并照此行事，以及以其开放性和诚信赋予他人权力和鼓舞他人的个人。诚信是指真正坚持自己的价值观和信仰，并按照真实的自我行事而不是模仿别人。诚信领导者能够激发出信任和义务感，因为他们尊重不同的观点，鼓励合作，帮助他人学习、成长并发展成为领导者。

图 10-2 展示了诚信领导者的关键特征，下面将对每一个特性进行讨论。

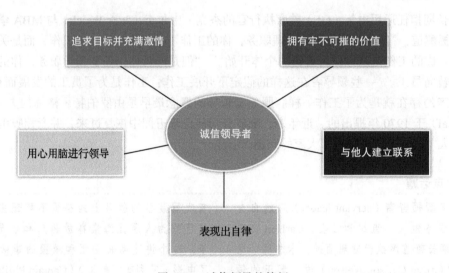

图 10-2 诚信领导的特征

- 诚信领导者追求自己的目标并充满激情。没有目标的领导者可能成为贪婪和自我欲望的牺牲品。当领导者表现出高度的热情并致力于某一目标时，他们就会激发出下属的义务感。
- 诚信领导者具有牢不可摧的价值观。诚信领导者具有通过他们的个人信仰形成的价值观，即使在压力下他们也会忠于自己的价值观。人们知道领导者拥护的是什么，从而激发出信任。
- 诚信领导者用心用脑进行领导。所有领导者有时候不得不做出艰难选择，但诚信领导者会保持对他人的同情心以及做出艰难决策的勇气。
- 诚信领导者建立起连通的关系。诚信领导者建立起积极并持久的关系，这使得下属愿意尽自己最大的努力。此外，诚信领导者使用优秀人才，并努力帮助他人成长和发展。

- 诚信领导者表现出自律。高度的自控力和自律性使领导者能够避免采取会损害他人和组织的过度或不道德行为的风险。当诚信领导者犯错时，他们会公开承认自己的错误。

一位展示出多项诚信领导者特征的领导者就是从 2000 年到 2005 年担任美国海军作战部长的克拉克。

像克拉克这样的诚信领导者非常重视个人关系，支持下属，有勇气并坚持自己的信仰。因此，这类领导者更有可能做出不一定受欢迎但自己认为是正确的决策。克拉克通过强调每个人的个人作用来吸引人员。"我们做的事很重要，"他告诉他们。"我们做这些事是因为这些事很重要，我们是有用的人。我们致力于比我们自己更伟大的事业：保护美国在全球和民主方面的利益。"

 聚焦技能

美国海军作战部长克拉克

海军上将克拉克（Admiral Vernon E. Clark）在美国海军服役 37 年后于 2005 年 7 月退役，他是任期第二长的美国海军作战部长。他的任务是向总统提出作战建议。

当克拉克在 2000 年 7 月被任命为海军作战部长时，美国海军的水兵正在大量流失，这些水兵不愿延长服役期限。对于克拉克来说，获得并留住能够保护国家安全的优秀水兵是头等大事，他的所有决策都是建立在对前线人员的联系和重视基础之上的。当海军军官提议削减人员培训和发展的预算时，克拉克坚决反对。相反，他增加了培训预算，大力支持增加水兵的工资，并成立了海军教育与培训司令部（Naval Education and Training Command）来加强培训。克拉克还修订了绩效考核制度，从而能够为各级人员提供建设性的反馈意见。克拉克把重点放在了模糊应征水兵与军官之间的界限上，并修改工作分配流程，这样人们就不会被迫在他们不想去的岗位和地点工作。克拉克总是更关心做正确的事而不是正确地做事，他鼓励大家挑战惯性思维、提出问题和表达相矛盾的观点。

由于克拉克海军上将强调正确对待水兵，在他担任海军作战部长的前 18 个月，第一期满后延长服役的人数比例从 38% 猛增至 56.7%。此外，随着海军留住了更多的水兵，迅速采取国防行动的能力增加了。

10.2.4　性别差异

与第五级领导者和诚信领导者相关的一些一般特征也是互动型领导的标志，互动型领导被认为与女性领导者有关。**互动型领导**（interactive leadership）的意思是说，领导者偏爱自愿参与的、互助协作的过程，影响力来自于人际关系而不是职位权力和正式的权威。

虽然男性和女性都可能采取互动型领导风格，但研究表明，女性的领导风格通常与大多数男性的风格不同，特别适合于当今的组织。当领导力发展公司 Zenger Folkman 在 2011 年对超过 7 200 名实业家进行关于其组织的领导者调查时，女性被评为更好的总体领导者。一项使用具体绩效评估数据的研究发现，无论是来自同级同事、下属还是老板的评价，女性管理者在激励他人、促进沟通和倾听等方面能力的得分都比男性管理者高。另外，对企业、高校和政府机构的领导者及其下属的一项研究发现，女性在社会和情感技能上的得分通常更高，这对互动型领导是至关重要的。事实上，对七千多个 360 度绩效评估的回顾发现，女性几乎在每一个被评估的领导能力评价维度上都胜过男性，甚至在被认为是具有典型的男性特质方面，例如追求业绩。例外情况是，女性通常在发展战略思维方面得分较低，一些研究者认为这一点阻碍了女性管理者的职业发展，尽管她们在其他的领导能力评价维度上有着很高的得分。表 10-3 展示了研究的 16 个评价维度中的 6 个维度的结果。

领导能力	谁做得最好
发展其他人员	 （女性得分更高）
追求业绩	 （女性得分更高）
鼓舞和激励他人	 （女性得分更高）
创新	 （女性和男性得分一样）
建立关系	 （女性得分更高）
技术和专业知识	 （女性和男性得分一样）

图 10-3　领导行为中的性别差异

　　互动型领导者的一个很好的例子是 Cindy Szadokierski，她最初是美国联合航空公司（United Airlines）的预订员，如今成为负责运营公司在 O'Hare 国际机场的最大枢纽的副总裁。她在监管 4 000 名员工和 600 班航班时，最喜欢的时刻是每周下午漫步于 O'Hare 的停机坪以及每周早上漫步穿过候机楼，在这些地方她可以接触到员工和乘客。联合公司的母公司 UAL 公司的首席营运官皮特·麦克唐纳（Pete McDonald）表示，公司在 O'Hare 的运营存在严重的问题，因此他们把"最能沟通的人"安排在这个职位上。Szadokierski 的领导方式更多的是协作，而不是命令和控制。

　　男性也可能成为互动型领导者，如国际数据集团（IDG）的创始人兼董事长帕特·麦克高文（Pat McGovern）。该公司是一个技术出版和研究公司，拥有《首席信息官》（CIO）、《个人计算机世界》（PC World）和《电脑世界》（Computerworld）等。麦克高文认为，与员工进行个人接触并让他们知道自己受到了欣赏，这是领导者的首要责任。在当今的工作场所，与互动型领导有关的特征正在日益成为男性领导者和女性领导者的宝贵品质。一项研究要求 32 000 人将 125 种特质归类为男性、女性或中性，另外 125 人对有效领导的特质的重要性进行评价。结果表明，被认为是女性化且与互动型领导相关的特质（如换位思考、个人谦逊、包容性、柔韧性、慷慨、耐心和灵活性等）排在了最理想的领导者品质清单的顶部。

10.3　从管理到领导

近年来，成百上千的书籍和文章都写到了关于领导和管理的差别。组织中有效的管理非常重要，管理者也必须是领导者，因为管理者和领导者各有一些区别性的才能，这些才能将给组织带来不同的优势。认识管理和领导之间的差别的一个好方法是，管理是组织生产并授人以鱼，而领导是授人以渔并进行激励。组织需要这两种技能。

在图 10-4 中，管理者和领导者分别需要不同的才能与技能的组合，这些才能和技能在个体的身上常常重叠在一起。一个人可能某一方面的才能比另一方面的才能更为突出，但是，理想的状态是，管理者能够均衡地开发管理才能和领导才能。管理与领导的一个主要区别在于，管理促进现有组织框架及体系内的稳定性和秩序，从而确保供应商能够及时收到款项，客户能够及时收到发票、产品和服务等；领导则促进组织的愿景和变革。领导意味着质疑现状并愿意适度冒险，以便那些过时的、徒然的、对社会不负责任的规范可以被取缔，以迎接新的挑战。

图 10-4　领导者和管理者的素质

例如，当谷歌的几位创始人在公司的成长过程中需要更多结构化的管理时，他们在 2001 年聘请埃里克·施密特（Eric Schmidt）来担任首席执行官，以提供运营经验并进行监管。施密特不是一个高度集权的管理者，这正是几位创始人所需要的，但又具有公司背景——施密特知道如何进行计划和组织并保持目标。更重要的是，事实证明，施密特还具有与谷歌的创新和变革需求相适应的领导素质，从而能够保持公司的蓬勃发展。他的领导原则可以归纳为以下五条：

（1）了解你的员工。

（2）创造新的方式来奖励和促进高绩效。

（3）让员工自行解决你希望他们解决的问题。

（4）允许员工在层次结构之外行使职责。

（5）让员工认为能够客观评价其绩效的人执行员工的绩效评估。

当施密特担任首席执行官时，他通常会制作一份最佳员工名单，使他能够亲自与他们互动，鼓励他们实施创新思想，并使他们免受其他管理者的不必要的干扰。在如何完成各自的目标方面，他给予了员工很大的自主权，从而使员工成为自己工作的主人。他相信层次结构，但也允许员工在公司层次结构之外解决问题和创新。施密特将娴熟的管理才能与良好的领导才能结合在一起，使谷歌进入了下一个成长阶段。

领导不能代替管理，而应该是管理的补充。我们需要运用优秀的管理来帮助组织履行当前的承诺，更需要借助卓越的领导来带领组织走向未来。领导者的权力来自于拥有良好管理的组织的基础之上。

10.4　领导特征

早期对领导力取得成功的原因的分析主要侧重于领导者的个人性格或者特征。**特征**（trait）是指领导者十分鲜明的个性特征，例如智力、诚实、自信甚至相貌等。早期的研究重点是已经获得巨大成功的那些"大人物"。这种想法比较简单：找出那些让人成功的特征，然后根据这些特征按图索骥去寻找未来的领导者——他们或者已经表现出同样的特征，或者可以通过培训来开发这些特征。总的来讲，早期研究结果表明，领导者的个性特征与其成功之间的关系并不明显。

近年来，研究领导特征重新引发了人们的兴趣。除了个性特征之外，研究人员还研究了领导者的生理特征、社会特征以及与工作有关的特征。图 10-5 概括了被最广泛的研究所证实的领导者的生理特征、社会特征和个性特征。但是，这些特征并不是孤立存在的。某一特征或者一组特征的适宜性要视领导力的情境而定。

有效的领导者通常具有不同的特征，并且没有哪一个领导者能够拥有适于解决任何问题、迎接任何挑战或把握随之而来的机会的全部特征。此外，通常被认为是正面的特征有时可能产生负面的结果，有时被认为是负面的特征可能会产生正面的结果。例如，乐观是领导者非常理想的特征。研究表明，乐观是高层管理者最常见的一个特征。领导者需要能够在别人看到问题的地方看到可能性，并向其他人灌输对美好未来的希望。然而，乐观也可能使领导者陷入迟钝和过度自信的状态，使得他们错过危险信号和低估风险。金融服务业 2007 ～ 2008年发生的危机部分归咎于领导者的过度自信使组织误入歧途。乐观必须与"现实检验"和责任感结合在一起，这是成功领导者共有的另一个特征，如图 10-5 所示。

生理特性	个性特征	与工作相关的特征
精力	自信	成就动机、出类拔萃的愿望
体力	诚实与正直	实现目标的责任感
	乐观	克服障碍的耐心、坚忍不拔
	领导的愿望	
	独立性	
智能与能力	**社会特征**	**社会背景**
智能、认知能力	社交能力、人际交往技巧	教育
知识	合作意识	流动性
判断、决断力	参与合作的能力	
	策略、外交能力	

图 10-5　领导者的个性特征

因此，最有效的领导者不是仅仅了解其特征，而是认识并磨炼他们的实力。**实力 / 优势**（strength）是指天赋和能力，并且通过习得的知识和技能得以维持和增强，为每个个体提供用于获得成就感和满意度的最佳工具。每一个管理者的能力有限；成为优秀领导者的人是那些利用他们的关键优势来创造不同的人。有效的领导不在于拥有"正确的"特征，而在于找到最能体现作为一名领导者的优势。

10.5　行为理论

因为不能仅仅根据特征就定义什么是有效的领导，这就促使人们去探究领导者的行为及其对领导工作成败的影响。大家公认的两种基本的领导行为分别是以关注任务的行为和关注人的行为。

10.5.1　任务与人

被确定为适用于各种情况和时间阶段的有效领导的两种行为是以任务为导向的行为和以人为导向的行为。尽管这些不是唯一重要的领导行为，但是，领导必须在某种合理程度上表现出对任务和对人的关注。因此，许多有关领导的研究都以这两大范畴（或更广泛定义的行为类别）作为研究和对比的基础。

关于领导行为的重要性的早期研究项目是在俄亥俄州立大学和密歇根大学进行的。俄亥俄州立大学的研究者们界定出两种主要的行为：体谅和规制。**体谅**（consideration）属于以人为导向的行为范畴，指的是领导替下属着想、尊重他们的思想和感情并与之建立相互信任关系的程度。**规制**（initiating structure）是指领导者以任务为导向、引导下属为实现目标而努力的程度。研究表明，有效的领导者可能属于"高体谅—低规制"或者"低体谅—高规制"风格，这要视具体情形而定。

几乎与俄亥俄州立大学的研究在同一时间，密歇根大学也进行了以任务为导向和以人为导向的行为的研究，他们对比研究了有效的管理者与无效的管理者的行为。最有效的管理者是那些确定了高绩效目标并支持下属的人。他们被称为"以员工为中心的领导者"。比较而言，不太有效的领导者被称为"以工作为中心的领导者"，他们更喜欢完成工作进度、降低生产成本、提高生产效率，而较少关心目标的实现情况和员工的需求。喜剧演员路易斯C.K.（Louis C.K.）是他的娱乐公司的领导者，他将关注人（此例中为他的观众和会场所有者）与关注任务（采用创新模式来阻止盗版以及围绕大型票务公司进行操作）结合在一起，使他获得了更大的成功，如本章"管理者工具箱"中所述。

 管理者工具箱

路易斯 C.K.

年轻时，路易斯曾在一家汽车修理厂工作，最初尝试表演单口喜剧时结局很不妙。但他一直在努力，因为他希望母亲能够看到更好的电视节目，他觉得自己完全可以做得更好。他在小俱乐部工作了很多年，学会了各种技能，最终被聘为戴维·莱特曼（David Let-terman）、柯南·奥布赖恩（Conan O'Brien）、克里斯·罗克（Chris Rock）和达纳·卡维（Dana Carvey）的编剧。他通过展现被动性的内涵（insides of passivity）赢得了声誉："我有许多信仰，但我不靠任何信仰为生。"但也许路易斯对娱乐业最大的贡献在于他对商业运作的领导艺术。

他至少做了三件颇具领导才能的事情：第一，他自己的工作，他是受到了乔治·卡林（George Carlin）的启发，决定每年以笑话开始，有些事在喜剧中几乎闻所未闻。

第二，他很想以创新的方式与他的粉丝接触，所以在2011年，他发行了他的专辑《灯塔剧院》（Live at the Beacon Theater），并在自己的网站上以5美元的价格出售。他希望这能成为一个榜样，并且与观众建立起的一种关系能够阻止复制和盗版。他的销售额超过了100万美元。2015年他推出了另一张脱口秀专辑，同样也在网站上出售。第三，视频发布后，他组织了一次全国巡演，未使用任何主流的票务公司。路易斯不想和那些经常有独家安排的公司或场地竞争，他不得不想出一个新的模式。他

说，这非常棘手，这是因为存在阻止那些不想服从票务公司规则的人进入的合同。"他们给场地付费，不让这些场地与他人合作，"每年可能向这些不与外人（如路易斯）合作的俱乐部支付3万美元。因此，他尝试采用不同的战术。"我们没有侵犯他们的领地。我们所到之处是他们不会关注的地方。"

路易斯的建议是：努力工作。他说，人们抱怨他所得到的待遇和关注，这是多么不公平。但他说这不是与生俱来的。"我得到的这一切是经历了艰苦的过程并且花费了毕生的心血。"他赞赏的喜剧演员包括拉里·戴维（Larry David）、杰里·塞费尔德（Jerry Seinfeld），以及证明你虽然可能有点古怪，但仍能赚钱的盖里·桑德林（Garry Shandling）。

10.5.2　领导方格图理论

得克萨斯大学的罗伯特 R. 布莱克（Robert R. Blake）和简 S. 莫顿（Jane S. Mouton）提出了一种二维的领导理论，我们称之为领导方格图（Leadership Grid），它建立在俄亥俄州立大学和密歇根大学的研究成果之上。图10-6就是该二维模型，图中说明了该模型七种主要管理风格中的五种。图中的横轴和纵轴上各有九个点，1表示关心程度低，9表示关心程度高。

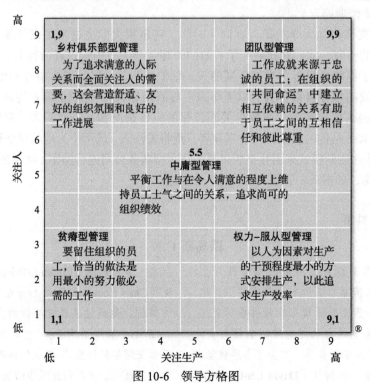

图 10-6　领导方格图

　　团队型管理（9，9）通常被认为是最有效的管理方式，因而推荐管理者使用该种方式，因为这会使组织成员协同工作，一起完成任务。当我们首要的关注点是人而不是产出结果时，就出现了乡村俱乐部型管理（1，9）。权力 – 服从型管理（9，1）用于以生产效率为导向时。中庸型管理（5，5）反映了同时关心员工和生产的中庸之道。贫瘠型管理（1，1）说明组织缺乏管理哲学，管理者几乎不重视人际关系或者任务的完成情况。

10.6　权变理论

　　金宝汤公司首席执行官丹尼斯·莫里森（Denise Morrison）是授权和员工参与的强大支持者。她被认为是"对待问题严厉，对待员工温柔"。大家都知道莫里森有耐心、乐于助人，尽管她可能做出艰难的经营决策。此外，True Value 公司的前任总裁帕梅拉·福布斯·利伯曼（Pamela Forbes Lieberman）一度被称为"龙夫人"。她接受了这个称号，甚至在她的办公室墙壁上挂了一幅喷火龙的水彩画，让人们知道她并不介意被称为"精明的管理者"。对于利伯曼来说，不允许懒散的作风。

　　两个具有完全不同风格的人如何能同时成为有效领导者呢？答案在于理解领导的权变理论。**权变理论**（contingency approach）是探讨组织状况对领导效能有何影响。权变理论包括保罗·赫西（Paul Hersey）和肯尼斯·布兰查德（Kenneth Blanchard）提出的情境模型，弗雷德·菲德勒（Fred Fiedler）及其同事开发的领导模型、领导替代理论等。

10.6.1　领导情境模型

　　赫西和布兰查德提出的领导情境模型是对领导方格图（图 10-6）总结的行为理论的一种有趣的延伸。该理论在确定适当的领导行为方式时更加关注员工的个性特征。情境模型的要点在于，下级人员的主动性是不同的，这取决于下属在执行特定任务时表现出的意愿和能力。意愿（willingness）是指信心、义务感和动机的结合，下属在这三个变量中的每一个变量上都可能高或低。能力（ability）是指下属能够用于完成任务的知识、经验和有效技能的数量。有效的领导者会根据下属的主动性级别调整他们的风格。对于那些能力低下、几乎没有接受过培训，或者有不安全感因而不太主动工作的人，以及那些能力强、掌握了一定技能、充满自信且工作主动性极强的人员，应该施以不同的领导方式。

　　根据情境模型，领导者可能采用四种领导风格中的任何一种，如图 10-7 所示。告知式（S1）是一种高度指令性的风格，它包括了该如何完成工作的明确指示。推销式（S2）领导风格是领导者解释决策，给下属提问和阐述的机会，以便他们清楚地理解工作任务。参与式（S3）领导风格是领导者与下属一起分享想法，为下属提供参与机会，并帮助下属制定决策。授权式（S4）领导风格几乎不对下属给予指示或者提供支持，因为领导者将决策权和执行权都授予了他们。

　　图 10-7 总结了领导风格与下属主动性之间的情境关系。S1 告知式具有最大的可能性来成功影响低主动性的下属，因为他们不能够也不愿意（因为较差的能力和技能，经验不足或缺乏自信）承担他们自身任务行为的责任。领导是面面俱到的，告诉下属具体做什么，怎么做以及什么时候做。S2 推销式和 S3 参与式适用于中等以上主动性的员工。例如，下属可能缺乏与工作相关的教育和经验，但有很大的信心、兴趣和意愿去学习。如前图所示，S2 推销式在这种情况下是奏效的，因为它能够给予指导，但也会征求他人的意见，解释清楚任务而

非仅仅告诉员工怎么做。当下属拥有必要的技能和经验，但对他们的能力有些缺乏信心或缺乏意愿，S3 参与式则使领导者能够引导下属的发展，为员工提供建议和协助。当员工显示出很高的主动性，即他们拥有高水平的教育、经验，以及承担自身任务行为的主动性，S4 授权式则可能有效发挥作用。由于员工具有高主动性，领导能够将决策的职责及执行授权给有技能、能力和态度积极的下属。领导者制订总体目标，并授予员工充分的完成任务的权力。

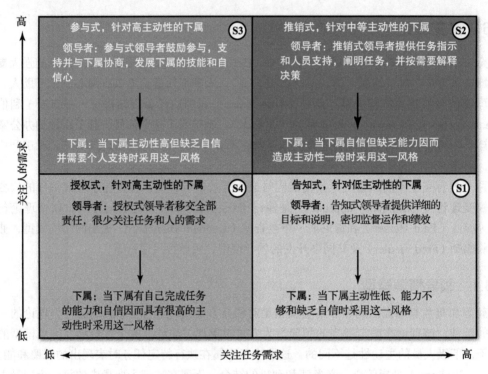

图 10-7　赫西和布兰查德的领导情境模型

为了运用情境模型，领导者诊断员工的主动性级别并采用适当的风格——告知式、推销式、参与式或授权式。例如，玛氏公司（Mars Incorporated）在伦敦附近的 Slough 办事处，脉冲导入类领导管理者乔·牛顿（Jo Newton）主要采用参与式领导方式。牛顿团队的大多数成员处于中等以上主动性级别，因此牛顿会告知员工公司想要的结果，然后退到幕后，只是在需要时提供指导和支持。"我喜欢员工们按照自己的方式做事……我喜欢在需要时为员工提供支持，而不是指导他们去做事情。"接管一个新团队时，如果团队成员没有经验或情况不明确，则领导者可能不得不采用告知式或推销式的方式来提供更多的指导。情况相反，沃伦·巴菲特（Warren Buffett）主要采用授权式的风格。伯克希尔－哈撒韦公司（Berkshire Hathaway）的这位已逾 80 岁的首席执行官被认为是全球最优秀的管理者之一，但他并没有密切参与该公司所有业务的日常管理。他相信各部门的管理者，他们是高水平的专业人员，能够并愿意为自己的任务行为负责。授权式领导者风格并不总是适合的，但所有管理者都应能够将一些任务和决策进行授权，以使组织顺利运转。

10.6.2　菲德勒的权变理论

情境模型关注下属的特征，而菲德勒和他的伙伴则注重根据组织环境的其他因素来评估一种领导风格是否比另一种更有效。菲德勒理论的出发点是，领导风格是以工作任务为导向还是以人际关系为导向。菲德勒认为，一个人的领导风格是相对固定和难以改变的，所以其基本思想是：将某一领导者的领导风格与对他的有效性最有利的情境搭配起来。通过诊断领导风格和组织情境，就可以实现二者的恰当匹配。

1. 环境：有利或者不利

一个人的领导风格是否适合由环境对领导是有利还是不利决定的。有利的领导环境可以从三方面的因素加以分析：领导与下属之间关系的好坏、任务结构的程度、领导者在下属面前的正式权威的大小。

如图 10-8 下半部分所示，当领导者与下属关系良好、任务结构程度高、领导在下属面前有正式权威的时候，环境对于领导者是高度有利的。在这种环境下，下属信任、尊重领导者，并且对领导者充满信心。任务结构指的是团体任务（包括具体程序）的明确度和精细度以及团体目标的明确度和清晰度。此外，领导拥有指挥和评估下属的正式权威，也拥有对他们的奖惩权。在高度不利的环境下，下属不尊重领导者，对领导者缺乏信心并且不信赖他们，导致任务模糊、定义不明确、缺乏清楚的程序和指导方针。领导拥有很小的正式权威来指导下属，没有对下属进行奖惩的权力。

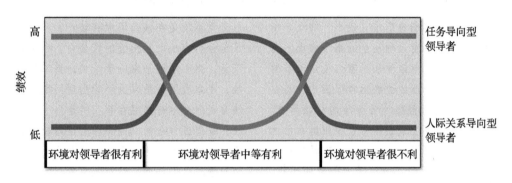

图 10-8　领导风格与环境的适宜性

2. 领导风格与环境相匹配

当菲德勒考察领导风格中的人际关系和环境有利程度时，他发现了图 10-8 上半部分所显示的模式。当环境极为有利或者极为不利时，任务导向型的领导者的工作更为有效，而人际关系导向型的领导者则在有利程度居中时效率更高。

任务导向型的领导者在较为有利的环境中能够脱颖而出，那是因为在此类环境中，同事之间和睦相处，任务明确，领导者享有权力，此时需要的就是有人担负责任并发号施令。与此类似，如果形势对领导者极为不利，那就需要大量的结构和任务指示。一个强有力的领导者能够详细说明任务结构，并建立起强大的权威。因为无论如何，上下级关系都不融洽，强烈任务导向型的领导风格并不会影响领导者受欢迎的程度。塞尔吉奥·马尔奇奥尼（Sergio Marchionne）在克莱斯勒公司的不利环境中采用了强大的任务导向型领导风格。

马尔奇奥尼严格的以任务为导向的方式适合于克莱斯勒面临的艰难困境。相反，俄亥俄州共和党人约翰·博纳（John Boehner）作为众议院议长，在最近的几次政治斗争中做得并不好，包括部分政府机构在奥巴马医改中关闭。一些人认为，部分原因是博纳"恐吓"不够。

共和党人比以往任何时候都更加分裂，有一位观察员说，博纳未来的成功与否将取决于他能否"多领导，少倾听"。博纳通常会采用一种相对松弛的以人为导向的领导风格，"我想不出任何一次他对我非常严厉的时候，"宾夕法尼亚州的代表查理·丹特（Charlie Dent）这样说道。共和党内外的许多人都认为，需要一位强大的任务导向型领导者来阻止这个难以驾驭的众议院变成一个"难以控制的泥潭"。

芝加哥大学的研究者调查了处于转轨期的公司（这些公司通常有高额负债，并急需得到尽快改善）的首席执行官，他们发现，意志坚强、聚焦任务的特征，如分析能力、关注效率和制定高标准，比良好的沟通、倾听和团队作业等人际关系技能更有价值。

当环境对领导者的有利程度居中时，人际关系导向型的领导者的绩效水平更高，因为高超的人际关系技巧对于团体取得良好的业绩是非常重要的。在这些情况下，该领导者受欢迎的程度可能一般，有一些权力，所负责的工作也具有一定的模糊性。此时，掌握了高超的人际关系技能的领导者就能够营造友善的人际关系氛围，明确任务结构，树立自己的权威。

 聚焦技能

塞尔吉奥·马尔奇奥尼，克莱斯勒集团

美国三大汽车制造商中"最小"的汽车制造商的命运掌握在意大利出生的塞尔吉奥·马尔奇奥尼手中，几年前他采用密切关注细节的方式将菲亚特从崩溃的边缘拯救了回来。马尔奇奥尼是一位能力很强的任务导向型领导者。他没有把自己的办公室设在密歇根州奥本山的克莱斯勒总部的顶层行政套房中，而是选择了位于四楼的工程中心。他携带六部智能手机，密切关注最小的细节，小到新款车型道奇战马（Dodge Charger）上的门把手是否有缺陷。"如果你真想经营好企业，"他说，"你需要参与这一层面的经营活动。"

马尔奇奥尼在克莱斯勒面临的是极为不利的环境。像通用汽车（GM）一样，克莱斯勒在几年前不得不通过联邦救助行动获得救援，马尔奇奥尼就是在该公司濒临破产、菲亚特拥有了部分所有权之后接管的该公司。销售额不断下滑，克莱斯勒形象一落千丈，员工缺乏积极性，成本费用高昂以及经营出现问题等困扰着该公司。马尔奇奥尼在菲亚特是出了名的工作狂，每周工作七天，他告诉克莱斯勒的高层管理者，在可预见的将来他同样会这么做。他定期与管理者们会面，针对他想看到的结果给他们具体的指示。那些坚持陈旧的做事方式的管理者被解雇。

马尔奇奥尼的任务导向型领导起到了积极的作用。克莱斯勒的汽车销售量持续上涨，经营问题得到了控制。此外，马尔奇奥尼有影响力的方式为该组织带来了新鲜的能量，给予员工更多的希望和动力。

领导者在运用菲德勒的权变理论时应了解两点。第一，领导者应该知道自己的领导风格是属于任务导向型还是人际关系导向型；第二，领导者还应该诊断自己所处的环境，并判断上下级关系、任务结构以及职权对自己是否有利。

领导风格适应环境的需要，就会带来巨大的利润与效益。另一方面，菲德勒的模型也受到了抨击。对于领导者不能随着环境特征的改变调整其风格的观点，遭到了一些研究人员的质疑。尽管有批评的声音，菲德勒的模型持续影响着领导研究。菲德勒的研究引发人们关注领导风格与环境匹配的重要性。

10.6.3　领导替代理论

到目前为止，我们所研究的权变理论都聚焦于领导风格、下属的个性特征以及环境的特点。领导替代理论认为，情境变量的力量是如此强大，以至于它们可以替代或者抵消领导的作用。领导替代理论勾画出了领导风格不重要或者不必要的那些组织背景。

表 10-1 列举了可以替代或者抵消领导作用的情境变量。替代（substitute）是一种情境变量，它使得领导成为不必要或者多余。例如，具有高度专业技能、知道如何做工作的人员不需要任何领导者来为他们建立组织结构并告诉他们应该做什么。抵消（neutralizer）是另外一种情境变量，它会削弱领导的作用，并使领导者无法实施某些行为。例如，倘若某位领导者根本没有任何职权，或者无法与下属进行面对面接触，那么该领导者对其下属发号施令的权力就被大大地削弱了。

表 10-1　领导的替代与抵消

变量		任务导向型领导	人际关系导向型领导
组织变量	团体凝聚力	替代	替代
	形式化	替代	没有影响
	缺乏灵活性	抵消	没有影响
	职权少	抵消	抵消
	身体隔离	抵消	抵消
任务特点	高度结构化的任务	替代	没有影响
	自动反馈	替代	没有影响
	内在满意度	没有影响	替代
小组特点	有专业技术	替代	替代
	受过培训 / 有经验	替代	没有影响

表 10-1 中所列举的情境变量包括团体、任务以及组织本身的特点。当下属具有娴熟的专业技术或者丰富的经验时，那么两种领导风格的作用都是次要的。员工不需要太多的指导和关注。至于任务特点，高度结构化的任务会取代工作任务导向型的领导，而令人满意的工作任务则可替代人际关系导向型的领导。就组织本身而论，团体的凝聚力会顶替工作任务导向型和人际关系导向型两种领导风格。形式化的规则和程序可替代领导者的任务导向。领导者与下属的身体隔离则会抵消两种领导风格的作用。

表 10-1 所描述的情境的价值在于，它们可以帮助领导者避免矫枉过正。领导者应该采取与组织环境互为补充的领导方式。例如，银行出纳员的工作环境是非常形式化的、缺乏灵活性的和高度结构化的，出纳主管不应该使用任务导向型的领导方式，因为银行自身已经提供了任务结构和完成任务的指示。出纳主管应该采取人际关系导向型的领导方式。在其他的一些组织中，如果团体凝聚力或者以前所进行的培训能够满足员工的社会需求，那么领导者就可以自由地选取任务导向型的领导方式。领导者可以采取与组织环境互补的领导方式，以确保工作小组中的任务需要与人为需要都可以得到满足。

10.7　魅力型领导和变革型领导

许多研究还涉及了领导者如何鼓舞和激励人们超越其正常的绩效水平。一些领导方式在产生高水平的投入和热情方面比另一些更有效。两种有重大影响的领导风格分别是魅力型领导和变革型领导。

10.7.1　魅力型领导

"魅力"一词指的是"一种激情，它能够激发下属的工作热情和责任感，激励他们创造出超过或者超越职责要求的业绩。"**魅力型领导者**（charismatic leader）能够鼓舞和激励人们超水平发挥，尽管会遇到障碍而且个人也会有牺牲。为了部门或者组织的利益，下属会放弃自己的个人利益。魅力型领导者的影响力通常来自于：①就下属认可的、可以想象的未来描述出崇高的愿景；②塑造公司每一位员工都认同的价值观体系；③信任下属，从而赢得他们的绝对信任。魅力型领导者的绩效通常比执行型领导者的绩效更不可预见。他们总是创造一种变革的氛围，迷恋于能够激发、激励和驱动员工努力工作的远见性思想。

近期商业界最著名的一个魅力型领导者是苹果已故的联合创始人和首席执行官史蒂夫·乔布斯。乔布斯领导着一批摇滚明星般的追随者。他的故事充满了传奇：从大学退学，共同创建了苹果公司，被自己创立的公司炒鱿鱼，多年后又返回拯救公司，然后对公司进行改革，创建了 iPod 和 iPhone 等全新的业务。然而，乔布斯有时会显得欠考虑、无耐心甚至残酷。他苛刻的领导方式可能会影响绩效，也会激发绩效。尽管如此，许多人（甚至曾被他苛刻对待过的人）都钦佩和尊敬史蒂夫·乔布斯。他们会充满自豪地讲述"史蒂夫·乔布斯对他们大喊大叫"的故事。他充满活力的个性和对"背叛"的拒绝使员工心甘情愿待在他身边，并希望成为他那样的人。

正如史蒂夫·乔布斯这个例子所述，魅力型领导有积极方面与消极方面。魅力型领导者的代表人物有：修女特丽莎（Mother Teresa）、戴维·考雷什（David Koresh）、山姆·沃顿（Sam Walton）、奥普拉·温弗瑞（Oprah Winfrey）和马丁·路德·金（Martin Luther King）。魅力或者领袖气质可以用来为团体谋利益，因而取得积极的结果，但也可以用于个人目的，因此出现欺诈、操纵和剥削他人等行为。当魅力型领导者根据整个团体的需要而非其个人的感情需要来处理组织问题的时候，他们就会对组织绩效产生强大而积极的影响。与本章前面讨论的第五级和诚信领导理论一样，谦逊通常在区分魅力型领导者是主要使组织受益还是将其天赋用在自我建设和个人利益上起到了重要的作用。

一般地说，魅力型领导者具有非常娴熟的愿景型领导技巧。愿景（vision）是一种有吸引力的、理想的未来，它是可信的，但是目前尚未实现。愿景是魅力型领导和变革型领导的重要组成部分。一位有远见的领导者与员工的内心对话，让员工超越自我，投身于更宏大的事业中。在其他人只能看到障碍和失败的地方，他们能看到可能性和希望。

一般说来，魅力型领导者对未来拥有非常强烈的愿景和使命感，几乎近于痴迷，他们能够激励其他人员助其一臂之力，将理想化为现实。他们善于从情感上打动下属，因为他们对于愿景深信不疑，而且在向他人宣传愿景时会让人感觉到愿景是真实可感的、人性化的、有意义的。

10.7.2　变革型领导与执行型领导

变革型领导者（transformational leader）与魅力型领导者有共同之处，但是也有不同之点。二者的区别在于：变革型领导者拥有特殊能力，他们认识到下属的需要和关注点，帮助下属用新方法分析老问题，并鼓励下属对现状提出质疑，因而他们总能带来创新或者变革。变革型领导者激发下属不只是相信他们的领导者，还要相信自己具有为公司设想并创造更美好未来的潜力。变革型领导者会使员工和组织产生某些重要的变化。

与执行型领导者相比较，能更好地理解变革型领导者。**执行型领导者**（transactional leader）能够清楚地说明下属的角色和任务需求，创建构架，提供合适的奖励，为下属考虑并满足他们的社会需求。执行型领导者满足下属需要的能力可以提高企业的劳动生产率。执行型领导者擅长管理职能。他们勤奋、宽容和公正。他们为使事情顺利而高效地运作感到自豪。执行型领导者常常强调绩效的客观方面，如计划、日程表和预算。他们有为组织奉献的意识，顺应组织的规则和价值观。执行型领导者对所有组织都是重要的，但领导变革需要不同的方法。

 绿色力量

一切尽在斗牛士的掌控之中

无论怎么看，这都是一个大胆的举动。José Manuel Entrecanales 于 2004 年掌管了西班牙 Acciona 的领导权，担任该公司的首席执行官和董事长。该公司是欧洲效益最好的一家房地产和建筑企业。Manuel 对公司的未来进行了设想：未来的公司将达到经济收益与环境标准的平衡。Manuel 说服他的董事会采取措施应对气候的变化和促进可再生能源的发展。该公司即时出台了长期的可持续发展计划，并由可持续发展委员会带头实施新战略。在接下来的六年中，Acciona 的管理者们对可持续发展进行了投资，包括风力发电机。到 2009 年，Acciona 在风力发电业中已跃居全球第三。在不到十年的时间，Acciona 建立起良好的声誉，是 Manuel 的领导能力以及精确的切入时间和精湛的斗牛士动作带领公司进入了新的行动领域。

变革型领导者有能力领导组织在使命、战略、结构和文化等方面的变革，还能够促成产品和技术方面的革新。

变革型领导者不会仅仅依赖有形的规章制度和传统的激励方式来处理员工的具体问题。相反，他们主要依靠无形的因素（如愿景、共同价值观、理念等）来建立良好的人际关系，赋予多样性行为以更多的意义，寻找共同点以便下属参与组织变革。例如，哥伦比亚特区公立学校系统的前总管米歇尔·李（Michelle Rhee）就是一位变革型领导者，她对该国最昂贵但绩效最差的一个学校系统进行了改革。

米歇尔离开哥伦比亚特区后继续担任变革型领导者。她目前的组织 StudentsFirst（学生第一）有一个使命，就是在美国各地"确保拥有优秀的教师，能够进入优质的学校，并有效使用公共资源"。"有些人认为她是一个变革型领导者，有些人认为她是一个有争议的人物，但每个人都同意她能够引发人们的讨论，"最近在密歇根州举行的一次会议的组织者说。

研究表明，变革型领导对下属的发展和绩效有着积极的影响。此外，变革型领导技能是可以通过后天学习培养的，而不是与生俱来的个性特征。然而，某些个性特征会使一位领导者更容易显现出变革型的领导行为。比如，对变革型领导的研究发现（如上一章所述），变革型领导者通常表现出亲和性等个性特征。另外，变革型领导者通常情绪稳定，与周围的世界保持积极的关系，他们有很强的识别和理解他人情绪的能力。考虑到变革型领导者要通过建立有利的关系网络来完成变革的使命，具有这些特征就不足为奇了。

 聚焦技能

米歇尔·李，StudentsFirst 组织

哥伦比亚特区公立学校系统的前总管及　　StudentsFirst 组织的创始人米歇尔·李是美国

教育界最具争议的人物之一——你可以说喜欢她或讨厌她，却不可以说她害怕变革。米歇尔的父母是韩国移民，她参加"Teach for America"（为美国而教书）组织的第一年中途就想退出（该组织是将新的大学毕业生输送到美国一些最困难的学校），但她的父亲让她回去完成这项工作。那就是她第一次着手完成一项自己的个人使命：变革该国最贫穷学生的教育系统。米歇尔注意到，学生们会回报那些激励他们努力并使他们持续保持兴趣的老师。

20年后，当米歇尔试图改革该国最昂贵但绩效最差的一个学校系统时，她有机会把她的一些想法大规模地付诸行动。作为哥伦比亚特区公立学校系统的总管，米歇尔抨击根据资历而不是绩效来奖励教师的不正常的文化，改进系统和组织结构以减少官僚作风，让校长对学生的表现负责，并使工作的重点放在"学生的最大利益重于一切"的宗旨上。

她把哥伦比亚特区的学校打造成"全美最高绩效的城市学区"的愿景，给长期停滞不前的体制带来了新的活力和生机。"我们的体制无法正确地对待有色人种的孩子，"米歇尔说，"如果我们要履行作为一个国家的承诺，这种体系就必须停止。"当有人说"教师不能弥补父母和学生不会做的事情"时，米歇尔就会生气，强调每个教师都很重要。她毫不犹豫地削减了没有贡献价值的行政职位，解雇了那些不符合业绩标准的教师和校长，并关闭了表现不佳的学校。她制定了新的程序来重奖那些高水平的教师，并给予校长在聘用、晋升和解雇人员方面更多的控制权。新的评估程序使人们保持警惕：表现不佳和自鸣得意是不能容忍的。

10.8　追随

在对领导的讨论中不考虑追随是不完整的。的确，尽管关注点在领导上，但一个组织中的每一个人都是追随者和领导者。领导者很重要，但是，没有高效的追随者（下属），就没有组织可以生存下去。人们对于好的下属和好的领导者所具有的品质的期望值是不同的，如研究结果所示，该研究是让人们对领导者和下属的理想特征排序。前五个理想的品质排列如下：

领导者	下属
诚实	诚实
有能力	有能力
有远见	可靠
能鼓舞人心	有合作精神
有智慧	忠诚

可能有一些差异，但总的来说，定义好的下属的许多品质与优秀领导者所拥有的品质基本相同。领导者可以培养对下属的理解，以及如何帮助下属做到最高效。

图10-9是一个追随模型。罗伯特 E. 凯利（Robert E. Kelley）对管理者和他们的下属进行了大量的采访，提出了五种下属风格，根据两个维度进行分类，如图10-9所示。

第一个维度是独立的**批判性思维**（critical thinking）与依赖的**盲从性思维**（uncritical thinking）。独立的批判性思考者注意他们自身的行为和他人的行为对达成组织目标的影响。他们能够权衡自己和上司的决策的影响力，进而提出建设性的批评意见，具有创造性和创新点。相反地，一个依赖性的盲目性思考者不会考虑除别人告知以外的其他可能性，他们不会致力于对组织的培养，不假思索地接受主管的观点。

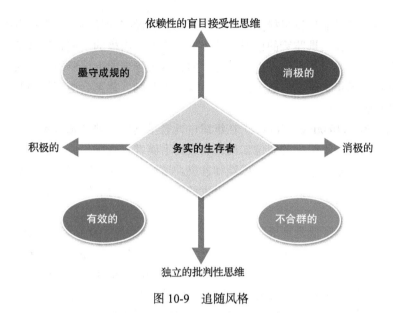

图 10-9　追随风格

追随风格的第二个维度是积极行为与消极行为。一个积极的下属完全参与到组织当中，从事其工作权限以外的事务，显示出主人翁精神，着手解决问题和制定决策。而消极的下属以对长期监管和对主管敦促的需求为特征。消极常被认为是懒惰；一个消极的人不会做任何不被要求的事情，尽量避免额外的职责。

个体是积极还是消极，是独立的批判性思考者或是依赖的盲目性接受者，决定了一个人是一个不合群的下属、消极的下属、墨守成规者、务实的生存者还是有效的下属，如图 10-9 所示。

- **不合群的下属**（alienated follower）是一个消极但独立批判的思考者。不合群的员工常常是高效的下属，他们经历过挫折和障碍，或是主管的食言。因而他们有能力，但总是完全看到上司的缺点。不合群的下属通常是愤世嫉俗的，他们能独立思考，但是不会参与制定他们看到的问题或缺陷的解决方案。这些人把宝贵的时间浪费在抱怨他们的上司上，却没有获得建设性的反馈。

- **墨守成规者**（conformist）积极参与到与上司的关系当中，却没有使用批判性思考的技能。换句话说，他们乐意参与，却没有思考他们被要求做的事情的结果——即便是冒着做一件有害的事情的风险。在 Countrywide 公司前高管亚当·迈克尔森（Adam Michaelson）写的《美利坚之痛》（*The Foreclosure of America*）一书中，讲述了压制阻力并导致人们盲目服从公司行为（即使他们认为这样做是错误的）的群体思维和盲目从众。一个墨守成规的人只关注避免冲突。这种下属风格可能反映了个体对于权力过于依赖的态度，但是，它也可能是由于死板的规章和专制的环境而导致的从众文化。

- **务实的生存者**（pragmatic survivor）具有四种类型的特质——取决于哪种风格更适合当下流行的情境。这种类型的人采用任何能为他的职位带来利益并将风险最小化的风格。务实的生存者通常在组织经历绝望的时期出现，使人发现他们自己做了一切需要做的事来渡过难关。在任何组织中，大约 25%～35% 的人有务实生存者的倾向，他们避免风险，维持现状。

- **消极的下属**（passive follower）既没有批判性地进行独立思考，也没有积极地进行参与。这些人消极而且盲目接受，既没有主动性也没有责任感。他们仅做那些被要求做的事，且只有在大量监管的情况下才能完成工作。消极的下属将思考留给上司。通常情况下，这种风格是由鼓励消极行为、实行微观管理的上司所致。当人们发现，表现出主动性、承担责任或创造力的思考不能获得奖励，甚至会遭到惩罚时，他们将变得越来越消极。

- 有效的下属（effective follower）在组织中既是批判性的独立思考者，又是积极的参与者。无论人们在组织中的职位如何，有效的下属都一视同仁。他们与领导者们建立合理的关系，并且不会尽量避免风险和冲突。这些人能够自我管理，了解自己和上司的长处和短处，他们致力于自身以外更大的事情，为能力、解决方案和积极的影响力而工作。

有效下属的一个例子就是高乐氏（Clorox）的总顾问劳里·斯坦因（Laurie Stein）。当公司外聘首席执行官时，一位专家估计，30%～40%的管理者可能会被解雇，但并不是像劳里·斯坦因这样的有效下属。在唐纳德·科诺斯（Donald Knauss）担任首席执行官之前，斯坦因对他进行了广泛的研究，以帮助自己确定如何最有效地与其合作。她开始寻找如何在组织步入新轨时能够最好地服务于科诺斯和组织的方式。即使她不同意科诺斯想要进行的任何战略变革，斯坦因也认为支持他是自己的职责所在。由于斯坦因以前在中国工作过，她自愿为同事提供针对中国的公司战略变革上的非正式性建议。科诺斯赞赏斯坦因的积极主动的态度。"她会帮助任何向她寻求帮助的人，"他说。在科诺斯担任首席执行官的几个月内，他扩大了斯坦因的职责范围和权力。

有效的下属意识到，因为与主管的关系，他们拥有权力；因此，他们有勇气管理职位更高的人，以发起变革。在他们认为某件事对团队或组织利益最有利时，敢于将自己置于风险中或是与上司发生冲突。

 新晋管理者自测

你的追随风格是什么

说明：针对下列陈述，想想你在为组织中的上司效力时的具体情况。请回答"是"或"否"。

	是	否
1. 我经常就数据或事件的更重要的意义向我的管理者发表意见。	____	____
2. 针对关键问题，我会仔细思考后发表意见。	____	____
3. 我经常提出建议以改进自己和别人的做事方式。	____	____
4. 我要求我的管理者以一种新的方式思考老问题。	____	____
5. 我不会被动等待，而是会想出实现单位目标的关键行动。	____	____
6. 我会独立思考并向自己的上司倡导新理念。	____	____
7. 我会努力去解决棘手的问题，而不是指望自己的管理者去解决。	____	____
8. 如果需要证明举措的优点和缺点，我会充当故意唱反调的人。	____	____
9. 我的工作助我实现了更高的个人目标。	____	____
10. 我对我的工作充满热情。	____	____
11. 我清楚我的上司的目标，并为实现这些目标而努力。	____	____
12. 我做的工作对我来说意义重大。	____	____
13. 在典型的一天，我感觉自己很投入。	____	____

14. 每天我都有机会做自己擅长的事情。　　　　＿＿＿＿　＿＿＿＿

15. 我知道怎样在我的岗位上帮助公司取得成功。　＿＿＿＿　＿＿＿＿

16. 我愿意付出超出正常预期的更大的努力。　　　＿＿＿＿　＿＿＿＿

评分与解释：1～8 题回答"是"得 1 分，相加的总分即为你的"批判性思维"得分：＿＿＿＿。9～16 题回答"是"得 1 分，相加的总分即为你的"积极参与性"得分：＿＿＿＿。接下来，根据你的分数高（6～8 分）、中（4～5 分）或低（0～3 分）判断你的追随风格。

追随风格	批判性思维得分	积极参与性得分
有效的	高	高
不合群的	高	低
墨守成规的	低	高
务实的	中	中
消极的	低	低

阅读文中关于追随风格的描述。你感觉你的追随风格怎么样？你可以做些什么来使你成为一名更有效的下属？

10.9　权力与影响力

在组织中，下属和领导者都采用权力和影响力来完成工作。有时，"权力"和"影响力"是同义词，但这两者是有区别的。**权力**（power）是影响他人行为的潜在能力。**影响力**（influence）是一个人的行动对他人的态度、价值观、信念或行为的作用。权力是在其他人的身上引起变化的能力，影响力则可以视为其他人实际发生变化的程度。

大多数关于权力的讨论包括可以在领导者中见到的五种类型，这五种类型又可以分为硬权力和软权力。硬权力是指主要来源于一个人的权威职位，包括法定权力、奖励权力和处罚权力。软权力包括专家权力和指示权力，这些权力来源于个人特征和人际关系而不是权威职位。

10.9.1　职位硬权力

传统的管理者权力来自于组织（硬权力）。管理者的职位赋予其以奖励或者惩罚下属的权力，其目的是影响下属的行为方式。法定权力、奖励权力、处罚权力都是管理者用来改变员工的行为方式的职位权力（职权）。

1. 法定权力

权力来自于组织内部正式的管理职位，授予该职位的权力就叫**法定权力**（legitimate power）。例如，一旦某人被选为主管，大多数员工就知道了，在有关工作安排方面，他们必须服从其指挥。员工认为这种权力是法定的，这就是他们要服从的原因。

2. 奖励权力

奖励权力（reward power）是来自于职位的、对他人实施奖励的权力。管理者们可以采取正式的奖励方法，如加薪或者提拔。他们也可以采取表扬、关注以及赏识等奖励办法。管理者可以利用奖励来影响下属的行为。

3. 处罚权力

与奖励权力相反，**处罚权力**（coercive power）是一种实施处罚或者建议进行处罚的权力。当管理者有权开除员工、降职使用员工、批评员工或者取消员工的加薪时，他们就行使了处罚权力。如果一个员工没有达成预期绩效，管理者则有处罚权力对其进行训诫，在其档案中留下消极的评价，拒绝加薪，使其错过晋升的机会等。

10.9.2　个人软权力

有效的领导者不单单依靠正式职位的硬权力来影响他人。通用电气的首席执行官杰弗里·伊梅尔特认为，如果他一年中行使正式权威的次数超过七八次，那对于他来说就是一种失败。其余的时间，他采用较温和的方式来说服和影响他人，解决相冲突的想法和观点。职权多来源于外部因素。与此相反，个人权力则多来自内部因素，比如个人的专业知识或者个性特征。个人权力是领导者不可或缺的主要工具。由于越来越多的企业采用员工团队的方式运作，这些团队不能容忍专制式的管理，因而个人权力也变得越来越重要。费埃哲公司（Fair Isaac Corporation）的中层管理者米歇尔·戴维斯（Michelle Davis）认为，依靠软权力可能会令人沮丧，但这是工作的重要组成部分。个人权力可以分为专家权力和指示权力两种类型。

1. 专家权力

专家权力（expert power）来自于领导者在下属从事的任务领域所具有的专业知识或者专门技能。如果领导者的确是专家，下属就会遵从他的指示，因为他在该领域拥有丰富的知识。下属和领导者都可能拥有专家权力。例如，一些管理者带领的团队，团队成员具有领导者所缺乏的专长。而在高级管理层，领导者可能比较缺乏专家权力，因为对于技术细节而言，下属知道的比领导者要多得多。

2. 指示权力

指示权力（referent power）来自于领导者的个性特征，它可以帮助领导者赢得下属的尊重和敬仰，甚至可以让下属去效仿领导者。指示权力不依赖于正式的头衔或者职位。当员工因为管理者与自己相处的方式而景仰管理者时，这种影响力就是建立在指示权力的基础之上。它多见于魅力型领导者身上。在社会运动和宗教运动中，经常涌现出魅力型领导者，他们乍一出现就单凭其个人魅力而赢得大批的追随者。能够证明既具有专家权力又具有指示权力的一位领导者是底特律雄狮队的教练吉姆考德威尔，如"聚焦技能"专栏所述。

 聚焦技能

底特律雄狮队（Detroit Lions）

忘掉所有你听说过的关于强硬而粗暴的教练是最有效的那些故事。吉姆·考德威尔（Jim Caldwell）就是使用诗歌、谚语以及纳尔逊·曼德拉、Joe Torre 等人的语录来统率底特律雄狮队的。有时他会使用芬兰语背诵。他不会骂人或发怒，并相信，如果他只能以怒骂的方式来传达自己的观点，那就是他的错。由于采用了这种不寻常的橄榄球教练战术，考德威尔使雄狮队从一个众所周知经常受到处罚的球队，一跃而成了比赛得分能够与顶级球队媲美的团队。

考德威尔博览群书，有次与球员对话时以芬兰语 sisu 开始，sisu 大致的意思是职责的重担以及执行职责的能力。他说，sisu 应明确谁是球员，他们想要实现的目标是什么。这一切听起来像是新世纪陈腐的东西，但考德威尔来到底特律后立刻赢得了大家的信任，作为助理教练带领球队在巴尔的摩和印第安纳波利斯举行的美国橄榄球超级碗大赛中夺冠。他让球员专注于更加崇高的方面，专注于自己的技能，丢弃坏男孩的形象。他以小组的形式邀请他们吃晚饭，询问他们的家庭情况。球员们很震惊，但感觉很开心。正如橄榄球侧卫 Rashean Mathis 所说，"12 年来，这是第一次和我的主教练一起吃饭。"

不过，他的形象不仅仅是一个好人。考德威尔以他的进攻专长而闻名，他详细记录了他曾效力的每一位教练的每一次演讲和每一次会议。在训练中，考德威尔会回顾过去一周内在橄榄球赛中的决定性时刻，重点关注时间管理差、可避免的罚球上，并模拟可能出现的比赛情境。此外，他提醒球员，"当抓住机会时，机会就会加倍。"

10.9.3　权力的其他来源

还有其他一些权力来源，它们不是与某个人或职位相联系，而是与个体在组织整体功能中的角色相联系。这些重要的来源包括个人努力、关系网络和信息。

1. 个人努力

那些显示出主动性，超越上司的预期去工作，承担很麻烦却很重要的项目，有兴趣了解组织和行业的人，通常最后会获得权力。斯蒂芬·霍姆斯（Stephen Holmes）表示，由于个人的努力，他才开启了一步步走到温德姆酒店集团（Wyndham Worldwide）首席执行官职位的旅程。20 世纪 80 年代初，他是一家私募股权公司的一位年轻的内部审计师，霍姆斯每天晚上都会努力学习新的电子制表程序。这引起了著名投资人亨利·西尔弗曼（Henry Silverman）的注意，并被这个年轻审计员的努力所吸引，便停下来看他在做什么。西尔弗曼邀请霍姆斯跟他一起到未来的公司工作，包括百仕通集团（Blackstone）、HMS 公司以及最终的温德姆酒店集团。"那时我还是个孩子，"霍姆斯说，"但他让我担任了在我这个年龄还没有人做到的职位。"

2. 关系网络

处于关系网络中的人们有更大的权力。有大量关系的领导或职员知道，组织和行业中正在发生什么；相反，拥有较少人际关系的个人经常对重要的活动和变革一无所知。关系网络在政治舞台上也是至关重要的。亚伯拉罕·林肯被历史学家认为是美国最伟大的总统之一，部分原因是他在内战期间、国家四分五裂的时候建立起关系网络，并认真倾听所在圈子内外的广大人民的心声。他包容与他意见相左以及对他的目标和计划持批评态度的人。至于奥巴马总统，如何评价他的总统职位还没有定论。然而，奥巴马因未能与其最大的捐赠者建立关系、忽视与国会山民主党和副总统乔·拜登及其他人员建立关系而受到批评。大家普遍认为，奥巴马是一个孤独者，他更关注的是政策而不是人，主要与亲密的顾问团商讨事情。

3. 信息

信息是主要的商业资源，能获取信息并控制信息的传递方式和传递对象的人，通常最有权力。某种程度上，信息的获取取决于一个人在组织中的职位。高层管理者通常能获得比中层管理者更多的信息。相应地，中层管理者又能获得比基层管理者或一线员工更多的信息。

领导者和下属都可能利用这些额外的权力来源。当领导者花时间在组织内外建立起人际关系并能够以非正式的形式谈论重要项目和优先事项时，他们就成功了。杰克·格里芬（Jack Griffin）在不到六个月的时间就被迫辞去时代公司（Time Inc.）的首席执行官，很大程度上是因为他没有建立起积极的人际关系。格里芬试图利用自己职位的硬权力在时代公司进行所需的变革，而不是建立执行变革所需的软权力关系。董事会成员开始认识到，格里芬已变得如此不受欢迎，如果他继续担任首席执行官，该公司那些有价值的员工很可能会选择离开。

10.9.4　人际影响策略

管理者经常使用几种影响策略，被认为拥有更大的权力和影响力的人通常是那些使用各种策略的人。对几百名管理者的一项调查发现，这些人用来影响他人的技术超过 4 000 种。

但是，根据对引起人们改变其行为和态度的原则的不同理解，这些策略被分为不同的类别。图 10-10 列出了六种让影响力发挥作用的原则。注意，大多数的原则都包含个人权力的使用，而不仅仅是依靠职位权力或是奖惩。

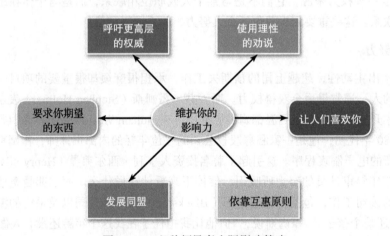

图 10-10　六种领导者人际影响策略

（1）使用理性的劝说。最频繁使用的影响策略是，使用事实、数据和合乎逻辑的推理来劝说他人相信所提议的观点、要求或决策是适合的。使用理性劝说经常是高效的，因为大多数人相信事实和分析。当领导者具备与手头事件相关的技术知识和专门技能（专家权力）时，理性劝说是最成功的，即使此时也使用了指示权力。换句话说，除了事实和数据外，人们也相信领导者的公信力。

（2）让人们喜欢你。比起不喜欢的人，人们更容易对他们喜欢的人说"是"。有效的领导者努力创造友好和良好的印象。当领导者表现出体贴和尊重，公平地对待他人，相信他人，人们就更可能愿意做领导者要求的事，以此来帮助和支持领导者。此外，大多数人都喜欢让他们拥有良好自我感觉的领导者，因为领导者绝不能低估赞扬的力量。

（3）依靠互惠原则。领导可以通过互换利益和恩惠影响他人。领导者分享他们拥有的东西，不管是时间、资源、服务还是情感支持。人们的感觉几乎是一致的，都认为一个人做了各种形式的事情，他们就要得到相应的回报。不成文的"互惠原则"意味着，乐善好施的领导者可以期望别人给予他帮助作为回报。

（4）发展同盟。有效的管理者与能帮助他们达成目标的人们建立同盟网络。管理者在正式会议以外与下属和其他人交谈，理解他们的需求和关注，同时也向他们解释问题和描述领导者的观点。他们努力与他人在问题和决策的最佳方案上达成一致意见。

（5）要求你期望的东西。另一个影响他人的途径是亲自提出直接的请求。领导者要清楚他们想要和不想要什么。一条表述明确、清晰的建议有时候被接纳，仅仅是因为其他人没有更好的选择。同样，如果其他选择方案都比较模糊，清楚的提议或方案通常能获得支持。

（6）呼吁更高层的权威。有时候为了完成工作，领导者不得不运用他们的正式权力，还要获得高层人士的支持并作为他们的后盾。但是，研究发现，成功使用正式权力的关键是博学、可靠和值得信赖，即展现出专家权力、指示权力以及法定权力。以专门技能著称、对待他人诚实坦率、能够激发信任的管理者，比那些仅仅发号施令的管理者能够发挥更大的影响力。

研究表明，当领导者被认为使用了各种影响策略的时候，人们认为领导者"更有效率"。但是，不是所有管理者都采用同样的方法来影响他人。研究已发现，人力资源的领导者倾向于使用柔和的、更加巧妙的方式，如建立友好关系、投其所好以及发展同盟，而财务工作的管理者倾向于使用更强硬和直接的策略，如正式权力和独断专行。

讨论题

1. 列举几个你认为对领导者有用的个性特征。这些特征在某些场合比在另外一些场合更有价值吗？你认为特征与优势有何不同？

2. 在询问人们希望领导者和下属具有什么素质的一项调查中，人们将下属的成熟素质排在第 8 位，而领导者的成熟素质排在第 15 位。什么可以解释人们希望下属具有更高的成熟素质？

3. 如果一位男性管理者改变了自己的行为，融入了通常在女性管理者中更常见的互动型领导元素，他仍可以成为一位"诚信"领导者吗？请讨论。

4. 对女性领导者的研究表明，许多女性领导者看待权力的方式与男性不同，她们更喜欢采用合作的、以关系为导向的方式。如果是这样，那么对于女性领导者实现目标的能力有何启示？对于女性上升到更高的组织层次的能力有何启示？请讨论。

5. 在现实环境中，做一名有效的领导者需要哪些技能和能力？你认为在具有体谅与规制领导风格的领导者中，哪一种能成为更成功的领导者？请说明理由。

6. 何谓变革型领导？举例说明需要变革型领导、执行型领导或魅力型领导的组织情况。

7. 第五级领导者是如何区别于服务型领导者的？你认为人人都有成为第五级领导者的潜力吗？请讨论。

8. 在你看来，与领导相比，为什么追随受到的关注要少得多？请讨论：有效下属的角色与有效领导者的角色具有哪些相似性？

9. 你认为，在今天扁平化、团队作业的组织中，领导是更重要还是更不重要？某些领导风格是否更适合这些与传统科层制组织截然不同的组织？请解释。

10. 设想一下某家律师事务所里某位高级合伙人的领导地位。在这种环境中，哪一种任务、下属或者组织因素会成为领导的替代品？

自主学习

领导的影响是什么

你如何理解最高领导者对组织绩效的影响？请根据你的个人理念对以下各题回答"是"或"否"。

	是	否
1. 领导的质量对组织绩效具有最重大的影响。	___	___
2. 居于最高领导职位的人有权力决定组织的成败。	___	___
3. 组织的大多数活动与最高领导的决策和活动没有多大关系。	___	___
4. 即使在糟糕的经济环境下,一个好的领导者也可以防止企业的经营恶化。	___	___
5. 如果没有高水平的最高领导者,企业就不能取得成功。	___	___
6. 领导质量的高低比商业环境对一个公司的绩效有更大的影响。	___	___
7. 低劣的组织绩效常常是由最好的领导者都无法控制的因素造成的。	___	___
8. 高层不良的领导风格将会带来低劣的组织绩效。	___	___
9. 通常情况下,领导者不应该为一个企业的低劣绩效负责。	___	___

说明:这个评分表是关于领导的"浪漫主义"。浪漫主义观点认为,领导者对组织绩效很负责,而对其他因素(如经济条件等)则相反。企业绩效很难控制,是各种复杂力量共同作用的结果。将太多的责任归咎于领导是由我们的心理建构造成的简单化行为,违背了组织绩效的现实性和复杂性。最高领导者不是英雄,但他们是可以对组织绩效造成影响的关键因素之一。

评分:第1、2、4、5、6、8题回答"是"得1分,第3、7、9题回答"否"得1分。7分或以上表明相信领导的浪漫主义——领导比事件更能控制绩效结果。如果你得了3分或以下,说明你可能低估了最高领导者的影响力,某种程度上是一种怀疑论的观点。4~6分表明你有一种平衡的领导观。

在班上:向某位同学解释你的得分。你对领导的理念是什么?你的根据是什么?指导教师可以分别要求在问卷中获得高、中、低得分的同学举手示意。讨论以下问题:你相信非营利组织的总裁、董事长和首脑独自行动并对绩效负很大责任吗?你这种理念有何证据?另外有什么因素会对组织造成影响?对大型组织中的最高领导者的影响力,现实主义的观点是什么?

◙ 团队学习

对领导的假设

独立完成以下句子。

1. 领导必须总是……
2. 领导绝不能……
3. 我曾经做过最好的领导是……
4. 我曾经做过最差的领导是……
5. 当我作为一个好的领导时,我……
6. 我害怕的领导……
7. 我会服从的领导……
8. 我讨厌的领导……
9. 一些人认为他们是好的领导者,但他们不是,因为他们……
10. 我想成为的领导是……

在由4~6个学生组成的小组中,讨论以下问题:

A. 你从自己对领导的假设中学到了什么?

B. 为这些假设在本章中找到理论依据。

C. 小组中共同的主题是什么?

◙ 实践学习

1. 找三个总裁或首席执行官,他们是魅力型或变革型领导者。
2. 让他们描述其领导风格是什么样的,价值观是什么,行为呢?
3. 让他们将那些魅力型或变革型领导者与他们"领教"过的无能力的总裁或首席执行官进行对比。
4. 他们的行为差异是什么?无能力领导者的行为是如何影响组织的?
5. 让他们用几句话将变革型领导或魅力型领导

与无能力领导者进行比较。

6. 你的指导教师会让你就这个主题写一篇文章或将该信息带到课堂并准备讨论。

7. 通过这个工作, 你学习到了关于变革型领导和魅力型领导的什么? 它与书中描述的一致吗?

● 伦理困境

好事做过头了?

不久前, 位于新泽西州的跨国公司 Delaware Valley 化学公司的行政副总裁杰西卡·阿姆斯特朗, 专程在部门经理达赖厄斯·哈里斯的办公室门口停下, 大方地表扬了他在附近区域做的一个贫困儿童课余项目的志愿工作。现在她要将哈里斯传唤到自己的办公室, 这样她能够安排他继续致力于这样的志愿工作。

哈里斯的秘书卡罗琳·克拉克使她意识到了这个问题。"达赖厄斯告诉社区中心, 他会负责集资事项的邮件群发。然后他让我编辑他草拟的信件, 复制所有信件, 装进信封并邮寄——多数都是在我的私人时间," 她有些气愤地说。"当我告诉他, '很抱歉, 这不是我的工作,' 他看着我的眼睛, 问我想把即将到来的绩效考评安排在什么时候。"

哈里斯的几个下属也自愿为这个项目效劳。但和他们交谈过后, 阿姆斯特朗得出结论, 大多数人的自愿都是出于获得上司的青睐。杰西卡认为是时候该和哈里斯谈谈了。

"噢, 那有什么," 当杰西卡和他当面对证时, 哈里斯不耐烦地回应道。"是的, 我是让她给予我私人帮助。但是我提及考评仅仅是因为我要外出, 我们需要留出一些时间来进行考评。"哈里斯继续说着为这个课余项目工作对于他个人来说有多重要。"我在那里长大, 如果不是那个中心的人, 我今天就不会在这里," 他说。另外, 即使他迫使员工给他帮助 (他没有说自己曾经这样做过) 难道公司强调员工要

有志愿者精神, 但不允许使用员工的时间和公司的资源吗?

哈里斯离去后, 杰西卡思考着刚才的谈话。公司当然积极鼓励员工的志愿精神——不仅仅是因为这样做是对的, 还因为该化学公司近年来发生了几起不幸的意外泄漏事件, 造成了环境破坏并引起了公众的愤怒。

志愿工作有潜力帮助员工获取新技能, 建立同事间感情, 并在招聘和留住人才方面起到作用。但最重要的是, 它使公司的公众形象获得了提升。近来, 该公司抓住每一个机会在其网站和公司刊物上发布员工的业余社区活动。公司还建立了年度奖, 给杰出的志愿者 1 000 ~ 5 000 美元的现金奖励。

因此现在杰西卡和每一个相关人员谈论了此事, 想弄清楚她在哈里斯和卡罗琳的冲突中应该怎么做。

你会怎么办

1. 告诉卡罗琳·克拉克, 员工志愿者精神对公司来说很重要, 但同时她的绩效考评不会受她的决定影响, 她应该考虑帮助哈里斯, 因为这是个帮助有价值的社区工程的机会。

2. 告诉哈里斯, 员工的志愿项目只是一个志愿项目。即使公司将志愿者精神视作其修复不佳形象活动的一个重要部分, 员工也有自由选择是否参与志愿活动。他不应该要求他的直接下属去协助那个课余项目。

3. 处罚哈里斯强迫其下属花私人时间帮他做社区项目的志愿工作。这个行为将给出一个信号: 强迫员工是明显违反领导权力的行为。

第 11 章

员 工 激 励

本章概要

个人需要与激励
内在奖励与外在奖励
满足型激励理论
   需求层次理论
   ERG 理论
   激励的双因素理论
   习得需要理论
过程型激励理论
   目标设定理论
   公平理论
   期望理论

激励的强化理论
   直接强化
   社会学习理论
激励的工作设计
   工作丰富化
   工作特点模型
激励的创新观点
   通过授权满足员工较高层次的需要
   通过投入让工作有意义
   进步理论

    当人们在美国第三大私营企业玛氏公司找到工作时，他们很少有人会离开该公司。《财富》杂志在该公司 2013 年首次被评选为"最适宜工作的 100 强企业"后的一次采访中，所了解到的一些情况也许能够解释其中的原因。糖果（例如 M&Ms 和士力架）制造商玛氏公司的报酬与同类企业相比是非常不错的。如果团队表现很好，团队的许多员工能够获得其工资的 10%～100% 的奖金。自动售货机整天免费赠送糖果，宠物食品部的员工可以带着自己的小狗一起上班。员工们打卡上班，如果迟到就会被扣工资，但这一政策对于高层管理者和最低级别的员工是一样的。

 新晋管理者自测

···

什么能给你激励

   说明：想想你最近独立完成的一个特别的工作或学习任务。以下是你完成该项任务的原因吗？

	是	否
1. 我做完这项任务会得到报酬。	＿＿	＿＿
2. 我被要求去完成这项任务。	＿＿	＿＿
3. 我觉得这项任务是我必须完成的。	＿＿	＿＿

4. 如果我不完成这项任务就可能出现负面后果，为了避免这种后果。 _____ _____

5. 我认为这个任务很有趣。 _____ _____

6. 我喜欢完成这项任务。 _____ _____

7. 我会获得新的知识或技能。 _____ _____

8. 我变得对这项任务非常专注。 _____ _____

评分与解释： 1 ~ 4 项回答"是"得1分，你的分数：E = _____。5 ~ 8 项回答"是"得1分，你的分数：I = _____。E 分数代表你针对该项任务的外在激励，I 分数代表内在激励。本章后面将介绍每一类激励。管理者和组织经常采用外在激励的办法，但对于大多数人来说内在激励更令人满意。你的哪一个分数更高？你认为在你的职业生涯中更喜欢内在奖励还是外在奖励？

玛氏公司的许多员工都会有一名指导者教授其新技能。高管们经常得到介绍他们使用社交媒体的年轻员工的指导。发展也不会仅限于工厂范围内。员工可以带薪休假来参加社区的志愿者活动，例如打扫公园、种植花圃或在医疗诊所义务服务。一个竞争非常激烈的项目是，每年选择80名左右的员工与其他国家偏远地区的玛氏合作伙伴（如可可豆种植商）一起工作六个星期。

其他公司的管理者们发现，创造一种让员工感觉到重视并感到有机会成长和发展的环境是员工积极性高的一个关键因素，而这对于组织成功是至关重要的。大多数人开始新工作时都充满能量和热情，但是，如果管理者作为激励者的角色失败的话，员工会丧失他们的积极性。然而，激励下属对于许多管理者来说是一种挑战，因为激励产生于员工的心灵深处，而且对象不同激励的结果也不一样。一些人的主要激励动机是金钱，另一些人表现优秀的激励动机则是因为管理者使他们感到干好工作会受到赏识，还有一些人的主要激励动机是解决复杂问题的挑战或为社会做贡献。激励的动机如此悬殊，管理者的确很难为了实现共同的组织目标而激励所有的人员。

本章将要回顾有关员工激励的理论和模型。首先，我们给出激励的定义，并介绍管理者使用的奖励类型。然后介绍几个员工需求模型和与激励有关的过程。我们还着眼于激励强化的使用，介绍社会学习理论，并分析工作设计（改变工作结构本身）如何影响员工满意度和生产效率。最后，我们将探讨管理者如何让员工感到是在朝着有意义的目标迈进，并帮助员工在工作中获得参与感和授权，从而建立一个蓬勃发展的工作场所。

11.1 个人需要与激励

我们大多数人每天早晨起床，去上学或者上班，并按我们预定的方式去做事。所有这些行为都是受到了某种因素的激励，但我们大多数人没有考虑过，我们为什么做这些事情。**激励**（motivation）指的是存在于人的内部或者外部，能唤起我们的热情和耐力去执行某一行动方案的力量。员工的激励水平会影响到生产率的高低。管理者的一部分工作职责就是，通过激励手段去激发员工为实现组织目标而努力工作。研究发现，高水平的员工激励是和组织的良好绩效及丰厚利润相伴而生的。管理者可以运用激励理论来帮助满足员工的需要，同时也鼓励员工高质量地完成工作。图11-1是一个简单的激励模型。人类有一些基本的需要，例如饮食、成就、金钱等，这些因素会转化成为内在压力，驱使人们采取某些具体行动去满足这些需要。行为取得了成功，人们就能够得到奖赏，因而需求得到了满足。这种奖赏同时也告诉人们，该种行为方式是恰当的，以后还可以继续重复。

需求：激发欲望去满足需求（食物、友谊、认同、成就）　行为：采取行动去实现需求　奖励：满足需求；内在奖励或者外在奖励

反馈：奖励提示人们行为是否恰当，是否应该重复以前的行为方式

图 11-1　简单的激励模型

11.2　内在奖励与外在奖励

那些了解能够促使员工开始采取、改变或继续采取所需行为的激励因素的管理者，将是更加成功的激励者。图 11-2 列出了依据两种标准的四种激励方法。纵向维度是内在奖励与外在奖励的对比。横向维度是由恐惧或痛苦驱动的行为与由成长或快乐驱动的行为的比对。

内在奖励（intrinsic reward）是指人在完成某个特定行为的过程中所获得的满足感。完成一个复杂的任务可以使人体验到一种愉悦的成就感；解决某个有益于他人的问题也会让人有一种完成个人使命之感。例如，为美国银行、思科公司、谷歌和日本政府等组织提供云计算服务的 Salesforce.com 公司，其员工的激励动机就来自于改变企业处理普通但又至关重要的任务（如销售、客户关系和内部通信等）的方式的"前沿"技术。

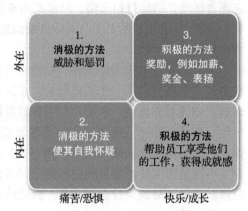

图 11-2　管理者可使用的四种激励方法

外在奖励（extrinsic reward）是由他人（特别是管理者）给予的奖励，包括晋升、表扬和加薪。外在奖励来自于外部，是取悦他人的结果。在多米尼加共和国的 Alta Gracia 工厂，员工受到了高薪水这一外在奖励的激励，因为他们需要用钱来维持家里的生计，并且在其他地方无法挣到这么多的钱。

有效的管理者希望员工同时获得外在和内在奖励来满足他们的需求。例如，建立在打造"世界上最幸福、最富成效的工作场所"理念之上的谷歌，在美国公司提供了最令人吃惊的外在奖励：免费早餐、午餐和晚餐，按摩补贴，免费瑜伽和普拉提班，健身中心，全天候供应免费小吃、饮料和糖果。总部设有娱乐区、咖啡馆、咖啡餐厅和舒适的交谈区，以及会议室和办公室，办公桌可以由工程师们自行设计。然而，最强有力的员工激励似乎来自于团体意识以及对创建这些奢侈福利的支持，而非来自于这些福利本身。谷歌分析各种数据来研究员工如何进行互动，因为创造性需要"偶然互动，为了发生偶然互动，需要形成一个团体，"《人力资源分析》（People Analytics）的作者本·瓦贝尔（Ben Waber）说。"它是旧工厂模式的对立物，在旧工厂模式中，员工只是机器上的齿轮。"虽然这些福利只是帮助员工保持快乐，但员工从工作中获得的意义感和参与感又会使员工日复一日地受到激励。

四个象限代表了激励人们的四种不同的方法。第 1 象限和第 2 象限都是激励的消极方法。第 1 象限是使用消极的外在方法（例如威胁或惩罚）来使人们按要求执行。例如，一些公司发现，针对吸烟和体重过重，通过收取额外的健康保险费用来处罚员工，对于改变行为和降低公司的医疗保健费用是一个有效的办法。行为科学的研究表明，人们通常对潜在损失（如对不减肥进行罚款）的反应比对预期收益（如对减肥进行奖励）的反应更为强烈，这被称为损失规避，因此该方法越来越受到欢迎。在米其林北美公司，超重的员工从 2014 年开始支付的医疗保险费用达 1 000 美元以上。在 Mohawk 工业公司，自从领导者开始对不参与健康风险评估计划的员工予以 100 美元的处罚后，参与该计划的人数比例上升到 97%。此前，该公司提供了参与奖励，但参与者的比例仍然很低，从而触发了向实施惩罚的转变。第 2 象限的方法是试图通过使员工自我怀疑或担心来激励员工。例如，管理者可以通过强调经济疲软和高失业率来激励员工努力工作。由于恐惧是一个强大的激励因素，因而第 1、2 象限的方法确实是有效的。然而，利用恐惧的心理来激励组织中的员工，对员工的发展和长期的绩效几乎会带来负面的影响。

第 3 象限和第 4 象限是积极的激励方法。第 3 象限的方法是试图通过利用能够创造快乐的外在奖励来影响员工的行为。例如，在 Hilcorp 能源公司，如果员工帮助组织实现增长目标，管理者就会为员工提供每次 5 万美元奖金的机会。许多管理者发现，数量不大的意外奖励（如礼品卡、水瓶或比萨券等）可以成为非常有效的外在激励因素。在人们未期待获得奖励的情况下，这种意外奖励可以造成较大的心理影响。这种积极的激励方法虽然有用，但作用有限。外部奖励很重要，但随着时间的推移，这种方法可能会失去作为激励工具的影响力。最有效的管理者同样会强调第 4 象限的方法，通过帮助员工从工作中获得内在奖励来挖掘员工的深层次能量和义务感。例如，在无老板式的工作场所，没有人告诉员工做什么并监督员工是否那样做，管理者需要的是能够根据自己的激励动机行事的人。"管理者工具箱"描述了在无老板的环境中管理者使用的激励方法。

 管理者工具箱
....

无老板环境中的激励

随着公司扁平化其层级结构并淘汰了管理者，有积极性的员工变得尤为重要。在真正的无老板式的组织中，没有人负责考勤或监督工作。员工和团队自觉行动。想要采用无老板式结构的组织应考虑采用以下的激励方法：

- 不要隐瞒信息。在门罗创新公司，有关激励因素的信息是如此公开，以至于新员工都可能知道这些信息。一张图表显示出所有员工的姓名、职称和薪酬等级。在回答关于自己的薪酬向同事公开是什么感觉的提问时，一位员工回答说，"这是一种解放。"

- 依靠内在奖励。在网站设计公司 Dream-Host 的员工都知道，激励员工的方式正在改变。"20 年前，激励的方式是提供更高的薪酬。现在更多的是发现你的工作的意义和兴趣，"首席执行官西蒙·安德森（Simon Anderson）这样说道。番茄加工商晨星公司（Morning Star）的创始人克里斯·鲁弗（Chris Rufer）将他的公司描述为一个非常人性化的公司，在员工的精神层面上为其提供支持，因为公司成员之间的关系深厚且真实。

- 让公司的目标成为员工自己的目标。在晨星公司，使用目标而不是监督人员来进行激励。例如，番茄分类员会承诺每天完成预先确定数量的番茄。负责帮助进行番茄汁的水分蒸发的人员会签订一份协议，每周完成一定数量的水分蒸发。有了明确的目标，员工就可以独立完成自己的工作。

- 奖励团队。在无老板的环境中，成果通常与团队联系在一起。因此只有融入需要同伴帮助的更大的项目中，个人的工作才有意义。个人奖励由共享的成果所取代。友谊和乐于助人比个人向上爬升和追求奖励更加重要。在门罗创新公司和其他无老板式企业，由同事团队做出雇用决定以及晋升、裁员和解雇的决定。

- 雇用的人员态度重于能力。雇用做事主动的员工和具有团队精神的人对于建立一个有效的无老板式的系统至关重要。那些性情古怪的技术奇才将毒害公

司的文化。Clear HR Consulting 公司的 Cissy Pau 认为员工"需要知道做什么，如何做，何时做"。

- 重塑管理。《重新定义管理者》(*Manager Redefined*) 的合著者托马斯·达文波特 (Thomas Davenport) 认为，管理者必须学会以不同的方式进行激励。"没有人会在 21 世纪的世界中工作时说，'请管理我。'他们会说，'创造一个我能够取得成功的环境。'"管理者必须学会把自己看作是与他人平等的人，而不是凌驾于他人之上。他们的新工作是为周围的员工提供支持，消除障碍，鼓励员工更好地工作，这与第 10 章中所述的"服务型领导"类似。

在为医疗保健行业和老年关怀行业提供食物、营养和餐饮服务的 Morrison Management Specialists 公司，管理者为员工提供名为"我们伟大的合作关系"的培训课程，努力帮助员工了解他们的工作如何能为老人或病人的生活创造不同。"以人为本"的认可计划使员工有机会认识到彼此的卓越服务。

11.3　满足型激励理论

满足型激励理论（content theories）强调被激励对象的需求。在任何时候，人们总有一些基本需求。这些需求会转化为内在动力，并激发人的某些特定行为，以满足这些需求。换句话说，人的需求就如同一份暗藏的清单，上面罗列了人们既希望也愿意努力去获得的物品。根据管理者对员工需求的了解程度，组织就可以设计自己的奖励系统以满足这些需求，并指导员工优先考虑为实现组织目标而贡献自己的力量。

11.3.1　需求层次理论

马斯洛的需求层次理论（hierarchy of needs theory）认为，人会受到多种需求的激励，人的需求是有层次的，如图 11-3 所示。

马斯洛按照优先顺序将人的需求分为五大类：

（1）生理需求。生理需要是人类最基本的物质需求，包括食物、水、氧气等。在组织环境中，这些需求表现为对足够的热量、空气和基本工资的需求，以维持人的生存。

（2）安全需求。安全需求是指人们对安全的、有保障的物质环境和情绪环境的需求以及人们不受威胁的需求，即不受暴力威胁及追求有序的社会环境的需求。在工作场所中，安全需求体现为人们对工作的安全性、额外福利和工作保障的需求。由于近年来的经济疲软和高失业率，安全需求成了许多人优先考虑的一种需求。最近的一项工作满意度调查表明，工作安全是工作满意度的最重要的因素，良好的福利是第二重要因素。总部设在温哥华的区域餐

饮连锁店 Burgerville，当其管理者开始为每周至少工作 20 小时的小时制员工支付至少 90% 的健康保险费以后，员工们开始更加努力地工作以获得更多的小时数（按业绩进行分配），服务得到了改善，销售额也增加了。

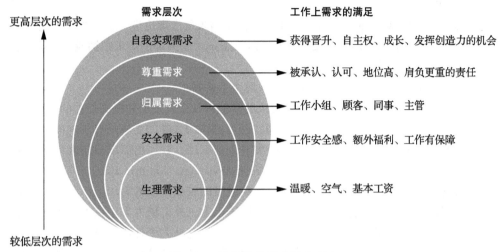

图 11-3 马斯洛的需求层次理论

（3）归属需求。归属需求反映了人们渴望被同事接受、享有友谊、成为团体的一部分、为人所爱的需求。在组织里，归属需求表现为人们希望与同事建立良好的人际关系、参与团队工作、与上级友好相处等。在中国的一些工厂，领导者已经超越了经济激励的方式，采用工作竞赛、美国偶像式大赛、歌唱比赛、卡拉 OK 室、与管理者共进晚宴以及关于员工贡献的更大目标的更多沟通方式，使员工获得归属感和满足尊重的需求。

（4）尊重需求。尊重需求是指人们需要树立良好的自我形象，并赢得他人的注意、认同和欣赏。在组织中，尊重需求体现为期望得到认同以及职责的扩大、地位的提高和因为对组织的贡献而获得荣誉。一个例子来自于财捷公司（Intuit），珍妮弗·莱皮尔德（Jennifer Lepird）花了数周，每天工作很长时间进行一宗大型收购交易。当交易完成后，莱皮尔德收到了她的管理者的一封感谢信，以及一张小礼品券，她感到非常高兴，因为这满足了她的被赏识的需求。"有些人很久以后才会认识到这种努力，这样只会使这种长时间的努力慢慢消失，"她说。

（5）自我实现需求。自我实现需求是人类最高级的需求。它包括最大限度地发挥人的潜能，提高人的能力，成为更加优秀的人才。在组织里，满足自我实现需求有几个途径：为员工提供成长机会；给予员工发挥创造力的机会；加强培训，以使人们能够承担有挑战性的工作任务和更好地适应新的晋升岗位。

根据马斯洛的理论，低层次的需求应首先得到满足——只有首先满足了这些低层次的需求，才有可能激发更高层次的需求。需求的满足应按顺序进行：生理需求先于安全需求，安全需求先于社会需求，依次类推。一个努力满足生理需求的人会致力于赢得一个更加安全的环境，但不会关注尊重需求或者自我实现需求。一旦某种需求得到了满足，这种需求的重要性就降低了，而下一个更高层次的需求将随之被激活。

一项针对英国某家大型医疗保健公司制造部门员工的研究，给马斯洛的理论提供了一些支持。许多员工强调，他们在这个公司工作主要是因为不错的薪水、福利和工作安全。因此，员工低层次的心理和安全需求被满足了。当被问及他们受到的激励时，员工指出了与同事和主管积极的社会关系的重要性（归属需求）和对来自管理层更大的尊重和重视（尊重需求）。

11.3.2　ERG 理论

克莱顿·奥尔德弗（Clayton Alderfer）对马斯洛需求层次理论进行了修改和简化，并填补了该理论缺乏实证检验的空白。**ERG 理论**（ERG theory）将人类的需求归纳成三种类型：

（1）生存需求。身体健康的需求。

（2）关系需求。与他人建立令人满意的人际关系的需求。

（3）发展需求。发展需求主要是指开发人的潜能以及个人发展和提高能力的欲望。

ERG 理论与马斯洛需求层次理论很相似：两者都认为人类的需求是有层次的，随着层级结构逐步上升。然而，奥尔德弗将需求的层次减少到三层，并提出需求沿层级结构升华的过程是复杂的，表现了一种挫折 – 倒退原则（frustration-regression principle），即，如果未能满足较高层次的需求，就可能会使人重新回到已经满足的较低层次的需求上。于是，一名未能实现个人发展需求的员工可能会重新回到低层次需求上，并将精力集中在追逐更多的金钱方面。因此，ERG 理论比马斯洛需求层次理论更加灵活，它认为个体因为满足自我需求方面的能力差异而可能沿着需求层级结构上升或者下降。需求层次理论有助于解释为什么组织总是寻求赏识员工并鼓励他们参与决策的途径，并为员工提供机会，以便他们能够为组织和社会的发展做出重大的贡献。

 聚焦技能

约翰逊存储与搬运公司（Johnson Storage & Moving）

低工资的小时制员工往往享受不到白领的待遇，但一些管理者正在尝试一种新的让人觉得不太可能的方法——让小时制员工在家完成某些工作，制定自己的时间表，或以其他的方式对自己的工作活动有更多的控制权。

总部设在科罗拉多州并且在五个州开展业务的约翰逊存储与搬运公司，十几年来，行政人员、呼叫中心工作人员以及调度员可以在家工作，或自己选择工作时间。在采用弹性政策的员工中，那段时间的流动率几乎为零。当然，搬运工和仓库员工不能在家工作，但公司总裁吉姆·约翰逊（Jim Johnson）在上下班时间方面给予他们尽可能多的控制权，这样大大减少了旷工、迟到人数并降低了流动率。

其他公司的管理者也给予体力劳动者以更大的灵活性。明尼苏达州普利茅斯的一家自动化设备制造商图尔克公司（Turck Inc.）正在评估一项让员工在家工作的计划。"我们的许多产品实际上只需要坐在那里粘贴标签，"生产主管 Dee Comeau 说，"老实说，这些工作可以在任何地方进行。"

许多公司发现，营造一个人性化的工作环境，使员工能够保持工作（事业）与个人生活（家庭）之间的平衡，这也是一个极为有利的高层次的激励因素。

有些公司的工作灵活性更大。在威斯康星州新里士满的保险和投资咨询公司 J. A. Coulter & Associates，员工可以想来就来，想走就走，而无须告诉任何人到哪里去或为什么要去，只要他们能够完成自己的工作。Coulter 高级投资顾问的助理香农·梅尔斯（Shannon Mehls）说，员工们现在感觉自己像"小型企业家"，能够制定自己的时间表，关注于结果而不是干满 40

小时并得到薪水。虽然不是所有的管理者都喜欢在员工想来就来、想走就走的环境中工作，但有一些证据表明，在工作时间上具有更大控制权的员工不太可能出现工作倦怠的情况，并且更加效忠于自己的雇主。

在最近的经济低迷时期，一些公司发现灵活的选择方式是降低工资成本同时留住和激励高价值员工的一个很好的方法。KPMG 会计事务所尝试了一项名为"灵活的未来"的计划，为英国业务的员工提供了几种选择：①转为每周工作四天，薪水减少 20%；②选择基本工资为 30% 的短期休假；③选择这两种形式的组合；④保持目前的工作安排。80% 以上的员工选择了灵活的形式。其他公司也实施了类似的计划，并取得了巨大的成功。

11.3.3　激励的双因素理论

弗雷德里克·赫茨伯格（Frederick Herzberg）提出了另外一个广受欢迎的理论，称为双因素理论。他对几百名员工进行了访谈，他们有时受到了高度的工作激励，有时却得不到任何激励，因而表现出不满意。结果发现，与工作不满意有关的工作特性截然不同于与工作满意相关的工作特性，这就引发了他的灵感——有两种因素同时影响着工作激励。

双因素理论的内容如图 11-4 所示。图的中心地带是中性的，员工对工作的感觉无所谓满意或者不满意。赫茨伯格认为，有两种完全不同的因素在影响着员工的工作行为。第一类因素称为**保健因素**（hygiene factor），这些因素有的可能会导致员工对工作不满意，有些则不会，它们包括工作环境、工资薪水、公司政策、人际关系等。当保健因素不健全时，员工就会对工作产生不满。但是，良好的保健因素也仅仅是消除对工作的不满意情绪而已，它们本身并不能促使人们感到非常满意并进而对工作产生激励作用。

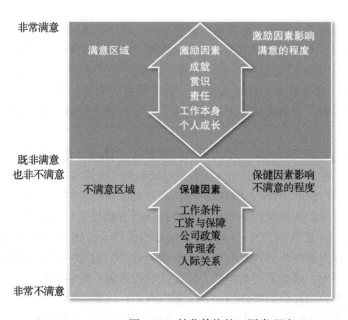

图 11-4　赫茨伯格的双因素理论

第二类因素会影响到工作的满意度，称为激励因素。**激励因素**（motivators）是高层次的需要，包括成就、赏识、责任和发展机会等。赫茨伯格认为，当缺乏激励因素时，员工对工作持无所谓的态度，但一旦具备了激励因素，员工则会感觉到强大的激励力量并产生对工作的满意之感。因此，保健因素和激励因素代表着影响激励水平的两种截然不同的因素。保健因素只是与工作的不满意有关。例如，不安全或者嘈杂的工作环境会引起员工的不满，但解决了这些问题并不能使员工受到高度的激励进而产生工作满意感。而诸如挑战性的工作、责任感和被人赏识等激励因素在员工受到高度激励并取得卓越业绩以前必须要到位。

越来越多的管理者认识到员工认可的重要性，这也许是因为严峻的经济环境使得他们更加难以采用大幅加薪的方式来奖励员工。最近的 Globoforce MoodTracker 调查报告显示，82% 的被调查员工表示，对他们工作的认可增加了他们的工作积极性。"这让我变得更加努力，每天都想上班，我为我的上司工作而感到自豪，"一位被调查者说。在求职者中，未得到认可是他们离职的第二大原因。

双因素理论对管理者的启示是显而易见的。一方面，提供保健因素能够消除员工的不满情绪，但不能激励人们达到更高的成就水平；另一方面，赏识、挑战性以及个人成长机会是强有力的激励因素，它们会提高员工的满意度和绩效水平。管理者的任务就是要消除员工的不满意因素，也就是说，要提供足以满足人的基本需要的保健因素，然后再运用激励因素来满足员工较高层次的需要，进而推动员工达到更好的成就水平，同时获得更大程度的满足感。

11.3.4　习得需要理论

最后一种满足型激励理论是由戴维·麦克利兰（David McClelland）提出的。习得需要理论认为，人的某些需要是在个人的生活阅历中逐渐习得的。换句话说，这些需要并不是与生俱来的，而是个体在其生活实践中不断学会的。人们最经常研究的需要有三种：

- 成就需要，即想要完成某些困难的事情、获得高水平的成功、掌握复杂的技能和超越他人的欲望。
- 归属需要，即想要建立亲密的人际关系、避免冲突、建立温暖的友谊的欲望。
- 权力需要，即想要影响或者控制他人、对他人负责、对他人行使职权的欲望。

早期的生活经历决定了人们能否习得这些需要。如果一个人在孩提时代就被鼓励自己动手做力所能及的事情，那他就会习得成就需要。倘若他建立和谐的人际关系的努力被强化，那他就会发展归属需要。假使他从小就从控制他人中体验到满足感，那他就会习得权力需要。

在二十多年的时间里，麦克利兰研究了人类的需要及其对管理的意义。那些成就需要水平高的人往往是企业家。有强烈归属需要的人一般说是成功的"人际关系调节者"，他们的工作职责就是协调一个组织内部几个部门之间的工作。人际关系调节者包括品牌管理者和项目管理者，他们必须掌握高超的人际交往技巧。对权力的强烈需要总是与在组织内部获得很高的地位联系在一起。例如，麦克利兰对 AT&T 的管理者们进行了长达 16 年的研究，结果发现，随着时间的推移，权力欲极强的人更有可能不断获得晋升。超过一半的高级职员对权力有着强烈的需要。与之相比，成就需要高但权力需要低的管理者一般在他们职业生涯的早期便达到事业的顶峰，但却处于较低的管理层次。其原因在于，成就需要可以通过工作任务本身来满足，但是，权力需要只能通过爬升到高层、享有指挥他人的权力来实现。

总之，满足型激励理论着重强调人的潜在需要，并识别出那些对人的行为有激励作用的特定需要。需求层次理论、ERG 理论、双因素理论以及习得需要理论都能帮助管理者了解对人的行为有激励作用的因素。因而，管理者的工作设计就可以围绕满足人的需要来进行，进而引发员工适当的、能够导致最终成功的工作行为。

成就、归属和权力的需要

说明：这份问卷要求你描述自己喜欢的情况。对于以下每一项，如果描述语完全符合你的情况，得 3 分；如果较为符合，得 2 分；最不符合得 1 分。

1. _____a. 无论做什么，我喜欢尽我所能做到最好。

_____b. 我喜欢建立新的友谊。

_____c. 我喜欢告诉别人怎么完成他们的工作。

2. _____a. 我希望能够说，我将一件困难的工作做得很好。

_____b. 我喜欢与朋友建立强大的关系。

_____c. 我喜欢承担责任和义务。

3. _____a. 我喜欢完成那些需要技能和付出努力的任务。

_____b. 我喜欢与朋友一起分享。

_____c. 我喜欢被别人叫去解决他人之间的争论和纠纷。

4. _____a. 我喜欢我做的事情取得成功。

_____b. 我喜欢为朋友做事。

_____c. 我喜欢自己能够说服别人去做我想做的事情。

5. _____a. 我喜欢从完成一项困难的任务中寻找满足感。

_____b. 我喜欢结识新朋友。

_____c. 我喜欢被别人看作是领导者。

6. _____a. 我想成为自己职业领域里公认的权威人士。

_____b. 我喜欢加入成员彼此间具有温暖而友好感情的团队。

_____c. 在团队中，我喜欢做出我们将要做什么的决定。

7. _____a. 我喜欢面对困难的工作挑战。

_____b. 我喜欢尽可能多地结交朋友。

_____c. 我想成为一位掌握实权的管理者或政治家。

评分与解释：根据以下方法计算你的分数：

成就需要 = 1 a + 2a + 3a + 4a + 5a + 6a + 7a = _____

归属需要 = 1 b + 2b + 3b + 4b + 5b + 6b + 7b = _____

权力需要 = 1 c + 2c + 3c + 4c + 5c + 6c + 7c = _____

戴维·麦克利兰的研究发现，一些人类的需要是在早年的生活经历中习得的，他研究的三种需要为对成就、归属和权力的个人需要。成就意味着超越的需要。归属意味着对和谐关系的需要。权力意味着指挥和影响他人的需要。在大多数人中，一种需要往往比另外两种需要更加强烈。你在一种需要上的分数越高，这种需要就更强烈，它就更能引导你的行为。这三种需要的相对优势对你来说意味着什么？如果你能让你的职业利用和满足你更强烈的需要，你就更有可能成功。

11.4 过程型激励理论

过程型激励理论（process theories）解释了员工如何选择其行为方式以满足他们的需要，并判定他们的选择是否成功。该领域重要的观点包括目标设定理论、公平理论和期望理论。

11.4.1 目标设定理论

回顾第 5 章我们关于确立目标的重要性与目的的讨论。大量的研究表明，当人们的工作目标具体而明确时，其激励水平较高。在你自己的生活中，也许你已经注意到，当你设定了具体的目标时，比如期末考试得优、在开学前减肥 10 公斤、暑假期间挣足够多的钱买一辆二手车，你受到的激励会更大。

埃德温·洛克（Edwin Locke）和加里·莱瑟姆（Gary Latham）提出的**目标设定理论**（goal-setting theory）认为，管理通过具体而明确的、富有挑战性的目标可以提高下属的激励程度和绩效水平，帮助下属跟进关于其目标实现情况的动态信息。图 11-5 示出了目标设定理论的关键组成部分。

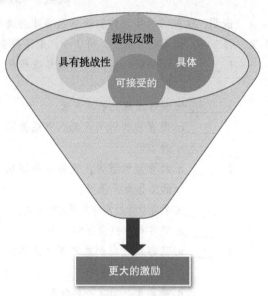

图 11-5　激励目标的标准

- 目标具体度。这是指目标的具体、明确程度。正如我们在第 5 章所述，诸如"每天拜访一位新客户""每周销售价值 1 000 美元的商品"等具体目标要比"与新客户保持联系""提高商品销售额"等含混目标更有激励作用。缺乏清晰、具体的目标被认为是许多组织绩效奖金计划失败的主要原因。模糊的目标会让人感到沮丧。

- 目标难度。从该角度来看，困难目标比容易目标的激励效果更好。轻而易举的目标对员工几乎没有挑战性，不要求他们提高产出水平。然而，艰巨但可以实现的目标要求员工充分发挥他们的聪明才智，并为更大的成就感和个人效用感提供了基础。德国的一项研究发现，在三年当中，只有那些认为实现他们的目标有难度的员工显示出了越来越多的正面情绪、工作满足感和成就感。

- 目标接受度。即员工不得不"买进"目标并承诺实现之的程度。让员工参与制定目标，是提高员工对目标的接受与效忠程度的好方法。

- 反馈。即员工能够得到关于其目标实现情况的动态信息。管理者必须定期、持续地向下属提供绩效反馈信息。然而，研究发现，自我反馈（员工能够监控自己的目标实现进程）甚至比外部反馈的激励效果更好。

为什么设定目标能够提高激励水平？一方面，明确的目标可以使人集中精力做正确的事情。人们知道朝哪个方面努力，就可以专心做好最重要的工作，以完成目标任务。目标催人奋进，因为人们感觉有必要将精力集中在制定实现目标的计划与策略之上。具体的、艰巨的目标对人是一种挑战，鼓舞人付出高度的努力。此外，当目标达成时，自豪感和满足感会增加，这又会带来更大的动力和士气。下面的例子说明了目标设定的激励力量。

 聚焦技能

Advanced Circuits 公司

当位于科罗拉多州奥罗拉的 Advanced Circuits 公司出现生产线频繁启停故障，使公司一个月损失大约 5 万美元时，前首席执行官罗恩·休斯顿（Ron Huston）提出了一项计划。他买了一辆废旧汽车，把它放在停车场，并告诉员工，他们可以在生产线未重新启动的每一天用大锤敲打汽车一下。员工设定的目标是在 90 天内将汽车敲扁。

每个人都玩得开心，他们通过解决生产线的问题而达到了这个 90 天的目标。休斯顿意识到，能够用于员工的激励方式是制定明确而具体的目标，特别是在实现过程很有趣的情况下。他开始为企业的其他方面设定目标，并在目标实现时予以奖励。同样重要的是，他通过向每个人提供有关进展的持续数字反馈，使绩效朝向目标发展，并保持员工的积极性。员工们开始全天查看数据，看看他们完成的情况。"我们获得的目标越多，对我们来说就会更好，"员工 Barb Frevert 说道。

11.4.2　公平理论

公平理论（equity theory）主要研究个体内心对于与他人比较而言自己得到的公平待遇的程度如何的知觉。公平理论是 J. 斯泰西·亚当斯（J. Stacy Adams）提出来的，该理论认为人受到激励，要追求绩效报酬方面的社会公平性。

根据公平理论，如果人们感觉自己获得的报酬与他人的类似业绩所获取的报酬是相等的，那么他们就会认为自己受到了公正和公平的对待。人们用投入产出比衡量是否公平。工作投入包括教育、经验、努力以及能力。工作产出包括工资、赏识、福利和晋升。投入产出比往往用来与员工所在工作小组中的其他人相比，或者与自己所假想的小组平均水平相比。**公平**（equity）就是指一个人的投入产出比等于另一个人的投入产出比。

不公平是指投入与产出的比例失调，例如，当一位受过高等教育、经验丰富的员工与另一位初来乍到、受教育程度较低的员工得到的工资额相同时，就出现了不公平的现象。有趣的是，情况相反也会感觉到不公平。因此，倘若一个员工发现他的工资比在工作上投入相同的其他员工的工资高，那他就会感觉到自己应该更勤奋地工作、接受更多的教育或者考虑领取更低的工资，以改变这种不公平的局面。科学研究表明，人类的大脑似乎是不喜欢不公平的，即使我们从中受益。此外，人们从不经过努力获得的金钱中得到的满足感比从通过努力获得的满足感少。明显的不公平会使个体内心出现紧张情绪，进而激发他们重新回到公平状态。

最常见的减少明显不公平的方法有：

- 改变投入。人们会选择增加或减少他们对组织的投入。例如，认为自己工资偏低的人可能会减少他们的努力程度，或者增加缺勤次数。与此相反，薪水过高的人则会加倍努力地工作。

- 改变产出。人们可以改变其产出。例如，认为自己工资偏低的人可能会要求增加工资或者调换更大的办公室。工会可能会试图迫使公司提高工资和改善工作条件，从而与那些其会员赚钱更多的工会保持一致。

- 扭曲认知。研究表明，如果人们不能改变投入或产出，他们就会扭曲对公平的看法。他们可能人为地增加他们工作的重要性或扭曲其他人可以看得见的奖励以求得心理平衡。

- 离职。某些受到不公平待遇的人会选择回避的态度，即离开该公司，以免受到工资过高或者过低的不公平待遇。他们期待在新工作中获得公平的待遇。例如，当苹果公司的布赖恩·巴德（Brian Bader）得知他的业绩是团队中业绩最差的成员的两倍，但收入却只比那人高 20% 时，他选择离开了这个技术支持岗位。

公平理论对管理者的启示在于，员工事实上要评价与他人相比时自己所得到报酬的公平性。许多大型律师事务所每年将其支付给合伙人的报酬减少 10% ~ 30%，将省下来的钱用于雇用和奖励"业绩明星"，而拒绝采用给合伙人支付相同数量报酬的传统做法。这种变化符合奖励那些能够产生更多业务的员工的策略，但对其合伙人的士气和积极性会造成破坏性影响，他们会认为新的报酬计划不公平。有时候，不公平的报酬会给员工带来几乎是无法承受的压力。他们试图改变自己的工作习惯，改进工资制度，或者干脆辞职走人。公平理论解释了为什么 Hostess 公司的员工在这个逐渐衰退的公司给高管们支付高额奖金时会感觉到愤怒，如本章的"事业大错"所述。

 事业大错

Twinkies

2012 年，当 Twinkies 品牌的制造商 Hostess Brands 公司停业时，Twinkies 差点消失。尽管联邦法律禁止在破产过程中发放奖金，但 Hostess 的高管们还是给自己大幅加薪。高管们似乎并没有考虑这会对员工产生什么影响。工会代表们强烈抗议不公平并发起了罢工。被破坏的劳资关系紧张对这家陷入困境的公司没有什么帮助，它于 2012 年 12 月被破产清算了。超过 1.8 万名员工失业。这个世界成了没有 Twinkie 的世界——至少暂时是这样，直至 2013 年情况彻底逆转，有亿万富豪收购了 Hostess，并使 Twinkies 品牌重新回归于承认其价值的世界，正所谓"历史上最甜蜜的回归"。

由于年轻员工的态度发生变化，一些工作场所发生了有趣的变化，如下例所述。

 聚焦技能

SumAll 公司

"我们这代人拥有透明的文化，" 25 岁的达斯廷·齐克（Dustin Zick）这样说。当齐克准备辞去作为 BuySeasons 公司的社交媒体专家的工作时，他向几个同事询问了他们的工资待遇，以便在进行下一份工作的薪酬判断时有所准备。反对进行薪酬比较的禁忌在习惯于在社交媒体上记录自己的私生活的年轻员工中正逐渐消失。有些人不明白为什么公司不把其他人在做的事情公之于众。

SumAll 公司的戴恩·阿特金森（Dane Atkinson）就同意这种做法。阿特金森及其共同创始人将这个数据分析公司创建为一个开放型企业。招聘和晋升决策、绩效评估数据、薪酬等级以及员工的薪酬标准向公司的每个员工公布。公司的拥有者认为，这种做法可以创造信任，防止员工担心不公平。一家总部位于华盛顿特区的创新咨询公司 Peer Insight 公司也将薪酬、奖金和绩效评估数据向公司的几十名员工公开。然而，另一些人则认为过于公开会带来更多的问题。数据库公司 RethinkDB 的首席执行官及联合创始人 Slava Akhmechet 就尝试将薪酬信息公开，但当他需要在供不应求的劳动力市场上招聘新的技术员工时遇到了麻烦。Slava 发现，他需要向新员工提供比目前员工更高的薪水。长期员工开始要求加薪，在某些情况下，如果这样的要求没有得到满足，积极性、绩效和义务感就会显著下降，因为员工觉得不公平。Slava 最终停止采用公开薪酬模式。

支持透明性的员工和管理者认为，这种做法可以确保每个人都得到公平的报酬，并减少歧视。另一些人则认为，感到不公平是组织中始终存在的一个问题，一些事情不公开比完全公开更有利。

11.4.3　期望理论

期望理论（expectancy theory）认为，激励应该以人们对自己完成工作任务的能力和理想的回报的期望值为基础。尽管到目前为止有许多学者都对期望理论的发展做出了贡献，但其中最具代表性的人物还是维克托·弗鲁姆（Victor Vroom）。

期望理论关注的不是人们需要的类型，而是人们用来获取报酬的思维方式。例如，一项关于期望理论的有趣研究是针对美国中西部巡警的缉毒行动。该研究发现，缉毒行动最多的巡警更有可能认为这些行动是管理层最重视的工作，（勉力于此）能得到组织的奖励，获得专业培训，以提高他们与禁毒有关的技能。他们还认为，他们有足够的时间和资源来正确地调查可疑的涉毒犯罪活动。沃尔玛正在通过将一些高管的薪酬与彻底检查公司的合规计划（高管遵守针对国际行为的反贿赂法和其他政策）关联起来，以利用期望理论。通过将奖励与实现具体的合规性目标直接联系在一起，高层管理者们已经将彻底检查合规性当成了一件优先考虑的事。

期望理论是以个人的努力、绩效以及与绩效相关的预期回报之间的关系为基础的。这些构成要素及其相互关系如图 11-6 所示。期望理论的关键之处在于，当我们考虑到回报对于个人的价值大小时，我们对于个人努力、绩效以及回报的相互关系的期望值。

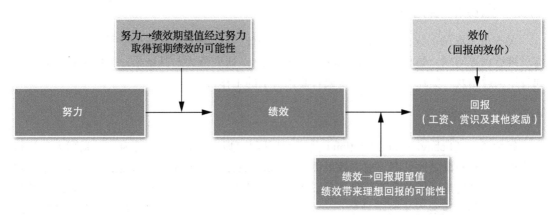

图 11-6　期望理论的主要构成要素

努力→绩效期望值（effort → performance expectancy）是指是否努力工作将决定能否获得高绩效水平。如果一个人要想将这一类的期待值提高的话，他就必须具备相应的能力、经验以及必要的机械、工具和机遇。让我们看一个简单的销售例子。如果钻石礼品店（Diamond Gift Shop）的销售员帕洛玛（Paloma）认为销售上的加倍努力就能够提高她个人的销售额，我们就可以说她的努力→绩效期望值较高。但是，如果帕洛玛认为她既没有能力也没有机会达成更高的绩效，那么期望和动力就会较低。

绩效→回报期望值（performance → outcome expectancy）是指卓越的绩效能带来预期的回报或奖励。如果某个人的绩效→回报期望值较高，那么这个人受到的激励水平也较高。倘若此人预期即使取得了卓越的绩效也不可能获得理想的回报，那他就没有什么动力了。如果帕洛玛还认为个人销售额的提高将会给她带来加薪的机会，我们就说她的绩效→回报期望值也较高。她也许会意识到可能有加薪的机会，并与她的主管或者其他同事交谈，看看是否更高的销售会帮助她获得更多的加薪。如果答案是否定的，她努力工作的动力就会减少。

效价（valence）是指对个体而言回报的价值大小或者回报对于个体的吸引力如何。如果员工认为努力工作加上卓越绩效之后获得的回报是无足轻重的，那么员工从事该项工作的动力就小。反之，如果员工认为他们得到的回报是非常宝贵的，那么，他们努力工作的动力就比较大。如果帕洛玛认为加薪具有很大的价值，那么效价就高，并且她会有很强的动力。另一方面，如果金钱对于帕洛玛的效价低，她整体的动力则会较低。若想使员工具有高度的工作积极性，期望模型中的三个要素值都必须要高。

期望理论并不打算去界定各种各样的需要与回报，而只是要说明这些需要与回报是客观存在的，并且因人而异。某人可能期望被提升到权力更大的职位上，而另一个人则十分重视与同事保持良好的人际关系。结果是，第一个人在这一信念的激励下努力工作以获得提升，第二个人则为谋求一个能够使他随时与团队保持联络的团队职位而努力工作。研究证实，个性化的奖励才具有激励力。美国劳工部近期发现，人们离职的首要原因是"他们感觉到不被重视"。但是盖洛普通过对30个产业的1万个工作团队的分析发现，让人们感到受重视取决于找到对每个个体正确的奖励方式。一些人更喜欢有形的奖励，如奖金、礼物或豪华游等，而另一些人则更重视欣赏和赞誉的话语。此外，一些人喜欢公众的知名度，而另一些人更喜欢悄悄地被他们崇拜和尊敬的人表扬。

11.5　激励的强化理论

关于员工激励的强化理论回避了满足型激励理论与过程型激励理论中所提到的员工需要与思维过程等问题。**强化理论**（reinforcement theory）研究行为与其结果之间的关系，它强调通过适当运用及时奖励与惩罚来改变或者修正员工的工作行为。

11.5.1　直接强化

行为修正（behavior modification）是指运用强化理论来改变人的行为的一系列方法。行为修正的基本假设是效果率。根据**效果律**（law of effect），人们倾向于重复那些得到了正强化的行为，而避免重复那些没有得到强化或者得到了负强化的行为。**强化**（reinforcement）就是使某一行为得以重复发生或者被禁止。例如，全食超市在员工符合针对健康习惯的某些标准（如维持低胆固醇和正常血压，或戒烟）的情况下，向员工提供店内购买商品30%的折扣。随着医疗保险费用上升，许多公司正寻找办法来强化能够使员工更健康的行为。常用的四种强化方法是正强化、规避性学习、惩罚和废止，如以下描述和图11-7所示。

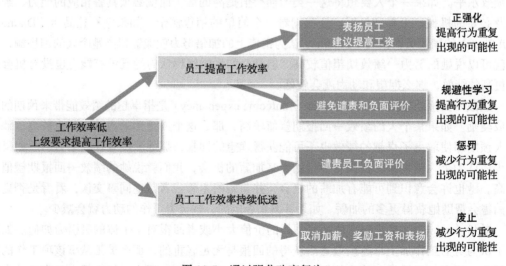

图11-7　通过强化改变行为

- **正强化**（positive reinforcement）是对合意行为所给予的令人愉快的奖励性认可。研究显示，正强化确实能够帮助激励合意行为，而且非财务上的强化（如积极反馈、社会认可和关注）和财务激励同样有效。对儿童的研究表明，那些努力拼搏和敢于冒险的儿童往往喜欢挑战，并且从长远来看会取得更大的成功。最近对一家高级餐厅的员工进行的一项研究发现，当领导者提供关于如何执行工作的清晰的任务指南和明确的反馈意见时，积极性和绩效都会得到提高。桌子、椅子、地板和洗手间的清洁和消毒次数增加了 63%，备餐台的备餐次数增加了 48%。主管的关注和反馈起到了与经济回报无关的心理激励作用。

- **规避性学习**（avoidance learning）是在行为改善后消除所产生的令人不愉快的后果，从而鼓励和强化合意行为。规避性学习有时也叫负强化。其理论依据是，人们会改变某个特定的行为，以避免出现该行为所引发的不合意的结果。一个简单的例子是，一位主管不断提醒工厂里正在偷懒的员工，当员工停止偷懒后主管也就不再唠叨，这位主管就采用了规避性学习。

- **惩罚**（punishment）是把令人不愉快的结果强加给员工。惩罚通常是与不合意的行为联系在一起的。惩罚的一个例子是，在彭尼百货出现销售额损失超过 40 亿美元后，该公司的董事会将首席执行官罗恩·约翰逊（Ron Johnson）的薪酬减少了近 97%（达190 万美元）。不幸的是，惩罚并没有帮助约翰逊扭转局面，他在担任首席执行官职位仅 17 个月后被解雇。不过，人们对在组织中运用惩罚手段颇有争议，因为惩戒并不能告诫员工什么才是正确的行为方式。然而，几乎所有的管理者却认为，偶尔对员工进行一些惩罚，包括口头批评、停职或者开除，还是很必要的。

- **废止**（extinction）是指撤回正面的奖励。管理者惩罚员工时，往往会把令人不愉快的结果强加给员工，比如训斥和取消好评及其他积极的奖励等。而废止，则是基本上忽略不合意行为。其理论依据是，没有得到正强化的行为将逐渐消失。《纽约时报》记者写了一篇幽默的文章，讲述她在研究了专业人士训练动物的方式之后，如何学会停止唠叨，而代之的使用强化理论来塑造丈夫的行为。当她的丈夫做了一些她喜欢的事情，比如将脏衬衫扔在篮子里，她就会采用正强化，感谢他或给他一个拥抱和一个吻。不合意的行为（比如将脏衣服扔在地上）会被忽略，这是在运用废止的原则。

11.5.2 社会学习理论

社会学习理论（social learning theory）与强化理论相关，但它提出，个人的激励不仅仅可以来自于奖励和惩罚的直接经历，也可以来自于人们对他人行为的观察。

替代性学习（vicarious learning）或观察学习（observational learning）是在个人观察他人执行某些行为并因这些行为获得奖励时发生。例如，少年儿童通常在学校里表现得很好，因为他们认为表现良好的孩子会得到老师更积极的关注。管理者可以通过确保个人①有机会观察合意行为，②准确地感知行为，③记住该行为，④具有执行该行为的必要技能，⑤认为该行为能够得到组织的奖励，从而增加个人执行合意行为的动机。回想一下第 9 章关于在职培训的讨论。管理者通常将新员工与具有组织所希望的行为类型的模范员工配对。管理者还通过突出优秀员工的长处并将他们塑造为其他人的榜样来促进社会学习。但是，替代动机的关键在于，确保学习者知道合意行为得到了奖励。

11.6 激励的工作设计

组织内部的工作是指单个员工负责完成的单位工作。工作可能是在纽约市为违章停车的人写罚单，也可能是在盐湖城市医疗中心执行核磁共振成像（MRI）或为网飞公司编写一份长期发展计划。工作对员工来说是很重要的，因为完成工作能够得到奖励，而奖励又能够满足个体的需要。管理者应该了解工作的哪些方面可以为员工带来激励，以及如何对那些内在满意度低的日常工作进行补偿。**工作设计**（job design）就是要运用激励理论来设计工作结构，以提高员工的劳动生产率和工作满意度。

11.6.1 工作丰富化

回忆一下第 1 章的科学管理理论，其任务被设计成为简单的、重复性的和标准化的任务。这有助于提高效率，但简单化的工作通常不能有效地进行激励，因为这些工作可能会令人感到枯燥和变得如同例行公事。因此，许多公司的管理者将简单化的工作设计成为具有更多变化和更大满意度的工作。一种被称为"工作轮换"的技术是将员工从一个工作岗位有组织地换到另一个工作岗位，以提供多样性和刺激性。另一种方法是将一系列小任务组合成一个新的范围更广的工作，使员工参与各种活动，这就是所谓的**工作丰富化**（job enlargement）。

总体而言，趋势是朝着工作丰富化发展，这意味着将高效的激励因素融合到工作中，包括责任感、认可度以及成长、学习和获得成就的机会。在一个丰富化的工作环境中，员工对完成工作所必需的资源享有控制权，对如何完成工作拥有自主决策权，完成工作时能体验到个人的成长，并且还能自主决定工作节奏。研究显示，当工作被设计得更多地由员工而不是管理者控制时，人们通常会感受到更强的参与感、义务感和激励，这些东西相应地带来了更高的士气、更低的流动率和更优异的组织绩效。

11.6.2 工作特点模型

理查德·哈克曼（Richard Hackman）和格雷格·奥尔德姆（Greg Oldham）提出的**工作特点模型**（job characteristics model）是工作设计的一种重要方法。他们的研究主要是**工作再设计**（work redesign），即通过改变工作来提高员工的工作质量和劳动生产率。理查德·哈克曼和格雷格·奥尔德姆在大量实证研究的基础上，提炼总结出了工作特点模型，见图 11-8。该模型由三个主要部分组成：工作内核、关键心理状态、员工发展需求强度。

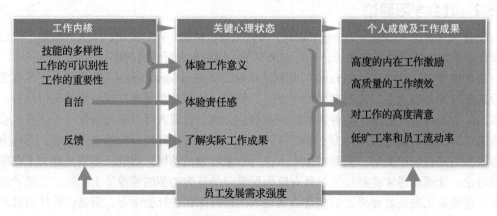

图 11-8　工作特点模型

1. 工作内核

理查德·哈克曼和格雷格·奥尔德姆识别了决定工作的激励潜力的五个因素：

- 技能多样性。这是指构成某一工作的不同活动的数量以及完成该工作所需要的不同技能的数量。常规的、重复性的、装配线上的工作的多样性比较差，而每天都要解决新问题的应用型研究职位的多样性程度则比较高。
- 工作的可识别完整性。这是指员工完成的全部工作具有清晰可辨的开头和结尾的程度。负责准备一顿饭的厨师比自助餐馆里面舀土豆泥的工人的工作更加完整。
- 工作的重要性。这是指员工所感知到的工作的重要性以及工作对于公司或者顾客的影响力的大小。在危急时刻派送青霉素或者其他医疗用品的人会认为他们的工作很重要。
- 自治。这是指员工在多大程度上享有制订计划和执行任务的自由、决断力与自主权。粉刷房屋的工人可以决定如何粉刷房屋，但是在流水线上作业的喷漆工则几乎没有任何的自治权。
- 反馈。这是指员工通过完成工作的情况来了解自己的绩效水平的程度。不同的工作反馈的能力是不一样的。足球教练比赛结束后就能知道他的球队是赢还是输，但是从事基础研究的科学家则需要等待多年才能知道他的研究项目是成功还是失败。

工作特点模型认为，在工作设计中，上述五个核心因素考虑得越多，那么员工所受到的激励就越大，员工绩效、工作质量也会越高，员工的满意度也就越大。

2. 关键心理状态

该模型假定，当个体对工作设计的反应呈现出三种心理状态时，工作内核更能够起到激励的作用。在图 11-8 中，技能的多样性、工作的可识别性和工作的重要性都会影响到员工体验工作意义的心理状况。工作本身是令人满意的，因而会给员工带来内在的奖励。自治这一工作特点影响着员工对于责任感的体验。反馈这一工作特点则使员工能够了解到自己工作的实际成果。因此，员工知道了自己的工作做得如何，这样就可以改进工作绩效，提高理想的工作成果的数量。

3. 个人成就及工作成果

上述五个工作特点对于体验工作意义、体验责任感和了解实际工作成果三种心态的影响导致了下列四种个人成就及工作成果：高度的内在工作激励、高度的工作绩效、对工作的高度满意、低旷工与员工流动率。

4. 员工发展需求强度

工作特点模型的最后一个要素就是员工发展需求强度，其意思是说，人们具有不同的成长和发展需求。如果某个人想满足低层次的需求，比如安全需求与归属需求，那么工作特点模型就没有什么用处。但是，当一个人迫切需要自我成长和发展时，比如挑战自我、取得更大的成就或者从事富有挑战性的工作，那么该模型就是极为有效的。急于自我发展和提升个人能力的那些人，对工作特点模型的运用及工作内核的改进持支持态度。

一个有趣的发现是，工作特点模型存在跨文化差异。在美国这样的国家，自治、挑战、成就、认知等内在因素具有很强的激励效果。但是，在尼日利亚，这些因素对提高激励和满意度水平几乎没有什么作用，甚至还可能起反作用。最近一项研究表明，在经济上处于弱势地位、政府社会福利体系脆弱的国家以及高权力距离的国家（参见第 3 章），内在因素与工作激励和满意度之间的关系较弱。因此，可以预期，在这些国家，工作特点模型更加不适用。

11.7　激励的创新观点

组织越来越多地运用各种激励工资制来提高员工的绩效水平。例如，当领导力咨询公司 The You Business 的所有者 Elise Lelon 因预算压力而无法给员工加薪时，她制定了一个优厚的一次性奖金计划，该计划与员工为公司创造的收益总额挂钩。"这让他们活力焕发，并帮助企业发展壮大，"Lelon 说道。表 11-1 总结了激励工资制的几种方法。

表 11-1　新的激励工资制

方案	目的
绩效工资	按员工的绩效进行奖励，也叫奖励工资
收益分享	当完成预期目标时，奖励经营单位内部的所有员工和管理者；鼓励团队精神
员工持股计划	给予员工公司的部分所有权，使他们能够分享增加的利润
一笔总付的奖金	根据员工的绩效一次性以现金支付的方式奖励员工
知识技能奖	将员工的工资标准与其所掌握的技能水平挂钩；激励员工掌握能够从事多种工作的技能，进而提高公司的灵活性与工作效率
弹性工作制	弹性工作时间使员工可以自主安排自己的工作时间。工作分享使得两名或者多名兼职员工可以共同完成同一份工作；远程办公，有时称为弹性工作地点，使得员工可以在家里或者任何其他地方上班
团队精神奖	奖励员工对团队有益的行为或者活动，如合作、倾听、授权他人等
生活大奖	用豪华大奖（如大型体育赛事入场券或国外游）来奖励员工实现了远大的目标

在许多公司，各种各样的薪酬方案和"风险"工资形式（如分红计划）是关键的激励工具，甚至比固定工资使用得更广泛。然而，除非经过精心设计，否则激励计划可能适得其反，抵押贷款和金融业的问题证明了这一点，一些人采取过度激进甚至不道德的行为来获得巨额奖金。许多公司（包括摩根士丹利投资公司（Morgan Stanley）、瑞士信贷集团（Credit Suisse）、高盛投资公司（Goldman Sachs）等）以及其他一些组织（如家得宝（Home Depot）、威瑞森（Verizon）和美国家庭人寿保险（Aflac）等），正在修改它们的薪酬计划，以确保对合意行为进行激励。不幸的是，许多管理者仍会对那些通过不道德行为获得更多业务的人员进行奖励，从而鼓励错误的行为，使员工们认为利益比诚信更加重要。伦理资源中心（Ethics Resource Center）最近进行的"国家商业道德调查"显示，45% 的人目睹过工作中的不道德的行为，13% 的人认为他们被迫通融甚至违反法律来获得奖励——比上次在 2010 年进行的调查提高了 5 个百分点。

如果运用恰当，并与为员工提供内在奖励和满足员工较高层次需求的激励思想结合起来，这些激励方案便是很有效的激励方法。为了创建员工能够不断发展的环境，最有效的激励方案通常不仅仅涉及金钱或其他外部奖励。三个重要的方法是员工授权、员工投入和员工进步，如下文所述。

11.7.1　通过授权满足员工较高层次的需求

管理者满足较高激励需求的一种主要方法是，从组织的最高层开始实施权力下放，与下属分享权力，以便他们能够实现既定的目标。**授权**（empowerment）就是权力共享，即把权力或者职权授予组织内部的下属。员工享有的权力越来越大，这有助于提高他们完成工作任务的激励水平，因为员工一旦拥有了更多的权力，就能提高自己的工作效率，选择最适宜的工作方法，并充分发挥自己的创造力。在丽思 – 卡尔顿酒店（Ritz-Carlton），员工可以使用不超过 1 000 美元的经费自行决定为客户创造一种不一般的体验。当加利福尼亚州某地居住在

丽思 - 卡尔顿酒店附近的那些家庭因火灾风险而被迫撤离时，该酒店破例未遵照"禁止宠物"的规则执行。一名员工预测到需要宠物物品，便开车前往最近的杂货店购买了狗粮和猫粮，使那些暂时无家可归的烦恼的客人感觉稍微轻松一点。员工授权意味着要给予员工更随意地完成工作所需要的信息、知识、权力和奖励四个要素。

（1）让员工了解关于公司绩效方面的信息。在员工充分授权的公司，所有员工都可以接触到公司全部的财务信息和经营信息。

（2）使员工具有达成公司目标所需要的知识与技能。公司通过培训课程帮助员工获得必要的知识与技能，以便他们为组织实现其绩效目标做出应有的贡献。

（3）让员工拥有制定重要决策的权力。员工有权直接干预工作流程和组织绩效，这常常通过质量管理小组或者自我管理型工作团队来实现。

（4）根据公司的绩效情况对员工实施奖励。实行员工授权的公司通常按照公司财务报表反映出的经营业绩来奖励员工。公司还可用表 11-1 所示的其他激励工资方案来鼓励员工将自身利益与公司利益结合在一起。

下面 Hilcorp 能源公司的例子对授权的四个要素进行了说明。

在 Hilcorp 这样的公司，授权意味着几乎给予员工完全的自由和权力来做出决定和发挥创造力及想象力。然而，组织向工人授权的程度是不同的，有的情况下管理者鼓励员工的想法但保留最终决策权，有的情况下又像 Hilcorp 那样完全授权。研究表明，授权通常会增加员工的满意度、积极性和生产力。

 聚焦技能

Hilcorp 能源公司

Hilcorp 能源公司总部设在得克萨斯州休斯敦，是全美第四大民营陆上原油和天然气生产者。但 Hilcorp 与大多数能源公司不同，该公司接管了被大型能源公司淘汰的钻井，这些钻井每年生产约 2 500 万桶石油和天然气。

Hilcorp 在对人的管理方法上也与大多数能源公司不同。管理者们把公司的成功归功于生产第一线的员工。所有公司人员都可以访问所有的财务和运营信息。由于管理者把决定权交到生产第一线的人员的手中，他们便需要充分掌握信息来做出正确的抉择。"你想知道我们如何做的吗？你的那块蛋糕是如何操作的？我们会分享好消息和坏消息，"一位高级金融分析师说。"我们将成功归于那些为我们报表上的数字做出贡献的每一位员工。"

Hilcorp 的员工始终关心公司的业绩，因为他们根据公司的业绩获得回报。根据业绩目标的符合情况，员工最多可以获得年薪60%的额外奖金。在 Hilcorp，员工真正感觉到像是主人。"由于我们齐心协力，不存在彼此竞争，我们都是参与者，所以我们能够取得惊人的成功，"Jeff Hildebrand 如是说。

11.7.2　通过员工投入让工作有意义

员工投入（engagement）意味着，人们喜欢他们的工作，满意他们的工作环境，热情地达成团队和组织目标，有归属感，忠于组织。令人震惊的是，最近的调查显示，美国只有30%的员工投入工作并受到激励，有18%的员工消极怠工。完全投入的员工深切关注组织的发展，积极寻找服务于使命的办法。消极怠工意味着某些员工会不断破坏组织的成功。

管理者如何使员工投入？图 11-9 示出了使员工投入的三大要素：有意义感、关联感和成长感。当管理者采用能够创造这些感觉的方式组织工作时，就能产生很大的激励和很高的组织绩效。

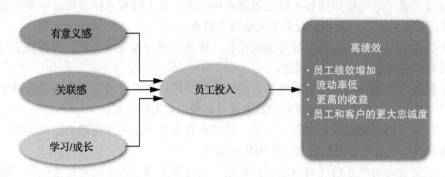

图 11-9　员工投入模型

- 人们觉得他们是在为一些重要的事情而努力。当员工有机会完成能够真正创造价值的事情，他们就会觉得有意义。好的管理者会帮助员工明晰自己的工作目的，这有助于形成自豪感和尊严感。美国领先的人力资源服务公司 Kenexa（最近被 IBM 收购）聘请心理学家和其他科学家来研究什么才能激励员工。一个发现是，那些对自己的公司和使命感到自豪的人的流动率明显低于那些没有自豪感的人。奥斯卡金像奖影片的导演詹姆斯·卡梅隆（James Cameron）通过日常规划和详尽的会议来解决遇到的所有问题，从而帮助员工建立与其工作的关联感，并与制作更优秀影片的更高目标相联系，如本章的"管理者工具箱"所述。
- 人们感觉到自己与公司、同事及其管理者是息息相关的。在一个询问人们什么因素能使他们投入工作的调查中，79% 的人认为"与同事的良好的关系"会使他们更加投入或相当投入。甚至更多的人（91%）指出与直接上司建立良好的关系也非常重要。管理者的行为在人们是否愿意投入工作方面起着最大的作用。当管理者听取员工的意见、帮助员工与同事建立积极的关系时，就能够使员工更加投入。

 管理者工具箱

詹姆斯·卡梅隆

作为世界上最成功的导演之一，詹姆斯·卡梅隆用《终结者》《泰坦尼克号》《阿凡达》等电影证明了他创作大片的能力。如果你不知道如何保持员工的积极性，你就无法带来数十亿美元的票房收入。

在卡梅隆年轻的时候，他承认给员工施加了太多的压力，并会监督员工如何开展工作，但他现在认识到，从"导演"到"天后"并沉迷其中是件多么容易的事情。他改变了这一过程，他称之为"完全彻底的透明度"，使之更具长期性。每天早晨 8 点 15 分，负责完成某

个项目的各部分任务（例如为影片设计汽车）的每个人都会围坐在一张桌子前。他确实准确地指 8 点 15 分。每个人都公布自己遇到的问题或存在的顾虑。没有关于这些问题的"线下"对话，所有的事情都由小组定夺，然后由小组解决问题。大家都觉得他有点疯狂，但两周以后，小组成员开始像一个真正的团队那样运作，他们很珍惜这个将所有问题都交由小组解决的机会。

一个项目完成后，卡梅隆会继续采用这种小组沟通的策略。当《阿凡达》完成拍摄后，

他带领团队进行了一次事后回顾，每个部门写一份分析报告，说明哪些地方做得好，哪些做得不好，哪些地方下一次可以做得更好。回顾产生了关于软件和技术改进方面的创意，这些创意将使下一部电影的效率更高，并更具成本效益。即使是世界顶级影片《泰坦尼克号》的导演也需要关注成本，并保持员工的积极性，不是吗？

- 人们有机会学习、成长和进步。要完全投入工作，员工不仅需要感觉到自己有能力处理被要求完成的事情，还需要感觉到他们有机会学习和拓展自己潜力。好的管理者会帮助员工认识到自己具有一系列独特的天赋、技能、兴趣、态度和需要；将员工安排在他们能够每天做出最大贡献并且得到内在奖励的岗位上；确保员工具有他们用于出色完成工作所需的资源。此外，他们还会给员工提供执行挑战性项目的机会，提供高质量的培训，并提供在组织内进步的机会。

研究已确认员工投入度与公司绩效之间具有相关性，包括流动率更低、盈利能力更强、员工和客户的忠诚度更高，如图 11-9 所示。

管理者可以采取策略来增加员工投入度和提高绩效。看看以下为大约 700 万客户提供人寿保险和养老金的保诚英国公司的例子。

 聚焦技能

保诚英国公司（Prudential UK and Europe）

与金融服务行业的其他公司一样，保诚英国公司处于高度动荡的环境中，并进一步受到全球经济危机和金融业丑闻的影响。

该公司的人力资源总监凯西·刘易斯（Cathy Lewis）、首席执行官罗伯·迪维（Rob Devey）和其他高层管理者决定将重点放到提高员工的投入度上。第一步是进行调查，看看员工认为什么可以影响投入度。其中一个调查结果是，一线管理者没有授权的理念。高层管理者重新界定了一线管理者的角色，并且不得不为一些无法转变角色的一接管理者重新分配任务。"这真的很痛苦，"客户服务总监特雷西·哈里斯（Tracy Harris）说，但这使高层管理者能够让一线管理者像经营自己的小型企业一样经营他们的部门。高级管理者开始每周撰写博客，包括记录那些做出重大贡献和获得奖励的员工。"这是一件小事，但我们的员工非常欢迎，"刘易斯说。一个原因是它鼓励并使员工之间产生紧密的关联性。迪维说，"这些行动可以看出你关心员工，并允许员工采取自己的举措并起到带头作用。"

一年后进行的另一次投入度调查显示，投入度（员工更进一步地感觉到自己是组织的一部分）和可实现性（他们觉得自己拥有圆满完成工作的资源和自主性）都大大增加了。

虽然保诚英国公司的跟踪调查结果是绝对肯定性的，并且是"骄傲的源泉"，但领导者们认为这并不意味着他们的工作已经完成。"继续询问，继续交谈，"刘易斯说。正是"组织中的员工们知道什么才能创造不同"。

11.7.3 进步理论

有时候具有最大影响的事情是那些相对而言的"小"事。最近的研究指出，朝着目标进步的重要性是产生很大激励的关键因素。**进步理论**（making progress principle）是指工作中可以增加激励、促使产生积极情绪和提高认知的唯一最重要的因素，是朝着有意义的目标迈进的理念。当人们有机会取得成就时，他们就会受到最大的激励。提供关于员工进步程度的反馈，并为他们提供追踪前进目标的方法，就提供了能够产生动力的可再生能量。了解他们每日取得的进步，即使很小的进步，也能使人们对继续行动的动机坚信不疑。

■ 讨论题

1. 根据最近的研究，你认为为什么进步是影响动机的最重要因素？管理者如何为那些在几个月甚至几年内都不会有结果的长期项目的员工提供进步感？

2. 心理学家已经确定了通往幸福的三个途径：感觉到快乐、投入和有意义。你是否认为为员工在工作中找到这些元素是管理者的责任？请讨论。

3. 假设你是一个呼叫中心的基层管理者。试着想出一个适合图11-2中四个象限的具体激励方法：外在积极的方法，内在积极的方法，外在消极的方法，内在消极的方法。

4. 作为对当今世界安全威胁的回应，美国政府将机场安检人员纳入了联邦政府序列。许多人认为，简单地把安检人员变成联邦政府工作人员并不能解决根本问题：厌倦的、低收入的和缺乏培训的安全检查人员没有保持警觉的动力。应该如何激励这些员工，才能满足当前旅行对安全的需求？

5. 运用哈克曼和奥尔德姆的核心工作维度，比较以下两个员工的工作：①贾里德，他花很多时间来调查和思考能源政策，以提出最终

会提交到州立法机关的建议；②爱丽丝，她花很多时间在国会大厦周围花园和空地的花木栽种和照料上。

6. 如果一个经验丰富的行政助理发现她的收入跟一个新来的门卫一样多，你认为她会有什么反应？她会评估哪些投入和结果来进行比较？

7. 一项研究发现，对指导教师来说，相信自己的工作很重要和工作中有成就感是最重要的两种激励。根据马斯洛的理论，这些激励满足了什么需求？

8. 根据本章开篇案例中提供的信息，使用赫兹伯格的双因素理论解释在玛氏公司为什么员工的积极性很高，流动率很低。

9. 你认为为什么授权能够增加积极性？你是否看到过管理者的授权可能使员工消极怠工的情况？请讨论。

10. 最近的一项盖洛普调查显示，受过高等教育的工人比那些只有高中文凭或更低学历的工人更不可能投入工作。受过更多教育的员工的投入度更低的原因可能是什么？

■ 自主学习

什么能给你激励？

指出下列各条对你的重要性。请根据你最近的或者当前的工作感受来回答问题。为每一题赋予1～7分之间的一个分值，其中1分代表非常不重要，7分代表非常重要。

1. 一个人从工作中获得的自我尊重感。

$$1 \quad 2 \quad 3 \quad 4 \quad 5 \quad 6 \quad 7$$

2. 一个人从工作中获得的成长和发展机会。

$$1 \quad 2 \quad 3 \quad 4 \quad 5 \quad 6 \quad 7$$

3. 该工作在公司内部的威望（即公司内部其他

人员对你的评价）。

$$1 \quad 2 \quad 3 \quad 4 \quad 5 \quad 6 \quad 7$$

4. 工作中独立思考和行动的机会。

$$1 \quad 2 \quad 3 \quad 4 \quad 5 \quad 6 \quad 7$$

5. 工作安全感。

$$1 \quad 2 \quad 3 \quad 4 \quad 5 \quad 6 \quad 7$$

6. 一个人在该职位上获得的自我实现感（即可以运用自己独特的能力并充分发挥自己的潜在能力的感觉）。

$$1 \quad 2 \quad 3 \quad 4 \quad 5 \quad 6 \quad 7$$

7. 该工作在公司外部的威望（即公司外部人员对你的评价）。

    1   2   3   4   5   6   7

8. 从工作中获得的有价值的成就感。

    1   2   3   4   5   6   7

9. 工作中能给予的帮助他人的机会。

    1   2   3   4   5   6   7

10. 工作中参与制定目标的机会。

    1   2   3   4   5   6   7

11. 工作中参与决定所使用的工作方法和工作程序的机会。

    1   2   3   4   5   6   7

12. 与工作有关的权力。

    1   2   3   4   5   6   7

13. 工作中发展亲密友情的机会。

    1   2   3   4   5   6   7

评分与说明：

当你做完问卷时，请按下列方法进行记分：

第5题的得分 =____。

用第1题的得分除第5题的得分=____（安全）。

第9、13题的得分之和 =____。

用第2题的得分除第9、13题的得分之和 =____（社会化）。

第1、3、7题的得分之和 =____。

用第3题的得分除第1、3、7题的得分之和 =____（尊重）。

第4、10、11、12题的得分之和 =____。

用第4题的得分除第4、10、11、12题的得分之和 =____（自治）。

第2、6、8题的得分之和 =____。

用第3题的得分除第2、6、8题的得分之和 =____（自我实现）。

指导教师掌握了对于总裁、副总裁、中高层管理者、中低层管理者和基层管理者的全国性评分标准，你可以与之比较。你的得分与在组织中工作的其他管理者的得分相比又如何呢？

◘ 团队学习

工作与娱乐

1. 在由3到4个人组成的小组中，回答这个问题：是什么促使你在娱乐活动上花费精力？为了休闲，你为什么选择这个活动？（不是讨论具体的活动，而是你选择它们的原因。）选择一名组员作为发言人。

2. 每个小组向全班陈述其主要观点。指导教师将根据全班的陈述在黑板上画一个表格，如下所示。

活动	结果1	结果2	结果3	结果4	结果5	结果6
足球（示例）	高能量	团队凝聚力	健康			
#2						
#3						
#4						

3. 班级讨论问题：

a. 你怎样能将这些娱乐的动力带到工作环境中去？

b. 本质上讲，是什么让你不能使工作像娱乐一样充满激情？

c. 与此相关的激励理论是什么？

◘ 实践学习

采访4个一生中至少有过3份工作（兼职也可）的人。

1. 问他们最喜欢哪些工作以及他们在哪些工作中最努力。原因是什么？填写下表：

姓名	#1 工作		#2 工作		#3 工作	
	为什么喜欢这份工作	为什么不喜欢这份工作	喜欢	不喜欢	喜欢	不喜欢
1.						
2.						
3.						
4.						

2. 找出这4个人答案中的模式。将结果与本章中的激励理论相比较。根据你的采访，哪些理论成立，哪些不成立？你是否看到了努力工作的模式，以及他们有多喜欢这份工作或特定的任务？采取了什么激励

方式？

3. 你的指导教师可能会要求你就你的发现写一篇报告，或以小组的形式讨论这些受访者的模式，然后在课堂上陈述你的发现，或写一篇小组报告。

◎ 伦理困境

是否要食言

位于华盛顿州 Tacoma 的普吉特湾建材公司的销售副总监费德里科·加西亚对公司总裁迈克尔·奥托和财务总监詹姆斯·威尔逊在那天早上的会议上说的话一点都不感到意外。

去年，启动大型扩建对普吉特湾的每个人来说都是有意义的。普吉特湾是一家为华盛顿州和俄勒冈州市场的住房建造商提供建材及制造和安装服务的信誉卓越的公司。普吉特湾查看了新建社区的记录，决定是时候进入加利福尼亚州和亚利桑那州的市场了，特别是圣迭戈和菲尼克斯这两个全美最热门的建筑市场。费德里科谨慎地聘用了新的销售代表，承诺如果他们接下来的12个月在新的区域能达成目标，将会得到丰厚的奖金。所有销售代表都出色完成了目标，其中有三位还超过了公司的目标。他实施的激励制度起到了很好的作用。销售代表期望他们的努力工作能换来丰厚的奖金。

但是没多久，事实就清楚地证明普吉特湾过分低估了用于建立新商务关系的时间和与扩张相关的成本，这个错误已经在侵蚀公司的利润空间。更让人苦恼的是，最近新建社区的统计数据意味着公司正走向错误的方向。如迈克尔所说，"当然，现在就断定这究竟只是一个暂时的停滞还是一个真正长期低谷的开端还为时尚早，但是我很担心，如果事情继续恶化，普吉特湾就真的有麻烦了。"

詹姆斯看着费德里科说，"我们的律师在销

售代表合同里加入了意外条款，我们并不是真正有义务支付你承诺的这些奖金。你觉得不给他们奖金怎么样？"费德里科向总裁求助，总裁说，"那你为什么不考虑一下，然后给我们一个建议呢？"

费德里科感觉一切都完了。一方面，他知道财务总监是正确的。严格地说，普吉特湾没有任何法律上的义务去支付奖金，并且逐渐变得微薄的利润空间真的应该引起注意了。很明显总裁不想支付奖金，但是费德里科已经建立起了一支一流的销售队伍，完成了他交代的所有工作。他对自己是个信守承诺并受人信任的人感到骄傲。他能背弃承诺吗？

你会怎么办

1. 建议总裁组织一次由有资格获得奖金的销售代表参加的会议，告诉他们，他们的支票会被推迟，直到普吉特湾的财务状况变好。告诉销售代表，公司有法律权利推迟支付，并且如果公司财务状况持续恶化，将可能不支付奖金。

2. 建议组织一次由有资格获得奖金的销售代表参加的会议，告诉他们公司恶化的财务状况使他们合同中的一条意外条款生效，所以公司将不会发放奖金。普吉特湾将不得不应对在销售代表激励方面的负面影响。

3. 向总裁强烈建议，普吉特湾应遵守支付奖金的承诺，法律合同和财务状况不应对此造成影响。如果奖金不能如你承诺的那样发放，你则准备辞职。你的承诺和一支有动力的销售团队对你来说意味着全部。

沟通管理

本章概要

在加拿大 Metro Guide 出版社的 20 年里，帕蒂·巴克斯特（Patty Baxter）从来没有觉得电话是如此安静。Metro Guide 是一家关于旅游、艺术与文化、娱乐、商业、生活方式和其他种类的精美杂志的领先出版商，办公室通常充斥着销售电话铃声。该出版社的广告销售额呈现出下滑趋势，幸运的是，巴克斯特在销售额滑入谷底之前找到了原因。原来，年轻的销售人员使用电子邮件与客户和潜在客户进行销售上的沟通，而不是给他们打电话。对于那些在发短信和在线聊天中成长起来的年轻人来说，在没有事先通过电子邮件联系的情况下给别人打电话，即使不算很粗鲁，也是很奇怪的行为，说明其实在他们心里是把客户的需求放在第一位的。巴克斯特决定给他们上一节商业销售沟通课。她指出，电子邮件、发短信和网上聊天能够很好地满足某些目的，但对于人际交往至关重要的销售职业，这些方式起到的作用不会很大。建立人际关系是销售的一个关键部分，即使不能握手，也需要声音的关怀。巴克斯特还聘请了一位电话沟通技巧顾问玛丽·简·科普斯（Mary Jane Copps）。科普斯最初曾怀疑自己是否真的可以靠提供这种咨询服务谋生。现在她越来越受欢迎，因为许多年轻员工具有"电话恐惧症"。在 Metro Guide，培训包括模拟销售电话的角色扮演，以建立起自信，从而销售人员感到他们将能够"在合适的时间内以正确的语序说正确的话"，并且感到他们能够感同身受并提出正确的问题。现在员工会对如何联系客户、如何追踪客户进行记录，以确保他们建立起能够使广告销售额保持增长的人际关系。

 新晋管理者自测

你是否专注于别人讲话

说明： 想想你在工作或上学时，一般情况下是如何与他人沟通的。用"是"或"否"回答以下问题。答案没有对错之分，因此请如实作答。

	是	否
1. 我非常认真地倾听别人在说什么。	———	———
2. 我会刻意让人知道我在听他们说话。	———	———
3. 我真的喜欢很认真地倾听别人说话。	———	———
4. 当别人说话时我不会走神。	———	———
5. 我经常复述别人说的话，并询问我的理解是否正确。	———	———
6. 当别人还在讲话时，我通常会思考怎样回答。	———	———
7. 我经常要求别人解释所说的意思。	———	———
8. 每次谈话我都要问问题。	———	———
9. 谈话中我真的很好奇别人的想法。	———	———
10. 谈话过程中我经常探究更深层次的信息。	———	———
11. 我会询问别人对话题的看法。	———	———

评分与解释：专注于别人说话包括两个方面：倾听和提问。"倾听"方面的得分：第 1 ~ 5 题回答"是"得 1 分，第 6 题回答"否"得 1 分，将这六题的分数相加。倾听分数 = 　　　。"提问"方面的得分：第 7 ~ 11 题回答"是"得 1 分，将这几题的分数相加。提问分数 = 　　　。管理者会面对许多干扰，使得有人在说话时很难集中注意力。倾听的专注力能够防止许多沟通错误。此外，有效的管理者会养成询问的习惯，这意味着通过询问来了解更多的东西或确认他们的理解力。两个分数中，4 分或 4 分以上说明你在沟通方面非常不错。两个分数相加，如果得 8 分或 8 分以上，说明你对别人的讲话具有极好的专注力。

了解如何有效地沟通是每位管理者工作的重要组成部分。好的管理者知道不同类型的信息可以使用哪些沟通渠道，以及为什么倾听、提问和给予反馈对于组织成功是非常重要的。最成功的组织是那些管理者能够保持沟通渠道畅通无阻的组织。他们有勇气去谈论什么是员工想听的，并解释艰难的决策，特别是在经济困难时期。事实上，一项研究显示，在 2004 ~ 2009 年间沟通效率高的公司的股东回报率比沟通效率较低的公司平均高出 47%。

不仅有效沟通能带来更好的最终效益，而且管理者多数时间都用于沟通。管理者每天花至少 80% 的时间与他人直接沟通。换句话说，每小时有 48 分钟用于会议、电话交谈、线上沟通或在走路时的非正式交谈，其他 20% 的时间用于案头工作，大多数仍然还是以阅读和书写形式进行的沟通。

本章将解释为什么管理者应该把有效沟通视为重中之重。首先，我们分析作为管理者重要工作内容的沟通及其过程模型。其次，我们讨论沟通的人际因素，包括开放式沟通氛围、沟通渠道、劝导、坦诚沟通、提问和倾听等影响管理者沟通能力的因素。再次，我们会把工作场所视为一个整体，考虑社交媒体的作用，个人沟通网络、正式沟通和危机沟通的重要性。

12.1 沟通是管理者的工作职责

图 12-1 说明了管理者作为沟通先锋（和信息神经中枢）的关键作用。管理者从组织内外收集信息，然后把适当的信息发送给有信息需求的人员。管理者的沟通是有一定目的的，沟通让每个人都关注团队或组织的愿景、价值观和目标，并影响人们的行为方式，使他们朝着实现目标的方向去努力。管理者推动战略对话的方式有坦诚沟通、积极倾听他人的意见、提

问、为学习和变革而听取反馈意见。**战略对话**（strategic conversation）是指人们跨越部门界线和层级，探讨团队或组织的愿景、关键战略主题和有助于实现重要目标的价值观。例如，在宝洁公司，首席执行官雷富礼（A. G. Lafley）开创了一种方法，在顶层管理者与各业务单位的领导者之间展开战略对话，对五个主题展开讨论：你的愿景是什么？你将在哪里效力？你将如何取得成功？必须具备哪些能力？需要什么管理系统？与高层领导者进行的正式演讲不同，战略会议变成了各级小团队之间的非正式对话。目标是在整个组织中培养战略思考者。

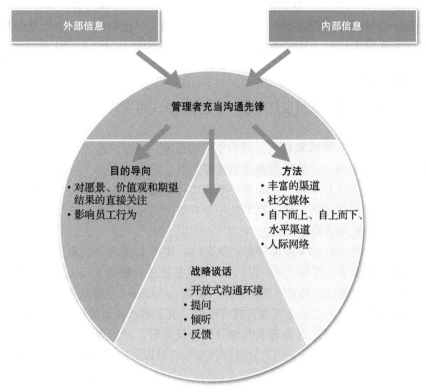

图 12-1　管理者是沟通先锋

　　管理者根据沟通的目的和沟通的对象采用不同的方法进行沟通。IBM 的首席执行官弗吉尼亚·罗美蒂在销售业绩未达到预期目标时，在该公司的内部网站上发布了一个视频，告诉170 个国家的数十万员工：IBM 必须更快更好地让客户认识到 IBM 为他们带来的价值。她的"迅速思考，更快行动"的演讲是一次训诫加鼓舞士气的讲话。"我们的基本面很好，我们的未来掌握在我们自己手中，"罗美蒂说，"我知道我们将如实面对这个时刻，并且很紧迫，而这样的时刻就是 IBM 的员工紧急行动起来的时候。"

　　本章后面讨论的网上沟通（包括社交媒体）日益普及。事实上，65% 的受访管理者表示，他们希望明年使用社交媒体与员工进行沟通。

12.1.1　什么是沟通

　　当我们思考沟通时，大多数人都会想到口头或书面语言形式，但语言只是人类沟通的一小部分。员工会仔细观察管理者的行为，因此应记住：管理者做的每一件事和说的每一句话都可以传达一些信息。此外，沟通是双向的，包括提问、征求反馈意见、留意别人的非语言沟通以及积极倾听。因此可以说，**沟通**（communication）是指两个或者两个以上的人交流并理解信息的过程，其目的常常是为了激励或者影响人的行为。

对管理者的调查显示，他们认为沟通是他们最重要的一项技能，也是最重要的职责之一。然而，大多数管理者意识到他们需要提高自己的沟通效果。在回答的管理者中，不到一半的人愿意费心为员工、客户或供应商精心设计需要提供的信息。甚至更少的管理者会征求员工或客户的反馈信息，因为他们害怕听到不好的消息。然而，如果没有反馈，管理者就不能对问题或机会做出充分的反应，他们的计划和决策可能与员工的看法和兴趣不一致。最近在AMA Enterprise 进行的另一项调查中，近 40% 的员工表示，他们感觉到自己是局外人，不知道自己的公司正在发生什么，只有 9% 的受访者表示在绝大部分时间知道正在发生什么。

12.1.2　沟通模型

成为一个好的沟通者首先要理解沟通的复杂性，并了解沟通过程的关键要素，如图 12-2 和下文所述。

许多人认为沟通非常简单和自然，因为他们自己未经有意识的思考或者努力就成功实现了沟通。然而，在现实中，人类的沟通是非常复杂的，并且有可能产生误解。沟通不仅仅是发送信息，而是有计划地分享信息。如果一个管理者有能力发表鼓舞人心的演讲或写出精彩的评论，但却不知道如何倾听，那他就不是一个有效的沟通者。弄清楚分享和传达之间的区别对于成功的管理来说是至关重要的。

了解沟通需要做什么能够帮助你理解其复杂性。如图 12-2 所示，希望与员工进行沟通的管理者通过选择组成消息的符号（如语言）将思想或想法进行**编码**（encode）。**消息**（message）是送达员工那里的思想或想法的有形表达方式。**渠道**（channel）是传送消息的媒介。渠道可以是电话、电子邮件信息、正式的书面报告或者面谈。员工将所收到的信息进行**解码**（decode），以了解该信息的内涵。当员工对管理者的沟通做出反应时，就出现了**反馈**（feedback）。如图所示，有效沟通的特性是循环的，因为发送者和接收者可以多次交换信息以达到相互理解。

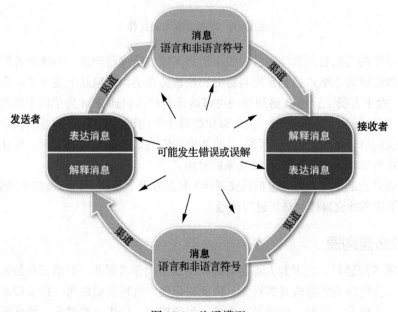

图 12-2　沟通模型

有时编码和解码会导致沟通错误。你有没有听过有人说，"但那不是我的意思！"或将时间和精力浪费在错误理解指令上？个人差异、知识、价值观、态度和背景都会充当过滤器，并可能在将符号转换为意义时产生"噪声"。我们都可能遇到沟通失败，因为人们可能会轻易地误解消息。反馈使管理者能够确定员工是否正确理解了消息。可能出现沟通错误就是反馈如此重要的原因。没有反馈，沟通循环就不完整。有效的沟通既包括信息的传递，也包括信息的相互理解。

12.2 人际沟通

快速贷款公司（Quicken Loans）的首席执行官比尔·艾默生（Bill Emerson）每次与 15 名员工举行两个小时的午餐会议，向他们提供有关公司和抵押贷款行业所发生的情况，询问他们存在的问题和障碍，并征求关于公司如何运作的想法和意见。在最近金融危机最严峻的时期，艾默生在努力解决商业问题的同时，非常依赖于中低层管理者来营造良好的沟通氛围，但他知道，他的明确承诺对于保持有效的组织对话至关重要。甚至在 1928 年，在保罗·加尔文（Paul Galvin）创办摩托罗拉时，他就认识到沟通先锋的重要性。他的儿子鲍勃（Bob）说，他的父亲在公司食堂进行了许多重要的工作。"他总是非常重视午餐跟员工一起吃饭的时间，"鲍勃·加尔文说。"他会问员工关于公司运作、客户和如何提高质量等方面的许多问题。"

要充当沟通先锋并取得最佳成果，管理者必须了解诸如开放式沟通氛围、沟通渠道、劝导能力、坦诚沟通、提问、倾听和非语言行为等所有因素是如何提高或降低沟通效果的。管理者还应考虑性别对沟通的影响。"管理者工具箱"探讨了性别差异对男女沟通效果的影响。

12.2.1 开放式沟通氛围

一项对美国员工的调查显示，人们真正希望他们的管理者进行开放而真诚的沟通，包括坏消息和好消息。这使得废物回收企业 TerraCycle 公司的首席执行官汤姆·萨奇（Tom Szaky）陷入了两难的局面，因为他在是否将坏消息告诉员工的问题上犹豫不决。他不想让员工们担心那些不影响他们工作的事情，使他们分心，让他们变得毫无积极性。萨奇说，"隐瞒信息的问题使我在挑战出现时感到很孤独，而员工们则在猜测到底发生了什么。可以预见的是，隐瞒信息会助长谣言的传播，并损害员工的士气。"如今，萨奇鼓励透明性，并提倡开放而真诚的沟通。员工们了解发生的任何事情，甚至是坏消息。这种新的氛围造就了员工们的主人翁意识和信任感，也使问题比以往任何时候都更快地摆在大家面前。

开放式沟通（open communication）意味着在整个公司跨职能、跨层次边界地共享所有类型的信息。整个组织中的人都需要看到全局，理解管理者做出的决定，并知道他们的工作对公司的成功有何贡献。特别是在变革的时代，如果员工不能从管理者处了解到所发生的事情，他们就会依赖谣言，并往往会设想最坏的情况。在开放式沟通环境中，人们知道他们的处境以及他们需要遵守什么规则。开放式沟通能够帮助人们接受、理解和实现目标。人们可以看到他们的行为如何影响组织中的其他人。当人们可以获得完整的信息时，他们更有可能想出解决问题的创新性方案，并做出对公司有利的决定。

  管理者工具箱

沟通中的性别差异

为了提高工作场所沟通的有效性，管理　　者应了解影响员工沟通的各种因素。例如，据纽约哥伦比亚大学性别区分医学合作研究协会（Partnership for Gender-Specific Medicine）创始人玛丽安·莱盖图（Marianne Legato）所说，有证据表明男性和女性的大脑处理语言的方式不同，导致在沟通中存在真正的差异。此外，与男性和女性有关的习得行为会影响沟通方式。《你只是不明白：交谈中的女性和男性》（*You Just Don't Understand: Women and Men in Conversation*）的作者德博拉·塔嫩（Deborah Tannen）花了 30 年时间研究沟通中的性别差异。把握男性和女性沟通风格的以下差异，能够帮助管理者最大化每个员工的才能，鼓励男性和女性全身心地为组织做出贡献。

- 交谈的目的。男性的交谈倾向于关注相对权力的等级竞争。对于男性来说，交谈主要是一种保持独立性，以及谈判和维持等级社会中地位的手段。男性倾向于使用口头语言来表达知识和技能，如通过讲故事、笑话或传达信息等方式。对于大多数女性，交谈主要是一种融洽的语言，一种建立联系与友谊的方式。女性用她们独特的谈话风格来表达介入、联系和参与，如寻找和别人的相似点或类似的经验。
- 决策风格。当女性做决策时，她们倾向于大声地说出选择方案的构思和思考。而男性则在内心构思，直到想出解决方案。有时男性会误解女性的口头头脑风暴法，认为女性是在寻求赞同而不仅仅是有声思维。
- 协作环境中的成功。麦肯锡公司的"危机中和危机后的领导力"调查报告指出，高管们认为能够帮助公司度过经济危机的行事方式往往受到女性管理者的青睐。女性通常在激励他人、鼓励沟通和倾听等能力方面比男性得分高，而这些能力在组织经历艰难时期时比以往更加重要。
- 对非语言信息的解释。大约 70% 的沟通是非语言形式的沟通，但男性和女性解读非语言沟通的方式是不同的。女性认为良好的倾听技能包括眼神交流和点头表示理解。对于男性来说，倾听可以通过很少的眼神交流来进行，并且可以没有非语言形式的反馈。此外，当男性点头时，意味着同意。当女性点头时，则意味着她在倾听。女性往往更善于解读非语言形式的沟通。她们能够在会议的关键点通过关注眼神交流来评判结盟和联盟。

有趣的是，在当今充满挑战的经济环境下，一些男性管理者可能会转向更女性化的沟通方式，因为女性的领导和沟通方法更适于激发员工，帮助员工在困难时期齐心协力朝向目标前进。

不幸的是，在刚才提到的调查中，当员工被要求评价他们的管理者在进行开放而真诚的沟通方面做得如何时，平均得分为 69 分（1～100 分）。管理者可以通过打破阻碍沟通的传统的层次和部门界限来建立一个开放式的沟通氛围。他们可以在事件朝向积极或消极的方向转化时与下属进行真诚沟通，帮助员工看到他们的决定和行动对财务的影响。

为了获得开放式沟通的优势，管理者应使用能最大限度地提高员工绩效和工作满意度的沟通网络。有关员工沟通的研究集中于有效沟通的两个方面：一是团队沟通集中化的程度；二是团队工作任务的性质。二者的关系如图 12-3 所示。在**集中式网络**（centralized network）里，团队成员之间的沟通是通过单个个体来实现的，其目的是为了解决问题或者制定决策。集中式的沟通对于大型团队来说是有效的，因为它限制了参与决策的人数。结果是决策的参与人数更少，速度更快。在**分散式网络**（decentralized network）里，个体可以与其他团队成员自由沟通。所有团队成员之间平等地加工处理信息，直至全体人员一致同意某个决策为止。分散式的沟通对于复杂而困难的工作环境是最适合的，团队需要在各个方向上自由沟通。

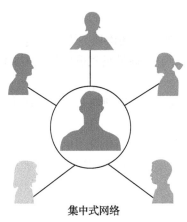

集中式网络

分散式网络

图 12-3 沟通网络

12.2.2 沟通渠道

管理者可以通过多种渠道进行沟通。管理者可以面对面讨论问题、打电话、使用手机短信、发送电子邮件信息、写备忘录或信函，或者使用社交媒体，具体沟通渠道的选择取决于问题的性质。研究人员试图解释，管理者如何选择沟通渠道以加强沟通效果。选择有效的沟通渠道的一个方法是，解读将要收到消息的人的情绪，然后选择可以产生最佳效果的渠道。科学家们已经证明，管理者可以通过研究面部表情、手势、姿态和语调等重要线索了解一个人的感受。假笑、皱眉头等是一个人情绪的重要指示。

影响管理者选择沟通渠道的另一个因素是需传达的信息的类型和数量。研究发现，不同的渠道具有不同的信息传输能力。就好像管道的物理性质限制了其能够输送的液体的种类和数量一样，沟通渠道的特性也会限制能够在管理者之间传送的信息的种类和数量。根据信息的富足程度，可以把管理者能够运用的沟通渠道划分为一个层级结构。

1. 渠道丰裕度层级结构

渠道丰裕度（channel richness）是指在信息传送期间可以被传送的信息的数量。渠道丰裕度的层级结构（或金字塔结构）如图 12-4 所示。信息渠道的容量受三个方面的影响：①同时处理多种信号的能力；②促进快速、双向反馈的能力；③建立个人沟通焦点的能力。面谈的渠道丰裕度最大，因为面谈允许直接体验、多信息交流、及时反馈以及个体聚焦。由于其具有的丰裕度，面谈是与表现出焦虑、恐惧或防备等强烈情绪的人进行沟通的最佳方式。面谈有助于对多种信号的同化和对沟通情境的深层次、情绪化的理解。渠道丰裕度位列第二的是电话交谈。尽管没有了眼神交流、姿势或者其他的体势语暗示，但是人的声音依然可以传达大量的情感信息。

电子沟通方式，例如电子邮件、即时传输和手机短信，日益被用来处理以前通过电话来处理的信息。然而，被访者也指出，他们喜欢用电话或者面谈的方式来传达尴尬的消息、提出建议或者表达感情。由于电子邮件信息既没有图像信号也没有声音信号，所以信息有时会被误解。例如，利用电子邮件来讨论双方有争议的问题就只会导致冲突的升级，而不会解决业已存在的冲突。管理者经常使用电子邮件或手机短信来避免实时对话的情绪不安，他们躲在自己的电脑后面发送不会亲自传递的指责或批评。"因为我们无法看到对他们的伤害，因此就显得无关紧要，"商业顾问玛吉·沃勒尔（Margie Warrell）说。在以下情况下，她建议管理者不要使用电子邮件：

- 当你生气的时候。我们在愤怒增加时，也无法进行有效的沟通。在发送电子邮件之前，至少要等两个小时让自己冷静下来，然后才能够选择最具建设性的方式来传达你的不安。
- 当你的消息可能被误解时。亲自会见那些可能对某些问题有所防备的人。面谈能够确保以最积极的方式让对方听到你的消息。
- 当你取消约会或道歉时。要取消某个约会，应拿起电话而不是使用电子邮件，以表明你在乎你们之间的关系。当被要求道歉时，应亲自见面，这样你就可以请求并得到原谅，这对于修复受损的关系大有帮助。
- 当你指责或提出批准意见时。虽然传递负面反馈并不容易，但最好亲自传达指责或批准意见，这样你可以捕捉视觉信号并解决对方可能提出的任何问题。
- 渠道丰裕度同样较低的是书面信函与备忘录。这些沟通方式可以聚焦于个体，但是它们传达的只是书写在纸面上的文字，而且反馈的速度也很缓慢。非个性化的书面载体的渠道丰裕度最低，它们包括传单、公告牌、标准的计算机报告等。这些沟通渠道并不是聚焦于单一的信息接收者，它们使用为数有限的信息信号，信息接收者无法提供反馈。

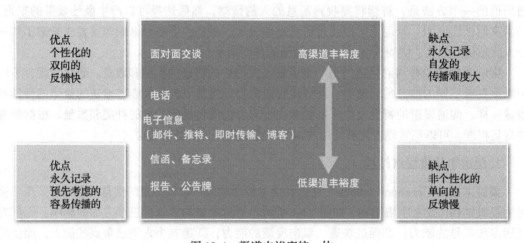

图 12-4　渠道丰裕度统一体

2. 选择合适的渠道

管理者应该懂得每一种沟通渠道都有其优点与缺点，而且在适当的情况下每种沟通渠道都可能是有效的沟通方式。沟通渠道的选择取决于要传输的信息是例行公事的还是非常规的。非常规信息通常是含混不清的，它们往往涉及新发生的事件，并且极容易产生误解。非常规信息具有时间上的紧迫性和令人吃惊的特点。管理者只有选择渠道丰裕度很大的沟通方式才能有效地传达非常规信息。另一方面，常规信息的沟通是简单而直接的。它们传递数据或统计资料，或者简单地把管理者们已经达成一致或理解清楚的意思用文字表达出来。即使是用渠道丰裕度较低的沟通方式（如备忘录、电子邮件、手机短信或推特网），也能够把常规信息有效地传达出去。当听众分布很广、沟通较为正式或者要求永久保存沟通记录时，就应该使用书面沟通方式。

　　关键是选择一个适合于信息的沟通渠道。在一次重大的收购行动中，一家公司决定派遣高层管理者前往被收购公司的所有主要工作场所，在那里，大部分员工都亲眼见到了这些管理者，听取他们谈论公司未来的发展计划，并有机会向他们提问。这些亲身的、面对面的接触所花费的时间和费用是很值得的，因为被收购公司的员工们看到他们的新管理者是善解人意的、坦诚的和愿意倾听的。亲自沟通有关收购的非常规信息就防止了破坏性的谣言和误解。沟通渠道的选择还可以向信息的接收者传达象征性的意义。公司决定面对面地与被收购公司的员工进行沟通，这就使员工们明白，新来的管理者们关注员工个人的利益。

12.2.3　为劝导和影响他人而沟通

　　沟通不仅是用于传达信息，还可用来说服和影响他人。虽然沟通技能对管理者来说总是很重要的，但是，劝导与影响他人的能力在今天比以往任何时候都显得更加重要。管理者的命令和控制的思维模式告诉员工该做什么和怎么做。劝导艺术的要点包括：

- 建立信誉。管理者的信誉是建立在知识、专业技能和人际关系技能之上的。管理者通过证明自己具有一贯的能力来做出博识而合理的决策，从而使员工对于管理者的领导能力更有信心。

- 将目标建立在共同利益之上。要具有劝导力，管理者应描述员工接受某一新政策或满足某个要求会带来的好处。一个例子就是，一位管理者希望说服快餐加盟者支持总部要求的新价格折扣。这位管理者不是仅仅解释总部希望执行这一政策，他还引用了研究结果，表明修正后的价格将增加加盟者的利润。当加盟者看到他们将如何受益时，都希望采用新政策。如果管理者无法找到共同利益，这通常说明需要调整目标和计划。

- 在情感上建立联系。大多数有效的劝导者也是优秀的倾听者，与他人建立起情感上的联系，将自己的能力和可信度与热情和理解力相平衡。他们学习理解他人的情感和需求，并调整自己的方法，使得听众能够接收到传达的信息。此外，管理者通过观察他人对过去事件的理解和反应，能够更好地知晓他们可能对管理者希望采纳的新思想和新建议做出的反应。

- 使用多个媒体发送重要消息。当消息非常重要时，领导者通常采用冗余的沟通方式，使用不同的沟通渠道来发送相同的消息。例如，一位领导者亲口向某一员工解释某一要求，然后立即写了一封跟进电子邮件发送给该员工，以书面形式概括了这一要求。对于公司范围内的变化，领导者可以举行小组会议与员工谈论新政策，在时事通信中发布文章，并使用社交媒体确保每个人都获知了该信息。领导者通过多个沟通渠道并多次重申同一信息，可以增加信息的重要性，并使员工始终重视这一问题。

　　为了达到劝导与影响他人的目的，管理者不得不频繁地与他人进行沟通。然而，有些人发现人际沟通是不值得做的或者很棘手的，因而倾向于回避沟通。**沟通焦虑**（communication apprehension）是一种规避行为，它是指"个体对现实的或预期的沟通的恐惧或忧虑程度"。管理者可以通过培训和练习来克服沟通焦虑，进而成为更加有效的沟通者。

12.2.4　坦诚沟通

　　为了影响和劝导他人，管理者还必须坦率地告知他们想要什么和需要他人提供什么。坦诚沟通（communicating with candor）是指直接、坦率和清楚地说出需要员工做什么来实现目标，同时表现出对他人的尊重，不让他人感到被轻视、受到控制或被利用。不幸的是，坦诚沟通对于许多管理者来说都存在问题。作为演讲家、作家、通用电气前首席执行官的杰克·韦尔奇曾经说过，当他询问管理者们有多少人接受过坦诚的绩效评估时，只有 10% 的人举手；当他询问有多少人对员工进行了坦诚的评估时，得到的结果也差不多。

坦诚沟通是一种自信而积极的方法，能够让他人确切地知道你的立场以及你对他们的要求。恰当使用坦诚沟通可以获知对方的观点和意见，对管理者想要做什么和为什么这样做也易于理解。以下提供了用于坦诚沟通的一些有用的技巧：

- 采用"我来陈述"。坦诚沟通时，你应将注意力集中在你的具体看法上、它带给你的感受上以及它对你的影响上，而不是指责和责备对方。假设你和一个邋遢的同事同处一间办公室。你不要说，"你把食品包装纸弄得到处都是，我都要疯了"，而可以说，"我发现办公桌上有这些乱七八糟的东西让我们很难把工作做完。"
- 坚持事实而不予评判。不要告诉你的同事，她是一个令人讨厌的懒鬼；让她知道她扔在桌上的垃圾会影响你的工作能力。
- 让你的要求明确、具体而直接。可以说"我希望你保持办公桌的干净，因为我们都要用它来完成工作"，而不是说"为什么你不把你留下的乱七八糟的东西清理干净？"

坦诚沟通是营造开放式沟通氛围的重要组成部分。当管理者坦诚沟通时，他们鼓励他人也坦诚沟通。Facebook 的首席运营官及《向前一步》（*Lean In*）的作者谢里尔·桑德伯格被公认为是一个有话直说的人，她相信可以广泛地征求坦诚的反馈意见。几年前，在接受了汤姆·布罗考（Tom Brokaw）的采访之后，桑德伯格觉得她的一些问题回答得结结巴巴。采访结束后，她问布罗考怎样才能做得更好。布罗考对这个问题感到有些惊讶，并说，在他的整个职业生涯中，她是第二个向他征求反馈意见的人。在一个以坦诚沟通为准则的组织中，一切事情都会做得更快更好。当每个人都可以自由地开诚布公和畅所欲言时，更多的人会参与到组织的对话中，从而产生更多的想法并加快学习进度。此外，坦诚意味着各种思想能够更快地得到讨论、调整并付诸行动。坦诚沟通导致了真正的持续对话，并可以限制常见问题的出现，如无意义的会议、工作场所的不文明行为或充满敌意的沉默。

在特别兴趣类出版社 Taunton Press，缺乏坦诚导致了没完没了的会议和生产能力下降。在一个像 Taunton 这样的小型而紧密的公司里，员工们很自然地不愿相互冒犯。然而，随着时间的推移，逐渐形成的"终端美好"的文化会破坏团队合作。高管们聘请了 Fierce 公司的顾问来帮助 Taunton 的领导者和员工认识到：健康的关系既包含对抗，也包含欣赏。渐渐地，Taunton 转变成为一个具有坦诚、协作和肩负责任感的文化的公司。

12.2.5　提问

在当今具有复杂技术的全球化工作场所，传统的自上而下的指挥和控制式组织沟通方式已不再可行。这种传统的模式正在被一种更为动态的沟通方式所取代，这种沟通方式的特点是涉及信息平等交换的组织对话。要成功进行组织对话，管理者需要学会提问。大多数管理者 80% 的时间在说，用 20% 的时间提问，这种情况应该反过来。在线房地产网站 Redfin 的首席执行官格伦·科尔曼（Glenn Kelman）说："作为一名高管，你能做的最重要的事情就是询问最基本的问题，即'Redfin 在哪方面能做得更好？'"科尔曼说，员工自动会回答一切都很好，但如果你继续询问，并表现出你的真诚，他们最终会提出如何改进的想法和建议。提问能够使管理者和员工以多种方式受益：

- 提问可以建立起管理者与员工之间的信任和开放的关系。提问的管理者会鼓励员工分享想法和提供反馈意见。杜克能源公司（Duke Energy）的董事长兼首席执行官詹姆斯 E. 罗杰斯（James E. Rogers）举行由 90 ～ 100 名员工组成的各个小组参加的倾听会，在会上他提出问题并给出回答。罗杰斯通过与员工进行类似于普通个人对话形式的接触，创建了一种建立在信任和真实性基础之上的文化。

- 提问可以培养批判性思维技能。在一项调查中，99% 的高层管理者表示，各级人员的批判性思维能力对于组织的成功至关重要。而提问会促使形成批判性的独立思维，鼓励人们运用他们的创造力，并引导进行更深入持久的学习。

- 问题可以激发人们的思维，使人有机会发挥作用。当管理者向他人发问时，被问者往往会警觉起来，但如果管理者不是发问而是陈述，则不会有这样的效果。如果一个工厂的工头说，"我们必须增加产量才能按时完成这个订单"，工人们可能会听他的话努力加快进度，也可能像以前那样继续工作。相反，如果工头询问员工，"我们要怎么做才能确保按时完成这个订单呢？"员工们就不会忽视他提出的问题，而会努力寻找解决方案。因此，提问会让人们承担解决自己问题的责任。

提问是组织对话的一个重要方面。同样重要的是倾听答案。

12.2.6　倾听

在对成功管理沟通至关重要的所有能力中，倾听排在第一位。然而，倾听在管理者中似乎是一种比较罕见的技能，缺乏倾听能力是管理者管理失败的关键原因之一。事实上，有 67% 的新晋管理者在 18 个月内会遭遇失败，原因就是他们不会倾听。

倾听（listening）包括抓住事实真相及说话人所蕴含的感情色彩以理解信息的真正内涵的技巧。只有如此，管理者才能做出适当的反应。倾听要求注意力、精力以及技巧。尽管有效沟通的 75% 左右取决于倾听，但是大多数人只花了 30% ～ 40% 的时间在倾听他人陈述上，这就导致了许多沟通错误。成功的销售人员之所以取得成功的秘密之一，就是在促销电话中 60% ～ 70% 的时间都让顾客说话。但是，倾听远不仅仅是"保持沉默"。许多人并不知道如何倾听。他们把精力集中在构思自己下一句要说什么，而不是留心他人在说些什么。《哈佛商业评论：有效沟通》（*Harvard Business Review on Effective Communication*）援引的研究表明，在 48 小时内，绝大多数人只能保留他们听到内容的 25%。

现在大多数管理者认识到，重要的信息是自下而上的，而不是自上而下，管理者最好能够进行调整。一些组织使用创新技术来了解员工和客户的想法。如果做法正确，倾听可以成为沟通过程中的一个至关重要的环节，如图 12-2 中的沟通模型所示。最近退休的安进公司首席执行官凯文·沙雷尔称之为"战略性倾听"。

 聚焦技能
....

安进公司（Amgen Inc.）

凯文·沙雷尔（Kevin Sharer）承认，他在大部分职业生涯中是一个糟糕的倾听者。他并不是有意成为那样的人；他只是想在生活中获得成功，并相信这样就意味着他必须说服别人接受他的观点。后来有一天，他听到萨姆·帕米萨诺（Sam Palmisano，曾为 IBM 创造增长纪录和利润的前首席执行官）谈论为什么他在日本的工作对他的领导能力发展如此重要。"因为我学会了倾听，"帕米萨诺说。"我让自己只有一个目标，那就是理解，从而让自己学会了倾听。我听的不是批评、反对或劝说的言语。"

这让沙雷尔有所顿悟，他意识到，一名好的领导者不是说服别人接受你的观点，而是更多地尊重并最有效地使用员工，而且需要真正地倾听他们的意见。沙雷尔说，领导者处于一个复杂的生态系统中，必须采用战略性的倾听方法来获得所有信号，从而能够看到所发生一切的全局。"你必须积极寻找这些信号，并采用一切可能的手段去接收这些信号，"他说。沙雷尔开始定期走访，真心实意地倾听全公司员工的意见。他承认这并不容易。"你必须有所改变，"他说，"并且你必须愿意改变。一定要有一点谦卑的态度才能够真正倾听。"

沙雷尔认为，倾听是你对他人表示尊重的最大标志。"最终，不能倾听的高管们会失去团队和同事的支持。一旦你失去了这些支持，几乎就不可能重新再获得支持。"

许多公司的管理者还利用博客和社交媒体的互动性来与员工和客户保持联系。博客（流动的网络日志，人们可以发表意见、观点和信息）为组织和客户、员工、媒体以及投资者提供一种低成本的、更新颖和实时的联系手段。一项预测显示，世界500强企业中有28%使用公开的博客来与其利益相关者保持联系。博客为管理者提供了另一种获取有价值反馈信息的方法。

良好的倾听都包含哪些方面呢？表12-1列举了有效沟通的十大关键要素，并说明了区分优秀倾听者与拙劣倾听者的一些方法。优秀的倾听者能够找到共同感兴趣的领域，富有灵活性，专心倾听，思维敏捷，内心归纳、权衡和预测说话人的意思。良好的倾听意味着，要从以自我为中心的思维方式转向去感受移情作用，这就要求有一定的情商。

表 12-1　有效倾听的十大关键要素

关键要求	拙劣的倾听者	优秀的倾听者
1. 主动倾听	极少参与；注意力不集中	表现出兴趣；点头；提出问题；用自己的话说出对方的意思
2. 不抱成见	只注意符合自己观点的想法	寻找机会，学习新内容
3. 防止分散精力	容易分心	防止或者避免分散精力；容忍坏习惯；知道怎样集中精力
4. 利用思维快于言语表达这一事实	当对方语速慢时容易走神	挑战假设、预期；心理归纳；倾听并领会言外之意
5. 寻求理解	假装同意以结束谈话	寻找共同点和新的认知
6. 判断内容，而非表达方式	如果表达不清楚则不予理睬	判断内容；跳过表达错误
7. 忍着不发表意见	在了解问题之前先滔滔不绝地提出解决方案	当完全理解时才做出判断和回答
8. 倾听别人的意见	通过倾听了解事实真相	倾听中心意思
9. 专心倾听	表现出没有活力；被动和懒散	努力倾听，表现出积极的身体姿势，视线接触
10. 表现出尊重	打断别人谈话；自己占主动，让对方明白你的观点	学会保持安静，让对方尽可能多地谈论其观点

12.2.7　非言语沟通

管理者应该意识到他们的肢体语言（面部表情、手势、触摸和空间的使用）可以传达一系列信息，从热情、温暖和自信，到傲慢、冷漠、不满和谦虚。例如，如果一位管理者经常以一种令人沮丧或讽刺的表情传达他的言语信息，那他就不能形成积极的人际关系，无论言语信息是多么的积极。**非言语沟通**（nonverbal communication）是指通过人的动作和行为而非言语来传达信息的沟通方式。管理者应注意结合他们的面部表情和肢体语言来支持传达的预期信息。当非言语信号与管理者的话语相矛盾时，对方会感到困惑，可能会对所听到的话表示怀疑而相信肢体语言。管理者也被大家注视着，并且他们的行为、外表、动作和态度都象征着他们对别人的重视和期望。

我们大多数人都听说过这句话："事实胜于雄辩。"其实，我们一直在进行非言语沟通，不管我们是否意识到了这一点。一个有趣的新研究表明，姿势和姿态对人们的感知以及他们的实际表现有重大影响。Lithium 公司的首席营销官凯蒂·凯姆（Katy Keim）过去在交流或谈话过程中习惯于从听众中退后一步，将自己的身体重心移到后脚上，双手抱在胸前。当有人问她是否紧张时，她常常感到惊讶。在与一位教练合作并观看视频后，她意识到自己的姿势"有点冷淡"，没有展示出她想向客户展现的力量。哈佛商学院和哥伦比亚商学院的研究表明，只需要私下将你的身体保持"有力的姿势"几分钟，例如昂首站着并将双肩向后拉、扩展你的站姿或双手稳稳地压在桌面上而使身体前倾，可以提高我们脑内的睾丸酮水平，减少紧张情绪。也就是说，这些强大的身体姿势似乎可以增加信心和产生自信。大多数人完全不知道他们通过肢体语言发出的信号，打破可能展示出防备、紧张或缺乏信心的旧习惯（例如说话时，姿势懒散、将双臂交叉在胸前、挥舞双手），可以集中精力并专心致志。

大多数管理者都惊讶地发现，自己的语言常常只能传达出很少的信息。我们对沟通的共识主要来自于人的面部表情、声音、风度、姿态和穿着等非言语信息。一位研究人员发现，当我们进行面对面沟通时，有三种沟通信号源：言语，指实际说出的话语；声音，包括音高、声调以及声音的音质；面部表情。根据这项研究，这三个要素在信息释义过程中相对重要性如下：言语影响力 7%；声音影响力 38%；面部表情影响力 55%。从某种程度上说，我们都是天生的面相家。管理者可以通过有意识地读懂面部表情的意思来培养自己这方面的技能，进而提高与人交往并影响他人的能力。管理者可以在阅读面部表情时磨炼自己的技能，并提高与下属沟通和影响下属的能力。研究表明，对员工未说出口的情绪做出反应的管理者在工作场所中更有效、更成功。

12.3 工作场所的沟通

管理沟通的另一个方面是将组织视为一个整体。管理者需要掌握的工作场所沟通的四个要素是：①利用社交媒体改善内部和外部沟通；②使用非正式的个人沟通渠道；③建立正式的沟通渠道；④制定危机沟通策略。

12.3.1 社交媒体

社交媒体（social media）是指一组基于互联网的应用程序，这些应用程序允许创建和交换用户生成的内容。社交媒体这个词涵盖了广泛的应用程序，包括维基、博客、微博（如推特网和中国新浪微博）、内容社区（如 YouTube）、社交网站（如 Facebook）和虚拟社会世界（如 Second Life）。各种形式的社交媒体正在重塑组织中人们相互之间以及与客户和其他利益相关者之间进行沟通的方式。总部位于达拉斯的 7-Eleven 公司拥有约 2 000 名现场顾问，这些顾问使用 Yammer 来分享知识和学习帮助特许经营业主改善业务的最佳方法。星巴克向客户征求对其网站社交媒体部分的意见，然后让人们投票，将批评意见转化为更好的产品。家用水过滤公司 Aquasana 的管理者利用社交媒体与竞争对手的客户进行互动，以了解人们喜欢什么、不喜欢什么，并开展营销活动，从而赢得了业务。

公司正在大规模地接受社交媒体。Forrester Research 称，运行企业社交网络的软件销售额每年将增加 61%，2016 年将达到 64 亿美元。到目前为止，社交媒体并没有显著提高美国的生产力，但经济学家（如麻省理工学院的 Erik Brynjolfsson）认为，新技术大约需要五年时间才能显示出对使用它的公司的全面影响。社交媒体在大多数公司只使用了两到三年，主要用于客户沟通和加强员工的协作。

1. 倾听客户的意见

公司的管理者（从小型企业和非营利机构到大型企业）都使用社交媒体来倾听客户的意见。例如，胡椒博士（Dr. Pepper）使用社交媒体来听取客户的意见，在 Facebook 上创建了850 万的粉丝群。这些"喜欢"软饮料的忠诚粉丝帮助该品牌提炼了营销信息。该公司每天在其 Facebook 的粉丝页面上发送两条信息，然后监测粉丝们的反应。胡椒博士使用 Facebook 上的工具来检测信息被浏览的次数、与其他 Facebook 用户分享的次数以及得到的响应。这些数据能够帮助管理者们调整他们的品牌信息。"我们通过数据来了解什么受欢迎、什么不受欢迎，"胡椒博士集团公司（Dr. Pepper Snapple Group Inc.）的交互式媒体服务总监罗伯特·斯通（Robert Stone）说，"它帮助我们塑造了我们的形象。"大型医疗保健服务提供商凯撒医疗集团（Kaiser Permanente）使用社交媒体工具来有效地倾听客户的意见并改善服务，使得该组织的积极的媒体曝光量在过去五年中增加了近五成。

2. 向客户传递信息

管理者还利用社交媒体来向客户快速传递企业新闻。达美乐（Domino's）在一个展示两名员工丑化比萨饼和三明治的具有破坏性的恶作剧视频被上传到 YouTube 之后，依靠网络社区的普及性来安抚紧张的客户。达美乐的管理者选择用自己的病毒式视频进行回应。公司总裁进行了道歉并感谢网络社区让他发现了这一问题。他宣布不法行为者将被起诉，并简要说明了达美乐正在采取的措施，以确保这一事件不再发生。达美乐通过参加有关这一危机情况的网上会话，向大家证明了对客户的关心，进一步压制了谣言和恐惧。相反的例子是塔吉特加拿大公司（Target Canada），该公司不能与客户进行有效沟通，如本章"事业大错"中所述。

3. 使员工参与

使用社交媒体可以使人们在职业关系、共同兴趣、问题或其他标准上轻松地建立起跨越组织和地域的联系。通过公共网站或企业网络进行互动，可以使员工有机会参加网络社区，分享个人和专业信息及照片，产生并分享各种观点和意见。到 2013 年，社交媒体不仅成为联络和协作的手段，还成了通用汽车等公司用于使员工有效参与的工具。通用汽车于 2012年 1 月推出了名为 GE Colab 的内部社交网络，并取得了惊人的成功，部分原因归功于通用汽车公司首席信息官 Ron Utterbeck 的努力，他首先将该网络用于通用汽车的"高级用户"上，鼓励进行高水平的活动。"我们的社交媒体指标主要集中在员工和客户的参与性上，因为这可以让我们与员工联系并建立情感平等的纽带，"通用汽车全球数字营销总监琳达·博夫（Linda Boff）这样说道。有效利用社交媒体来增加参与性的另一家公司是特百惠北欧分公司（Tupperware Nordic）。

事业大错

塔吉特加拿大公司

塔吉特加拿大公司在经历亏损超过 20 亿美元、破产和解散 17 000 名员工之后，于 2014 年 1 月永久性关闭其业务。两年来，该公司在两件事上未能与客户充分沟通：第一件事是在 2013 年购物旺季的高峰期数据泄露，第二件事是将塔吉特加拿大公司与其他大型仓储式商店区别开来的斗争。尽管加拿大零售购买者会经常光顾美国商店，但不知何故，这些人却没有成群结队地出现在塔吉特在加拿大的 133 个店铺中。分析人士指责任命的管理层没有国际经验。塔吉特的新任首席执行官布赖恩·康奈尔（Brian Cornell）最后终止了"注定要失败的事业"而受到商业界称赞。

 聚焦技能

特百惠北欧分公司

特百惠可能看起来像"守旧派"，但当谈论到使用社交媒体来让人们参与并建立网络社区时，它又是最前沿的。特百惠北欧分公司的前常务董事史蒂夫·奥韦·芬内（Steve Ove Fenne）使用社交媒体创建了一个基于真实性、自豪感、依恋性和乐趣性的链接社区，使员工的投入度达到了一个很高的水平。

为了保证真实性，芬内开始在现实世界中与经销商和顾问建立积极的联系，然后确保通过社交媒体传递的信息与现实世界中的行为一致。以前，分销仓库经营者和销售顾问几乎从未被邀请到总部。现在芬内不仅仅邀请他们，还铺上长的红地毯，作为一种象征性的姿态。他开始定期访问所有主要的活动中心，以建立个人关系。他追踪社交媒体上的博客信息、电子邮件、播客信息以及其他信息。他还阅读顾问发给他的每一条信息，而不是将这一工作分派给其他人，并会使用"哇！我们真为你感到骄傲"（并加上人名）这样的俏皮话进行回复。当时间有限时，他会在自己的社交媒体页面发布信息，解释这一情况，并重申他对每一位顾问的支持并感到自豪。

芬内通过使用社交媒体建立网络社区，帮助那些经常独自工作的员工感觉到彼此相互联系在一起，并整体与公司联系在一起。

12.3.2 私人沟通渠道

私人沟通渠道（personal communication channels）在组织内与正式沟通渠道并存，却可以跳过等级层次，跨越纵向指挥链，几乎可以与组织中的任何一个人进行沟通。在大多数组织里，这些非正式的沟通渠道是信息传播和工作得以完成的主要途径。三种重要的私人沟通渠道分别是个人沟通圈、藤状网络式沟通和书面沟通。

1. 发展个人沟通圈

个人沟通圈（personal networking）指的是建立和耕耘跨部门、跨层级结构、跨组织边界的人际关系网。成功的管理者有意识地开发个人的沟通圈，并鼓励其他人也这样做。想想 Nick Chen，作为一名为手机设计程序的软件工程师，他热爱自己的工作。这个工作是值得的，薪水很高，工作条件也很好。Nick 说，"作为软件工程师，最好的工作是可以与专业人员组成的团队合作，会因为找到下一个移动技术的突破口而欢欣鼓舞。"Nick 的团队最近设计了一组芯片，这将彻底改变人们使用手机进行沟通的方式。Nick 的管理者们用年终奖的形式来肯定他做出的贡献，因此他对这个公司的未来充满信心。然而，Nick 渴望能够承担更多的责任，所以他开始寻找管理职位。每天早上他有一个小时的乘车时间，他使用领英网来加强自己的专业网络，并查找移动技术行业的空缺职位。他的努力得到了回报。一天早上，Nick在更新个人资料时收到了一位以前同事发来的信息，这位同事最近在圣地亚哥的高通公司（Qualcomm）任职。她建议 Nick 申请安卓智能手机产品经理这一新职位。为了了解更多的信息，Nick 成了该公司的领英网粉丝，他发现高通公司在最佳工作场所方面名声在外，并且连续 14 年被《财富》杂志评选为"最适宜工作的 100 强企业"。Nick 很快更新了他的简历并申请了这个职位。鲍勃·奥斯特（Bob Ost）是一个有抱负的戏剧制作人，他成立了一个正式网络组织，并发现其他剧院的人员也希望提供这一服务，如下文所述。

 聚焦技能

无限剧院资源组织

尽管鲍勃·奥斯特是一位屡获殊荣的剧作家，但他却在制作自己的作品时遇到了困难。他认为成功的秘诀是找到制片人，因此他在纽约找到三家小型剧院公司，希望有一家公司可以帮助他。问题是这些公司也在努力筹集资金，并推广自己的节目。当他邀请这三家公司的人来到他的公寓，讨论他们共同存在的问题并研究解决方案时，突然有其他的人想要参加，最后他的小客厅里挤了 30 个人。晚上结束时，这些人表示他们希望再参加一场这样的会议，结果这种会议举行了多次。奥斯特意识到他需要建立一个组织，名叫"无限剧院资源"（Theater Resources Unlimited, TRU），他很快将其变成了一个非营利性组织。奥斯特成了一名企业家。

TRU 这种类型的网络形式如此让人感兴趣，这使得奥斯特在两年内开始减少作为广告总监的工作，并且在过去几年中一直专注于TRU 的工作。他对网络重要性看法的转折点是观看电影《上班女郎》（Working Girl），该影片中，秘书梅拉尼·格里菲思（Melanie Griffith）在她的经纪公司中听到了人们的谈话，并看了一篇关于有待出售的无线网络的文章以及另一篇关于一家想进入媒体业务的公司的文章。她看到了可以做成一笔大生意的机会。奥斯特意识到他擅长于使员工协调工作，或将他们像拼图一样拼在一起（拿他喜欢的话来说）。他对那些想要离职出去的人提出了建议：建立网络是一个缓慢的过程，而不是速战速决。它与建立人际关系有关，并且是真正对对方感兴趣。当一位作家遇见一位制片人时，最糟糕的事情就是立刻问："你能制作出我的剧本吗？"相反，要去了解这个人，对这位制片人所做的事要感兴趣，甚至可以提供帮助。

奥斯特理念的力量体现在 TRU 的成长过程中，从最初的 30 名参与者增加到将近 500 名付费会员，包括制作人、剧作家、演员和其他各种剧院人士。作为一个针对会员的服务性组织，TRU 每月举行如"制作你自己的作品""获得资金"等主题的专题讨论会，以及试听诊断，针对某个剧本的"推介"研讨会，编剧与制作人快速会议，以及编剧与导演沟通会。每年出席活动的人数多达 2 000 人。对于一个从新编剧撰写到非营利组织管理的人来说这不是件坏事，可以利用他的技能将人们同创新想法融合在一起。

建立人际网络，并通过社交和专业网站（如领英网）使功能得以增强，是管理者的一项重要技能，因为它让他们比单枪匹马能更顺利、快速地解决问题。交往更多的人在组织中具有更大的影响力，也能获得更大的成就。图 12-5 示出了一个组织中的沟通网络。在该网络中，有些人是核心人物，其他人扮演的仅仅是边缘人角色。沟通网络的关键在于，要建立跨职能、跨层级边界的关系。比如，在图 12-5 中，莎伦有高度发达的人际沟通网络，能够与营销、制造和工程部的许多人共享信息，也能够得到更多的援助。莎伦的人际关系网与处于网络外围的迈克和杰西米的沟通圈形成了鲜明的对比。在你看来，谁在组织里最有可能占有更多的资源、享有更大的影响力呢？下面是专家为建立个人沟通圈提出的一些建议。

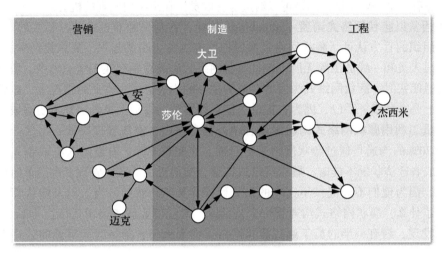

图 12-5　组织沟通网络

- 未雨绸缪，有备无患。聪明的管理者不会等到急需时才建立人际关系网络，因为那已经为时过晚。相反，他们表现出对他人真正感兴趣，并建立起诚实、可靠的关系。
- 不要一个人独自用午餐。人际关系大师会努力与尽可能多的人建立联系，他们的社交活动和商务活动频繁，甚至整个日历上都密密麻麻写满了日程安排。Tim Gutwald 创建了一项名为网络洗牌（Network Shuffle）的服务，每个月为成员随机分配一次新的联系网络，以确保成员的网络不断扩大。
- 努力做到双赢。成功的沟通圈不只是谋取你期望的东西，它还应该确保圈内的其他人得到他们期望的东西。
- 注重多元化。你的沟通圈子越大，影响的范围也越广。要尽量与组织内外多个领域、各种兴趣爱好的人建立关系。

大多数人的人生阅历告诉我们，有时你认识谁比你懂得什么还重要。200 多年前，一位年轻的业余科学家及牧师约瑟夫·普里斯特利（Joseph Priestly）在英国乡村的一个临时实验室孤独地进行实验。普里斯特利非常聪明，但他与其他科学家相脱离，直到他前往伦敦参加了一个诚实辉格党人俱乐部的会议。该俱乐部召集了一大批思想家一起谈论科学、神学、政治等话题。该俱乐部由本杰明·富兰克林创建，是早期的一个网络小组，使普里斯特利有机会建立自己的人际关系和合作网络。他继而拥有杰出的科学和写作生涯，以发现氧气的存在而闻名于世。像普里斯特利一样，管理者如果精心耕耘广泛的人际关系网络，就可以极大地提升自己的影响力，进而取得更大的成就。

2. 藤状网络式沟通

因为 90% 的员工都会参与闲谈，因此每个管理者最终都不得不对其在工作场合中的影响做出反应。虽然闲谈有消极含义，但它对企业来说却是有益的，特别是在重大的组织变革时期，如裁员缩编时期。事实上，闲谈对于管理者来说是一个非常宝贵的工具。闲谈提供了一种有效的信息沟通渠道，因为它比正式渠道的传播速度更快。闲谈的另一个好处是，那些利用闲谈网络的管理者会发现它是一个有用的"早期预警系统"，能够帮助他们了解可能需要他们注意的内部情况或事件。另外，闲谈是员工缓解紧张和焦虑情绪的一种方式，特别是在变革时期。还有一个好处就是，闲谈可以给边缘化的员工在组织内发言的机会。

闲谈通常以**藤状网络式沟通**（grapevine）传播，它是一种非正式的、私人的沟通网络，尚未得到组织的官方认可。藤状网络式沟通把所有的员工联系起来，从总裁到中层管理者、支持性参谋人员和一线员工等无所不包。藤状网络式沟通总是存在于组织当中，但是，当正式沟通渠道闭塞时，藤状网络式沟通就会成为主导的沟通方式。在此种情况下，藤状网络式沟通实际上是一种服务手段，因为它提供的信息能够帮助管理人员弄清楚不明确或者不确切的事情。员工利用藤状网络式沟通的谣言填补信息空白，澄清管理决策。据估计，在企业里，多达 70% 的沟通是通过藤状网络来进行的。在变革之际、有激动人心或令人焦虑的事情发生，或者经济状况不佳时，藤状网络式沟通会变得更加活跃。管理者在变革时期通常会保持沉默，因为他们不想提供不完全的信息而误导员工。然而，当人们未能从管理者那里得知发生了什么，藤状网络式沟通就会变得活跃。专业就业服务公司任仕达（Randstad）的一项调查发现，约有一半的员工通过藤状网络式沟通来报告第一时间听到的公司重大变革消息。

 新晋管理者自测

你在建立人际网络吗

说明：你花了多少精力来发展与他人的关系？人际网络能在工作场所给一名新管理者提供帮助。为了了解你建立人际网络的技能，请用"是"或"否"回答以下各题。

	是	否
1. 我很早就能意识到组织正在发生的变化，并清楚它们会给我或我的职位造成什么影响。		
2. 在工作关系中，我尽可能地帮助他人解决问题，就像帮助自己一样。		
3. 我对其他人和他们做的事情感兴趣。		
4. 我经常用午餐时间去会见新人，并和他们建立关系。		
5. 我定期参与慈善事业。		
6. 我有一张关于朋友和同事的清单，并给他们寄节日贺卡。		
7. 我和以前组织及学校团体中的人保持联系。		
8. 我积极地给下属、同事和我的上司提供信息。		

评分与解释：每题回答"是"得 1 分。6 分或以上表示你有积极的人际网络和坚实的基础来开始你作为一名新管理者的职业生涯。当你建立起人际网络时，你变得拥有良好的社会关系，可以通过各种关系来完成事情。拥有信息和支持来源，会帮助一名新管理者获得职业动力。如果你的得分在 3 分或以下，要想成为一名管理者，你需要更多地注重人际关系的建立。拥有积极社会关系的人能成为更有效的管理者，对组织造成更广泛的影响。

藤状网络式沟通令人惊异的是它的准确性及它与组织的相关性。大约有 80% 的藤状网络式沟通涉及与企业相关的话题而非私人的、恶意的流言。更重要的是，通过藤状网络式沟通传递的信息当中有 70% ~ 90% 的细节都是准确无误的。管理者应当明白，每 6 个重要信息中大概有 5 个在某种程度是由藤状网络式沟通传递的，而非官方渠道。最近对各行各业的近 2.2 万名倒班工人的调查表明，有 55% 的人认为他们所得到的信息大部分是通过藤状网络式沟通来传递的。精明的管理者理解公司的藤状网络式沟通。"如果一位领导者耳听八方，闲谈则可以成为他了解员工想法和感觉的一种方式，"组织顾问、心理学家及 Antioch 大学教授米奇·库西（Mitch Kusy）这样说道。无论如何，特别是在危机时刻，管理者需要有效地控制沟通方式，以使藤状网络式沟通不是消息的唯一来源。

3. 书面沟通

EMC 的总裁兼首席执行官约瑟夫 M. 图西（Joseph M. Tucci）说，"随着当今电子通信的快速发展，人们可能认为基本写作技能的价值已经在工作场所中消失了。事实上，在今天竞争激烈和技术主导的全球经济中，清楚、快速写作的能力是空前重要的。"

不能进行书面沟通的管理者可能会限制他们晋升的机会。美国国家写作委员会主席鲍勃·克里（Bob Kerrey）说，"写作既是高技能、高薪和专业工作的标志，也是保证清楚、公平的'看门人'。"管理者可以通过下面的原则改进写作能力：

- 尊重读者。读者的时间是宝贵的，不要让凌乱而晦涩的备忘录或者需要读几次才能懂的电子邮件浪费读者的时间。注意语法和拼写。草率的写作暗示你的时间比读者的时间更宝贵，你会失去他们对你的兴趣和尊重。
- 主题明确，抓住重点。究竟什么信息是你想让读者记住的呢？许多人一坐下就开始写，但没有明确他们究竟想要写什么。有效地写作，知道什么是重点，并且通过写作去支撑和突出重点。
- 表述清楚，不要故意渲染。不要使用做作和华而不实的语言，避免专业术语。好的商务写作的目标是在第一时间被人理解。尽可能简单明了地表达你的意思。
- 征求别人的意见。当沟通非常重要时，如给部门或组织正式的商务便函之前，让某个你认为擅长写作的人先读一遍，再寄出去。不要过于自大而不接受他人的建议。在任何情况下，在你点击发送键之前，都要阅读和修改商务便函或电子邮件两三遍。

据理特管理顾问有限公司（Arthur D. Little Inc.）的前通信服务经理估计，约 30% 的商务便函和电子邮件都是为了解释之前没有被读者所理解的书面沟通。通过遵循这些原则，你可以让你的信息在第一时间被接受。

12.3.3 正式沟通渠道

正式沟通渠道（formal communication channel）是指组织所定义的指挥链或者任务责任关系。图 12-6 说明了三种正式渠道以及它们所传送的信息类型。在大多数传统的、纵向组织结构的公司里，下行沟通和上行沟通是最主要的两种沟通方式。但是，组织强调的是水平沟通，人们不断地跨部门和跨组织层级共享信息。电子沟通方式，如电子邮件和社交媒体（如前面所述），使得信息在各个方向的传输都变得比以前任何时候都更加便捷。

下行沟通（downward communication）是我们最熟悉、最常见的正式沟通方式，它是指消息和信息从最高管理层向下传达给下属。管理者可以采取多种方式与员工进行下行沟通。最常见的一些方式是通过演讲、视频、博客、社交媒体和公司内部网进行沟通。当红罗宾美味汉堡公司（Red Robin Gourmet Burgers）推出新的 Tavern 汉堡系列时，高管们决定利用内部社交网络向公司管理者们传达食谱和烹饪方法。红罗宾不是邮寄螺旋装订的手册，而是成功地使用社交媒体，将其作为一种培训管理者的方式，并鼓励自由讨论和反馈。

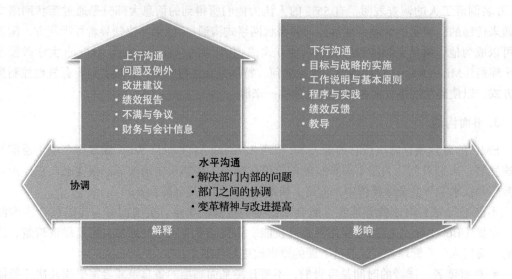

图 12-6　组织内的下行沟通、上行沟通及水平沟通

管理者不可能与员工们沟通组织运行中的一切问题，因此他们必须选择重要的信息进行沟通。下行沟通包含的典型话题有：目标与战略、工作说明与基本原则、程序、政策与实践、绩效反馈以及激励和教导。例如，一些管理者将推特网作为下行沟通的首选渠道，进行时间紧迫的工作指导。阅读和回复限于 140 个字符的推文比其他形式的沟通方式要快得多。

美国许多管理者在有效的下行沟通方面做得并不能令人满意。正如本章前面所述，一项调查的结果发现，员工想要就组织表现好的和不好的方面进行开放和诚实的沟通。但是，当被要求对他们公司的沟通有效性根据 0～100 的等级进行评价的时候，被调查者的平均得分只有 69 分。此外，对 1 500 名中高层管理者的一项研究发现，这些管理者中有 84%的人将沟通视为他们最重要的任务之一，但是，只有 38% 的人认为他们具有足够的沟通技能。

正式的**上行沟通**（upward communication）包括从组织层级体系中自下而上传达的信息。大多数组织都煞费苦心地建立健康通畅的上行沟通渠道，以便员工表达不满、报告进度以及对管理层的决议提供反馈。要将通畅的上行沟通和下行沟通连接起来，需要确保在管理者和员工之间具有完整的环形沟通回路。聪明的管理者会做出很大努力去促进上行沟通。例如，Borrego Solar Systems 公司的首席执行官迈克·霍尔（Mike Hall）发现了一种有效的方法来鼓励内向的工程师发表意见，并提出改善业务的想法。为了让员工提供反馈意见和建议，霍尔组织了一场内部竞赛，他称之为"创新挑战赛"。他鼓励所有员工使用公司内部网提出改进业务的想法。所有想法提交完成后，员工们给最喜欢的想法投票，获胜者将获得 500 美元现金。几乎所有的员工都参加了这次竞赛。"我们能够通过开发每个人的大脑来产生很多伟大的想法，"霍尔说。信息上行沟通的典型领域包括：需要管理层注意的问题和例外、改进想法和建议、绩效报告、不满和争议以及财务和会计信息。

水平沟通（horizontal communication）是指同伴或者同事之间沿水平方向或者对角线方向进行的信息沟通。水平沟通可以在部门内部进行，也可以在部门之间发生。水平沟通的目的不仅是沟通信息，而且要寻求支持或者协作。

从第 7 章中我们知道，许多组织以任务小组、委员会甚至矩阵结构等方式进行水平沟通，以鼓励协同工作。在位于芝加哥的美国西北纪念医院（Northwestern Memorial Hospital），两名医生创建了水平行动小组来减少医院中的感染事件。该传染病在 1 年中导致了近 10 万人死亡，并在全球范围内恶化，但是，西北纪念医院却通过打破沟通障碍逆转了这一趋势。传染病专家兰斯·彼得森（Lance Peterson）和加里·诺斯肯（Gary Noskin）在周一早上启动了定期会议，要求医生和护士、实验室技术人员、药剂师、电脑技术员、住院部代表甚至维修人员一起参加。沟通的改善得到了回报。在三年的时间内，西北纪念医院的感染率下降了 22%，是美国平均水平的一半。

12.3.4 危机沟通

在快速变化、不确定性和危机时期，管理者的沟通能力变得更加重要。过去几年来，危机的数量和规模对管理者的沟通能力提出了更加苛刻的要求。不幸的是，许多管理者表现出自己不能应对挑战。例如，在长岛电力局（LIPA），飓风桑迪显示出对危机沟通缺乏重视。2012 年的致命风暴影响巨大，东北部的公共事业部门因迟迟不能恢复供电而受到批评，但长岛的恢复似乎是最慢的。风暴过后，权威机构的电话无人接听，即使有人接听，也没有人提供信息给受灾的用户，似乎未制定危机沟通计划。"高层管理者无法与中层管理者进行沟通，"亨廷顿镇的行政长官及联邦紧急事务管理署（FEMA）前官员 Frank Petrone 说。"中层管理者无法与工作人员沟通。"

作为一名管理者，你在危机中的有效沟通能力将决定组织是否能在剧变的环境中有效生存。想想"协和号"游轮的船长采取的错误做法，2012 年 1 月他的轮船搁浅，造成 32 人死亡。船长 Francesco Schettino 涉嫌使轮船偏离航线，造成其意外搁浅，之后该船在托斯卡纳岛的海岸倾覆。船长被指控过失杀人以及在所有游客撤离之前擅自弃船。据说，船长在船员告诉他这艘船正在灌水并且电机已停机之后的 45 分钟内未做出响应，从而造成了这场危机。他在轮船搁浅将近一小时后才下达"弃船令"，使得许多生命无法挽救。灾难发生后，该船长也未能站出来承担责任，并解释发生了什么。

下面概述了管理者在危机沟通中应具备的四个主要技能。阅读时请想想上述船长在游轮危机期间和之后应怎样有效沟通。

- 沉着专注。优秀的危机沟通者不会让自己被情境征服。沉着、冷静和倾听变得比以往任何时候都更加重要。管理者在弄清楚当前的困难以后，要学会调整自己的沟通内容与方式方法，让大家看到希望并保持乐观情绪。
- 挺身而出。许多管理者低估了危机时刻出现在现场的重要性。管理者的职责是，马上挺身而出，给员工以信心，并回应公众所关心的问题。要让员工知道管理者关心他们，关注他们所经历的一切，与员工面对面沟通是极为关键的。
- 公布真相。有效的管理者尽最大可能收集信息，尽其所能判明事实真相，并尽快将事实真相公之于众。迅速公布事实真相，可以避免流言蜚语和误解误导。
- 传播愿景。人们需要感知到，他们有为之工作的对象、有盼头。危机给管理者以机会向员工传播更美好的未来愿景，团结大家一起实现共同的目标。
- 前美国陆军少校乔瓦尼·费罗斯（Giovanni Feroce）创建了正式的系统来进行 Alex and Ari 公司的上行沟通，如本章"管理者边缘"中所述。

Alex and Ani 公司

想象一下，罗得岛州克罗斯顿的一家珠宝公司由两个完成不同的人来领导：一个具有创造性的自由精神，一个是前美国陆军少校。因此，才有了这个很有前途的数百万美元的公司 Alex and Ani。创始人及首席创意总监卡洛琳·拉菲琳恩（Carolyn Rafaelian）接手了一家小型家庭企业，并让乔瓦尼·费罗斯担任首席执行官，从而引起了从放松的文化到专注而勤奋的文化的转变。以前 23 名员工中的大多数人是拉菲琳恩的朋友，她雇用他们时很少关注技能。费罗斯在 2010 年担任首席执行官的一年以后，21 名员工自愿离开了公司。

费罗斯带来了能够改变公司文化的愿景、纪律和新的团队精神。每周两次（包括星期一早上的第一件事）高管人员围坐在一张大桌子周围，进行情况报告，这种运营信息的更新方式类似于美国陆军中使用的方法。参与者提供情况，然后根据指示采取行动。但与美国陆军不同，桌子上嵌有水晶，意在消除负面能量并作为情感治疗的一部分。正是这种不寻常的新时代价值观和军事纪律，使得 Alex and Ani 在 2010 至 2014 年间出现了爆炸式增长：员工从 23 人增长到 1 100 人，销售额从 450 万美元增长至 2.3 亿美元。当拉菲琳恩坚持认为公司实际销售的是促使公司发展的正能量时，2014 年离职去重振一家钟表公司的费罗斯提醒大家，他是一个保守派，就对公司的福利感兴趣。他监督了全国 57 家精品店的开业，确保其产品在布鲁明戴尔百货店（Bloomingdale's）、Nordstroms 百货门店以及机场和医院销售。他的前合伙人拉菲琳恩对于公司的成长感到非常高兴，特别自豪的是，他们能够让当地的模具公司制作她的项链、手链、石头和水晶珠宝。"制造就是炼金术，"她说，"这很神奇。"

讨论题

1. 开放式沟通氛围的特点是什么？描述一下营造开放式沟通氛围的管理者的组织效益。

2. 描述图 12-2 中沟通模型的要素，并就课堂上教师与学生之间的沟通情况各举一例，说明沟通模型中的每一个要素。

3. 负责一个 100 人的内部销售团队的区域经理拉娜·洛维利注意到，公司里业绩最佳者出现了状况。她的销售额比一年前下降了20%，并且上班经常迟到，看上去很沮丧。洛维利需要找到其业绩下降的原因。在与该员工进行沟通方面你会给洛维利什么建议？她应使用哪种沟通渠道？坦诚沟通、倾听和提问的相对重要性是什么？请解释。

4. 一个小企业主说，他不得不教年轻员工什么是"拨号音"。你有电话恐惧症吗？你认为只使用短信、电子邮件和社交媒体可以与客户建立起稳定的业务关系吗？

5. 有些高级管理者认为，他们应该依靠书面信息和计算机报告，因为这些会比面对面沟通所带来的信息更加准确。你同意吗？为什么？

6. 在重大的组织变革（如裁员）期间，藤状网络式沟通作为焦虑的员工传播组织新闻和谣言的一种方式而变得更加活跃。作为一名管理者，在工作场所不确定的时期你会采用什么沟通策略？在不确定时期，闲谈有什么优点和缺点？

7. 假设你是一家销售草药补充品的小型网络公司的管理者。一个心怀不满的员工在你不知情的情况下，把对公司不利的信息发布到公司的公开博客上，包括关于最畅销补充品的危险成分的虚假信息。你将采取哪些具体措施来消除这场危机的影响？

8. 如果要求你设计一个培训计划来帮助管理者成为更好的沟通者，你会在该计划中设计哪些内容？

9. 假设你所管理的一名雇员在工作中花了太多的时间在社交媒体上，使得他在一个星期内错过了三个重要的期限。你打算通过面谈来解决这一问题，你的目标是坦诚沟通。你将

如何使用本章所述的"我"的语句来开始这次沟通？

10. 描述你把推特网纳入组织针对客户的危机沟通计划的具体方式。针对员工呢？

◙ 自主学习

沟通焦虑的自我评估

以下问题是你对和别人交流的感觉。请根据你的情况进行选择："完全同意"（5分）、"同意"（4分）、"不确定"（3分）、"不同意"（2分）或"完全不同意"（1分）。选项没有正确和错误之分。有些问题和其他问题相似。不要考虑它们的相似性。请快速阅读并根据第一印象进行选择。

完全不同意 1　2　3　4　5 完全同意

1. 一群熟人交流时，我会紧张。
1　2　3　4　5

2. 在一组陌生人面前演讲时，我会紧张。
1　2　3　4　5

3. 在与朋友和同事交流时，我很镇静，很放松。
1　2　3　4　5

4. 在一个有很多人的会议上交流时，我很镇静，很放松。
1　2　3　4　5

5. 在朋友或同事面前演讲时，我会紧张。
1　2　3　4　5

6. 在和熟人或同事交流时，我很镇静，很放松。
1　2　3　4　5

7. 在和一大群陌生人交流时，我会紧张。
1　2　3　4　5

8. 在和一小组陌生人交流时，我会紧张。
1　2　3　4　5

9. 在和一小组朋友或同事聊天时，我很镇静，很放松。
1　2　3　4　5

10. 在一群熟人面前演讲时，我很镇静，很放松。
1　2　3　4　5

11. 在和一个陌生人交流时，我很镇静，很放松。
1　2　3　4　5

12. 在和一大群朋友交流时，我会紧张。
1　2　3　4　5

13. 在一大群陌生人面前演讲时，我很镇静，很放松。
1　2　3　4　5

14. 在和一个朋友或同事交流时，我会紧张。
1　2　3　4　5

15. 在和一大群熟人交流时，我会紧张。
1　2　3　4　5

16. 在和一小群熟人交流时，我很镇静，很放松。
1　2　3　4　5

17. 在和一小群陌生人交流时，我很镇静，很放松。
1　2　3　4　5

18. 在一群朋友面前演讲时，我很镇静，很放松。
1　2　3　4　5

19. 在和一个熟人或同事交流时，我会紧张。
1　2　3　4　5

20. 在有很多陌生人的会议上交流时，我很镇静，很放松。
1　2　3　4　5

21. 在一群熟人面前演讲时，我会紧张。
1　2　3　4　5

22. 在和一个陌生人交流时，我会紧张。
1　2　3　4　5

23. 在和一大组朋友或同事交流时，我很镇静，很放松。
1　2　3　4　5

24. 在和一小组朋友或同事交流时，我会紧张。
1　2　3　4　5

评分与说明：

这个调查问卷需要计算四个子分数和一个总分数。子分数关系到四种常见的会话理解：公众演讲、会议、小组讨论以及相互交流。

公众演讲

18分加上第2、5、21题的分数，再减去第10、13、18题的分数，最后等于 ＿＿＿

会议

18分加上第7、12、15题的分数，再减去第4、20、23题的分数，最后等于＿＿＿

小组讨论

18分加上第1、8、24题的分数，再减去第9、16、17题的分数，最后等于＿＿＿

相互交流

18分加上第14、19、22题的分数，再减去第3、6、11题的分数，最后等于＿＿＿

总分：

加总四个子分数等于＿＿＿

这项个人评估提供了在多种沟通场合下你感觉到焦虑（恐惧）的情况。总分在24～120分的范围内变化。高于72分表明你的沟通焦虑高于平均水平。高于85分则说明沟通焦虑程度很高。低于59分说明焦虑程度低。高于85或者低于59分则是超出正常范围的极端分数。它们表明，你在任何既定情况下的焦虑程度可能和那种沟通情况下的真实反应无关。

子分数变化范围为16～30分。任何高于18的分数都暗示一定程度的焦虑。比如，如果你在演说环境下的分数是18，则说明你喜欢大量的人群。

要成为一个有效的沟通冠军，必须战胜沟通焦虑。对大多数人来说，人与人交流时焦虑程度最低，从人际交流、小组讨论、大型会议到演讲，焦虑程度越来越高。把你的分数和另一名学生的进行比较。沟通的哪个方面使你产生最大的焦虑？你计划如何改进？

◼ 团队学习

不倾听练习

1. 在小组中，确定一个人作为每个回合的发言人。该发言人将讲述对他们来说重要的事情或最近发生的具有重大影响的事情。
2. 第一轮：ABC轮。听者在纸上记下发言者使用A、B、C开头的单词的次数。
3. 第二轮：自我指导。听者试图把注意力引向自己。例如，如果有人在谈论他们计划去欧洲旅行，别的人可以跳起来说："哦，我去年去了欧洲。"
4. 第四轮：不倾听。当有人谈话时，尽可能地分散注意力。如果他们问你是否在听，始终回答"是"。你必须待在座位上。

不倾听行为

以下是常见的糟糕的倾听习惯列表：

1. 不专注或心不在焉。
2. 假装倾听。假装在听，但在想别的事情。
3. 在听，但不是真正听懂了。听到说的话，但不知真正的含义。
4. 预演。在脑海里审查你将要说的话。
5. 打断。不给别人说完的机会。
6. 只听到你所期望的。有时听者认为他们已经知道对方的立场，并没有真正领会对方所说的话。
7. 防御。期待对方攻击，并准备解释你的立场。
8. 期待听到不同的意见。只是想找点什么来争论。

良好的倾听技能

意识到不良的倾听习惯并努力改变，有助于成为更好的倾听者。以下是良好的倾听技能列表。

1. 专注。即使讲话的人比较乏味或脾气不好，也会努力倾听其所有的观点。
2. 倾听整个信息。在信息中寻找更深层次的含义，并寻找语言和非语言信号的一致点。
3. 评价前认真倾听。在确定讲话者在说什么之前，先问一些问题以得到进一步确认。
4. 重述。尝试用自己的话重述信息（而非按照不同的顺序机械地复述句子），以避免误解。

◼ 实践学习

1. 和另一个学生组成一组。在大学（或公司）里你会修"团体沟通"这门课。
2. 阅读教材，熟悉下行沟通和上行沟通这两种沟通渠道。
3. 到大学（或公司）的网页寻找与教员或学生相关的信息。寻找上行沟通和下行沟通的例子并记录下来。

4. 每次沟通的目的是什么？你对每次沟通期望的实际结果是什么？

5. 指导教师可能要求你把找到的资料带到教室讨论，或者让你以报告的形式提交。

伦理困境

试用

沃纳 - 汤姆森公司是洛杉矶一家商务财经管理公司。2007 年春季的一天，公司聘用伊朗出生的菲罗兹·巴曼为会计助理。巴曼感到了一丝真正的宽慰，可是他的这种宽慰感只是短暂的。

由于拥有美国顶尖学府的会计学位，他知道他的资历对这个职位来说是超越预期条件的。但是他屡次被合适的职位拒绝了，他的语言问题是被拒的主要理由。虽然他从小就会说流利的波斯语和法语，但在来美国之前不久才开始学英语。因为被他的教育资历和安静而有礼的举止所吸引，担负管理职责的合伙人比阿特丽斯·沃纳不计较他很重的口音而主动雇用了他，而且他拥有的职位是当时公司唯一能够提供的职位。在面试中，她鼓励他说，他会很快进步的。

比阿特丽斯清楚地知道菲罗兹会全心全意地把事情做好。但是不久，菲罗兹和他的上司凯茜·帕特南的关系就明显变得反常了。凯茜是一个富有经验的会计主管，而且刚从纽约调到洛杉矶。在肩负繁重的工作量的同时，她带着浓重的布鲁克林口音，以极快的语速让菲罗兹一开始就明白，他做什么事情都必须以最快的速度完成。

在凯茜给菲罗兹三个月试用期审查前不久，凯茜告诉比阿特丽斯她对菲罗兹的表现有多失望，并且建议让他走人。凯茜承认"他的银行往来调节表和财务报表准备工作都是一流的，但是他的沟通能力还有很大的改进空间。首先，当我告诉他什么是他的职责时，我没有时间去不停地重复相同的指示。其次，公众联络包含在他的书面工作描述当中。通常，他拖延打电话去质疑信用卡支付，或者从客户职工那里问询他需要的信息。当他最终拿起电话……好吧，其实我有不止一个客户提过很难明白他想说什么，有些客户甚至开始有点愤怒了。"

比阿特丽斯回答道："你知道吗，有些公司认为帮助国外出生的职工学习英语是他们公司的责任。或许我们应该帮他找个英语作为第二语言的课程，并且替他付款。"

凯茜压抑着怒火说："请恕我冒昧，我不认为那是我们的职责。如果你来美国，你应该会英语才对。我祖父母从意大利来的时候就是这样。他们当然不会期待任何人帮助他们。"

比阿特丽斯心情很复杂。一方面，她认识到，沃纳 - 汤姆森公司有足够的理由去找一个能胜任公众沟通任务的人替代菲罗兹的职位。或许她雇菲罗兹是一个错误。但是，作为德国移民的女儿，她深刻理解语言和文化障碍有多吓人，同时这些障碍最终也是可以排除的。可能部分出于她家庭背景的原因，她热衷于公司对创造多元工作组和体贴支持的文化环境的设想。另外，她感觉有个人责任去帮助一个工作努力、有前途的雇员去实现他的潜在价值。既然菲罗兹的试用期已经接近结束，她该建议凯茜做什么呢？

你会怎么办

1. 赞成凯茜·帕特南。虽然你有个人感情因素，但是必须承认菲罗兹·巴曼不能胜任会计助手的职位。接受现实，并通知他有一项关键工作要求他没法胜任。并建议，如果他不提高自己的语言能力，找个几乎只涉及文书工作的职位会更好些。

2. 让菲罗兹和一个更有同情心的会计经理工作，而且能帮他改进英文，有时间帮他提高自信心和打电话的技巧。让凯茜·帕特南去参加与多元意识有关的培训。

3. 在公司设立一个新的职位，从而可以让菲罗兹同时给几个会计经理做报告和对账工作，而不用去承担会计助理需要做的联系公众的工作。明确告诉他，除非英文水平提高，否则几乎没有晋升机会。

第13章

团队领导

本章概要

　　韩亚航空 214 号班机什么地方出了错？2013 年 7 月 6 日，波音 777 在旧金山国际机场失事，造成三名乘客死亡，多名乘客受伤。飞行员和航空公司均表示，一个控制飞机速度的关键装置可能出现了故障。而有人认为这次空难可能是飞行员的失误造成的。美国国家运输安全委员会（NTSB）调查人员仍在对事件进行调查。不过，今天的航空事故比几十年前发生的要少得多，也更少造成死亡。商业飞行员兼"询问飞行员"（Ask the Pilot）博客栏目的作家帕特里克·史密斯（Patrick Smith）说，部分原因是设计得到了改善，但也与更好的团队合作有关。他最近写了一本书，名为《驾驶舱的秘密：关于空中旅行你应知道的事情：问题、答案和反思》（*Cockpit Confidential: Everything You Need to Know About Air Travel: Questions, Answers, and Reflections*）。"驾驶舱里不再有严格的等级文化：机长就是国王，每个人都盲目地服从他的命令，"史密斯说。今天，大多数航空公司的机组人员培训都是以团队为中心，大家团结一致，共同确保安全。飞行员不只是依靠自己的直觉和能力，还要从机舱工作人员、地勤人员、调度员、气象学家和其他人员那里获取知识。也许航空业中最令人惊叹的完美团队合作的例子是 2009 年 1 月全美航空 1549 号班机在哈德逊河上的迫降事件。机长 Sullenberger 说，从 5 岁起，他就想成为一名飞行员。他确实将毕生的精力用在了在选定的领域里追求卓越上。经过 40 年的努力，他为能够掌控一切而做了无人能比的准备。然而，Sullenberger 的学习热情也意味着他支持对每一个机组成员进行持续的培训，并向机组人员灌输一种团队合作和安全的义务感。Sullenberger 对于 1549 号班机的安全着陆给予团队的每一个成员以信任。

 新晋管理者自测

你有多喜欢工作

说明：你工作或学习的方式显示了你在团队中是否能获得成功。根据你在工作中的喜好，以"是"或"否"回答以下问题。

	是	否
1. 比起个人独立完成任务，我更喜欢在团队中工作。	___	___
2. 如果可以选择，我宁愿独自工作，而不想面对团队工作带来的麻烦。	___	___
3. 当和别人一起工作时，我喜欢人际间的互动。	___	___
4. 我更喜欢做我自己的本职工作，而让别人做他们的。	___	___
5. 与个人胜利相比，我能从团队胜利中获得更多的满足。	___	___
6. 当人们没有完成他们的本职工作时，团队工作就没有价值。	___	___
7. 当和别人一起工作时我感觉很好，即使我们会有意见分歧。	___	___
8. 完成一项任务时，我更愿意依靠自己而不是别人。	___	___

评分与解释：奇数序号题回答"是"得 1 分，偶数序号题回答"否"得 1 分。作为一名新管理者，你既要在团队中工作，也要独自工作。这些题目测试你对团队工作的喜好程度。团队工作既让人沮丧，又让人激动。如果你的得分在 2 分或者以下，那么你肯定更喜欢独立工作。得分在 7 分或以上，表明你更喜欢在团队中工作。3 ~ 6 分表明你既适合独立工作，又适合团队工作。一个新的管理者需要二者兼备。

许多人是在团队环境中获得第一份管理经验，而且你有时候还可能在团队当中当上一名新的管理者。许多公司发现团队拥有真正的优势，但在团队中工作是很艰难的。你可能已经体会过作为学生在团队工作中面临的挑战，你要放弃自己的某些独立性，依靠团队的良好表现取得好的成绩。

好的团队可以产生惊人的结果，但团队并不总是成功的。在对制造企业的调查中，约80% 的调查对象报告说他们曾使用过某种团队，但是只有 14% 的企业对其团队的表现评价为高效。略超过一半的调查对象说，他们的努力只在"某种程度上有效，"而且 15% 的企业认为团队的努力完全不起作用。

本章我们将重点探讨团队及其在组织里的新运用领域。我们要定义团队是什么，看看团队能做出什么贡献，并定义各种不同类型的团队。然后我们讨论团队合作的困境，提出工作团队的效能模型，探讨团队的发展阶段，并考查规模、凝聚力、多样性和行为规范等特征是如何影响团队效能的。本章还将介绍个人在团队中扮演的角色，讨论管理团队冲突的方法，并描述谈判是如何促进合作和团队协作的。团队是组织生活的中心，管理团队的能力是管理者的一种重要能力，也是组织成功的一个重要保证。

13.1 团队的价值

为什么组织不仅仅是独自行动、各行其是的个体的集合？很显然，团队工作能带来好处，否则企业不会持续使用这种结构体制。团队合作价值的一个例子来自于军队，在伊拉克自由行动（Operation Iraqi Freedom）期间，美国海军的外科医生、护士、麻醉师和技术人员等组成的前方外科团队首次奔赴前线。这些团队分散在伊拉克，能够转移到新地点并在一个小时内组建到位。他们的目标是，在受伤后如 24 小时内得不到关键性治疗就会死亡的士兵和平民中，挽救 15%～20% 的生命，团队成员协同合作，圆满完成了他们至关重要的共同使命。虽然可能不涉及生死，但所有组织都是由不同的个人和团队组成的，他们一起工作，协调行动，共同达成目标。组织中的许多工作是相互依赖的，即个体和部门依靠其他的个体和部门的信息和资源去完成工作。当任务高度相互依赖时，团队是确保成功完成任务所必需的协调程度、信息分享和物质交换的最佳途径。

13.1.1 什么是团队

团队（team）是指由两个或者两个以上成员组成的相互影响、彼此协调以完成他们承诺的共同目标并相互问责的单位。这一定义有三层含义。第一，组成团队要求有两个或者两个以上的成员。第二，团队中的成员定期互动。没有相互影响的人（例如就餐时排队等候的人员或者电梯传送带上站立的人员）是不能构成团队的。第三，团队成员应有一个共同的绩效目标，不管是设计一款新型平板电脑，还是造一个发动机，或者是完成一个班级课题。

组建一个团队和建立团队合作并不是一回事，正如迈阿密热火队的教练所体会到的。2010 年春天，勒布朗·詹姆斯（LeBron James）、德文·韦德（Dwyane Wade）和克里斯·波什（Chris Bosh）成为各自球队的最高得分手。第二年，他们都效力于迈阿密热火队。有了这样的阵容，这个球队本应战无不胜，但热火队却以耻辱性的失分开始，并在赛季的最初几周走得颇不顺利。习惯于在关键时刻掌控全局的明星球员们发现他们之间相互误解。芝加哥公牛队前球员史蒂夫·科尔（Steve Kerr）在谈到热火队输给纽约尼克斯队时说，"这是一次彻底的失败。这就是'我很有天赋，我来掌管一切。'然而他们看起来很糟糕。"

个人明星不一定能够组成一支强大的团队，无论是在体育界还是在商界。热火队通过整合有效的团队合作要素来扭转局面，如图 13-1 所示。团队合作需要将不同的个性、专业和技能正确地组合在一起；明确界定各个角色和职责；使每个人关注于明确的使命；建立清晰的沟通渠道和信息共享渠道，使团队成员能够全方位地传达其目标和需求；能够让每个人实现个人的自我升华，并在同一个方向上齐心协力。信任是团队合作的一个重要方面。为了达到更大的目标，人们必须愿意合作，有时甚至牺牲自己的个人目标，这就要求他们相信其他人也愿意做同样的事情。

绿色力量

团队是最重要的

斯巴鲁印第安纳汽车公司（SIA）的管理者们将公司减少、重复利用和回收废物的愿望以夸耀"零填埋"的电视广告的形式放在了网上。该公司没有回避而是坚持"零意味着无"的理念，在朝向目标前进的每一个生产过程中，管理者们给予每个团队的每位成员以信任。各团队被证明是能够应对这一挑战的。例如，冲压单元的车间与供应商达成关于更精确板材的合作协议，使每辆汽车的钢材减少了100磅。各团队利用工厂的水流量来驱动微型液压发电机，该公司的"绿色回报曲线"（Green Payback Curve）用于回收各种废物产品。装配线的照明会在休息和换班期间关闭，以减少公司的碳排放量。对团队的尊重和信任使得该公司成为制造业中在可持续发展上的公认领导者。

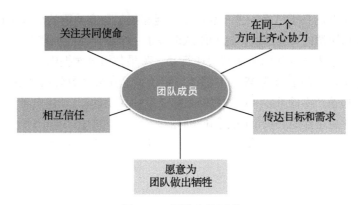

图 13-1   团队合作要求

百胜餐饮集团（包括肯德基、必胜客和塔可钟）的首席执行官戴维·诺瓦克（David Novak）建立了基于团队合作的全球最大的餐饮公司。自 1997 年百胜餐饮从百事可乐公司剥离以来，其股票年复合增长率为 16.5%，而同期的标准普尔 500 指数的增长率为 3.9%。当诺瓦克首次担任肯德基的负责人时，美国分部多年来一直没有达到其利润目标。总部将原因归咎于加盟商，而加盟商则责怪总部。诺瓦克进行了一项至今仍在进行的团队建设运动。肯德基恢复了增长，其利润在三年内几乎翻了一番。诺瓦克说，"真正产生重大影响的是这样一种理念：如果我们相互信任，我们就可以同心协力去做超出我们个人能力的事情。"

13.1.2   团队的贡献

有效的团队可以提供许多优势，如图 13-2 所示。这些团队贡献可以产生更强的竞争优势和更高的整体组织绩效。

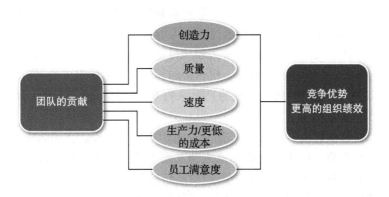

图 13-2   团队的五大贡献

- 创造力和创新能力：由于团队包括具有不同技能、长处、经验和观点的人，因此他们能够在组织中产生更高水平的创造力和创新能力。例如，在苹果公司的成功中，被忽视的一个因素是史蒂夫·乔布斯建立了一个拥有优秀技术人员、营销人员、设计人员以及能够保持公司创新精神的其他人员的顶尖管理团队。乔布斯的高层管理团队中的大多数人与他合作的时间超过十年。
- 提高质量：组织有效性的一个标准是产品和服务是否满足客户的质量要求，尤其是在医疗保健方面。医生独自掌握所有的技能、将所有信息储存于大脑并管理治疗病人所需的一切事务的日子已经一去不复返了。能够提供最高质量的病人护理的组织，是那些能够密切协调的专业团队，这些团队形成了一个综合性的护理系统。

- 响应速度：紧密整合的团队能够快速行动。苹果公司再次提供了一个例子，其严谨的团队在某个新产品上市前 48 小时修改了定价，这在大多数公司是不可想象的。此外，团队可以加速产品的开发（正如我们在第 7 章中讨论的），对客户需求的变化做出更快的响应，并更迅速地解决部门之间的问题。

玩具反斗城（Toys R Us）的客户自组织团队迫使该公司进行快速响应，如本章"事业大错"中所述。

 事业大错

玩具反斗城和《绝命毒师》人偶玩具

玩具反斗城推出了一款新的玩具人物。2014 年，该公司推出了"绝命毒师"人偶玩具。公众的反应迅速，在这里团队发挥了作用。佛罗里达州的一名妇女成了"团队领导"，她发起请愿并快速获得 9 000 人的签名。社交媒体疯狂传播。但后来，在该剧中扮演毒品制造商和经销商杰西的亚伦·保罗（Aaron Paul）进行了回击，并提出疑问：为什么玩具反斗城不考虑将芭比娃娃下架。"为什么你可以销售枪支而不能销售怀特和杰西？"他问道。保罗支持

一位加利福尼亚人发起的保留这些玩具人物的反请愿，并得到 30 000 人的签名。

玩具反斗城做出的反应是将《绝命毒师》人偶玩具下架。公司的一位发言人说，"这么说吧，这些玩具人物将'无限期休假'。"蒙克莱尔州立大学（Montclair State University）的 Patrali Chatterjee 博士说，公司做出了正确的决定，他们必须弄明白谁是最重要的利益相关者。"该公司明白，年幼孩子的父母对于他们来说非常重要，他们不能与他们的核心客户群体作对。"

- 更高的生产力，更低的成本：有效团队可以将大量的能量从员工身上释放出来。**社会促进**（social facilitation）指的是通过其他人的存在来提高个体绩效水平的倾向。仅仅因为周围有其他人，就会促使一个人表现得更好。此外，各种不同的观点也能产生创新思想。在波音公司，由工程师、机械师和其他工作人员组成的创新团队想出了节省时间的点子，将 737 喷气式飞机的产量从每月 31 架提高到 35 架，目标是到 2014 年年底每月产量达 42 架。
- 增加积极性和满意度：如第 11 章所述，人们有归属需要。在团队中工作可以满足这一需要，并在整个组织中创造出更大的友爱之情。团队还可以减少无聊感，增加人们的尊严感和自我价值感，并给人们发展新技能的机会。在一个有效的团队中工作的个人能够更好地应对压力，更多地享受其工作，并具有对组织更高的积极性和义务感。

13.1.3　团队的类型

组织使用多种类型的团队来实现前面所讨论的优点。组织中两种常见的团队类型是职能型团队和跨职能团队，如图 13-3 所示。组织也利用自我管理团队来增加员工的参与程度。

1. 职能型团队

职能型团队（functional team）是由管理者及其下属组成的，他们之间有着正式的指挥

链。有时，职能型团队也被称作指挥型团队。在某些情况下，职能型团队包括 3 ～ 4 个结构层级。简而言之，职能型团队包括组织内的整个部门。财务分析部、质量控制部、工程部、人力资源部等都属于职能型团队。它们都通过成员的共同活动和相互作用而达成特定的组织目标。

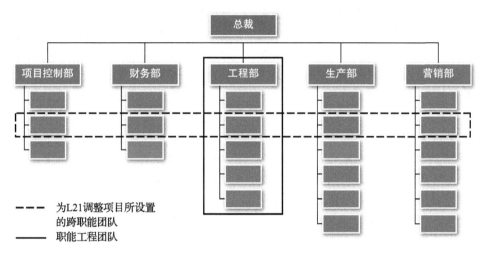

图 13-3　组织中的职能型团队和跨职能团队

2. 跨职能团队

跨职能团队（cross-functional team）是由来自于同一层级但具有不同专业特长的人员所组成的团队。跨职能团队的一种类型是工作组，由来自不同部门的员工组成，负责处理特定的活动，任务完成后解散。例如，一家航空航天公司成立了一个工作组，专门解决飞机装配所需的关键部件意外丢失的问题。

西南航空航天公司（Southwestern Aerospace）的关键路径零件团队展示了前面讨论的许多团队优势，特别是在创新和速度方面。跨职能团队的另一种类型是专门团队（special-purpose team），这是在组织的正式结构之外成立的团队，其目的是为了完成一项特别重要或具有创造性的项目。专门团队有时称为项目团队，仍然是正式组织结构的一部分，但成员们将自己视为一个独立的集体。专门团队通常建立来开发新产品或新服务。2008 年，福特汽车公司成立了一个专门团队来解决一个问题，这个问题可以决定该组织是否能够在汽车行业的动荡环境中生存。管理者们知道，没有零部件，他们所做的拯救公司的任何事情都将无意义。由于该行业的许多供应商都濒临破产，福特汽车的全球采购副总裁托尼·布朗（Tony Brown）建议成立一个专门团队来监控零部件制造商，防止供应链中断，并加快福特缩减供应商数量的计划。首席执行官艾伦·穆拉利（Alan Mulally）很快同意这一建议，于是 Quark 项目（以电影《亲爱的，我把孩子缩小了》（Honey, I Shrunk the Kids）中的宠物狗命名）诞生了。该团队包括来自于福特汽车所有分部和职能部门的人员，包括制造部、人力资源部、工程部、财务部、信息技术部、法律部和其他部门。该团队为每一个供应商建立了风险预测，并将数量缩减到福特希望保留的 850 个关键供应商。确保这些公司能够幸存是 Quark 项目的首要任务。这个专门团队在帮助福特汽车防止供应链中断方面发挥了关键作用，并最终帮助艾伦·穆拉利和其他管理者重振了公司。

聚焦技能

西南航空航天公司

西南航空航天公司（不是该公司的真实名称）得到了一些对于制造商来说最坏的消息：一家铝热处理供应商租期到期，并将很快关闭。丧失这种专业的热处理能力对于公司来说是毁灭性的，因为该地区没有同等水平的替代供应商。最主要的是该公司将很快面临制造飞机所需的零部件短缺的问题。

公司的反应是组建一个跨职能工作组，称为"关键路径零件团队"，由来自于该公司及其供应商的 12 名专题专家组成。该团队确定了将受到铝热处理供应商倒闭影响的 18 个零部件，并确定其中 14 个零部件可以从另一个当地供应商处获得。该团队的挑战是要找到具有另外四个零部件的制造能力的供应商。

在创新的集体讨论会上，团队成员产生了大量的突发性想法，并最终想出了六种解决问题的方案，这些方案需要根据成本、时间和可行性进行评估。快速行动至关重要，就像保持客户信心一样，会随时告知客户整个团队工作的进展情况。该项目在技术上具有挑战性，团队成员按照地理位置分布于三个州。团队制定了全面的沟通计划来克服地理上的障碍。管理层随后批准了一项计划，测试第 6 种方案（重新设计现有流程）的可行性，该方案是最具技术挑战性但最为经济的一种方案。最终，由于卓越的跨职能团队合作，公司执行了一项计划，确保生产得以维持，并且实现了所有的财务和质量目标。负责迎接这一巨大挑战的团队荣获 2011 年度美国质量协会（American Society for Quality）颁发的国际卓越团队奖（International Team Excellence）银奖。

3. 自我管理型团队

组织中使用的第三种常见的团队类型是为了提高员工在决策和工作行为中的参与程度，这种参与以提高工作业绩为目的。**自我管理型团队**（self-managed team）一般由 5 ~ 20 名具有多种技能的员工组成，他们轮换工作岗位，以便每个人都能够亲身经历产品或者服务的整个流程（如发动机装配线、保险索赔过程）。例如，在芝加哥软件公司 37Signals，客户服务由一个自我管理团队进行管理，处理一切与提供服务和支持相关的事务。自从公司开始使用自我管理团队以来，客户的服务、支持率和满意度都得到了改善。"我们明显地感觉到发生的变化，我们知道是这个团队起了作用，"创始人贾森·弗里德（Jason Fried）说。如今，37Signals 几乎完全由自我管理型团队进行管理。

自我管理型团队与无老板式组织的发展趋势有关。自我管理型团队的中心思想是，由团队成员自己而不是由管理者或者其他基层主管来为工作负责、制定决策、控制绩效、改变工作方式，以解决问题、达成目标并适应环境的变化。在网络设计和营销公司 Ciplex，创始人 Ilya Pozin 废除了所有上司职位，将整个公司重新建成能够完全自由地实现其目标的自我管理型团队。Pozin 说，自从消除了层级结构以后，员工们更加快乐，也更有成效。

自我管理型团队是永久性团队，它一般包括以下要素：

- 该团队包括具有不同技能和职能的员工，这些技能组合足以完成重要的组织任务。例如，在制造厂，团队成员可能来自于铸造部、机械部、研磨部、制造部和销售部，这些成员都经过了交叉培训，彼此都能完成其他人的工作。该团队消除了部门与部门之间的壁垒，因而使得部门之间可以完美协调起来，以合作生产某种产品或者提供某种服务。

- 该团队可以获得完成整个任务所需要的信息、设备、机械以及其他供给。
- 该团队得到了授权,这意味着团队成员可以自主选拔新成员、解决问题、决定经费开销、控制结果并筹划未来。自我管理型团队可以使员工感受到挑战,觉得他们的工作富有意义,并培养出强烈的组织归属感。

13.2　团队合作的个人困境

戴维·费鲁奇(David Ferrucci)试图招募科学家来加入 IBM 的一个团队,以建造一台足够聪明的计算机,能够击败《危险边缘》(Jeopardy!)节目的冠军,在此过程中,他亲身体会到团队合作会使许多人面临困境。可以肯定的是,建造 Watson 是一个不寻常的项目,其成果将接受电视直播的"人与机器"竞赛的考验。如果失败,那将是一次面对公众的惨败,会损害所有参与人的信誉。如果成功,真正的英雄将是团队,而不是任何单个的团队成员。费鲁奇找过的许多科学家都喜欢参与个人项目,成功将属于他们自己。然而,他最终组建了一支由愿意承担风险的科学家组成的核心团队。"坦白地说,这是一个值得骄傲的时刻,需要具有作为团队而向前迈进的勇气,"费鲁奇说。在世界各地的组织中,一些人喜欢团队工作,而另一些人则讨厌,并且许多人对作为团队的一员工作既有积极情绪也有消极情绪。以下是团队将人们置于困境的三种主要原因:

- 不得不放弃自我的独立性。当人们是团队的一员时,他们的成功取决于团队的成功;因此,他们要依赖于其他人的表现如何,而不仅仅是自己的主动性和行动。大多数人都认为,做出牺牲以取得自身的成功是很合理的,但是团队工作要求他们为团队的成功做出牺牲。这个理念要求每个人都要把团队放在第一位,即使有时候会和个人利益相冲突。最近的一项研究表明,自 1960 年以来,美国人越来越多地关注个人而不是集体,这反映出"美国文化向更多的个人主义转变"。在一些文化中(如日本),通过团队能取得更大的成功,因为传统的日本文化将集体的价值置于个体之上。
- 不得不忍受搭便车者。团队有时候由具有不同职业道德的人组成。搭便车者(free rider)一词指的是那些享受了作为团队成员的好处,却没有积极参与为团队工作做贡献的人。你也许经历过这种懊恼的事情:在学生项目团队中,一个成员几乎没有为团队项目出力,但当分数出来后,却从其他人的辛勤工作中得到了好处。搭便车有时候被称为社会惰化,因为一些成员没有付出相同的努力。
- 团队有时候会功能失调。一些企业已经通过团队获得了巨大的成功,但是,也有无数的表明组织中的团队惨败的例子。组织心理学家罗伯特·萨顿(Robert Sutton)说,"最好的团队将比其中最好的成员还要好,而最差的团队则比其中最差的成员还要差。"过去几十年来,大量的研究成果和团队运作经验都已经对导致团队成功或失败的原因有了非常深刻的认识。迹象显示,团队的管理方式在决定它们功能运作方面扮演着至关重要的角色。表 13-1 列出了五种团队中常见的功能失调,并描述了有效的团队领导者应该具备的特征,以示对比。

表 13-1　五种常见的团队功能失调

功能失调	有效团队的特征
缺乏信任:人们对揭发错误、交换意见和表达观点感到不安	**信任**:成员在心理上相互信任;相互之间没有防备

（续）

功能失调	有效团队的特征
害怕冲突：人们与别人相处的目的是为了和谐；不表达冲突性的意见	**健康的冲突**：成员认为为寻求最佳解决方案而提出不同意见或对相互的意见提出挑战是可以接受的
缺乏承诺：如果人们害怕表达他们的真实意见，就很难得到他们对决策的真实承诺	**承诺**：因为对所有的观点都畅所欲言，人们最终可以在重要的目标和决策上面取得真实的认同
逃避责任：人们对结果不承担责任；当出现问题时总是相互指责	**责任**：成员相互负责，而不是将管理者视作责任的来源
对结果不在意：成员将个人或自己部门的抱负置于集体成果之上	**成就导向**：个体成员将个人日程放到一边，关心什么是对团队最有利的；集体成就即是成功

13.3　工作团队效能模型

功能正常的团队并非偶然。斯坦福社会学家伊丽莎白·科恩（Elizabeth Cohen）研究了小学生的群体活动，发现只有当老师花时间来定义角色、建立规则和树立目标时，群体才能像团队一样有效地发挥作用。在组织中，有效的团队是由这样的管理者创建的，他们采取具体行动帮助人们聚到一起并以团队的形式很好地履行职责。

图 13-4 示出了与团队效能相关的一些因素。工作团队效能建立在三种结果的基础上：生产力、个人满意度及适应与学习的能力。个人满意度与团队满足其成员的个人需要，从而使各成员得以继续留在团队里面，并保持对团队的忠诚度的能力大小有关。生产力则与绩效以及团队目标所定义的任务产出的质量和数量有关。适应与学习的能力指的是团队在工作中引入更多知识和技能，以及提高组织应对环境中新的威胁或机遇的能力。

图 13-4　工作团队效能模型

图 13-4 中的工作团队效能模型为本章的内容提供了一个框架。影响团队效能的因素首先是组织环境。在本书中，我们已经讲述了团队运行的组织环境，它包括总体领导力、战略、环境、文化以及控制和奖励员工的体系。在该环境中，由管理者来确定团队。重要的团队特征是团队类型和团队组成。管理者必须做出决定：什么时候创建永久性的自我管理型团队，什么时候使用临时性的工作组或专门团队。团队的多样性因素（例如，与任务相联系的知识和技能）都会对团队的形成和团队的效益带来极大的影响。此外，性别和种族的多样性也会

影响团队的绩效。团队的规模和角色也是很重要的。

团队的这些特点影响到团队的形成过程，而该过程对团队来说正是内在化的需求；反过来，该过程又会影响团队的产出和满意度。优秀的团队领袖必须了解并能控制团队的发展阶段、凝聚力、行为规范以及冲突等因素，才能建立起有效的团队。这些过程受到团队和组织特点的影响，同时也受到团队成员和领导者以积极的方式对这些过程施加指导的能力的左右。团队领导的另一个要求就是要知道如何有效地召开会议。"管理者工具箱"提供了一些召开动态而富有成效的会议的技巧。

13.4 虚拟团队

一个激动人心的团队合作的新方法是由信息技术的进步、员工预期的改变以及经济的全球化所带来的。**虚拟团队**（virtual team）主要通过信息与通信技术将地理上或者组织上天各一方的员工联结在一起，以完成共同的任务。虚拟团队可以是本地的、国家的或全球性的，成员来自一个公司或多个公司。

针对跨国公司员工的一项调查发现，80%的受访者属于虚拟团队。在虚拟团队中，成员往往通过群组软件、电子邮件、即时通信工具、电话和手机短信、维基和博客、视频会议系统以及其他技术工具来进行协作和完成工作任务，不过有时候他们也会碰面。尽管某些虚拟团队只是由组织自身的员工组成，但是虚拟团队常常也吸纳了应急工、合伙组织的成员、客户、供应商、顾问或者其他外部人士。许多虚拟团队也是全球团队。**全球团队**（global team）是由具有不同国籍的人员所组成的跨国界的工作团队，其业务活动跨越若干个不同的国家。

虚拟团队的主要优势之一在于其能够迅速集结最有才能的人员来完成复杂的项目、解决特定的问题或者抓住特殊的战略机会。人员的多样化可以促进创造力和创新能力。而实际上，当人们在虚拟空间而不是现实空间会面时，组织可以节省员工的时间并减少旅行费用。IBM报告说，通过使用虚拟团队，最近一年节省的旅行相关费用超过5 000万美元。

然而，虚拟团队也存在独有的挑战，特别是在建立密切关系和信任方面。表13-2列出了领导虚拟团队时需要注意的一些关键领域。表中对每一个关键领域进行了更详细的讨论。

表 13-2 有效的虚拟团队领导者做什么

实践	如何完成
运用虚拟技术建立关系	•关注和欣赏多元化技能及想法 •使用技术来强化沟通与信任 •确保及时的在线反馈 •管理在线社交
通过虚拟技术塑造文化	•创建心理上安全的虚拟文化 •分享员工的特殊经历与优势 •雇用来自可能不愿意分享观点的文化背景的员工
监控进度和奖励成员	•监督电子通信模式 •在虚拟工作空间设置测试页和计分卡 •通过在线颁奖典礼、表彰来奖励员工

● 运用虚拟技术建立信任和关系对团队有效开展工作很重要。领导者首先选择拥有技术、人际和沟通综合技能的人在虚拟的环境中工作，然后确保他们有机会彼此认识，

并建立起信任关系。鼓励人们分享照片和私人传记的线上社交网络是虚拟团队成功的关键之一。一项研究表明，更高层次的网上沟通能够增加团队的凝聚力和信任度。管理者还通过从一开始就明确每个人的角色、责任和权力，设计完全透明的规则，相互尊重的互动，让每一个人都跟上时代步伐等一系列方法来建立信任。在一项关于技术使虚拟团队获得成功的研究中，研究者发现全天候的虚拟团队空间获得了顶级的评价，团队成员可以在这里获得最新版本的文件，掌控最后期限和时间表，监管相互间的进度，继续正式会议中的讨论。

- 通过虚拟技术塑造文化，以强化生产规范。这包括创建人们觉得可以充分表达关注、承认错误、分享观点、承认胆怯或寻求帮助的虚拟环境。领导者强化分享各种形式知识的准则，同时鼓励人们表达不同寻常的观点，在有需要的时候寻求帮助。团队领导通过他们自身的行为树立榜样。领导者还确保他们将各种问题开诚布公，并尽早教育成员有关在虚拟环境中可能引起沟通问题或误解的文化差异。领导者要立即解决冲突，因为虚拟冲突可能会迅速升级。
- 监控进度和奖励成员可以使团队朝向目标前进。

领导者要总体把握项目的发展，确保每一个人都知道团队是如何达成目标的。虚拟工作场所的目标宣言、评估和里程碑能够让进度变得清晰。领导者还要提供定期反馈，通过诸如虚拟颁奖典礼和虚拟会议中的表扬等方式来奖励个人或团队取得的成绩。他们对赞扬和奖励是很大方的，但是批评和惩戒则在私下里进行，而不是在整个虚拟团队面前公开为之。

管理者工具箱

如何有效地召开会议

美国和英国的一项调查发现，人们平均每周参加会议的时间为 5.6 小时，而 69% 的受访者认为大部分时间都被浪费了。会议通常是解决问题、分享信息和实现共同目标的极好途径，但高质量的会议不是偶然发生的。这里有一些关于如何使会议变得有价值和富有成效的建议。

提前准备

提前准备是召开高质量而卓有成效的会议的最重要工具：

- 确定目的。会议的目的是分享信息，借鉴参与者的专业知识和技能，引导人员投入某个项目还是协调某个特定任务的工作？领导者需要清楚自己的目的是什么。如果会议不重要，那就别召开会议了。
- 邀请合适的人。如果邀请太多、太少或不合适的人员参加，会议就会失败。不要让会议场面过大，但应确保有贡献的

或与会议主题息息相关的人出席。

- 编写议程并确定预期结果。给大家发一张拟讨论主题的简单列表，让大家知道会讲些什么内容。如果会议只是为了调查，那么便开门见山。如果参与者期望采取行动，缺乏决策就会令人沮丧。

会议过程中取得最佳效果

会议过程中，某些技巧能够让人展现出最好的一面，并确保会议富有成效：

- 准时开始，说明目的，回顾议程。准时开始具有象征性价值：告诉人们这个主题是很重要的，并且领导者很重视大家的时间。首先说明会议的明确目的，阐明会议结束时应完成的任务。
- 制定基本规则。禁止在会议中使用手机、平板电脑和笔记本电脑，这样可以确保人们不会分心。其他规则涉及人们应该如何互动，例如强调平等参与和表

达尊重的倾听。

- 创造参与机会。好的领导者可以使大家保持寂静，并控制插话的情况，使会议不会被一两个过分自信的人所左右。此外，他们鼓励思想自由流动，使用开放式问题激发讨论，并确保每个人都有所领会。

- 保持会议向前进行。对于虚拟会议，一个好方法就是开始时以非正式的、与工作无关的谈话进行"热身"。否则，让人们讨论与议程无关的问题来浪费时间，这是人们不喜欢开会的一个主要原因。根据需要使会议向前推进，以满足时间限制。

会议结束与开始一样重要

回顾和细节落实对于总结和实施商定的要点很重要：

- 以号召行动结束。总结讨论的话题，回顾所做的决定，并确保每个人都明白其任务。

- 快速跟进。发送简短的电子邮件或备忘录来总结会议的主要成果，概述商定的活动，并提出实施计划。

随着组织越来越多地使用虚拟团队，大家日益明白是什么促使人们取得成功的。Spring公司是一家大型日用消费品公司，其虚拟工程师团队分布在美国和印度，领导者们会在项目初期帮助团队发展融洽的关系。

 聚焦技能

Spring 公司

当Spring公司的高层管理者决定将供应链流程开发的某些部分转移至印度的分公司时，他们一个关键的问题就是确保两地的工程师能够围绕共同的使命迅速组合在一起，关注于重要的绩效目标，把团队的成功置于个人利益之上。

公司的管理者、团队领导者和顾问们进行了一系列团队建设活动。在此期间，团队成员一起创建了共同的愿景，制定了具体的团队规范和协议，建立了虚拟网络关系，明确了角色和责任，并确定了团队工作的远大前程。文化教育和虚拟沟通实践也成了该过程的一部分。在团队建设活动结束时，成员们一起欢呼，渴望继续他们的工作。通过网络研讨会和电话进行的追踪发现，团队正在朝着其目标前进；此外，大家一起工作得很愉快。

花在建立和谐关系和信任上的时间在Spring公司虚拟团队的顺利互动过程中得到了回报。许多专家建议，领导者应在项目开始时让大家碰面，这样大家就可以建立信任关系。一些专家认为，管理者尽可能地促使员工成为虚拟团队的志愿者，面试虚拟团队的成员，而管理者支持"真正想进入虚拟团队工作的成员更有效率"这样的观点。在一项对15家主要跨国公司的52个虚拟团队的研究中，伦敦商学院的研究人员发现，诺基亚的团队是最有效的，尽管它们是由在跨越时区和文化的不同国家中工作的人组成。什么使得诺基亚的团队如此成功？一个关键的原因是诺基亚的许多虚拟团队是由自愿参加任务的人组成的。该公司还试图确保团队的一些成员在以前合作过，已经为建立信任关系打下基础。

全球团队（如诺基亚和Spring公司的团队）会给团队领导者带来了更大的挑战，他们必须架起跨越时间、空间和文化鸿沟的桥梁。文化态度会影响工作的步伐、团队沟通、决策制定、对截止日期的理解和其他事件，这些都为误解和冲突提供了丰富的生存土壤。那么当《首席信息官》杂志的执行委员会让全球首席信息官将他们遇到的最大挑战排名时，管理虚拟全球团队被置于最紧迫事件的位置就不足为奇了。

13.5 团队的特点

在确定了使用哪一种团队后，管理者关心的下一个问题是，要通过团队设计追求最大的效益。管理者尤其关心的是团队的规模、多样性和团队成员的角色。

13.5.1 团队的规模

三十多年前，心理学家伊万·斯坦纳（Ivan Steiner）调查了每一次团队规模扩大后发生的事情。他指出，团队绩效和生产力在 5 个成员左右达到顶峰——这是个很小的数字。他发现，将成员增加至 5 人以上会削弱团队的动力，增加协调难度，导致绩效的整体降低。从那以后，无数研究发现，小规模的团队拥有更好的绩效，即使大多数研究者认为要具体确定最佳团队规模是不可能的。根据来自 58 个软件开发团队的数据进行的一个对团队规模的调查发现，5个表现最好的团队有 3 ~ 6 个成员。

团队规模需要足够大，以涵盖完成任务所需要的各种技能，也使成员能够表达各种好的和坏的感受，并积极解决问题。但是，团队也要足够小，以使其成员感受到从属于某一团体的亲切感，并有效地沟通。人们对团队的认同能力是高绩效的重要决定因素。在亚马逊，首席执行官杰夫·贝佐斯建立了"两个比萨饼的原则"。如果团队大到两个比萨饼都不够其成员吃，那么它就需要分成更小的团队。总体上说，当团队规模扩大时，成员之间的互动以及相互影响也变得更加困难。在较大规模的团队里，常常会形成小团体，冲突也就应运而生。流动率和旷工率也更高，因为成员感觉到自己不再是团队那么重要的一部分。虽然互联网和先进技术使更多的人能够在虚拟团队中更有效地工作，但研究表明，与较大的虚拟团队相比，较小的虚拟团队的成员参与的积极性更高，更加忠诚于团队，更关注团队的目标，并且关系更加和谐。

13.5.2 团队的多样性

既然团队要求不同的技能、知识和经验，似乎异质化的团队会比同质化的团队更有效。从总体上看，学者的研究支持这一观点，并证明了多元化的团队能够提出更有创新性的解决方案。从职能领域、技能、思维方式、个性特征的角度来看，多样性常常是创造力的源泉。另外，多样性对维持有益的冲突水平有好处，适当的冲突有利于更好地做出决策。

最近的研究已经证实，职能多元化和人口多样性可以对团队的工作绩效产生积极的影响。例如，最近的研究表明，性别多样性（特别是在团队中的女性多于男性的情况下）能够产生更好的绩效。人种的、民族的和种族的多样性可能在短期内妨碍团队的运作和绩效，但在有效的领导下，这些问题将随着时间的流逝而消失。

13.5.3 团队成员的角色

如果一个团队要想取得长期的成功，就必须建立某种结构来保证其成员的社会福利并完成组织的任务。为了了解成员在团队中扮演各种角色的重要性，想想 2010 年 8 月在智利圣何塞的铜矿塌方后被困地下的 33 名矿工。在缺少食物和水并且多尘的条件下，由于神经紧张，很可能会导致混乱。然而，这些矿工组成了几个团队，负责执行关键活动，例如与救援人员进行沟通、来自于地面物资的运输、定量分配食物、管理健康问题、确保矿井不会进一步坍塌等。一些团队成员的明确任务是帮助被困矿工满足生存的物质需求；一些专注于帮助人们协调他们的活动；其他成员则关注群体的心理和社会需求，帮助人们保持希望和团结意识。痛苦的经历持续了 69 天。专家们认为，团队合作和领导才能是矿工们生存下来的关键。

在成功的团队中，完成任务和让社会满意这两点要求是由两种类型的角色来实现的：任务专员角色和社会情绪角色。

扮演**任务专员角色**（task specialist role）的人员将其时间和精力花在帮助团队达成其目的上。他们通常表现出如下行为特征：

- 倡导想法。为团队问题提出新的解决方案。
- 提出意见。对任务的解决方案进行判断；对他人的建议给予坦诚的反馈。
- 搜索信息。询问与任务相关的事实。
- 总结。将手边的问题与各种不同的想法联系起来；综合不同的意见，形成简短的概述。
- 鼓动。当团队成员的兴趣衰减时，激励团队采取行动。

扮演**社会情绪角色**（socioemotional role）的成员支持团队其他成员的情感需要，并帮助他们加强其社会认同感。他们表现出以下行为特征：

- 鼓励。对他人的观点热情接纳；表扬和鼓励他人继续对组织做出贡献。
- 协调。调和群体冲突；帮助意见、看法有分歧的各方达成一致。
- 缓解紧张关系。在团队气氛紧张时，讲笑话或以其他形式缓和情绪。
- 追随。与团队和睦相处，赞同其他团队成员的想法。
- 妥协。为了保持团队的和谐统一，他们会改变自己的看法。

拥有众多的社会情绪角色的团队可能是令人满意的，却可能缺乏生产效率。与此相反，若团队主要由任务专员组成，那么它们可能仅仅关心任务的完成情况。这样的团队可能在短期内很有效益，但是，长期来说却可能会令成员们感到不满意。有效团队既有任务专员，又有研究社会情绪的角色。一个人员配置协调平衡的团队长期的业绩最佳，因为一方面团队成员的个人需要能够得到满足，另一方面团队任务也能够得以完成。

 新晋管理者自测

你扮演的是什么团队角色

说明：想想你在学校或工作中的团队合作期间是如何进行沟通和做出贡献的。针对你在团队的行为，用"是"或"否"标注下面的陈述。答案没有对错之分，因此请如实作答。

	是	否
1. 为了获得最好的解决方案，我经常口无遮拦。	____	____
2. 我通常会尝试帮助意见有分歧的成员达成一致。	____	____
3. 我通常会推动团队把事情做好。	____	____
4. 我会发表时而有趣、时而幽默的评论。	____	____
5. 我倾向于提出或要求他人提供与解决方案相关的事实。	____	____
6. 我对别人的观点热情接纳，并进行补充。	____	____
7. 我有时会努力争取合理的解决方案，从而扰乱了别人。	____	____
8. 我表扬和鼓励他人为团队而工作。	____	____
9. 我会提出符合逻辑和合理的建议。	____	____
10. 对于做得好的工作，我会给予团队成员以感谢和支持。		

评分与解释：你在团队的行为可能反映出任务专员角色或社会情绪角色。对于任务专员角色，奇数项回答"是"得 1 分。任务专员角色的总分为＿＿。对于社会情绪角色，偶数项回答"是"得 1 分。社会情绪角色的总分为＿＿。任务专员角色和社会情绪角色都是团队成功所必需的。你是否倾向于更加注重实现团队的任务或满足成员的社会需求？任何一个分数在 4 分或以上，表明你在这一团队成员角色上表现非常棒。如果一个分数比另一个分数高出 3 分，那么你在团队中可能更擅长得分更高的那个角色。

13.6　团队的发展过程

现在我们将注意力转向组织内在的团队发展过程上。团队的发展过程与某些动态因素有关，它们会随着时间的流逝而变化，并会受到团队领导者的影响。在本节中，我们将讨论团队过程的发展阶段、凝聚力和行为规范。关于团队发展过程的第四阶段——冲突，我们将会在下一节中讨论。

13.6.1　团队的发展阶段

当一个团队组建起来以后，它的发展阶段是明显的。新成立的团队不同于成熟的团队。回想一下，你曾经是某一新团队的一员，比如说你是互助会或女学生联谊会的一员、某委员会的成员，或者为完成课堂作业而组成的小团队中的成员。你会看到，团队随着时间的流逝而变化。在开始时，团队成员不得不彼此认识，确定在团队里的角色，并制定团队的行为规范。这样，各成员才成了顺利运转的团队的一部分。领导者面临的挑战是，了解团队的发展阶段，并采取行动，帮助团体正常运转。

研究发现，团队的发展不是随意的，而是有着明确的发展阶段。图 13-5 是一个有用的模型，它说明了团队发展的各个阶段。每个阶段都会给团队的领导者和成员带来独特的问题与挑战。

1. 组建期

团队的**组建期**（forming）是团队成员相互熟悉的阶段。成员们打破坚冰，互相测试建立友谊的可能性，并分配任务。在这一阶段，不确定性很大，人们一般会接受各种权力或者职权，不论它是正式领导者还是非正式领导者授予的。在这一初始阶段，人们关心下列问题："团队要求我做什么？""什么行为可以接受？""我在这里合适吗？"在团队的组建期，团队领袖应该为各成员提供相互认识的时间，并鼓励他们参与非正式的社团讨论。

2. 激荡期

在激荡期（storming），团队成员的个性、角色意识以及由此而产生的冲突开始显露出来。成员们开始了解自己的角色和应该完成的任务。此阶段的特点是冲突和不协调。成员对于团队的使命可能有不同的看法。他们可能篡夺职权，或形成基于共同兴趣爱好的小团体。除非团队能够成功地度过此阶段，否则它就会停滞不前，也永远不可能取得很好的业绩。最近对学生团队进行的一次实验证实了这样的观点：那些陷入激荡期而停滞不前的团队，其业绩比那些向未来发展阶段迈进的团队低得多。在此激荡期，团队领导者应该鼓励每一位成员参与团队活动。各成员则应提出建议，互相批评，共同度过这一不确定时期，并消除大家对于团队任务和目标的互相矛盾的观点。情绪的表达（甚至是消极情绪的表达）有助于建立友情和对目标和任务的共同理解。

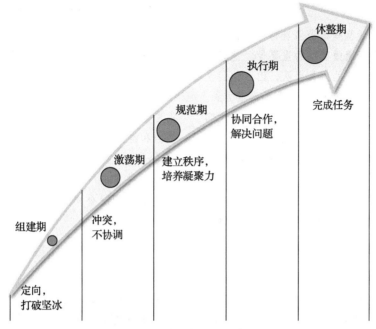

图 13-5 团队发展的五个阶段

3. 规范期

在规范期（norming），矛盾得到解决，团队达到和谐与统一。人们就谁掌握权力、谁是领导者以及各成员的角色达成了一致。成员之间逐渐认同和互相理解。不同意见得到化解，成员培养了团体归属感。此时，团队领导者应该强调团队内部的一致性，并帮助阐明团队的行为规范与价值观。当埃里克·塔克（Eric Tucker）与安德勒斯·尼科尔斯（Andrus Nichols）一起成立贝德拉姆剧院公司（Bedlam Theatre Company）时，其目标是建立一个经营剧院公司的新方法以及新的行为规范，如本章"管理者边缘"中所示。

 管理者边缘
. . . .

贝德拉姆剧院公司

让《华尔街日报》报道你的剧院公司是"当今最具创意性的剧团之一"，并称你在"美国最具吸引力和富有想象力的舞台导演榜单中名列前茅"，这会是一个不小的功绩。然而，在不到三年的时间里，艺术总监埃里克·塔克的贝德拉姆剧院公司不费吹灰之力就实现了从零到每小时 30 英里的冲刺。

要获得这样的成功，需要很强的技术能力，但也需要足够的管理技能。毕竟，这是所谓的娱乐性行业。作为受人追捧的导演和演员，埃里克·塔克厌倦了长期在外工作，所以他决定创建自己的纽约剧院公司，拥有他想要的艺术洞察力，冒他想冒的风险。此外，他有足够的头脑，知道他需要帮手来处理大部分业务方面的事务。因为，有一天工作结束时，他说，"你在创建一家剧院公司时，你就是在创建企业。"你必须已经做好了经营企业的准备，直到有足够的能力雇用人来接管这些任务。但在开始，他和他的业务伙伴安德勒斯·尼科尔斯需要自己完成一切事务：从工资薪酬到保险，从印刷海报到寻找服装，以及与演员工会谈判。

塔克从一开始就知道必须善待员工，因为他知道创建一个高绩效团队的重要性。他建立了一个与他多次合作的人员团队，因为他们彼此了解，他们之间有一种"快捷"的沟通方式。当他们开始一个新剧本时，塔克不会让他们"常规地"坐在桌旁阅读剧本。而是让他们"扮演"剧本中的各种角色，大多数是即兴表演，让他知道每一个演员的长处和弱点，然后可以围绕自己的想法创作剧本。"当导演的想法与演员阵容不匹配时，就会变得很困难，"他凭

经验说，他喜欢为演员留出时间，让他们感觉在创作过程中有创新的自由，这样他们就可以有一个"安全"的实验场所，不会受到评判。他发现这可以使演员投入、产生信任并导致高绩效。

作为一个团队开展工作不仅仅针对艺术方面，也涉及组织方面。创办剧院公司的人往往不知道这一点，他说，但你永远不会停止筹集资金。这就意味着需要与人持续互动、发行债券和组织联盟，朝着共同目标——所有团队事务——而努力。"你的一生都与筹钱和寻求资助相关。"由于他的良好的团队合作能力，贝德拉姆剧院公司使筹集的钱款得到了充分利用。

4. 执行期

在**执行期**（performing），团队的工作重点是解决问题和完成上级下达的任务。成员效忠于团队的使命。他们相互协作，并以成熟的方式解决不同意见。他们以有利于完成任务的方式来正视问题和解决问题。他们频繁地互动，一切讨论和影响都是为了实现团队目标。此时，领导者应集中精力创造良好的工作业绩。团队中的社会情绪角色和任务专员角色都应该为组织做出贡献。

5. 休整期

休整期（adjourning）只出现于委员会、任务小组和任务有限并且完成任务即行解散的团队之中。此时，工作重点是完成任务和放慢速度。完成任务不再是最优先考虑的因素。成员可能会感到群情激昂，团队具有强烈的凝聚力，一旦团队解散大家都会感到压抑甚至有些遗憾。此时，团队领导者也许想以某种典礼或者仪式的方式纪念团队的解散，比如发放奖章或奖品来告诉大家我们的任务已经完成了，团队的使命到此结束。

团队发展的五个阶段是依次经历的。对于有时间压力或者存续时间很短暂的团队，这些阶段可能很快就出现了。对于虚拟团队而言，这些发展阶段则可能加速。例如，在大型建筑管理公司——McDevitt Street Bovis 公司，把员工召集在一起，花三两天时间来建立团队可以帮助团队迅速经历组建期和激荡期。

 聚焦技能

McDevitt Street Bovis 公司

McDevitt Street Bovis 公司没有出现典型的建筑项目特征：冲突不断、进度安排忙乱以及沟通不畅，而是希望承包商、设计者、供应商和其他合作伙伴能够作为一个真正的团队进行合作，将项目的成功置于自己的个人利益之上。

Bovis 公司的团队建设过程是为了让每个人都有机会相互了解，探讨基本规则以及明确角色、责任和期望，从而让团队尽快进入执行

期。团队首先被划分为具有竞争目标的不同的小组，例如客户在一个组，供应商在另一个组，工程师和建筑师在第三组等，并要求列出他们针对该项目的目标清单。虽然在纯粹的财务方面利益有时差别很大，但几乎总是能出现共同的主题。通过讨论有冲突的目标和利益，以及所有小组的共同点，协调人能够帮助团队围绕一个共同的目标而逐渐走到一起，并开始开发能够指导项目的共同价值观。在共同为团队撰写了使命宣言后，各方都会说出自己对其他方的期望，以明确角色和责任。密集的团队建设会议能够帮助团队成员快速通过组建期和激荡期。"我们能够防止冲突发生，"协调人莫尼卡·班尼特（Monica Bennett）说。McDevitt Street Bovis 公司的领导者相信，建设更好的团队可以建造出更好的建筑。

13.6.2 建设有凝聚力的团队

团队发展过程中的另外一支重要方面是团队的凝聚力。**团队凝聚力**（team cohesiveness）可以定义为团队成员在多大程度上被吸引加入团队之中并受到激励愿意继续留在该团队中。具有高度凝聚力的团队的成员忠于团队活动，参加团队会议，并为团队的成功而骄傲。相反，在凝聚力低的团队中，成员对团队的状况漠不关心。一般认为，高度的凝聚力是团队吸引人的一个方面。

1. 团队凝聚力的决定因素

团队的结构特点以及环境因素决定了团队的凝聚力。首先是团队的互动。团队之间的联系越紧密，成员待在一起的时间越长，团队就越有凝聚力。其次是共同目标的概念。如果团队成员能够就目标达成一致，这样的团队就会更有凝聚力。最后是团队对个人的吸引力，意指团队成员有相似的态度和价值观并乐于共处。

团队环境中的两个因素也影响着团队凝聚力。首先是竞争的存在。如果某一团队与其他团队有适度的竞争，那么该团队的凝聚力就会随着团队争取在竞争中取胜的过程而加强，竞争会提高团队的稳定性和凝聚力。其次，团队成功以及外界对团队的良好评价也能提高团队自身的凝聚力。当团队取得成功并且受到组织内其他人员的认可时，团队成员感觉良好，他们对团队的忠诚度也随之增加。如 2014 年 TEDxPfizerMumbai 会议的策划团队的情况，如下面"管理者工具箱"中所述。

 管理者工具箱

TEDxPfizerMumbai

TEDx 无处不在，并且有很好的理由。它们使具有相似目标的杰出人物走到一起，分享他们的新思想和新解决方案。但 TEDxPfizer-Mumbai 似乎特别擅长于将智慧、目标设定和文化集合在一起，并取得优异成果。他们是如何胜过那些快速发展的竞争对手的呢？

Raghuveer Surupa 提出了在 PfizerMumbai 开展一次 TEDx 活动的建议。在获得首席执行官批准后，他立即向各部门主管发出请求，请他们推荐可以成为核心团队成员的员工。团队成员最终进行了自我选择，并且是那些具有自我激励目标的人脱颖而出。策划团队自行组织，让成员选择任务，并举行了开放式决策和集体讨论会，具有从集思广益到执行的畅通流程。他们定期会面，其目的之一是变得更具凝聚力并且更富成效。

在初期，他们决定选择一组多样化的演讲者，帮助参与的员工提高他们在制药环境中展示和开发某些必要特征的能力，例如协作能力、灵活性、创业能力、对客户的专注度。然后演讲者通过精心策划，传输他们的思想并特别强调这些特征。并有意安排长时间休息，让参加者与演讲者之间进行最大限度的互动。

作为一个高效的自组织团队，他们能够带来成功，并激发员工更加高效。在开展 TEDx 活动以后，员工们表示，他们日常的工作问题似乎不那么突出并且更容易管理，他们更加乐意接受困难的项目，并且发现工作更有意义。结果是，TEDx-PfizerMumbai 的模式目前正被其他南亚国家所复制。这是 TED 的座右铭"传播有价值的思想"的真实应用。

2. 团队凝聚力的结果

团队凝聚力的结果有两大类：士气和生产力。一般说来，凝聚力强的团队士气较高，因为成员之间沟通较多，团队气氛友好，成员因为对团队的效忠而保持成员资格，成员的忠诚度高，成员们共同决策和行动。团队的高凝聚力几乎毫无疑问地会给成员满意度和士气带来积极而良好的影响。

对于整个团队的生产力，研究结果表明，成员之间有着强烈的关联感并且积极互动的团队往往表现得更好。因此，友好、积极的团队环境有助于提高生产力，并能增加成员满意度。例如，在美国银行的客户服务中心团队，当领导者在正式会议之外安排更多的面对面互动时间时，生产力提高了10%。只要以积极的方式与他人互动，就会产生激励作用。麻省理工学院教授亚历克斯（桑迪）·彭特兰（Alex "Sandy" Pentland）及其在麻省理工学院人类动力学实验室的同事们研究了不同行业的团队，以确定什么因素使一些团队获得了活力、创造力和共同的义务感，从而提升了生产力。他们发现，积极的沟通模式是团队成功的最重要的预测因素，与个人的智力、个性、技能和讨论主旨一样重要。

其他研究表明，凝聚力团队的生产力水平可能取决于管理层与工作团队之间的关系。有一项研究调查了200多个工作团队及其与凝聚力相关的工作绩效。结果发现，高凝聚力的团队在其成员感觉到管理层的支持时生产力也更高，但如果管理层对工作团队表现出敌意和消极态度，那么高凝聚力的团队的生产力也可能会较低。

13.6.3 建立团队规范

团队规范（team norm）是指团队成员共同遵守的行为标准。规范是有价值的，因为这为团队成员提供了参考系，他们可以借此判断什么是被期望的和可以被接受的。

当一个新团队的成员最初开始相互影响时，规范也开始形成了。图 13-6 描述了规范发展的一般途径。有时候，团队中首先出现的行为会开创一个先例。比如，在一家公司，一位团队领导者召集第一次会议的方式是，先提出问题，然后"领导"团队成员讨论，直到他得到想要的解决方案为止。这一工作方式很快就会形成团队规范，以至于团队成员将开会称为

图 13-6　团队规范发展的四种方式

"猜猜我是怎么想的"游戏。其他对团队规范的影响包括团队历史中的关键事件，还包括成员从团队外部带来的行为、态度和规范。

团队领导在影响规范、帮助团队提高有效性方面起着重要的作用。例如，研究显示，当领导者对合作解决问题寄予厚望时，团队就会发展出强大的合作规范。对期望的团队行为做出明确指示，是管理者影响规范的一个强有力的途径。当比尔·韦斯（Bill Weiss）担任美国电信公司（Ameritech）的首席执行官时，他直接告诉团队成员，如果他发现任何人试图在背后陷害他人，过错方将会被辞退，他通过这样的方式在他的管理团队中建立起了合作和相互支持的规范。

13.7 团队冲突管理

团队发展过程的最后一个特点是冲突性。冲突既可以产生于某个团队内部的成员之间，也可能出现在一个团队与另一个团队之间。**冲突**（conflict）是指某一方试图阻碍另一方的意图或目标的实现而产生的敌对性的相互作用。任何时候，只要人们在团队中一起工作，冲突就是在所难免的。将冲突开诚布公，并有效地解决它们，这是团队领导者最富挑战性也是最重要的工作。有效的冲突管理对团队凝聚力和绩效有积极的影响。

13.7.1 冲突的类型

团队冲突的两个基本类型是任务冲突和关系冲突。**任务冲突**（task conflict）是指人们对需完成的目标或需执行的任务的内容存在意见分歧。例如，两个车间工长对于是否更换阀门或继续让它运行可能存在分歧，尽管阀门产生了异常噪声。或者，高层管理团队的两名成员对于是收购公司还是成立合资企业来作为全球扩张的途径可能存在分歧。**关系冲突**（relationship conflict）是指人与人之间的不相容，造成人与人之间的紧张和个人仇恨。例如，在一家生产和销售高档儿童家具的公司的一个团队中，团队成员发现他们不同的观点和工作方式在危机时期会成为重要的冲突导火索；那些需要平静安宁的成员会不喜欢那些在后台播放音乐的人；有整洁强迫症的成员发现他们几乎不可能与那些喜欢乱堆乱放的人一起工作。

总之，研究表明，任务冲突是有益的，因为它会促使更好地进行决策和解决问题；而关系冲突则通常与团队效能的负面结果相关。例如，对高层管理团队的一项研究发现，任务冲突与更高的决策质量、更强的义务感和更高的决策接受度有关，而关系冲突则会明显降低这些结果。

13.7.2 平衡冲突与合作

有证据表明，轻度冲突对团队有益。健康水平的冲突有助于预防群体思维（如第 6 章所述），即人们是如此效忠于内聚性的团队，以至于谁也不愿意表达相反意见。当工作团队里的成员仅仅为了和谐而配合时，问题往往也就来了。因此，团队内部一定程度的冲突会导致更好的决策，因为冲突意味着许多不同观点都表达出来了。

然而，过分激烈、对人不对事、未经适当控制的冲突会挫败团队的士气和生产率。太多的冲突也可能带来破坏性的影响，使得团队关系不和，并妨碍观点和信息的正常交流与沟通。团队领导者必须在冲突与合作之间找到适当的平衡，如图 13-7 所示。太少的冲突会降低团队的绩效水平，因为团队没有从观点和思想的交融——甚至是可能孕育更好的解决方案或阻止团队犯错误的反对意见——中受益。在曲线的另一端，过多的冲突超过了团队的合作程度，导致员工满意度和忠诚度下降，进而损害组织的绩效。经过适当管理的、适度的冲突可以带来最好的组织绩效。

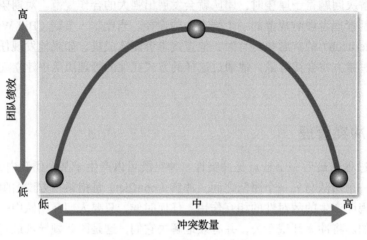

图 13-7　平衡冲突与合作

13.7.3　团队冲突的原因

一些因素会导致冲突。首要原因之一是对资源的竞争，如资金、信息和物资供应。只要个体或团队必须为了稀缺的或者日渐枯竭的资源而竞争，冲突就几乎不可避免。此外，仅仅因为人们追求的目标是互相矛盾的，也会产生冲突。目标冲突是组织与生俱来的。例如，销售人员个人之间的目标可能会互相冲突，他们也可能与管理者的目标有抵触，而整个销售部门的目标也可能和生产部门的目标有冲突。

沟通中断时也会产生冲突。有缺陷的沟通可能在任何团队中出现，但是虚拟团队和全球团队中更容易出现沟通中断。在一个为日本制造商开发定制聚合物的虚拟团队中，美国的市场营销成员因日本成员未能向她提供制造商营销策略而感到沮丧。而日本成员则认为她傲慢霸道，不支持工作。她知道，制造商尚未制定明确的营销策略，努力争取更多的信息可能会使客户"丢面子"，从而损害关系。在虚拟团队中，如果成员感到他们被排除在重要的沟通互动之外，信任事件可能会成为冲突的主要来源。另外，在虚拟互动中非言语指示的欠缺会导致更多的误解。

13.7.4　冲突解决方式

团队和个人都有许多解决冲突的特殊方法，具体方法取决于当事人的愿望——是让自己满意，还是让对方满意。图 13-8 描述了五种解决冲突的方法，图中两个维度分别反映当事人对待冲突的两种态度：自信或不自信，另一种是合作或不合作。

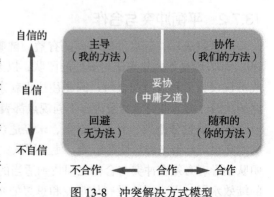

图 13-8　冲突解决方式模型

- 主导风格（我的方法）：过分自信地为所欲为。这种方式在面临重大问题或者不流行的问题从而需要快速、果断地做出决策的场合中很适用，比如说突发事件或需要紧急削减成本。

- 妥协风格（中庸之道）：适度的自信与合作。这种风格适用于下列几种情形：双方的目标都同等重要；对手具有同样的权力并且双方都希望求同存异；人们迫于时间压力需要达成暂时的解决方案或权宜之计。

- 随和风格（你的方法）：显示出高度的合作。这种风格在下列几种情形中最适用：人们意识到自己的错误；当某个问题对他人比对自己更加重要；建立社会信用以供今后讨论时使用；保持和谐的氛围具有特别重要的意义。

- 协作风格（我们的方法）：高度的自信与高度的合作同时并存。协作风格可以使双方得到双赢，尽管它需要进行实质性的讨价还价和谈判。当双方都认为自己的利益太重要了以至于无法妥协的时候，协作风格很重要。同时，当需要把不同人员的不同观点融合在一起进而形成一个统一的解决方案，或者双方的承诺和责任感对于最终达成一致是必不可少的时候，协作风格也很适用。

- 回避风格（无方法）：既不自信也不合作，走中间路线。这种风格适用于下列几种情形：要解决的事情很琐碎；根本没有取胜的把握；需要推迟以收集更多的信息；中断工作的代价非常昂贵。

在 2008 年北京夏季奥运会期间可以看到一个协作风格的例子。在修建北京国家游泳中心（通常称为"水立方"）时，两个建筑公司（中国公司和澳大利亚公司）提出的设计方案迥然不同。虽然这造成了一定的紧张局面，但双方并没有极力推荐自己的想法，而是提出了一个令大家都兴奋不已的全新概念。由此建造出的建筑非常壮观，备受赞誉。这五种风格的任何一种都可能适合于某种情形，有效的团队成员和领导者会根据具体情况改变他们的风格。

13.7.5　谈判

冲突管理的一个独特方式是谈判。在**谈判**（negotiation）中，人们进行意见交换式的谈论，考虑各种可选方案，达成双方都能接受的共同决策。谈判用于冲突形成（如劳工之间出现矛盾之时）时。

1. 谈判的种类

冲突各方可能会从不同的视角，怀着不同的动机开始谈判。谈判有综合谈判和分配谈判两种。

综合谈判（integrative approach）建立在双赢的假设基础上，即各方都想寻找到创造性的解决方案让双方受益。它不认为冲突是一种成功与失利的关系，人们从多个角度看待这个问题，考虑双方的平衡，尝试"把蛋糕做大"，而不是瓜分蛋糕。采取综合谈判，冲突通过合作和让步得到管理，这能够促进信任和长期关系。而另一方面，**分配谈判**（distributive approach）假设"蛋糕"的大小是固定的，各方想尽可能多地获得它。一方面的成功意味着另一方的失利。在这种成功与失利的情形下，分配谈判是竞争性和对抗性的，而非协作性的，并且它通常不会形成长期、积极的关系。

大多数专家都强调综合谈判在今天协作性商业环境中的价值。也就是说，有效性的关键不是将谈判看作一方得利一方受损的游戏，而是达成让任何一方都受益的创造性方案。

2. 达成双赢解决方案的规则

通过综合谈判达成双赢解决方案，建立在四种关键战略的基础上：

- 将人和问题分离。在成功的综合谈判中，人们关注问题和冲突的来源，而不是攻击他人或尝试败坏对方的名声。
- 关注兴趣，而非当前需求。需求即每个人想从谈判中获得的东西，而潜在兴趣代表他们为什么想获得这些东西。让我们看看两姐妹如何争果盆里面的最后一个橘子。她们都坚持自己应该得到那个橘子，拒绝放弃（需求）。一个人问另一个人为什么想要这个橘子，她们发现，一个人想吃橘子，而另一个则想将橘子皮用于一个项目上（兴趣）。通过关注兴趣，这对姐妹能够达成一个解决方案，每个人都得到自己想要的东西。需求给有效谈判制造了一个是或否的障碍，而兴趣则提出了能够有效解决问题的方向。
- 倾听和提问。大多数谈判的一个好策略是倾听和提问。你可以通过安静地倾听和提问来了解更多关于对方的立场、限制因素和需求。聪明的谈判者希望了解对方的局限因素，以帮助克服困难。不要把对方的局限性视为不合理或认为"那是你的问题"而不予理会。你可以将其视为自己的问题，并尝试为对方提出解决方案，这样你们就可以更进一步达成协议。
- 坚持结果建立在客观标准基础上。谈判中的每一方都有自己的利益，很自然地希望将其产出最大化。成功的谈判要求关注客观标准，维持公平的标准，而不是对最佳方案采取主观臆断。

■ 讨论题

1. 一家公司在从纵向层级结构重组为团队后的一年内，有40%的工作人员和20%的管理者辞职。造成如此大规模人员流动的原因会是什么？管理者应该如何确保公司顺利地向团队过渡？

2. 在你参加过的团队中，你是否体验过如图13-2所示的团队的五大贡献？描述你的体验，以及你认为这个团队为什么能够做出这样的贡献。

3. 假如你是为开发你所在大学新的注册流程而刚组建起来的团队的领导。你如何借助团队发展阶段的知识来提高你的团队的有效性？

4. 本章中描述的针对团队互动的研究表明，如果人们以12人为一桌吃午饭，比4人一桌吃午饭的生产力更高和协作能力更强，即使没有跟自己的团队成员一起吃饭。你认为什么能解释这一发现？

5. 想象你自己是负责为早餐麦片粥设计新套餐的团队的一名候补队员。你认为，不管是在当面沟通的团队还是在虚拟团队，人际交往能力都是同等重要吗？为什么？在这两种类型的团队中，是否需要不同类型的人际交往能力？请具体说明。

6. 如果你是一个开发新电脑游戏的专门团队的领导，而团队成员中产生了与权力和身份差别有关的冲突，你会做什么？你认为本章所述的哪种解决冲突的风格最有效？请说明理由。

7. 专家说，要想团队很好地发挥作用，成员需要相互之间有某种深度的了解。在同一个工作场所中，你具体会做什么来促进大家的相互了解？在全球虚拟团队中呢？

8. 一些人争论说，出现外部威胁与高度的团队凝聚力有关。你同意吗？请说明理由。

9. 讨论虚拟团队中团队困境会如何加剧。当你要以团队的形式做课堂作业时，你会遇到什么困境？请讨论。

10. 如果你是一个新成立团队的领导者，你能做些什么来确保该团队制定出高绩效的规范？

自主学习

更多和更少：最好的团队和最差的团队

回想两个你曾经加入的，就个人成就或是集体表现来说最好和最差的团队。这个团队可以来自任何领域，如体育球队、学生社团、课堂小组、工作小组、项目小组、教会或者志愿者机构。请在下面的横线上列出使团队绩效最好和最差的行为。

最好的团队行为：_____

最差的团队行为：_____

课堂活动：①组成 3～5 人的小组。小组中每个成员都简单讲述自己所在的最好和最差团队的经验。②在听完所有人的讲述后，由一个人将相关内容记录下来，并分为两组："更多"和"更少"。在"更多"组别下，记录有利于提高团队工作效率的积极行为；在"更少"组别下，记录降低团队工作效率的消极行为。③经过头脑风暴后，每组汇总相应结果，最后每组列出 5 种最重要的行为。④表格内容最终确定后，可以在教室中分享和讨论这些结果。⑤在班级或小组中讨论以下问题的答案：

1. 在"更多"和"更少"两类行为中，哪类行为最重要？
2. 哪些因素导致上述两类行为的出现？
3. 个人需要做哪些改变以展现"更多"类别的行为？
4. 个人需要做哪些改变以展现"更少"类别的行为？
5. 个人如何才能表现出"更多"类别的那些行为？

团队学习

电视节目中的团队合作

1. 每 3～5 人组成一组，每组分别选择一个电视节目，要求在节目中团队合作是整个剧情的核心，例如《办公室》(The Office)、《废柴联盟》(Community)、《公园与休憩》(Parks & Recreation)、《法律与秩序》(Law & Order)（可选其中任何一个）、《犯罪现场调查》(CSI)、《我为喜剧狂》(30 Rock) 等。电视节目的选择需征得指导老师同意。
2. 观看部分电视剧或电视剧中的部分情节（确保组内每个成员看同一电视节目），随后研究相应的团队行为。应用本书的"团队成员角色"和"团队发展阶段"，记录下哪种性格扮演哪种角色、某电视节目中团队发展至哪个阶段等信息。
3. 以小组为单位，最终商讨得出每个电视节目中所出现的角色和发展阶段的相关结论。
4. 指导老师要求针对你的研究做相应研究报告或者研究论文。
5. 你从这次关于团队的作业中学到了什么？有让你惊讶的结果吗？

实践学习

团队反馈练习

第 1 步 分组，3～4 人一组。回想一下最近在工作或学校的团队中工作的经历。写下你对以下问题的答案。你最欣赏其他团队成员的什么行为？

你最不欣赏其他团队成员的什么行为？

_____

你认为团队成员欣赏你的什么行为？

_____

团队成员可能最不欣赏你的什么行为？

_____

第 2 步 与小组成员轮流分享答案。对每个问题的答案记录下共同主题。以上每个答案的最重要主题是什么？

第 3 步 这些答案对你未来作为团队成员有什么影响？你会如何改变你的行为来为团队做出更大的贡献？

◘ 伦理困境

一人倒霉，还是大家遭殃

梅林达·阿斯贝鲁看着自己的三名同学陆续从会议室中走出来，于是转身走向一张大木桌，面朝着来自学校审判委员会的同事（一名学生和三名教职人员）。

乔·伊斯特里奇、布拉德·哈米尔、丽莎·贝格海蒂等三名学生刚被驳回了对国际市场学课程小组作业抄袭罪名的上诉。而梅林达恰好和这三名学生是同班同学，她还记得汉克·日尔德教授那天要求乔、布拉德、丽莎以及组长保罗·科尔根在课后留下来，而她恰好在半小时后路过教室时看到了四名闷闷不乐的学生。关于保罗承认在部分小组作业中抄袭的小道消息很快流传开来。

在听证会上，三名学生都回忆了他们当时如何一致同意推选保罗作为组长的。保罗是他们当中能力最强的，他在兼职和高课业量的情况下始终保持了良好的成绩。小组在一起工作数周，分析问题和制定市场方案后，保罗将最终的论文工作分别分配给小组的每个成员。由于恰逢期末考试，所以当得知保罗愿意承担工作量最大的"公司和行业背景"部分的撰写工作时，其他人都很高兴。保罗汇总所有人的相关研究成果后撰写成文，最终将论文初稿发给每个人。组内每个人都大致浏览了文章。他们对整篇论文都很满意，并认为自己很有可能得到A。

不幸的是，保罗在日尔德教授与其当面对质时，坦白了他所完成的部分工作是从网上抄袭而来。根据日尔德教授在学期初发给每名学生的论文撰写须知，每个成员对最终的成果都要承担相同的责任，因而教授最终给四名学生的项目分都为0分。而这个小组项目和展示占了整个课程成绩的30%。

乔、布拉德和丽莎都认为他们完全不知道保罗会作弊抄袭。"我们从来没想过保罗会抄袭"，布拉德说。他们认为自己只是无辜的旁观者，为何也同样要受到惩罚？再者，惩罚的后果对每个人来说是不完全公平的。尽管保罗没有颜面面对大家，但是小组项目的失败对其稳定的学分来说并没有太大的影响。然而，乔已经是在学术查看期了。零分对乔来说可能意味着他无法达到完成商科项目最低2.5学分的要求。

至少有一名审判委员会的成员支持日尔德教授的决定。"我们在不断地给学生布置更多的小组作业，因为这就是他们在未来现实社会中将要面对的情况"，他强调，"而事实就是，如果小组中一人非法行事，那么整个合作小组都有被控诉的危险甚至更糟糕。"

尽管认识到两边各有其道理，梅琳达仍然需要做出选择。如果你是梅琳达，你将如何选择？

你会怎么办

1. 免除三名未作弊学生的责任，你认为他们并没有理由去怀疑保罗的不诚实，因而免除他们的责任是正确的选择。

2. 支持日尔德教授的决定，认为每一个小组成员都要对整个项目负责。教授在其开学的论文撰写须知中有明确说明，而且学生也应更加警惕。委员会不应破坏教授的政策规定。

3. 选择减轻这三名学生的惩罚。不是给这些学生零分，而是给他们项目本来应有成绩的一半分数，即F。你仍然认为学生对这个小组项目负有相应的责任，但不应受到"灾难性"的惩罚。这就权衡了教授的政策和一定程度而不是极其严重地惩罚"无辜的"学生。

管理质量和绩效

本章概要

想象一下，心爱的家庭成员到医院或诊所注射止痛药，不料却感染上真菌性脑膜炎，这是一种罕见但可能致死的疾病。这正是 2012 年秋季发生在许多家庭的事情，当时新英格兰复方药物中心（New England Compounding Center）受污染的脊髓类固醇注射液造成了自 20 世纪 30 年代以来最严重的一次公共健康药物灾难。19 个州多达 14 000 名患者可能患脑膜炎，已有 438 人患病，至少 32 人死亡。联邦机构检查发现，无尘室表面生有霉菌和细菌，消毒设备上有绿黄色残留物，以及空调设备在夜间关闭。虽然美国食品与药物管理局（FDA）的检查人员发现许多违反联邦标准的情况，但他们还指出，无尘室表面的细菌或霉菌的污染程度，超过了公司制定的需要采取补救措施的水平，但没有证据表明该公司采取了此类补救措施。公司的管理者、麻省药房委员会和食品与药物管理局的官员们都在这次质量控制事故发生后受到了严格审查。

 新晋管理者自测

改善态度

说明：根据你在学习或工作中的一次典型的工作完成情况的想法和做法回答每个问题。对以下各题选择"是"或者"否"。答案没有对错之分，因此请如实作答。

	是	否
1. 我会花时间想出新的办法来解决老问题。	___	___
2. 只要事情能正确而有效地完成，我宁愿不去改变它们。	___	___
3. 我相信，进行改善的努力会得到回报，即使最后的结果让人失望。	___	___
4. 能够使事情改善 30% 的一次性改变，比 30 次每次只改善 1% 的情况好得多。	___	___
5. 我经常称赞别人做出了改变。	___	___
6. 我以各种方式让人们知道我需要靠自己去高效完成工作。	___	___
7. 我通常一次参与了几个改进项目。	___	___
8. 我尽量当一个好的倾听者，并耐心听别人讲话，除非听到了愚蠢的想法。	___	___
9. 我经常提出非常规的方法和想法来使事情做得更好。	___	___
10. 我通常不会冒险提出一个可能导致失败的想法。	___	___

评分与解释： 奇数序号的题每回答一个"是"得 1 分，偶数序号的题每回答一个"否"得 1 分。

总分：_____

在组织中，质量的持续改进有时会与管理层的增加生产效率的愿望相悖。消除变化和不进行质量改进可以最大限度地提高效率。然而，持续改进是一种认为生产力总能得到改善并且每个员工都有责任使其改善的态度。这种态度适合于有质量意识的管理者。进行频繁的小变化，可能暂时会降低效率，却是持续改进的最佳途径。7 分或以上表明你可以对改善你的工作承担个人责任。3 分或以下表明你可能喜欢稳定而高效的工作。4 ~ 6 分表明你在效率和持续改进之间取得了平衡。

前面的故事，多么有力地说明了进行质量和行为控制的必要性！控制是每位管理者的一项重大责任。虽然这并不总是事关生死，但作为一名管理者，你将采取各种措施来监督员工的行为，并跟踪了解组织的业绩和财务状况。许多措施都涉及控制问题，如控制工作流程，规范员工行为，维持质量标准，建立分配财务资源的根本制度，发展人力资源，分析财务状况，考评总体利润率等。

本章将介绍一些基本的组织控制机制。我们首先定义组织控制，并总结控制过程的四个步骤。然后讨论使用平衡计分卡来衡量绩效，以探讨控制理论的变化。我们将讨论当今的全面质量管理（TQM）方法，并考虑控制财务绩效的办法，包括预算和财务报表。最后我们将介绍国际标准化组织（ISO）认证和企业治理的趋势。

14.1 控制的意义

在纽约市的建筑物被拆除或整修之前，授权的检查人员必须检查建筑物中是否存在铅或石棉。这两种物质若长期接触则可能导致严重的健康问题，包括癌症。如果发现其中的任何一种，则必须拆除或采取昂贵而耗时的程序进行控制。由于这两种物质关乎严重的健康风险，你可能会认为检查过程将受到严格的监管和控制。然而，许多执法官员和行业专家都表示，纽约市的检查制度非常腐败。授权安全检查员 Saverio F. Todaro 最近在联邦法院做出了令人吃惊的供认，也证明了这一点。他透露，虽然他提交了超过 200 栋建筑物和公寓的清洁石棉和铅的测试结果，但他并没有进行过一次测试。虽然令人震惊，但环境保护局声称，由于缺乏控制，这些犯罪行为经常发生而且容易发生。环境保护局只审查了 28 400 多个项目（像Todaro 一样的检查员每年都证明这些项目是安全的）的一小部分。"我们始终在寻找新的办法来改进我们的流程,"市长的一位发言人说。"环境保护局打算加大力度进行审查,这是确保检查工作正确完成的正确步骤。"

组织控制(organizational control)是调节组织行为,使其与计划、目标和绩效标准中的预期相一致的系统过程。在一篇有关控制职能的经典论文中,道格拉斯·舍温(Douglas S. Sherwin)对控制的概念总结如下:"控制的本质是按照预定标准调整运营活动,控制的基础是管理者手中掌握的信息。"因此,实施组织控制要求掌握大量的信息,如绩效标准、实际绩效以及纠正偏差所需采取的行动等。

管理者必须确定哪些信息是必不可少的,如何获取这些信息以及他们应该如何做出反应和事实上能够做出何种反应。掌握正确的数据是非常必要的。管理者必须决定,用什么标准和尺度来有效地监督和控制组织,并建立获取该信息的制度。例如,如果医院认真监测和控制其医疗保健服务,患者就应该能够得到安全优质的医疗服务。奥巴马总统在针对医院"医疗保险"支付方式的全面医疗改革中建立起来的绩效薪酬系统,已促使一些医院采取了更广泛的举措,将医生的薪酬与病人的恢复结果和质量指标挂钩。例如,运营纽约市 11 家公立医院的健康与医院公司(Health and Hospitals Corporation)将监测 13 个被认为与更优质护理相关的绩效指标,包括急诊室病人从鉴别分类到病床的速度如何,医生是否及时到达手术室,病人对医生与其进行沟通的评价如何等。如果该计划获得批准,医生的加薪将取决于他们在这些指标上的执行情况。一位医生警告说,在英国实施类似的制度时,所有监测指标上的质量都有所提高,但许多没有进行监测的地方,质量却在下降。"管理者工具箱"中描述了针对个人的一种创新报告系统——自动分析系统,提供的信息可以帮助人们控制自己的个人和职业发展。

14.2 反馈控制模式

研究人员组成的团队询问了数千个组织的管理者,以确定他们实施各种管理控制措施的情况,如建立标准和目标以及测量绩效数据,他们发现,更好的控制与更好的组织效率和绩效密切相关。反馈控制模型能够监控和管理组织活动并使用反馈来确定绩效是否符合既定的标准,从而帮助管理者实现战略目标。

14.2.1 反馈控制的四个步骤

管理者建立的控制体系包括四个关键步骤:确定绩效标准、考评实际绩效、对照检查绩效与标准、(必要时)纠正偏差,如图 14-1 所示。

1. 确定绩效标准

在组织的总体战略计划中,管理者通常以具体的、易于操作的术语来确定组织各部门的目标,包括设立绩效标准,以此来对比分析组织的行为与活动。例如,在 H&M 零售店,员工必须遵循服装应"易于找到,易于购买"的标准。裤子、毛衣和衬衫整齐堆放:折叠完美,尺寸贴纸精确摆放,衣架整齐排列。当然,一旦开门营业,这些精确的摆放会变得混乱,但员工们只要有时间就会复原。负责美国东部几家门店的商店可视化管理者爱德温·梅塞德斯(Edwin Mercede)说,"要记住的一件事就是标准。我们希望完美叠放。"服装一旦减少,立即将货架补齐,绝不将服装堆在地板上。为客户服务的基本标准也必须准确遵照执行。

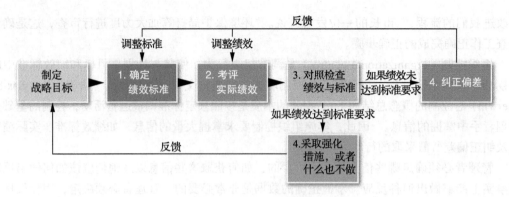

图 14-1　反馈控制模式

追踪了解客户服务、产品质量或订单准确性等信息是对传统财务状况考评体系的重要补充，可是，许多公司没有能够确定并定义非财务的考核指标。当组织要根据绩效目标的完成情况来考评和奖励员工时，管理者需要制定明确的标准——标准应能够反映出那些对组织总体战略目标的实现大有裨益的行为。绩效标准的界定应该清楚而精确，这样管理者和员工才能判断自己的行为是否与既定的目标一致。

2. 考评实际绩效

大多数组织都定期提供正式的、定量化的绩效报表（如日报、周报或月报），供管理者审核。然而，管理者应注意，他们不生成报表仅仅是因为他们已经掌握了数据，不用生成报表。这些报表的内容应该与控制过程第一阶段所设立的绩效标准相关，报表的设计应能够帮助管理者评估组织是否达到了标准。比如，如果我们的目标是实现销售增长，那么公司就应该规定收集和汇报销售数据的方法。如果公司确定了报表的适当形式，那么经常查看这些报表将有助于管理者随时了解公司是否在做它应该做的事情，是否在朝着正确的方向发展。亚特兰大格雷迪纪念医院（Grady Memorial Hospital）部分根据自 2006 年以来政府授权实施的病人满意度调查结果来评估患者的满意度。接受"医疗保险"支付方式的医院必须在一年内至少进行 100 次病人调查，格雷迪的管理人员使用该调查结果并结合其他指标来评估整体的病人护理情况。

 管理者工具箱

量化自己

想象一下，通过追踪能够揭示你如何度过一天的信息，使你在工作中表现得更好，对你的生活更加满意。22 年来，企业家及科学家斯蒂芬·沃尔弗拉姆（Stephen Wolfram）就是这样做的。他将自己花在会议、电子邮件以及使用键盘的次数的数据绘成图，这样他就能分析自己是如何分配时间的。沃尔弗拉姆能够确定那些压制自己的创造力并阻碍效率的工作习惯。于是他开始计划改变，以使自己变得更富

有成效并更加快乐。

新的设备，如计算机软件和智能手机应用程序，能够帮助人们收集和分析他们在工作中所做事情的数据，因此人们可以利用它来让自己的工作做得更好。这种对自我意识产生的兴趣属于一门正在发展的学科，被称为"自动分析系统"（auto-analytics），是自愿收集和分析关于自己的数据，以获得改进。该系统由以下部分组成：

- 追踪屏幕时间。让我们的管理者监视我们电脑屏幕上的内容可能会令人不安，但让我们自己监视就更容易让人接受。被称为"知识性工作量追踪"（knowledge workload tracking）的新技术能够记录你是如何使用计算机的，例如测量打开窗口的时间、你在窗口之间切换的频率以及你停顿的时间有多久。该软件将所有测量数据转换为图表，这样你就可以看到你的时间花在哪里了，以及如何提高你的工作效率。一位电脑程序员认为，他的网上聊天时间正在占用他的编程时间，因此他分析了在某些时间段内的聊天时间情况，然后看看他在这些时间段内写了多少代码。令人惊讶的是，他发现与同事在线聊天实际上提高了他的工作效率。

- 衡量认知任务。另外一组跟踪工具可以帮助你在执行认知任务时收集数据，例如在智能手机上进行客户研究或在 Microsoft Excel 中进行统计分析。虽然大家都知道，衡量知识性工作很困难，但 MeetGrinder 等工具可以测量花在任何活动上的时间和金钱。谷歌的工程师鲍伯·埃文斯（Bob Evans）用它来研究他的注意力和工作效率之间的关系。"作为工程师，我们的脑袋里装满了我们所构建系统的知识模块变量。如果分心，我们头脑中的思路就会被打乱，"他说。MeetGrinder 显示，他需要连续约四个小时的时间来完成具有挑战的项目，所以他就安排这样的时间而不是在有会议或电话的日子里来完成这些项目。

- 改善健康。知识工作者的运动、睡眠时间和压力水平都会影响工作效率、创造力和工作绩效。员工可以选择各种移动应用程序和佩带式传感器来收集关于身体健康情况的有价值的数据。Sacha Chua 想更好地了解自己的睡眠安排如何影响了职业上的优先顺序，因此她使用一个称为"Sleep On It"的跟踪器来监测自己在几周内的就寝时间、起床时间和睡眠时间。她改变自己了常规习惯，早上 5:40 起床，而不是 8:30。她停止了晚间活动，如浏览网页，并开始早睡。经过调整后，她发现自己的工作效率大大提高了。"Sleep On It"上的数据为 Chua 提供了可衡量的信息，使她能够确定对她真正重要的事情的优先顺序。

用于"自动分析系统"的工具将会变得越来越复杂。它们展示的数据将提供坚实的证据，证明我们有时需要调整使用时间的方式，训练我们的思维和身体，从而在工作和生产中取得更大的成功。

3. 对照检查绩效与标准

控制过程的第三步就是比较实际活动与绩效标准。当管理者阅读计算机报表或者深入工厂视察时，他们可以发现实际绩效究竟是达到、超过还是落后于绩效标准的要求。通常情况下，绩效报告仅仅是进行简单的对照，只是把报告期的绩效标准列在同一时期的实际绩效的旁边，并计算出其间的差异，即每一项实际数值与相关标准值之间的差值。为了解决需要引起广泛关注的这些问题，管理者必须重视偏差。

当实际绩效偏离预先设定的标准时，管理者必须对偏差做出解释。员工们希望他们能够透过现象看本质，找出问题的症结所在。假设一家杂货商确定了一个目标，将 7 月份海鲜销售量增加 10%，但销售量却只增加了 8%。管理者必须调查未达预期目标的原因。例如，他们可能会发现，是近期虾的价格上涨以及三次从加拿大发货的鲑鱼迟迟未到货导致了 7 月份销售的疲软。总之，管理者应该深入调查产生偏差的原因，以更好地理解那些影响员工绩效的因素。有效的管理控制不但包括对绩效数据的客观分析，还包括主观讨论。

4. 采取纠正措施

反馈控制模型的最后一步是确定需要采取何种措施（必要的话）来予以纠正。一个例子来自于纽约市在线食品杂货商 FreshDirect，使用反馈控制模型来提高其产品和客户服务的质量。

分析绩效数据也能显示其他问题：FreshDirect 达不到其收入目标；客户抱怨售出的物品、有限的交付选项以及订单错误。首席执行官采取纠正措施，将重点放在了客户服务上。他升级了公司的网站，以提供个性化的在线体验。现在，网站可以分析订单模式，提醒客户他们喜欢的产品，并推荐他们可能喜欢的其他产品。

 聚焦技能

FreshDirect

FreshDirect 以其新鲜农产品、指定宰杀的肉类、海鲜以及面包房的新鲜糕点和面包而闻名，每周的发货量超过 45 000 件。令人惊讶的是，这个成功的组织在早期却屡屡失败。虽然 FreshDirect 使用优惠券和优惠活动非常成功地吸引了新客户，但由于糟糕的客户服务，这些客户中的大部分人在下了一两次订单后便放弃了这一服务。"我们打碎了太多的鸡蛋，" 2008 年担任首席执行官的理查德 S. 布拉多克（Richard S. Braddock）说，"我们的冰淇淋出现了融化的情况。我们撞伤了待宰杀的禽畜。我们送货的时间过迟。我们丢失了箱子。"

管理者们决定创建一个持续反馈的系统——可以对每个工作日的每一个步骤（和过失）进行跟踪的实时数据库，这样可以在小问题发展成大问题之前进行纠正。FreshDirect 制定了旨在加强客户服务和建立客户忠诚度的绩效标准。例如，管理者采用了一个评估系统来检测其农产品和海鲜产品的质量。每天早上，管理者和购买者将他们的产品从一颗星（低于平均水平）到五颗星（最高等级）进行评级，并与客户分享这些信息，以使他们能够模拟店内的购物体验来决定购买什么。其他绩效标准包括跟踪准时交货和每个订单的出错量。FreshDirect 在长岛有一个仓库，工作人员在这里进行宰杀、烘焙和食品准备。仓库的管理者会分析各种工厂运作跟踪报告，包括库存水平、质量保证和新鲜度。管理者还会监测显示在特定交货区域和时间段内某些产品受欢迎程度的实时数据。

14.2.2 平衡计分卡

目前组织控制的一个方法是对企业绩效采取一种平衡的观点，将注重市场和客户以及员工和财务的各种控制维度结合到一起。管理者意识到，完全依靠财务考评可能导致短期行为和失效行为。非财务考评给传统的财务考评提供了一个有益的补充，因此企业投入了大量资金来发展更加平衡的考评系统。**平衡计分卡**（balanced scorecard）是一种综合性的管理控制体系，该系统把传统的财务指标与运营指标平衡起来，而这些运营指标是与公司成败的核心决定因素密切相关的。

平衡计分卡从四个主要角度来分析：财务状况、客户服务、内在业务流程、组织的学习与发展能力，如图 14-2 所示。在这四个方面中，管理者要确定核心的绩效指标，这些指标是组织要高度重视的。

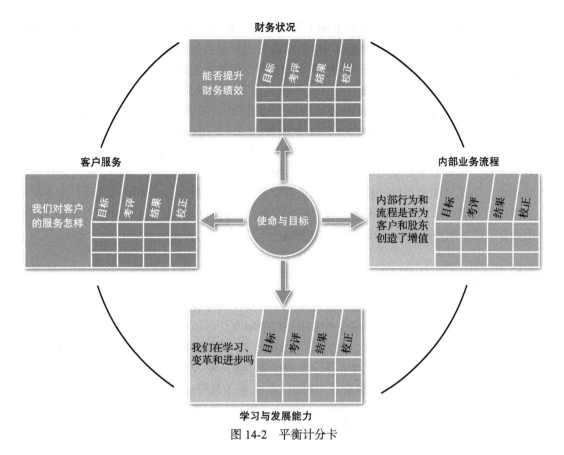

图 14-2　平衡计分卡

- 财务状况。财务状况指标反映组织活动对于改进组织的短期财务状况和长期财务状况的贡献。它包括净收入和投资回报率等传统指标。

- 客户服务。客户服务指标考评客户对于组织的看法以及客户的维系情况和满意度等。这些数据可以以多种形式收集，包括客户描述最高级服务的评价信息或来自于客户调查的评价信息。美国国税局（IRS）因对客户服务的关注度不够而陷入了一场争议。作为一个已经令许多人不满的政府部门，国税局选择对某些申请免税资格的团体进行额外审查，从而遭到了严厉抨击。最初的印象是，国税局只针对保守的"茶党"组织，但随后的调查显示，他们寻找的是左倾和右倾团体。这一丑闻尤其玷污了国税局的免税单位的形象，被描述成"官僚体制混乱，一些雇员不了解税法、违抗上级以及对不当行为熟视无睹"。

- 内部业务流程。业务流程指标强调生产和运营统计。对于航空公司来说，业务流程指标可以包括准时到达和遵守安全准则。例如，华盛顿特区的里根国家机场（Reagan National Airport）的一个事件就反映了在遵守安全标准方面的不足。这个机场的空中交通管制员值勤时睡着了，没有回答再三呼叫的无线电广播，两架等待着陆的飞机（总共载有 160 人）的飞行员决定在没有获得许可的情况下着陆，这种做法违反了联邦航空管理局（FAA）的安全规定，损害了两家航空公司以及机场的声誉。

- 组织的学习与发展能力。最后一个因素分析组织的学习与发展潜能，侧重于如何为了企业的未来而管理好组织的资源与人力资本。有关指标包括员工留用率、业务流程再造以及新产品开发等。平衡计分卡的各组成要素是集成在一起的，如图 14-2 所示。

管理者记录、分析和讨论这些不同维度的指标，以判断组织在实现其战略目标方面做得如何。平衡计分卡只有在它清楚地与组织明确的战略和目标相联系时，才是管理和提高绩效的有效工具。在最理想的状态下，平衡计分卡的使用是从组织的最高层向下传递的，所以每个人都要参与思考和探讨战略。今天，平衡计分卡已经成为许多组织核心的管理控制体系，例如 Bell Emergis（加拿大贝尔公司的一个事业部）、埃克森－美孚公司（Exxon Mobil Corporation）、信诺保险公司（CIGNA）、希尔顿酒店公司（Hilton Hotels），甚至还包括美国联邦政府的某些单位，都是平衡计分卡的使用者。但是，正如所有的管理系统一样，平衡计分卡并不是对每种情形下的每一个组织都适用。平衡计分卡本身是简明扼要的，但这却使得某些管理者低估了它成为有用的管理控制体系所需要的时间和努力。如果管理者执行的平衡计分卡使用的是绩效考评倾向，而不是将目标和企业战略考评联系起来的绩效管理方式，那么平衡计分卡的使用势必会阻碍或降低组织绩效。

14.3　控制理念的变化

在当今的许多组织里，管理者的控制理念正在发生着变化。随着组织鼓励员工参与决策和实施员工授权政策，众多的公司都在采用分权控制取代分级控制。分级控制和分权控制反映了不同的企业文化哲学，如第 2 章所述。大多数组织的控制体系都或多或少地带有分级控制和分权控制的色彩，但是，管理者往往侧重于其中某一种控制理念，有的管理者偏重分级控制，有的则偏重分权控制，具体取决于组织文化的特点和管理者自身的控制理念。

14.3.1　分级控制与分权控制的对比

分级控制（hierarchical control）通过大量使用规章制度、政策法规、层级权力、书面文件、薪酬体系和其他正式的机制来监督和影响员工的行为。与此相反，**分权控制**（decentralized control）则依靠文化价值观、传统、共同的信仰和信任来使员工的行为与组织的目标保持协调一致。采用分权控制的管理者通常假设，员工是值得信赖的，即使没有大量的条款约束和严密的监管措施，他们也愿意有效地完成工作任务。法瑞尔·威廉姆斯（Pharrell Williams）已认识到使用分权控制来运行其企业获得了更好的效果，如本章"管理者边缘"所述。

 管理者边缘

··

法瑞尔·威廉姆斯的公司

你可能看到过法瑞尔·威廉姆斯获得格莱美大奖，或听过他的某首歌曲，但也许你不知道他还是一个精明的商人。这位戴着帽子的 40 岁音乐家有一张最佳专辑，17 次荣登十大歌曲排行榜，三次荣获格莱美大奖。在他的职业生涯早期他便开始创作，最近为 Jay-Z 和 Miely Cyrus 制作专辑，并为电影《神偷奶爸》编写主题曲。他也经营时装品牌、一个基于云的音乐平台（UJAM）、一个 YouTube 频道（iOTHER）和一个为贫困儿童提供帮助的非营利组织。

他如何能够在一周内完成比大多数人一年内完成的工作还多？他雇用的都是有才能的人。目前，他有 10 名员工，其中 8 名是女性。"如果办公室里全是些哥们，我会疯掉，"他说。"我要跟他们谈论些什么？足球吗？我对体育一无所知。"

他所知道的是如何进行协作（包括谦逊）以提高工作效率。其他人也注意到他会经常称赞他的员工。因为他没有感觉到压力，因此他的工作效率也很高。

在决策中，他运用自己的思想和情感。他指出，成功的服装公司将品位放在第一位，这也是他的目标，使美感与商业敏锐度相匹配。他的公司 Bionic Yarn 遵循这一原则，公司既关注可持续性，也关注盈利能力，仅在投入运营的三年后便开始盈利。他最初创办这家公司是

因为拉什·林博（Rush Limbaugh）取笑他和他拯救地球的愿望，但威廉姆斯对于被称为"已经涉足"而感到高兴。

他相信运气吗？自从他看到了要富有成效并取得成功需要付出多么艰苦的努力后，就不再相信运气了。但任何人都可以想出解决问题的办法。"那始终是一种选择"他说。

表 14-1 对分级控制和分权控制进行了对比分析。分级控制方法制定了明确的规则、政策和程序来约束员工的行为。控制依靠的是集中行使的权力、正式的层级结构和严密的监督管理。质量控制责任落在质量控制检查与监督人员的肩上，而不是落在员工的身上。工作说明书一般来说是明确而具体的，并且以任务为导向。至于什么样的员工绩效可以得到认可，管理者往往对此设定了最低限度。作为对员工达到标准要求的回报，员工将获得外在的奖励，如工资、福利和可能的晋升机会。员工很少参与控制过程，即使参与也是通过诸如申诉程序这样的机制而被形式化的。采用分级控制方式，组织的文化十分僵化，管理者也并不认为文化是一种控制员工和组织的有效手段。在分级控制中，先进技术通常被用于控制工作的流程和节奏，或者用于监控员工的行为，如员工花在打电话上的时间，或者敲打计算机键盘的次数。

表 14-1 分级控制与分权控制

	分级控制	分权控制
基本假设	• 人们无法自我约束，不能被信任；需要对其加以严密监控和控制	• 当人们对组织完全忠诚的时候工作出色
行为	• 使用详细的规章和流程；正式的控制体系 • 使用自上而下的权力、正式的等级制度、职权、质量控制检查员 • 依靠与任务有关的工作描述 • 强调外在奖励（如工资、福利、地位等） • 僵硬的组织文化，不相信文化规范可以作为控制手段	• 较少使用规章；依靠价值观团队和自我控制、员工选拔和社会化 • 依靠灵活的职权、扁平的结构和专家权力，每个人都对质量进行监督 • 依靠基于结果的工作描述，强调要达成的目标 • 强调外在和内在奖励（有意义的工作、机会和成长） • 适应性的文化；文化作为将个人、团队和组织目标结合以总体管控的手段
结果	• 员工遵守指示，让他们做什么就做什么 • 员工对工作不感兴趣 • 员工旷工且流动率高	• 员工具有主动性，寻求责任 • 员工积极参与，努力工作 • 员工流动率低

在许多日本公司，分级控制方式非常明显。日本文化反映了对规则的痴迷和对官僚体制的偏爱，能够使混乱变为有序。例如，在 2011 年发生毁灭性的地震和海啸之后，日本为在这场灾难中失去家园的家庭建立了疏散中心。自治委员会负责管理这些临时收容中心，并详细规定了居民的日常责任。人们分配了具体的任务，包括分拣垃圾、清洗浴室和清洁淡水箱。"日本人是规则越多越觉得安心的一类人，"海啸幸存者 Shintara Goto 这样说道。这种管理临时疏散中心的分级控制办法帮助幸存者找到了日常任务和责任，在减少这场自然灾害的长期心理和身体伤害上起到了很大的作用。

分权控制的价值观和假设几乎与分级控制的假定前提刚好相反。只有在万不得已的时候，

管理者才会使用规章和程序来实施控制。相反，管理者更多地运用共同的目标和价值观来控制员工的行为。组织也十分重视员工的挑选和社会化问题，以确保员工拥有合适的价值观，使其行为符合实现组织目标的需要。没有一个组织能够永远保证完全控制员工，自律和自控是保证员工按照标准要求完成工作任务的重要控制方式。员工授权、有效的社会化和培训都有助于内在标准的形成，从而促进其自控行为的发展。在伊利诺伊州拥有两家 Nick's Pizza & Pub 门店的尼克·萨里洛（Nick Sarillo）说，他的管理风格是"信任和追踪"，这意味着给员工提供所需的工具和信息，告诉他们需要达到的结果，然后让他们按照自己的方式去完成。同时，萨里洛对结果进行追踪，使公司稳步前行。他采用公开账目管理（将在下节进行讨论）的方式，以使公司中的每个人都能了解公司的运作情况。

 新晋管理者自测

你对组织规范与控制的态度是

说明： 管理者为使组织生存下去，不得不对员工进行控制，但是控制的度和方式应该有所讲究。企业比起所属的社会来说通常更不那么民主。忠实地思考你在关于管理他人方面的理念，并对以下问题回答"是"或"否"。

	是	否
1. 我认为人们应该更多地跟着感觉而不是规则走。	___	___
2. 我认为员工应该准时上班和开会。	___	___
3. 我认为做决策时，效率和速度没有让每个人都拥有发言权重要。	___	___
4. 我认为员工应该遵守公司政策。	___	___
5. 我要我的另一半做决定，并在多数情况下让其自主行事。	___	___
6. 我喜欢告诉别人做什么。	___	___
7. 我对最无能的人更具耐心。	___	___
8. 我做事的要求是"过得去就行"。	___	___

评分与解释： 奇数序号的题每回答一个"是"得1分，偶数序号的题每回答一个"否"得1分。6分或以上表明你对待组织中的其他人更喜欢分权控制。3分或以下表明在企业中你喜欢更多的控制和官僚体制。富有热情的新管理者可能过多地运用他们的新控制手段，会遇到消极的抵制。但是，太少的控制意味着更少的责任和生产力。新管理者的挑战是要达到工作和员工间适当的平衡。

　　采用分权控制时，权力高度分散化，而分权的依据常常是知识、经验和职位等。如第7章所述，分权控制组织的结构高度扁平化，属于横向结构，采用弹性职权和员工团队来解决问题和改进工作效果。组织中的每一位员工都在持续不断地参与质量控制过程。在分权控制中，工作描述常常是基于结果的，它更强调可能实现的结果，而不是需要完成的具体任务。管理者不仅使用外部激励方式（如工资待遇），也使用内部激励方式（如有意义的工作以及学习和成长的机会）。技术被广泛用来对员工进行授权，并为员工的有效决策、协同合作和解决问题提供必需的信息。不但员工个人的绩效会得到奖励，团队和组织的成功也会为员工个人带来奖赏。员工广泛参与各种不同的活动，如设置目标、制定绩效标准、监控质量和设计控制体系等。

　　采用分权控制，组织文化具有高度的环境适应性，管理者也认识到组织文化对于统一个人、团队和组织的目标以实现总体控制的重要性。在理想情况下，采用分权控制，员工们可以充分发挥自己的聪明才智去制定规则和程序，而且这些规则和程序比管理者独自思考制定出来的规则和程序要好得多。金宝汤公司通过招募工作人员来实施分权控制，以帮助工厂提高效率。

 聚焦技能

金宝汤公司

控制着美国 60% 罐头汤市场的金宝汤公司，正在通过实施员工建议的节省成本的想法来增加利润。在北卡罗来纳州马克斯顿的工厂，每天早上工人们会与管理者聚在一起讨论节约公司成本的办法。这些员工是分权控制文化的一部分，管理者与员工们共同分担公司的目标，并进行协作来提高效率。工厂的资深员工 "大约翰" 蒂尔莫尔（"Big John" Tilmore）说，每日的工人与管理者聚会是为了 "让大家都参与"。"我们可以讨论自己存在的问题，而不是被告知要做什么，"他说。

当挑战提高 Swanson 肉汤新生产线（该生产线每年处理 2.6 亿磅原料）的生产效率时，操作人员和机械师设计了一个针对每个垫圈的编号系统，以加快加工设备的维修。他们将传送带上的金属盖开窗，以便能够确定传送带的磨损情况。他们在阀门手柄上使用彩色编码来避免设置出现混乱。在员工发起的这类变革下，金宝汤公司表示，马克斯顿工厂的运营效率从三年前的 75% 上升到管理者所说的最大可能的 85%。这样做是能够带来回报的，因为工厂效率提高 1%，就可以增加 300 万美元的营业利润。

金宝汤公司的最新挑战是改进公司制作罐头汤的方法。在过去，每种罐头汤具有自己的配方。现在许多罐头汤的底料相同，比如鸡汤，可以通过添加不同种类的肉和蔬菜进行调整。组织中的各级员工都会为新工艺的计划和实施提供帮助。"我们必须在组织的最高层与底层员工协作，"金宝汤公司北美供应链副总裁戴夫·比格尔（Dave Biegger）说。

14.3.2 公开账目管理

在许多组织中，分权控制的一个重要方面是公开账目管理。促进信息分享和团队作业的企业，允许员工参与公司的财务控制，激励他们积极参与决策，并让员工承诺对组织目标的实现做出自己的贡献。**公开账目管理**（open-book management）允许员工通过查阅图表及计算机报表和参加会议等形式来了解公司的财务状况。其次，公开账目管理可以让员工了解其个人的工作应该如何才能符合公司大局的要求，并知道其工作绩效会对公司未来的财务业绩产生何种影响。最后，公开账目管理把员工个人的报酬与公司总体的经营成败紧密地联系在一起。通过培训员工对财务数据的分析能力，员工就可以了解各个职能部门之间的相互关系以及各自的重要性。如果员工的报酬是根据其绩效来确定的，那么他们就会受到激励，对整个团队或职能部门的业绩负责，而不仅仅是关注他们自己的工作。

公开账目管理的目的在于，让每一位员工都像企业主一样去思考和工作。为了增强员工的主人翁意识，管理层向员工提供的信息和业主自己掌握的信息应该是完全一样的：公司的资金从何而来，又将去往何处，这些信息大家都应该清清楚楚。公开账目管理有助于员工理解为什么说效率对于组织获得成功来说是非常重要的。在密苏里州圣路易斯，与其丈夫共同创办 Ginger Bay Salon & Spa 公司的劳拉·欧特曼（Laura Ortmann）发现，当她培训发型师和按摩师，让他们了解公司的财务目标后，他们变得更有动力去实现自己的绩效目标。个人和公司的目标记录在休息室记分牌上的显著位置，列出了每个员工的每日销售成绩以及目标是否达到。"行为在一夜之间发生了改变，"欧特曼说。"没有人希望自己的名字旁边有一个很低的数字。"欧特曼通过帮助员工了解自己的努力对公司财务成绩造成的影响，增加了员工的工作积极性。"我喜欢这些数字，喜欢知道自己的表现如何，"美甲师 Terri Kavanaugh 说。

在许多国家，管理者在经营实施公开账目管理方法的公司时会遇到更多的麻烦，因为主流的态度和标准均鼓励财务数据的保密性。中国、俄罗斯、印度等国家的许多商人不习惯披露财务细节，这会给在那些国家开展经营活动的跨国公司带来问题。表 14-2 列举了普华永道最近发布的《不透明度指数》（Opacity Index）的一部分，它反映了不同国家在经济方面的开放程度。一国的评价指数越大，其经济越不透明或越隐秘。在表 14-2 中的 2009 年部分指数中，尼日利亚不透明指数最高（55），芬兰最低（9），美国的不透明指数为 22。在不透明度指数高的国家，财务数据是严格保密的，并阻止管理者与员工和公众共享信息。在不同国家，全球化正在开始对经济不透明度产生影响，其主要途径是鼓励与全球通用会计标准接轨，主张更准确地收集、记录和报告财务信息。因此，大多数国家在过去几年其不透明指数都有所改善。

表 14-2　国际不透明指数：哪些国家的经济最隐秘？

国家	2009 年不透明分数
尼日利亚	55
委内瑞拉	48
沙特阿拉伯	45
印度	41
印度尼西亚	40
俄罗斯	40
墨西哥	37
韩国	29
南非	24
日本	25
美国	22
加拿大	20
德国	17
爱尔兰	15
新加坡	14
芬兰	9

14.4　全面质量管理

基于分权控制哲学的一种广为流行的方法是全面质量管理，它把质量观念渗透到整个企业的每一项活动中，以实现质量的持续改进。质量管理是每个组织都关心的事情。想想波音公司遇到的与新型 787 梦幻客机相关的问题。这款新型飞机多年来一直被誉为最具创新性的飞机之一，因为它由复合材料制成（该行业中首次使用），它的燃油效率提高了 20%，并且排放量减少了 20%。但是，梦幻客机从一开始就被质量问题所困扰。2013 年 1 月，该机型上的蓄电池起火。该事故以及出现的其他问题（包括燃油泄漏、驾驶舱窗户破裂、接线问题和蓄电池过热等）迫使美国联邦航空管理局将整个 787 机队停飞四个月。在梦幻客机再次允许飞行后不久，伦敦希思罗机场的一架 787 客机发生火灾。随后，在 10 月中旬，一架印航 787 客机在从德里飞往班加罗尔时一块机身壁板在途中脱落。虽然该故事对乘客没有任何安全风险，但却是波音公司的高科技喷气式飞机的又一件丑事，这款飞机在两年内出现的质量问题比大多数飞机曾遇到的问题都多。

20 世纪 80 年代，全面质量管理方法对美国管理者产生了巨大的吸引力，因为一些日本公司成功地实施全面质量管理之后扩大了市场份额，并在国际上赢得了品质卓著的美誉。日本的全面质量管理系统是建立在 W. 爱德华兹·戴明（W. Edwards Deming）、约瑟夫·朱兰（Joseph Juran）和阿尔曼德·费根鲍姆（Armand Feigenbaum）等美国学者和咨询师的研究成果之上，当这些人的理念在海外试验成功以后，便吸引了一大批美国企业家的注意。全面质量管理十分强调团队合作、提高顾客满意度和降低经营成本。在实施全面质量管理的过程中，企业鼓励管理者和员工进行跨职能、跨部门的合作，同时也鼓励他们与客户及供应商合作，以寻找各种各样的改进机会，哪怕是很小的改进。每一次质量改进都是朝着完美迈进了一步，组织追求的是零缺陷率。质量控制也就成了每一位员工日常工作的一部分，而不再是某一专门部门的责任。

14.4.1 全面质量管理方法

实施全面质量管理，可以采用许多技术方法，例如质量管理小组、标杆管理、六西格玛原则、质量伙伴关系和持续改进等。

1. 质量管理小组

质量管理小组（quality circle）是实施全面质量管理分权控制的一种方式。质量管理小组是一个由 6 ～ 12 名员工志愿者组成的小组，这些员工定期会晤，讨论并解决影响工作质量的问题。在工作周的某一规定时间，该小组成员召开碰头会议，发现问题，并试图找到解决办法。质量小组成员可以随意收集数据信息和展开调查研究。许多公司训练团队成员组建团队、解决问题和控制质量的能力。使用质量管理小组的原因在于，把决策权授予从事具体工作的员工，因为他们比其他任何人都更熟悉有关的工作情况，因而能够提出切实可行的建议。在家用空调和加热泵的制造公司 Carrier Collierville，质量管理小组着手处理了一个发生在加热泵组件的纤焊接头处的泄漏问题。对工作区域进行变革使得泄漏和相关维修费用减少了 50%。

2. 标杆管理

标杆管理是施乐公司于 1979 年开始引入的管理方法，此后，标杆管理迅速成为全面质量管理的一个主要方法。根据施乐公司的定义，标杆管理（benchmarking）是"参照最强劲的竞争对手或者公认的行业领袖的做法来考评本企业的产品、服务和经营的一个持续的管理过程"。组织也可以使用标杆管理来产生新的商业理念、评估市场需求或确定行业内的最佳做法。图 14-3 示出了标杆管理的五个步骤。

第一步是进行标杆管理研究计划，包括确定

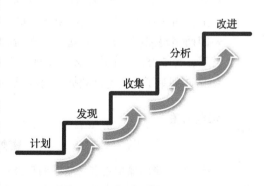

图 14-3 标杆管理的五个步骤

研究的目标以及明显影响客户满意度的产品或服务的特征。第二步是确定需收集信息的来源。例如，Sherwin-Williams 公司用于标杆管理研究的数据来源可能包括：国内独立实验室研究数据或《消费者报告》（*Consumer Reports*）上发表的研究数据。一旦确定了信息源，然后就是收集数据。施乐公司收集里昂·比恩公司（L. L. Bean）的订单执行方法的相关信息，从中吸取了大量的经验，并将本公司的库存管理成本减少了 10%。第四步是分析收集的标杆管理数据，并建议可以进行改进的领域。第五步是执行建议，然后通过持续的标杆管理进行监测。

3. 六西格玛质量原则

六西格玛质量原则最早是由摩托罗拉公司提出的。摩托罗拉公司 20 世纪 80 年代中期开始探索提高产品质量之路，后来通用电气公司又将六西格玛质量原则发扬光大。通用电气公司前任首席执行官杰克·韦尔奇经常夸奖六西格玛质量原则为公司带来了质量和效率改进，使公司节省了几十亿美元。统计学家一般用希腊字母"σ"来表示某件东西离完美无缺的距离还有多远。六西格玛（six sigma）是一个非常了不起的质量标准，它规定每 100 万个零部件的缺陷率不超过 3.4 个。其基本意思是说，要做到 99.999 7% 的工作时间都没有缺陷。然而，现在六西格玛质量原则已经偏离了它非常精确的定义，而演变成了质量控制方法的一般用语，意思是说，任何事情都不要想当然，并强调通过训练毫不松懈地追求较高的质量和较低的成本。与全面质量管理的其他方面一样，六西格玛不仅仅适用于制造企业。服务型企业已从六西格玛和其他全面质量管理方法中受益。美国医疗卫生产品经销商卡地纳健康集团（Cardinal Health）是医疗卫生供应链中的一个关键环节，每天处理的药物占所有处方药的 25%。该集团采取了精益六西格玛举措，使得订单错误率在三年内下降了 30%。卡地纳健康集团现在已将六西格玛的应用范围扩大到供应链合作伙伴，目标是实现零错误、零浪费和零收入损失。

六西格玛质量原则是建立在一个被称为 DMAIC（定义（define）、测量（measure）、分析（analyze）、改进（improve）和控制（control））的五步法基础之上，它为组织认识问题和解决问题提供了一种结构化的方法。有效实施六西格玛质量管理体系，需要最高管理层做出承诺，因为它要求整个组织进行广泛的变革。例如，在霍尼韦尔公司（Honeywell），所有员工都需要了解六西格玛的基本原理。六西格玛在员工中成为一种共通的语言，有助于减少组织不必要的成本费用，并支持"第一次就把事情做对"的理念。霍尼韦尔解释了其致力于六西格玛质量原则的原因，并列举以下例子说明达到六西格玛这种高水准意味着什么：

- 如果你的热水器采用四西格玛（而非六西格玛）的质量原则制造，每年无热水的时间达 54 小时。而采用六西格玛质量原则，每年无热水的时间少于两分钟。
- 如果你的智能手机采用四西格玛的质量原则生产，每个月无服务的时间达四小时以上。而在六西格玛质量原则下，每个月无服务的时间只有约 9 秒。
- 四西格玛流程通常导致每三卡车货物出现一个有缺陷的产品包装。而在六西格玛程序下，每 5 350 卡车货物才会出现一个有缺陷的包装。

表 14-3 列举了一些统计数据，用以说明为什么六西格玛对制造业和服务业都是很重要的。

 绿色力量

蜜蜂的方式

众所周知，蜜蜂非常勤劳并善于利用自然资源，蜂群内的蜜蜂相互协作并互通信息。同样，总部位于慕尼黑的宝马汽车公司（BMW）也认识到，真正的可持续性不仅包括保护和合理地利用环境，还包括保护和合理地利用用于为客户提供优质车辆的资源。追溯到 20 世纪 70 年代，宝马的可持续增长方式体现在其良好控制的生产过程中。自我管理的团队负责监督严格的可持续发展质量控制措施，为宝马创建了 A+ 级国际可持续发展等级。共有 23 个互通信息的 "蜜蜂" 方式来解决从道德行为、社会责任到质量和创新等方面的一切问题，结果达成了生产废物的回收和宝马新型碳纤维车身废料的再利用。

表 14-3　质量改进方案的重要性

99% 意味着	六西格玛意味着
每小时丢失 117 000 件密封邮件	每 2 小时丢失 1 件密封邮件
每天 800 000 起操作不当的人工检查	每天 3 起操作不当的人工检查
每月装运 23 087 台有缺陷的计算机	每月装运 8 台有缺陷的计算机
每月停电 7.2 小时	每月停电 9 秒钟

4. 质量伙伴关系

传统的质量控制计划的一个缺点是，质量控制部门的人员常常被视为他们所服务的企业团体的 "外部人员"。因为他们并不总是很了解自己所研究的流程，所以他们的工作可能会被怀疑或被看作是对正常工作程序的干扰。存在的风险就是，质量控制被视为与日常工作分开。传统模型的另一个缺点是，质量控制通常是在产品完成或服务交付之后进行的，这个时间进行纠正费用往往最高。

一种叫作**质量伙伴关系**（quality partnering）的方法是在企业的特定功能区域内指定专业人员。采用这种方法，质量控制人员在功能区域内与其他人员一起工作，在整个工作流程中确定质量改进的时机。这种整合式的质量伙伴关系方式得以在产品生命周期的早期发现并解决缺陷，而这个时候缺陷是最容易纠正的。这一方法的另一个优点是，质量合作伙伴被视为是 "内部人员" 和同事，容易被工作团队接受。

5. 持续改进

在北美洲，应急方案与设计在传统上一直是首选的创新方法。管理人员对各种创新方案的预期回报进行考评，并选取好处最多的创新方案。然而，日本公司却通过不断进行小的改进，取得了很大的成功。日本公司的这种做法就被称为**持续改进**（continuous improvement），即在组织内部的各个领域，不断地实施大量小的、累积性的、持续的改进。在成功的全面质量管理项目中，所有的员工都深知，他们被寄予厚望，要在各自的工作领域中寻找改进和变革的契机。持续改进最基本的理念就是每次改进一点，持续不断地寻求改进，日积月累，最终成功的可能性逐步增大。创新可以从最简单的事情开始，员工也可以在这种永无止境的过程中追求自己的成功。致力于持续改进使得田纳西州代顿的 La-Z-Boy 公司即使在最近的经济衰退中也能蓬勃发展。

 聚焦技能

田纳西州的 La-Z-Boy 公司

"如果我们采用与 2005 年相同的方式经营企业，" La-Z-Boy 公司的持续改进管理者戴维·罗宾逊（David Robinson）说，"在这里的将会是其他人，因为我们已经倒闭了。现在我们每年盈余 5 000 万美元，比以前更好。"

美国家具行业已被国外竞争所摧毁，但致力于成本效益和持续改进使得 La-Z-Boy 公司保持了繁荣。罗宾逊指出，工厂的 23 名管理者和工程师接受了六西格玛培训，跨职能团队已完成了 24 个以安全、质量和生产力为重点的持续改进活动。代顿工厂的一个重要的工艺改进是"无缺陷投产计划"（Flawless Launch Program）：指定一名生产工程师负责确保所有

新产品的质量和工艺性。"在产品生产之前，她一直处于设计的前端，"罗宾逊在谈到一位生产工程师时这样说道。这样一来，公司就知道在低成本和相对无差错的情况下重复生产产品所需的工具和设备。他举了一个例子，工厂第一次尝试制造电动升降椅。该领域的故障率约为40%。在采用无缺陷投产程序后，罗宾逊报告说，"我们现在在这一领域的故障率只有百分之零点几。"

14.4.2　全面质量管理的成败因素

全面质量管理虽然很有效，但有时也难免失败。一些公司运用全面质量管理的效果也令人失望。六西格玛质量原则也不是解决组织所有问题的灵丹妙药，有些公司花费了大量的精力和资源，却收效甚微。有许多偶然因素（见表14-4）都可能影响到全面质量管理的成败。例如，当员工从事具有挑战性的工作时，组建质量管理小组是最有效的；通过参与质量管理小组，能够充分发挥员工的聪明才智，解决大家普遍感兴趣的问题，进而提高生产效率。如果全面质量管理方案能够丰富工作的内容和提高员工的激励水平，它同样可能取得极大的成功。此外，如果参与全面质量管理计划能够提高员工解决问题的能力，那么劳动生产率也能够得以提高。最后，如果一个公司的企业文化高度重视质量问题，并强调持续改进，那么全面质量管理计划获得成功的概率最大。

表 14-4　全面质量管理的成败因素

有利因素	不利因素
• 工作任务对员工的技能要求较高	• 管理层的期望过高，不切实际
• 全面质量管理能够丰富工作内容，提高员工激励水平	• 中层管理者对权力的丧失大为不满
• 所有员工解决问题的能力都得到了提高	• 员工对组织生活的其他方面不满
• 运用员工参与和团队合作来解决重大问题	• 工会领袖不能参与质量控制讨论会
• 持续改进是企业日常运转的基本准则	• 管理者采用消极等待的态度对待重大创新项目

14.5　预算控制

Debbie Dusenberry 一直在追随她的成为一个成功企业家的梦想。她开了一家设计精美的店铺，取名为 Curious Sofa，并在店铺的扩展陈列室里摆放了古董、标新立异的家具、装饰品和礼品。她拥有敬业的员工，每年销售额达 80 万美元。她借了很多钱，打算扩大库存。业务增长很快。但 Debbie 是典型的小企业主，有动力和激情，但缺乏财务经验。在销售额增长的情况下，她没有察觉到在人员、库存和货运上的费用过多，从而损害她的盈利能力。她没有进行预算，没有记录所有的开销。当经济衰退期间销售额下降时，她的财务系统的明显弱点暴露了出来。她害怕、愤怒，并开始思考如何能挽救她的企业，她意识到需要建立一个新系统来帮助她监控和管理各种费用。她的第一步就是编制预算。

预算控制是最常用的管理控制方法之一，它是指设定组织的费用开支目标，监控实际执行情况并将其与预算目标进行对照，以便在必要时做出调整。作为一种控制手段，预算是一

系列的报表，列示现金、资产、原材料、工资和其他经济资源的计划支出额与实际支出额。另外，预算报表常常还要列示每个科目预算值与实际发生值之间的差额。

预算是为组织内部的每一个事业部或者部门而编制的，无论这些单位的规模多小，只要它承担独立的工程、项目或者职能，就应该编制预算。在预算控制体系中，最基本的分析单位是责任中心。如果组织的某一部门或者单位由某一个人来控制和负责，这样的部门或者单位就叫**责任中心**（responsibility center）。如由三个人组成的一个器具销售办公室是一个责任中心，质量控制部、营销部、整个冰箱生产厂也是一个责任中心。每个单位的管理者承担预算责任。高层管理者负责整个公司的预算，中层管理者通常只关注本部门或者事业部的预算执行情况。预算管理者通常使用的预算类型有费用预算、收入预算、现金预算和资本预算。

14.5.1　费用预算

费用预算包括每个责任中心和整个组织的预期费用和实际费用。费用预算可以显示所有类型的费用，也可以侧重于某一特定类型，如材料或研发费用。当实际费用超过预算金额时，偏差表明管理者需要找出可能出现的问题，并在需要时采取纠正措施。偏差可能是由于效率低下引起的，或者由于组织的销售额增长速度比预期的快，因而费用较高。相反，费用低于预算可能意味着超常的效率或可能未达到其他标准，如期望的销售水平或服务质量。无论哪种情况，费用预算都可以帮助确定是否需要进一步调查，但不能取代调查。

14.5.2　收入预算

收入预算列出了组织的预测收入和实际收入。一般来说，收入低于预算金额意味着需要对这个问题进行调查，看看组织是否能够提高收入。相反，收入超过了预算金额则需要确定组织是否能够获得必要的资源来满足对其产品或服务的超预期需求。然后管理者制定行动计划来纠正预算偏差。

1. 现金预算

现金预算是估算每天或每周的收入和支出，以确保组织有足够的现金来履行其义务。现金预算显示了流经组织的资金水平和现金支出的性质。如果现金预算显示公司在满足短期需求后还有多余的现金，该公司就可以将多余的现金进行投资来赚取收益。相反，如果现金预算显示这周末将发生的工资支出为 2 万美元，而银行账户里只有 1 万美元，该公司就必须借钱来支付工资。

2. 资本预算

资本预算列出了针对主要资产（如厂房、重型机械或复杂的信息技术系统等）的计划投资，通常涉及一年以上的支出。资本性支出不仅对未来的开支有很大的影响，也是旨在增加利润的投资。因此，资本预算对于预测这些支出对现金流和盈利能力的影响是很有必要的。控制不仅包括监控资本性支出的数量，还包括评估投资回报率的假设是否成立。管理者可以评估对特定项目的持续投资是否可取，以及他们做出资本性投资决策的程序是否适当。一些公司，包括波音公司、默克公司、壳牌公司、联合技术公司和惠尔普公司等，会在几个阶段对资本项目进行评估，以确定这些项目是否仍与公司的战略保持一致。

14.5.3　零基预算

零基预算（zero-based budgeting）是一种进行计划和决策的方法，该方法要求为预算期中的每个项目提供充分的理由，而不是事先做一个预算然后按一定的百分比进行变动。零基预算从 0 美元的起点开始，预算每增加 1 美元都将反映在实际的有证可循的需求上。石油和天然气行业巨头壳牌公司实施零基预算来推动财务绩效显著改善。面对不可预测的石油和天然气需求以及全球经济的不确定性，首席财务官 Gerard Paulides 认为，降低成本战略对于壳牌公司的业务来说与石油和天然气生产一样重要。"我们深入地将所有业务领域向下层层剥离至零，然后通过重新建立这些业务来恢复。"Paulides 和其他高管着眼于运行企业每个部分所需的最小资源，Paulides 称之为"必需品"。"所有其他活动本质上是自由决定和可选择的，或处于从零开始的框架中，是锦上添花，"Paulides 说。这种预算方法帮助壳牌公司从每年的支出中削减掉过多和不必要的开支。

预算是组织规划和控制的重要组成部分。许多传统公司采用**自上而下的预算编制**（top-down budgeting），这意味着来年的预算金额实际上是强加给中层和低层管理者的。这些管理者根据最高管理者规定的公司收入和支出来确定部门的预算目标。虽然自上而下的过程提供了一定的优势，但向员工授权、员工参与和学习型的转变则意味着许多组织正在采取**自下而上的预算编制**（bottom-up budgeting）。在此过程中，低层管理者预测其部门的资源需求，并向上传递给高层管理者进行审批。各类公司越来越多地让一线管理者参与预算编制过程。在圣地亚哥动物园，科学家、动物管理员和其他一线管理者使用软件和模板来规划其部门的预算需求，因为正如首席财务官保拉·布罗克（Paula Brock）所说，"没有人知道，该企业的这方面比他们自己做得好。"在 145 个动物园部门中，每个部门也会按月进行预算和预测，以使资源能够按需分配，从而在预算限制范围内实现目标。例如，由于自下而上的过程，该动物园能够迅速调拨资源，使其珍贵的异国鸟类不会受到高传染性的禽流感的影响，并且不会严重损害本组织预算的其他部分。

14.6　财务管控

"数字可以运营公司，"资深企业家及 *Inc.* 杂志的作家诺姆·布罗德斯基（Norm Brodsky）说。在每个组织中，管理者需要通过观察数字来查看组织在财务上的表现。例如，尼克·萨里洛（Nick Sarillo）从小在比萨店中长大，他的父亲在伊利诺伊州开了一家比萨店，因此当他于 1995 年开设第一家 Nick's Pizza & Pub 店时，已经懂得许多经营这一业务的知识。由于这家店非常成功，他又在 2005 年开了第二家店。到 2007 年，年收入已经增长到 700 万美元。但像许多小企业主一样，萨里洛在企业的财务方面缺乏经验。当他向顾问寻求帮助时，他被告知，在经济繁荣时期他借了太多的钱，随着经济的转变，他几乎失去了业务，因为他没有关注负债比率。萨里洛说，尽管公司的经营仍然不易，但他现在会密切关注财务报表。如前面所述，他采用公开账目管理，并教会所有员工查看财务报表，以使他们也了解公司的绩效情况。数字不仅可以显示组织是否拥有可靠的财力基础，还是其他财务问题有用的指示器。例如，销售的下跌标志着产品、客服或销售队伍效能方面的问题。当管理者不实施财务管控又会发生什么？阅读本章的"事业大错"，看看美国服饰（American Apparel）的首席执行官是怎样造成多种问题的。

事业大错
....

美国服饰

　　首席执行官们应严格承担其受托责任，所以人们对达夫·查尼（Dov Charney）和美国服饰发生的事情感到惊讶。一次内部调查发现了职业上以及个人的不当行为，包括允许在网上发布员工不雅照、将公司资金用于家庭开支等。多年来出现了许多问题并受到多项指控，包括最近证券交易委员会（SEC）进行了一次调查，

因此董事会最终于 2014 年 12 月将查尼解雇。但查尼并不示弱。他在 2015 年 3 月起诉该公司，要求赔偿 3 500 万美元。该公司很生气，花费 700 万美元清退和安置不满的员工，并在最近另外花费 1 040 万美元自行开展对查尼的调查。更别提公司从 2010 年到 2014 年的亏损，总额达 3.4 亿美元。受托责任完全没有得到足够的重视。

14.6.1　财务报表

　　财务报表给组织的财务管控提供了基本信息，而资产负债表和利润表这两种主要的财务报表是财务管控的起点。

　　将资产负债表看作是一个温度计，当你查看其温度时，它可以为你提供企业健康状况的读数。**资产负债表**（balance sheet）显示了企业在某一具体时间点资产和负债方面的财务状况。表 14-5 是资产负债表的一个例子。资产负债表提供了三个方面的信息：资产、负债和所有者权益。资产是企业所拥有的东西，包括流动资产（在短期内可兑换为现金）和长期资产（如厂房和设备等长期性财产）。负债是企业的债务，包括流动负债（企业短期内要偿付的债务）和长期负债（较长时期内需要偿付的债务）。所有者权益区别于资产和债务，是企业在股票和留存收益方面的资产净值。

表 14-5　资产负债表新创造景观公司合并资产负债表，2015 年 12 月 31 日

资产			负债和所有者权益		
流动资产：			流动负债：		
现金	$25 000		应付账款	200 000	
应收账款	75 000		应计费用	20 000	
存货	500 000		应付所得税	30 000	
流动资产合计		600 000	流动负债合计		$250 000
固定资产：			长期负债：		
土地	250 000		应付票据	350 000	
厂房和设备	1 000 000		抵押应付款	250 000	
减：累计折旧	200 000		长期负债合计		$600 000
固定资产合计		$1 050 000	所有者权益：		
			普通股	540 000	
			留存收益	260 000	
所有者权益合计					$800 000
		$1 650 000	负债及所有者权益合计		$1 650 000

　　利润表（income statement）总结企业一段时间（通常是一年）的财务状况。表 14-6 是利润表的一个例子。一些组织每季度核算一次利润表，以检查组织是否达成销售和利润目标。利润表显示了来自于各种资源的收益，减去所有费用，包括商品成本、利息、税和折旧费用。

最后一行表示净收益，即某一段时间的赢利或损失。

表 14-6　利润表　　　　　　　　　　　（单位：美元）

新创造景观公司利润表，截至 2009 年 12 月 31 日		
销售总额	3 100 000	
销货退货	<u>200 000</u>	
销售收入净额		2 900 000
产品费用和成本	2 110 000	
销售产品成本	60 000	
折旧费用	200 000	
销售费用	<u>90 000</u>	
管理费用		<u>2 460 000</u>
营业利润		440 000
其他收入		20 000
总收入		460 000
利息费用	80 000	
税前收入		380 000
税收	165 000	
净收益		<u>215 000</u>

在经济衰退期间，公司通过削减自主性支出（如差旅费用）来提高盈利，管理者则努力使这些费用不会再次攀升。如果管理者将费用控制在能够控制的最低水平，他们就可以将稀缺的资金用于较高优先级的领域，如增加员工的薪酬或用于研发。为了避免差旅费用逐渐增加，当德勤公司的管理者看到费用上升时，他们会提醒员工公司的差旅政策。公司不鼓励员工出差去参加预期时间少于 8 小时的会议，而是在可能的情况下采用视频和网络会议来代替出差。

以下例子描述了一个成功的特许经营所有者如何使用财务管控系统来管理曼哈顿一家效益最好的 7-Eleven 便利店。

14.6.2　财务分析：数字解释

管理者应能够评估财务报告，将组织的业绩与早期的数据或行业规范进行比较。这些比较使管理者能够了解组织是否正在改善以及是否能够与行业内的其他组织竞争。最常见的财务分析关注比率，比率是表示各绩效指标之间（如利润与资产、销售额和库存之间）的关系的统计数据。比率表示为一个分数或比例；表 14-7 总结了一些财务比率，它们是一个组织的流动性、活动性、盈利能力和杠杆效率指标。这些比率是最常见的，但可以采用许多指标。管理者需要确定哪些比率能够展示其业务中的最重要关系。

表 14-7　常用财务比率

流动性比率 流动比率 速动比率	流动资产 / 流动负债 现金 + 应收账款 / 流动负债
业务活动比率 存货周转率 转化率	总销售额 / 平均库存 订单的数量 / 客户咨询人数

（续）

盈利能力比率		
销售利润率		净收入 / 销售额
毛利率		总收入 / 销售额
资产回报率（ROA）		净收入 / 总资产
杠杆比率		
负债比率		总债务 / 总资产

 聚焦技能

7-Eleven

诺曼·杰马尔（Norman Jemal）是曼哈顿一家 7-Eleven 便利店的特许经营所有者，他热情而爱交际，喜欢与现场顾问 Kunta Natapraya 一起钻研数字。他们一起研究杰马尔在三家盈利店出售的无数休闲食品的销售数据和利润率。一些人认为，杰马尔的成功是因为他的便利店位于曼哈顿的繁华街道。巨大的车流量和人流量产生了大量的潜在客户。但杰马尔的成功也来自于他分析财务数据从而发现库存中最赚钱的产品，并通过有效订货实现利润最大化的生财之道。

当决定再次订货时，杰马尔使用 7-Eleven 专有的零售信息系统（RIS）来帮助他分析库存中每个产品的销售和盈利数据。例如，当 7-Eleven 宣布推出一种无糖的思乐冰软饮料和肉馅卷饼时，杰马尔需要消除一款现有产品来腾出空间。他使用零售信息系统，研究了每种快餐产品的盈利能力，发现麻辣牛肉饼的销售和盈利能力落后，因此他将这种产品从便利店的库存中清除，为新产品腾出空间。

7-Eleven 便利店专注于其核心竞争力：确定向匆忙的顾客销售什么产品，以及采取何种销售方式。"其他特许经营店竭力推销自己的名字，"杰马尔说。"而 7-Eleven 便利店，我认为它的名字很响亮，却专注于自己的零售信息系统。"该系统是精心设计的财务管控模型的一部分，该模型也包括定期审核。良好的审核执行对确定 7-Eleven 是否允许杰马尔开设更多便利店大有帮助。他说，他想再开 20 家店。

1. 流动性比率

流动性比率（liquidity ratio）表示一个组织清偿其短期债务的能力。例如，流动比率（current ratio，流动资产除以流动负债）可以看出公司是否有足够的资产转换成现金来偿还债务（必要时）。假设 Oceanographies 公司的流动资产为 600 000 美元，流动负债为 250 000 美元，则流动比率为 2.4，这意味着它有足够的资金（2.4 倍）来偿付直接债务。这一流动比率水平通常被认为具有一个令人满意的安全边际。另一个流动性比率是速动比率（quick ratio），通常表示为现金加上应收账款，再除以流动负债。速动比率是一个常用的指标，它与流动比率相结合来衡量流动性。"如果一个企业没有像样的流动性，那么意想不到的费用开支会使其痛苦不堪，"财务信息公司 Sageworks 的分析师布拉德·谢菲尔（Brad Schaefer）这样说道。

2. 业务活动比率

业务活动比率（activity ratio）衡量管理层定义的关键活动的内部执行情况。例如，存货周转率（inventory turnover）是用总销售额除以平均库存而计算得来的。该比率可以看出库存使用多少次才能实现总销售额。如果库存时间太长，就比较浪费资金。戴尔公司通过最小化其库存成本，从而实现了战略优势。将戴尔的年销售额除以较小的库存量，得出存货周转率为 35.7。

活动比率的另一个类型是转化率（conversion ratio），是用订单的数量除以客户咨询人数。该比率是一个公司是否能将咨询人数有效转化为销售额的指标。例如，如果思科系统公司（Cisco Systems）将转化率从 26.5 提高为 28.2，则其将更多的咨询人数转化为销售额，这表明开展了更好的促销活动。

3. 盈利能力比率

管理者通过研究**盈利能力比率**（profitability ratios）来分析公司的盈利情况，是相对于销售或资产等利润来源而言的盈利。当艾伦·穆拉利 2008 年成为福特汽车公司的首席执行官时，他着重强调了盈利能力的重要性。当时福特公司是一家亏损公司，每日亏损 8 300 万美元，股价暴跌至 1.01 美元。穆拉利创建了一种新的有责任感的文化，强调使用一致的指标来衡量绩效，从而使福特汽车发生了显著转变。穆拉利希望每个部门的负责人了解并汇报本部门的绩效情况。他强调依据数据进行管理，使福特公司的文化发生了永久性改变。2010 年，福特公司盈利达 66 亿美元，这是该公司十多年来创造的最辉煌成绩。

一个重要的盈利能力比率是销售利润率（profit margin on sales），通过净收入除以销售额计算得出。同样，毛利率（gross margin）是总（税前）利润除以总销售额。另一个盈利指标是资产回报率（return on assets，ROA），是代表一个公司从其资产中获得利润的百分比，用净收入除以总资产计算得出。资产回报率是用于比较公司的盈利能力和其他投资机会的一个有价值的标准。简而言之，公司应能够通过使用资产来经营业务并获得利润，并且应优于将相同的钱投入银行。

4. 杠杆比率

杠杆（leverage）是指使用借款为业务活动提供资金。公司使用杠杆来使其资产产生更多的收益。然而，借款太多可能使组织面临无法偿还债务的风险。因此，管理者跟踪公司的负债比率（debt ratio）（或总负债除以总资产），来确保不会超过他们认为可以接受的水平。贷款方可能认为负债比率超过 1.0 的公司是一个信用风险较差的公司。

14.7　质量控制的发展趋势

许多企业正在重新考评自己的组织管理和业务流程，包括控制机制在内，以此积极回应不断变化的经济形势和激烈的全球竞争。两个主要趋势是国际质量标准和强化公司治理。

14.7.1　国际质量标准

在美国，全球经济蓬勃发展推动了全面质量管理的迅速发展。许多国家采用了一套统一的质量保证体系，即 ISO 9000。ISO 9000 由国际标准化组织（ISO）在瑞士日内瓦制定，代表了有效的质量管理的国际共识。全世界 157 个国家和地区（包括美国在内）的几十万个组织已经获得了 ISO 9000 认证，承诺执行该质量标准。在获得 ISO 9000 认证的组织总数中，欧洲一直处于领先地位，但是，最近几年来，美国组织获得认证的数量最多。在获得 ISO 9000 认证的组织中，比较有趣的一个是亚利桑那州菲尼克斯警察署记录与信息局。在当今的环境中，执法机关的声誉普遍受到质疑，该局此举正是为了显示其致力于提高向执法人员和公众提供的信息的质量和准确性。ISO 9000 已经成为在全球范围内考评和对比企业的公认标准，越来越多的美国企业感觉到有巨大的压力，一定要获得 ISO 9000 认证，以保持其在国际市场上的竞争能力。另外，许多国家和企业在与另一家企业开展业务以前，往往要求该企业首先必须通过 ISO 9000 认证。

14.7.2 公司治理

许多组织在公司治理上增大了高层的控制权。公司治理（corporate governance）在传统上被定义为组织保护股东利益的方式，而该术语已经扩大到指系统、规则和实践的框架，组织依靠此框架来确保其与所有利益相关者（包括投资者、员工、客户和公众）关系中的责任感、公平性和透明度。

鉴于在安然（Enron）、南方保健（HealthSouth）、阿德菲亚通信（Adelphia Communications）和世通（WorldCom）这些破产的公司，高管和董事们未能实施足够的监管和控制，使得几年前公司治理成为人们关注的焦点。在一些情况下，财务报告系统被操控来产生虚假业绩并隐藏内部问题。对此，美国政府在制定了《2002 年萨班斯 - 奥克斯利法案》（Sarbanes-Oxley Act of 2002），通常简称《萨班斯法案》，要求进行多种改革，包括更好地进行内部监督来降低欺诈风险，由高管进行财务报告核实，改进外部审计措施以及加强公共财务披露。一旦小公司上市，实施《萨班斯法案》改革的最初成本可能高达 500 万～ 1 000 万美元。（私营公司不用遵照《萨班斯法案》的规定执行。）为了减轻小型新兴成长型企业的沉重负担，《JOBS 法案》（促进创业企业融资法案）允许一些小公司免除执行《萨班斯法案》规定的内部控制要求以及相关的费用，免除时间为 5 年。该法案将符合条件的公司定义为年总收入低于 10 亿美元的公司。《JOBS 法案》对小公司来说是一种福利，因为它降低了针对内部控制的外部审核复查要求相关的费用。随着 2008 年雷曼兄弟（Lehman Brothers）和贝尔斯登（Bear Stearns）等大型公司的破产，公司治理再次成为热门话题。疏于监督可能是造成这些公司破产和全球经济危机的一个原因。"我认为毫无疑问，公司治理的巨大失败是这一危机的核心问题，"美国国会任命的金融危机调查委员会主席 Phil Angelides 说。来自 27 个国家的全球监督机构最近对金融机构制定了新的规则和限制，以限制冒险和增加监督。此外，美国证券交易委员会现在要求公司在股东签署的委托书中证明其董事会结构是合理的，以确保董事会能够对管理行为提供必要的监督。

● 讨论题

1. 你被雇用为一家拉斯维加斯旅行社 Nightlight Travels 的管理者，该旅行社有 20 名员工。五年来，其销售额受到全球经济衰退的影响，随着明星员工离开公司进入更安全的行业，员工士气急剧下降。关键的客户关系遭到了剩余员工的马虎和不专业的工作习惯的破坏。你作为新管理者的首要职责是针对所有计划性支出编制下一年的预算。但首先你必须确定将要采用分级控制还是分权控制。你会选择哪种方式，为什么？

2. 你是一名让员工参与控制过程的管理者。你得出结论，认为矫正措施对于提高客户满意度是必要的，但是首先你要说服员工相信问题确实存在。你认为哪种证据更能让员工信服（定量考评或你与客户互动中的轶事）？请说明理由。

3. 请描述使用平衡计分卡来考评和控制组织绩效的优势。假设你为沃尔玛设计一张平衡计分卡。你会列入哪些具体的客户服务指标？

4. 在零基预算中，每个账户从零美元开始，预算每增加 1 美元都反映在实际的有证可循的需求上。确定零基预算可能具有的优势。

5. 大多数公司都会制定政策,对员工在上班时间私用工作电脑进行规定。一些公司甚至监督员工的电子邮件,并追踪访问过的网站。你认为这样的监督是否侵犯了隐私?限制员工在工作中使用互联网和电子邮件的好处是什么?

6. 想想一堂你曾经上过的课。你的教授建立了什么样的绩效标准?你实际的表现得到了怎样的考评?你的表现与标准比起来如何?你认为这个考评标准和方法公平吗?这与你分配到的工作相称吗?为什么?

7. 一些评论家认为,六西格玛是一些肤浅的变革,其通常的结果是,工作干得很漂亮,但开发的产品是错误的,提供的服务也是不当的。你同意吗?请解释。

8. 管理者可以执行哪些种类的分析来帮助他们诊断公司的财务状况?对财务报表的复核如何帮助管理者诊断其他种类的绩效问题?

9. 为什么标杆管理是全面质量管理项目的重要组成部分?你认为一个公司不使用标杆管理,能有一个成功的全面质量管理吗?

10. 什么是 ISO 认证?为什么跨国公司(如通用电气等)需要 ISO 认证?

◘ 自主学习

你的预算控制有效吗?

大学期间,你至少负责着你的一部分财务。你对个人预算的管理能力或许预示着你今后对公司预算的管理能力。回答下面的问题,以评估自己的预算习惯。如果这个说法不完全适合你的情况,那么根据你在类似情况下的做法来回答问题。

	是	否
1. 钱一到手我就花光。	____	____
2. 每周(月、学期)初,我都要列出我全部的固定支出。	____	____
3. 每周(月)末,我好像从来就没有什么节余。	____	____
4. 我能支付所有的花销,但好像总是没钱用于娱乐。	____	____
5. 我现在还存不下钱,等大学毕业以后再说吧。	____	____
6. 我入不敷出。	____	____
7. 我有一张信用卡,但每个月总是把账户余额花得精光。	____	____
8. 我用信用卡透支。	____	____
9. 我知道每周外出吃饭、看电影及其他消遣娱乐要花多少钱。	____	____
10. 我全部用现金支付。	____	____
11. 买东西时,我追求价廉物美。	____	____
12. 朋友需要时,我就会借钱给他们,即使这样做会使我的现金告急。	____	____
13. 我从不向朋友借钱。	____	____
14. 我每个月存点钱,以备真正需要时用。	____	____

评分与说明:

对第 2、9、10、13、14 题回答"是",说明你有着训练有素的预算习惯;对第 4、5、7 和 11 题回答"是",意味着你有足够的预算习惯;对第 1、3、6、8 和 12 题回答"是",表示你的预算习惯很差劲。如果你诚实地回答了问题,你可能会发现,在你的身上三种预算习惯兼而有之。看看你能够在哪些方面改善自己的预算行为。

◘ 团队学习

创建一个团队控制系统

第 1 步 分组,3 ~ 5 人一组。每个小组假设另一个小组被分配写一篇重要的论文,从而需要各小组成员进行研究,这些研究将被整合到期末论文中。每个小组成员都要尽自己的职责。

第 2 步 你的任务是制定一个规则列表，并确定一些统计数据来控制这个小组的成员的行为。集思广益并讨论可以控制成员行为的潜在规则以及破坏这些规则的后果。

第 3 步 首先，选择你认为对于管理小组成员行为最重要的五条规则。想想规则可能涵盖的以下情况：开会迟到；缺席会议；未完成工作任务；未达到预期的工作质量；如何解决论文内容上的冲突；参与方面的行为差异，如有的人一直在说话，而有的人却几乎不发言；如何安排晚点开始的会议；议程的使用以及处理议程出现的偏差；以及你的小组成员认为规则应涵盖的任何其他情况。

你认为重要的规则	列出可用于衡量行为和小组成果的统计数据	你如何知道那个小组是否遵循规则并按照预期执行
1.		
2.		
3.		
4.		
5.		

第 4 步 现在想想，可以利用哪些统计数据来评估与那五条规则有关的小组的行为和结果。为了了解这个小组表现如何以及哪些成员在遵守规则，有哪些事情是应该考虑到的？

第 5 步 讨论以下问题：为什么规则是重要的控制手段？一个学生团队具有很多规则（分级控制）和很少规则（分权控制）的优点和缺点是什么？统计数据如何帮助一个团队确保采取合适的行为和提供高质量的产品？

第 6 步 准备好在班上陈述你的结论。

▣ 实践学习

课堂作业标准

1. 采访四位现在没有选这门课的学生。确保两名是优等生，另外两名是普通学生。告诉学生你将为他们的信息保密，你只会在你将要写的一篇论文中使用这些结果，并且不会透露任何名字。你要遵守你的承诺。

2. 询问学生他们如何学习，阅读量有多少，他们如何进行或完成一个项目或一篇论文，他们对分数感觉如何等。

3. 确定他们是否使用任何控制机制，如本章提到的：反馈控制、财务或预算控制。

4. 他们是否为其工作设定了标准？他们将实际的表现和标准进行比较吗？当工作绩效低于预期时会发生什么（例如，他们的分数比预期低）？

5. 给你的指导教师写一个报告，将优等生和其他学生进行比较。确保你的报告里没有提到学生的姓名；将信息做匿名处理。

6. 你的指导教师就你的调查结果发起一场班级讨论。同样不要提到任何人的姓名。如果你想谈论你作为一名学生的经验，这是完全可以的。

▣ 伦理困境

为罪恶付费？

西风电子公司负责损失预防的克里斯·戴克斯拉特在开始主张对店内防盗政策进行改革前，做了一下深呼吸。他知道，要说服罗斯·切诺维斯将会很困难。总裁兼首席执行官罗斯是这个位于亚利桑那州菲尼克斯当地的，仍为家族所有的消费电子连锁企业的创建者的儿子。他不仅继承了这家企业，也继承了其父亲严格的道德规范。

"我觉得现在该向其他商店学习了，"克里斯开始意识到。他指出，大多数零售商都不会打电话给警察或上诉，除非小偷在店内偷窃的商品金额超过 50 ~ 100 美元。与此相反，西风电子目前对于偷窃采取的是零容忍政策，这是罗斯的父亲在创办企业时制定的规矩。克里斯想将政策改为：只起诉那些 18 ~ 65 岁，且偷窃的商品价值超过 20 美元，在西风电子有偷窃前科的人。对于那些首次行窃的年龄在 18 岁以下或 65 岁以上的小偷，他认为应该给他们严厉的警告，不管他们偷窃的商品价值多少，然后放他们走。但是，惯犯将被逮捕。

克里斯表明，"老实说，当地的警察对于每次因为一个年轻人将一张 CD 随手放进衣服口袋里而不得不来到我们商店感到很厌烦。""另外，我们也无法承受起诉每一个偷窃者所带来的费用。"每次起诉在店内偷窃价值 10 美元的物品而逃走的小偷，公司都是亏本的。公司必须要聘请一名律师，还要支付员工加班出庭的费用。此外，克里斯还得招聘更多的保安以跟上工作量。目前西风电子已经在和那些价格极具竞争优势的大规模零售商的较量中处于下风，因而将零容忍政策的成本转嫁到消费者身上不是一个明智的选择。克里斯总结说，"让我们把注意力放在捉住那些不诚实的员工和盗窃集团上吧。这些人才是真正对我们构成威胁的。"

在克里斯结束他认真准备的发言后，停顿了很久。罗斯想着他已故的父亲，一个精明同时又将诚实作为关键指导方针的人。如果他今天坐在这里，毫不怀疑他肯定会说偷窃就是偷窃，设定一个最小值无异于说偷窃是可以被接受的，只要你偷得不多。他看着克里斯，"你知道我们都有孩子。这真的是你想传达的信息吗，尤其是对孩子们？你应该和我一样清楚他们最喜欢的就是挑战限度。"但是当罗斯看到桌上最新的财务数字——一系列的季度损失时，他声音开始颤抖。如果公司破产了，许多员工将不得不另谋生计。在他心里，他赞成父亲的高道德标准，但他不得不问自己：公司能够在多大程度上维持道德准则？

你会怎么办

1. 继续公司对店内偷窃的零容忍政策。这样做是对的，并且这将最终带来更高的盈利，因为连锁店对待犯罪的强硬态度将从整体上减少偷窃的损失。

2. 采纳克里斯·戴克斯拉特提出的改革，对初犯宽大处理。这种方式比起目前的政策更划算，而且这与他父亲的初衷还是接近的。

3. 采纳克里斯·戴克斯拉特提出的改革，但高于建议的 20 美元限额（如 50 ~ 100 美元），因为这仍然低于起诉的成本。此外，确保这个政策不被公开。这样你将能更大地降低成本，且仍然能从起诉店内偷窃者的名声中获益。